OCEANO exprés

LA SUERTE DE LA CONSORTE

Las esposas de los gobernantes de México: historia de un olvido y relato de un fracaso

SARA SEFCHOVICH

LA SUERTE DE LA CONSORTE

Las esposas de los gobernantes de México: historia de un olvido y relato de un fracaso

OCEANO exprés

Diseño de portada: David Maawad
Fotografía de la autora: Carhol
Investigación y selección iconográfica: Carlos Martínez Assad

LA SUERTE DE LA CONSORTE
Las esposas de los gobernantes de México:
historia de un olvido y relato de un fracaso

Blvd. Manuel Ávila Camacho 76, piso 10
Col. Lomas de Chapultepec
Miguel Hidalgo, C.P. 11000, México, D.F.
Tel. (55) 9178 5100 • info@oceano.com.mx

Primera edición en Océano exprés: octubre, 2013

ISBN: 978-607-735-133-7

Impreso en México / Printed in Mexico

Esta nueva versión sigue siendo
para Memo y Aída Sefchovich, Z´L
por toda una vida de cariño y apoyo.

Índice

Prólogo: Romper el silencio

Ninguna nación se ha elevado por encima del nivel de sus mujeres.

Margaret Sangster

La historia la hacen los hombres pero también la sufren las mujeres.

Anónimo

1

Sucede en México, como supongo que pasa en todas las culturas, que existen ciertos temas sobre los cuales se guarda silencio. Y no porque alguien haya hecho explícita la prohibición de referirse a ellos, sino por un código cultural que así lo marca y que todos hemos hecho nuestro sin siquiera darnos cuenta.

Uno de esos silencios se ha hecho, precisamente, en torno a las esposas de nuestros gobernantes. Ellas son mujeres que no existen en la Historia, ésa que va con mayúscula, ésa que han escrito los triunfadores, ésa que aprenden los niños en las escuelas y que cuentan los libros. Y no es que deliberadamente se las haya dejado fuera o se las haya borrado del relato del acontecer sino que simple y llanamente se las olvidó. No se consideró que valía la pena recoger sus quehaceres y en muchos casos ni siquiera se guardaron sus nombres.

Esto tiene que ver con dos razones: la primera, un modo de pensar según el cual la historia sólo debe conocerse desde lo público, desde el poder y en los "grandes momentos" como guerras, descubrimientos, construcciones, sistemas, en los cuales las mujeres, por su situación social, no ocupan ningún lugar: "La historia de la mujer —escribe Asunción Lavrín— no puede ser analizada por sucesos o acontecimientos de carácter político [pues éstos] son los signos de distinción de un mundo dominado por valores masculinos y orientado a las acciones de los hombres".[1] El sitio que han ocupado las mujeres en la historia ha sido y es el de lo privado,[2] el de lo cotidiano, lo no excepcional, lo que se considera banal. Ellas "sólo" cuidan del hogar y la familia, "sólo" nutren, limpian, educan, consuelan y apoyan, lo cual si bien es el sustento necesario para que precisamente puedan suceder los grandes acontecimientos de la historia, no les ha parecido importante ni significativo a quienes la escriben, no por lo menos como para que este *otro lado* de los hechos aparezca en sus recuentos.

La segunda razón, tiene que ver con una idea de lo que deben ser la familia y el hogar a los que se concibe como entidades en las que suceden y se guardan los secretos y que por tanto se deben defender celosamente y permanecer ocultas y cerradas a todas las miradas. Al aceptar este silencio se sancionó su exclusión de la historia y del discurso.

2

Y, sin embargo, desde el último cuarto del siglo XX eso ha empezado a cambiar, pues se ha hecho evidente que si queremos conocernos y entendernos, tenemos que hacerle preguntas precisamente a ese *otro lado* de la historia y de la sociedad.

De este afán han surgido dos nuevos temas. Uno es el estudio de las mujeres y otro el estudio de la vida privada y cotidiana. Ambos han empezado a merecer un lugar en nuestras preocupaciones precisamente porque se ha visto que no se puede saber lo que somos si se deja fuera a la mitad de la humanidad y si no se penetra en el ámbito en el que se genera, mantiene y reproduce el tejido social y sus representaciones culturales, sus valores, su moral.

Gracias a las puertas que han abierto estas dos líneas de investigación, es posible hoy romper el espeso silencio y sacar del olvido a las virreinas y primeras damas de México.

3

¿Qué sentido tiene hacer un estudio de esta naturaleza sobre las virreinas y primeras damas de México? ¿para qué saber lo que hizo o pensó o comió o vistió Ana de Mendoza, Inés de Santa Anna, Laura de González, Josefina de Ortiz Rubio, Guadalupe de Díaz Ordaz o Paloma de De la Madrid? ¿qué caso tiene emprender un esfuerzo tan penoso para rescatar a estos seres hasta hoy olvidados por la historia?

El objetivo de conocer a las esposas de los gobernantes de México —quiénes eran, de dónde venían, qué hicieron o no hicieron, cómo se comportaron y qué es lo que su tiempo les permitió pensar— no sólo es por ellas mismas sino para entender la situación de las mujeres en la historia y en el presente mexicanos. Eso es lo que este libro pretende. Y para eso, ellas resultan sujetos privilegiados por su condición de intersección y de frontera en muchos aspectos: están en el pasado pero también en la actualidad; forman parte de diversos sectores sociales y con distintas ideologías; son receptoras pero también reproductoras de valores sociales y de representaciones culturales; están en la vida pública pero también en la privada, muy cerca del poder pero también en la familia, aquélla la instancia más elevada de la sociedad, ésta, su institución básica, y conservan la tradición pero también cumplen con las exigencias del día. Esta serie de planos por la que atraviesa su presencia nos permite entender las bases que sustentan nuestra vida social y nuestra cultura en sus variadas manifestaciones, ya que dichas mujeres encarnan los diversos modos de ser y de pensar de cada época histórica y de las distintas situaciones sociales así como sus limitaciones y sus contradicciones.

Pero también las hemos elegido como sujetos de estudio porque son individuos concretos con cara y nombre propio, lo cual nos permite evitar lo que Lillian Smith llamó "la mortal abstracción igualadora y generalizadora"[3] y permite entrar a la riqueza del caso específico, que es la mejor manera de comprender.

Y, además, porque estas mujeres han cumplido una serie de tareas que nos gusten o no, han afectado a la sociedad. Eso fue así en la época colonial y es hoy más patente que nunca: desde encabezar la vida social hasta hacer negocios propios, desde intervenir en la relaciones institucionales hasta dirigir los esfuerzos asistenciales. Y solamente si conocemos lo que han hecho, lo que hacen y lo que pueden hacer, estaremos en condiciones de exigirles que lo cumplan adecuadamente y, sobre todo, podremos evitar los excesos y abusos.

4

Investigar y escribir este libro fue un esfuerzo largo y difícil, dado que se trata de un asunto sobre el que muy poco se ha estudiado en nuestro país, y como bien ha dicho Michelle Perrot, ésta es una historia que aún está por escribirse y el historiador vacila, no se atreve a meterse en ella porque aún no se le legitima bien a bien como objeto de investigación,[4] y porque como afirma Paul Veyne, es una materia acribillada de lagunas, plagada de interrogaciones.[5]

Para hacerlo fue necesario ante todo echar a andar la imaginación pero también forzar los límites hasta ahora impuestos a los estudios históricos. La información se buscó en los lugares más diversos y muchas veces insospechados y se la aprovechó de las formas más libres y extrañas. Se usaron desde las fuentes tradicionales como los documentos de archivos, los periódicos de hemerotecas, los libros de bibliotecas y las entrevistas, hasta las modernas como revistas, fotografías, videos, películas e Internet, todo ello siguiendo la máxima de Georges Duby según la cual aunque la densidad de las fuentes cambia, todas aportan algo.[6]

Los textos elegidos fueron aquellos que estudian la historia nacional, pero no sólo la que tiene que ver con acontecimientos políticos sino también con la sociedad y la cultura: literatura, arte, moda, gastronomía e incluso anécdotas y chistes. Especial lugar ocuparon las novelas, pues ellas relatan épocas y modos de vida y dicen mucho sobre lo cotidiano y lo privado tal como efectivamente se vivió: "Las novelas captan y atestiguan las prácticas concretas pero también dan fe de ideales y estilos de existencia".[7] Se utilizaron además estudios teóricos sobre cómo hacer este tipo de historia, sobre el pensamiento y las doctrinas que tuvieron influencia en nuestro país y sobre los acontecimientos sociales y culturales en el mundo que rodea a México. Y por supuesto, textos que dan fe de la situación de la mujer, en el pasado y en el presente, y desde perspectivas que abarcan a la familia y a la ley. ¡Todo con tal de entrar en el espesor de la vida misma! ¡Todo con tal de construir una historia que es la de esas personas pero también es la de su tiempo!

Una especial dificultad fue la que surgió del hecho de que circulan muchos chismes y de que demasiada gente se considera conocedora del tema, fácilmente banalizable por su propio carácter. Fue necesario hacer un doble esfuerzo para, por una parte, sortear este peligro y mantenerse siempre dentro del dato histórico y el rigor académico, pero por la otra, hacerlo sin convertir al texto en un pesado ladrillo difícil de leer, sino más bien seguir la máxima de Jean Franco según la cual a fin de cuentas la historia es también una narración.[8]

5

El lector tiene en sus manos un libro que abarca más de quinientos años de historia. Estudiar un periodo tan largo sólo se justifica cuando lo que se busca es una visión de conjunto que permita la comprensión de las tendencias generales tanto de los comportamientos sociales y de los modos de pensar como de los aspectos simbólicos que tienen que ver con la situación de la mujer y con su evolución y transformaciones. Hacerlo así era un compromiso ineludible precisamente por el hecho de que se trata de una investigación pionera. Conforme se avance en este tipo de estudios y se encuentre más información, se podrá penetrar más a fondo en cada una de esas vidas y de esos momentos de la historia y conocerlos en profundidad.

Mientras tanto, presento aquí los hallazgos y certezas así como las dudas y preguntas que no encontraron respuesta, pues un esfuerzo de este tipo despierta más incógnitas de las que puede despejar y por lo demás, ¿quién puede contestar a todas las preguntas que nuestra mente de hoy es capaz de formular? Las he incorporado precisa y paradójicamente como manera de reconocer y hacer explícitos los vacíos en la información y al mismo tiempo de presentar algo del complejo panorama de cada época.

Por último, aventuro también una interpretación sobre el papel social, cultural, político y simbólico desempeñado por estas mujeres, su transformación a través del tiempo y lo que me parece su posible futuro.

Éste es un libro que quiere participar del debate actual sobre temas significativos para nuestro tiempo. Si lo logra aunque sea en mínima medida, habrá cumplido con su cometido.

I. Él grande, ella excelsa

Las mujeres, no sólo han de pensar
en dijes y alfileres.

Vicenta Gutiérrez

Blancos y barbados

1

Esto que hoy somos los mexicanos, está conformado por tres entidades históricas diferentes pero vinculadas: las civilizaciones indias, el virreinato de la Nueva España y la nación mexicana.[1] Y si bien cada una de ellas negó a la anterior, la llevó en su sangre y en su memoria y tejió con ella estrechas relaciones.

Los habitantes de lo que hoy conocemos como México eran, en la región norte del territorio, cazadores y recolectores nómadas llamados chichimecas y en el centro agricultores sedentarios, convertidos en eso gracias a que Quetzalcóatl encontró el primer grano de maíz y entonces pudieron sembrar la tierra y criar animales.

Procedentes del norte, las siete tribus nahuatlacas llegaron a la cuenca del valle de México luego de un largo peregrinar: "En 1325, una tribu pobre pero ambiciosa llegó a los lagos del valle de México. Venía del norte, había recorrido miles de kilómetros y fue mal recibida, pero su larga peregrinación culminó en el centro del mundo revelado por Huitzilopochtli: desde aquí conquistaremos a todos los que nos rodean, aquí estará por siempre Tenochtitlán".[2]

Y así fue. En el año Ome-Calli-Dos-Casa, en una isla sobre el lago, encontraron el águila que representaba al sol, posada sobre un nopal y devorando a la serpiente. Allí fundaron la Gran Tenochtitlán, centro del imperio azteca que duraría dos siglos y que fue grande y poderoso, tuvo reyes, sacerdotes, guerreros, comerciantes, orfebres, alfareros y hasta algún poeta, además de un calendario que llevaba "la cuenta de los destinos y la cuenta de los años".[3]

En esa sociedad, las mujeres de los nobles —llamadas *pipiltin*— tuvieron su lugar y sus funciones. Conocemos poco de eso y lo que sabemos está teñido por los valores y las costumbres de los frailes españoles que venían con los conquistadores y que fueron quienes recogieron la memoria de los indios. Ellos nos dicen que se las consideraba collar de piedras finas, plumaje de quetzal, palomita, piedrita preciosa, corazoncito, espiga, más hermosa que el oro, más fina y delicada que las plumas. Y que se las engalanaba, adornaba y enjoyaba y vivían en hermosos palacios. Se cuenta que Azcalxochitzin, la esposa de Nezahualcóyotl, "salía a las altas terrazas y veía abajo la gran plaza, los arcos, la espléndida muralla del palacio, los jardines y los macizos de juncos y el lago como un espejo de bruñida obsidiana y más allá los templos y casas de Tenochtitlán".[4]

Pero también nos dicen que se las criaba con severidad: "Hacíanlas velar, trabajar, madrugar" afirmó Mendieta. Dado que no cumplían labores domésticas pues de eso se encargaban los muchos sirvientes a su disposición, para mantenerlas ocupadas se les ordenaba bañarse dos o tres veces al día y que hilaran o tejieran y cumplieran con los ritos de su tradición. Debían ser "muy honestas en el hablar y en el andar y en la vista y el recogimiento" escribió Motolinía y aquella que desobedecía se hacía acreedora a fuertes castigos que consistían "en pincharles las orejas hasta sangrarlas, darles azotes y aplicarles humo de chile en la nariz" según el códice Mendoza. Lo que más se cuidaba era su virginidad, pues lo principal, según Sahagún, era "que no ensucies la honra... y nos des fama con tu buena conducta". Por eso apenas si salían, "teníanlas tan recogidas y ocupadas en sus labores que por maravilla salían y entonces con mucha y grave compañía" apuntó Mendieta.[5]

El momento cumbre de su vida y para lo que habían sido educadas era el matrimonio, porque su principal tarea en este mundo era la de procrear descendencia: "La madre de familia tiene hijos, los amamanta, su corazón es bueno, vigilante —escribió Sahagún—, con sus manos y su corazón se afana y educa a sus hijos, se ocupa de todos, a todos atiende". Por eso la que muere en el parto es divinizada, considerada dechado de todas las virtudes: "¿Quién obtuvo lo que tú has merecido? Porque tú vivirás por siempre, serás feliz, dichosa, al lado de las señoras nuestras, las cihuapipiltin, las nobles mujeres, las mujeres divinas".[6]

Los reyes elegían a su consorte legítima y madre de sus herederos haciendo venir doncellas de alto linaje desde lugares lejanos. O mandaban a criar niñas para ese fin, a las cuales se daba una educación especial y que desposaban apenas alcanzaban la edad núbil o como dice el canto "cuando mis pechos se levantaban". Y a partir de ese momento, las llenaban de magníficos regalos o, por el contrario, de malos tratos.

Se cuenta de una joven tan fea que el rey no se le acercaba y la mandaba dormir en el piso, en un rincón de la habitación. Y de otra que tenía tan mal aliento que el monarca, enfurecido, le hizo la guerra a sus hermanos. Pero también se cuenta de aquella que era tan hermosa, que loco de celos el rey la encerró y aun así quedó embarazada pues un enamorado lanzó una flecha con una gema en la punta, que ella se tragó.

Algunas ejercían el poder a la muerte del cónyuge, mientras el heredero crecía y podía asumirlo. Así por ejemplo, en la región maya, una de las esposas de Escudo-Jaguar gobernó Yaxchilán durante una década mientras su hijo Pájaro-Jaguar se preparaba para ocupar el trono.[7]

Las hubo que amaron a sus cónyuges y las que los odiaron, las que traicionaron a sus maridos pasándole información al enemigo y las que sabían de hechizos y hierbas o entendían los presagios. Pero todas siguieron a pie juntillas los mandatos religiosos y las costumbres sociales.

Hacia fines del siglo XV, la viuda del rey de Texcoco se lamentaba porque no entendía avisos que la llenaban de inquietud. Y es que Cristóbal Colón había cruzado el Atlántico y en su afán por llegar al mítico Oriente de las especias había tropezado con un continente desconocido.

2

"La mayor cosa, después de la creación del mundo, fue el descubrimiento de las Indias" escribió Francisco López de Gómara.[8] "Hombres blancos y boquirrubios surcan el mar en frágiles barquillas, arriesgan cuerpo y entendimiento en el anchuroso ponto. Al otro lado del océano les esperan inocentes, pueblos que verán trastocado su destino:

Viene de España
por el mar salobre
a nuestro mexicano domicilio,
un hombre tosco, sin algún auxilio..."[9]

Casi treinta años después de esa empresa fabulosa, barcos españoles tocaron las costas del golfo mexicano.

El viernes santo del año del Señor de 1519, un grupo de aventureros desembarcó en Chalchiuhcuecan y su jefe Hernán Cortés, "el hombre extraordinario" como le llamaría Lucas Alamán, quemó las naves y se fue tierra adentro. Una sola cosa buscaba el conquistador: oro, "ese rubio metal tras el que tanto se afanan" como decían las crónicas de la época, "ese rubio metal que tanto los desvela".

Pero lo que encontraron fue una exuberante naturaleza, tierras fértiles y grandes imperios: "El señorío de los toltecas, el señorío de los tepanecas, el señorío de los mexicas y todos los señoríos chichimecas",[10] pues en estas tierras había el más diverso mosaico de culturas y lenguas, con magníficas edificaciones y una compleja organización social y religiosa.

En el mes de noviembre, siete meses después de poner pie en este lado del mundo, los extranjeros llegaron hasta el Anáhuac y se encontraron con la Gran Tenochtitlán. ¡Cómo se admiraron de su mucha agua, de sus anchas calzadas, de sus plazas, mercados, templos y aposentos! "Una gran ciudad", diría Balbuena, "que vimos con asombro", apuntaría Sahagún, "cosas nunca oídas ni aun soñadas que parecían de encantamiento", escribiría Bernal Díaz del Castillo.[11]

Lo primero que hicieron fue tomar preso al tlatoani Motecuhzoma II, rey de los aztecas en la línea que seguía desde Chimalpopoca y señor de gran poder y riqueza, que los había recibido con cordialidad y regalos, "con absoluta paz" como dicen los Anales de Tlatelolco, a pesar de lo cual empezó la guerra.

Caballos, armaduras de metal y armas de fuego se enfrentaron a los cuerpos desnudos de los indios y a sus rudimentarias defensas. A esta desigualdad se agregó la traición de los pueblos vecinos que estaban hartos del predominio azteca. Y fue así que se cumplió la profecía que auguraba la derrota de los naturales de estas tierras a manos de hombres barbados y de tez clara "que vendrían de donde sale el sol a señorear aquestas tierras".

La Gran Tenochtitlán, la ciudad que había sido fundada en el año de 1325 en el lugar predestinado por los dioses, la que durante dos siglos había sido la más poderosa, soportó valiente un largo sitio de ochenta días en el que hubo mucha mortandad. Los habitantes tuvieron que beber "agua envenenada, agua salitrosa, agua podrida" y comer "ratones y gusanos y lagartijas y piedras de adobe y tierra en polvo" y lamentarse sin fin: "No hay nada como este tormento, tremendo es estar sitiados". A pesar de la valiente resistencia encabezada por el joven señor Cuauhtémoc, en el día Uno-Serpiente del año Tres-Casa, 13 de agosto de 1521, festividad de san Hipólito, la magnífica ciudad cayó, como estaba escrito en el libro fatal del destino. Un poema recoge el lamento: "Llorad, amigos míos... hemos perdido la nación mexicana".[12]

3

Vencidos y humillados los indios (veinticinco millones había cuando llegaron los españoles y para 1600 apenas si rebasaban el millón, dicen los estudiosos),[13] Cortés se hizo del gobierno de estas tierras y fue nombrado capitán general y gobernador por el emperador Carlos I de España y V de Alemania quien así recibía en ofrenda un territorio enorme, poblado, fértil y rico, tan grande como el que ya gobernaba en Europa. El regalo estaría destinado a dejarle sus beneficios a los monarcas españoles por tres largas centurias.

Dos esposas y muchas mujeres más tuvo don Hernando el conquistador, mientras andaba padeciendo por estas tierras en las que "me he ocupado en no dormir, mal comer, traer las armas a cuestas, poner la persona en peligro, gastar mi hacienda y edad, todo en servicio de Dios y acrecentando y dilatando el nombre y patrimonio de mi rey".[14] De estas últimas, dos fueron hijas de Cacama y tres de Moctezuma, una se llamaba Tecuichpo, pero los españoles le pusieron Isabel. En cuanto a las legítimas, Catalina Xuárez, la Marcaida, había casado con él en la isla de Cuba y había venido a seguirlo hasta Coyoacán para ser marquesa del Valle, pero sólo lo fue por unos meses pues murió misteriosamente en su casa. Se dijo entonces que el deceso había sido causado por "el mal de madre" pero más bien parece que fue por veneno, siendo el propio marido el sospechoso de cometer el asesinato, sin que nunca se develara la verdad a pesar del juicio iniciado por los padres de la infortunada. Y Juana de Zúñiga, con quien casó en España cuando volvió a su patria para anunciar sus triunfos y reclamar su honra, ya que el emperador, con todo y que le dio títulos y le regaló vasallos y propiedades, había prestado oído a intrigas y acusaciones hasta el punto de que jamás lo nombraría virrey y hasta le confiscaría sus bienes.[15]

Pero la más célebre de sus mujeres fue Mallinaltzin o Malintzin, llamada también Marina o Malinche, india que le fue obsequiada por su padre, un cacique de la región que hoy es Tabasco, y a la que el conquistador convirtió en su amante y traductora, ya que según Bernal Díaz del Castillo era inteligente, hablaba fluidamente el náhuatl y el maya, y aprendió rápidamente "el castilla". Ella fue madre de un hijo al que dieron por nombre el de don Martín, mismo que ya llevaba el vástago legítimo de Cortés, dando pie a confusiones que por lo visto a don Hernando no preocupaban. Esta mujer lo acompañó y le ayudó a negociar con los diferentes grupos indígenas hasta que él se la regaló a uno de sus lugartenientes con quien se matrimonió.[16]

Detrás del conquistador, llegaron a tierras americanas los misioneros decididos a imponer su fe. Estaban convencidos de que a ellos tocaba alumbrar las almas de los indios y sacarlas de las tinieblas de la idolatría en que se hallaban sumidos. Franciscanos primero, dominicos y agustinos después, se consideraron elegidos por el Señor para anunciar el Evangelio en estos países desconocidos.

Entre ambos, militares y religiosos, destruyeron a las naciones, lenguas y culturas que aquí existían. A punta de espada, a sangre y fuego, no sólo derribaron los palacios y templos y no sólo arrasaron con los dioses sino que rompieron a las sociedades, esclavizaron a los habitantes y exterminaron a los depositarios del antiguo saber.

La conquista de México fue brutal. Millones de personas murieron por la guerra, por los malos tratos y por las nuevas y extrañas enfermedades que llegaron con los españoles. Los extranjeros se apoderaron de tierras, personas y riquezas y obligaron a los indios a servirles y a pagarles tributo a cambio de que ellos les enseñaran la doctrina cristiana, la cual por cierto no habían solicitado aprender.

Poco a poco estos recién llegados se fueron convirtiendo en colonos, asentándose en la tierra y apropiándose de ella con todo y las gentes que la habitaban. A eso se le llamó encomienda, merced o capitulación. Fundaron

Hernán Cortés y Malintzin

centros de población —villas, reales de minas, ciudades—, nombraron autoridades —los jueces de residencia, la Audiencia— y empezaron a comerciar. De España trajeron trigo, cebada, arroz, moreras y caña de azúcar para cultivarlos junto con el maíz y otras plantas indígenas y ovejas, cabras, vacas y cerdos.[17] Y trajeron también a sus mujeres para establecerse en familia.

Así fue como nació la sociedad colonial que sería de gran prosperidad, riqueza y esplendor para los peninsulares y criollos y de gran miseria y sufrimiento para los indios, castas y negros.

Alcurnias y títulos

1

La Corona española se afirmó como única titular de gobierno del territorio conquistado y colonizado. Éste se sometió en todos los sentidos y fue ella quien dictó los derechos y deberes, los permisos y prohibiciones.

En el año de 1534 se creó el virreinato de la Nueva España. Para encabezarlo, se nombró al virrey, quien debía gobernar las vastas tierras americanas en nombre de Su Majestad. "La imagen viva de la persona del Monarca" tenía por suyos los títulos de Visorrey, Gobernador, Capitán General y Presidente de la Real Audiencia.

Un año después, llegó el primero de una larga lista de personajes que durante trescientos años estarían destinados a cumplir con ese encargo.

¿Quiénes eran estos individuos?

Los virreyes eran elegidos entre la aristocracia, algunas veces por amistad, otras por méritos o recomendaciones y algunas más, la mayoría, porque compraban el cargo a precios bastante elevados. Debían obediencia absoluta al rey y aunque mucho sería su poder en la cima de la sociedad novohispana, al mismo tiempo éste no era nada debido a su dependencia total respecto al monarca, que los podía remover en cualquier momento. Duraban poco tiempo en el cargo y se les vigilaba constantemente, y, una vez terminada su gestión, se les sometía a juicio de residencia para conocer y evaluar lo que habían hecho.

Durante los tres siglos que duró el dominio español en América, hubo tiempo para que a estas tierras llegara de todo: virreyes emprendedores, prudentes, caritativos, déspotas o indiferentes. Eso sí, todos los que por aquí anduvieron buscaron afanosos hacerse de riquezas que era lo único que interesaba a sus reales y ambiciosas personas y también a sus monarcas.

2

¿Y las esposas?

Como afirma un estudioso, "Si difícil es seguir la trayectoria de un personaje colonial cualquiera, mucho más arduo resulta ir tras los pasos de una mujer, así haya sido ella del más esclarecido linaje".[18] Y es que a las mujeres de esta época no se las consideraba dignas de atención pues no participaban de la cosa pública y no eran sino una más de las propiedades de su marido a quien debían sumisión y obediencia. Por eso ni siquiera se les hicieron retratos, mientras que a los virreyes sí, pues ellas venían como parte del equipaje de tan digno señor, con el privilegio que les daba el ser las esposas legítimas, lo que las colocaba en un pedestal de "damas", esa figura mítica que desde tiempos medievales se había construido con gran laboriosidad, y que las hacía por definición "excelsas", como decía un poema de entonces.

Claro que ese ser "excelsa" era porque cumplía con su tarea de mujer: acompañaba y obedecía a su marido y, por supuesto, le soportaba su mal o buen genio, su indolencia o excitación, sus miedos y enfermedades. Y sobre todo le daba hijos, pues como se decía, ellos procreaban "en" ellas (y no "con" ellas como decimos hoy) a los ansiados herederos para las vastas fortunas cuya transmisión, como nos han mostrado los estudiosos, se hacía por la vía paterna. De modo que en estas tierras de Dios, las virreinas, como cualquier otra mujer, no tenían más función que la de darle a sus maridos la descendencia que requerían y su vida se reducía a actos sociales de mayor o menor resonancia.

Escribe José de Jesús Núñez y Domínguez: "Las esposas de los virreyes de la Nueva España fueron hasta fines del siglo XVIII gentes de elevada alcurnia. Hijas de familia de rancia cepa, igualaban a sus consortes y a veces los superaban en cuanto a nobleza de linaje, dándose el caso frecuente de que ellos usaran el título de sus cónyuges... por ser tal título de mayor nombradía y prestancia que el suyo propio".[19]

¿Podemos siquiera imaginar lo que sentían estas mujeres a las que habían casado muy jóvenes, casi siempre alrededor de los quince años (a los veinticinco se las consideraba ya demasiado viejas), en matrimonios arreglados por intereses familiares, económicos y políticos, sin consultarles su opinión o deseo y que luego arrancaban de su hogar para mandarlas por tres largos meses a los peligros de "la mar océano" hasta sitios lejanos, salvajes e inhóspitos, pues así se veía en Europa a las tierras americanas? ¿podemos imaginar su tristeza al tener que obedecer la orden de abandonar a sus seres queridos —padres, parientes, amigas y hasta hijos— porque como decía la Real Cédula: "Todo virrey electo si fuese casado deje en España todos sus hijos por menores que sean, en rehenes de su fidelidad y que bajo ningún pretexto pueda ir a dicho reyno alguno de ellos durante su mando"? ¿podemos imaginar su miedo y su tedio en aquellos barcos que durante semanas y semanas se balanceaban por el Atlántico, ese mar algunas veces tranquilo y otras azotado por tormentas y huracanes pero siempre infestado de piratas y corsarios, sobre todo conforme se acercaban al Caribe? ¿podemos imaginarlas mientras oraban recordando su hogar? ¿podemos imaginar las enfermedades a que estaban expuestas, desde "el muchíssimo mareo" y los dolores de cabeza hasta "la entumecencia de vientre" y el escorbuto? ¿y podemos imaginar lo que sentían cuando al tocar tierra en el puerto de entrada a la Nueva España, al que Cortés había puesto por nombre "La Villa Rica de la Vera Cruz", las esperaba un clima insalubre, un aire húmedo cargado de arena, una "tierra muy calurosa y enferma donde reinan los mosquitos"[20] y unas gentes extrañas y semidesnudas, de pieles cobrizas? ¿y cuando todavía debían salir de la bulliciosa ciudad para transitar muchos días por caminos difíciles que subían y se enredaban en las altas cumbres para luego bajar a nuevos paisajes y climas hasta llegar a la capital a donde vivirían durante el tiempo que Su Majestad tuviera a bien, lejos de todo lo que conocían y amaban y rodeadas en cambio de chismes e intrigas? ¿sería por eso que algunas enfermaban de "pasión de ánimo" y otras se volvían exageradamente fiesteras?

Porque eso sí: todas las doñas —que así se les llamaba para indicar su dignidad de grandes señoras con antepasados nobles—[21] cuando por fin habían conseguido llegar con bien hasta acá, sabían desquitarse de tantos miedos y privaciones y la emprendían a reponerse con devociones y confesiones, misas y tedeum, agasajos, recepciones, saludos, ceremonias, banquetes, vítores, besamanos y bailes a cual más suntuoso. ¡Los festejos duraban hasta tres meses completos! Para entonces ya no sólo aceptaban el destino que les había impuesto el rey sino que la mayoría llegaba a ser tan feliz en estas tierras donde la vida transcurría plácidamente y en medio del lujo, que a la hora de irse derramaban lágrimas de tristeza.

Las virreinas desempeñaron una misión de la que la mayoría ni siquiera tuvo conciencia: la de ser guías de la sociedad. Como ha afirmado Octavio Paz, la corte virreinal en la Nueva España fue un lugar de irradiación social, estética, moral y cultural, que imponía modelos de conducta y de acción. Era una corte fastuosa de la que salían "modas y costumbres, maneras de amar y comer, de velar a los muertos y cortejar a las viudas, de celebrar los natalicios y llorar las ausencias".[22] Así, si la esposa del virrey gustaba de permanecer encerrada, también lo hacían las damas de la corte y si en cambio se comportaba festiva, todas las demás hacían lo mismo. Imitaban sus vestidos y peinados, se ponían joyas como ella y ocupaban su tiempo de la misma manera: bordaban, leían, rezaban, organizaban fiestas o gustaban de ir a espectáculos como el teatro y los toros.

En los siglos que duró el dominio español, alcanzó a haber de todo entre las esposas del Supremo Gobernante: las hubo activas y desinteresadas, déspotas y caritativas. "Una virreina promovió a sor Juana y otra usó su influencia para obtener el beneplácito real en la fundación de un monasterio, una cosía a mano los manteles de un templo y otra hizo de enfermera de una humilde carmelita y sacaba con sus propias manos las bacinillas de la monja enferma sin menoscabar por ello su dignidad de virreina."[23] La mayoría fueron ignorantes pero también las hubo lectoras de poesía, o las que participaron en negocios. Algunas tenían mejor relación con sus maridos, otras una malísima pareja, algunas tuvieron amantes y galanteos, otras vivieron tan encerradas como en convento. Y con aquello de que las leyes se debían "obedecer pero no cumplir", hasta hubo quienes se hicieron acompañar de sus hijos, hermanos o padres sin que se les aplicara castigo alguno por infringir una orden que supuestamente no admitía excepción. Pero lo que más hubo fueron las que se metieron en intrigas, chismes y pleitos. Tantos, que en la mayoría de los casos hicieron que los enviados de Su Majestad no pudieran terminar sus mandatos.

Pobres aristócratas

1

El primer virrey de la Nueva España fue Antonio de Mendoza, conde de Tendilla, quien durante quince años conservaría el cargo —de 1535 a 1550— con la misión de echar a caminar el gobierno. Acuñó moneda (de plata por supuesto, pues en su época se abrieron minas en Zacatecas, Pachuca y Guanajuato), estableció la primera imprenta, fundó colegios para indios y mandó expediciones al norte del territorio y hacia el Pacífico. Algunos dicen que para entonces ya era viudo y otros en cambio afirman que con él llegó su esposa doña Catalina o Catarina de Vargas, quien había sido dama de la reina y quien se convirtió en primera virreina de México no por título propio sino por compartir el lecho conyugal con quien lo ostentaba.[24]

El segundo virrey que llegó a estas tierras fue Luis de Velasco padre, apellidado Ruiz de Alarcón, conde de Santiago, quien ocuparía el cargo durante trece años, de 1551 a 1564. Se le considera el modelo de gobernante, de ésos a los que según Artemio de Valle Arizpe "No se le puede añadir ni imaginar nada más de lo que hizo en su gobierno":[25] intransigente ante la injusticia, prudente y protector de los indios, fundador de ciudades —Durango, Guadalajara, Monterrey, San Miguel el Grande que luego sería de Allende— y de la Universidad de México.

Pero al hombre también le gustaba pasarla bien: como caballero que había sido del séquito de Su Majestad, conocía de caballos y disfrutaba de montarlos y los sábados partía al hermoso bosque de Chapultepec, que quedaba en las afueras de la ciudad, para correrlos y hacer ejercicios hípicos y juegos de cañas. Allí se hacía servir grandes banquetes pues las fiestas eran muy de su agrado. Y en ellas lo acompañaba su esposa Ana de Castilla y Mendoza, descendiente de la casa real de Castilla —hija de don Diego de Castilla, señor de Gor y caballerizo del rey Carlos V— y bisnieta de Pedro I, quien a pesar de tanta alcurnia moriría en México pobre y llena de deudas.

Dos años antes de terminar su mandato, el virrey se mudó a lo que en adelante sería el hogar oficial de los enviados de Su Majestad. Se trataba de un macizo edificio que ocupaba la margen oriental de la Plaza Mayor en el corazón de la "Muy Noble y Leal ciudad de México". Según los cronistas de la época, allí habían estado las casas de Moctezuma que fueron derribadas por Cortés, quien mandó levantar sobre ese enorme terreno que el rey le había cedido en propiedad "una fortaleza de dos pisos encuadrada por torreones". Años después, el Soberano había comprado la construcción al hijo del conquistador y la había mandado acondicionar con las dependencias necesarias para convertirla en el Palacio Real o Palacio Virreinal. Escribe García Icazbalceta: "Cuando se reedificó la ciudad de México después de la conquista, se colocaron en el centro las casas de los españoles y los indios levantaron las suyas alrededor de aquéllas".[26]

2

En 1556, Carlos V renuncia a la corona en favor de su hijo. Algunos historiadores atribuyen este acto a sus afanes místicos para los cuales le era imprescindible encerrarse en un monasterio, mientras que otros lo atribuyen a causas más mundanas como su deseo de ocuparse con calma y tiempo a la única actividad que realmente le interesaba que era comer. Felipe II, el heredero, comisiona a Gastón de Peralta, marqués de Falces, para el cargo de virrey en las posesiones americanas. Éste toma el mando de la Real Audiencia que lo había ejercido durante dos años,[27] pero sólo gobernaría otros dos —entre 1566 y 1568— debido a las muchas intrigas que lo mandaron de vuelta a casa con todo y su segunda esposa doña Leonor de Vico. Le sustituyó Martín Enríquez de Almanza, en cuyo periodo de gobierno de doce años —entre 1568 y 1580— sucedió una de las peores epidemias de la época colonial y, quizá por eso, se colocó la primera piedra de las catedrales de México y de la recién fundada ciudad de Guadalajara. También por entonces, en 1571, se estableció el Tribunal del Santo Oficio de la Inquisición, censor omnipresente que debía velar por el cumplimiento estricto de la fe y castigar a quien no lo hiciere. El virrey vino con su consorte María Manrique, hija del marqués de Aguilar, señora de polendas, la cual tal vez conoció la recopilación llamada *Flores de baria poesía*, que por ese entonces se imprimió.

En 1580 entró a la ciudad de México Lorenzo Suárez de Mendoza, conde de la Coruña, y lo hizo con más pompa de la que hasta entonces se había visto por estos lares. Con él venía su esposa Catalina de la Cerda, hija del segundo duque de Medina Coelli. Pese a tanto boato, el hombre sólo duró en el poder tres años, pues por instrucciones superiores lo sustituyó el presidente del Consejo de Indias y primer Inquisidor de México, el arzobispo Pedro Moya y Contreras, quien así reunía en sus manos los dos poderes del virreinato, el espiritual y el terrenal, si bien a él su dignidad eclesiástica le parecía más importante que la de virrey.

Se dice de este prelado que era un hombre íntegro y honrado y que nunca se quedó con nada del mucho oro y de la mucha plata que pasaron por sus manos. Daba limosna y gustaba de estudiar y discutir teología. Cuando sucedió la terrible mortandad del año 76, no tuvo reposo y corrió de un lado a otro entre los enfermos, consagrado a hacer el bien.

Para evitar que adquiriera demasiado poder, el rey Felipe no lo dejó más de dos años y en 1585 envió al marqués de Villa Manrique, Álvaro Manrique de Zúñiga, acompañado de su esposa Blanca de Velasco. Ella era hija del conde de Nieva, mujer "de carácter más que dominante y altivo" y también "de costumbres ligeras", y que lo mismo que su marido, gustaba de las fiestas, paseos, banquetes, comedias y corridas de toros. A tal punto era esto, que se decía por entonces que "las gentes cristianas de esta ciudad están consternadas, muy llenas de indignación por la conducta libertina de los virreyes y de todos los de su corte frívola, banal".[28]

Romero de Terreros cuenta lo que refirieron por aquel entonces unos religiosos: "Por ese mismo tiempo [septiembre de 1586] fueron el virrey y la virreyna a holgarse y recrearse en la ciudad de Xochimilco. Posó con toda su casa dentro de nuestro convento... y detúvose allí siete u ocho días en que los indios les hicieron grandes fiestas... había a comer trescientas raciones y a cenar otras tantas y a todos se daba vino; las aves que se comieron son sin número y la colación de confituras y caxetas fue gran cantidad y de mucho precio y todo lo proveyeron los frailes. Lo que más mal pareció y de que todo el mundo tuvo que murmurar fue la demasiada libertad, rotura y disolución muy de propósito de mujeres, la virreyna y las suyas".[29]

3

El ilustre enviado de Su Majestad permaneció aquí hasta 1590, fecha en que, por causa de intrigas, fue removido y se embargaron sus bienes (¡hasta la ropa de su esposa!) y en que llegó a sustituirlo el segundo marqués de Salinas y conde de Santiago, Luis de Velasco, apellidado Castilla y Mendoza, hijo del virrey del mismo nombre que había gobernado hacía cuatro décadas y quien se estableció por cinco años en estas tierras a las que conocía bien puesto que ya había vivido en ellas con sus progenitores. Dos veces sería este hombre virrey de la Nueva España y dos del virreinato del Perú además de presidente del Consejo de Indias.

De su padre había heredado don Luis lo fiestero pero también el deseo de gobernar bien y hacer cosas buenas. Puso a trabajar los obrajes para impulsar así una industria a la que se oponían en España por miedo a que la competencia les perjudicara y mandó edificar construcciones para embellecer la ciudad. Según Artemio de Valle Arizpe, se decía que era comedido, atento, exquisito, "flor de galanía", lo que seguramente era cierto para su conducta en la calle pero no en su casa en la que daba muy mal trato a su esposa.

Era ella doña María de Ircio y Mendoza, hija de una media hermana del virrey Antonio de Mendoza a quien éste había casado, por interés, con el codicioso conquistador Martín de Ircio. Cuenta Núñez y Domínguez, que la señora era una rica propietaria mientras que su marido, a pesar de que tenía fama de probo y recto, era codicioso. Tanto así, que se la pasó rogándole a Su Majestad que le aumentara el sueldo de virrey, cosa que por fin logró, pero ni aun con la enorme suma de veinte mil ducados al año ni con el aumento de los tributos a los indios quedó satisfecho. Entonces puso sus ojos nada menos que en la fortuna de su mujer y, por supuesto, entre ellos empezaron los pleitos. Según Pilar Gonzalbo, aunque la costumbre imponía que el marido fuera administrador de los bienes de la esposa, hubo numerosas excepciones,[30] y una de ellas fue por lo visto la de este matrimonio. Cuentan que el señor virrey le gritaba colérico y hasta injurioso y llegó incluso a golpear a la señora virreina. A tal punto llegaron las cosas, que la dama y su madre se quejaron con el mismísimo rey a quien mandaron una carta en la que acusaban al marido de ser desobligado con sus deberes conyugales y de someter a su esposa a terribles castigos, e incluso amenazarla de muerte para que firmara documentos que le permitieran a él apoderarse de sus bienes, además de que se valía de su influencia para "torcer a su favor a la justicia". Según la carta de la suegra: "La dicha hija agora está sin libertad que aun escribirme ni recibir letras mías no puede ni oir a mi persona que le pueda avisar lo que le conviene".[31]

El rey no respondió a estas quejas y la mujer tuvo que aguantar toda su vida al marido. Hay quien cree que por ser ricas, hijas de gente rica y esposas de hombres poderosos, esas mujeres la pasaban muy bien, pero no siempre fue así. Tenemos aquí el caso de una virreina que mucho lloró y muy infeliz y desventurada fue.

A Velasco le siguió Gaspar de Zúñiga y Acevedo, conde de Monterrey, quien llegó a América en 1595 con su esposa Inés de Velasco y Aragón, hija del marqués de Frías y descendiente de la más ilustre nobleza de su tiempo y que moriría muy joven. Fue durante este gobierno que el capitán Sebastián Vizcaíno se fue a descubrir lo que hoy es el territorio de Baja California.

Una corte alegre

1

El siglo XVII se inició en España con el reinado de Felipe III quien había subido al trono en 1598 y en México con la entrada solemne en 1603 de Juan de Mendoza y Luna, marqués de Montesclaros. De él se dice que vino acompañado por su primera esposa llamada Ana, mujer que según algunos era la marquesa de la Guardia Ana Gonzalvi y según otros Ana Mejía. Hay sin embargo quien asegura que le acompañó a estas tierras su segunda esposa Luisa Antonia Portocarrero y que ella era la viuda del marqués de la Guardia. ¡Qué poco importantes deben haber sido estas mujeres para que ni siquiera se sepa bien a bien quién era la esposa del virrey y cuál era su nombre!

Según Manuel Romero de Terreros, en ese siglo fue cuando empezaron a destacar las esposas de los virreyes. Y es que "como era tan pacífica la vida en México comparada con la de las cortes de Madrid y de Versalles, las esposas tenían pocas oportunidades para lucirse socialmente hablando" y hacían por aprovecharlas.[32]

Estamos en el tiempo llamado por los estudiosos "de los criollos", que eran los españoles americanos, los nacidos en estas tierras, quienes ya sentían orgullo de lo propio y pensaban que no todo se lo debían a España. La Nueva España era su patria y la consideraban honorable y hermosa, en nada inferior a la Europa.

Habían creado una cultura original, exagerada en su pompa y solemnidad, en su cortesanía, en su arte y gastronomía exquisitos, muy recargados y adornados.[33] Era la suya una sociedad al mismo tiempo sumamente devota y sumamente festiva y cuya gente era orgullosa y soberbia. La arquitectura barroca, la cocina complicadísima, las ceremonias solemnes, los vestidos pesados, la orfebrería tan finamente trabajada, los muchos adornos y hasta el lenguaje rebuscado eran, como diría Alfonso Méndez Plancarte, "flores de un mismo rosal": "la piedra, la palabra, el condimento, el adorno, una misma ostentación de lo decorativo".[34]

Según Lafaye, esta idea de grandeza se fundaba sobre la conciencia de su riqueza y es que, en efecto, los criollos novohispanos eran muy ricos gracias a lo mucho que producían las minas y las tierras.

Y, por supuesto, llevaban una vida digna de su elevada alcurnia: habitaban en hermosos y ostentosos palacios que desde la fachada dejaban ver la riqueza e importancia de sus dueños, y los tenían muy bien arreglados con muebles finos, mesas y bargueños, paredes cubiertas de damascos, espejos y terciopelos, biombos, candiles, colgaduras, floreros y pebeteros. Escribe Salvador Novo: "Las residencias señoriales de los siglos XVII y XVIII siguieron el modelo de las casas andaluzas que se impuso ampliamente en las provincias: la gran portada, el zaguán con un balcón arriba, la cancela de labrado fierro que cierra el zaguán y deja ver el patio cuadrado con su fuente al centro, como los claustros conventuales. Es suntuosa la escalera principal, amplios los corredores que llevan a los grandes salones: el del estrado, donde el dueño confía en que alguna vez lo visitará el Soberano y ha colocado, para aguardarlo, un sitial bajo dosel con el retrato de Su Majestad. La capilla, con rica portada, se encuentra cerca del desemboque de la escalera. Las demás piezas ocupan las crujías laterales y el amplio comedor la paralela a la calle. Al segundo patio se llega por una escalera de servicio. Allí están las bodegas, las caballerizas y los carruajes".[35]

Las familias vivían rodeadas del mayor lujo, atendidas por muchos sirvientes. Las mujeres iban muy arregladas desde que se levantaban, no a hora demasiado temprana, pues no acostumbraban hacerlo antes del mediodía, pero ya desde ese momento llevaban espléndidos vestidos, tocados y joyas con las piedras preciosas que tanto les gustaban y la plata de las minas fabulosas que en estas tierras encontraron. De su cuerpo pendían ajorcas, pulseras, arracadas, sortijas, diademas, collares, broches, gargantillas, medallones, peinetas, cadenas, cinturones, botonaduras, ahogadores. Como escribió Guillermo de Tortosa: "Las damas de México, muy cargadas de alhajas".[36]

2

Cinco años después, vuelve a la Nueva España, nombrado por segunda vez como virrey, aquel Luis de Velasco el joven o el hijo, acompañado por su misma esposa María de Ircio, a la que tan mal le iba a su lado y que hasta se había quejado con el rey. Pero es que el matrimonio, como bien sabemos, era para siempre y hasta que la muerte los separe. Santo Tomás lo había advertido: "La institución matrimonial pertenece al orden impuesto por Dios a la naturaleza y es por tanto un vínculo indisoluble". Pretender su anulación era arriesgarse no sólo a trámites largos y complicados y no sólo a problemas económicos sino sobre todo a la vergüenza social, de modo que las mujeres optan por, como dice Asunción Lavrín, "tratar de conseguir un cambio en el comportamiento de sus maridos".[37]

En esa ocasión los virreyes permanecieron aquí por cuatro años, durante los cuales hubo un importante levantamiento en contra de la esclavitud que fue ferozmente reprimido.

Cuando Velasco fue llamado de vuelta a España, lo sustituyó el fraile García Guerra, quien durante un año se ocupó de las tareas administrativas de la Colonia en lo que llegaba a estas tierras el nuevo virrey. Según Irving A. Leonard, cuando desembarcó en Veracruz este dominico, que será arzobispo de México, "llega el barroco a tierras americanas".[38]

Y es que al hombre le agradaba que lo adularan y lo festejaran. Al asumir el cargo organizó un solemne tedeum y mandó hacer grandes ceremonias, juegos de artificio y arcos triunfales en su propio honor. Se iniciaron las corridas de toros todos los jueves y las reuniones en los conventos en los que las jóvenes novicias le cantaban villancicos y se tocaba el clave, el laúd y la flauta. Pero lo que más le gustaba a este personaje era comer y para acompañar el chocolate se podía ingerir cuantas cajetas, confitadas, rosquillas, rompopes, jericallas, yemitas, natas y frutas de sartén le prepararan las hábiles manos de las monjas.

Le siguió Diego Fernández de Córdova, marqués de Guadalcázar, quien llegó a la Nueva España con su esposa María Rieder o Riederer de Paar, condesa de Barajas, una austriaca que había sido dama de la reina Margarita y que moriría en México para ser sepultada con gran pompa en la catedral. Su marido permaneció aquí sin hacer mayor cosa, hasta que "fue recusado por los miembros de la Real Audiencia quienes ejercieron el gobierno del virreinato".[39]

En 1621 sube al trono español Felipe IV y entre las primeras órdenes que da está la de enviar a un nuevo virrey a la Nueva España, que tan agitada estaba políticamente. Nombra entonces a Diego Carrillo de Mendoza y Pimentel, marqués de Gelves, quien llega acompañado de su esposa Leonor de Portugal Colón de Toledo y Vicentello, viuda del caballero de Calatrava. Su encomienda es clara: meter en disciplina a los nobles de aquí. Por supuesto que eso, aunado a su mal genio y carácter irritable, le produjo muchos enemigos, entre ellos el influyente arzobispo Pérez de la Serna. Las diferencias entre ambas autoridades supremas llegaron a tal punto, que el prelado le amotinó a la plebe. El Palacio Real fue sitiado y apedreado y luego le prendieron fuego. El hombre salvó la vida de milagro pero fue derrocado.

Lo sustituyó el marqués de Cerralvo Rodrigo de Pacheco Osorio quien permanecería once largos años en el cargo con la misión de tranquilizar los ánimos. A él le tocó la terrible inundación de la capital que dejó treinta mil muertos y grandes calamidades. El nivel del agua subió hasta dos varas y las casas se desmoronaban. La culpa de esto, se decía, era de "un cometa del tamaño de una grande braza, la cabeza resplandeciente y el cuerpo y la cola de color del cielo la cual comenzando a culebrear y a hacer ondas pasó".[40] Entonces se sacó a la Virgen de Guadalupe de su templo en el Tepeyac y se la llevó a la catedral para que pusiera remedio. Allí permaneció cinco años mientras la ciudad seguía bajo el agua. ¡Hasta Cédulas Reales hubo que proponían cambiar de sitio a la capital para evitar las inundaciones!

Y a pesar de todo, nunca como con este virrey fueron tan deslumbrantes las fiestas y saraos. Como le encantaba Chapultepec, inició la costumbre —que todos los virreyes posteriores adoptarían— de quedarse unos días allá antes de llegar a la ciudad de México. ¡Cómo le suplicaron a Su Majestad que los dejara irse a vivir a ese hermoso lugar y gobernar desde allá! ¡Cómo les gustaba el bosque y cuánto se ocuparon de cuidarlo y embellecerlo y sembrarle más árboles además de los ahuehuetes que ya existían desde tiempos del emperador-poeta Nezahualcóyotl! Pero el monarca español nunca concedió la autorización y los obligó a permanecer en el edificio de la Plaza Mayor.

Su esposa Francisca de la Cueva, era hija del duque de Albuquerque. Mujer piadosa y devota, no compartía los afanes festivos de su señor marido. Sobre ella hay muchas leyendas y todas coinciden en que "irradiaba gracia de toda su persona", tanta, que cuando andaba por las huertas o jardines, "los rosales se deshojaban a su paso y las flores dejaban caer sobre ella el trémulo revuelo de sus pétalos". Cuentan también que "las palomas se posaban en su hombro y las fuentes se tornaban más melodiosas a su paso".

La buena señora fundó cofradías, dotó conventos (lo cual, según Asunción Lavrín, era considerado como una de las formas más loables de piedad), instituyó capitales para sostener viudas, puso bajo su patronato casas de caridad, mandó rentas para doncellas desvalidas que querían profesar, restauró iglesias, encargó misas y novenas y visitó hospitales. Pero lo que más la hizo célebre fue que personalmente cuidaba a monjas enfermas a las que daba de comer y les sacaba la bacinilla. Dicen que hasta profesó de tercera.[41]

Aristócratas ricas

1

El siguiente virrey, Diego Lope Díez de Aux de Armendáriz, marqués de Cadereyta, estuvo aquí entre 1635 y 1640. Había nacido en el virreinato de Perú por lo que fue el primer gobernador criollo de la Nueva España. Se cuenta que estuvo implicado en el caso muy sonado entonces de un crimen pasional, el de Juan Manuel de Solórzano, porque frecuentaba a su esposa doña Mariana que era muy bella.

Le siguió Diego López Pacheco Cabrera y Bobadilla, duque de Escalona, marqués de Villena y Grande de España, quien según algunos era viudo pero según otros llegó con una de sus dos esposas, una mujer de nombre Luisa Bernarda cuyos apellidos no conocemos. Lo que sí se sabe es que le gustaban tanto las mozas que se las robaba en la calle, para escándalo de la buena sociedad.[42] En su tiempo anduvo por estas tierras Guillén de Lampart, quien peleaba por la emancipación de México y llenaba la ciudad de pasquines contra el Santo Oficio.

El virrey sólo permaneció en el cargo dos años ya que fue destituido, por instrucciones secretas de España, acusado de traición por ser pariente de quien se había proclamado rey de Portugal. Sus bienes fueron vendidos en almoneda pública y lo metieron preso. Parece que la trama la urdió el arzobispo de Puebla y Visitador General de la Nueva España Juan de Palafox y Mendoza, hombre duro e inflexible que no sólo se enfrentó al virrey sino también a la poderosa Compañía de Jesús. Este prelado ocupó entonces el cargo, acumulando mucho poder. A él se debe el gran impulso a las obras de la catedral.

Monseñor le pasa el mando a García Sarmiento de Sotomayor, marqués de Salvatierra casado con Antonia de Acuña y Guzmán, quien sería virrey hasta 1648, cuando peleó con el mismo poderoso prelado y tuvo que dejar el cargo en manos de otro obispo, esta vez el de Yucatán, Margos de Torres y Rueda.

Era éste un personaje pomposo y arrogante, que vestía con gran lujo y tenía mano dura y moral rígida. No había por supuesto esposa oficial, pero sí una sobrina que le atendía y a la que casó con uno a quien convirtió en su secretario particular. A su vez este secretario se dedicó a enriquecerse pidiendo dádivas a todos los que requerían algo del virrey. Pero repentinamente el obispo murió y apenas pasados los funerales, la Audiencia tomó en sus manos el cargo y quiso aprehender a la sobrina con todo y marido pero éstos lograron huir, aunque de todos modos se les "siguió causa" como se decía entonces a los juicios.

A mediados del siglo, llega el conde de Alva de Liste y marqués de Villaflor, Luis Enríquez de Guzmán, varón altivo y austero, que siempre vestía de negro sin adornos ni realces, acompañado de su esposa Hipólita de Cardona. Gobernaría con mano dura durante tres años, en los que le tocó un incendio en el Palacio de Cortés y la muerte de la famosa Monja Alférez, "doña Catalina de Erauzo, exnovicia y luego soldado, comerciante y jugador, espadachín enamoradizo pero devoto, [que] más parece personaje de novela que de historia. Murió cerca de Orizaba en 1650".[43]

A este virrey lo sustituyó el duque de Alburquerque y Grande de España, Francisco Fernández de la Cueva, quien durante sus siete años de gobierno se hizo célebre porque edificó mucho y embelleció la ciudad de México. Era su esposa Juana Armendáriz, marquesa de Cadereyta y camarera mayor de la reina, hija del virrey que veinte años antes había gobernado la Nueva España. Se cuenta que era una dama orgullosa y altiva, amiga del boato, que mandó aderezar el palacio con ricas y costosas colgaduras y "fabricar una jaula para ella y su hija cuando se hicieron las fiestas de dedicación de la catedral" para entrar así al recinto y que nadie se les pudiera acercar. La señora acompañaba a su marido a todas partes "no separándose de él ni aun cuando visitaba las obras del desagüe, caminata no exenta de graves molestias para una dama".[44]

Los virreyes eran tan ricos, que cuando nació el heredero al trono español, le regalaron al soberano 250 mil ducados anuales durante tres lustros que debían destinarse solamente a las mantillas para el niño ¡siendo que el sueldo que recibía don Francisco era de 25 mil ducados al año, cifra de por sí monumental! Famosa es la anécdota según la cual de regreso en España la señora llegó a tener un altercado nada menos que con Su Soberana porque ésta daba preferencia a las modas francesas sobre las italianas que aquélla defendía.

2

La vida se les iba a virreyes y nobles en besamanos y saraos, visitas y fiestas, ceremonias y procesiones, funciones religiosas y funciones de teatro, corridas de toros, días de campo y excursiones. Afirma el estudioso José Pascual Buxó, que la novohispana era una sociedad muy dada a las diversiones y los paseos. De moda estaban los certámenes poéticos y las tertulias, en las que se tomaba chocolate con bizcochos, se hablaba un poco de teología y de filosofía y un mucho del prójimo. Era una sociedad a la que gustaba el espectáculo y la música, las grandes celebraciones civiles y religiosas, los rituales complicados y las exageradas formalidades.[45]

El mismo Romero de Terreros cuenta lo que eran las fiestas: "Vestíase la corte de gala y se veía llegar a la puerta de palacio lujosos trenes de carrozas y estufas tiradas por caballos ricamente enjaezados y sillas de manos cargadas por negros esclavos o criados de lujosa librea. Las damas iban a palacio costosamente aderezadas y le hacían muchos regalos a los representantes de la católica majestad. Ella a su vez las agasajaba con comedias y conciertos y exquisitos banquetes, pasando los platones de las más exquisitas viandas y vinos generosos y todo género de dulces y aguas".[46]

Mucho tiempo gastaban las mujeres en preparar sus atuendos para cada ocasión: "Anchos trajes de pitiflor o de gorgorán", sobrerropas, abanicos, pañuelos de encajes y bordados, guardapies, cordones, lazos, cenefas, flecos, cuellos, puños, polleras, basquiños, mangas, jubones con guarnición o cotillas, sayas, enaguas, enfajes, mantos, corpiños, chapines de finos tafetanes (con tacón y punta), enormes tocados con trenzas, bandas, rizos, encrespados copetes o postizos, cintas y abalorios. Un cura de la época lo ponía así: "Gasta la mujer dos horas en componerse y atarse la cabeza... reduce todo el cuidado al ajuste de la ropa, a lo encendido del color... pone toda la mira en lo fino del encaje, en el oriente de las perlas... tanto listón, encajes, franjas y alajas que más parecen tiendas de mercadería portátiles que criadas en la religión cristiana".[47] Les gustaba mucho maquillarse: el polvo blanco de "albayalde" como fondo sobre el que se esfumaba el polvo rosa para las mejillas y el brillo de cera, coloreado o no, para los labios, el cabello se untaba con aceites, la boca se refrescaba con hinojo o anís, la crema de almendras para conservar la suavidad de las manos (muy importante porque aún no era común usar los cubiertos, apenas inventados) y las aguas perfumadas para completar el tocado, muy necesarias dado que no acostumbraban bañarse ni lavar la ropa, pues según una estudiosa, hasta el siglo XVIII se reconocería que el agua se podía usar también para ese menester.

Y joyas, muchas joyas, pues eso gustaba particularmente a las damas españolas avecindadas en México y a las criollas, quienes por lo demás podían tener todas las que quisieran puesto que eran muy ricas. ¡Hasta en los ampulosos vestidos llevaban cosidas las piedras preciosas y "bordados de perlas y lindos aljófares"! Y así se emperifollaban no sólo para ir a las fiestas y funciones de teatro sino para visitar las iglesias, conventos y hospitales. ¿Y qué decir de los señores, ellos también tan recargados de hebillas, bordados, encajes, casacones y pelucas bien empolvadas?

3

¿Podemos imaginar a estas señoras caminando con sus enormes y pesados ropajes y sus elaborados tocados por aquellos patios de baldosas, subiendo y bajando las escaleras y dejando arrastrar los terciopelos y brocados o tropezando contra las piedras en sus delicadas zapatillas? Por supuesto que no. Y es que las mujeres casi no se movían, desde que se levantaban y emperifollaban permanecían sentadas, ocupadas en nada, dejando pasar el tiempo en compañía de otras damas y tratando de espantar el aburrimiento con "convites, recreación y conversaciones" como decía Balbuena, con rezos y "obra de aguja" como se le llamaba al bordado y también con el chisme. No acostumbraban salir a la calle y cuando lo hacían era para cumplir algún encargo importante, hacer una visita o ir a misa y siempre iban acompañadas por sus padres, maridos o "dueñas", que así se llamaba a las damas de compañía y sirvientas.

Hubo quienes gustaban de leer, ya fuera vidas de santos y relatos con ejemplos morales, que era lo que se publicaba aquí, o libros de caballería y de poesía con "las dulzuras de los bardos griegos y latinos". ¿Conocían las señoras aquel soneto atribuido a Miguel de Guevara?:

No me mueve mi Dios para quererte
el cielo que me tienes prometido
ni me mueve el infierno tan temido
para dejar por ello de ofenderte.[48]

Y se sabe que, a pesar de las prohibiciones, circulaban profusamente —y se leían— las llamadas "historias vanas y de profanidad", que eran las novelas; literatura considerada "nociva para las buenas costumbres", según decía una Real Cédula y por la que las damas llegaban a tener, como decían los censores que por eso se las pretendían prohibir, "desmedida afición".

Una anécdota muy reveladora, que relata Buxó, cuenta que en una ocasión, al llegar el marido a su casa, encontró a su esposa con las sirvientas llorando desconsoladas en torno al estrado. ¿Por qué lloráis todas?, preguntó el hombre, a lo que la dama respondió: Señor, hase muerto Amadís.

Hubo también quienes escribían: diarios, cartas y poemas que según Josefina Muriel casi siempre eran francamente malos.[49] Pero había excepciones como la de María de Estrada y Medinilla, quien poetizó la entrada a la ciudad de México del virrey, con toda su pompa, las aclamaciones de la gente, la asistencia de la nobleza y de la clerecía religiosa, la música y la ostentación de riqueza:

Del ilustre marqués cuya excelencia,
da con celebraciones,
glorias a España, al mundo admiraciones...

La ceremonia siempre acostumbrada,
y alegre le recibe,

la ciudad, que de nuevo le apercibe
aplauso reverente.[50]

Pero la parte principal de su energía y tiempo la dedicaban estas mujeres a ingerir la muy buena y pesada comida que acostumbraban servir varias veces al día —cinco cuando menos— compuesta de complicados platillos surgidos de eso que Salvador Novo ha llamado "el maridaje" de los productos de las dos tierras: el maíz y el chile con las carnes y los chorizos; los arroces con los frijoles; las especias que según se creía entonces "excitan y elevan las facultades intelectuales"; las frutas y vegetales mexicanos tan jugosos ("la excelsitud del aguacate" como escribiría un viajero o el jitomate al que la condesa Kolonitz llamaría "manzana del paraíso"); los almíbares, bizcochos y molletes y por supuesto el chocolate que volvía locos a reyes, obispos y poetas. Las damas mexicanas gustaban mucho de los dulces y no les importaba que se les picaran los dientes (y que se los tuvieran que extraer) ni que su cuerpo se llenara de adiposidades desde muy jóvenes, pues el ideal de belleza de la época eran las redondeces.

Soberbias y cultas

1

En 1660 llegó a la Nueva España Juan de Leyva y de la Cerda, descendiente de Alfonso X el Sabio, quien había adquirido sus títulos de marqués de Leyva y conde de Baños por su consorte María Isabel de Leyva y Mendoza, prima suya, con quien se había casado en Madrid en 1632. Hombre muy altanero, se hizo famoso, lo mismo que su esposa, por su codicia. Para obtener más y más riquezas ordenó nuevos impuestos, tributos y multas, vendió puestos públicos y llevó a cabo negocios prohibidos, como permitir el comercio entre las colonias. Fueron gobernantes muy impopulares, tanto, que cada vez que se presentaban en algún acto público brotaban espontáneas la rechifla y la mofa del gentío y más de una vez hasta los insultos y las maldiciones. Cuentan que en una ocasión decidió retirarse al campo a descansar y para hacerlo embargó todas las huertas vecinas a la suya a fin de que en ellas se instalaran sus acompañantes. Y eso, por supuesto, despertó gran ira entre los propietarios que incluso lo acusaron ante el rey.

De la virreina se cuenta que un día le entró el capricho de que la procesión de Corpus pasara bajo su balcón para poderla ver sin molestarse en salir. El Cabildo se negó a cumplir este deseo pero el virrey los amenazó y entonces así se hizo. La señora y sus damas, muy emperifolladas, observaron cómodamente la fiesta religiosa, pero los prelados, furiosos, los acusaron con el monarca quien castigó al gobernante con lo que más le podía doler dada su avaricia: le impuso una fuerte multa de doce mil ducados.

Debido a las muchas acusaciones en su contra de parte de la nobleza criolla y del clero, el soberano lo destituyó. Pero tuvo que hacerlo varias veces porque el virrey no le hacía caso y permanecía en el cargo. Hasta que al fin lo logró, gracias a la intervención de quien lo sustituyó, el obispo de Puebla Diego Osorio de Escobar y Llamas, quien asumió el mandato por un muy breve periodo en lo que llegaba al país Antonio Álvaro Sebastián de Toledo Molina y Salazar, marqués de Mancera.

Era éste un hombre que quería bien a América pues había vivido su juventud en el Perú. Venía acompañado de su esposa Leonor de Carreto, hija del marqués de Lorena. Ellos estuvieron aquí entre 1664 y 1673 y animaron mucho la vida de la corte. Según Octavio Paz, doña Leonor era joven, rubia, hermosa, ingeniosa y vivaz. Amaba el fasto y las fiestas, organizaba bailes y gustaba de lucir perlas, que eran su alhaja favorita, las que llevaba con donosura alrededor del cuello y de los brazos y hasta en el peinado y el vuelo de la falda.

Tanto el virrey como la virreina eran aficionados a las letras y a los letrados, de modo que invitaban a muchas tertulias y academias literarias como se les llamaba, en las que conversaban y ofrecían chocolate al que se hicieron muy afectos, al punto, que el marqués hasta inventó una taza pegada al plato en la que cupiera el bizcocho que sopeaba en el espumante líquido. Esos artefactos, llamados precisamente mancerinas, se pueden aún encontrar en algunos museos de la capital de México. Se cuenta que regaló una al monarca español quien también gustaba de tomar la espesa y dulce bebida mexicana hecha de granos de cacao seco, tostados y molidos en el metate y preparados en una pasta que se mezclaba con especias y flores y se disolvía en agua, luego de lo cual se endulzaba, se batía con molinillo y se servía "para regocijar los sentidos".[51]

Una anécdota da fe de lo que provocaba el chocolate: se cuenta que en Ciudad Real vivían unas damas que por el clima se quejaban de padecer "frialdad del estómago" por lo que dieron en tomarlo a todas horas, incluso dentro de la iglesia a la que se presentaban con todo y criados que lo servían. Así que el cura, enojado, las amonestó y como no hicieran caso terminó por excomulgarlas. Ellas por su parte resolvieron envenenarlo y de ese modo fue como murió el pobre hombre mientras las mujeres pudieron seguir con su costumbre de ingerir la dulce bebida.

Juana de Asbaje era entonces una muchacha muy joven y bonita que servía a la virreina, quien estaba tan encantada con su discreción y servicialidad pero sobre todo con su inteligencia y saber, que le organizó un certamen en el que debía responder a las difíciles preguntas de los más doctos profesores de la época, lo cual la joven hizo para admiración de todos. Cuenta José Pascual Buxó que los ilustres se preguntaban si ese saber era proveniente de Dios o alcanzado por el propio esfuerzo de la muchacha. Se dice que doña Leonor la quería mucho y según Calleja: "no podía vivir un instante sin su Juana Inés", a pesar de lo cual la ayudó a entrar al convento a donde ésta quería retirarse para poder dedicarse al estudio que era su pasión, lejos del ruido del mundo y sobre todo lejos del matrimonio, que no le interesaba. La virreina asistió a su toma de velo, la protegió y la visitó en su encierro. A su vez la poeta le escribió bellos y encendidos versos dedicados a "Laura divina" que era como le llamaba:

De la beldad de Laura enamorados
los Cielos, la robaron a su altura...

de su cuerpo en la hermosa arquitectura
admirados de ver tanta hermosura...[52]

Al terminar su cargo y cuando ya iban camino de regreso para tomar en Veracruz el barco que los llevaría a su hogar, súbitamente murió doña Leonor en Tepeaca, en lo que hoy es el estado de Puebla. Fue sepultada con gran pompa y sor Juana le dedicó tristes versos:

Muera mi lira infausta en que influiste
ecos, que lamentables te vocean,
y hasta estos rasgos mal formados sean
lágrimas negras de mi pluma triste.[53]

2

El rey nombra al marqués de Villafranca para sustituir a don Álvaro, pero éste renuncia al encargo. Mientras tanto Carlos II recibe la corona de España y nombra a Pedro Nuño Colón de Portugal y Castro, duque de Veragua y Grande de España, descendiente del almirante y descubridor de las Indias don Cristóbal Colón. Pero el hombre llegó a estas tierras tan enfermo, decrépito y achacoso que tuvo que meterse en la cama en lugar de asistir a los festejos organizados en su honor y pronto murió habiendo ocupado el cargo sólo unos días entre el 8 y el 13 de diciembre de 1673. El gobierno quedó entonces en manos de fray Payo Enríquez de Rivera, arzobispo de México, quien lo conservó hasta 1680 reuniendo otra vez en las mismas manos los poderes administrativo y eclesiástico del reino.

El gobierno virreinal estaba formado por una serie de funcionarios —gobernadores, secretarios, alcaldes, regidores y corregidores, jueces, visitadores y oidores— que conformaba una enorme burocracia ineficiente, corrupta y siempre escasa de recursos que dirigía y administraba las provincias, los ayuntamientos y los cabildos. Con la misma fuerza y poder estaba la autoridad eclesiástica, organizada también en una rígida jerarquía encabezada por los obispos, quienes dictaban la ortodoxia no sólo en materia de acciones sino hasta de pensamientos y vigilaban su estricta observancia y cumplimiento, ayudados por el Tribunal del Santo Oficio de la Inquisición, gran censor y castigador. El trabajo de ambos se cumplía con apoyo de un aparato militar que, sin embargo, se usaba poco porque el reino funcionaba y la gente obedecía.

3

En 1681 llega a la Nueva España Tomás Antonio de la Cerda y Aragón, marqués de la Laguna y conde de Paredes, acompañado por su esposa María Luisa Gonzaga y Manrique de Lara.

Se usaba entonces, como parte del complicado y pomposo ritual desplegado para recibir a un nuevo virrey, levantar arcos triunfales que les daban la bienvenida. Eran de madera y llevaban pinturas y esculturas de dioses griegos, con sonetos, epigramas y letrillas y se colocaban en las fachadas de los cabildos o de las catedrales para hacer públicas las loas al nuevo gobernante y a su esposa. Los que se prepararon para estos virreyes los hicieron los más destacados intelectuales de aquel siglo XVII cuyas famas ya habían corrido allende el mar: sor Juana Inés de la Cruz y Carlos de Sigüenza y Góngora, aquélla poeta, éste polígrafo y pensador. En el arco de sor Juana, el virrey aparecía como Neptuno en cuyo bastón de mando "cifra la civil, criminal y marcial potestad".

La nueva virreina era, lo mismo que su antecesora, amante del teatro, la música y las letras. No es casualidad, pues en las cortes europeas había mujeres cultas y cuando pasaron a España, porque casaban con nobles de ese reino, llevaron sus gustos por leer, conversar y asistir al teatro.

Nada más llegar, doña María Luisa buscó a sor Juana. Tenían ambas la misma edad, eran ambas hermosas, la virreina en extremo según se dice, y entre ellas nació una arrebatada amistad que dio lugar a conversaciones y confidencias y a la protección de la poderosa dama para la monja y su convento, así como también a apasionados poemas dedicados por la una a la otra, poniendo la jerónima a su soberana el nombre de Lysi y llamándola "mi dulce amor".

Yo adoro a Lysi, pero no pretendo
que Lysi corresponda mi fineza;
pues si juzgo posible su belleza,
a su decoro y mi aprehensión ofendo...

Como cosa concibo tan sagrada
su beldad, que no quiere mi osadía
a la esperanza dar ni aun leve entrada...[54]

Mucho debe haberse entristecido nuestra "décima musa" cuando el encargo de los virreyes terminó apenas pasados cuatro años y los marqueses De la Laguna se fueron de vuelta a España. Sin embargo la señora no la olvidaría y hasta se encargó y patrocinó la publicación de sus obras en Madrid.

Inquietudes y dificultades

1

El nuevo virrey que llegó entonces fue Melchor o Manuel de Portocarrero y Lazo de la Vega, conde de la Monclova, acompañado de su esposa Antonia Jiménez de Urrea, hija de los condes de Aranda, quienes permanecieron aquí hasta 1688 cuando fueron enviados al Perú. En su lugar vino Gaspar de la Cerda Sandoval Silva y Mendoza, conde de Galve, con su segunda esposa Elvira María de Toledo, hija del marqués de Villafranca, ambos cargados de tantos títulos y nombres que ni ellos mismos se los sabían todos ni conocían el orden en que debían usarlos. Se dice que esta virreina era muy piadosa y nada alegre y festiva como sus antecesoras y tan devota de la Virgen de los Remedios que le obsequiaba costosos regalos. A ella le tocaron plagas, un eclipse de sol y los tumultos del año 1692, en los que estuvo a punto de ser atropellada por la multitud. Y poco después, cuando la sequía hizo faltar el grano y la corrupción de los funcionarios provocó la hambruna más fuerte de que se tuviera memoria en la Nueva España, le tocaron los levantamientos del populacho que empezaron con "la espesa tempestad de piedras que llovía", según descripción de Carlos de Sigüenza y Góngora, y terminaron con el incendio del Real Palacio que arrasó con todo: las salas de acuerdo y de audiencia, los tribunales con los registros y escribanías, la cárcel y la casa de los virreyes que perdieron todos sus objetos y caudales y tuvieron que huir y refugiarse primero en el contiguo Arzobispado y luego en el convento de San Francisco. De modo, pues, que su idea de la Nueva España no debe haber sido tampoco tan alegre y festiva como la de sus antecesoras. Por si eso no bastara, al ir de regreso a España, los franceses atacaron el barco que la conducía. Tantas penas fueron las que pasó esta pobre mujer que a poco de desembarcar en su tierra, murió.

El Real Palacio que fue incendiado a fines del siglo XVII tenía, según Francisco de la Maza: "Dos portadas renacentistas y tres patios. La habitación de los virreyes era el ala izquierda y tenía, según el cronista Sariñana, todas las piezas, camarines y retretes (recibidores y recámaras) que pide la suntuosidad; junto a la escalera tiene tres salas grandes, principales, de estrado (de reuniones), con balcones a la Plaza Mayor y entre ellos uno de doce varas de largo y casi dos de vuelo, ensamblado y dorado, con su zaquizamí y plomada". Al balcón de referencia se le conocía como "el balcón de la virreina" y había sido mandado a construir por el duque de Escalona en 1640, adornándolo con celosías de madera, un techo inclinado de tipo alero y delgadas tejas de plomo.[55]

2

Terminados los tumultos, destituido el virrey, ocupa el cargo otra vez un eclesiástico, el arzobispo de México y obispo de Michoacán Juan de Ortega y Montañez, hombre soberbio que además era el inquisidor de la Nueva España. Dos veces sería virrey, una durante tres años y otra apenas por unos días, pero en ambas ocasiones vivió en el mayor boato y lujo, entre fiestas, banquetes, carrozas, lacayos y pajes.

Para sustituirlo fue nombrado el conde de Moctezuma y Tule José Sarmiento y Valladares, quien a pesar de su nombre no tenía que ver con el rey azteca. El hombre, altivo como todos los gobernadores que fueron enviados a estas tierras, sufrió la humillación de que al entrar solemnemente en la ciudad, fue derribado por su caballo, cayendo él por un lado y su voluminosa peluca por otro.

Había casado dos veces, la primera con María Jerónima Moctezuma y Jofre de Loaiza, tercera condesa de Moctezuma y ella sí descendiente del tlatoani, con quien tuvo una hija que murió de viruela y fue sepultada con gran pompa, y la segunda con María de Guzmán y Manrique, hija del marqués de Villa Manrique, una mujer que tuvo mucha influencia sobre su marido y que era muy chismosa. Hasta al arzobispo "le corrió habladurías" como se decía entonces y terminó peleada con él.

La diversión favorita de la señora era presenciar los autos de fe de la Inquisición, que le parecían un espectáculo sublime que le provocaba "vivos deseos de ver". Así que se sentaba en el balcón del palacio y comía dulces y se abanicaba mientras se cumplía la muy larga y complicada ceremonia en la que los reos salían de la prisión, escuchaban las causas que se les seguían y las sentencias y se dirigían a su destino que era la hoguera. Acostumbraba decir que "en ningún agasajo público de cuantos se le habían hecho había estado tan complacida como en éste". Y no parecía ofenderle eso que Vicente Riva Palacio calificaría de "el desagradable efecto de la quema de los cuerpos".

Los condes permanecieron aquí hasta 1702 y fueron quienes volvieron a habitar "la rehecha casa real", reconstruida con una fachada más armoniosa y un enorme y solemne patio central, elegante y bien proporcionado "al que corresponden una escalera y corredores con las mismas calidades".[56]

Sin pena ni virreina

1

Para entonces había terminado en España el reinado de la casa de Austria, ejercido en realidad por la reina Mariana aunque el monarca era Carlos II llamado "el Hechizado", y se había iniciado el de los Borbones con el ascenso al trono de Felipe V. Éste removió al virrey y volvió a poner al enemigo de la virreina, su Ilustrísima De Ortega y Montañez, aunque sólo mientras llegaba a tierras americanas el nuevo gobernante, Juan Francisco Fernández de la Cueva Enríquez, duque de Albuquerque y Grande de España, homónimo y pariente de quien tuviera el mismo cargo hacía poco más o menos cincuenta años, y quien venía acompañado de su esposa Juana de la Cerda y Aragón, hija del duque de Medinacelli que había sido presidente del Consejo de Indias. Traían consigo a su pequeña hija a la que aquí confirmaron en solemne ceremonia durante la cual se leyó una larguísima lista con los nada menos que cincuenta y tres nombres que le habían sido asignados a la pequeña, la cual se soltó en llanto mientras los invitados bostezaban y cabeceaban aburridos.

Ocho años se quedarían aquí los duques, introduciendo las modas francesas en el vestir, porque como afirma el estudioso Irving A. Leonard, la corte española dio entonces por imitar a la francesa con su fasto y costumbres.

Durante su periodo de gobierno, el virrey cumplió con lo que más gustaba hacer que era edificar. Mandó construir hermosos edificios, lo cual fue posible gracias a las enormes riquezas de este reino. Además estableció el tribunal de La Acordada para perseguir a los ladrones y dar seguridad a los viajeros en los caminos. Por su parte la señora visitó hospitales y les hizo obsequios.

En el año de 1711, lo sustituyó el duque de Linares Fernando de Alencastre Noroña y Silva, quien según algunos historiadores era soltero pero que según otros había casado con Mariana de Castro y Silva, hija del marqués de Guvea. Cinco años estuvo este señor en el cargo y fue muy activo, emprendiendo obras que embellecieron las ciudades. Lo sustituyó Baltasar de Zúñiga y Guzmán Sotomayor y Mendoza, marqués de Valero, ése sí definitivamente soltero, pues la mujer de la que se enamoró se hizo monja. Pero por lo visto a Su Majestad no le parecía ni importante ni necesario que para desempeñar el cargo de virrey hubiera que tener esposa, pero a él le resultó mal su soltería porque nadie se ocupó de su persona ni lo cuidó cuando sufrió un atentado.

2

¿Qué sucedía en la corte cuando no había una mujer que encabezara y dirigiera los festejos, tertulias y sesiones de bordado? No lo sabemos a ciencia cierta, pero por lo visto la vida cortesana seguía su curso, aunque quizá con menos agasajos y seguramente con menos gracia. De todos modos, los tiempos se habían oscurecido y no nada más en el Palacio Real: la Iglesia había obligado a sor Juana a dejar de escribir y hasta de estudiar.

El marqués de Casafuerte Juan de Acuña y Manrique Bejarano fue el segundo criollo nombrado virrey. Había nacido en Lima, antes llamada ciudad de Los Reyes, capital del virreinato de Perú. Estuvo pocos años en el cargo y nunca "tomó estado" como se decía entonces al hecho de matrimoniarse, pero en el breve tiempo de su gobierno se le conoce por sus esfuerzos para limpiar la ciudad. Por las noches, ya muy tarde, gustaba salir de incógnito para inspeccionar las calles y así le daban las diez, las once, las doce, e incluso cómo se oía pregonar, "Ave María Purísima, la una y sereno". Iba cubriéndose la nariz y boca con su pañuelo de Cambray espolvoreado de yerbas aromáticas para que ocultaran la fetidez que se levantaba en la ciudad. Era ésa una costumbre necesaria porque la hermosa capital estaba muy sucia y olía muy mal. ¡Y eso que en aquellos tiempos estaban habituados a olores más fuertes de los que hoy toleramos! Las señoras empapaban sus pañuelos en benjuí y agua de rosas para cubrirse con ellos cada vez que tenían que salir ¡con tal de no oler la inmundicia!

La Ciudad de los Palacios —que sí los había y muy lujosos como dan fe los edificios de esa época que aún existen en el centro de la capital—, la hermosa ciudad a la que tantas loas le cantaron los extranjeros desde los primeros que pusieron pie en ella, era también, como todas las ciudades de la época, la ciudad de los desagües, de los baches y hoyos, de las acequias mal tapadas y la basura en las calles, pues todo mundo la arrojaba al arroyo —incluidos los excrementos a los que les llamaban "sus servicios", que caían desde las ventanas y puertas de las casas salpicando a quien en ese momento pasara por allí (costumbre que estableció el "aguas" que todavía hoy se grita para advertir que hay que tener cuidado). "Las calles eran unos muladares todas ellas aun las más principales. En cada esquina había un grande montón de basura y cualquiera, a cualquier hora, sin respeto a la publicidad de la gente, se ensuciaba en la calle o donde quería."[57] Cuenta José Joaquín Blanco que el señor Mier y Terán le puso un pleito a los habitantes de una casa en la calle de Puente Quebrado porque echaron sus inmundicias por la ventana en el preciso momento en que su coche cruzaba y mancharon el vestido de su esposa.[58]

La enorme Plaza Mayor, cuya extensión permitía la reunión de un gran concurso de gente, que era el centro de la vida de la ciudad al que todos los moradores convergían cotidianamente para abastecerse, realizar sus negocios, practicar sus devociones, intervenir en alguna actividad recreativa o enterarse de la marcha de la vida política del reino y atestiguar la impartición de justicia, año con año se inundaba hasta convertirse en una laguna cuyas aguas estancadas además de mal olor, provocaban epidemias. Escribe Artemio de Valle Arizpe: "La anchurosa Plaza Mayor: un hacinamiento de puestos techados con petates podridos de los que salen fétidas emanaciones. Muchos perros hambrientos y cerdos gruñidores que se revuelcan en el agua encenegada. Y sobre toda la plaza una nube de moscas. No hay atarjeas ni banquetas ni empedrados. En medio de las calles se amontona la basura y el agua de las lluvias que no encuentra salida forma charcos hediondos de donde salen las epidemias. No hay alumbrado, el agua de las fuentes públicas está espesa de mugre y allí la gente se lava y lava su ropa y así y todo los aguadores van a sacarla para las casas que las echan en las tinajas. Abundan las pulquerías, cualquier jacalón basta para poner las tinas rebosantes de pulque y a su alrededor pululan léperos, mendigos, prostitutas y borrachos y beben y juegan a la baraja y a la rayuela y cantan canciones obscenas y hay riñas y asesinatos. Cada quien edifica su casa donde le viene en gana. Algunas atraviesan en medio de la calle y otras se les plantan adelante o atrás. En los zaguanes hay orinales públicos y sus emanaciones tumban de espaldas. ¿Y qué decir del Palacio Virreinal? Eso es la flor y nata de la inmundicia. Allí guardan sus comestibles los porteros de la plaza, hay fondas y panaderías y juego y expendios de pulque y fritangas y muladares y charcos".[59]

Lujos y devociones

1

Entre 1734 y 1740, ocupó el cargo de virrey el arzobispo de México Juan Antonio de Vizarrón Eguiarreta. Con él siguieron los tiempos oscuros, cuando el Palacio Real no invitaba ni al teatro, ni a la música, ni al baile y sólo se instaba a la gente a la devoción y la severidad.

El siguiente virrey, Pedro de Castro y Figueroa y Salazar, duque de la Conquista y marqués de Gracia Real, había participado en las campañas de Italia en favor de la monarquía española, por lo que recibía el cargo como premio a su lealtad. Sólo que llegó a las costas de la Veracruz en lamentables condiciones debido a que piratas ingleses habían perseguido y asaltado el navío que lo transportaba. Pudo escapar gracias a que se arrojó a una balandra, pero perdió todo su equipaje incluyendo el nombramiento y título, los despachos e instrucciones y llegó a la capital con las manos vacías. Fue gracias al arzobispo, a quien constaba su nombramiento, que se le dio posesión del cargo en solemne recepción. Lo acompañaba su segunda esposa Isabel Farnesio, princesa de Parma, quien estuvo con él durante el año que duró en el cargo pues el hombre murió de una disentería que no sólo le produjo fiebres sino también locura. Lo sustituyó Pedro Cebrián y Agustín, conde de Fuenclara, quien llegó en 1742 y gobernó cuatro años sin que se supiera si tenía o no esposa.

En el año de 1746, cuando subió Fernando VI al trono de España, la Nueva España también estrenó virrey. Fue el célebre Francisco de Güemes y Horcasitas, primer conde de Revillagigedo, que tuvo fama de gobernante ilustrado y capaz así como de buen administrador. Se basaba ésta en que mandaba muchas riquezas a la Madre Patria porque como nunca la Nueva España las producía.

Y es que la economía novohispana, que estaba orientada según los intereses de la metrópoli, principalmente a la minería, contaba con vetas tan ricas que más de la mitad de toda la plata del mundo salía de estas tierras,[60] además de otros metales preciosos. Era tanto lo que se obtenía de las minas que alcanzaba para engalanar las iglesias, los palacios, las personas y los caballos y todavía enviar lingotes y más lingotes a España. ¡Hasta hubo quien mandó pavimentar con planchas de plata la calle que iba de su casa a la iglesia (unos cincuenta pasos decían las crónicas de la época) para el bautizo de su hijo! ¡y quien perdió un brazo y se lo mandó a hacer de pura plata![61] Por su parte en las enormes haciendas, que eran la unidad económica por excelencia, se daba "el azúcar, la grana, el cacao, el café, el algodón, el trigo, el cáñamo, el lino, la seda, los aceites y el vino" en cantidad tal, que según escribiría poco después el barón de Humboldt, "por sí solo el reino producía lo que el comercio reúne sobre el resto del mundo".[62] Y además, se descubren nuevos territorios que duplican los kilómetros con que cuenta el virreinato, se desarrollan regiones largamente olvidadas, hay crecimiento demográfico y existe industria en varias ramas, principalmente la textil.[63]

La esposa del virrey Güemes y Horcasitas, Antonia Ceferina Pacheco de Padilla y Aguayo, primera condesa de Revillagigedo, tenía fama de severa y altiva y de vivir en el mayor de los lujos. Le gustaba mucho la música y hacer paseos en jardines y conventos acompañada de su único hijo varón y sus cinco hijas mujeres. En todos la recibían muy bien porque acostumbraba hacer grandes y frecuentes donativos.

Se dice que cuando se fueron de regreso a su casa, habían acumulado más riquezas que ningún virrey de la Nueva España y que necesitaron doscientas mulas para cargar su equipaje.

En 1755 llegó Agustín de Ahumada y Villalón, marqués de las Amarillas, con su esposa doña Luisa María del Rosario de Ahumada y Vera, que era su sobrina carnal. Era ella una mujer muy dada a las fiestas, las serenatas que ya desde entonces se acostumbraban y los paseos campestres a los que salía a caballo montada como hombre, es decir, a horcajadas, lo que despertaba habladurías. Le gustaba ir al bosque de Chapultepec y de allí seguir por la calzada de la Verónica hasta alguna casa de campo donde le servían un refresco.

En el año de 1759, el mismo en que falleció el rey de España don Fernando, repentinamente murió el virrey de un ataque de apoplejía. Poco después falleció también su único hijo. No habiendo quien la proveyera (por lo visto el hábito del ahorro no fue suyo y por lo demás, los bienes eran de los hombres) la mujer quedó en tal miseria, que el arzobispo de México le tuvo que ayudar obsequiándole los fondos para que volviera a su casa. Allá casó en segundas nupcias y vivió hasta muy anciana.

2

Carlos III ocupa entonces el trono español y se propone lograr "el resurgimiento de la monarquía" y "devolver el poder y la gloria al imperio".[64]

Para ello se rodeó de intelectuales capaces, que le ayudaron a elaborar una serie de reformas políticas y administrativas cuyo objetivo era "disminuir el poder y las atribuciones de la Iglesia con el fin de controlar más de cerca a la Colonia y de extraer un beneficio más cuantioso de su explotación",[65] es decir, que aumentaran las recaudaciones que debido a las malas leyes, a la burocracia lenta e ineficiente, al contrabando y a los piratas, no llegaban en suficiente cantidad a la metrópoli.

En su representación va a la Nueva España Francisco Cajigal de la Vega, teniente de los reales ejércitos y primer militar que se envía a la Colonia precisamente porque el monarca sentía necesidad de controlar la situación de tensión que en ella había. Estaba casado con María de Monserrat y sólo permaneció aquí por unos meses mientras llegaba el marqués de Cruillas, Joaquín de Montserrat y Ciurana, con su esposa María Josefa Acuña Vázquez Coronado, hija del marqués de Escalona. En tiempos de este virrey suceden dos muy fuertes epidemias de viruela que dejaron miles de muertos.

Después de seis años en el cargo, lo sustituye Carlos Francisco de Croix, un marqués soltero y maniático, que no aceptó que le hicieran fiestas cuando asumió el cargo ni recibió jamás regalos de nadie, como era la costumbre, para no verse obligado a "vínculos de agradecimiento". Gustaba de aspirar polvos de rapé y a las cinco en punto suspendía lo que estuviera haciendo para tomar su chocolate. Fue de los pocos que no hizo negocios aquí pero logró que el rey aumentara el sueldo de los virreyes de 40 a 60 mil pesos fuertes. Hombre serio y severo, dice De Valle Arizpe que "vino con el dinero que era suyo y sin el ajeno se fue".[66]

Por cierto que a él le tocó la poco noble encomienda de expulsar (por segunda vez) a los jesuitas del territorio, siguiendo la orden real que los sacó de todas las posesiones de la corona española porque se oponían a las reformas de Su Majestad: "Los súbditos del gran monarca que ocupa el trono de España nacieron para callar y obedecer y no para discurrir y opinar" decía el Bando de Expulsión.[67]

La medida provocó mucho descontento y hasta motines y levantamientos de indios pues eran ellos "dueños de los corazones y las conciencias de todos los habitantes de este vasto imperio" como afirmaba el propio virrey.

Pero no nada más los jesuitas se opusieron a las reformas, también muchos criollos las resintieron y se molestaron. Aquéllos porque no aceptaban perder su poder y éstos porque estaban cansados de mandar sus riquezas a España: "Torrentes de oro y plata echaban los americanos en el tonel sin fondo del tesoro español", decía un opositor, y a cambio no obtenían ni poder ni honores, pues como escribe Núñez y Domínguez, "contadísimos fueron los criollos que ascendieron a los máximos cargos coloniales".

Eran tales el descontento y la inquietud ante los cuales el virrey no parecía tener ninguna fuerza, que el soberano español envió a un visitador, el muy enérgico José de Gálvez, con la encomienda de reorganizar el gobierno de la Nueva España y quitarle poder al virrey, y para ello contó con varios regimientos militares enviados a residir de manera permanente en el territorio. Es entonces cuando se establece el estanco de tabaco, se fijan alcabalas y se reprime con violencia el levantamiento del indio yucateco Jacinto Canek.

En 1771 llega Antonio María de Bucareli y Ursúa, descendiente de marqueses y condes y también soltero, quien permaneció en el cargo hasta el año de 1779. Hombre gallardo y desenvuelto, "hizo grandes bienes a la Nueva España en los ocho años que la gobernó".[68]

Aires de cambio

1

En el virreinato había inquietud. No sólo por los levantamientos y rebeliones de indios, sino también por los criollos que se sentían molestos por no tener acceso a los cargos y honores. Nuevas ideas empezaban a conocerse gracias a los libros que a pesar de prohibiciones y castigos circulaban profusamente. En el último cuarto del siglo XVIII, en la Nueva España se lee a los franceses que escribían sobre la soberanía del pueblo, la limitación del poder real y los derechos del hombre y se empieza a pensar en librarse de las trabas mentales que imponía el modo de pensar rígido de la escolástica y en acercarse a los razonamientos filosóficos y a los descubrimientos científicos.

Y si bien es cierto que debido precisamente al encierro colonial esas ideas nunca llegaron a manifestarse en toda su magnitud —aquí no se pensó en cortarle la cabeza al rey ni se cuestionó el derecho divino de los monarcas—, sí se abrieron cauce las dudas y los deseos de darle primacía a la razón por sobre las verdades teológicas establecidas y de frenar tanto los excesos barrocos de la arquitectura como los excesos retóricos del lenguaje.

Fueron momentos de reflexión y búsqueda. Los criollos empezaron a rastrear sus raíces, su identidad y su historia y las encontraron en el pasado prehispánico al que mitificaron y en la reivindicación y admiración de su patria, de su geografía, su fauna y su flora, sus riquezas y su belleza. Eruditos y letrados (muchos de ellos jesuitas que vivían en Italia desde la expulsión) investigaron, estudiaron, recopilaron y escribieron con un impulso nuevo y enciclopédico que ponía a lo americano muy en alto frente a las críticas que en Europa se hacían de estas tierras y de sus gentes a las que acusaban de salvajes e incultas.

¿Oyeron hablar las señoras virreinas de Francisco Xavier Clavijero, Francisco Xavier Alegre, Diego José Abad, Juan Benito Díaz de Gamarra, Juan José Eguiara y Eguren, José Antonio Alzate, José Ignacio Bartolache y tantos más que con su obra se abrieron a la razón, en un impulso que fue a la vez filosófico, científico y patriótico? Probablemente no, y entonces no se enteraron de que con ellos "llegaron a la Nueva España las ideas del Siglo de las Luces" y que "esta invasión acabaría por destruir el monopolio ideológico que detentaba la Iglesia y agudizaba el conflicto con los valores tradicionales".[69]

Poco a poco fue creciendo la hostilidad hacia el gobierno español y a éste cada vez le resultaba más difícil mantener el control. No es casualidad que el monarca empezara a enviar militares como virreyes: Martín de Mayorga estuvo aquí en 1779 pero su esposa María Josefa Valcárcel no vino con él, prefirió esperarlo en casa; y en 1783 llegó Matías de Gálvez y Gallardo, hermano del temible visitador, con su esposa Ana de Zayas y Ramos. A pesar de los problemas en la Nueva España, este señor se mandó a construir una hermosa casa de campo en el bosque de Chapultepec, al pie del cerro, entre los ahuehuetes y junto al acueducto que surtía a la ciudad, lo que mucho enojó al monarca quien le prohibió vivir allá, como era su intención. Por Cédula Real dicho sitio se convirtió en hospedaje para visitantes distinguidos.

El virrey Gálvez murió en México después de larga y penosa enfermedad y se le hicieron pomposos funerales. Su mujer volvió a su país pero los hijos se quedaron aquí.

2

En 1785 llegó a la Nueva España Bernardo de Gálvez y Ortega, conde de Gálvez, algunos dicen que era hijo y otros que sobrino de don Matías. Hombre activo y cordial que como dice Artemio de Valle Arizpe "con buenos designios y provechosas iniciativas engrandeció la ciudad y todo el reino". Le tocaron momentos difíciles pues las heladas habían hecho que se perdieran las cosechas y cundiera el hambre,[70] pero también le tocó estrenar "el magnífico salón de besamanos del Palacio Real, con una colgadura de damasco carmesí con galón, flecos, borlas de oro, un retrato del rey y diez docenas de sillas de madera fina, veinticuatro forradas en terciopelo y con galón de oro y las demás en damasco carmesí; catorce espejos, tres candiles de cristal y una alfombra muy buena".[71]

Venía acompañado por su esposa Felícitas Sant Maxent, nacida en Nueva Orléans, mujer muy hermosa que era hija del gobernador de Louisiana y cuyas dos hermanas, tan bellas como ella, casaron con personas de aquí, ambos de recursos y con puestos de intendentes.

Los virreyes fueron muy populares y atrajeron muchas simpatías, al punto que a donde iban la gente espontáneamente los ovacionaba. Y como les gustaba mucho pasear, pues mucho los aclamaban.

Gálvez fue el primero que no recibió el bastón de mando en San Cristóbal Ecatepec, como era la costumbre, sino en Chapultepec y fue también quien arregló la fortaleza que había en el cerro del Chapulín para convertirla en un lugar habitable en donde se pudiera hacer precisamente la entrega de tan importante y simbólico objeto.

Gustaba la señora Felícitas de ir a paseos y teatros y de usar pronunciados escotes, poniéndose un lunar en el seno que volvía locos a los hombres. Se dice que hasta al mismísimo cura Hidalgo, de quien era amiga pues su cuñado era el intendente de Guanajuato, se le iban los ojos por ésos a los que llamaba "sus campanarios".[72] Lo que sucedía era que ella cumplía a la perfección con el estereotipo de belleza de la época: tez blanca con un toque rosado, cabello rubio, rostro alargado, nariz regular, labios finos y bermejos, dientes blanquísimos, ojos vivos, talle fino que el vestido ajustado marca, senos firmes como nueces.[73]

Al morir repentinamente su marido a los treinta años de edad (se decía que había sido envenenado), y como ella quedara embarazada, cuando dio a luz, el Ayuntamiento de México en pleno fue padrino de esa niña celebrando el bautizo con gran pompa y regalándole a la señora virreina un hilo de perlas que costó once mil pesos y a la niña otro que costó cuatro mil, mientras que el arzobispo dio plato, cuchara, tenedor y cuchillo de oro. Por nombre le pusieron a la pequeña el de Guadalupe, en honor a la que se le había hecho presente al indio Juan Diego en el cerro del Tepeyac en 1531.

Y es que para entonces, el culto a la llamada "Graciosa Morena" ya se había extendido y afianzado. Tonantzin, que había encarnado en Guadalupe, se convirtió para indios, mestizos y criollos en "dulcísimo consuelo de nuestras penas y seguro asilo en nuestras esperanzas" según afirmaba fray Servando Teresa de Mier. Ella se había aparecido en estas tierras como una gracia de Dios para los americanos, que así quedaban "provistos de cartas y poderes" frente a los peninsulares y se convertiría, por los siglos de los siglos "in saecula saeculorum" "la carta ejecutoria que ennoblece al pueblo mexicano", en su patrona y protectora: "Dios ha realizado su admirable destino en esta su tierra de México... ganada para que apareciese imagen tan de Dios".[74]

¿Pensó alguna virreina en abandonar su devoción por la virgen española de los Remedios y entregar su corazón a la virgen mexicana de Guadalupe?

3

Poco después, el cargo de virrey lo ocupó por breve tiempo el arzobispo de México Alonso Núñez de Haro y Peralta, hombre gordo y arrogante, lleno de ira, quien se dedicó a perseguir implacablemente a fray Servando por sus ideas a las que consideraba heterodoxas y peligrosas. ¡Lo acusaba de ser enemigo jurado de la Guadalupana, siendo que ella era, por el contrario, "el objeto más adorado de su ternura criolla!"[75]

En 1787 el gobierno pasó a manos de Manuel Antonio Flores Maldonado quien llegó a estas tierras con su esposa Juana María de Pereyra. Ninguno de los dos tenía títulos nobiliarios y no les interesaba la corte con sus frivolidades y vanidades. Venían a cumplir con su cometido y ya deseaban regresar a su casa. Por su parte los cortesanos tampoco los querían, pues les causaba ofensa que Su Majestad hubiera nombrado para gobernarlos a alguien de tan baja extracción social. Sin embargo, la inquietud había hecho que el llamado "elemento militar" entrara a la vida de la Nueva España haciendo muy codiciado de la juventud de entonces el título de oficial.

En el año de 1788, sube al trono de España Carlos IV quien nombra como virrey al segundo conde de Revillagigedo, Juan Vicente de Güemes Pacheco Padilla y Horcasitas, hijo del virrey del mismo apellido que había gobernado la Nueva España hacía poco más de cuarenta años.

El conde había nacido en Cuba y vivido siempre en la corte, entre nobles, fiestas y halagos. Igual que su padre, fue muy activo y lo primero que hizo fue celebrar con gran pompa la coronación de Su Majestad. Artemio de Valle Arizpe lo califica de "gran reformador... quizá el más insigne virrey de los que tuvo México", porque embelleció y limpió la capital, prohibió que se tirara basura en la vía pública y que en ella hubiera animales, empedró las calles y mandó poner alumbrado y construir atarjeas para el drenaje. Fue entonces, cuando se hacían las excavaciones para ese fin, que se encontró la piedra del calendario azteca Tonalámatl. Además arregló el jardín botánico, impulsó la minería y mandó a hacer el primer censo de la Nueva España, que le permitió saber que ésta tenía cerca de cinco millones de habitantes. Como a todo el que se atreve a hacer algo en sociedades tradicionales, su obra le granjeó muchos enemigos que lo persiguieron hasta que el rey lo sometió a juicio de residencia, lo cual mucho le amargó.

Esposa no tuvo, pues nunca "tomó estado". De haberla tenido ¿habría ella paseado por los portales de los mercaderes y de las flores, por la plazuela del Volador o la de la Universidad, por la Alameda? ¿habría ido de excursión a San Ángel, a Tacubaya, a San Agustín de las Cuevas o a Los Remedios, a donde las gentes se divertían, "jugaban y hacían otros excesos" y se llevaban "muy buen repuesto de comida y cena"? ¿se habría sentido emocionada cuando vitoreaban a su marido mientras cruzaba la Plaza Mayor para ir a catedral? ¿se habría molestado porque era el único que no asistía a las corridas de toros que tanto gustaban a los virreyes y nobles? ¿se habría amargado también cuando el rey prestó oídos a las acusaciones de los enemigos de su esposo? ¿se le habría estrujado el corazón al pasar frente al tenebroso edificio de la tenebrosa Inquisición y oir los gritos de los condenados y torturados o al pasar por la plaza en la que se levantaban las hogueras para quemarlos? ¿o ni siquiera se habría dado cuenta, convencida como en aquel entonces lo estaba toda la gente, de que el Tribunal del Santo Oficio hacía lo correcto al castigar de ese modo a los herejes y mantener estas tierras "libres de los errores que venían mermando en Europa la fe"?

Porque ninguno, ni aristócrata ni plebeyo, pensó entonces que el mundo era injusto o que debía cambiar. Para ellos y ellas lo que éste ofrecía a ricos y pobres, a sanos y enfermos, a nobles y sirvientes era correcto pues lo era por voluntad de Dios.

El siguiente virrey, el marqués de Branciforte Miguel de la Grúa Talamanca, vino con la encomienda de eliminar cualquier iniciativa revolucionaria que encontrara en la Nueva España. Pero lo primero que hizo, antes de cumplir con el encargo, fue mandar a hacer a Manuel Tolsá una estatua de Carlos IV que aún hoy luce en la ciudad de México, con su escudo de armas de las tres flechas y montando brioso corcel. Estaba casado con María Antonia Godoy y Álvarez, "una dama de muchas campanillas", hermana del príncipe de la paz Manuel Godoy, el favorito de la reina María Luisa.

Ambos eran ambiciosos y rapaces, "excelsos bribones" como les llama un estudioso, y se valieron de toda clase de artimañas y venalidades para enriquecerse, incluida la de confiscar los bienes de los franceses cuando pasaron a ser enemigos de los españoles. ¡En un baile hasta se atrevieron a recoger las joyas de los asistentes! Cuenta Romero de Terreros que era tal el gusto de la señora por las perlas, que cuando vio las de muy buen oriente que usaban las ricas damas mexicanas quiso hacerlas suyas. Aprovechándose de la ignorancia y la costumbre de imitar ciegamente la moda europea que tenían las mujeres de aquí, empezó a correr la voz asegurando a los cuatro vientos que ahora ésta marcaba el uso de corales. ¡Y entonces las susodichas vendieron sus perlas a muy buenos precios y los compradores resultaron ser todos agentes del conde![76]

Quizá por eso a los dos siguientes gobernantes los mandaron solteros y sólo los dejaron en el poder por dos años: uno era el militar Miguel José de Azanza, conde de Contramina, quien después de su mandato casó aquí con una condesa viuda parienta suya, de nombre María Josefa Alegría. A él le tocó la llamada "conspiración de los machetes", de unos levantados que quisieron tomar el gobierno pero fueron reprimidos. El otro fue el marino y teniente general de la Real Armada Félix Berenguer de Marquina y Fitzgerald, un hombre cuya labor fue tan pobre que se redujo a mandar a construir una fuente de cuyo acueducto nunca manó agua. Por eso se ganó estos versos:

> *Para perpetua memoria,*
> *nos dejo el virrey Marquina,*
> *una pila en que se orina*
> *y aquí se acabó la historia.*[77]

Mueren tres siglos

1

Termina el siglo XVIII. Nuevas ideas circulan, hay avances en la ciencia y luces en la filosofía que atraen a los espíritus inquietos. "La antigua corte virreinal, severa, ceremoniosa, estricta y siempre teñida de religiosidad se transformó en una corte a la francesa en donde se discutían con liberalidad los asuntos políticos, militares, económicos, científicos y artísticos que preocupaban a sus congéneres en Europa. Era una corte mundana que a la vez que defendió en el virreinato los ideales políticos del Siglo de las Luces, propagó entre la población urbana nuevas modas a través de los salones y tertulias literarias que entonces proliferaron y por medio de los saraos, las representaciones teatrales y los aires musicales que copiaban y reproducían el nuevo gusto

María Inés de Jáuregui y Aristegui de Iturrigaray, dama "de gran belleza y lozana blancura", ayudó a su marido en sus muchos negocios

de las cortes europeas. A partir de estos círculos y por mediación del numeroso séquito de sirvientes afrancesados que acompañaba a los nuevos funcionarios —peluqueros, sastres, cocineros, mayordomos, valets y damas de compañía— se introdujo en la Nueva España la moda del pan francés, los cafés y los billares y una nueva manera de vestir, de divertirse, de pensar."[78]

La ciudad de México tenía una población de 137 mil personas de las cuales 6,700 eran artesanos, 14 mil criados y 15 mil pordioseros. "Era una ciudad hambrienta, de febril vida callejera... Las calles no sólo servían para la circulación de personas y mercancías, eran el centro mismo de la vida social, su espacio privilegiado. En ellas los habitantes trabajaban, compraban, comían, realizaban ceremonias civiles y religiosas, se paseaban, se divertían y se embriagaban. Ahí también se manifestaban cotidianamente la sexualidad y la muerte."[79]

En 1803 llega José de Iturrigaray y Aróstegui, también militar y que, según Lucas Alamán, fue un hombre "cuyo único objetivo era aprovechar la ocasión para hacerse de gran caudal y su primer acto al ir a tomar posesión del gobierno fue una defraudación de las rentas reales... con ello consiguió reunir un capital muy considerable que consistía en gran cantidad de dinero en oro y plata, alhajas y vajilla y en más de cuatrocientos mil pesos".[80]

Venía acompañado de su esposa María Inés de Jáuregui y Aristegui, dama "de gran belleza y lozana blancura" y muy coqueta que anduvo en las

María Inés de Jáuregui y Aristegui de Iturrigaray con su esposo José de Iturrigaray y sus hijos lenguas de la corte por sus supuestos devaneos con muchos caballeros. Pero eso a su marido no pareció preocuparle porque lo único que le interesaba era hacer negocios (como por ejemplo cobrar por las concesiones) y acumular riquezas (como por ejemplo meter telas de contrabando amparadas en la valija oficial). Dicen que doña Inés "ayudaba a Iturrigaray en sus especulaciones y todos los que pretendían colocación, favor o el arreglo de cualquier negocio, a ella acudían".[81]

Parece que Iturrigaray se interesó en la recién inventada vacuna contra la viruela que trajo a estas tierras el doctor Balmis despertando la oposición de muchos curas, que pensaban que la enfermedad y la salud eran cosa de Dios, a diferencia de algunos obispos ilustrados que, por el contrario, instaron a la gente a que se presentara a la inoculación (la que por cierto se hacía brazo con brazo).[82]

A Carlos IV le tocaría en suerte la peor de las suertes: que el emperador de Francia invadiera España y se produjera en todo el reino un gran desorden. El monarca abdica en favor de su hijo, pero a los dos se los llevan presos. El pueblo se amotina y como le disparan, empieza la guerra.

En América, el Ayuntamiento se opone al invasor pero también al virrey. Una mujer poeta de la época escribió:

Ni queremos otro rey,
que el que nos ha dado el cielo,

en nuestro amado Fernando,
único señor y dueño
de la Indiana Monarquía
y de su hermoso terreno.[83]

Don José no se vio muy hábil para reaccionar frente a estas inquietudes de los americanos y pronto fue destituido y hecho prisionero, junto con sus hijos mayores, por los propios jefes del Partido Español. Su esposa y los hijos menores se refugiaron en un convento. Dice un estudioso que al entrar los amotinados en sus aposentos, les llamó la atención que hubiera tantas cajetas de Celaya ¡y cuál no sería su sorpresa cuando al abrirlas encontraron en lugar del dulce de leche, monedas de oro y finas joyas![84]

El virrey fue enviado a la prisión de San Juan de Ulúa mientras se le autorizaba a embarcarse para España a donde al llegar se le siguieron dos juicios, uno de infidencia y uno de residencia. Muy amargados quedaron él y su señora por ese hecho, así que cuando el hombre murió, ella no quiso quedarse en su país y regresó a México donde vivió retirada en Tacubaya hasta su muerte ocurrida en el año 36. Está enterrada en la iglesia de la Candelaria.

Los insurrectos nombraron para el supremo cargo otra vez a un militar: Pedro de Garibay, octogenario viudo cuya esposa Francisca Javiera Echegaray fue prima del gran erudito Clavijero. Era un hombre honrado que permaneció en el cargo un año dedicando todo su esfuerzo a meter en la cárcel a los revoltosos, tanto a los del Ayuntamiento como a los otros conspiradores que pudo atrapar.

2

Porque llena de conspiraciones estaba la patria de los criollos y los españoles no sabían cómo pararlas. La Junta Central nombra virrey al arzobispo de México Francisco Javier de Lizana y Beaumont, pero solamente por un año mientras llega otro militar, Francisco Javier Venegas y Saavedra, hombre muy cruel y sanguinario que durante los tres años que permaneció aquí sólo se dedicó a tratar de sofocar la insurgencia e incluso nombró a la Virgen de los Remedios generala de los ejércitos realistas.

En 1813 manda llamar al brigadier Félix María Calleja del Rey, conde de Calderón, quien vivía desde hacía varios años en la Nueva España —asignado en San Luis Potosí— y lo nombra virrey, también con la encomienda de combatir a los insurgentes, que ya se había convertido para entonces en el único encargo a los gobernantes, sin importar ya ni las edificaciones ni el tráfico de mercancías. Fue este hombre quien venció a Hidalgo y quien mandó colgar su cabeza en la plaza pública como escarmiento para la población.

Su esposa, Francisca de la Gándara, era criolla y como escribe Núñez

Francisca de la Gándara de Calleja, acompañó a su esposo a algunas batallas y le soportó el mal humor

y Domínguez en el grueso libro que le dedicó: "Aunque su papel se concretó al que teníales asignado la tradición, los usos y costumbres, meramente domésticos y al margen de todo asunto de gobierno, a veces, como en el caso especial de esta dama, las extraordinarias circunstancias que la rodeaban la hacían rebasar un tanto la órbita de discreción y recato en que vivían".[85]

La mujer acompañó a su marido a las batallas, lo cual era bastante excepcional para la época. Claro que ello no se debió a que, como creen algunos, "las damas de sociedad de entonces se interesaban más de lo que generalmente se cree en las cuestiones políticas", ni tampoco a una particular valentía de la señora sino al contrario, al convencimiento que tenía de que no les sucedería nada, de que seguro ganarían cualquier guerra, de que ese ejército suyo al que consideraban invencible frente a "los rústicos" que lo combatían, podría defenderlos. Hoy sabemos que no fue así y que el virrey y la virreina perdieron todos sus equipajes y por poco hasta la vida, y lo que es peor, se tuvieron que tragar su orgullo que era mucho.

Todo eso enfermó al señor Calleja, "se le derramó la bilis" y su esposa lo atendió, siguiendo las instrucciones de su médico de cabecera, que era nada menos que Anastasio Bustamante quien luego sería presidente de la República. Pero además, tuvo que soportarlo porque el hombre se convirtió en un malhumorado que siempre descargaba sobre ella su ira, maltratándola y humillándola. ¿Conocía la señora el *Tacuinum sanitatis*, ese tratado en el que se recomendaba una dieta adecuada para "librar al hombre de la violencia y del desbarajuste de los humores"?[86]

Al fin de su mandato y en el camino de vuelta a España, le nació una hija en La Habana. Le puso por nombre Guadalupe porque doña Francisca, como antes ya otra virreina, se había hecho devota de la virgen mexicana, tanto, que en su equipaje llevaba un enorme y hermoso cuadro que la representaba.

A Calleja, que gobernó de 1813 a 1816, lo sustituyó otro militar también duro: Juan José Ruiz de Apodaca y Eliza, quien permaneció en el cargo hasta 1821 y por combatir a los insurgentes fue premiado con el título de conde de Venadito, pues ése era el nombre del rancho en el que los venció, lo que dio lugar a muchas burlas. ¿Qué sintió su esposa María Rosa Gastón de que en lugar de decirle "señora condesa" todos la llamaran "la Venadita"? ¿sintió ira contra Fernando VII por lo que parecía ser menos una distinción y más una broma de mal gusto? ¿se sintió compensada del agravio cuando otros a quienes Su Majestad quiso dar nombramientos con tan ridículos títulos se atrevieron a negarse a recibirlos y cuando a ella se la incluyó en la Real Orden de la reina María Luisa?

De esta señora se dice que era tan piadosa que hasta a los insurgentes prisioneros los trataba con caridad cristiana cuidando sus heridas, lo que entonces no se acostumbraba pues los del bando contrario eran enemigos a los que no se socorría.

La actuación del monarca español defraudó a sus súbditos. Su comportamiento frente al invasor y después cuando regresó al trono, sus reformas y contrarreformas, sus decisiones e indecisiones, hicieron hervir la ira y surgir el descontento tanto en la Madre Patria como en la patria criolla. Los sublevados terminaron por deponer al virrey y éste les entregó el mando sin violencia. Lo tomó entonces Pedro Francisco Novella, también militar y director de artillería que había encabezado el levantamiento, pero pronto se lo quitaron porque el hombre les pareció demasiado prudente. Un pasquín de la época se mofaba de él:

Tú, virrey provisional,
¿eres tonto o animal?[87]

Y es que para entonces la insurrección estaba ya muy avanzada, no sólo por parte de los ricos que la habían iniciado sino también de los pobres que se habían levantado en armas, y a pesar de los esfuerzos de los españoles no se la podía controlar.

3

En 1821 Novella capitula ante un teniente general de los ejércitos reales, Juan de O'Donojú y O'Rian, quien obtuvo el cargo de virrey como premio a sus servicios y lealtad. Llegó a estas tierras con su esposa Josefa Sánchez Barriga y Blanco, noble señora andaluza que había casado con él en 1792 y que era una mujer austera, vestida siempre de luto y que no iba jamás a fiestas. Su llegada coincidió con un fuerte temblor de tierra, una fuerte lluvia y una fuerte epidemia pero sobre todo, con la fuerza ya incontrolable de la sublevación. Ante tales circunstancias, lo único que pudo hacer el nuevo gobernante —que además a diferencia de su mujer era liberal y masón— fue firmar los tratados de Córdoba que proclamaban la Independencia.

Una pleuresía se llevó al que fue el último virrey de la Nueva España. Que haya muerto precisamente en este lugar es un símbolo que no deja de llamar la atención. Por lo demás, le convino que así fuera porque seguramente en España le habrían juzgado mal y quizá hasta le habrían castigado, ya que el gobierno de Fernando VII no estaba dispuesto a reconocer la soberanía que los criollos pretendían. En cambio aquí se le enterró con todos los honores que correspondían a su elevado cargo.

Su esposa, temerosa de la cólera del monarca, no se atrevió a volver a su tierra natal y vivió desde entonces y hasta su muerte un vía crucis. Como no tenía recursos para mantenerse a ella y a sus hijos, solicitó una pensión al emperador Iturbide y aunque el Congreso Constituyente acordó entregársela, a la caída de don Agustín nadie se volvió a acordar de ella. La buena mujer empezó a empobrecer, se vio obligada a vender sus objetos personales y a dejar su casa y a ir de lugar en lugar buscando un techo pero de todas partes la corrían por no pagar la renta. Sus hijos murieron por hambre y enfermedad, se quedó completamente sola y aunque una y otra vez suplicó a los gobernantes que la ayudaran, eso nunca sucedió. Murió en 1842, en la más terrible miseria ¡después de haber sido la esposa nada menos que de un virrey de la riquísima Nueva España![88]

4

En los tres siglos que duró el imperio español en América, entre quienes vinieron a gobernar estas tierras en nombre de Su Majestad hubo aristócratas, eclesiásticos y militares, algunos prudentes, otros emprendedores y varios de plano indiferentes. Algunos hicieron obra pública o fomentaron el arte, algunos gustaban de la música, el teatro y la poesía. Los hubo casados, solteros y viudos, jóvenes y viejos, gordos y flacos, alegres y severos, de carácter tranquilo y malhumorados. Los hubo que permanecieron aquí por poco tiempo y quienes al contrario, estuvieron muchos años en estas tierras. Hubo quienes repitieron en el cargo, quienes antes o después de venir a México venían o iban comisionados a otro virreinato. Hubo quienes enfermaron y quienes aquí murieron, quienes hicieron buenos amigos y quienes hicieron tantos enemigos y se metieron en tantos enredos que no pudieron terminar su encargo o fueron enjuiciados después. Eso sí, todos fueron devotos de su fe católica, leales a su rey y a su Iglesia y todos vivieron en el lujo y el boato, en gran esplendor. Sus vidas tuvieron como ocupación principal los convites y saraos, los rezos y ceremonias y como objetivo único el de enriquecerse a sí mismos y a su monarca porque su principal misión fue la de mantener la calma y el orden para que las riquezas que se obtenían salieran bien de América y llegaran bien a la metrópoli. Y todos fueron altaneros, arrogantes y codiciosos. Por eso dice Francisco de la Maza que aunque eran de la más alta nobleza, muchos eran de la más baja mediocridad humana, preocupados nada más por acumular oro y metidos en toda clase de intrigas y chismes: "Pasan ante nosotros estos nobles como fantasmas, entre piratas, inundaciones, pleitos y motines".[89]

Sus esposas, hijas de la nobleza, aristócratas de cuna, de modales y de gustos, eran también profundamente devotas y vivieron siempre de acuerdo a una educación tradicional adquirida en conventos y beaterios o con preceptores privados de rígida moral. No tuvieron más quehacer ni se esperó de ellas nada que no fuera acompañar y obedecer a su cónyuge. Y si bien es cierto que algunas aprovecharon su posición privilegiada bien para enriquecerse, bien para divertirse o bien para cultivarse y escuchar a varones doctos de los que podían aprender, la mayoría se guardó en su hogar para las labores de aguja, para el rezo y para los festejos, las tertulias y los espectáculos.

Si los reyes lo eran por gracia de Dios, los virreyes lo eran por voluntad del rey y las virreinas por compartir el lecho conyugal del elegido por su majestad. Se les respetó y reverenció, a aquél porque era divino, a éste porque era su imagen y representación y a las esposas por extensión del prestigio y algunas además, porque fundaron o apoyaron conventos y hospitales.

5

Y así llegó a su fin ese tiempo colonial. Como había la costumbre de imprimir folletos para promover entre la gente del pueblo los valores morales entonces en boga, esto se aprovechó y por doquier comenzaron a circular los panfletos subversivos que lo advertían y anunciaban:

> *Abre los ojos pueblo americano*
> *y aprovecha ocasión tan oportuna...*
> *si ahora no sacudís el yugo hispano,*
> *miserables seréis sin duda alguna.*[90]

II. En la dulce penumbra del hogar

Confórmate mujer.
Hemos venido a este valle de lágrimas que abate,
tú como la paloma para el nido
y yo como el león para el combate.

Salvador Díaz Mirón

Una reina...

1

Hacia fines del siglo XVIII, el obispo electo de Michoacán Manuel Abad y Queipo escribió: "Un torrente de impiedad e independencia amenaza con encender la superficie de la tierra".[1] El incendio a que se refería monseñor lo iniciaría poco después un cura de pueblo, lector de libros prohibidos, que conocía lo que se pensaba en el mundo y lo que sucedía en él: que los franceses habían decapitado a su rey y que las colonias de Norteamérica se habían independizado de Inglaterra.

Antes de que Miguel Hidalgo y Costilla saliera del pueblo de Dolores aquel 16 de septiembre, para tomar el santuario de Atotonilco, donde enarboló el pendón con la Guadalupana, el territorio ya hervía de tensiones. Estaban por un lado quienes querían que nada cambiara y por el otro quienes a toda costa deseaban que las cosas fueran diferentes. Unos buscaban independizarse de España porque no querían que las reformas allá emprendidas con la Constitución de Cádiz llegaran hasta tierras americanas y les quitaran privilegios y poder, mientras que otros pretendían obtener la independencia para así poder participar de los puestos administrativos, judiciales, militares y eclesiásticos que siempre se asignaban a los peninsulares dejando a los criollos, arrogantes y soberbios como eran, apartados de los cargos y de los honores en su propia patria y molestos por las exigencias reales de "contribuciones cuantiosas y crecidos caudales".[2]

La invasión de Napoleón a España había hecho desaparecer la obligación de obediencia a la corona: "Ya no hay España porque el francés está apoderado de ella" decía José María Morelos y según Servando Teresa de Mier, "se ha rompido el lazo que unía a las Américas con España".

Un golpe contra el virrey Iturrigaray llevó a la formación de una Junta Nacional y por todas partes había conspiraciones. De una de ellas nacería el levantamiento de Hidalgo, que era tajante en cuanto al objetivo de su lucha: "Los gachupines nos tienen bajo un yugo que no es posible soportar su peso por más tiempo", "pagamos tributo por vivir en lo que es de nosotros, no disfrutamos de los frutos de nuestro suelo ni somos dueños aun de hablar con libertad".[3]

Así pues, los novohispanos se levantaron en armas para defender lo que consideraban suyo, para no pagar tributos, para poder hablar con libertad, en suma, para liberarse del yugo extranjero.

Tenía la Nueva España siete millones de habitantes, más de la mitad de los cuales eran indios a los que se explotaba en haciendas, minas y obrajes. Unos cuantos ricos ocupaban los palacios y mansiones situados "en medio de un pavoroso panorama de insalubridad y miseria". Fueron ellos, los que no habían disfrutado de la prosperidad del reino, quienes con machetes y palos empezaron a tomar ciudades y pueblos y llegaron hasta San Miguel el Grande primero y luego hasta Guanajuato, que era un importante centro minero y comercial. De allí siguieron hasta las puertas mismas de la capital, a las que, sin embargo, no se decidieron a entrar. El virrey mandó reprimirlos y el obispo a excomulgarlos, a pesar de lo cual Hidalgo se puso a dictar medidas como la abolición de la esclavitud y el fin del pago de tributos. Decía una copla de la época:

Arriba Miguel Hidalgo,
que ha llegado a nuestra tierra,
que ha matado gachupines,
que les hace la guerra.[4]

Ése fue el inicio de una larga y sangrienta contienda civil con batallas, sitios, triunfos y derrotas, saqueo y pillajes y montones de muertos: "La superficie toda del suelo mexicano convertida en un solo campo de desolación y muerte", escribió el doctor Mora.[5]

¿Se inquietaron las señoras virreinas cuando se enteraron del levantamiento? ¿se imaginaron que terminaría con la expulsión del imperio español del territorio de la Nueva España? ¿tenían idea del apoyo que recibieron los insurgentes de las mujeres? ¿oyeron hablar de Josefa Ortiz de Domínguez, la esposa del corregidor, en cuya casa se celebraban reuniones conspiratorias; de Leona Vicario (que como les gustaba en esa época tenía el larguísimo nombre de María de la Soledad Leona Camila Vicario Fernández de San Salvador y Montiel) y su romántica historia de amor con Andrés Quintana Roo; de Altagracia Mercado que de su propio peculio armó un ejército contra los realistas y lo encabezó ella misma; de la generala Moreno que se fue a la batalla con todo y sus hijos; de las damas de Querétaro que ayudaron a huir a Hidalgo emborrachando a sus enemigos; de María Soto La Marina que le llevó agua a los soldados de Mina; de Gertrudis Bocanegra, a quien fusilaron; o de aquella mujer anónima que le salvó la vida a Guerrero en su huida por la selva?

Quién sabe si lo supieron, pero es probable que no, pues la información era escasa y confusa. O quizá, si se enteraron, no le dieron importancia porque en su mente de aristócratas no cabía la idea de que algo pudiera cambiar, de que una insurrección como ésta pudiera triunfar.

En las clases acomodadas hubo quienes se opusieron al movimiento popular y se unieron al ejército realista que lo combatió. Pero hubo también quienes apoyaron a los insurgentes y se sumaron a ellos. Esto provocó situaciones difíciles como la que ocurrió con la esposa de Abasolo, Josefa Taboada, quien simpatizaba con los realistas mientras que su marido se unió a los insurrectos. A pesar de lo cual, cuando lo detuvieron, la señora movió sus muchas influencias hasta conseguirle el indulto y la deportación, lo que le salvó la vida.

Hidalgo fue fusilado y lo mismo que él Morelos, el cura oriundo de las tierras del sur que continuó con la lucha a la muerte de aquél, y al que el poeta Manuel Sánchez de Tagle había colocado "en el alto Olimpo" para que cuide a "mi Patria". Pero otros tomaron las riendas del movimiento: "Los Allendes y Abasolos, los Aldamas" como dice la poesía patriótica de Ochoa y Acuña.[6] Y ni las derrotas ni la vuelta del monarca español al trono pudieron detener el levantamiento. "La santa causa", como se le decía entonces a la lucha por la independencia, triunfó.

2

El hombre fuerte del momento, el que podía negociar con los españoles y con los criollos, el que podía dirigir el levantamiento militar y contar con el acuerdo del clero pero también pactar con la insurgencia, era Agustín Cosme Damián de Iturbide y Aramburu. Joven ambicioso, "criollo típico de la elite provincial novohispana" según afirma Josefina Vázquez,[7] era hijo de un rico propietario vasco y una dama nativa de tierras americanas. Por "su valor que rebasaba la temeridad" tuvo una actuación destacada en el ejército realista y los triunfos que logró contra los insurgentes le valieron ascensos en su carrera militar y puestos de confianza. Pero el enriquecimiento que obtuvo con ellos dio lugar a tan fuerte encono, que el hombre tuvo que retirarse durante varios años hasta que se le llamó para combatir al último grupo insurgente encabezado por Vicente Guerrero. Las famosas tres garantías (independencia, unión y religión) dieron nombre al ejército que bajo su mando fue obteniendo un triunfo tras otro hasta terminar con los sublevados o ponerlos de su lado. Luego negoció con el indómito líder guerrillero y se firmó el Plan de Iguala que decidió la independencia.

La firma de los tratados de Córdoba con el virrey Juan O'Donojú en 1821 consumó el triunfo. Se lograba así "el sublime objeto de sustraerse de la dominación española". Morían las Indias y moría la Nueva España, se terminaba lo que el doctor Mora llamaría "el pesado yugo" y nacía el Imperio Mexicano del Anáhuac en la América Septentrional, una nueva nación "libre, señora de sí misma".

La palabra México, que fue el nombre que se le impondría al recién nacido país, según fray Servando Teresa de Mier, deriva de la manera como los indios pronunciaban el vocablo hebreo "mesías" y significa "donde está o donde es adorado Cristo". Clavijero por su parte sostiene que viene de Mextli, que quiere decir luna y de Xictli que es centro, por lo cual se concluye que el nombre quiere decir "el ombligo de la luna". La terminación "co" significa lugar y remite a Tenochtitlán, que nació en el sitio predestinado por los dioses. Gutierre Tibón afirma que hay setenta versiones distintas del nombre pero todas lo vinculan con la religión mesoamericana.[8]

3

El primer gobierno del México independiente fue una Soberana Junta Provisional Gubernativa formada por treinta y ocho miembros, gente del clero, la nobleza y el ejército, así como ricos comerciantes y terratenientes, en la que "ni los insurgentes ni el pueblo tuvieron representación alguna".[9]

Esa Junta firmó el Acta de Independencia y nombró una Regencia formada por cinco miembros (entre ellos Iturbide como presidente y el propio exvirrey O'Donojú) que debería gobernar el territorio mientras se designaba al rey del nuevo país independiente, quien por acuerdo de las partes se debería buscar entre los príncipes europeos católicos. Sin embargo, poco después, y por bando del congreso —que según el estudioso Timothy E. Anna respondía a la voluntad mayoritaria— se decidió elegir al monarca aquí mismo y fue entonces cuando se proclamó emperador a Iturbide con el nombre de Agustín I.

La coronación del primer y único rey mexicano tuvo lugar el 22 de julio de 1822 y fue solemnísima y con gran pompa, siguiendo la costumbre que habían traído los españoles y que había arraigado aquí de hacer ceremonias muy formales, largas y recargadas. El templo de La Profesa, convertido en catedral, sirvió de marco al acontecimiento. Iturbide fue coronado por el presidente del congreso y luego él coronó a su esposa y durante cuatro días hubo fuegos artificiales y salvas de artillería que se disparaban cada hora.

Los poetas de la época procedieron de inmediato a escribirle versos al Ejército Trigarante y al nuevo soberano, al que equipaban con los héroes de la historia y de la mitología: se le alabó y elogió como "inmortal libertador", "grande varón de Dios", "antorcha luminosa del Anáhuac", "redentor de la patria" y otros muchos títulos, todo por "haber puesto fin a la revolución vandálica" como la llamaría Lucas Alamán. La gente estaba tan feliz de que hubiera terminado la guerra que "se le recibió con gran júbilo, repiques, sermones, quema de cohetes, fiestas populares, corridas de toros, procesiones religiosas". Escribió Anastasio de Ochoa:

Que somos libres
la ley pronuncia
y todo anuncia
felicidad

pues las cadenas
del despotismo
al hondo abismo
cayeron ya.[10]

4

Con Iturbide vistió manto de armiño y lució corona de emperatriz la señora Ana María Josefa Ramona Huarte Muñoz Sánchez de Tagle, hija de un acaudalado español que era pariente de marqueses y obispos y que fungía como intendente de Valladolid, hoy Morelia, en Michoacán, donde ella había nacido en enero de 1786 y donde se había casado con el joven militar en febrero de 1805, a los diecinueve años.

Ana María Huarte de De Iturbide

De acuerdo a los criterios de la época, se dice que la mujer era bella, con rostro de madona y "brazos blanquísimos y redondos como dos flanes de leche", lo que mucho gustaba en ese entonces porque respondía al ideal europeo que tanto se admiraba aquí. El día de su boda Ana María se había vestido como princesa austriaca, llena de encajes blancos y peinada con caireles.[11]

El novio era "de complexión robusta y bien proporcionado, de cara ovalada y facciones muy buenas, con pelo castaño, patillas rojizas y tez rubicunda". Se le consideraba apuesto y sabía lucir su gallardía sobre todo en las ocasiones importantes, cuando se presentaba engalanado en su vistoso uniforme. El día de sus esponsales "dejó con la boca abierta no sólo a la familia sino al regimiento entero".[12]

La novia llegó al matrimonio con una excelente dote, lo que permitió a la pareja comprar una hacienda y aún guardar buena parte del dinero. Allí tenían pensado iniciar su vida en común pero las circunstancias no lo permitieron. Las guerras se llevaron lejos al marido por largas temporadas y luego las intrigas y deberes de sus diversos cargos lo mantuvieron a distancia de su mujer.

Pero así y todo, cuando se le proclamó emperador, ella fue coronada también. Un óleo de la época la muestra joven, gorda porque casi siempre estaba embarazada —se decía que tenía "vientre fecundo" y debe haber sido verdad pues procreó diez hijos—, vestida con el manto de armiño y portando la corona. Otro cuadro la muestra nada menos que como símbolo de la Patria, representando al cuerno de la abundancia que en ese entonces era el mito sobre el territorio de México al que se le atribuían fabulosas riquezas.

También a ella le tocaron los elogios que se usaba entonces vertir a los gobernantes y a quienes les rodeaban:

Viva, viva la esposa
del guerrero triunfador,
que con la oliva en verdor
convida a todos igual:
la compañera amorosa
viva, del grande Iturbide
que a donde llega reside
la paz, por bien o por mal.

Feliz mil veces, oh tú, Ana María
Huarte, a quien une sacra deidad
con un héroe.[13]

Los nuevos emperadores se fueron a vivir al palacio de los marqueses de San Mateo de Valparaíso, construido en el siglo XVIII con hermosa arquitectura barroca. Se les asignó la impresionante suma de un millón y medio de pesos para sus gastos, se organizó una corte con caballeros, mayordomos, ujieres y maestros de ceremonias, se dictaron títulos y condecoraciones y se decretó que el cumpleaños de Iturbide sería fiesta nacional. La emperatriz por su parte, se hizo acompañar de "una dama principal, siete damas, nueve damas honorarias, siete damas de cámara" además de sus encargadas de guardarropa, el médico y las sirvientas. Y los príncipes también dispusieron de guardianes y tutores.

Pero eso no bastó para que el matrimonio fuera bien avenido, pues parece que don Agustín tenía muy mal talante y además, según cuenta Artemio de Valle Arizpe, se desvivía por otra señora, la célebre seductora María Ignacia Rodríguez de Velasco y Osorio Barba, conocida como "la Güera", mujer muy hermosa a decir del barón de Humboldt que la conoció.

Era ésta una figura de relieve social. Había nacido en 1778 y había casado tres veces y enviudado dos y de esos matrimonios le había quedado una fortuna regular y varios hijos. Tenía amantes importantes —entre ellos un virrey, algunos canónigos y varios militares— y era partidaria de la Independencia al punto en que hasta había organizado una conspiración que, sin embargo, fue descubierta. Tanto se apasionó con ella Iturbide, que el día de la entrada triunfal del Ejército Trigarante a la ciudad de México, desvió el desfile para que pasara bajo su balcón y él pudiera saludarla, lo que hizo con toda galanura. Y además, le mandó construir y arreglar una lujosa casa en Apaseo el Grande, Guanajuato. Lo que sin embargo nunca le pudo dar fue precisamente lo que ella más deseaba: el tratamiento de Alteza, al que la dama se sentía con derecho por eso que un autor llamó "su unión carnipostática" con el emperador.[14]

Por su parte la emperatriz se consolaba teniendo hijos y más hijos y comiendo dulces de leche y nuez que mucho le gustaban y que le recordaban su infancia, sus amigas y su casa solariega. ¿Le hubiera gustado ir, como hacía el emperador, a las representaciones teatrales, o al menos, como hacían los hombres, a tomar café con leche y molletes a las fondas y almuercerías que había por toda la ciudad? ¿o siquiera probar los chiles en nogada que unas monjas de Puebla habían creado para festejar a su marido y que tenían los colores de la bandera del Ejército Trigarante?

5

Sin embargo, al poco tiempo, don Agustín se vio abrumado por la falta de recursos y por el retiro de los apoyos. "Este pobre príncipe de casa" escribió el implacable periodista José Joaquín Fernández de Lizardi "sin conexiones

Ana María Huarte de De Iturbide, vistió manto y ciñó corona de emperatriz, aunque por poco tiempo

con la Europa y sin enlaces con testas coronadas", empezó a mover más a burla que a respeto.

¿Se dio cuenta Ana Huarte de que su marido estaba a punto de caer? ¿Leyó los muchos panfletos que circulaban y supo de los levantamientos en su contra? ¿Tenía idea de quién era ese Fernández de Lizardi, el escritor "rebelde y sentimental que quiso enderezar la vida nacional" y que en sus novelas proponía que la gente debía trabajar y no vivir de sus rentas como acostumbraban los aristócratas y que la educación debía ser para todos, incluidas las mujeres?[15] ¡Quizá la señora ni siquiera sabía leer o quizá no le interesaba lo que sucedía fuera de su casa, ocupada como estaba en atender a su numerosa familia!

Unos meses más tarde, varios oficiales se sublevaron en contra de Iturbide. Entonces él decidió abdicar, pues no quería derramamiento de sangre. "El precio político de permanecer en el trono era más de lo que estaba dispuesto a pagar", afirma un estudioso. Escribió entonces el combativo fray Servando:

Tenga el tirano presente...
como acabó Iturbide
acabarán los demás.[16]

6

Desde que empezaron los problemas para el emperador, doña Ana se había encerrado con sus hijos en un convento buscando protección, pero después se fue al exilio con él. En el mes de marzo del año 23, salió de la capital la gran comitiva custodiada por soldados leales a Iturbide y también por el general Bravo. En Veracruz veintiocho personas abordaron la fragata *Rowllins*: don Agustín, doña Ana María, sus ocho hijos, su confesor, otros parientes, algunos amigos, secretarios, empleados y sirvientes, y el barco mercante fue cargado con provisiones para la familia y sus allegados —incluyendo ganado, treinta cajas de clarete y doce barriles de vino catalán, platería, joyas y pinturas propiedad de la familia, en cantidad tal que Iturbide vendería después varios objetos valiosos de su colección incluyendo perlas, diamantes, plata y oro, así como pinturas del Spagnoletto, Rubens y Velázquez. Después de un pesado viaje de casi tres meses lleno de mareos y malestar, que todavía tuvo que soportar una cuarentena en el puerto, llegaron por fin a Italia, donde el duque de Toscana les permitió instalarse a vivir en Livorno.

Pero poco tiempo permanecerían en aquellas soleadas tierras, pues al hombre le picaba la política y le llamaba el terruño. Por eso se fue a Londres desde donde pensaba que sería más fácil cumplir con su sueño de volver a México. Y por fin un día se decidió a hacerlo. En secreto abordó un barco inglés, el bergantín *Spring*, con destino al Nuevo Mundo y desembarcó varias semanas más tarde en Tamaulipas. Pero quiso la suerte que fuera reconocido y hecho prisionero y a los dos días, sin más trámite, se le fusiló. Tenía entonces cuarenta años.

Doña Ana estaba embarazada cuando mataron a su marido. Él le dejó una carta dirigida a "Ana, santa mujer de mi alma" en la que le decía: "Acaban de notificarme la sentencia de muerte por el decreto de proscripción; Dios sabe lo que hace y con resignación cristiana me someto a su sagrada voluntad... Busca una tierra no proscrita donde puedas educar a nuestros hijos en la religión que profesaron nuestros padres que es la verdadera... [recibe] mi reloj y mi rosario, única herencia que constituye este sangriento recuerdo de tu infortunado Agustín".[17]

Mandar a la esposa el paquete conteniendo las escasas pertenencias de su marido fue una costumbre que duró todo el siglo. Paquetes similares, conteniendo el reloj, los lentes y las ropas ensangrentadas, recibirían las esposas de quienes morirían fusilados por sus ideas políticas, pues la costumbre de así castigar a los perdedores habría de arraigar en el país tanto como la de así avisar a sus familias.

¿Lloró la mujer? ¿juró, insultó, gritó y amenazó? ¿o tal vez rezó? ¿o quizá se desmayó? No lo sabemos. Escribe Rosa Beltrán: "Los cabellos estaban sueltos y húmedos en las sienes. Los ojos, pequeñísimos, se hundían lastimosamente bajo las mejillas hinchadas. De la boca salía un hilillo de baba y un sonido incrédulo y ronco que impregnaba el ambiente: ¡Agustín!".[18]

Lo que sí sabemos es que mandó vestir a su marido con el hábito de san Francisco y así lo enterró. Poco después recibió autorización del congreso para

Ana María Huarte de De Iturbide
y su esposo, Agustín de Iturbide

irse a Colombia, pero como no encontrara un barco que la llevara y como mientras había nacido su último vástago, le permitieron zarpar a Estados Unidos, tierra donde no se profesaba la religión "verdadera" que aquél había querido para sus hijos pero donde de todos modos la señora se instaló. No se conocen los motivos por los cuales eligió este país, aunque es probable que lo haya hecho por la cercanía con México y la ilusión de algún día volver.

A doña Ana su padre la había casado con un joven al que consideraba prometedor, éste la había llenado de hijos como se estilaba, la había engañado públicamente y a la hora de la caída la había arrastrado con él. Pero ése era su destino y ella lo aceptaba y cumplía. De modo que, aunque ciñó corona, su vida no fue tranquila ni feliz, a pesar de lo cual vivió bastante pues murió en Filadelfia, en el mes de marzo de 1861, a los setenta y cinco años de edad.

7

Pasado el tiempo, uno de los más fieles seguidores de Iturbide, Manuel Mier y Terán, se clavaría una espada en el vientre para morir sobre la tumba de su admirado emperador y yacer con él para la eternidad. Sólo que

Ana María Huarte de De Iturbide

esto que tan cuidadosamente planeó no pudo ser así porque el presidente Anastasio Bustamante los separó cuando decidió meter los restos de Agustín I en una urna y ponerlos en un altar en la catedral de México. Como el médico-presidente era también admirador del personaje, dejó instrucciones para que a su muerte le sacaran el corazón y lo colocaran junto al del infortunado rey, voluntad que fue cumplida. ¡Y mientras los admiradores peleaban por enterrarse junto a él, la esposa, a quien le hubiera correspondido estar a su lado, yacía sola en tierra extranjera!

La tragedia marcó a la familia Iturbide. Según Josefina Vázquez "en las dos siguientes generaciones se extinguió su descendencia reconocida", aunque la esposa de un diplomático que estuvo en el México revolucionario asegura haber cenado con uno de ellos.[19] Sabemos que el mayor de sus vástagos, Agustín Jerónimo, se fue a luchar con el libertador Simón Bolívar y se convirtió en su edecán. Y que su hija Alicia fue la madre del niño Agustín de Iturbide y Green[20] a quien otro emperador, Maximiliano, pretendería adoptar unos años más tarde como su sucesor para el trono de México, dado que él y Carlota no tuvieron hijos. Esta propuesta sería vista con interés por la reina Victoria de Inglaterra y por el rey Leopoldo de Bélgica quienes apoyaron un convenio secreto entre el príncipe Habsburgo y la familia Iturbide, según el cual a todos sus miembros se les respetarían sus títulos de príncipes y recibirían una indemnización de ciento cincuenta mil pesos así como pensiones vitalicias, a cambio del pequeño. ¡Cuánto deben haberse ilusionado con estas ofertas que los convertirían, por un milagro del romanticismo, de parias descendientes de un fusilado en excelsos y ricos personajes con títulos nobiliarios! Pero el asunto no resultó porque la madre del pequeño se rehusó a desprenderse de él. Según Del Paso, "El problema fue Alicia, la madre, de quien Maximiliano pensaba que estaba medio loca por no querer separarse de su hijo siendo que de esa separación dependía el porvenir grandioso del niño".[21] Al final de la historia, resultó que los imperiales sueños de los Habsburgo terminaron mal y el joven Agustín acabó su vida como monje en algún lugar de Estados Unidos.

...y muchas desconocidas

1

Terminado el fallido imperio, nació la República. Pero las siguientes décadas vendrían a demostrar que la Independencia no se había conseguido para traer estabilidad y buen gobierno sino todo lo contrario, desorden y anarquía.

México se debatía en el más largo y difícil de los nacimientos. Después de once años de guerra, los daños eran cuantiosos. Se calcula que seiscientas mil personas habían muerto en la guerra, lo cual significaba mucho para el muy vacío territorio. La agricultura que no había sido destruida en las batallas, lo había sido por el abandono de los campos, de modo que tres o cuatro quintas partes del territorio estaban sin cultivo.[22] La minería, que había sido sumamente próspera a fines del siglo XVIII, fue la que más resintió el desorden pues las minas suspendieron de plano sus labores, ya sea porque fueron abandonadas, por la falta de trabajadores que se habían ido a las filas, por inundación o por destrucción: "La producción de plata reflejó claramente esta situación de caos. En 1812 se había derrumbado de veintisiete millones de pesos a cuatro y medio y diez años más tarde no había alcanzado ni los seis millones."[23] El comercio y la industria que se pudieron salvar de la destrucción, se encontraban estancados por falta de brazos para trabajar así como de caminos y transportes para mover sus insumos y productos. A la escasez de comunicaciones se agregaba la inseguridad. Y a todo ello, la falta de recursos, porque los españoles y los criollos ricos se apresuraron a sacar sus caudales para llevarlos a Europa y porque la recaudación de ingresos disminuyó severamente por el desorden, por el contrabando y por las nuevas leyes que suprimían diversas contribuciones. El circulante escaseaba, los egresos del erario eran mayores que los ingresos y el dinero que había se destinaba principalmente al ejército y la burocracia que habían crecido mucho y gravitaban pesadamente sobre la endeble economía.

Por si eso no bastara, estaba el problema de la falta de experiencia de los gobernantes en la administración pública. Ni se sabía gobernar ni se sabía qué tipo de gobierno era el más adecuado. ¿Cómo mover a este reino acostumbrado a obedecer durante tres siglos, en los cuales nadie aprendió la fórmula para hacerlo? En reuniones abiertas y en grupos clandestinos se trataba de decidir cuál sistema convenía adoptar para la nueva nación y cada una de las propuestas tenía sus partidarios que a su vez eran enemigos acérrimos de los que no pensaban como ellos. Por eso dice Álvaro Matute que el gran tema de siglo XIX fue la organización política.[24]

Y es que se había adquirido la soberanía política pero no se habían alterado ni la estructura social ni la mentalidad colonial y como apuntó Mora, se vivía "en la división, las emulaciones, el desorden, la ruina y el trastorno de nuestra tierra hasta sus cimientos".[25]

2

Durante la primera mitad del siglo, los cambios en el cargo supremo fueron constantes: veinticinco hombres ocuparon la Presidencia, señal evidente de las dificultades y los desacuerdos. Por eso, lo menos que puede decirse de esa época es que fue convulsa. Escribe Agustín Cué Cánovas: "Entre 1821 y 1854 hubo un imperio, se dictaron cinco constituciones, se establecieron dos regímenes federales y dos centralistas, ocurrieron dos guerras con el extranjero en la última de las cuales el país sufrió la mutilación de la mitad de su territorio y en las postrimerías de ese periodo, con el apoyo de los conservadores, se estableció la más oprobiosa dictadura".[26]

Una Junta se hizo cargo del Supremo Poder Ejecutivo. Ella estuvo formada así: del primero de abril al primero de mayo de 1823, por el general Pedro Celestino Negrete, y como sustitutos (pues los nombrados se hallaban fuera de la capital), el licenciado Mariano Michelena y el excorregidor de Querétaro Miguel Domínguez. Entre mayo y julio, este último fue sustituido por el general Nicolás Bravo. De julio del 23 a febrero del siguiente año fueron Michelena, Domínguez y el general Vicente Guerrero. Entonces el primero fue sustituido por Bravo y en agosto de ese año a Domínguez lo quitaron para poner a Guadalupe Victoria. Entre agosto y octubre de 1824 el Supremo Poder Ejecutivo lo conformaron los tres generales Guerrero, Bravo y Victoria.[27]

3

¿Y las esposas de estos señores?

De las tres Josefas —Olavarrieta de Negrete, Iriarte de Michelena y Ortiz de Domínguez— sólo esta última tuvo participación en la vida pública. La primera murió a los cuarenta y ocho años de edad en México, mientras su marido vivía exiliado en Francia. De la segunda no sabemos nada —quizá por eso Covarrubias hasta afirma que el licenciado era soltero— y de la tercera sabemos que nació en la ciudad de México en marzo del año 71, hija de un capitán del ejército realista y de madre española, y que siendo muy joven quedó huérfana y entró como interna en el colegio de las Vizcaínas o Real Colegio de San Ignacio de Loyola, la única institución para mujeres en la Nueva España, en la que podían estudiar sin tener que ser luego monjas. Allí conoció al que sería su esposo, el abogado Domínguez, un hombre maduro que visitaba el lugar con frecuencia en calidad de patrono. Don Miguel estaba casado y tenía varios hijos, pero ello no fue impedimento para que se enamorara de la agraciada muchachita. Su buena suerte quiso que muriera la esposa legítima, por lo que pudo contraer matrimonio (en 1793) con la joven, quien sumaba veintidós años y para entonces ya tenía una niña suya y esperaba a su segundo hijo. "Seguramente para evitar un escándalo, dicho evento quedó registrado en el Libro de Matrimonios Secretos del Sagrario de la catedral de México."[28]

Pero la historia no termina allí. Cuando don Miguel fungía como corregidor de Querétaro, cargo que asumió en 1802, y al tiempo en que se celebraban en su casa las juntas conspiradoras, fueron muy comentados sus enojos porque sospechaba que el capitán Ignacio Allende, viudo de cuarenta y un años y que decía pretender a la hija mayor de los Domínguez que apenas tenía quince años, en realidad sostenía un idilio con la señora corregidora. Verdad o mentira, lo cierto es que al ser descubierta la conspiración a doña Josefa la encerraron bajo llave en su recámara, por lo que no podía salir y su mayor preocupación fue que se avisara con prontitud a Allende. Francisco Sosa cuenta que para hacerlo, como sabía leer pero no escribir (pues, según él, a las mujeres no les enseñaban a escribir para que no mandaran cartas de amor), recortó palabras de los libros de su esposo y las pegó en un papel. Otra versión dice que se puso a dar fuertes taconazos contra el piso, lo cual atrajo la atención de su vecino, quien también estaba con la causa, y al cual a través del ojo de la cerradura le susurró las malas noticias.[29]

Como sea, el hecho es que descubierto el secreto, fue necesario adelantar la fecha del levantamiento, pero el corregidor y su esposa fueron hechos prisioneros y a ella se la envía a un convento, a donde llega embarazada, se supone que del apuesto militar, pues allí nació una niña que fue registrada por Allende como suya y de madre desconocida (lo que, por extraño que parezca, se hacía en ese tiempo para evitar la deshonra) y que jamás salió de ese lugar.

Doña Josefa volvió a su hogar con su marido, con quien tuvo muchos hijos más, doce en total además de esa niña ilegítima. La esposa de Iturbide la llamó para que fuera primera dama de la emperatriz, cargo que ella no aceptó porque ya conspiraba con quienes derrocaron a su marido. Murió en marzo de 1829, a los cincuenta y siete años, de una pleuresía.

Dice un poema compuesto en honor de esta "patriota esclarecida":

> *Mujer digna e ilustre,*
> *la fama te coloque en célica mansión*
> *y todo mexicano rendido te tribute*
> *los más grandes honores con gran veneración.*[30]

4

Por fin, las legislaturas estatales tomaron la decisión de elegir a José Miguel Ramón Adaucto Fernández y Félix como primer presidente de México para el periodo 1824-1829. La historia lo conoce con su seudónimo de Guadalupe Victoria y con el apodo de Águila Negra, nombre que él mismo se había puesto en un arranque de patriotismo y del que muchos se burlaron tachándolo de ridículo.

Victoria era un caudillo insurgente ampliamente respetado. La marquesa Calderón de la Barca lo describe como de aspecto humilde, alta estatura y limitada conversación. Era cojo y padecía epilepsia. Fue ella también quien "corrió la especie" (así se le decía entonces a los chismes y rumores) de que don Guadalupe era soltero, lo cual era cierto mientras fue presidente pero no después, porque ya grande y enfermo contrajo matrimonio con una bella joven de familia muy rica de Tlaxcala, heredera de haciendas en Veracruz, que se llamaba María Antonia Bretón de los Herreros, "Tonchita", y a la que muy pronto dejaría viuda, pues apenas dos años después del enlace, el general murió en el hospital militar de Perote, a donde lo había mandado Santa Anna, que mucho lo quería, para que lo atendieran por sus ataques de epilepsia. Y aunque el caudillo puso a su disposición a los mejores médicos, nada pudieron hacer por él. Unos años después la señora volvió a casarse y murió en 1852.

5

El periodo del presidente Victoria fue extrañamente estable dentro de ese mundo inestable y lleno de intrigas que era la política en la nueva república. A ello contribuyó el hecho de que Estados Unidos le hubiera dado su reconocimiento y que Inglaterra le hubiera facilitado los primeros préstamos para echar a andar el gobierno.

Y es que los ingleses querían invertir en este territorio, porque tenían la idea de que México era un país de riquezas fabulosas y de inagotables recursos

Josefa Ortiz de Domínguez tuvo participación en la vida pública, en la conspiración que llevaría al levantamiento independentista

naturales. El mito se había forjado en el siglo XVIII cuando los criollos, ansiosos de reivindicar a la que consideraban como Su Patria, habían hablado de ella como "el cuerno de la abundancia". Luego lo había retomado y difundido el barón alemán Alexander von Humboldt, quien había visitado la Nueva España y se había enamorado de su "vegetación frondosa, el aire transparente, las montañas cubiertas de nieves perpetuas que rodean al hermoso valle, los lagos". En el libro que este noble publicó cuando volvió a Europa, al que puso por título *Ensayo político sobre el reino de la Nueva España,* fueron tales sus alabanzas a las tierras americanas, que sus palabras despertaron los apetitos de muchos que ahora querían obtener para sí lo que antes España se llevaba y que eran lo suficientemente ricos como para poder arriesgar parte de sus capitales en esa aventura.

6

Pero la verdad era que el país iniciaba su vida independiente bajo los más negros augurios. La lucha política estaba marcada por las diferencias entre los partidarios de preservar las instituciones y las estructuras económicas y sociales de la Colonia y quienes estaban empeñados en liquidar ese pasado: "Los borbonistas, cuyas aspiraciones políticas habían sufrido rudo golpe, se convirtieron en centralistas, es decir, partidarios de la república única e indivisible. Los españoles, el clero y algunos jefes militares, se afiliaron también al centralismo. La clase media había surgido reclamando su derecho al gobierno, aprovechando el colapso sufrido por el grupo militar al desaparecer el imperio y dispuesta además a enfrentarse a la Iglesia dueña del poder económico y espiritual. Ahora el conflicto iba a ser entre la clase media por una parte y el clero y los jefes del ejército por la otra".[31]

Las fuerzas, intereses, ideas, motivaciones y propósitos que movían a los grupos y que definen esta etapa de la historia nacional se pueden dividir en dos grandes nombres: conservadores y liberales (con sus distintas denominaciones en los diferentes momentos del periodo: partido del orden y partido del progreso, de la reacción y popular, de los opositores y los leales, de los mochos y los puros, de los centralistas y federalistas, de los defensores de la religión y los fueros y los defensores de la libertad, de los monárquicos y los republicanos). Ambos se disputaban el derecho a dirigir a la nación y marcar su rumbo.

Los bandos se reunieron en logias masónicas, que eran asociaciones que tendrían mucha influencia en los acontecimientos políticos. Entre ellas pelearon la sucesión de Victoria. Los "escoceses" querían al vicepresidente Nicolás Bravo y los "yorkinos" al caudillo Vicente Guerrero. Pero fueron las armas el medio de dirimir las diferencias, pues como escribió Lorenzo de Zavala, "no puede dejar de producir una guerra perpetua entre partes tan heterogéneas y tan opuestos intereses".[32]

Un levantamiento encabezado por el primero y sofocado por el segundo decidió la situación. Y aunque las elecciones las ganó otro, quien llegó a la Presidencia fue Vicente Ramón Guerrero Saldaña, el insurgente "triunfador de quinientas batallas", según decían sus seguidores, al que un poema de la época elogiaba como "el héroe con el rostro bronceado, al cinto la espada luciente".[33]

Guerrero había sido el último de los sublevados en ser aplacado y tenía grande fama de héroe. Según Josefina Vázquez, era un hombre de carácter "accesible y suave" que "pertenecía a una familia de arrieros".[34] Las crónicas lo describen como muy alto, algunos afirman que era negro y otros que mulato. Apenas si sabía leer y escribir y no le gustaba a la llamada "gente decente" porque sus modales eran rústicos, aunque el pueblo lo vitoreaba.

Seguramente a los emperifollados tampoco les gustaba su esposa María Guadalupe Hernández o quizá, y eso es lo más probable, ni siquiera sabían de su existencia, porque la señora nunca lo acompañó en sus actividades públicas. Pero algo interesante debe haber sucedido en esa familia puesto que una hija del matrimonio, de nombre Dolores, llegaría a ser una "poetisa" (así se las llamaba en el siglo XIX) de cierta celebridad, cuyos escritos aparecerían en *El Álbum de las Señoritas Mexicanas*, y a su vez ella sería madre del eminente escritor Vicente Riva Palacio.

Guerrero tomó posesión en abril de 1829, luego de un golpe de Estado —el motín de La Acordada—, y cayó unos meses después, derrocado por otra sublevación —la del Plan de Jalapa—, hecha en su contra por su propio vicepresidente Anastasio Bustamante. En su breve periodo de gobierno, le tocó que los españoles intentaran la reconquista de su excolonia: un día desembarcaron en el puerto de Tampico pero fueron vencidos un poco por los soldados y un mucho por el clima y la geografía de la región.

Cuando cae Guerrero, el congreso nombra a José María Bocanegra para un interinato que resultó efímero porque al hombre le repugnaba la política. Entonces se formó un triunvirato con el político conservador, empresario e historiador Lucas Alamán, con Luis Quintanar y con Pedro Vélez.

Seguramente ninguna de las esposas de estos señores sintieron jamás que tenían nada que ver con el poder ni mucho menos una función que cumplir. Ni María de Jesús Carrasco de Bocanegra, ni Luisa Garay de Arechavala de Quintanar, ni Josefa Torres de Vélez ni Narcisa García Castrillo de Alamán se metieron para nada en los asuntos públicos. Sus maridos estaban activos en la política e inmersos en lo que sucedía en el gobierno, pero ellas permanecían en casa, en el "hogar doméstico" como se decía entonces, dedicadas a ser "el ángel" que lo cuidaba y atendía, para que fuera en todo momento "el delicioso nido".

Porque a diferencia del virreinato, época en la que las esposas de los gobernantes cumplían una labor de acompañantes de sus maridos en todo lo que tuviera que ver con ceremonias oficiales y tenían una fuerte presencia en la vida social, las mujeres del siglo XIX vivieron completamente encerradas en el ámbito doméstico. Atender a la familia, ir a la iglesia y patrocinar alguna obra de caridad: en eso consistía su vida. Su obligación más importante era ser madres y educadoras, inculcadoras de la fe y cuidadoras de la virtud. Y a eso se le consideraba una "misión sagrada". No se preocupaban por aprender y cultivarse y su único afán era ser virtuosas.[35]

De la señora Bocanegra lo único que sabemos es que murió en 1847, quince años antes que su esposo, y de la señora Quintanar que falleció tres antes que el suyo en 1834. En lo que se refiere a la señora Alamán, había nacido en la capital en 1804, hija de una familia de alcurnia y muy joven, en 1823, se había casado con don Lucas. "Matrona adorable, de trato finísimo y de bondad angelical" diría de ella Guillermo Prieto, era una mujer conservadora y sumamente devota, que educó personalmente a sus hijos y se cuenta que todos los días invitaba a su mesa a algún prelado, para aprovechar que durante las comidas sus vástagos aprendieran moral y valores. La señora sobrevivió varios años a su marido y murió en plena guerra de Reforma en 1858, siendo sepultada junto a él en la iglesia de Jesús Nazareno.

Narcisa García Castrillo de Alamán, nunca tuvo nada que ver con los asuntos públicos

El escritor Guillermo Prieto relata cuando conoció a Lucas Alamán, quien resultó ser su vecino y casero allá por San Cosme. Según Prieto, el político conservador era una persona fina y cortés que pasaba buena parte del día frente a su escritorio. Su hogar era del todo ajeno a los vaivenes de su vida pública: la esposa cuidaba de él, se encargaba de su ropa y alimentos, que se le servían puntualmente —en estas labores le ayudaban varias sirvientas fieles—, y vigilaba que nadie molestara ni su descanso ni su trabajo. Ella por su parte, sólo salía de casa para hacer visitas a parientes y amistades o para ir a misa. En la familia del señor Alamán "se dormía siesta y se dejaba campo para el chocolate y el rezo del rosario... Todo era virtud, regularidad, decencia y orden" escribió admirado don Guillermo en sus *Memorias de mis tiempos*.[36] ¿Tenía idea doña Narcisa de que ese vecino e inquilino era uno de los liberales más combativos de su tiempo y un fino escritor?

8

Cuando Anastasio Bustamante asume la Presidencia que tanto había deseado (y de la que se haría en tres ocasiones), por si las dudas orquesta la traición contra Guerrero y lo manda fusilar en Cuilapa.

Bustamante era criollo, había nacido en Michoacán y tenía cincuenta años de edad cuando recibió el cargo. Era médico, había estado a las órdenes del virrey Calleja y había atendido a éste y a la virreina como su doctor de cabecera. Ése sí era soltero y si algo lo definía es que detestaba a los insurgentes contra quienes combatió. Según la marquesa Calderón de la Barca: "Parece un hombre bueno. Su cara es honrada y benévola, francas y sencillas sus maneras. Su aire no es heroico. Su conversación no es brillante".[37] Otros, por el contrario, pensaban que era un tirano que no se ponía la mano en el corazón para reprimir a sus enemigos, en especial a los periodistas con quienes fue particularmente violento, pues como ha señalado José Luis Martínez, los mejores escritores del siglo XIX eran periodistas y en sus artículos eran sumamente combativos y siempre tomaban posición por alguno de los bandos en lucha.[38]

Es también la esposa del primer embajador de España en México quien nos cuenta en qué se había convertido el Palacio Virreinal, que ahora era el lugar donde habitaban los presidentes de la flamante y recién nacida república: "Es un enorme edificio que, además de contener las oficinas de dicho Magistrado (el presidente) y de sus Ministros, da alojamiento a los principales Tribunales de Justicia. Ocupa todo un lado de la plaza; pero su arquitectura no es notable en manera alguna. Al subir por las escaleras vimos, en los descansos, soldados tendidos sobre sus capotes amarillos y cerca de ellos, paradas, mujeres con rebozos. Por un corredor lleno de soldados pasamos a la antesala donde nos recibieron varios edecanes que nos llevaron a un salón bien amueblado, en el cual permanecimos sentados por espacio de algunos minutos hasta que llegó un oficial para conducirnos a un salón de recepciones, hermoso apartamiento de unos cien pies de longitud, tapizado de carmesí y oro y bien iluminado".[39]

El primer periodo presidencial de Bustamante duró dos años y medio, de enero de 1830 a agosto del 32. Lo sustituyó el general Melchor Múzquiz, un hombre que tenía la fama, muy escasa en esos tiempos, de ser honrado y que sólo permaneció en el cargo cuatro meses. Cuando se firmaron los convenios de Zavaleta, tomó posesión el general Manuel Gómez Pedraza, el mismo que había resultado electo en el año de 29 pero que no había podido asumir el mando por la asonada de Guerrero.

Gómez Pedraza era un criollo queretano, realista y trigarante, que sería "víctima del primer golpe militar contra la incipiente democracia mexicana" según ha escrito Josefina Vázquez.[40] De este mandatario se dice que no fue más que un títere de quienes lo llevaron al cargo, en el que tampoco pudo permanecer más de unos meses, cuando de hecho y según la ley terminaba su periodo.

9

¿Qué sintieron Josefina o Joaquina Bezares de Múzquiz y Juliana Azcárate de Gómez Pedraza de esos mandatos efímeros de sus maridos? ¿se consideraron a sí mismas importantes por ser las compañeras de los hombres que ocupaban el tan anhelado y alto cargo?

Lo más probable es que el asunto ni siquiera alterara sus vidas, su cotidianidad o el ritmo de su hogar, acostumbradas como seguramente estaban a esperar a sus cónyuges, quienes en razón de sus cargos políticos y de las guerras civiles, durante largas temporadas desaparecían de casa. Lo más seguro es que en sus conversaciones apareciera más el señor francés que por aquel tiempo iba a surcar los aires en un globo aerostático que el ascenso o descenso político de sus esposos, frente al cual ellas ya tenían la templanza suficiente y la oración adecuada.

La señora Múzquiz era, según la describe Conchita Miramón en sus *Memorias*, de baja estatura, talle fino, cutis blanco y hermosos ojos negros pero con una nariz grande y mal trazada, lo cual podemos ver en un retrato que se mandó hacer cuando ya era vieja.

Dice también que era de carácter dulce y afable y que tenía modales de gran dama. Sobre ella hay un relato que da bien la tónica de la situación de las mujeres en esta época: "Nació el día 12 de enero de 1804 en Orizaba, Veracruz. Fueron sus padres el Sr. subdelegado D. Lucas Bezares y la Sra. Da. Josefina Caballero y Mendivil. Fue educada con exquisito esmero, como hija última del segundo matrimonio del Sr. Bezares que ya era de avanzada edad y de abundantes comodidades. Muy joven casó con el señor Tte. Coronel de artillería D. José Campillo, sobrino del señor obispo de Puebla y enviudó en el año de 1828 habiéndose quedado con cuatro hijos y bajo la protección inmediata de su hermano mayor, el rico comerciante y coronel D. Ángel Bezares, con quien vivió hasta el año de 1830, que contrajo segundas [a los veintiséis años] nupcias con el Sr. Gral. D. Melchor Múzquiz [de cuarenta y dos] que era gobernador del estado de México y dio su poder al Sr. Lic. Bouchet para este matrimonio que se celebró ante el Dr. D. Manuel Posada, después arzobispo de México. Al día siguiente, acompañada de su hermano D. Ángel Bezares, de los ayudantes del general Múzquiz y de una escolta, salió para Toluca donde se reunió con su esposo. En esta ciudad vivió y tuvo sus dos primeros hijos hasta el mes de agosto de 1832, que regresó a la capital pues una comisión de ambas cámaras

Josefina o Joaquina Bezares de Múzquiz, de baja estatura, talle fino, cutis blanco y hermosos ojos negros pero con una nariz grande y mal trazada

del Congreso de la Unión fueron a traer al general D. Melchor Múzquiz porque había sido electo constitucionalmente presidente interino de la República. Cuatro meses después de la muerte de su esposo acaecida el 14 de agosto de 1844 se vio al borde de la sepultura por el afán, los desvelos y la inmensa pesadumbre que experimentó con semejante pérdida pues amaba tiernamente y respetaba con admiración a su esposo, así lo refería en las conversaciones confidenciales con sus hijos".[41]

Cuando murió el general, y como había sido honrado y no tenía lo que entonces se llamaban "bienes de fortuna", "su esposa y seis hijos no contaban con más elementos de vida que la pensión de $ 125 mensuales a que tenía derecho por la cuarta parte del sueldo de general de división... Con tan pequeña suma la familia vivía muy humildemente y la señora se afanaba hasta muy avanzadas horas de la noche en trabajar, en unión de sus hijas, esas curiosidades de labor de mano que tan poco producen a las señoras".

Pero tiempo después, el gobierno de la nación dejó de pagar las pensiones y la señora, muy agobiada, "tuvo que recurrir al medio de abrir un colegio de educación de niñas", al que acudieron en tropel las señoritas de las principales familias de la capital, al extremo que tuvo que excusarse de no poder recibir a muchas que le era imposible atender, a pesar de que sus hijas la ayudaban en todo.

Sucedió que en esa época el gobierno exigió que fuesen examinadas las señoras que tuviesen establecimientos de educación y entonces "la Junta de Instrucción Pública fueron a su casa y le dijeron que sólo por fórmula iban a examinarla cuando podía ella sinodarlos; que llenos de pena el tener a su frente a la digna esposa de un hombre tan ameritadísimo sólo podían pronunciar las palabras de que la aprobaban por unanimidad y le extendían su diploma con los honores que siempre había tenido de Excelentísima Señora; así está su título".

"Hasta el año de 1858 tuvo su colegio; educó muchísimas niñas que después fueron distinguidísimas madres de familia y que la quisieron muchísimo y siempre se aconsejaban de ella como si fuese un oráculo; debido a que su clara inteligencia tenía una prudencia genial, una amabilidad avasalladora y una virtud y caridad tan admirables que se le creía una santa."

La larga cita mereció incluirse completa no sólo porque nos permite ver cómo vivían las mujeres en el siglo pasado y cuán desprotegidas se encontraban, puesto que eran totalmente dependientes del marido y tenían siempre muchos hijos, sino también por el tono en que lo hace, que aunque hoy nos suena impostado es perfecto para hacernos entender la situación. Llama la atención que trabajar y ganarse el propio sustento se considerara algo terrible a lo que se recurría cuando ya no quedaba otro remedio, como sucedió con la señora Múzquiz, quien prefirió vivir en la estrechez de una magra pensión y sólo cuando también ésta desapareció "tuvo que recurrir" a abrir un colegio para señoritas. Eran estos colegios los llamados "de amiga", que se ponían en las casas de señoras finas y educadas pero con pocos recursos y en ellos se enseñaba a las señoritas labores domésticas, virtudes morales y bordado.

La señora murió en octubre de 1860 y como había sido maestra de Conchita Lombardo, "esposa del general Miramón, que en ese momento era presidente, se le tributaron los honores correspondientes al grado de esposa de un general de división y el coche del gobierno fue en el duelo. El cadáver fue sepultado en la bóveda del presbiterio de la Tercera Orden de San Francisco, porque así lo encargó la señora y porque desde el año de 1824 se había inscrito en dicha Tercera Orden y pagaba su cuota; mas desgraciadamente, el gobernador Baz, sin aviso alguno, procedió a destruir el templo y quemó los cadáveres que halló allí, así fue que por más inquisiciones que hicieron después sus hijos, no se logró encontrar el cadáver y quedó perdido para siempre".[42]

En cuanto a la señora de Gómez Pedraza, sabemos que había nacido en la capital y que era de familia ilustre y rica. Como era la costumbre, casó muy joven, "con licencia y paternal consentimiento", como era obligado, pero le sucedió algo excepcional para la época: que su marido estuvo siempre muy enamorado de ella. Dicen que en su lecho de muerte el hombre "alcanzó a pronunciar sus últimas palabras dirigiéndose a su esposa: Señora, quién pudiera ser eterno para amarla a usted eternamente".[43] Ella murió en febrero del año 74 y fue sepultada junto a don Manuel en el panteón del Tepeyac en una tumba en la que años después también encontraría sepultura su querida sobrina Pepita de la Peña, aquella muchachita pizpireta de la que se va a enamorar el mariscal francés Bazaine.

10

Valentín Gómez Farías era también médico, pero sobre todo, era un empedernido liberal. Presidió por primera vez la República entre abril y mayo del año 33 cuando le correspondía tomar posesión a Antonio López de Santa Anna quien no se presentó a hacerlo y entonces él, en su calidad de vicepresidente, juró el cargo y lo aprovechó para inmediatamente ponerse a dictar leyes en contra de los privilegios de la Iglesia, mismas que despertaron oposición y hasta levantamientos.

Su esposa Isabel López Padilla era oriunda de lo que hoy es el estado de Aguascalientes, pero que cuando ella había nacido en 1801 todavía era parte de Zacatecas. Sería Santa Anna quien decretaría la separación de los territorios y Villalpando cuenta que ello se debió a una mujer joven y hermosa que se lo solicitó a cambio de un beso. Así fue como el estado minero y el estado agrícola se separaron y ésa es la razón por la cual este último lleva en su escudo de armas unos labios.[44] Es una historia típicamente heroica y romántica parecida a la de María Walevska que así le pidió a Napoleón la libertad de Polonia.

Los Gómez Farías se habían casado en 1818 y la señora tenía treinta y dos años cuando su marido fue por primera vez presidente. Desde entonces lo acompañaría en ésta y en las varias ocasiones (cinco en total) en que ocuparía el cargo, compartiendo con él las penalidades de la vida política. Y en cada una de éstas se mantendría a su lado a pesar de los problemas en que se metía don Valentín, quien invariablemente se daba a la tarea de hacer reformas que mucho enojaban al clero porque pretendían quitarle sus riquezas. ¿Qué sentía la señora de las leyes en contra de la Iglesia siendo que ella era devota como todas las mujeres de su tiempo y de su clase social? ¿y qué sentía cuando desde el púlpito se denostaba a su marido y a lo que él y sus colegas hacían en el gobierno?

Por supuesto, también compartió su suerte a la hora de la caída y lo acompañó al destierro en Estados Unidos, viaje en el que a punto estuvieron de naufragar entre Matamoros y Nueva Orléans y después, ya instalados en esta ciudad, a sucumbir por la epidemia de fiebre amarilla.

Siete hijos tuvo doña Isabel, más tres criaturas indígenas a las que adoptó en un viaje por Yucatán. Uno de los suyos moriría muy chico en condiciones extrañas y aunque nada se dijo del asunto, según un estudioso, a los pocos días el presidente firmó un decreto prohibiendo que los niños volaran papalotes en las azoteas.

Tantas penas y dificultades la llevaron a la muerte en octubre del año 56, a los cincuenta y cinco años de edad. De ella escribió su hija Ignacia: "Como esposa fue modelo, como madre cristiana, amorosa y tierna. Era de trato muy afable y particularmente cariñosa con los niños".[45]

11

El primer medio siglo del México independiente vio un entrar y salir de presidentes que casi nunca pudieron terminar sus periodos pues eran derrocados. Había continuos levantamientos contra el gobierno, se les nombraba, se les deponía, se les volvía a nombrar o se ponía a otro. Los pronunciamientos, cuartelazos y sublevaciones —"bolas" se les llamaba— estaban tan a la orden del día, que un viajero extranjero cuenta en sus memorias cómo cualquiera podía levantarse contra el gobierno sin demasiado esfuerzo: "Bastaba con reunir a algunos descontentos para lanzarse a tomar el Ayuntamiento, apoderarse del dinero de la caja fuerte y obligar a los comerciantes de la zona a un préstamo con lo cual ya podían dar inicio a la guerra".[46]

Y en esas guerras, unas veces se defendía al Supremo Gobierno y otras se estaba contra él y eso no siempre dependía de ideas o de programas sino, de manera más directa y práctica, del mejor postor. De modo que los gobiernos caían y se levantaban y eran tantos los presidentes y tan seguidos los cambios, que las guardias presidenciales no sabían si el que entraba o salía por la puerta del Palacio Nacional era o no el Jefe Supremo y si se le debía o no saludar y presentar honores. ¡Ni siquiera las esposas sabían si aquél con el que compartían lecho y mesa había sido o sería pronto el dueño de tan codiciado cargo!

Buena parte del esfuerzo de los elegidos o nombrados iba encaminado a sostenerse en el puesto, y la energía que les quedaba la destinaban a pacificar el país y a tratar de echarlo a andar con los muy escasos recursos de que disponían. Y ésa no era tarea fácil. La agricultura, la minería y el comercio estaban estancados y la industria era prácticamente inexistente. Y ni se diga las expresiones artísticas: "La decadencia en que se encuentran las bellas artes en México —escribió la multicitada marquesa Calderón de la Barca— forma parte de las tristes pruebas, si es que algunas se necesitan, de los lamentables efectos que producen años de guerra civil y de inestabilidad en el gobierno".[47] Y no sólo era cosa de que las arcas estuvieran vacías sino también de que los gobernantes no tenían experiencia para como se decía entonces "poner en práctica el gobierno". Eso sí: dictaban leyes, era lo primero que hacían, porque tenían la convicción, muy característica del siglo XIX, de que si éstas eran adecuadas podrían efectivamente resolver los problemas. Constituciones, actas, manifiestos, leyes, bases orgánicas se promulgaron y derogaron, se establecieron y restablecieron, se modificaron y agregaron, con la pretensión de ordenar, regir y unir a los mexicanos, pero por lo visto no sólo no lo consiguieron sino que lograron exactamente lo contrario.

12

Las esposas de los gobernantes de los primeros tiempos independientes de México sólo fueron primeras damas de su casa y no de la nación, ante todo porque no existía nación sino apenas una república que penosamente insistía en levantar cabeza. Pero además, porque la tradición les imponía permanecer encerradas en el ámbito doméstico y no participar para nada de la vida pública.

En nuestro país no existía el concepto de que las mujeres tuvieran que ver con las tareas políticas de sus maridos. Mientras en Europa las esposas de los reyes y nobles tenían activa participación en las intrigas palaciegas y en la vida social, y mientras en Estados Unidos ya desempeñaban un papel significativo en las actividades del ritual social del presidente, en México, como escribió Guillermo Gómez utilizando el lenguaje apropiado para estos casos y de moda entonces, "se mantuvieron en la gloriosa penumbra de su hogar". Por eso sabemos tan poco de ellas y lo único que en ocasiones podemos rescatar son sus nombres (y ni siquiera en todos los casos), los cuales por lo demás no tienen para nosotros ningún significado. Por supuesto, salvo muy contadas excepciones, tampoco contamos con sus retratos y eso que para entonces ya se había inventado la fotografía (fue en 1836) y para mediados del siglo ya se estilaba que las personas se hicieran al menos una durante su vida.

Podemos, eso sí, imaginar que sus vidas fueron como las de todas las mujeres mexicanas de ese siglo que tenían cierta posición social, independientemente de la filiación ideológica del marido (o incluso de la suya propia). Criollas o mestizas, ricas herederas o esposas de la incipiente clase media de profesionistas y militares, todas mantenían el mismo perfil de seres humanos criados sólo para el matrimonio y el hogar: "Las mujeres están más que nunca limitadas a la esfera privada" afirma Lynn Hunt. ¡Y para tener muchos hijos! (El promedio era, según una estudiosa, de diez, pero sabemos que algunas tuvieron doce, quince y hasta diecinueve vástagos.) Por eso Michela di Giorgio llama al XIX "el siglo de la madre" y asegura que "la maternidad era la pasión del día".[48]

Eso sí, como eran tan devotas seguramente todas ellas antes de "cumplir con sus deberes conyugales" rezaban aquello de:

Señor, no es por vicio ni por fornicio
sino por hacer un hijo en Tu Santo servicio.[49]

Por eso se puede decir sin temor a equivocarse que no era muy distinta la vida familiar y doméstica de un conservador como Lucas Alamán con su esposa Narcisa García Castrillo que la de un liberal como Valentín Gómez Farías con su esposa Isabel López. "La estricta disciplina se mantenía bajo el mando del jefe de familia y garantizaba la cohesión indispensable para salvaguardar honor y matrimonio" afirma Roger Chartier.[50]

Lo que sí es probable es que estas señoras oyeran conversaciones que las tenían al tanto de lo que sucedía en el país y que por ello estuvieran más informadas que la mayoría de las mujeres de su tiempo. Pero no tenemos ningún documento para acreditar esta hipótesis. Además ¡ay de ellas si se atrevían a hablar de política! pues como decía Guillermo Prieto ¡ese día me divorcio!

Dos quinceañeras

1

La figura que preside y encarna el primer medio siglo de la historia nacional independiente es la de Antonio de Padua María Severiano López de Santa Anna.

Había nacido bajo el signo de Piscis en el año de 1794, lo cual, según uno de sus biógrafos, significaba "que su vida sería rara y emocionante", pero también que estaría marcada por "un violento apetito de triunfo".[51] La ya citada señora Calderón de la Barca dice que era "Un individuo de aspecto caballeroso, de buen mirar, de color pálido, negros y hermosos sus suaves y penetrantes ojos y la expresión de su cara es interesante", y agrega "extraña cosa que semejante apariencia de filosófica resignación, de plácida tristeza, haya de observarse frecuentemente en la fisonomía de los más profundos, ambiciosos e intrigantes de los hombres".[52] Buena observadora era doña Fanny, como se demuestra en su descripción de este hombre del que Agustín Yáñez afirma que "era capaz de inspirar admiración".

Santa Anna aparece en la historia desde que formaba parte de la escolta del virrey O'Donojú, cuando se firmaron los tratados de Córdoba. Después participó en la proclamación de Agustín I lo cual no le impidió encabezar a quienes lo derrocaron trece meses más tarde. Fue quien derrotó a la escuadra española que pretendía la reconquista —aunque los que saben de tácticas militares atribuyen ese triunfo más al clima y a la geografía que a las acciones de la tropa— y, como afirma Alamán, estuvo presente en todas las guerras, ya sea porque él mismo las promovía o porque tomaba parte en ellas, ora trabajando para el engrandecimiento ajeno ora para el propio, proclamando hoy unos principios y favoreciendo mañana los opuestos, elevando a un partido para oprimirlo y después levantar al contrario.[53] Maestro en el arte de la intriga política, ambicioso y hábil, fue "un orador grandilocuente de hinchada retórica, condotiero y mujeriego, jugador empedernido y amante de protocolos, de títulos y heráldicas, creador de órdenes y de condecoraciones".[54] Su nombre fue pronunciado en todas las revoluciones y se hizo indispensable para todos los partidos, lo mismo de cuño liberal que conservador. Un día estuvo por el establecimiento de una república centralista y otro por una federalista y una y otra vez subió a la Presidencia llamado por éstos o por aquéllos. Y aparece también en las guerras contra franceses y norteamericanos que se iniciaron a mediados de los años treinta: la de los colonos de Tejas, la de los Pasteles y la invasión norteamericana. Escribe Yáñez: "Se le tomó por general y por guía y a pesar de tremendos reveses, la psicosis duraría veinticinco años".

2

Santa Anna ocupó once veces la Presidencia de México: la primera de mayo a junio de 1833 y a partir de allí alternó tres veces con Gómez Farías hasta abril del 34 y permaneciendo hasta enero del 35. Volvió al poder entre marzo y julio de 1839; entre octubre del 41 y octubre del 42; entre mayo y septiembre de 1843; entre junio y septiembre de 1844; entre marzo y abril del 47; entre mayo y septiembre de ese mismo año; y por fin, la última ocasión, desde abril del 53 hasta agosto de 1855, cuando renunció definitivamente al cargo en Perote, Veracruz. Aunque su figura domina todo el periodo, en total gobernó menos de seis años.[55] En sus memorias, el general escribió que ensayó todas las formas de gobierno que estimó prudentes para ver cuál les convenía o les resultaba más adecuada a sus gobernados.[56]

Entre una y otra de sus entradas al poder, otros personajes ocuparon la silla presidencial, si bien nunca por mucho tiempo. El médico Valentín Gómez Farías, como ya se dijo, estuvo por primera vez en el cargo cuando el presidente electo no se presentó a asumirlo y luego alternó varias veces con él entre 1833 y 34. Según Lucas Alamán, esta alternancia era obra del propio Santa Anna para que fuera Gómez Farías quien cargara con la impopularidad por hacer las reformas mientras él quedaba como salvador si dichas reformas despertaban oposición. El general sin embargo, cada vez que se iba, justificaba su retiro diciendo que tenía problemas de salud.

De enero de 1835 a febrero de 1836, fue presidente Miguel Barragán, mientras Santa Anna salió a combatir a los tejanos sublevados. De febrero de 36 a abril de 37, lo fue José Justo Corro, un abogado a quien tocó organizar el recibimiento ¡nada menos que como héroe! del Santa Anna que volvía como perdedor de las batallas. Esto que hoy nos puede parecer extraño no es un dato aislado. En ese entonces se hablaba ya de los gloriosos vencedores y del "sonoro rugir del cañón" cuando en realidad no se había ganado ni una guerra a los extranjeros.

Y es que a fines de los años treinta comenzó un periodo de agresiones que dejaron lastimado y mutilado al país. La primera fue la guerra con Tejas, cuyos orígenes se remontan a los años veinte, cuando un grupo de colonos norteamericanos consiguió permiso para instalarse en aquellas tierras deshabitadas a las que ahora se empeñaban en convertir en territorio independiente. "Y por Tejas avanza el invasor astuto" escribió el poeta Ignacio Rodríguez Galván.[57] La conclusión fue la separación de Tejas de la República mexicana y poco después el nuevo país se anexaría a la federación norteamericana.

La segunda agresión se inició cuando una escuadra francesa bloqueó Veracruz, dando inicio a lo que se conocería como la guerra de los Pasteles, que tuvo serias repercusiones económicas ya que el gobierno dependía de los ingresos aduanales que se recababan en ese puerto, de los que por supuesto los invasores se apoderaron.

A mediados de la década de los cuarenta empezó otra guerra más, cuando por el norte y por el Golfo entraron al país los invasores norteamericanos. Los deseos de expansión del vecino, incrementados por las rivalidades entre los estados esclavistas del sur y los antiesclavistas del norte, se envolvieron en una retórica según la cual ellos eran los elegidos por la Providencia para un gran destino, parte del cual se realizaría aumentando su territorio.[58]

Los Estados Unidos de Norteamérica eran un país próspero y bien organizado mientras que México, como afirmaba José María Roa Bárcena, estaba "en condiciones desventajosísimas a todas luces: la debilidad de nuestra organización social y política, la desmoralización, el cansancio y la pobreza resultantes de veinticinco años de guerra civil y un ejército insuficiente compuesto por gente forzada, con armas que en gran parte eran el desecho que nos vendió Inglaterra".[59] De modo que el ejército mexicano, mal pertrechado y mal alimentado, perdió batalla tras batalla mientras los soldados yanquis avanzaban tierra adentro y ocupaban las plazas. Y por si fuera poco, los defensores de Veracruz, en lugar de irse contra el invasor se levantaron contra el gobierno. Escribió Jesús Reyes Heroles: "La guerra con los Estados Unidos ocurre en el peor momento de nuestra historia: cuando la lucha política interna tiene gran intensidad, cuando la sociedad colonial está agonizante y la nueva aún no se levanta; cuando ya no éramos lo que habíamos sido ni éramos aún lo que íbamos a ser".[60]

A Anastasio Bustamante lo habían traído del exilio para que otra vez gobernara desde abril de 1837 hasta marzo de 1839 y luego desde julio de ese año hasta septiembre del 41 cuando el ejército se pronunció en su contra con el Plan de Tacubaya y a él no le quedó más remedio que huir. Por cierto, una mujer, Margarita Hernández, escribió un "Valse triste a la memoria de esos días desgraciados".

Francisco Javier Echeverría, también abogado, estuvo dos meses en el poder en el año 41, cuando otra vez Santa Anna tuvo que salir a combatir. El caudillo Nicolás Bravo, el eterno aspirante al primer puesto, pudo al fin cumplir su sueño de ser presidente por unos días en 1839, luego desde octubre del 42 a mayo del 43 y una vez más entre julio y agosto del 46. El general Valentín Canalizo tuvo el cargo entre septiembre de 43 y junio de 44 y otra vez entre septiembre y diciembre de este último año. El general José Joaquín de Herrera estuvo doce meses en el puesto, entre diciembre de 1844 y diciembre de 1845, cuando la legislatura destituyó al anterior. El hombre tenía fama de juicioso y debe haberlo sido porque fue quien mandó por primera vez al exilio a Santa Anna. El general Mariano Paredes y Arrillaga, quien ya se había pronunciado en contra del gobierno en el año 41 para apoyar a Santa Anna, en el 44 se vuelve a pronunciar pero esta vez para derrocarlo. Por fuerza se apoderó de la Presidencia y la mantuvo en sus manos durante medio año entre diciembre de 1845 y julio del 46, cuando fue depuesto por Bravo.[61]

Bravo entrega el poder al general Mariano Salas, un santannista que se había pronunciado en contra de Paredes y que lo primero que hizo en su breve gobierno entre agosto y diciembre de 1846 fue traer del exilio al indispensable Santa Anna y hacer que el congreso se reuniera y lo nombrara una vez más presidente. Pero el general no asumió el cargo sino que se fue a comandar tropas a la guerra. Según Agustín Yáñez, esto lo hizo mal: por sus errores tácticos se perdían batallas y ordenaba ataques o retiradas en momentos equivocados. Por entonces circulaba una copla que recogía lo que era el sentimiento generalizado:

Para la guerra no somos,
para gobernar no sabemos.[62]

Mientras tanto, el cargo supremo quedó otra vez en manos de Gómez Farías desde diciembre del 46 hasta marzo del 47. El general Pedro María Anaya estuvo un mes en la Presidencia entre abril y mayo del año 47 y luego otra vez entre noviembre de ese año y enero del 48. Había estado entre los defensores de Churubusco a quienes se les terminó el parque durante la batalla y por supuesto la perdieron.[63] Gobernó mientras Santa Anna seguía en el combate contra los norteamericanos en lo que más de un autor ha llamado "la guerra más injusta".

El licenciado Manuel de la Peña y Peña, presidente de la Suprema Corte de Justicia, "personaje monumental y como quien dice la encarnación de la ciencia jurídica" en opinión de Guillermo Prieto, asumió el cargo, por la renuncia de Santa Anna, durante tres meses en ese mismo año de 1847, cuando el invasor entró a la capital y enarboló su bandera en Palacio Nacional y cuando, por si eso no bastara, comenzó la guerra de castas en Yucatán. Y otra vez entre enero y junio del 48 correspondiéndole el triste honor de negociar y firmar, en el mes de febrero, los tratados de Guadalupe-Hidalgo de "paz, amistad y límites" que pusieron fin a la contienda con Estados Unidos pero que dejaron un vasto territorio de más de dos millones de kilómetros cuadrados (Texas —ya para entonces con x—, Nuevo México y la Alta California, partes de Tamaulipas y Chihuahua) a los americanos a cambio de la ridícula suma de quince millones de pesos.

No se puede dejar de mencionar en este libro que una de las personas más fanáticamente anexionistas fue nada menos que la primera dama norteamericana Julia Gardiner Tyler, segunda esposa de John Tyler, quien desplegó gran actividad para convencer de su posición a los senadores. Fue tal su fervor y dedicación a la causa, que su marido el presidente le regaló la pluma de oro con la que firmó la anexión y ella se la colgó al cuello para lucirla con orgullo por el resto de sus días. La actitud de la señora no fue excepcional, muchas mujeres de ese país estuvieron de acuerdo con que había que arrebatarle territorio al vecino del sur al que consideraban un país habitado por gente inferior. También la primera dama siguiente Sarah Childress Polk sería una entusiasta promotora de la guerra contra México.[64]

En junio del 48 vuelve a la Presidencia el general Herrera, nombrado por el congreso, y permanece durante un periodo bastante largo para los promedios de la época, hasta enero de 1851. Fue él quien negoció con Yucatán para que ese estado volviera a la República. Le sucedió el general Mariano Arista que había estado entre los que combatieron a los sublevados contra el gobierno de Bustamante y quien se quedó también por un periodo largo de dos años, entre enero del 51 y enero del 53. Él tuvo el honor de ser el primero que recibió el poder "en forma pacífica y cordial" como se decía entonces, aunque no lo entregó de la misma manera pues tuvo que renunciar debido a un levantamiento en su contra y lo hizo a favor del licenciado Juan José Bautista Ceballos, presidente de la Suprema Corte de Justicia, quien estuvo en el cargo los primeros dos meses del año 53 y lo entregó, por los siguientes tres, al general Manuel María Lombardini quien a su vez pasó el mando otra vez al eterno Santa Anna que poco después se nombraría a sí mismo Alteza Serenísima y que decidió en esta ocasión gobernar como dictador reprimiendo, desterrando, aumentando impuestos y vendiendo otro pedazo del territorio nacional a los norteamericanos, La Mesilla, por diez millones de pesos que le urgían para mantener a flote su mandato.[65]

Hacia el medio siglo, el territorio de México se había desintegrado, la población estaba humillada y desmoralizada y la economía en bancarrota: "Muchos acreedores, pocos recursos" escribe Lilia Díaz. El país no contaba con crédito externo ni interno, el atraso en la producción era grande y el tesoro público era botín de los militares.

Y si a eso se agrega el combate a los grupos de expedicionarios que venían y se apoderaban de grandes extensiones del territorio y a los grupos indígenas que hacían rebeliones, desesperados por proteger sus bienes comunales, se tendrá el cuadro más desolador.

3

Y en todo este panorama ¿dónde quedaban las esposas de los gobernantes?

Según José Manuel Villalpando, el primer galanteo que se le conoce a Antonio López de Santa Anna fue cuando tenía veintiocho años y era apenas brigadier, pero ya se hacían patentes sus ambiciones: decidió dirigir sus atenciones nada menos que a doña Nicolasa, la hermana mayor del emperador Iturbide, quien a la sazón tenía ¡sesenta años de edad! y era soltera, pero que de haberle correspondido, le habría permitido adquirir el título de príncipe cuando el hombre aún pensaba que la monarquía iba a durar (y que los títulos se conservarían, lo que no fue así, pues en el año 26 desaparecieron por decreto). Esto nos da idea, como dice Yáñez, "de su ávido carácter". Fue el propio don Agustín quien puso fin a estos escarceos que, según cuentan los que saben, hacían ruborizar a la señora.

Como la jugada no le resultó, el hombre se fue a buscar por otro lado y a poco envió una participación al emperador anunciándole que se iba a casar "con una señorita de las mayores recomendaciones por su virtud, talento, cuna y bienes" y terminaba diciendo que "bajo estos principios presagio que ha de constituir mi felicidad".

La tal señorita era María Inés de la Paz García, de quien José Fuentes Mares afirma que era hija de padres españoles riquísimos, quien había nacido en Alvarado, Veracruz, en enero de 1811.[66] Casó con Santa Anna en agosto de 1825, por poder como se estilaba en esos tiempos de caminos difíciles y hasta intransitables, cuando apenas tenía quince años mientras que él ya andaba en los treinta y uno. Pronto adquirieron una hacienda, la muy hermosa Manga de Clavo, enorme solar situado en el camino entre el caluroso infierno que era Veracruz y el fresco paraíso que era Jalapa. Dicen que la señora la convirtió en un vergel y que allí pasó la mayor parte del tiempo durante los siguientes diecinueve años, ya que el marido casi siempre estaba ausente, metido en guerras e intrigas políticas.

María Inés fue la madre de los cuatro hijos legítimos de Santa Anna, dos mujeres y dos varones, uno de los cuales murió muy chico. Además el general tuvo por supuesto hijos naturales, como casi todos los señores de la época. Según Villalpando, las madres de éstos fueron Nazaria Santos, Rafaela Morenza, María Cesárea y Amada Sandoval. Uno de ellos sería el coronel José María, que años más tarde tomaría preso y mandaría a San Juan de Ulúa nada menos que a Benito Juárez. Este joven se suicidaría en 1886 en La Habana, Cuba, acusado de "cierta responsabilidad en la sustracción de fondos públicos de la nación".

Fanny Calderón relata la magnificencia y el lujo en que vivían los Santa Anna: "La casa es bella y se conserva en buen orden. Fuimos recibidos por un ayuda de campo en uniforme y por varios oficiales que nos condujeron a un apartamento amplio, fresco y agradable, con muy pocos muebles, al que poco después llegó la señora de Santa Anna, alta, delgada y a esa temprana hora de la mañana vestida para recibirnos con una ligera muselina de color blanco, unos zapatos de satén blancos y unos muy espléndidos aretes, broche y anillos de diamantes. Se portó muy amable y nos presentó a su hija Guadalupe, una miniatura de su madre en rasgos y en vestuarios". Cuenta doña Fanny que en esa ocasión se sirvió un almuerzo magnífico y de muy variados platillos en vajilla de porcelana francesa y que se le acompañó con excelentes vinos también traídos de Europa. Y una vez concluido el ágape, "la señora despachó a un oficial a traer su caja de cigarros que era de oro y con un diamante y me ofreció un cigarro, mismo que decliné y entonces ella prendió el suyo, un pequeño cigarrito de papel, e inmediatamente los caballeros siguieron su buen ejemplo".[67]

De este relato de la esposa del primer embajador de España en México, se colige que a mediados del siglo XIX las damas mexicanas más ricas seguían emperifollándose y enjoyándose como lo habían hecho las aristócratas en tiempos del virreinato, que seguían comiendo copiosamente y viviendo una vida de ocio total, sin absolutamente nada que hacer, y que algunas ya se tomaban libertades propias de los "tiempos modernos" como la de fumar.

Pero la joven señora Santa Anna enfermó repentinamente. Tan grave era su estado que diariamente se le suministraba el viático y su marido "invitaba" a los funcionarios públicos, al alto clero y al cuerpo diplomático al poco agradable acto de presenciar esta ceremonia. En agosto de 1844 murió María Inés. Fue inhumada en la capilla de Nuestra Señora de Guadalupe en la catedral de México.

Y como al general no le gustaba el celibato, luego luego se puso a buscar esposa. Villalpando dice que sin esperar siquiera el luto reglamentario, fue a pedir la mano de Concepción Velasco, hija de un riquísimo español que era su apoderado y albacea pero que éste se asustó tanto de imaginar que la muchacha pudiera caer en manos de ese hombre al que conocía muy bien, que en menos de veinticuatro horas la casó con un sobrino y así lo impidió.

De todos modos, para sorpresa de todos y como sabroso manjar para las habladurías, apenas pasada la cincuentena, el viudo casó con Dolores Tosta

Gómez, una joven bella y de frágil figura que había nacido en la ciudad de México en 1828; también era hija de un rico dueño de minas y también tenía entonces quince años, que por lo visto era la edad que le gustaba a dicho señor (y más si venía acompañada de una considerable fortuna), mientras él ya pasaba de los cincuenta. Aunque lo más probable es que los padres no le preguntaron a su hija si lo quería por marido, es posible que sí, pues según Salado Álvarez, las mujeres se enamoraban de él porque "montaba admirablemente a caballo, y a horcajadas sobre una preciosa yegua castaña, parecía mucho más joven y erguido".[68]

Este matrimonio, efectuado a principios del mes de octubre del año 44, también se realizó por poder, con un alcalde de nombre Cañedo en representación del novio y con la asistencia del presidente de la República, el general Canalizo. Don Antonio por entonces se encontraba encerrado en su hacienda debido a las muchas críticas en su contra no sólo por su política y no sólo porque aumentó los impuestos y creó algunos nuevos, sino también por su tan rápido matrimonio que se consideraba entre la sociedad "decente" como un atentado contra las buenas costumbres.

En su novela sobre Santa Anna *Quince Uñas y Casanova aventureros*, el escritor Leopoldo Zamora Plowes describe la escena a la hora del banquete de bodas con Valentín Canalizo, presidente de la República, y Juan de Dios Cañedo, amigo de Santa Anna y alcalde:

"Cuando los invitados pasaron al resplandeciente comedor a disfrutar el banquete... La desposada ocupó la cabecera de la mesa. Entonces presidente [Canalizo] y marido [Cañedo] sustitutos entablaron la siguiente discusión:

Cañedo: Excelentísimo general, permítame observarle a Su Señoría que el lugar de honor junto a la desposada me corresponde a mí.

Canalizo: Olvida usted, Señor Alcalde, que soy el Presidente de la República y que por lo tanto, soy el primero en cualquier parte.

Cañedo: Lamentable equivocación, Señor Presidente. ¿Quién se casa? El Benemérito de la Patria, el verdadero Presidente, el Constitucional. ¿Quién lo representa aquí con poder? Yo.

Canalizo: Pero tenga usted en cuenta, señor Cañedo, que mi excelentísimo amigo el señor general Santa Anna no es Presidente en estos momentos. Yo lo sustituyo, yo soy el Presidente sustituto y me asiste el derecho a sentarme...

Cañedo: ¡Señor Canalizo! Si usted es el Presidente interino, yo soy el Esposo Interino, es decir, yo represento al general Antonio López de Santa Anna y no usted. Si lo que usted disputa es la silla presidencial, mándela quitar de aquí, pero yo me siento en el lugar de honor, con la hoy señora de Santa Anna, porque en estos momentos soy el mismo don Antonio López de Santa Anna."[69]

También a Dolores Tosta le tocaron lujos. El general le regaló la hacienda El Lencero, un lugar "absolutamente plácido, con una entrada bordeada por laureles y jacarandas" y además le obsequió un palacete en Tacubaya, cerca de la capital. En el retrato que se conserva de ella, realizado en 1855 por el pintor Juan Cordero, y que es considerado como una obra maestra de la pintura de la época, "por muchos motivos extraordinaria" según Justino Fernández, se puede captar la magnificencia del Palacio Nacional (pues por la ventana se observa la torre de catedral), con su espléndido mobiliario y cortinaje, y también el gusto de la joven señora (tenía entonces veintiséis años) por el gran lujo y los vestidos hermosos pero recargados —el traje de brocado es una obra de arte en sí— y por los tocados complicados. El águila en la diadema indica su rango y si bien no lleva como joyas más que perlas, éstas son muchas, pues además del collar de dos hilos, adornan profusamente el corpiño y el vuelo de la falda. No faltan los guantes de fina piel, el abanico de plumas y el pañuelo de encaje. Un crítico de entonces escribió: "Hay en la figura raramente combinados la nobleza, la dignidad, la dulzura y modestia del natural y en los accesorios y adornos llenos de originalidad, un gusto y una elegancia exquisitos".[70]

A la señora le gustaban las fiestas y saraos y los organizaba a menudo, sin importarle lo que estuviera sucediendo en el país y sin detenerse en gastos. Las malas lenguas aseguran que incluso en los momentos en que había levantamientos contra su marido, ella seguía con lo suyo como si nada. Y debe ser cierto porque el retrato citado se pintó en el último año en que Santa Anna estuvo en el poder.

¿Se enteró la señora de lo que se escribía en contra de su marido? ¿Oyó que lo acusaban por estar rodeado de "aduladores, buitres militares, damas frívolas y lacayos", "de horrores sangrientos y esqueletos"? ¿conoció aquel poema de Ignacio Rodríguez Galván en donde se lamentaba "del gobierno inmoral que baila, arrogante, mientras que llora el pueblo dolorido"? y todo por culpa de un ejército corrupto:

Soldados sin decoro
y sin saber nos celan
a donde dan más oro
allá rápido vuelan:
en la batalla tórtolas,
buitres en la ciudad?[71]

Se usaba entonces que en las fiestas y en el teatro, cuando llegaba el presidente, se cantara el aria de alguna ópera para así dar inicio formal al acto o la festividad. En mayo de 1854, en una velada literaria en honor de Santa Anna, la soprano Enriqueta Sontag, condesa de Rossi, hizo pública por primera vez la letra que para celebrar a la Patria había escrito (con un arreglo musical a la italiana) Francisco González Bocanegra (aquel a quien su novia había encerrado bajo llave obligándolo a pensar esos versos), misma a la que se le pondría música propia cuando Jaime Nunó ganó el concurso respectivo y que se estrenaría en el mes de septiembre con soprano y tenor italianos y coro mexicano.[72] La señora Dolores, al escucharlo ¿creyó que era cierto que los mexicanos ganaban todas las batallas? ¿y se aprendió de memoria aquello de "Mas si osare un extraño enemigo, profanar con su planta tus suelos,

Dolores Tosta de Santa Anna, bella y muy joven criolla a la que Juan Cordero captó en este óleo sin parangón en la retratística decimonónica

DOLORES TOSTA DE SANTA ANNA

Dolores Tosta de Santa Anna

piensa oh Patria querida que el cielo, un soldado en cada hijo te dio", una de las diez estrofas? ¿o de plano prefirió nada más memorizar el catecismo del padre Ripalda que su señor marido convirtió en enseñanza obligatoria para los escolares porque, como se decía entonces, "manda huir de las tentaciones i de la ociosidad... con oración, consejo y recato"?[73]

¿Qué pensaba esta joven despreocupada sobre los afanes desmedidos de gloria que tenía don Antonio, de su gusto por los aplausos y los elogios y de las estatuas que acostumbraba mandarse erigir? ¿qué opinaba de que fuera un jugador empedernido que apostaba mucho, sobre todo a los gallos? ¿tuvo en algún momento miedo de perder su fortuna? ¿o quizá era demasiado joven para darse cuenta de lo que estaba en riesgo y no se interesaba sino en sus joyas y vestidos de "gro"?

Con todo, y a pesar de las frivolidades, fue Dolores Tosta quien le acompañó en los difíciles momentos de la caída, cuando todo se vino en contra del hombre y hasta la pierna aquella que le habían amputado y que había sido enterrada con todos los honores, fue exhumada por el populacho y paseada por la ciudad entre vituperios y burlas. Fue ella quien le sirvió la leche que a él le gustaba tomar para reponerse, según asegura Fuentes Mares, quien pagó sus deudas y quien, sobre todo, no se despegó de su lado durante el tristísimo exilio en una isla del Caribe. Según Yáñez, esa "esposa y compañera paciente y leal" mantuvo su adhesión inquebrantable en "la lucha postrera, tenaz, contra la fortuna que ya era por siempre esquiva a quien tanto mimó". No en balde la llamaron "la flor de México".[74]

Se cuenta que la mujer, que nunca tuvo hijos, sufría tanto por la soledad de su marido, que contrataba gente para que hiciera antesala y le dijera que el país lo necesitaba. Así él se sentía buscado e importante. El problema es que el viejo general se lo creyó y se puso a ofrecer sus servicios a quien los quisiera, por igual a Juárez que a Maximiliano, aunque ninguno los aceptó. Entonces fletó por su cuenta un barco para volver a México, pero cuando llegó a puerto no lo dejaron desembarcar y lo mandaron de vuelta a su isla. Decía la copla:

Cayó Santa Anna,
cayó el desventurado
porque estaba mal parado
solamente sobre un pie.[75]

Tiempo después y luego de muchas gestiones, doña Dolores consiguió por fin que el presidente Lerdo de Tejada diera permiso al octogenario para volver a la Patria. Y aquí lo cuidó hasta el día de su muerte, luego de la cual siguió la costumbre de tantas viudas, que aunque aún fueran jóvenes, permanecían ya por siempre recluidas. Ella lo hizo en la casa de la calle de Vergara número 9, hoy Bolívar 11, "finca de cantera de marcada modestia" dice Yáñez, y único bien que conservó la señora "después del desastre financiero ocurrido por las locas empresas de 1866-1867 que su marido emprendió". Una fotografía de la época que encontró Vicente de Paul Andrade, la muestra, joven y bella todavía, elegantemente vestida y peinada, pero con el rostro serio y triste.

Dolores Tosta murió en el 86, auxiliada por monseñor Pagaza que después sería obispo de Veracruz. Los esposos están enterrados juntos en el panteón del Tepeyac.

Un poema de Salado Álvarez resume la época y a su principal protagonista:

General, danos la gloria,
afianza nuestros derechos
y vindica tu memoria,
de otros tiempos y otros hechos,
que son de luto en la historia.[76]

4

¿Y qué con las esposas de los demás presidentes que por unos días o unos meses gobernaron al país?

Pues allí estaban, por supuesto, esperando a sus maridos "en la dulce penumbra del hogar": Manuela de Trebuesto y Casasola de Barragán, condesa o marquesa de Miravalle por más señas, nacida en México en 1806, quien había casado en 1821 con don Miguel y había procreado con él un hijo que murió. ¿Será por eso que su esposo se interesó por las viudas y los huérfanos a los que ayudaba de su propio bolsillo? Luego de enviudar —y por cierto su marido falleció en el ejercicio del cargo— la señora casó en segundas nupcias con un ingeniero de nombre Muñoz con quien se fue a vivir a Francia, donde permaneció hasta su deceso ocurrido en el año 85 en su casa de la Costa Azul.

Juana Fernanda Ulloa de Corro, de quien sólo sabemos que era oriunda de Guadalajara y Refugio Almanza de Echeverría, que lo era de Jalapa donde había nacido en 1799 descendiente del virrey Enríquez de Almanza. En 1823 había casado con el abogado Francisco Javier pero murió joven en el año 48, cuatro años antes que su marido.

Antonieta Guevara de Bravo, quien en vida de su marido casi no le vio el pelo, pues don Nicolás andaba siempre en las luchas por el poder, pero a la hora de la muerte fue asesinada junto con él en la hacienda de Chichihualco en Guerrero, en abril de 1854, al parecer envenenada, y Josefa Benita Dávila o Dávalos de Canalizo, oriunda de Tlaxcala, donde había nacido en 1801 y que murió en la capital en enero del año 44 cuando su marido estaba en funciones de presidente de la República, siendo por este motivo inhumada con gran solemnidad en el panteón de Los Ángeles. Es curioso, pero en vida nadie las tomaba en consideración aunque fueran esposas del presidente y sin embargo, en el caso de que murieran estando él en funciones, el entierro se volvía un pomposo y formal asunto de Estado.

Josefa Cortés de Paredes y Arrillaga, aristócrata tapatía nacida en 1810, que por alguna razón incomprensible se había casado con ese hombre humilde que era el general, al que pulió, enseñó modales y relacionó con gente. Éste no fue un caso único: a lo largo de nuestra historia se repite constantemente el hecho que mujeres de un nivel social más alto se matrimonien con hombres de un nivel social más bajo. Como si con tal de no correr el riesgo de la soltería, aceptaran al primero que se les pone enfrente, que siempre es alguien en busca de mejorar su situación personal. La pareja de los Paredes y Arrillaga vivió siempre en la capital a donde él la trajo y donde ella murió en los años ochenta cuando ya era septuagenaria.

Josefa Cárdena o Cardeña de Salas, "Pepita", era una mujer ya mayor cuando casó con el general José Mariano, quien también ya era viejo, y más no se sabe de ella. En la muy mala fotografía que se conserva de la señora, se alcanzan a distinguir sus facciones y el esbozo de una sonrisa, aunque va vestida de oscuro y con la cabeza tapada, señal de que era sobria y poco dada a las diversiones, como la mayoría de las mujeres de las

Josefa Cárdena o Cardeña de Salas
una mujer ya mayor

clases medias en la sociedad mexicana decimonónica. Murió en 1890 y está enterrada en Ticumán, Morelos.

Josefa Osta de De la Peña y Peña, era "de distinguida familia" según afirma Guillermo Prieto, tercera marquesa de Rivas Cacho y segunda esposa del licenciado don Manuel (la primera se había llamado Bernardina Illanes). Cuando enviudó casó en segundas nupcias con un señor de apellido Arias.

Guadalupe Martel de Arista era viuda del comandante español Isidro Enrique Barradas, que fue quien dirigió la fracasada reconquista de México y con quien tuvo un hijo. Casada en segundas nupcias con el general mexicano Arista, fue abandonada por éste, hecho que causó escándalo en su momento porque el señor se lucía públicamente con otras mujeres e incluso las llevaba a sus departamentos particulares en el Palacio Nacional (¿será para eso que mandó a abrir otra puerta más al norte, la que hasta hoy se llama "Mariana" en su honor?). A la señora no le quedó más remedio que irse a vivir a un convento, el de Regina en la ciudad de México, donde murió sola y humillada en el año 64. Según Josefina Muriel encerrarse en un convento era una práctica común en los siglos coloniales pues allí las mujeres encontraban apoyo y protección dado que el divorcio no era una opción ni siquiera para pensarse y era inimaginable que pudieran vivir solas. Por lo visto la costumbre persistía en el siglo XIX, donde las condiciones para la mujer, a pesar de la Revolución francesa y la modernización de muchas legislaciones, en México seguía siendo la misma.

Ana Madrid de Ceballos de quien nada sabemos y Refugio Alegría de Lombardini, segunda esposa del general (la primera se había llamado Guadalupe Lemus) de quien lo único que conocemos es la fecha de su muerte en el año 86, por una placa que su atribulado marido le dedicó en el panteón de San Fernando.

Dolores Alzagaray de De Herrera, oriunda de Córdoba, Veracruz, donde había nacido en 1811 y allí mismo se había casado con el general en 1835, con quien tuvo tres hijos, cantidad sorprendentemente pequeña para la época, pero lo que sucede es que murió muy joven, a los veintiocho años. En realidad ella nunca fue primera dama porque murió un lustro antes de que su marido ocupara el cargo. Pero llama la atención que éste no se volvió a casar y tampoco ninguno de sus hijos lo hizo. Se dice que el hombre era tan honesto que mandaba traer de su casa la comida para comer en Palacio Nacional, puesto que no había recursos públicos para comprarla.

Por lo que se refiere al general Anaya, ése sí era, según todas las fuentes, soltero.[77]

5

Estamos a mediados del siglo XIX. El país se encontraba en un estado desolador: desintegrado el territorio, humillada y desmoralizada la gente, la economía en bancarrota y sin crédito externo, los estados no obedecían a la capital y había sublevaciones constantes. Alguno de esos levantamientos hasta llegó a nombrar a su propio presidente de la República en la persona del general Martín Carrera.

Los gobernantes inventaban nuevos impuestos —algunos de ellos francamente absurdos— para agenciarse recursos: que a las ventanas, que a los perros, que a las ruedas de las carretas. Pero poca gente los pagaba y aunque los norteamericanos habían entregado una indemnización por los territorios que se anexaron y una suma por el que compraron y aunque se concertaron préstamos con otros países y se obligaba a los ricos a préstamos forzosos y se vendieron diversos bienes eclesiásticos como tierras desamortizadas por los primeros gobiernos liberales, las arcas del erario estaban vacías, siempre vacías. ¿A dónde iba a parar todo el dinero? ¿Dónde había quedado la abundante riqueza del siglo XVIII?

Seguramente una parte había hallado resguardo en los bolsillos de particulares, pero mucho también se había destinado a pagar, por una parte, el costoso ejército y burocracia que mantenía la administración (por eso el doctor Mora escribió: "La República mexicana gasta catorce millones de pesos en sostener soldados que la tiranicen sin defenderla")[78] y por otra, los préstamos de los agiotistas cuyos intereses eran considerables. Como sea, y cualquiera que hubiera sido su destino, el hecho es que no se derramó ni hacia obras públicas ni para el beneficio de las mayorías que seguían siendo tan pobres como siempre, dedicadas a las labores agrícolas, vendiendo su fuerza de trabajo, sus oficios o productos y mendigando o robando.

En efecto, los asaltos y crímenes eran frecuentes en un país donde no se sentían las riendas del gobierno ni de la autoridad. La literatura de la época está llena de relatos de estos hechos, siendo los más conocidos los de Inclán y Payno. ¿Podemos imaginar el terror que sentían las personas cuando viajaban de un lugar a otro y de repente se encontraban con los bandidos que salían de los matorrales y detenían los carruajes y las diligencias?: "Mientras unos se abalanzaban sobre las portezuelas, otros se dirigían a la covacha para sacar los equipajes. El capitán obligaba a los pasajeros a descender, les ordenaba que se pusieran a gatas sobre la tierra y les prohibía levantar la cabeza... si alguno se oponía a esas instrucciones era golpeado sin miramientos. En poco tiempo los ladrones sacaban todo lo que era de valor... En cuanto los pasajeros recibían aviso de peligro se suspendían las conversaciones, generalmente animosas entre ellos, y se manifestaba la inquietud por medio de frases reveladoras de la naturaleza de cada uno... Las damas se apresuraban a inquirir si los ladrones tendrían la costumbre de llevarse a las mujeres. Algún varón que se las daba de valiente azuzaba a los demás para que se defendieran... Los religiosos se preguntaban si los bandoleros serían de los que respetaban a los padrecitos o de aquellos que los maltrataban sin mostrar la menor consideración a su alta y espiritual investidura. Algunos pasajeros escondían dinero y objetos de valor en las canales por las que corrían las portezuelas. Otros elegían el relleno de los cojines de cuero colocados sobre los asientos para amortiguar, aunque infructuosamente, el golpeteo del cuerpo, o bien el cielo de raso del carruaje o cualquier otro escondrijo que encontraran. Todo era inútil, los ladrones, conocedores de esos recursos, ya sabían dónde buscar. En ocasiones, ante el peligro de perder lo único de valor que poseían, los viajeros se exponían a peligros mayores y aguzaban el ingenio. Se cuenta la anécdota de una joven que, ante la inminencia del asalto, clavó en la pulpa de un plátano un anillo de mucho valor. Cuando los ladrones estuvieron frente a ella, aparentó estar mordiendo la fruta precisamente en ese momento. La despojaron de otros objetos pero ni tocaron el plátano ni la sortija de diamantes escondida en su interior".[79]

En ocasiones los bandidos no se conformaban con el dinero y las alhajas que llevaban sus víctimas sino que les quitaban también la ropa, de tal suerte que los pasajeros se veían obligados a continuar el camino semidesnudos. Si los carruajes entraban a la ciudad con las cortinas bajadas, era señal inequívoca de que habían sido asaltados y de que venían en condiciones inconvenientes.

Y no se crea que esto sólo sucedía en los caminos. También en las ciudades la criminalidad era elevada. Un caso muy célebre fue en 1842 el asesinato de un súbdito británico Egerton, pintor de paisajes y de una señora muy bella que le acompañaba. Cuenta Mario Moya Palencia: "Marcándoles el alto, los acometieron tres sobre los cuales Egerton disparó una pistola, que a ninguno ofendió. Y entonces uno de los agresores lo aseguró por la espalda y el otro le comenzó a tirar diversas estocadas que le quitaron la vida en el momento. Quedándose dos con el cadáver y registrándolo uno de ellos, que le robó sólo real y medio o dos reales que llevaba en una bolsa, los dos restantes condujeron a la señora, no sin trabajo, por la loma recién barbechada hasta unos árboles del Perú, donde la derribaron, desnudaron, hirieron y golpearon con tanta crueldad como manifestaban las señales de su cuerpo, sin que a ella se le oyesen más voces que las de Jesús, Jesús, después de las cuales quedó muerta".

El asesinato de esas personas no tuvo más motivo que hacerse de un poco de dinero y lo que consiguieron los delincuentes fue en efecto muy poco: apenas algunos reales que cargaba el muerto y algo que obtuvieron por vender la ropa y el sombrero "en el baratillo del Factor por 12 reales". ¿Y para qué maltrataron tanto a la señora? se les preguntó en el juicio, pero eso "no lo quisieron explicar conviniendo unánimes que ninguno la había disfrutado carnalmente".[80]

Historias románticas

1

En 1854, se inició en lo que era el departamento de Guerrero, una rebelión animada por el Plan de Ayutla, cuyo objetivo era despojar del gobierno a Santa Anna. Decían los sublevados: "Que la nación no puede continuar por más tiempo sin constituirse de un modo estable y duradero ni dependiendo su existencia política de la voluntad caprichosa de un solo hombre... [y] que la permanencia del excelentísimo señor general Antonio López de Santa Anna en el poder es un constante amago para la independencia y la libertad de la nación".[81] El dicho Plan despertó una cadena de levantamientos en varias partes del país que el gobierno no pudo frenar.

Al darse cuenta de que ya no contaba con el apoyo de ningún grupo, pues tanto los conservadores como los moderados y los radicales lo habían abandonado, el dictador renunció —aunque Justo Sierra dice que simplemente se fugó a Veracruz— y se embarcó para el extranjero.[82]

Entonces asumió la primera magistratura Rómulo Díaz de la Vega quien la tuvo dos días para entregársela al general Martín Carrera, el mismo al que ya habían nombrado los sublevados pero que esta vez la asumía de forma legal. Un mes la conservó y se la devolvió a De la Vega que la tuvo hasta octubre. El puesto era literalmente una papa caliente.

La sublevación triunfante la había encabezado Juan Álvarez, quien llegó a la Presidencia en octubre de 1855, después de difíciles negociaciones con Carrera que no la quería entregar. Inmediatamente formó un gabinete con puros liberales puros, la crema y nata del grupo. Pero sólo estuvo dos meses en el puesto por las pugnas entre sus colaboradores y por una razón que no fue política sino personal: no aguantaba la ciudad de México, y aunque había tratado de gobernar desde Cuernavaca ni allí "se hallaba" con las costumbres y las gentes y menos que nada con la comida. Y es que el hombre extrañaba su tierra. Así que delegó sus facultades en su ministro de Guerra Ignacio Comonfort, quien asumió el cargo en diciembre de ese año, y se fue para su casa.

Según Guillermo Prieto, Comonfort era un "hombre naturalmente dulce, pacífico y de educación la más pulcra y delicada, parecía nacido para el cultivo de los más inocentes goces domésticos".[83] Al llegar a la Presidencia se propuso ante todo pacificar al país pero se encontró con que los liberales tanto en el congreso como en el gobierno (Juárez, Ocampo, Lerdo de Tejada, Prieto) eran bastante radicales y no tenían ánimo conciliatorio. Y pronto empezaron a redactar leyes que insistían en despojar de poder y riqueza a la Iglesia. Se trataba, según afirmó Zarco, de "medidas económicas progresistas que realizaban la gran reforma de dividir la propiedad territorial, desamortizar bienes que estancados son muy poco productivos y facilitar la reforma del sistema tributario".[84] Lo que se pretendía con esta reforma liberal era: "Crear una generación de pequeños propietarios urbanos y rurales que ampliarían las clases medias en las cuales se hacía residir todo el progreso del país". Y es que para los liberales "la clase media era el verdadero principio constitutivo de la República y el germen del progreso" además de "la garantía social de la democracia política".[85]

La Constitución de 1857 establecía que "la soberanía nacional reside en el pueblo", y fijaba la igualdad jurídica y política de todos ante la ley, además de consagrar los derechos individuales, la libertad de enseñanza, de imprenta, de asociación, de tránsito, de trabajo y de manifestación de ideas, la inviolabilidad del domicilio y la obligación de que los servicios que alguien prestara a otros fueran retribuidos y ordenaba la supresión de alcabalas y aduanas interiores así como la no retroactividad de las leyes, suprimía los fueros, títulos y tribunales especiales así como las penas infamantes y la confiscación de bienes y abría el debate sobre la libertad de cultos.[86] El Estado se separaba de la Iglesia, se definía como laico y como una república democrática, representativa y federal, con soberanía de los estados y división de poderes en ejecutivo, legislativo y judicial.

Por supuesto, los conservadores reaccionaron enfurecidos cuando "la excelsa majestad", como se le llamó entonces a la Carta Magna,[87] pasó a convertirse en ley obligatoria y el arzobispo de México hasta prohibió a sus fieles que la juraran. Como había dicho Alamán, les parecía que estas leyes, elaboradas de acuerdo con el "espíritu del siglo", invocaban principios y teorías venidos de fuera, que no eran más que un espejismo que no tomaba en cuenta las diferencias de origen e historia, y le hacían mucho daño al país pues sólo lo conducían a la debilidad y la anarquía.[88]

Pronto empezaron a surgir las revueltas y hasta se quiso desconocer al presidente. Éste, sin embargo, mandó al exilio al poderoso obispo Pelagio Antonio de Labastida y Dávalos que era un intrigante. Por si todos estos problemas no bastaran, hubo que combatir a bandoleros franceses que encabezados por el conde Gaston Raousset de Boulbon, pretendían apoderarse de tierras en Sonora.

Como era presidente interino, Comonfort buscó la legalidad y al amparo del nuevo instrumento jurídico liberal logró que lo eligieran legítimamente en diciembre de ese mismo año de 57. Pero, como escribió Sierra, no podía gobernar con una constitución que era todo límites al ejecutivo y, además, él pretendía que las reformas se hicieran más lentamente para no violentar tanto la situación. Así que se peleó con los radicales y empezaron las sublevaciones en su contra, una de ellas, encabezada por sus amigos más cercanos. Quiso entonces dar un golpe de Estado para que quedara sin efecto la constitución y para ello se puso de acuerdo con un militar de su confianza, el general Félix María Zuloaga. Pero éste, en lugar de ayudarlo, se puso del lado de los conservadores quienes al grito de "religión y fueros" proclamaron el plan y el levantamiento de Tacubaya y lo derrocaron para él mismo tomar el mando en enero del 58. Comonfort huyó entonces a Estados Unidos, pero antes de irse hizo entrega del cargo al presidente de la Suprema Corte de Justicia de la Nación Benito Juárez, a quien le correspondía de acuerdo con la ley, y quien apenas la asumió, se marchó a Guadalajara, en donde lo capturaron y casi pierde la vida en un episodio del que lo salvó la elocuencia de Prieto con aquélla su diatriba: "Soldados, los valientes no asesinan".

Hubo entonces en el país dos gobiernos y dos presidentes al mismo tiempo. Del lado de los conservadores, Félix Zuloaga estuvo casi un año en el poder hasta ser depuesto en diciembre del año 58, y en su lugar quedó Manuel Robles Pezuela, un general y diplomático que sólo lo conservó un mes porque en enero del 59 Zuloaga fue repuesto en el cargo, si bien sólo por unos días para de nuevo caer, ocupándola José Mariano Salas por un mes, entre enero y febrero de ese año, cuando con el apoyo de los conservadores y debido a los varios triunfos logrados por sus ejércitos, la asumió el general Miguel Miramón, quien permanecería en el cargo hasta diciembre de 1860, con un breve corte en el mes de agosto durante el cual por dos días lo fue José Ignacio Pavón, entonces presidente de la Suprema Corte de Justicia.

Del lado de los liberales, el presidente durante todo ese tiempo fue Juárez, quien había recibido el mando de Comonfort y quien para sostenerse en el cargo había tenido que abandonar la capital ocupada por los conservadores y llevarse a su gobierno itinerante en una diligencia con todas las ventanillas herméticamente cerradas, en un periplo que pasó por Guanajuato, Colima, Manzanillo y Veracruz.

Una carta encontrada en un archivo da bien la tónica de ese confuso momento de la historia. En ella un comerciante escribe: "Por aquí anda un indio que dice que es presidente de México y todos se ríen de él". Pero le creyeran o no, ese indio era el presidente legítimo y como tal se puso a dictar leyes "para el bienestar de la nación". Se trata de las Leyes de Reforma, expedidas en Veracruz en el año 59 para "llenar las omisiones de la Constitución de 1857" y que estatuyeron la nacionalización de los bienes eclesiásticos, la clausura de conventos y cofradías, el matrimonio civil y el registro civil (es decir que jueces del Estado serían los encargados de dar fe de nacimientos, matrimonios y muertes), la secularización de los panteones y la supresión de muchas fiestas religiosas.[89] Según Cué Cánovas, "ellas significaron en puridad la expresión de un programa dirigido a erradicar las instituciones, privilegios, hábitos, costumbres, prácticas y formas de gobierno de carácter medieval y feudalista que subsistían en la nación emancipada de España".[90]

Pero, como era de esperarse, una vez más estalló la guerra civil, "un nuevo periodo de sangre y lágrimas" diría Justo Sierra. Durante tres largos años, el país se volvió a incendiar.

2

Y aquí volvemos a la pregunta que anima a este libro: ¿y las esposas?

La señora Pilar Valera, esposa de Rómulo Díaz de la Vega, durmió una noche con un marido presidente pero a la noche siguiente ya no, porque él sólo lo fue dos días. Lo mismo le sucedió a la señora Felipa González del Castillo de Pavón, casada desde el año 43 con el licenciado José Ignacio. La señora María de los Ángeles Lardizábal, esposa del general Carrera, era muy bonita, según se desprende de la fotografía que conocemos de ella. Oriunda de la capital donde había nacido en 1806 en el seno de una familia "de polendas" como se decía entonces, allí mismo moriría en el año 75, cuatro años después que él. Y como su marido sólo fue presidente por unas pocas semanas, seguramente ella siguió con su vida cotidiana normal.

De la esposa de Juan Álvarez, María Faustina Benítez, que al contrario de la anterior era una mujer del pueblo, sabemos que nació en 1793 en Coyuca, Guerrero, y que nunca salió de su tierra y ni siquiera vino a la capital cuando la Presidencia de su marido. Lo más probable es que igual que él, tampoco se habría "hallado" en la ciudad de México, ni habría gustado de su comida, ni de su gente ni de su manera de comportarse y de hablar. Carlos Cuevas Paralizábal cuenta que en el testamento de su marido, redactado y firmado en el mes de octubre de 1861, se afirma que la señora tuvo tres hijos: "Declaro que soy legítimamente casado ante Nuestra Madre la Santa Iglesia con la señora doña Faustina Benítez de Álvarez... Declaro que aunque tanto mi señora esposa como yo trajimos algunos cortos intereses a nuestro matrimonio, todo absolutamente se perdió y desapareció en la guerra de nuestra Independencia, de manera que lo poco que hoy poseo lo hemos adquirido con nuestro trabajo y economías... Declaro que de mi unión con mi citada esposa, hemos tenido tres hijos: don Diego, vivo; don Encarnación, que falleció en el año de 1857 dejando cinco hijos; Antonio, Juan, Rafaela, María Petra y Leandro ya finado; y el tercero Félix, que murió de dos meses de edad".

El general murió en 1867, a los setenta y siete años de edad, "rodeado de sus familiares y de humildes campesinos que veían en él a un verdadero padre. No hubo ostentosos funerales ni forzadas oraciones fúnebres, sólo el llanto de los que sí lo querían de verdad". Entre ellos su esposa, que tres años después, en 1870, también a los setenta y siete años, falleció en la hacienda de La Providencia, cercana al puerto de Acapulco, donde vivió y donde fue enterrada al lado de su marido en una cripta de la iglesia del lugar. Allí permanecieron juntos hasta que por órdenes del presidente Obregón, en 1922 se llevaron los restos del general para depositarlos en la Rotonda de los Hombres Ilustres del panteón de Dolores en la capital del país.[91]

Por lo que se refiere a Robles Pezuela, todo indica que era soltero, de modo que nadie lloró por él cuando lo fusilaron en Puebla.

Y respecto a Comonfort, pues tampoco hubo esposa ya que nunca se casó y vivió siempre con su madre. Escribe Guillermo Prieto: "La pasión profunda y la veneración por la señora a quien llamaba madre, hacían que la

María de los Ángeles Lardizábal de Carrera, esposa de un presidente que lo fue por unas semanas apenas

acompañase frecuentemente, creando en él el hábito de tratar con señoras ancianas, mimar y condescender con los niños y ser un tesoro para las intimidades de la familia".[92] No sabemos si Prieto ironizaba o si lo decía en serio. Lo que sí sabemos es que la veneración por la madre en nuestro país puede conducir a los enredos más extraños. En el caso de Comonfort, aunque no se matrimonió, sí tuvo tres hijas, María Guadalupe, Adela y Clara, producto de su unión con la señora Carmen Lara, la que nunca se hizo oficial precisamente para no ofender a su madre que quería a su hijo por siempre a su lado. Esa doble moral imperante estaba bastante arraigada, al punto que hasta alguien de la estatura intelectual de un Melchor Ocampo, liberal combativo y lúcido, tuviera a sus hijas fuera del matrimonio y nunca reconociera a la madre de éstas como su mujer; decía que eran sus sobrinas. De todos modos, las jóvenes hijas de don Ignacio, ilegítimas y todo, lo cuidaron en los últimos momentos de su vida y hasta su muerte ocurrida en una emboscada en Guanajuato cuando volvió del exilio.

La señora María Guadalupe de los Ríos viuda de Comonfort, la madre del presidente, era muy metiche y mandona. Y como era tan devota, le recomendó a su hijo desconocer la Constitución elaborada por el partido al que él pertenecía, porque su confesor la consideraba herética, y le instó a reconocer el Plan de Tacubaya ¡que era el de sus enemigos! ¡Y eso que se supone que las mujeres de esa época no estaban enteradas de lo que sucedía y no tenían posiciones políticas! No sería descabellado pensar que los enredos en los que se metió Comonfort hayan sido resultado de las contradicciones entre sus convicciones y las de su madre.

Curiosamente, durante su mandato el presidente hizo lo que hoy le habría correspondido hacer a la primera dama, es decir, obras de caridad. Por ejemplo, en una ocasión ofreció un banquete para festejar la Independencia y al terminar repartió entre las familias pobres ramos de flores que para sorpresa de éstos, llevaban entre los pétalos onzas de oro.

Esta actividad, que parece inocente, es sin embargo significativa de que se empezaba a pensar otra vez en poner en pie a la tan necesaria beneficencia pública, que desde la Independencia se había abandonado por la crítica situación en que se hallaba el país y por la bancarrota del Estado. Durante el gobierno de Santa Anna se había autorizado a las Hermanas de la Caridad de San Vicente de Paul a venir a México para tomar en sus manos el asunto, lo que hicieron y muy bien aunque en pequeña escala pues todos sus fondos provenían de una sola persona: la condesa de Cortina. Pero fuera de eso, como explica Mario Luis Fuentes, hasta los actos de caridad privados —que desde la Colonia habían hecho las mujeres mexicanas— disminuyeron notablemente. No sólo no se abrieron nuevos hospicios u hospitales o centros de corrección sino que de los ya existentes, que padecieron grandes necesidades y carencias, varios se clausuraron, como la Casa Cuna.

Los liberales, después de reconocer la necesidad de ayudar a los pobres, trataron de quitarle esa función social a la Iglesia para convertirla en un servicio público, como ramo de la administración civil. Y dictaron leyes en este sentido, que creaban un órgano encargado de organizar, realizar, promover,

María de la Gracia Palafox de Zuloaga, su vida puede resumirse en la palabra "sufrimiento"

sostener y administrar hospitales, asilos, comedores, orfanatorios, hospicios, casas cuna, casas de corrección y todo tipo de establecimientos afines, lo cual por supuesto no significó que funcionaran pues no había recursos.[93]

La esposa de Félix Zuloaga fue María de la Gracia Palafox, oriunda de Zapotlán, hoy Ciudad Guzmán, en Jalisco, donde había nacido en 1815. Se había casado con el militar en el año de 1842 en la ciudad de México. Según un autor, la vida de esta señora puede resumirse en la palabra "sufrimiento". Su padre era militar y por tanto la familia vivió los ires y venires que esa carrera exigía. Al casar con el general Zuloaga, ese mismo fue su destino de esposa teniendo que vivir sola por largas temporadas y siempre con la angustia de perder al marido. En alguna ocasión hasta corrió la especie de que el hombre había sido fusilado, lo cual estuvo a punto de ser verdad pero no pasó, gracias a que se enfermó y tuvieron que posponer el fusilamiento (por lo visto sólo fusilaban a los sanos) y mientras tanto tuvo la suerte de que la situación política cambió y le perdonaron el castigo.

Los Zuloaga tuvieron tres hijos, dos de los cuales murieron —los dos varones—, uno a los diecisiete años víctima de la locura y otro de seis años por el crup o garrotillo, mal que afecta a las vías respiratorias.

Mientras el general fue presidente no cesaron sus penas. El hombre era honrado y sabiendo cuál era la situación del erario, se negó a cobrar su sueldo y sus viáticos para alimentos y la señora, ante la falta de fondos, pasó momentos muy amargos.

La siguiente anécdota nos muestra el carácter de la mujer: "Se ofreció un banquete en la legación británica al que concurrieron bien alhajadas las principales damas de la sociedad. La presidenta se presentó decentemente sí, pero no ostentaba joyas... Según la etiqueta inglesa, sólo ella debía sentarse a la hora de la cena y las demás señoras estarían en pie hasta que terminara. Lo hizo muy breve pues decía ¿qué dirán estas aristocráticas señoras que por mí, que no lo soy, han estado molestas?".[94]

Lo que llama la atención en el relato de esta anécdota, es que el narrador, don Vicente de Paul Andrade, quien a principios del siglo XX se ocupó de estudiar a las esposas de los presidentes del XIX, nos explique que la señora Zuloaga no llevaba joyas a la cena ¡después de habernos contado su difícil situación económica! En la fotografía que se conserva de ella, doña María de la Gracia aparece como una dama recatada, vestida de oscuro, abotonada hasta el cuello que es de encaje, y con el peinado de caireles que tanto les gustaba llevar en las ocasiones elegantes.

Pero así como durante el mandato de su marido recibió honores, así cuando él cayó los persiguieron. Luego del asesinato de Melchor Ocampo (uno de tantos que en aquel momento cometieron los conservadores contra los liberales), a ella la detuvieron y se la llevaron presa durante veinticuatro horas. Y una vez libre, debió permanecer mucho tiempo oculta y pasando grandes necesidades. Sólo hasta la época de la Intervención francesa pudo salir de su escondite, pero una vez caído el imperio extranjero, se vio obligada a emigrar. Vivió en La Habana, Cuba, hasta el año 71, cuando se decretó la amnistía y pudo volver a México, donde se consagró a hacer obras de caridad. En ese tiempo se hizo amiga nada menos que de los escritores liberales Guillermo Prieto y Manuel Payno, a quienes relataba lo que sabía de las campañas militares de su padre y de su marido.

¿Significó esa amistad que leyó a estos autores? ¿Conoció *El fistol del diablo* de Payno, que se publicó por entregas como se estilaba entonces, una novela que es "cuadro de costumbres con intenciones totalizadoras y realistas al estilo Balzac", según afirma el estudioso Ralph Warner, o algo de la variadísima obra de Prieto, quien según Clementina Díaz y de Ovando pretendía mostrar las bondades del liberalismo y zarandear a los malos gobernantes con gracia y humor?[95] ¿Escuchó el poema que Ignacio Ramírez dedicó a los asesinados en Tacubaya, cuando el levantamiento que llevó a su señor marido a la Presidencia?:

Guerra sin tregua ni descanso, guerra
a nuestros enemigos, hasta el día
en que su raza detestable, impía
no halle ni tumba en la indignada tierra.[96]

Una larga enfermedad "sufrida con gran paciencia" como dice con admiración el biógrafo, terminó con la vida de doña María en 1889. Fue sepultada en el cementerio Francés y de allí trasladada a la iglesia de la Santa Veracruz, cuya Conferencia de Señoras había presidido en vida y donde yació con sus hijos.

Entonces, aunque las mujeres "vivían voluntariamente en una sociedad privada y amable en la que no se escuchaba el eco de las tempestades públicas", ya vimos cómo eso no es del todo cierto pues las venturas y desventuras de sus maridos las afectaban profundamente. Unas pasaban angustia o necesidad, otras eran perseguidas y hasta encarceladas o quedaban viudas y desamparadas.

3

Y, sin embargo, a pesar de sublevaciones, guerras y cambios de poder, la vida seguía su curso. La gente se casaba y tenía hijos, iba a misa y a hacer compras y visitas y los ricos organizaban fiestas y paseos. Las varias veces citadas memorias de Fanny Calderón de la Barca nos hablan de la vida social que era no sólo activa sino incluso brillante. Bailes y fiestas, almuerzos y tertulias, vestidos magníficos y joyas espléndidas, cenas en vajillas de porcelana y con vinos importados. La propia Frances Erskine —que ése es el nombre de pila de la futura marquesa— relata un baile en el Palacio de Minería al que asistieron los ministros y el cuerpo diplomático con sus esposas, todos engalanados y adornados. Las señoras llevaban "ricos vestidos", que en opinión de la embajadora resultaban "un poco pasados de moda por demasiado recargados", y diademas, collares, aretes, broches, pulseras. Escribe la cronista: "En joyas, ninguna dama extranjera podía competir con las damas del país" pues éstas no sólo eran ricas sino que daban a las piedras preciosas mucha importancia. Por eso agrega: "Ningún hombre que esté por encima del rango de lépero se casa en este país sin ofrecer a su novia por lo menos un par de aretes de diamantes o un collar de perlas con broche de diamantes... Son considerados necesarios para la vida, tanto como los zapatos y las medias". Explica doña Fanny que "las piedras de colores eran consideradas basura, lo cual es una pena porque yo creo que los rubíes y las esmeraldas combinadas con los diamantes le darían más variedad y esplendor a sus joyas".[97]

Además de la riqueza, lo que llamó la atención de la europea era que las damas mexicanas de recursos fueran tan indolentes. Se levantaban tarde, se desayunaban en la cama el chocolate y los bizcochos, se emperifollaban y el resto del día no hacían nada más que comer y conversar. La suma flojedad en que han dado en dejar a las mujeres —había dicho sor Juana dos siglos antes y eso por lo visto seguía tal cual— hacía que "su alma fuera débil" y su naturaleza "blanda", según el padre Godínez. Pero también que su cuerpo lo fuera, pues como no hacían ningún ejercicio ¡ni siquiera caminar! ni tomaban aire y sol, constantemente estaban enfermas, con jaquecas y calenturas, indisposiciones y malestares de todo tipo, que ellas mismas atribuían

Concepción Lombardo y su esposo Miguel Miramón

a la fragilidad propia de su condición femenina mientras que los extranjeros atribuían "al clima tan irritante e inflamatorio que es el responsable de las afecciones nerviosas aquí tan generalizadas" y a "una alimentación disparatada con demasiados alimentos de procedencia animal en las varias comidas que hacen cada día desde que se despiertan hasta la noche y por el exceso de dulces".[98] En eso está de acuerdo Salvador Novo quien afirma que las clases pudientes, igual que en tiempos del virreinato, comían demasiado y muy pesado, resultado de la combinación de los productos y modos de preparación españoles con los naturales de aquí: frijoles, tortillas, chocolates, atoles, caldos, sopas secas, frituras y mantecas, chorizos y especies, buñuelos y cajetas, gelatinas, huevos —demasiados huevos— y guisos complicados como el guajolote en pipián, el cerdo en mole y los chiles en nogada que ya se había vuelto un platillo muy gustado.[99]

Además de indolentes y comelonas, las damas mexicanas eran ignorantes. Y lo eran, porque no se consideraba que una mujer pudiera recibir instrucción, así que apenas si sabían leer y escribir y lo único que aprendían era el catecismo y los rezos, las labores domésticas y coser y bordar, esto último "con gran mérito". Por eso Stephen Crane escribió que sus ojos, por hermosos que fueran, lucían apagados, sin el brillo de la inteligencia ni la chispa de la pasión, pues "toman la vida de manera sencilla".[100] Doña Fanny Calderón se preguntaba: "¿En qué ocupan su tiempo las mujeres mexicanas?". Y ella misma se respondía: "No leen; no escriben... En su mayoría no juegan; no dibujan; no van al teatro, no celebran bailes, ni fiestas, ni conciertos; no se pasan la mañana en las tiendas ni se pasean por las calles y tampoco andan a caballo. Lo que no hacen está claro, pero ¿qué es lo que hacen?".[101]

Eso sí, estas señoras llaman la atención de los extranjeros por discretas y finas, por corteses y graciosas. Cuanto viajero pasó por estas tierras admiró sus cualidades, su devoción, su entrega a la familia, sus obras de caridad y, ajenos a un código cultural donde las habladurías eran muchas, pero siempre en voz muy baja, hasta llegaron a afirmar que ellas eran "incapaces" de correr chismes.

4

Voy a detenerme en un personaje femenino de la época que resulta excepcional precisamente por ser común y corriente y, por lo tanto, representativo. Se trata de Concepción Lombardo de Miramón, quien cuando tenía más de ochenta años escribió sus memorias que resultan, a pesar de su sesgo exageradamente romántico y ferozmente antiliberal, un documento de gran significación para comprender a las mujeres de buena posición social de la época, un "testimonio único" según afirma Carmen Ramos.[102] Como escribe Emmanuel Carballo en el prólogo a la versión que editó: "Concha Lombardo como mujer es una precursora, no en el sentido feminista de la independencia frente al hombre (imposible de imaginar en el México de esos años) sino en el modo de asumir frente a la sociedad civil unas ideas, una actitud crítica y una pasión amorosa y llevarlas hasta sus últimas consecuencias; en otras palabras, comportarse como sujeto que participa activamente en los asuntos de su tiempo y como objeto pasivo que refleja los puntos de vista del marido".[103]

La descripción del crítico es precisa. Conchita fue una mujer que a pesar del encierro doméstico estuvo enterada de lo que sucedía en el país y tenía una posición política, pero también se comportó como las esposas de su época, que seguían y obedecían ciegamente al marido. Si la comparamos con la señora de Abasolo que medio siglo antes se atrevió a tener ideas diferentes a las de su cónyuge (aunque justamente porque las suyas eran las de los aristócratas y conservadores, es decir, las que no cambiaban), vemos el flaco favor que les hizo ese tiempo a las mujeres, o como han visto reiteradamente los estudiosos, que los avances materiales y los cambios en las ideas no siempre sirvieron para mejorarles la vida.

Concepción Lombardo Gil de Partearroyo nació en la ciudad de México en noviembre de 1835, hija de un abogado de renombre que fue figura política importante como ministro de Santa Anna. Como todas las niñas "decentes" (así decían los conservadores de la época), fue puesta en un colegio de monjas donde recibió una educación que dejaba mucho que desear: "La instrucción que nos daban se reducía a la lectura y el catecismo que nos obligaban a aprender de memoria como si fuéramos pericos".[104] Y es que, según afirma la autora, quienes les enseñaban eran tan ignorantes que no sólo "no sabían leer ni escribir sino ni siquiera discernir entre san José y Jesucristo". Lo único que hacían bien eran las "labores de mano", como se le decía entonces a coser y bordar, que eran sumamente difíciles, y que las niñas aprendían con lágrimas y castigos.

Mientras en el país había guerras y revoluciones, "seguíamos nuestra vida ordinaria y poco o nada nos ocupábamos de los acontecimientos políticos" escribe Conchita en sus *Memorias*. Los soldados "se batían desde las torres, las azoteas y las calles" y el populacho "saqueaba negocios y casas", pero la gente bien seguía asistiendo al teatro, bailes y fiestas, desfiles y hasta clases de canto y de equitación. Un autor cuenta: "En el Teatro Nacional se podía ver lo mismo una obra clásica de Shakespeare que un novedoso acto de perros amaestrados, escuchar una ópera italiana que una comedia española. Curiosamente, no eran del agrado del público las obras costumbristas y locales porque, según decían los espectadores, ¿para qué pagar por ver a pelados mal vestidos, de ésos con quienes se topaba uno a diario en la calle? Lo interesante era vivir la fantasía de escenas en Europa, con personajes elegantes y refinados, aunque tramaran adulterios o asesinatos".[105]

Muy joven, Conchita quedó huérfana y sin recursos por lo cual tuvo que cuidar mucho su reputación. Como era de rigor para las señoritas, nunca se encontró sola con sus pretendientes y como toda mujer romántica, cuando encontró a su pareja, convirtió a su historia personal en una de amor apasionado y de sufrimiento, lo cual en su caso resultó amarga verdad. En su relato cuenta que en una visita que hizo al Colegio Militar, vio a un guapo teniente que se prendó de ella y la empezó a visitar con la intención de casarse. Para quitárselo de encima, le dijo que sólo aceptaría el matrimonio cuando fuera general. Y el hombre se lo cumplió. Nada más recibió el grado y corrió a ofrecérselo y a pedirle que cumpliera su promesa. Y fue así que se efectuó el enlace el 24 de octubre de 1858 apadrinado por el presidente de la República y su esposa.

Y desde entonces, ella lo amó como sólo pueden amar las heroínas de la literatura romántica: "Tanta felicidad, tanto amor, tanta generosidad, despertaron en mi alma un santo afecto que basado en la admiración, en el entusiasmo y la gratitud, creció día a día y se convirtió en amor; se robusteció con el matrimonio y duró vivo y ardiente hasta que el cruel destino arrancó a ese héroe de mis brazos".

El joven apuesto y valiente con quien se casó Conchita no tiene un lugar en el altar oficial de la Patria a pesar de haber estado en el centro mismo de sus acontecimientos. Y la razón de ello es que su filiación política no era la de los vencedores, que como sabemos, son quienes escriben la historia. Se trata de Miguel Miramón, a quien llamaban "el Macabeo". Había sido defensor del castillo de Chapultepec cuando la invasión norteamericana y a los veinticinco años de edad ya cundía su fama de valiente y con gran capacidad militar , si bien siempre del lado de las posiciones de los conservadores, para quienes ganaría importantes batallas y por quienes sufriría toda clase de vejaciones, desde tener que ocultarse hasta ser herido, desde traiciones hasta prisión, desde derrotas hasta la muerte. Por eso Luis Islas García le llama "Caballero del Infortunio".

Conchita habla con gran admiración de su esposo, dice que era un hombre muy apuesto "dulce y jovial, amable y cortés". Su vida doméstica era en extremo ordenada pues el general era madrugador, parco en el comer, puntual en sus horarios y metódico en sus costumbres. Pronto empezaron a nacer los hijos y aunque algunos murieron por enfermedades entonces incurables, la felicidad de la pareja era grande. Lo único desagradable era que ella pasaba buena parte del tiempo separada del marido en razón de las circunstancias: "Mi vida en ausencia de mi esposo era bien triste".

En febrero de 1859 los suyos eligieron presidente a Miramón. Tenía entonces veintisiete años de edad. La señora relata cómo "una madrugada me despertaron las salvas de artillería, los repiques de todas las campanas de la ciudad y el son de las músicas militares:

–¿Qué ocurrirá? —pregunté a mi recamarera.

–Voy a ver, niña —me contestó.

¿Qué habrá hecho mi esposo? —pensé. ¿Habrá ganado una nueva batalla? Mi ansiedad crecía cuando entró la recamarera radiante de alegría y me dijo:

–¡Niña, han nombrado Presidente al Señor General!".

Así fue como la señora Concepción Lombardo de Miramón, a quien su sirvienta seguía llamando "niña", se convirtió en primera dama de la República ¡sin tener idea siquiera de que eso podía suceder y mucho menos de lo que significaba!

El hecho no le causó alegría, al contrario, le provocó una gran ansiedad: "Mi esposo recibió telegramas de los gobernadores, de los comandantes generales y de los principales jefes del ejército, felicitándolo por su elección de Presidente y por el feliz desenlace de aquella revolución. El Partido Conservador y todo el ejército recibieron con entusiasmo la noticia de aquel

Concepción Lombardo de Miramón, toda resignación y apego al marido, es ya "una dolorosa en duelo" a pesar de que él aún está vivo nombramiento. Sólo una persona la recibió con tristeza y fui yo, porque mi corazón me presagiaba nuevas dificultades y peligros para aquel ser amado".

Lo que expresa Conchita es lo que seguramente sentían las esposas de todos los involucrados en la agitada vida política del México decimonónico: miedo. Mientras los maridos estaban felices con el alto puesto que representaba el cumplimiento de su máximo anhelo, y mientras tenían "los ojos animados y las mejillas encendidas", ellas sufrían: "Yo me sentía desesperada no pudiendo conformarme con ver a aquél a quien tanto amaba afrontar las dificultades y la responsabilidad de tan alta posición". En lugar de sentir orgullo porque él hubiera alcanzado lo que Krauze llama "el escalón más alto que podía ambicionar un hombre público en nuestro país", a las mujeres las invadía la angustia.

Con todo, como buena esposa que era, lo acompañó y cumplió con lo que le correspondía hacer: se fue con él a vivir a la capital y "en medio de vivas, música, uniformes y del entusiasmo general llegamos al Palacio de Chapultepec, nuestra nueva residencia". Allí esperó a que tomara posesión, pues las mujeres no asistían a esa ceremonia y desde su recámara escuchó los veintiún cañonazos que se disparaban en La Ciudadela para saludar al nuevo mandatario. Y unos meses después, se mudó con él al Palacio Nacional porque ésa era la costumbre y allí debía vivir el presidente.

El Palacio Nacional, que había sido por tres siglos habitación y oficina de los gobernantes de México, era un lugar lóbrego y mal acondicionado. A la señora Miramón le causó mucho desagrado: "Las habitaciones que íbamos a ocupar estaban mal amuebladas y sobre todo muy desaseadas... Nada de cuanto me rodeaba me era agradable; la soledad de aquellos salones, la opresión que me causaba ver tan cerca de mí aquellos centinelas y la esclavitud de no poder salir sin que se llamara la guardia y se detuvieran los transeúntes para verme pasar. Todo aquello me tenía sumamente contrariada". ¡No en balde las esposas de los presidentes preferían no habitar ese sitio y mejor quedarse a vivir en su propia casa!

Ser esposa del presidente de la República no era algo que agradara a Conchita Lombardo. De la noche a la mañana su vida se había convertido en propiedad de los demás: "Aquellos primeros días fueron para mí insoportables, un va y viene de gente que no dejaba a mi esposo un momento en libertad". El hombre estaba tan ocupado que ni tiempo tenía para estar en su casa o con su mujer: "¡Ay de mí, se acabaron mis sueños dorados, se acabó mi tranquilidad, la política me lo ha robado, ya no volveré a tener paz!".

Y era cierto, la política le había robado al marido. Pero no sólo la política sino también algunas damas que se acercaban al guapo y famoso militar, quien aceptaba complacido sus sonrisas y coqueteos, provocando escenas de llanto de parte de Conchita.[106] En una ocasión, estando él en Europa para una comisión oficial, decide alcanzarlo y darle una sorpresa. Pero la reacción de él al verla llegar es de furia:

"–¿Por qué has venido sin avisarme? —le espeta—, ¿son tus celos verdad?

–Un poquito hay de eso —responde la señora."

Y es que a Conchita la atormentaban los celos. ¿Qué hubiera pasado entre ellos si el marido no muere tan pronto?

En la edición completa de las *Memorias*, Conchita incluye las cartas que le mandó su esposo. Llama la atención ver que son relatos fríos de los acontecimientos acompañados por la fórmula de rigor: "Recibe todo el cariño de tu Miguel". ¿Había inventado ella toda su historia de amor?

Cuando Miramón es nombrado presidente, lo ve muy poco, pues de acuerdo con las costumbres de entonces, no podía asistir con él a ninguna fiesta, ceremonia o función que tuviera carácter oficial, e incluso si iba al teatro no podía sentarse a su lado en el palco presidencial. Por eso no sabemos si asistió a la célebre función de enero de 1860 en el Teatro Nacional en honor de Miramón por sus triunfos contra los liberales, cuando el recinto se engalanó con el estreno de un himno nacional que lo alababa como "el invicto guerrero, de la patria defensa y honor". Tampoco sabemos si en julio de ese mismo año fue a escuchar a Ángela Peralta, quien a los quince años de edad cantó *La Traviata*, la ópera de Giuseppe Verdi, deleitando a los asistentes con su voz que desde entonces se consideró "de ruiseñor".[107]

Según el protocolo, tampoco les estaba permitido a los presidentes bailar con sus esposas en las fiestas, pero Conchita asegura que en una ocasión, por insistencia de él, valsearon juntos y que desde entonces empezaron los chismes y habladurías que la acusaban de "querer sentirse reina".

Pero así como no podía estar con él, tampoco podía salir de casa sin él: "Ni un teatro, ni una diversión ni un paseo me vio la sociedad mexicana en ausencia de mi esposo". ¡Qué atrapadas han estado siempre las esposas de los personajes públicos, pues hagan lo que hagan está mal hecho y despierta suspicacia y envidias! ¡Cómo tienen que estar siempre pendientes del qué dirán! El caso de la señora Miramón no es único. Su historia podrían contarla todas las esposas de los presidentes de México hasta el día de hoy.

Curiosamente, a la señora le sucedió lo que entonces se empezaba a poner de moda, que no le había pasado a ninguna esposa antes que a ella y que le pasaría a Carlota y a Sara Madero después: que la gente la usaba para burlarse de su marido. Como en estos versos:

¿Qué de veras Miramón,
como te lo dijo Concha,
que en Veracruz hay un mosco
que cuando pica hace roncha?[108]

5

Aunque Miramón nunca estuvo de acuerdo con que a México vinieran gobernantes extranjeros, sin embargo se acercó a Maximiliano cuando éste llegó, para ofrecerle sus servicios. Pero el emperador, en lugar de apreciar el gesto, lo mandó con una comisión a Berlín, lo cual mucho ofendió a Conchita porque era un encargo que "no le procuraba honores ni lo colocaba en el lugar

Concepción Lombardo de Miramón

social que le correspondía". No fue el único caso: "El emperador puso lejos de él a los hombres más influyentes del Partido Conservador y se rodeó de sus enemigos", escribió la señora.

Fue hasta noviembre del 66 cuando lo mandó llamar para que prestara sus servicios militares al Segundo Imperio. Era un momento muy difícil, Napoleón había abandonado al Habsburgo, en todo el territorio había guerra y Maximiliano se mostraba indeciso sobre si debía abdicar al trono o pelear. Carlota lo convence de resistir. Miramón se une a la causa perdida y al ejército imperial. Es hecho prisionero y condenado a muerte. "Estoy aquí por no haberle hecho caso a mi esposa" dicen que dijo el general, a lo que Maximiliano, que compartía con él la prisión, respondió "Y yo estoy aquí por haberle hecho caso a la mía".

La narración del episodio final de la vida del general conmueve al lector. Conchita, embarazada, lo visita varias veces en su celda, para lo cual debe hacer largos trámites y humillantes solicitudes y esperas. Y se lanza a recorrer de un lado a otro el país buscando la manera de salvarlo. En un periplo agotador y lleno de peligros, suplica por la vida de su marido ante los funcionarios liberales y trata de hacerlo ante el mismísimo Juárez quien sin embargo nunca la recibe. Lerdo de Tejada es el único que se digna responderle: "El gobierno lamenta tener que cumplir tristes deberes", le dice.

Miramón fue fusilado en Querétaro junto con Maximiliano, cuando triunfaron los liberales. El príncipe le cedió el lugar del centro frente al pelotón, en agradecimiento a sus servicios y como forma de honrarlo por su valor.

A su esposa le entregaron su última carta, que a diferencia de las anteriores que le había escrito, era afectuosísima. En ella le dice que la ama y le ruega "tengas resignación, te cuides para la educación y colocación de los niños, que le quites a Miguel toda idea de venganza y que pienses algunas veces en quien tanto te ha hecho sufrir". Además le entregaron el corazón, que no quiso enterrar hasta que su confesor la obligó a darle cristiana sepultura y —lo mismo que a Ana Huarte de De Iturbide hacía cincuenta años— las ropas agujeradas y ensangrentadas que había llevado puestas su marido el día de su muerte. Desde entonces, siempre las llevó consigo a todas partes. En una ocasión incluso la detuvieron en Francia porque les pareció sospechoso encontrar esas prendas en el equipaje.

Aunque sólo estuvieron casados ocho años, Concepción le fue fiel al marido muerto por el resto de su larga vida. Su espíritu romántico a tono con la época la hizo escribir: "Así nos separamos en este mundo... Yo perdí con él todo lo que puede halagar a una mujer; posición social, bienestar, honores... pero esos bienes efímeros los he reputado nulos, lloro al que perdí porque me dejó sus virtudes grabadas en la memoria y porque se llevó a la tumba mi paz y mi corazón".

Pasadas unas semanas del fusilamiento, la señora se fue a Europa con sus hijos, sin dinero, sin amigos y llena de amargura. Siguiendo las instrucciones que le había dado Maximiliano, fue a pedir ayuda económica a las cortes austriaca y belga. Aquélla se la dio, ésta la ignoró. Pero ya nunca volvió a su patria, se quedó a vivir en Roma, cuidando a su familia y cuidando la memoria del general, convertida, como afirmó Felipe Teixidor, en "la viuda por antonomasia", paradigma del sufrimiento y el dolor. Murió en Toulouse, Francia, en 1921. Según Carlos González Montesinos, su hija y nieta vendrían en 1901 a la inauguración de una capilla que construyó en el Cerro de las Campanas el conde Karl de Kevenhuller.

La de Conchita Miramón fue una saga dolorosa, como la que seguramente vivieron las esposas de los muchos perdedores en la historia del país. Durante cincuenta años les guardó rencor a los liberales y particularmente a Juárez, "hombre astuto y ambicioso, tenaz como son todos los indios". ¡Qué tan grande sería su odio que cuando supo que don Benito había sido enterrado en el mismo panteón de San Fernando en el que descansaba su marido, mandó a exhumar los restos de Miramón y se los llevó a la catedral de Puebla!

6

Las memorias de Concepción Miramón son una joya. Se trata de doce cuadernos manuscritos (¿podemos imaginarla día tras día sentada frente a su "secretaire" recordando y escribiendo?) que guardaba en una caja cerrada con una inscripción que era parte de la leyenda que durante dos mil años repitieron los judíos para Jerusalem: "Péguese mi lengua a mi boca si llegara a olvidarte". A su muerte, estos papeles quedaron arrumbados en casa de una nieta en Palermo. Años después, ya vieja ésta y viviendo en la penuria, se los vendió al señor Francisco Cortina Portilla, el cual a su vez los pasó a Felipe Teixidor, quien al ver su importancia, se encargaría de publicarlos.

En ellos Conchita relata la historia de su nacimiento y educación, así como de su matrimonio, de las peripecias por las que pasó y del triste final. Con una buena pluma y un excitado espíritu romántico relata los sustos, los miedos, las traiciones, los triunfos y las derrotas, los errores, las separaciones y las lágrimas, las enfermedades, las salidas de la patria, en fin, "la agitación incesante de los tiempos con sus dramáticas peripecias".

La época, dice Raimundo Lazo, "creaba un ambiente que excitaba la sensibilidad y la fantasía, impulsando así hacia la exaltación y las visiones de la libre inspiración".[109] Esto resulta obvio en una fotografía que se conserva de Conchita Lombardo, quien cuando su marido aún estaba vivo, posó como "dolorosa en duelo", dice Patricia Massé Zendejas, toda sufrimiento, toda resignación y apego al marido, que aparece como el único objeto de sus miradas y de su vida. ¡Y eso para una tarjeta de visita como las que entonces estaban de moda y que a los Miramón les gustaban tanto que él se mandó hacer al menos seis en distintas posiciones, la colección más abundante de la época en ese formato![110]

Pero es que eso era el romaticismo. ¡Cómo les agradaban a las mujeres las lágrimas y los suspiros! ¡Cómo se soñaban heroínas de las historias de amor que se leían en el interior de las alcobas! como aquella que escribió el infortunado Juan Díaz Covarrubias, muerto en la batalla de Tacubaya:

"Luisa era una niña pura como la gota de rocío que la aurora dejó entre los pétalos de la azucena; inocente y sencilla como la primera sonrisa de un niño, tierna y delicada como esa planta que los poetas llaman Sensitiva... Dieciséis veces solamente había visto Luisa cubrirse de flores las anémonas de su pequeño jardín, en el que había pasado, lejos del bullicio de las cortes, al lado de su buena madre y en medio de la tranquilidad de los campos, las horas más serenas de su fugaz existencia... Una tarde, que adormida en sus meditaciones se hallaba reclinada bajo uno de los sauces cercanos a las tapias de su huerto, interrumpieron instantáneamente la calma de aquellas soledades las dulces vibraciones de un arpa y se confundieron con el murmullo de las hojas que el viento del otoño arrancaba de los árboles. Después una voz dulce y armoniosa moduló estas estrofas que Luisa escuchó con avidez:

Abre las rejas de tus balcones,
oye los ecos de mi cantar
y de mi lira los dulces sones,
ven un momento, ven a escuchar.
Yo soy el bardo de los festines,
canto las glorias, canto el amor,
recorro a veces bellos jardines
con mi arpa dulce de trovador".[111]

Una sufrida...

1

La guerra civil parecía imparable: batallas, saqueos, fusilamientos. Un día triunfaba uno de los bandos y al siguiente tomaba la plaza el contrario. Cada uno quería el poder para imponer sus convicciones a toda la sociedad.

Así estaban las cosas y parecían no tener fin, en ése al que José María Vigil llamó "el periodo más oscuro y deplorable de nuestra historia",[112] cuando los liberales triunfan en una batalla decisiva: la de Calpulalpan. Entonces el bando constitucionalista derrota a Miramón y toma la capital. Guillermo Prieto se burlaba de los perdedores: "Cangrejos a compás, marchemos para atrás".[113]

Cuando el ejército liberal entra triunfante a la sede de los poderes, Jesús González Ortega se hace cargo del despacho presidencial entre diciembre de 1860 y enero de 1861, momento en el que llega Juárez, al que se recibe con enorme júbilo popular pues la población estaba harta del derramamiento de sangre y deseaba muy sinceramente la paz. Se dice que por eso vitorearon durante horas al caudillo liberal, aunque según los conservadores esta versión es falsa y, por el contrario, escasearon tanto el público como las demostraciones de alegría "porque la gente veía en las Leyes de Reforma una obra del demonio", dice Luis González.

Al triunfo apoteósico siguió la triste realidad: las condiciones de atraso y de pobreza entre la población, muy escasa y diseminada por todo el territorio, la falta de comunicaciones y de transportes —y el pésimo estado de los que había—, el uso de técnicas rudimentarias en la minería que seguía siendo la fuente principal de riqueza aunque nunca volvió a alcanzar la prosperidad que tuvo a fines de la Colonia, la poca calificación y baja productividad de la mano de obra, la falta de capitales, la anarquía fiscal y el desorden administrativo, la inseguridad, todo lo cual conformaba un panorama desolador al que se sumaba la eterna falta de recursos y, además, un fuerte endeudamiento con el extranjero.

Lo primero que hizo Juárez el legalista, fue convocar a elecciones, las cuales ganó, con lo que resultó presidente de la República para el periodo de junio de 1861 a noviembre de 1865. Y entonces se puso a trabajar con sus colaboradores en la nada fácil tarea de poner orden y echar a andar al país. Para ello, toma una medida brutal: decide suspender el pago de las obligaciones de México sobre los empréstitos extranjeros. La reacción airada de los acreedores europeos no se deja esperar: tres imperios deciden unirse para la empresa de invadir México. Saben bien que el vecino del norte, defensor siempre de su primacía en esta región del mundo, no los va a detener, pues está ocupado en su propia guerra civil.

Un año después, España, Inglaterra y Francia, cada uno por su motivo político propio y por su codicia, mandan sus buques de guerra a Veracruz.[114] Pero pronto los primeros dos se retiran, convencidos de que nada tenían que hacer en un territorio cuyos problemas no les atañían. De modo que quienes penetraron tierra adentro fueron los franceses con sus bayonetas y sus pantalones rojos y aunque se les venció en una importante batalla, llegaron triunfantes hasta la capital a mediados del año de 1863.

2

Benito Pablo Juárez García es el liberal más admirado de México. Por su historia personal —un indio que se levantó de la condición humilde al más alto cargo público— y por su inquebrantable tenacidad, representa para los mexicanos un ejemplo único de integridad y espíritu de lucha. Defendió a la patria en condiciones sumamente difíciles contra un clero y unos conservadores muy poderosos, contra un ejército siempre listo para sublevarse en favor del mejor postor y contra las potencias extranjeras que invadieron el país. Lo hizo con el apoyo de un pequeño grupo de patriotas pero también con el de los muchos mexicanos que creían en sus ideas y en su causa.

La historia relata que siendo Benito un joven serio, tranquilo, callado y reflexivo, desapareció súbitamente de su pueblo natal de San Pablo Guelatao y reapareció en la capital del estado de Oaxaca para buscar a su hermana María Josefa, que trabajaba como sirvienta en una casa acomodada. Allí también le dieron trabajo a él y en una ocasión ayudó a servir la cena nada menos al general Santa Anna, quien visitaba el estado. "¡Cosa singular —escribe Justo Sierra—, aquel indito feo y ceñudo debía casarse años después con una de las niñas de la casa que entonces abrigaba su desnudez y su protesta muda contra la suerte! Y debió ser una encantadora muchacha como fue luego una mujer encantadora, toda dulce simpatía y porte y dignidad señorial."[115]

La "niña de la casa" era Margarita Eustaquia Maza Parada. Había nacido en marzo del año 26 y fue adoptada por Antonio Maza, un italiano radicado en la capital de Oaxaca, quien parece que era su verdadero padre pero al no ser hija de un matrimonio legítimo, por los prejuicios sociales no la podía reconocer. Dicen que la niña tenía buen carácter y que desde pequeña ayudaba en las labores domésticas y en los negocios de la familia.

Hay dos versiones sobre su matrimonio con Juárez: una según la cual cuando el licenciado don Benito, que le doblaba la edad y había sido sirviente de la familia, la pidió en matrimonio, el padre se opuso y las amigas le hicieron burla; y otra que afirma que por el contrario, el hecho de ser hija expósita —como se asienta en su fe de bautizo—[116] fue razón suficiente para que el señor de la casa autorizara su boda con un indio zapoteca huérfano y pobre, pero "leido y escrebido" como se decía entonces, y que tenía fama de inteligente y trabajador. En cualquier caso el matrimonio se realizó, quedando "dos huérfanos unidos por el destino" como escribe Carlos Velasco.

Juárez ya había estado casado, o por lo menos había vivido con Juana Rosa Chagoya con quien tuvo dos hijos, Tereso y Susana. Aquél moriría en combate durante la intervención francesa y ésta, débil mental, sería recordada por su padre en su testamento.[117]

Margarita y Benito casaron en el altar del templo de San Felipe Neri el 31 de julio de 1843, cuando ella acababa de cumplir diecisiete años y él tenía treinta y siete. Se fueron a vivir a Etla, en una casa que les regaló el padre de la muchacha. Diez años vivieron tranquilos. Mientras él ocupaba cargos públicos, en los que pasó de regidor a juez, de secretario de Gobierno a diputado y por fin, en 1848, a gobernador, ella por su parte, se dedica a atender su hogar y a parir hijos.

Porque muchos tuvo la señora de Juárez: al año siguiente de su enlace nació Manuela la primogénita; en el 45 Felícitas; dos años después Margarita; en 1848, cuando Juárez asumió la gubernatura de su estado, nació Guadalupe, quien falleció dos años después "y su pequeño ataúd es llevado a hombros de su padre al panteón de San Miguel, recién construido a extramuros de la ciudad pues no quiso enterrarla en el atrio de la iglesia como estaba permitido a los señores gobernadores y gente influyente de aquellos tiempos".[118] En 1850 nace otra niña a quien llaman Soledad y al año siguiente Amada, quien será la favorita de su padre, aunque por breve tiempo porque muere a los tres años de edad. En 1852 nace el primer varón de la familia, a quien llaman por supuesto Benito y que sería el único que sobreviviría, porque los otros dos varones, nacidos posteriormente, morirían en Estados Unidos. Este Benito Juárez Maza llegaría a ser, como su padre, gobernador de Oaxaca en 1911. Luego, en el 54, nacieron las gemelas María de Jesús y Josefa; tres años después José, el "Pepito" tan consentido de su padre; en el 60, el año que se robaron la custodia de la catedral que tenía 5,872 diamantes, 2,653 esmeraldas y 544 rubíes nace otra niña a quien llaman Jerónima Francisca, la que "en acatamiento a las

Margarita Maza de Juárez, paradigma de una mujer del siglo XIX, paciente y leal. Fue suyo un padecimiento constante y una gran fortaleza moral; aquí con su esposo Benito Juárez recién promulgadas leyes de Reforma es la primera en aparecer en el libro de nacimientos del Registro Civil" (lo cual por cierto pasó inadvertido pues no hay mención del asunto en los periódicos del momento). Esta pequeña fallecería dos años después en la ciudad de México, y cuatro años más tarde nace Antonio, el Benjamín, el mismo año que nace la primera nieta de los Juárez.

Pero en el año 53, dice Ángeles Mendieta Alatorre, "empieza el infortunio", cuando por sus ideas políticas encarcelan a Juárez. A partir de entonces "une doña Margarita su inmenso amor, su cariño y su corazón a los sinsabores y vicisitudes de su esposo como hombre público", escribe Velasco. Esas vicisitudes fueron los cargos, las prisiones, los exilios y los largos viajes que la dejaban sola y sin recursos para criar y mantener a sus hijos.

Margarita Maza de Juárez y sus hijas

Margarita Maza de Juárez

¿Cómo le hizo la señora para dar de comer a tantas bocas mientras su marido se ocupaba de la política y era perseguido? Según Krauze, "Juárez era escrupuloso en su papel de proveedor", pero Velasco dice lo contrario: que ella fue la que se ocupó del sustento mientras él andaba resolviendo los problemas nacionales, que vendía lo que podía, empeñaba lo que podía, pedía prestado lo que podía y hacía los trabajos que podía como tejer ropa y atender un tendajón en el que se expendían "hilos, pan, cigarros, golosinas" y que la penuria económica fue el signo de su vivir.

3

A doña Margarita nos la han presentado como una mujer sobria y severa. Una fotografía la muestra sentada y rodeada por sus hijas, pose que era la más típica para hacer un retrato de familia y otra con su marido, ella atrás de él, en tres cuartos de perfil. En ambas aparece con el cabello partido y recogido en un moño hacia atrás, porque en ese tiempo ninguna hija de familia de buena posición se dejaba el cabello suelto, y con amplios vestidos de telas sencillas y oscuras, eso sí, siempre con la crinolina que era una prenda de rigor (en una ocasión ¡hasta le salvó la vida! pues cuando cruzaba la sierra de Ixtlán para alcanzar a su marido iba a caer en una barranca pero se atoró en una rama). De todos modos, ella y su marido nunca llevaron galas finas o caras primero porque eran pobres y después, cuando él fue gobernador por segunda vez, ministro de la Suprema Corte y presidente de la República y hubieran podido hacerlo, porque era suyo el principio de la austeridad. Seguramente por esto Julio Sesto la llamó "honestísima criolla de cara bondadosa", y sí que la tiene, las fotografías así lo muestran.

Las cartas y testimonios de la época no dejan lugar a dudas sobre dos cuestiones: que Margarita y su marido se querían mucho y que ella estaba con la causa que él defendía. Así pues, no era sólo la esposa y la madre atenta sino también una colaboradora que lo apoyó con firmeza dirigiéndose en su correspondencia a él como "mi estimado Juárez" (aunque en la vida privada le llamara "Nito") y firmándola con la frase "Libertad y Reforma".

Después de la Revolución de Ayutla, Margarita va por primera vez a la capital, siguiendo a su esposo. Lleva a todos sus hijos, pero la reunión familiar dura poco porque los disturbios la obligan a volver a Oaxaca. Una rebelión en ese estado hace que Comonfort nombre a Juárez otra vez gobernador para que la aplaque, de modo que el hombre vuelve a su casa y cumple con la misión que se le encarga. Cuando Comonfort desconoce la Constitución que él mismo había jurado y gracias a la cual lo habían elegido presidente, Juárez está otra vez en la capital con su familia y asume la Presidencia de la República que por ley le corresponde, ya que preside la Suprema Corte de Justicia. Pero debe llevarse su gobierno fuera pues la ciudad está ocupada por los conservadores y entonces Margarita tiene que salir con sus hijos de vuelta a Oaxaca. Mucho tiempo no supo de él, pero sabía de la guerra que se libraba y seguramente se preocupó.

Cuenta la historia que la noche de navidad del año de 1860, don Benito se hallaba en compañía del gobernador Gutiérrez Zamora, en el palco del Teatro Principal en el puerto de Veracruz, lleno a toda su capacidad, escuchando una ópera italiana, *Los puritanos* de Vincenzo Bellini, cuando le informaron de la derrota de Miramón y el triunfo en Calpulalpan. La función se suspendió y de pie, el presidente hizo el anuncio. La orquesta tocó diana, se cantó "La Marsellesa" y entre vivas y aclamaciones del público, Juárez salió del lugar para inmediatamente irse de vuelta a la capital.[119]

Por supuesto, la familia lo siguió. Pero no era su destino la tranquilidad. Y es que ya para entonces, la señora Margarita empezaba a estar enferma. Por eso compraron una casa en San Cosme —en el número 3 de lo que hoy es Serapio Rendón— que estaba en las afueras de la ciudad y en donde pensaron que podría sentirse mejor. Pero apenas a un año de instalada en la finca, y ya su marido se enfrentaba a lo que Justo Sierra llamó "la gigantesca aventura de la intervención francesa".

Se dice que la señora Juárez organizó un grupo de damas, llamado Junta de Caridad (es el único quehacer público que se le conoce), que se encargó de reunir fondos para los hospitales de sangre, trabajo del que sin embargo se retiró al morir su hija pequeña pues eso la dejó muy abatida.

Cuando Maximiliano llega a ocupar el trono de México, Juárez huyó otra vez de la capital, llevando su gobierno itinerante por diversos rincones del país. Fue a San Luis Potosí, Matehuala, Saltillo, Monterrey, otra vez Saltillo, otra vez Monterrey, Chihuahua, Paso del Norte (hoy Ciudad Juárez), Chihuahua, otra vez Paso del Norte y una vez más Chihuahua, Durango, Zacatecas y San Luis Potosí arrastrando tras de sí once carromatos con los archivos de la nación. Legalista y cuidadoso, tuvo la precaución de nunca abandonar el territorio nacional para no perder su carácter de portador de la legitimidad pero se cuidó de tampoco estar en suelo pisado por la bota francesa.

Para proteger a su familia, don Benito la manda a Saltillo y de allí a Estados Unidos en donde se la verán bastante dura e incluso habrá un intento de secuestrar a la señora. ¿Podemos imaginar la llegada de doña Margarita a ese país desconocido, en pleno y crudo invierno, cargando con sus hijos, su yerno y nieta, sin dinero, sin conocer a nadie, sin hablar el idioma y preocupada por su marido? Ésas, que fueron sin duda las horas más duras para la patria y los liberales, lo fueron también para la familia Juárez en el exilio.

Una carta de don Benito a su yerno Pedro Santacilia da fe de estos momentos difíciles: "He tenido un tormento continuado por no saber nada de la suerte de ustedes, pues desde la salida de Cadereyta no he vuelto a saber nada de su marcha. Ya debe usted suponer cuánta será mi aflicción. Esta carta y todas las que he escrito y escriba son para usted y Margarita. ¡Pobre Margarita! ¡Cuánto ha sufrido! Cuídemela usted, lo mismo que a las muchachas, a Beno, al Negrito, a Antonio y a María, dándoles muchos besitos y abrazos a mi nombre y usted reciba el afecto de su padre y amigo Benito Juárez".[120]

Para los mexicanos, que estamos acostumbrados a ver a Juárez como el personaje hierático y tieso que jamás cambiaba la expresión seria de su cara, y al que no le interesaba nada que no fuera la lucha que había emprendido, resultan sorprendentes estas demostraciones de afecto. ¡Hay incluso una carta en la que le dice a su esposa que la ama y desea! Y es que, asegura Carlos Sánchez Silva, esa mirada sobre él es falsa y tiene que ver con el deseo de convertirlo en un semidiós, en un santo, austero, frío, reservado, concentrado en una sola cosa. Pero no fue así. Fuentes Mares afirma que le gustaba la música y poner en práctica sus dotes de bailarín y Justo Sierra, que lo estudió a principios de este siglo, insiste en que el hombre amaba tiernamente a su familia. La correspondencia muestra que se angustiaba por ellos. Una y otra vez le escribe a la esposa: "No tengas cuidado por mí, no hagas caso de las noticias malas que esparcen los enemigos". Y le pide que ella se cuide, que descanse, que procure distraerse y que no deje de tomar sus polvos curativos y las píldoras de hierro. "Camina mucho —le insiste— para que se te haga la digestión con regularidad."[121]

En Nueva York doña Margarita sufre: "Me figuro cómo estarás con la vida tan indecente que llevas, malpasándote en todo, no sé cómo has podido resistir y tener valor". Y se las arregla para mandarle pañuelos, pantuflas o camisas. Le escribe que lo ama y que lo extraña pero que entiende que no puede verlo "hasta que triunfemos", también le pide que se cuide y que no sea tan confiado. Ella misma se siente deprimida, cansada, enferma: "Cada día siento que me acabo, mi naturaleza está muy gastada y ya no resisto más". Estas palabras las escribió cuando aún no cumplía los cuarenta años, y debe ser cierto pues si comparamos su fotografía de juventud, en la que hasta se ve bonita al lado de su marido, con aquélla en la que ya es una mujer madura pero no vieja, se puede observar lo acabada que está.

Y es que en tierras ajenas vería la señora morir a dos de sus pequeños, José y Antonio, los últimos de sus doce hijos. El golpe es muy duro: "Soy muy desgraciada. No me sale el pesar de mis hijos y no tengo esperanza de volverte a ver". Juárez también siente "gran pesar" como dice él, "mi corazón está destrozado con golpes tan rudos", pero le escribe: "La mala suerte nos persigue, pero contra ella qué vamos a hacer, no está en nuestra mano evitar los golpes y no hay más arbitrio que tener serenidad y resignación".[122]

Por eso un patriota como el biógrafo Velasco, liberal de cepa, no puede más que conmoverse y escribir: "Mientras la familia del legítimo Presidente de México sufría lo indecible en tierra extraña, Maximiliano y su consorte Carlota dilapidaban a manos llenas el dinero del préstamo que les hizo Napoleón mediante el tratado de Miramar y vivían en el oropel del suntuoso palacio de Chapultepec".[123]

Es entonces cuando la salud de Margarita verdaderamente se agrava: había parido muchos hijos, había visto morir a cinco y criado a siete, había ido de un lado a otro, siempre sin recursos, siempre con miedo y angustia.

Que Margarita estaba al tanto de los asuntos de la patria es innegable: "Los franceses cuando más durarán un año. Dios nos dé vida para ver el término de esta revolución". Y que se sentía parte del grupo republicano, tampoco hay duda: "Antes de estos triunfos no teníamos más que ilusiones... cuando empezamos a ganar seguido, nos seguimos de frente". Conocía bien a los colaboradores de su esposo, a algunos de los cuales respetaba y a otros consideraba "una percha de inútiles". Algunos la sorprendían: "No sabía yo que Prieto y tío Ruicito estuvieran de oposición", escribe, refiriéndose al hecho de que en el año 65 en que terminaba su periodo, Juárez expidió un decreto para prolongarlo por considerar que las circunstancias no permitían la elección del presidente, y algunos colaboradores suyos se molestaron y hasta le retiraron el apoyo. Pero Margarita no se sorprendió. Lo conocía lo suficiente como para saber que era necio y decidido, como él mismo decía, a "seguir mi camino como si tal ojo". Y sabía que así procedería: "El que continúes en la Presidencia no me coge de nuevo porque yo ya me lo tragué desde que vi que no me contestabas nada siempre que te lo preguntaba".[124]

Tres años duró el imperio extranjero y durante todo este tiempo, no hubo paz. Una y otra vez los ejércitos franceses se enfrentaron a los mexicanos, a sus soldados y sus guerrillas, en batallas violentísimas. Hasta que por fin los franceses salieron del país. Entonces el gobierno norteamericano se puso a adular a doña Margarita para así agradar a su marido que encabezaba a los triunfadores. Durante tres semanas la festejaron, invitándola a la Casa Blanca como huésped especial del presidente de ese país y le hicieron una recepción con la asistencia de muchas personalidades y embajadores. La señora se siente "muy atendida y considerada" pero no la pasa bien. ¡Pobre Margarita, hasta las fiestas le causan culpas y pesares!: "Si alguna vez me hubieran dicho que había de llegar el día en que todas las diversiones me habían de atormentar, no lo hubiera creído. Pero ahora estoy en ese estado. Ya no volveré a tener gusto nunca, soy muy desgraciada".

Mal se sentía la mujer de asistir a fiestas y celebraciones mientras su marido enfrentaba tantas dificultades: "No vayan a decir que estando tú en El Paso con tantas miserias yo esté aquí gastando lujos". Mal se sentía con todos esos desconocidos enjoyados y emperifollados y ella que no tenía ni para una ropa decente. A su esposo le escribe: "Toda mi elegancia consistió en un vestido que me compraste en Monterrey hace dos años, el único que tengo regular y que lo guardo para cuando tengo que hacer alguna visita de etiqueta... y unos aretes que tú me regalaste un día de mi santo". Lo mismo que Conchita Lombardo, teme los chismes y habladurías y se asusta de sólo pensar que ella la pudiera pasar bien mientras el esposo se afana y sufre necesidad. Y así como aquélla afirmaba que la sociedad mexicana "no la vería en paseos mientras su marido estaba ausente", así ésta le aseguraba a don Benito que "no gastaba lujos" ni se emperifollaba.

4

Cuando Juárez vuelve victorioso a la capital, manda inmediatamente a traer a su familia. El 29 de junio de 1867, Margarita y sus hijos (incluidos los dos cadáveres embalsamados) salen de Nueva York por ferrocarril en compañía del embajador Matías Romero que los lleva hasta la ciudad de Baltimore. De allí ya siguen solos hasta Cincinnati y luego a Louisville, en donde toman un vapor que baja por el río Ohio hasta el Mississippi y llega a Nueva Orléans. En ese lugar abordan el guardacostas *Wilderness* que les facilitó el gobierno norteamericano y que los lleva a Veracruz, a cuya bahía arriban el 14 de julio, donde son recibidos con grandes muestras de júbilo de la población y con veintiún cañonazos y los honores que le correspondían a la señora como primera dama de la nación.

¿Qué sintió doña Margarita de no encontrar a Nito esperándola cuando llegó a Veracruz después de tres largos y difíciles años en el exilio? ¿y qué sintió de no haber estado con él cuando el hombre hizo su entrada triunfal a la capital luego de que la República se había salvado gracias a la tenacidad de los liberales?

Unos días después la familia emprende el camino a la ciudad de México. En todas partes les hacen grandes recibimientos y honores. El 24 de agosto, cuando al declinar la tarde la escolta llegó al poblado de Ayotla en el Estado de México, el comandante mandó a hacer alto pues en sentido opuesto se aproximaba otro carruaje. De él bajó un caballero que era nada menos que el presidente de la República quien venía a recibir a su esposa y a sus hijos. Juntos entraron a la ciudad y se fueron derecho al Palacio Nacional, ese sitio incómodo y lóbrego del que tanto se quejó Conchita Lombardo y que seguramente le pareció hostil también a doña Margarita, aunque ella estaba más acostumbrada a las penurias que aquella señorita de sociedad.

Juárez era sumamente austero en su modo de vida, así que instaló a su familia en un entresuelo y siguió llevando sus famosas levitas negras hechas de telas baratas, de las que se burlaba la gente rica porque le daban un aspecto poco elegante. Pero a él le tenía sin cuidado. En lo que sí gastaba era en "buena comida y bebida", según se desprende de los documentos sobre los gastos de la casa presidencial que se guardan en el Archivo General de la Nación.[125]

Ése fue el único tiempo en que la señora gozó de paz. Varios de sus hijos se casaron, en ocasiones ella y su marido salían a dar una vuelta o a merendar. Pero su salud no mejoraba. Por eso se la llevaron a su casa de San Cosme a ver si allá se sentía mejor. No fue así. En enero de 1871, murió doña Margarita Maza a los cuarenta y cuatro años de edad, parece que de un cáncer. De su muerte da fe un acta civil de defunción, como correspondía hacer al impulsor de las Leyes de Reforma. Del dolor que dicho deceso causó en su marido dan cuenta todos los que en ese momento estuvieron cerca de él.

¿Podemos imaginar la tristeza del presidente Juárez, ese hombre de bronce, de indómito carácter que por fin había logrado su objetivo y que apenas si lo había podido compartir con su esposa? Escribe Fernando del Paso: "Margarita había muerto. Se había muerto la pobre de tanto tener hijos y de tanto que se le habían muerto los hijos. De tanto seguir al licenciado y al señor presidente de aquí para allá para aquí para allá toda la vida". Guillermo Prieto, el amigo de siempre, el compañero de lucha de Juárez y quien en una ocasión le salvó la vida gracias a sus dotes de orador, hizo la oración fúnebre para la "Digna y santa matrona... la tierna consorte, virtuosa, modelo, santa madre de familia".

Los periódicos se llenaron de notas que lamentaban el suceso. Todas ellas muestran bien el papel que cumplía la esposa de un hombre público en el siglo XIX mexicano: *El Federalista, El Siglo Diecinueve* y el *Diario Oficial* la elogiaban porque "Jamás tomó parte alguna en la política ni tuvo la más insignificante injerencia en los negocios del Gobierno y si alguna vez interpuso su influjo respetable de señora, fue en favor de un desvalido, de una viuda o de un ciudadano ameritado". Las virtudes que se le reconocían eran, como decía la prensa, "enteramente domésticas": "Madre de familia, deseosa de dejar una buena educación y una sana moral a sus hijos, aun en medio de los azares de la emigración y el destierro no dejó un momento de llenar cumplidamente los deberes que tiene la cabeza de una familia"; "El verdadero imperio de aquella alma sensible se encontraba en el encanto y la tranquilidad doméstica". Ignacio Manuel Altamirano la lloró como "ornamento de su sexo, personificación de las virtudes cristianas y de las virtudes patrióticas en la mujer".[126] ¡Ésa era la esposa ideal del héroe más significativo de nuestro panteón nacional liberal! Margarita había padecido las peores penurias en razón de las convicciones que ambos compartían, pero a diferencia de él los elogios que recibía eran sólo por sus virtudes domésticas.

Escribe Velasco: "Margarita Maza ocupa un lugar eminente en las páginas de la historia debido a las muchas cualidades que le caracterizaron como madre abnegada y maestra de sus hijos a quienes educó con el ejemplo de sus propias virtudes. También fue ejemplar su fidelidad de esposa y amantísima compañera del hombre recto e insobornable a quien entregó el corazón y su propia existencia. Y si esto fuera poco, agregaremos sus inquebrantables convicciones republicanas, a la vez que su acendrado patriotismo que puso a prueba en las álgidas horas en que luchó estoica por la recuperación de nuestra hollada soberanía y de nuestra segunda independencia".[127] A iniciativa presidencial, en 1966 su nombre fue escrito con letras de oro en el salón de sesiones de la cámara de diputados.

...y una infortunada

1

No fue tan difícil aunque sí igual de trágica, la vida de Carlota, esposa de Maximiliano, el efímero emperador de México.

Los Habsburgo llegan a estas tierras invitados por un grupo de conservadores que creía que un príncipe extranjero lograría establecer la paz y la buena marcha de la nación, sumida desde hacía tanto tiempo en la guerra civil. Decía José María de Estrada: "La nacionalidad de México se perderá muy pronto si no la salva una intervención europea... Alcancemos el término harto urgente y por tanto tiempo esperado de poner el conveniente y posible remedio a los males de la patria".[128] Amigo como era de la emperatriz Eugenia de Montijo, logró que su idea encontrara oídos en Napoleón, para quien se convirtió en "el proyecto más glorioso de su reinado"[129] porque le permitía

—suponía él— poner un contrapeso al creciente poderío norteamericano y de paso, como su cónyuge era española, lograr una tardía reivindicación.

2

Cuando los franceses invadieron México y se abrieron paso hasta la capital, lo primero que hicieron fue nombrar al general Juan Nepomuceno Almonte, a Mariano Salas y al reaccionario arzobispo Pelagio Antonio Labastida y Dávalos recién vuelto del exilio, para una Regencia que debería gobernar desde junio del año 63 hasta la llegada del príncipe europeo destinado a ocupar el inexistente pero pronto a crearse trono de México.[130]

¿Se sintieron "regentas" las señoras Josefa Cárdena o Cardeña de Salas y Dolores Quesada o Quesadas de Almonte?

Páginas atrás mencionamos ya a la señora Salas y lo poco que se sabe de ella. Y por lo que se refiere a la "generala Almonte" —como le gustaba que la llamaran— ella sí se sintió gran cosa, según se desprende de lo que cuentan quienes la conocieron. Era originaria de la ciudad de México donde había nacido en 1820 y veinte años después había casado con el militar que fue hijo del cura Morelos, mayor que ella por quince años y tío carnal suyo, por lo que hubo que pedir dispensa para la boda.

A la señora Dolores Quesada o Quesadas de Almonte, la emperatriz la convierte en dama de la corte

Muchos años había vivido la pareja en Europa, donde se dedicaron a la vida social y a apoyar las gestiones para llevar un príncipe extranjero a México. Conchita Lombardo la conoció por aquel entonces y la describe como una señora metiche, chismosa y, sobre todo, intrigante.

Cuando llegan a México los emperadores, Maximiliano nombra Gran Mariscal de la corte y Ministro de la casa imperial al señor Almonte y a la señora Dolores, la emperatriz la convierte en dama de la corte. Se cuenta que Carlota la consideraba mucho, al punto de concederle una condecoración que ella agradeció con una carta en la que decía: "Nos reconocemos súbditos leales de tan ilustres príncipes".[131] Los Habsburgo fueron incluso padrinos en la boda de una de las dos hijas de los Almonte a la que regalaron la enorme suma de cien mil francos.

Enviados por el gobierno imperial a París, los Almonte permanecieron allá por varios años luego de que cayó la monarquía. Tuvieron suerte de no estar en México, porque muy probablemente don Juan Nepomuceno habría corrido la misma suerte que Miramón y Mejía.

A la muerte del general, la señora regresó a México para reclamar los bienes que le habían confiscado los liberales, pero no logró su propósito y murió en la miseria en el año 90. ¿Por qué no la ayudó su hija? ¿Se había ya gastado el magnífico regalo que le hicieron los emperadores? La fotografía que tenemos de ella muestra a una mujer triste y venida a menos, muy lejos de aquella que unos años antes se había sentido la gran señora por su cercanía a la corte imperial.

3

Con apoyo del emperador francés y del Papa y con el dinero de un préstamo, Maximiliano y Carlota llegaron a México en 1864. En el mes de mayo desembarcaron en Veracruz con todo y sus espléndidas carrozas, damas y caballeros de compañía (condes y condesas, marqueses y marquesas), sus mozos y sirvientes, sus guardias, sus vajillas y vestuarios, para emprender lo que Justo Sierra también llamó "la temida intervención".

Podemos imaginar su extrañeza y al mismo tiempo su fascinación cuando desde *La Novara* —que así se llamaba la fragata en que viajaron— vieron el imponente Pico de Orizaba —que aquí se llama el Citlaltépetl— y la intensa vegetación tropical. Cuentan los que han estudiado este asunto, que los príncipes se emperifollaron para bajar del barco, él con su imponente estatura, su porte distinguido, sus ojos azules y sus cabellos y barbas rubios; ella muy joven, alta, de cabello negro y "rostro dulce, sereno e inteligente", aunque no hermosa. Conchita Lombardo escribió que tenía "la cabeza demasiado pequeña, la mirada vaga y el orgullo desmedido". Cuentan también que mucha fue su tristeza al ver las calles de la ciudad vacías sin "ventanas engalanadas ni arcos triunfales ni masas enfervorizadas".[132] Y es que nadie les dio la bienvenida, no había gente esperándolos ni banderas ni música. Lo que había era una epidemia de fiebre amarilla —que aquí se llamaba vómito prieto— y que había convertido al puerto en un lugar lóbrego y desolado.

¿Se preguntó la joven princesa si acaso los mexicanos realmente deseaban que ellos vinieran a gobernarlos? ¿Se arrepintió el joven príncipe por abandonar Europa y perder sus derechos de sucesión al trono del imperio austrohúngaro para venir a dar a este sitio inhóspito donde no era bien recibido?

Apesadumbrados, siguieron su camino a la capital. Parece que fue sólo entonces cuando se enteraron de lo que con tanto cuidado les había ocultado Napoleón: que en el territorio de México los franceses estaban en guerra contra los mexicanos, y lo que con tanto cuidado les había ocultado la delegación mexicana que los invitó a venir: que muchos mexicanos no querían al nuevo emperador.

En el mes de junio, entraron por fin a la hermosa ciudad de México, que "se extiende hacia los montes y está rodeada de árboles de los que sobresalen las torres y las cúpulas de las iglesias".[133] Allí sí los esperaban con cohetes y salvas y tañido de campanas, con banquetes y discursos. Desde los balcones les lanzaban papeles de colores y listones de seda. Pero lo que más les impresionó fue que les echaban un fino polvo amarillo que resultó ser oro. "Asistieron a recibirlos pobres y ricos. Los carruajes y la vistosa indumentaria de las damas de sociedad daban realce a la fiesta, pero lo que más llamaba la atención eran los arcos artísticamente elaborados para aquella ocasión, que retomaban la vieja costumbre de así recibir a los virreyes cuando llegaban. Entre ellos sobresalían tres. El primer arco se llamaba de la paz y descansaba sobre dos pilastras en las que se leían versos; a los lados lucían esculturas alegóricas de las artes, el comercio, la música y la agricultura; hacia el frente mostraba los bustos de Napoleón III y la emperatriz Eugenia y en la parte opuesta los de Maximiliano y su esposa Carlota. Más adelante se alzaba el arco de las flores que, a decir de testigos oculares, era el más bello de los tres. Descansaba sobre cuatro columnas y estaba adornado, en su parte inferior, por hermosos macetones de frondosas plantas y en la superior con festones de follaje y flores que descendían cual delgadas cortinas recogidas simétricamente en medio de las columnas. Sobre el lóbulo central del arco aparecía, en un medallón, el busto en relieve de Carlota. El tercer arco se llamó del emperador, era el más artístico, de estilo romano, y ostentaba la leyenda: 'Por base el trono la justicia tiene y en la equidad y el orden se sostiene'."[134]

El glorioso recibimiento culminó con una misa de acción de gracias en la catedral, a donde los emperadores fueron solemnemente acompañados por los arzobispos y el cabildo eclesiástico en pleno.

4

El archiduque Fernando José Maximiliano de Habsburgo-Lorena, hermano menor del poderoso emperador de Austria-Hungría, había nacido en 1832 en el castillo de Schonbrunn, cerca de Viena, hijo del archiduque Francisco Carlos y la archiduquesa Sofía. Muy joven fue nombrado comandante supremo de la Marina imperal austriaca y había ido a vivir a Italia, desde donde además de atender las ocupaciones de su cargo, se dedicó a viajar, pues era afecto a conocer lugares y gente nueva, de todo lo cual llevaba un diario detallado. Pero sobre todo, le gustaba la botánica, "ciencia en la que era un experto"[135] y para la que siempre buscaba profundizar sus conocimientos.

En 1857, recién casado, recibió el cargo de gobernador de la provincia italiana de Lombardo-Veneto, que entonces dominaban los austriacos. Sobre un promontorio a orillas del Adriático, se mandó construir y amueblar un hermoso y enorme castillo, muy a tono con su carácter romántico y que habla de quién era ese personaje, porque en tiempos en que el salario por un día de trabajo era de un florín y medio, su capricho le costó más de seiscientos mil florines. Famosos eran los jardines, de los que personalmente se ocupaba y a los que llevó árboles, plantas y flores traídas desde muchos lugares y aclimatados allí. Y no contento con esto, se mandó también construir un castillo en

Carlota de Bélgica, que tanto deseaba reinar, consiguió un "trono de cactos erizado de ballonetas", cuyo fracaso la llevó a la locura la isla de Lacroma, sitio que había descubierto en sus frecuentes viajes por la costa Dálmata y que le había gustado mucho.

Dicen que el archiduque tenía ideas liberales, a pesar de lo cual, la policía austriaca reprimió las muchas insurrecciones que hubo y que terminarían con la incorporación de la provincia al reino de Saboya, a partir de lo cual el gobernador quedaría librado de las obligaciones del cargo y se dedicaría a lo que más le gustaba que era leer y mirar el mar con su catalejo. Como dice Justo Sierra, "soñaba, imaginaba, se recogía, meditaba".[136]

María Carlota Amalia Victoria Leopoldina Clementina de Sajonia Coburgo y Orléans, la malograda emperatriz de México a la que el escritor José de Zorrilla llamaría "augusta señora" y el poeta Ignacio Montes de Oca y Obregón "augusta dama", era la hija muy amada y muy mimada del rey de Bélgica Leopoldo I y de su esposa María Luisa. Había nacido en el castillo de Laeken en Bruselas en 1840, quedando huérfana de madre y al cuidado de su abuela a los diez años. A los diecisiete la habían casado con el apuesto segundo vástago de los Habsburgo, a quien conoció cuando éste visitó su país en misión diplomática.[137]

Esta boda, que el mito se empeña en ver como ejemplo de amor romántico, no había sido sino resultado de un buen negocio para el novio. Y es que Maximiliano no amaba a Carlota, pues según afirma Villalpando, nunca se repuso de la muerte de María Amalia de Braganza, de modo que en la heredera belga sólo vio a la dueña de una inmensa fortuna. Durante meses fueron y vinieron cartas y representaciones para discutir con el padre de la novia los términos del contrato nupcial y de la dote, que por fin se resolvió en la enorme suma de tres millones de francos.

Mientras vivieron en Miramar, Carlota se dedicó a pintar, tocar el piano, leer, pasear por el hermoso parque de su castillo y escribirle cartas a media nobleza europea con la que estaba emparentada. Los dos hablaban varios idiomas —Carlota lo hacía fluidamente en seis— y gustaban del arte, pero también dedicaban mucho de su tiempo a bailes y fiestas y a viajar. Dice Villalpando que, en una ocasión, se embarcaron para Brasil pero el marido la dejó en la isla de Madeira y siguió su camino con un amigo con el que se le atribuyen amores.[138]

Carlota era una mujer ambiciosa y llena de energía que se aburría encerrada en su castillo. Una y otra vez trató de conseguir algún trono para su esposo en cualquier rincón de Europa pero nunca lo logró, así que cuando un grupo de mexicanos le ofreció el de un lejano país americano, dio a su vida el sentido que le faltaba. Por eso fue ella quien lo convenció a él de aceptar la oferta y quien lo empujó a estudiar español y a leer lo que entonces era la biblia sobre México: el célebre libro del barón Alexander von Humboldt: *Ensayo político sobre el reino de la Nueva España*, que desde hacía medio siglo alebrestaba la imaginación de los europeos al presentarlo como "rico en extremo".

Y, sin embargo, cuando llegaron a México, se sorprendieron de lo que encontraron: aquí se mezclaban la más ostentosa riqueza y la miseria, los lujosos palacios y las chozas, los ricos que se cubrían de joyas y los indios semidesnudos y flacos. En la ciudad de México, la capital del imperio, "las calles centrales amplias, con buen empedrado, atarjeas y banquetas; en los barrios

Carlota

el lodazal y el caño inmundo, la ausencia de alumbrado y las miserias humanas", escribió Guillermo Prieto.

Sus anfitriones los instalaron en un hermoso palacio pero que estaba tan sucio y era tan poco confortable, que Maximiliano prefirió dormir sobre la mesa de billar para librarse de la cama llena de chinches. Cuentan que muchos pares de ojos lo espiaban por detrás de las cortinas, curiosos y fascinados por la mata de su barba rubia y el iris de sus pupilas. Pronto se mudaron a la casa de campo que el virrey Matías de Gálvez había construido en el hermoso bosque de ahuehuetes centenarios de Chapultepec, en la que el presidente Guadalupe Victoria había fundado un jardín botánico y en los años cuarenta se había establecido el Colegio Militar desde donde se defendió la capital durante la invasión norteamericana.

Según Novo, Maximiliano y Carlota pusieron "especial empeño en hermosear y alhajar el Castillo" hasta convertirlo en lo que un historiador llamó "El paraíso de Chapultepec": mandaron componer las construcciones tal que se parecieran a su hogar de Miramar en Italia, que según testimonios de la época, "era de una belleza inimaginable" y las decoraron espléndidamente con los muebles que les regaló Napoleón III y que colocaron en salas, salones y comedores.[139] Además mandaron arreglar los jardines y construir una ancha avenida a la que se llamó Paseo de la Emperatriz (y que hoy es el Paseo de la Reforma).

Como la pareja no era muy bien avenida, y como ya se había establecido la costumbre de que los matrimonios ricos durmieran en habitaciones separadas,[140] los emperadores se hicieron las suyas en distintas alas del castillo. La de Carlota era enorme, tenía un lujoso baño con tina de alabastro y daba a un jardín privado. Las ilustres damas mexicanas que formaban su corte, "sus amantes súbditas y ardientes servidoras" como varias de ellas mismas gustaban decir, le obsequiaron un fino tocador de plata labrada, el cual según cuenta Conchita Miramón, les costó muy caro, porque tenía cinco pies de altura y un ancho marco circundado por completo de guirnaldas y ramilletes de plata cincelados en relieve y con la corona imperial sostenida por dos grifos.

5

Se dice que a los príncipes europeos les gustó México y que fueron felices aquí. A pesar de la difícil relación entre ellos, encontraron complicidad en la causa común. Al menos así lo afirman en su correspondencia: "Soy completamente feliz aquí y Max también" le escribe Carlota a su abuela y él por su parte anota: "El país es hermoso y fértil".[141]

Se dice que les gustaron los indios siempre tan limpios, ellos con sus sombreros y ellas con sus gruesas trenzas y que les gustaron las artesanías, las flores, pájaros, hierbas y semillas; que se atrevieron a degustar la comida aunque algunos platillos les causaran malestar, como el mole y el pulque, mientras que otros despertaron su asombro pues como dice Novo, "la gente en México comía moscos, hormigas, saltamontes y chinches de agua"; que mucho apreciaron los dulces, sobre todo "uno de leche de cabra quemada, oscuro y denso, dulcísimo, llamado cajeta";[142] que les llamaron la atención los trajes, al punto que el emperador no se quitaba el sombrero de charro ni para dormir y Carlota empezó a ir a misa con mantilla, a las ceremonias de la semana santa vestida de riguroso luto y a las fiestas patrias engalanada y adornada con encajes y joyas, lo mismo que hacía en la fiesta de cumpleaños del emperador, en el aniversario de la aparición de la Virgen de Guadalupe y en las ocasiones solemnes como la colocación de la primera piedra para un monumento a la Independencia de México que ella promovió pero que nunca se concluyó;[143] que les fascinaron las extrañas costumbres, sobre todo a la mujer, quien "aprendió a beber agua en la cáscara de una calabaza y a bañarse con una especie de esponja de pasto a la que llamaban estropajo"; que rompieron piñatas, se encantaron con las calaveras de azúcar y las fiestas populares, admiraron embelesados los volcanes y en la Alameda mandaron sembrar rosedales.

Se dice que fueron felices aquí a pesar de que una vez Max enfermó gravemente y siguiendo la costumbre europea de hacer sangrías como método curativo, hubo que ponerle sanguijuelas para reventarle una angina[144] y a pesar de que había guerra constante porque era mentira que todo el país los aceptaba, y a pesar de que había temblores que mucho los asustaban y a pesar de que Maximiliano nunca visitó a Carlota en sus habitaciones sino que prefirió recrearse en otros brazos, algunos dicen que en los de su secretario particular y otros que en los de la esposa del jardinero principal de la residencia Borda en Cuernavaca, la dulce Conchita Sedano, con quien procreó un hijo[145] que luego sería coronel del ejército francés y al que fusilarían por espía.

Y que fueron felices aquí porque emprendieron viajes a lugares insólitos, él para cazar mariposas y ella para conocer Yucatán donde se impresionó con la recepción que le dieron y con lo que allá encontró —tanto, que escribió diecinueve páginas o folios como se decía entonces para contarle a sus parientes cada detalle— y donde dicen que vivió una romántica aventura con el oficial de su escolta.

Y que fueron felices aquí porque los colaboradores del emperador eran señores muy correctos, lo mismo que las damas de compañía de la emperatriz, entre ellas una que era descendiente de Moctezuma y otra de Nezahualcóyotl, señoras muy finas a las que sin embargo ella no trataba con delicadeza. Cuenta Conchita Miramón que el protocolo las obligaba a mantenerse en pie mientras la soberana comía, escuchaba música o descansaba y que esto muchas veces las hacía desfallecer. Y si le pedían autorización para sentarse, ella se las negaba aunque alguna estuviera enferma o embarazada. ¡Hasta hubo una que murió porque el parto se le adelantó! Y es que a la emperatriz le molestaba que las damas de aquí fueran tan flojas, que se levantaran tan tarde y que comieran todo el día. La condesa Paula Kolonitz, que venía con el séquito de la princesa escribió: "A las damas mexicanas jamás las vi ocupadas en algún trabajo". También le molestaba que fumaran mucho, "todo el tiempo echaban humo y dejaban caer las cenizas por doquier". Pero sobre todo, lo que más le chocaba a la emperatriz, es que fueran tan ignorantes al punto que si se les preguntaba por algún hecho histórico o por el nombre de un prócer o de un

Carlota y su esposo Maximiliano

árbol, ninguna le sabía dar razón. Escribe Kolonitz: "A las damas mexicanas jamás les vi un libro en las manos, como no fuera el libro de oraciones... su ignorancia es completa y no tienen idea de lo que son la historia y la geografía. Para ellas Europa es España en donde viene su origen, Roma donde reina el Papa y París de donde llegan sus vestidos".[146]

Y que fueron felices aquí a pesar de que sólo estaban juntos cuando el protocolo lo exigía y el resto del tiempo cada quien hacía sus propias actividades.[147] Eso sí, hacían muchas fiestas y bailes y recepciones y banquetes a los que invitaban a los apellidos ilustres de la sociedad mexicana, quienes asistían con hermosos vestidos y ricas joyas y cumplían a pie juntillas el complicado ritual social de la corte. Aunque, según Novo, como en los banquetes se servían platillos estilo alemán que no gustaban al paladar de los mexicanos por eso después de cenar se iban a su casa y pedían que les sirvieran sus sabrosas comidas mexicanas.

Y que también fueron felices por la música. A Carlota le gustaban mucho las habaneras que entonces estaban de moda. Seguro se dejaba arrullar con las del compositor Macedonio Alcalá, aunque su preferida era aquella que Concha Méndez cantaba en el teatro El Principal y que tiempo después, cuando la emperatriz se fue a Europa, le dedicó con lágrimas en los ojos:

Si a tu ventana llega una paloma,
trátala con cariño que es mi persona.
Cuéntale tus amores, bien de mi vida,
corónala de flores que es cosa mía.[148]

Y que fueron felices aquí porque ocuparon su tiempo en lo que más les gustaba: él en inventar una nobleza y organizar el protocolo lo más parecido al de Viena: "En la corte de los Habsburgo... había príncipes imperiales y príncipes de Iturbide (de rango militar), cardenales y collares del Águila Mexicana (de rango religioso), grandes dignidades como el mariscal de la corte, el ayudante de campo general o gran chambelán y el limosnero mayor (que recaudaba y distribuía las limosnas para los pobres). Estaba también el tesorero de la Corona y el gran chambelán de la emperatriz. Existía la llamada Casa Militar del emperador y la Casa de la Emperatriz para la cual se dispuso dama mayor, gran chambelán, damas de palacio y damas de honor. Hubo prefectos de los palacios y sitios imperiales, incluso para los castillos imperiales de ultramar como el de Miramar en la costa del mar Adriático o el de la isla de Lacroma".[149] Porque muy preocupado estaba el emperador con el ceremonial y los uniformes y las vajillas y la papelería. Hojas y hojas dictó a su secretario José Luis Blasio indicándole quién debía sentarse en qué lugar y quién debía bailar con quién y cuál atuendo se debía utilizar en cada ocasión. Y muy preocupado por lograr que los mexicanos lo conocieran y aceptaran, por eso se mandó hacer muchas fotografías, siempre vestido de gran gala, para imponer e impresionar. Él inició en el país la costumbre de vender estos retratos, pues suponía que todos querrían tenerlos en sus casas. Y muy preocupado estaba también por la sucesión, dado que ellos no tenían hijos y por lo tanto no había heredero.[150] Se sabe que tres veces ofreció el principado: una al hijo de uno de sus hermanos, otra a un niño indígena y una más al nieto de Iturbide, pero ninguna cuajó.

Y ella porque pudo cumplir su sueño de gobernar, que desde siempre fue lo que más deseó. Ya antes de salir hacia México, Maximiliano la había nombrado regente para cualquier caso de contingencia que le hiciera a él tener que abandonar los asuntos del reino. Y al llegar aquí, dio instrucciones de que "durante mi ausencia, todos los negocios deberán ser sometidos diariamente a la emperatriz. La emperatriz presidirá en mi nombre los Consejos de Ministros y dará las audiencias públicas".[151] Dice Fernando del Paso que ese trabajo lo hacía bien: "Cuando Carlota se quedaba como regente era cuando se hacían las cosas, cuando de verdad México tenía un gobernante que sabía tomar decisiones".[152] El conde Corti escribió que le entusiasmaba tanto esa posición que no se cansaba de atender asuntos y recibir gente. Y en opinión de Luis Weckmann, Carlota era una mujer "que había nacido para altos destinos y con un altísimo sentido de responsabilidad... una verdadera Femme d'État".

6

Los emperadores se preocuparon por ayudar a aliviar la situación de pobreza que encontraron. Maximiliano organizó la Junta Protectora de las Clases Menesterosas y la Junta Central de Beneficencia, esta última presidida por la emperatriz. En el discurso de instalación Carlota dijo: "No os traigo experiencia ni conocimientos en la materia pero sí toda mi buena y firme voluntad de consagrarme enteramente a una obra noble".[153]

En particular, les interesó "brindar atención a los heridos de guerra". En el *Diario del Imperio* se consigna: "Por el estado de ruina y miseria a que dejaron reducida la ciudad los disidentes por los disturbios que en ella hicieron y por las violencias atroces que cometieron contra sus habitantes, miles de éstos han quedado sin hogar y sin recurso de ninguna especie... Compadecido el emperador de esta situación, ha dictado las medidas convenientes y ha dispuesto enviar a Oajaca diez mil pesos, de los cuales seis mil son de su caja particular y cuatro mil de la caja de la emperatriz. Esta cantidad será repartida entre los más necesitados". En otra ocasión envía una carta a un subalterno: "He venido a disponer la fundación de una casa de caridad que deberá establecerse en uno de los cuarteles más retirados de esta ciudad, confiada a la hábil dirección de las Hijas de San Vicente de Paul, y en la que se tenga por principal objeto visitar a los pobres y socorrerlos con medicamentos y ropa... se satisfarán por mi caja y la de la emperatriz las sumas necesarias para cubrirlas".[154]

Carlota por su parte, impulsó la fundación de la Casa de Maternidad e Infancia (en la calle de Revillagigedo) y del Hospital de San Carlos que prestaban atención médica a la maternidad, así como la Casa de Partos Ocultos, sitio en donde madres solteras podían dar a luz a sus hijos de incógnitas. Como en tiempos de las virreinas, visitaba hospitales, hospicios, orfelinatos y panaderías, y daba donativos, por ejemplo, cuando visitó la Escuela de

Carlota

Primeras Letras del pueblo de San Pablo Tepetapa regaló ochocientos pesos de su peculio, en Puebla regaló mil pesos oro para distribuir entre el Hospital de San Pedro y el Orfanatorio de San Cristóbal, en Zacatecas dos mil pesos al Hospital de San Juan de Dios, en Toluca quinientos pesos, doscientos pesos para escuelas de Sultepec a las que además envió catecismos y silabarios, y mil pesos en Guanajuato. Siendo ya los tiempos modernos, también se preocupó por la educación y presidió la inauguración de algunas escuelas.[155]

Además, la emperatriz obligó a las esposas de los jefes de departamentos y comisarías en que se dividió el imperio, a ocuparse también de este tipo de tareas de beneficencia e instrucción. Por ejemplo, a la señora doña María Rojas de López Portillo de Guadalajara le envía una carta con encargos que incluyen: "El cuidado de la instrucción pública femenina, los conventos de monjas y las cárceles de mujeres" en los que "deberán derramar en mi nombre el espíritu de caridad". A las que lo hacían bien, las premiaba con la Condecoración de San Carlos creada especialmente para las mujeres que prestaran servicios distinguidos al imperio. Por todo ese trabajo, se le empezó a llamar "mamá Carlota" y se le hicieron montón de elogios: "Augusta Carlota modelo de virtud, de saber y de hermosura"; "que las bendiciones del Cielo desciendan sobre los excelsos soberanos que así socorren a la humanidad doliente y a la niñez desvalida".[156]

7

Durante los tres años que los emperadores permanecieron aquí, todo el tiempo hubo quienes los quisieron sacar. Así lo había previsto el general

Carlota

español Juan Prim: "La monarquía no se podrá aclimatar a México. Podrá imponerse pero durará el tiempo que dure la ocupación por una fuerza extranjera. México es antimonárquico y no aceptará jamás nuevas instituciones que no conoce y que son contrarias a las que ha adoptado".[157]

Pero ellos no parecían darse cuenta y se dedicaron a malgastar el préstamo de más de 32 millones de pesos encargando vajillas y muebles, haciendo fiestas y viajando en calesas doradas, a desperdiciar el tiempo en diseñar vistosos uniformes para sus guardias y sirvientes y en organizar protocolos y ceremoniales y a disponer a su arbitrio de los bienes nacionales; por ejemplo la mansión que le obsequiaron al general Bazaine como regalo de bodas cuando se casó con la jovencísima Pepita Peña. El emperador vitoreaba a Hidalgo y Morelos, declaraba la libertad de cultos y mandaba lejos a sus mejores generales del bando conservador, para cumplir encomiendas inútiles en Europa y Medio Oriente. Y mientras, los liberales ganaban las batallas.

¿Supo Carlota de la fuerza de las mujeres que se les oponían, de Margarita Maza que desde el exilio apoyaba a su marido o de Soledad Solórzano de Régules quien con todo y sus hijos fue tomada como rehén por los belgas en Tacámbaro y así y todo conminó a su esposo a seguir luchando contra el invasor?

No supo nada de esto. No imaginó siquiera lo pronto que su causa estaría perdida. Por eso cuando el emperador quiso abdicar, ella lo disuadió de hacerlo, ignorante de lo que sucedía, erróneamente convencida de que todos los mexicanos los querían.

Fue entonces cuando Carlota decidió irse a Europa para solicitar ayuda. Creía que sus buenos oficios salvarían al imperio. Antes de partir, Maximiliano quiso que los inmortalizaran en la tela para lo cual llamó a Francisco Morales van der Eyden. Él posó para el pintor, pero ella no quiso. De memoria la tuvo que dibujar y el resultado, que es el óleo más conocido de la emperatriz, resultó más bello que el original, como se puede ver si se compara este cuadro con las fotografías.

Viajó la emperatriz en un barco francés en el que obligó al capitán a arriar la bandera gala para izar el pabellón imperial mexicano. De entonces data aquella copla escrita por Vicente Riva Palacio:

La nave va en los mares,
botando cual pelota,
adiós mamá Carlota,
adiós mi tierno amor.[158]

Hay quien cuenta que la prisa de la emperatriz por salir de México se debía menos a las tribulaciones de su marido que al hecho de que iba a tener un hijo producto de sus amores ilícitos con el jefe del ejército belga en México, teniente coronel Alfredo Luis van der Smissen. Dicen que allá nació ese niño que con el correr del tiempo llegaría a ser un general francés. Porque después de todo, ¿qué necesidad tenía de ir tan lejos y de rogar si con su enorme fortuna personal hubiera podido mantener al imperio al menos por tres años más?[159]

Como sea, el hecho es que mientras ella estuvo lejos, el emperador siguió haciendo fiestas, en las que se hacía acompañar por Pepita Peña de Bazaine, la esposa del jefe militar francés y sobrina de Juliana Azcárate de Gómez Pedraza, quien cumplía las funciones de primera dama. Pero a su esposa le mandaba telegramas que hacían parecer que la extrañaba: "Sufro muchísimo sabiendo que tienes que separarte... El trabajo y mis deberes son mi solo consuelo en la tristeza de saber que estás tan lejos por tantas semanas".[160] Ella a su vez le respondía romántica, dirigiéndole las cartas al "Entrañablemente amado Max".

En una carta la emperatriz le escribe a su marido: "Eres tú el defensor de la independencia y de la autonomía de los mexicanos, pues sólo tú reúnes en tu mano los tres colores de los partidos de que está formado el pueblo: blanco el clero, como príncipe católico, verde los conservadores y rojo los liberales. Nadie, excepto tú, puede unir estos elementos y gobernar... Ante ti debe inclinar la cabeza, pues... la monarquía es la salvación de la humanidad, el monarca es el buen pastor".[161]

Carlota visitó a Napoleón y al Papa y a ambos les explicó y les rogó y les suplicó. Sólo que ninguno le hizo caso, todos la desairaron, a nadie importó defender al infortunado emperador ni seguir con la lejana y malograda aventura mexicana que costaba tanto dinero y no rendía ningún fruto a sus intereses. Y porque se daban bien cuenta que los vecinos norteamericanos, que habían estado ocupados con su propia guerra civil, en cuanto ésta terminó estaban decididos a ser los amos de la región y a "exigir el retiro de todas las tropas europeas de tierra mexicana".[162] "Nada conseguido en París" decía un telegrama dirigido a Max, pero agregaba: "No te desalientes, Dios nos bendecirá".

Pero no fue así. Y entonces cuando la mujer enloqueció o como escribió Ignacio Montes de Oca y Obregón: "Cuando la infeliz princesa, en lenta llama, quemando va, terrífica locura". Algunos lo atribuyen a causas hereditarias, otros a los desdenes sufridos y Justo Sierra a "cuatro años de tensión neuropsíquica". En opinión de Concepción Lombardo, la razón fue que ella "forzaba demasiado el cerebro para aprender cosas para las que las mujeres no estaban capacitadas".

No por nada se cantaba aquello de:

En vano fue tu noble
esposa hasta París,
a recibir sólo un desdén de Napoleón.
En vano fue hasta el Vaticano la infeliz
sólo a perder del pensamiento la impresión.[163]

8

En el mes de marzo de 1867, el último batallón francés sale de Veracruz. Por todo el país empiezan los festejos para celebrar el fin del imperio, el triunfo, decía un corrido, del chinaco sobre el austriaco. Como afirma Jesús Gómez Serrano: "En muchos reinaba la algarabía... En otros el temor porque...

se esperaba el inminente ajuste de cuentas. Y en la gran mayoría el azoro, el simple escepticismo nacido de la cultura de la guerra y la inestabilidad".[164] Entre quienes asistieron asombrados al desfile en Aguascalientes, se hallaba un joven de quince años de edad, que con el tiempo se convertiría en un crítico feroz de su tiempo, a través de sus imágenes: José Guadalupe Posada.

El 15 de mayo los liberales toman Querétaro y apresan al emperador y a sus generales Miramón y Mejía. Se los juzga traidores y como se estilaba entonces, se los condena al pelotón de fusilamiento.

¡Cómo se esforzaron las amistades de los príncipes por salvar a Maximiliano! Primero fue un fracasado intento de fuga y después trataron conseguir clemencia para los condenados.

La bellísima Inés Le Clerq, princesa de Salm Salm visitó a Juárez en el Palacio de Gobierno de San Luis Potosí (a ella sí la recibió el Benemérito, lo que no hizo con Conchita Miramón) y de rodillas lloró y suplicó. Cuentan que el presidente se conmovió pero que Lerdo de Tejada le recordó sus deberes: "Ahora o nunca señor", y entonces respondió a la ilustre dama: "Me causa verdadero dolor, señora, verla así de rodillas; mas aunque todos los reyes y todas las reinas estuvieran en vuestro lugar, no podría perdonarle la vida. No soy yo quien se la quita; es el pueblo y la ley que piden su muerte". Según Justo Sierra, Maximiliano fue juzgado conforme a una ley anterior a su aceptación de la corona, y sólo Juárez podía haber dado el indulto, pero lo negó. "Tenía que ser inflexible si quería ganarse el respeto de propios y extraños."[165]

Pero doña Inés no cejó en su propósito y se dirigió entonces a la señora Margarita para solicitar su intervención frente a Juárez: "Princesa —dicen que le dijo ésta cuando aquélla le solicitó que ablandara el corazón del presidente—, el asunto que os trae a mi presencia es verdaderamente muy doloroso y me llena de profunda pena y créame sinceramente que la compadezco. Lamento de veras no poder obsequiar sus deseos porque he de hacer saber a usted que en los asuntos de gobierno Benito es el que ordena y es el capacitado para atender su petición. Respecto a mí, puede usted disponer del mobiliario y útiles de cocina de ésta su casa".[166]

No sabemos si la historia sea o no cierta, ni si el lenguaje florido y la retórica rebuscada eran los de doña Margarita o son los que le atribuye su biógrafo, pero lo importante es que de ella resulta una verdad: que las mujeres en México no se atrevían a tener injerencia en las cuestiones públicas. Ya vimos cómo eventualmente alguna se atrevió a pedirle algún favor a su marido, alguna ayuda o algún perdón, pero por lo general se mantenían apartadas de lo que fuera ajeno a su hogar y aun así, muchos todavía les reclamaban. En sus memorias, Sebastián Lerdo de Tejada escribe su opinión contraria a las mujeres que se quieren meter en lo que según él no les corresponde. Cuenta que "La linda Mrs. Francis Cleveland, siendo presidente de los Estados Unidos su marido, recomendóle una vez a cierto sujeto para un empleo lucrativo. Mr. Cleveland le respondió:

–Lo pensaré.

Y al día siguiente regaló a su mujer un diamante primoroso.

Pasaron días y ella volvió a insistir en su recomendación. El presidente le replicó:

–Lo pensaré.

Y al otro día le regaló un zafiro.

Picada la curiosidad femenil con tan extraño proceder, interrogólo una noche:

–Dime Cleveland, ¿por qué siempre que te hablo de mi recomendado me haces al otro día un valioso presente?

–Es —le respondió él— para que me pidas cuanto desees, menos un favor que se relacione con la política."[167]

¡No en balde fue Lerdo quien le recordó a Juárez su deber y no se conmovió con las peticiones femeninas de clemencia!

Por lo demás en este caso en particular se trataba de un asunto demasiado serio y de un personaje demasiado importante, en los que iba en juego la nación misma y sus principios, con los que por lo demás, la propia Margarita comulgaba.

De vuelta en Europa y para justificar su fracaso, la princesa haría correr la especie de que Juárez no le dio el indulto a Maximiliano porque ella no consiguió juntar las cien mil monedas de oro que él le pidió por su vida.

En el cerro de las Campanas se cumplió la sentencia el 19 de junio de 1867 y como escribió Justo Sierra: "Los tres rivalizaron en entereza". El cuerpo de Maximiliano fue vaciado y embalsamado para enviarlo a su patria —lo cual se hizo en la misma fragata *Novara* que lo había traído a México— y sus restos mortales yacen en la cripta familiar de los padres Capuchinos en Viena. Dicen que Juárez lo fue a mirar largamente a los sótanos del convento en donde lo preparaban: quería conocer a su augusto enemigo.

Se había terminado el imperio, "trono de cactos erizado de bayonetas" como lo llamó Fernando del Paso, "gran engaño" según dijo Alfonso Reyes.

Y allá en Europa, en el castillo de Bouchout, quedaba una mujer, despreciada y burlada, que a los veintiséis años había perdido la razón y que todavía viviría sesenta más, hasta 1927, cargando con sus recuerdos deshilvanados.

9

La historia la escriben los triunfadores. Al menos es su versión la que se vuelve oficial. Según los estudiosos liberales, en el relato del acontecer en nuestro país no deberían figurar estos emperadores "espurios" a los que arbitrariamente impusieron un soberano extranjero ambicioso y un grupúsculo archiconservador. Pero nadie puede tapar el sol con un dedo ni saltarse lo que no le gusta de los hechos. Y por lo demás, aunque pese reconocerlo, hubo mexicanos que le dieron su apoyo a la empresa, gentes respetables y pensantes, militares de alto rango e incluso algunos caciques indígenas. Escribe Luis Weckmann: "El segundo imperio existió en el espacio y en el tiempo, ejerció actos efectivos de gobierno y su jurisdicción se extendió, aunque de manera fugaz, sobre una buena parte del territorio nacional, habiendo contado incluso con la adhesión sincera o sólo circunstancial de la mayor parte de las provincias mexicanas hoy llamadas estados".[168] ¿Qué otra cosa significa que el alcalde de San Martín Texmelucan le haya enviado un telegrama a Carlota en su cumpleaños deseándole "una larga vida llena de ventura, siempre sobre el trono de México"? ¿o que se cantara un himno llamando a la pareja "salvadores mandados por Dios"? ¿qué otra cosa quieren decir aquellos versos que entonces se oían?:

¡Viva el emperador!
que es un gobernante probo
y a quien México quiere
con todo el corazón.[169]

De todos modos, el presidente legítimo de México siguió siendo Benito Juárez, quien para continuar en el cargo mientras aquéllos ocupaban la capital, había expedido un decreto prolongando su periodo gubernamental que debía terminar en el año 65 pero que ahora se alargaría "hasta que las circunstancias permitieran la elección de presidente".

Muerto el emperador, idos los franceses, el 15 de julio de 1867 Juárez entra a la capital y, como ya vimos, es recibido con grande júbilo. Se celebraba así el triunfo de dos guerras, la de México contra Francia y la de la República contra el Imperio y se consumaba, por segunda vez, "La causa santa de la Independencia y de las instituciones de la República" como dijo el presidente, que ya para entonces había sido designado Benemérito de las Américas. "Encaminemos ahora todos nuestros esfuerzos a obtener y consolidar los beneficios de la paz", diría en su primer discurso y agregaría aquella su frase más famosa: "Entre los individuos como entre las naciones, el respeto al derecho ajeno es la paz".[170]

10

Durante los siguientes diez años, el país viviría su primer esfuerzo serio de democracia. Poco a poco con gran lentitud y enormes tropiezos daría inicio la construcción de la tan anhelada nación.

Lo primero que hizo el presidente Juárez fue convocar a elecciones en las que resultó electo para el cuatrienio 1867-1871.

México era "pobre, ignorante y mugroso" afirma Luis González. Estaba poco habitado, mal comunicado, sin industria y luego de tantas guerras y cambios de gobierno, todo estaba en desorden o desquiciado, "amontonando escombros y miserias por todas partes", diría Justo Sierra. Cada cacique mandaba en su región, los ricos les quitaban sus tierras a los indios, apoyados por las nuevas leyes, pocos pagaban impuestos y aunque el clero y los conservadores estaban derrotados, y sobre todo humillados, algunos aún se levantaban en armas. Por su parte los triunfadores se sentían cumpliendo un deber sagrado, dirigidos por aquel Benito Juárez que como dijo también Sierra, "fungía como el obispo de una nueva religión cívica".

Casi milagrosamente, un orden fue imponiéndose en el caos. Como había dicho Alamán, resultó cierto que el país tenía elementos de prosperidad aunque estuviera en la miseria. "La obra ha sido lenta pero se ha consumado", escribió Francisco Zarco.

Se conoce a esta época como "la República Restaurada", un tiempo en que el gobierno presidido por Juárez se puso a arreglar la administración y las finanzas, a licenciar a buena parte del ejército cuya manutención resultaba muy cara, a hacer alianzas y negociaciones y a dictar leyes. "Se empezó a delinear una política abiertamente impulsora de la actividad de los empresarios particulares que pretendía recuperar los antiguos ritmos de producción y la bonanza minera. Se estimuló a la agricultura, comercio y transportes aunque se dejó relegada a la industria."[171] Y también se dio un importante estímulo a la educación —se fundaron muchas escuelas— y a la cultura, en particular a las letras, con la publicación de libros, periódicos y revistas. Entre ellas destaca una que en su nombre llevaba el ideal de la época: *Renacimiento*. Pretendía una empresa de gran envergadura que era la de conciliar diferentes tendencias y unir a imperialistas y conservadores con republicanos y liberales, todo en aras de sacar adelante el país.[172]

Su animador fue Ignacio Manuel Altamirano, autor de novelas que, con "un tinte rosado" y "una luz melancólica" daban cuenta de los asuntos nacionales, con "efusión patriótica", "ensueños democráticos" y "afirmación de las virtudes civilizadoras del orden".[173] Como nunca se puso de moda retratar las costumbres sociales de los mexicanos, ya fuera como lo hacía Tomás de Cuéllar, que ponía "especial cuidado en la corrección de los perfiles del vicio" o como Luis G. Inclán que exaltaba los valores de lo rústico.

Pronto sin embargo se hicieron evidentes los problemas: "Por encima de las intenciones de los reformadores liberales, fue la realidad estructural y la fuerza de las facciones de propietarios lo que realmente decidió el curso concreto de las reformas. En lo inmediato éstas fortalecieron a las grandes haciendas pues en la medida en que la definición de corporación incluía a las comunidades indígenas, facilitaron el despojo de sus tierras".[174] Y, además, empezaron las pugnas en el seno del propio grupo liberal a muchos de los cuales no agradó "el excesivo gusto por el poder" que mostraba el presidente, cuando por cuarta ves se reeligió.

Ireneo Paz, uno de los críticos más acérrimos de Juárez, le dedicó los siguientes versos:

Sí, san Benito, sigue otra ruta,
no te muestres amigo, tan pirata,
mira que la gente no es tan bruta.
Suéltanos por piedad querido Tata,
ya fueron catorce años de cicuta
¡suéltanos presidente Garrapata![175]

¿Se había intoxicado el benemérito con lo que Burke llamó "la embriaguez del poder"? ¿O era porque sentía que aún no cumplía su misión? ¿O tal vez porque en su tiempo no lo entendieron?

Narciso Bassols escribió que "a nuestro país los principios políticos llegaron, como los caballos que traía la tropa de Cortés, como la literatura francesa tan en boga en el siglo XIX, como más tarde los automóviles y la aviación, de repente y ya hechos, con carácter de situaciones consumadas. La asimilación de todo esto ha sido larga, lenta, difícil, llena de peripecias y plagada de retrocesos".[176] Y José Luis Martínez ha dicho que siempre lo que nos ha hecho avanzar, a despecho de la inercia popular, es la decisión progresista de una minoría: "Con palpable disgusto de la masa del país tenemos Constitución liberal; con manifiesta repugnancia del pueblo y de las clases acomodadas establecimos la independencia de la Iglesia y el Estado y laicizamos la enseñanza oficial y con ostensible oposición de los mexicanos poseemos ferrocarriles y telégrafos... y hasta la República".[177]

Juárez pudo vencer a sus opositores y quedarse en el cargo supremo, en donde se mostró como un estadista firme y decidido que actuaba con energía a pesar de las inconformidades de la "discordia civil" como le llama Clementina Díaz y de Ovando y de los ataques sistemáticos de casi toda la prensa. Lo que no pudo fue vencer a la muerte que le ganó la partida. Una dolorosa angina de pecho se llevó a Benito Juárez en el año de 1872. "El presidente de México se moría sin remedio —escribió Fernando del Paso—, no había nada que hacer."

Terminaba una época, de largas luchas y de corto gobierno, un tiempo que a pesar de su brevedad, sentó las bases de la nación mexicana y constituye el modelo y ejemplo que aún hoy nos rige como país.

Una sobrina...

1

A la muerte de Juárez, asumió el cargo de presidente de la República, el vicepresidente y presidente de la Suprema Corte de Justicia, el atildado abogado veracruzano Sebastián Lerdo de Tejada, quien permaneció como interino entre julio y noviembre del año 72 y fue elegido constitucionalmente para el periodo de diciembre de ese año a noviembre del 76.

Este personaje continuó con las labores iniciadas por su predecesor, entre ellas le tocó inaugurar la primera línea de ferrocarril que hubo en México y que Juárez había mandado construir para unir a la capital con la ciudad de Veracruz, principal puerto de entrada y salida de personas y mercancías. Durante su gobierno, se impulsó la beneficencia pública pues "se utilizó el mecanismo de las loterías para obtener recursos adicionales a favor de los menesterosos, generándose sumas importantes de dinero".[178]

En su tiempo floreció la libertad de prensa, lo que sirvió para convertirlo a él en el principal blanco de los ataques. Se decía entonces que el periódico *El Ahuizote* de Vicente Riva Palacio le hacía más daño que las balas de Porfirio Díaz, quien se levantó en armas contra Lerdo cuando éste se quiso reelegir en el año 76. Y esta vez, a diferencia de la anterior cuando se había levantado contra Juárez con el mismo pretexto, sí logró su objetivo.

El país volvió entonces a vivir momentos confusos con tres presidentes: uno electo —Lerdo de Tejada—, uno interino —José María Iglesias Calderón, presidente de la Suprema Corte de Justicia de la Nación, quien se autoproclamó por considerar que los poderes federales habían dejado de ser legítimos al expedir el decreto reeleccionista y que estableció su gobierno en Guanajuato—, y Porfirio Díaz, quien encabezaba a los sublevados de Tuxtepec y estaba en Oaxaca.

Poco después, tanto Lerdo como Iglesias huyen del país, ambos se van a Estados Unidos, el primero para nunca volver y el segundo para regresar unos meses después y vivir ya retirado de la política. Entonces el general Juan N. Méndez asumió provisionalmente la Presidencia y se quedó en ella entre noviembre del 76 y febrero del 77, fecha en la cual se eligió presidente constitucional a Porfirio Díaz para el periodo que terminaría en noviembre de 1880.

Porfirio Díaz Mori era, como Juárez, también indio y también de Oaxaca. Había nacido en 1830 y estudiado derecho en el Instituto de Artes y Ciencias. Hombre práctico y muy listo, se había fogueado en las muchas batallas que libró, algunas de las cuales terminaron en triunfos, otras en derrotas y unas más en huidas, pero le dieron celebridad como valiente y temerario.

Su primer periodo presidencial duró cuatro años y durante ese tiempo se dedicó con mano dura y pocas palabras a pacificar al país, que era por lo que clamaban los ciudadanos. Aplacó a varios caudillos, sofocó levantamientos, metió en cintura a grupos indígenas rebeldes y castigó severamente a los bandoleros y asaltantes que infestaban los caminos, ciudades y pueblos, hasta conseguir que desaparecieran del mapa.

2

¿Y las esposas?

Lerdo de Tejada nunca se casó y dicen las malas lenguas que no sólo permaneció toda su vida soltero empedernido sino que incluso célibe puesto que era muy tímido. Según José Fuentes Mares, la vida privada de don Sebastián "ha llegado hasta nosotros caprichosamente desfigurada y el pobre ha sido objeto de juicios inquinosos".[179]

El hombre era chaparro y "liviano", como se decía entonces, pero andaba siempre impecablemente vestido y según Villalpando, un día, cuando tenía cuarenta y dos años, se enamoró por primera y única vez pero perdidamente. Esto sucedió en Chihuahua, allá por el año de 1864 y la susodicha era una joven de catorce años, llamada Manuela Revilla, que era hija de buena familia —su padre había sido gobernador del estado— y a la que conoció en una cena. Pero el amor no tuvo final feliz pues la muchacha no aceptó su propuesta de matrimonio.[180] Sin embargo, en sus *Memorias* el propio interesado lo cuenta de otro modo: "Cuando yo tenía cincuenta años, estuve a punto de casarme con la señorita... Joven de veinte primaveras: me enamoré en un baile que se dio en México al gran diplomático americano Mr. Seward. Las flores, los perfumes, las joyas centelleantes, los senos temblorosos y las luces, me intoxicaron de tal suerte, que me sentí joven y quise amar feliz y ser amado. Era yo entonces ministro en el gabinete del señor Juárez —persona grata matrimonialmente hablando. Mis galanterías fueron aceptadas: al finalizar el baile, tuve el capricho de pedirle un guante que ella me tendió sonriendo. Torné a mi casa lleno de ilusiones y de champaña, me metí a mi lecho a las tres de la mañana, estrechando convulsivamente entre mis manos el perfumado guante, que parecía conservar todavía el calor de la manecita que lo llevara aquella noche. ¡Pero qué terrible fue el despertar! La irritación de la trasnochada y el licor habían inflamado mis ojos, descomponiendo el semblante; me vi al espejo y retrocedí: ¿estaba en presencia de una máscara o de mi propia cara? Y si mi propia imagen me disgustaba, ¿qué sería contemplada por otros ojos que no los míos? Recogí el guante, que había caído en la alfombra, lo besé, y después encendiendo una bujía, lo inceneré."[181]

Quién sabe si se trata de la misma historia la que cuentan Lerdo de Tejada y Villalpando, o si en este relato el autor se refiere a una situación distinta y posterior o si, como afirman algunos historiadores, las dichas *Memorias* son apócrifas. Lo que sí es un hecho es que don Sebastián, a pesar de su romanticismo y de su deseo de "amar feliz y ser amado", nunca se casó.

Después de que lo derrocaron, se fue a vivir a Nueva York y allá se quedó hasta su muerte, siempre solo. Según Carlos González Montesinos, murió en brazos de una hermana de la Caridad, que lo cuidó en sus últimos momentos aun a pesar de que cuando fue presidente, él había expulsado a esa orden del país.

En cambio Iglesias sí estuvo casado, con Juana Calderón Tapia, que probablemente era pariente suya pues su apellido paterno era el mismo que el materno de él, una joven "de agradable aspecto" como se decía entonces y como se puede ver en la fotografía que conocemos de ella, quien apenas tuvo tiempo de enterarse de que su marido había sido nombrado para el cargo de presidente cuando ya lo habían depuesto.

La señora había nacido en la ciudad de Puebla, en 1822, hija de un militar. Tuvo una instrucción notable para su época, si consideramos lo que entonces se les enseñaba a las mujeres.

Juana Calderón Tapia de Iglesias apenas tuvo tiempo de enterarse de que su marido era presidente

Como quedó huérfana muy chica, se encargó de ella su abuelo materno en cuya casa un hermano político de éste le enseñó a escribir y el general Anaya (que luego sería presidente de la República) le enseñó el francés que aprendió a hablar, leer y traducir. Afecta a la lectura, leyó historia de México, de Francia y de España y mucha literatura, sobre todo poesía. Y es que la invasión y el imperio habían dejado la influencia francesa, que estaba cada vez más en los hábitos de los ciudadanos: "Las mujeres podían adquirir tintes para el cabello, Productos Olactel para la higiene del cutis, acudir al callista Amenar sucesor de Gubie, ir a la joyería y relojería de Bullow y Compañía y si sufrían la pérdida de un diente o muela, podían remediarlo gracias a Pedro Goazú; para preservar su sonrisa podían comprar el agua y los polvos dientífricos de la Casa Botó... Se les ofrecía adornar su casa con las mejores lunas francesas, curar a sus hijos y esposo de catarros o cualquier irritación del pecho con la pasta o el jarabe de Verté. La industria farmacéutica francesa inundó al mercado con productos de la Compañía Grimol, las píldoras de Revilló, las grageas de Jeli de Conté, los compuestos químicos Lamoje y Letro, los medicamentos Rof Laforté, las píldoras purgativas de Cobá, especiales para la gastritis, la bilis, el reumatismo y la gota... Tenemos la Perfumería Leween, los servicios del peinador Wodua, quien advertía haber desempeñado bien su oficio en varias de las principales cortes de Europa y que ahora se ponía a las órdenes de las señoras para peinados de novias y bailes y además ofrecía toda clase de postizos de última moda".[182]

Doña Juana casó con don Chema en Querétaro cuando los norteamericanos ocupaban la capital y ofició en su boda quien luego sería obispo de Tulancingo. Seis hijos tuvo la pareja y la señora se consagró, como todas las damas mexicanas, completamente a su hogar. Según uno de sus vástagos que con el correr de los años sería historiador y político: "Decía doña Juana que las mujeres forman el carácter de los hombres y para no minar el de su esposo aceptó siempre con resolución la parte de sacrificio que le correspondía".[183] Con esto se refiere a las separaciones y peligros que soportó estoicamente pues ésas eran las condiciones de quienes participaban en la convulsa política nacional.

Después de la muerte de su marido, ocurrida en 1891, la señora se retiró a la vida privada pero en sentido literal pues nunca volvió a salir de su casa ni a recibir visitas. Alejada de lujos y tentaciones, llevando una vida modesta, murió tranquila en su hogar en 1897.

Por su parte, el general Juan N. Méndez había estado casado con la señora Trinidad González Castrueza, originaria también de Puebla donde vivió siempre y donde falleció en el año 68, de modo que no pudo acompañar a su esposo durante los pocos días en que fue presidente de la República.[184]

3

Y por lo que se refiere a Porfirio Díaz, es sabido que tuvo varias mujeres con las que procreó hijos. "Era lo normal en un hombre sin compromisos, que durante los vaivenes de la guerra recorrió todos los rincones del país",[185] dice un autor. Villalpando recuerda los nombres de tres: Petronia Esteva, Justa Saavedra y Rafaela Quiñones. Una de estas últimas —no se sabe bien cuál porque Carlos Tello, que estudió el asunto, menciona a la primera en uno de sus libros y a la segunda en otro— se supone que es la madre de Amada, "la niña y más tarde hermosa mujer que la sociedad porfiriana conoció como hija de don Porfirio: alegre, jovial, reina de las fiestas, admirada y cortejada por los mancebos más renombrados y ricos de la sociedad decimonónica... Nadie sabe cómo apareció en escena; nadie se atrevió a interrogar a don Porfirio respecto a la madre de ella. La niña fue llevada por su padre al hogar conyugal para que Delfina, su esposa, viera por ella".[186]

Y así fue. La niña se educó en los mejores colegios y casó con un aristócrata de grandes recursos económicos, Ignacio de la Torre y Mier, personaje singular que escandalizaría a la sociedad por sus costumbres licenciosas y que resultó ser el peor de los maridos.

Pero la más conocida sin duda es su relación con una india de Tehuantepec de nombre Juana Catarina Romero, que se ha querido convertir en una historia romántica. Krauze la llama "la verdadera doña Porfiria" asegurando que siempre fue el gran amor de Díaz. Sin embargo, estudios recientes lo desmienten, como el de la investigadora norteamericana Francie R. Chassen.

Dice la autora, siguiendo al viajero francés Charles Brasseur, que Juana Cata era "una mujer con la piel bronceada, joven, esbelta, elegante y tan bella que encantaba los corazones". Aunque era baja de estatura "caminaba con mucha gracia y su porte impresionaba a todos los que la conocían... La vida de Juana Catarina Romero... ha sido objeto de mitos y leyendas... Era una joven y analfabeta zapoteca, y conoció al joven capitán liberal Porfirio Díaz en 1858 durante la guerra de Reforma... La leyenda dice que fueron más que amigos, que fueron amantes... No hemos encontrado evidencia de una liga romántica (por ejemplo cartas de amor) pero también es cierto que ella nunca se casó".[187]

El hecho es que mientras Díaz fue presidente de la República, la señora, convertida en una rica y poderosa cacica en Tehuantepec, le mandó cartas para exponerle problemas que él siempre le resolvió.

Escribe Chassen: "La leyenda popular atribuye la influencia política de Juana Cata a su larga relación con Porfirio Díaz... Este mito supone que cuando Díaz llegó a la Presidencia, el poder de Juana Cata creció a tal grado que bastaba con enviar un telegrama a Porfirio para conseguir la absolución de amistades que estaban condenadas a muerte".[188] ¡Ese poder era lo que hubieran querido tener Conchita Lombardo, Margarita Maza e incluso Carmelita Romero Rubio!

Se supone que Díaz la visitaba con frecuencia y que para entretenerlo la señora "mandó construir un chalet, la única vivienda tipo europeo de dos pisos que existe en la ciudad" y un salón de fiestas "con columnas de madera pintadas en blanco y oro, cubierto con un gran cielo de cañamazo del cual pendían candeleros de cristal" donde "se ofrecían bailes en su honor". Sin embargo, según Chassen, no se han encontrado evidencias de las supuestas visitas tan frecuentes de Díaz a Tehuantepec, con la excepción de dos que hizo para

Delfina Ortega de Díaz, "su corazón y toda su máquina" se conmovieron con las galanterías de su tío y esposo

inspeccionar la reconstrucción del ferrocarril y el puerto de Salina Cruz, en las cuales, por cierto, lo acompañó su esposa. Eso sí, asegura, el primer alto de Díaz en cuanto llegaba al lugar era en casa de la señora Romero, la cual por cierto estaba privilegiadamente situada frente a la estación del tren.

Como sea, "los ideales liberales compartidos explican los orígenes de su larga amistad. Y en efecto, Porfirio Díaz y Juana Catarina Romero mantuvieron su amistad por toda la vida y seguían escribiéndose cuando la familia Díaz vivía en el exilio europeo, comprobado por la correspondencia existente en la colección Porfirio Díaz y en poder de la familia Romero".[189]

Pero cuando asumió por primera vez el cargo de presidente de la República, Díaz ya vivía con la madre de sus hijos, la señora Delfina Ortega.

Era ella su sobrina carnal, hija natural de su hermana Manuela Victoria y el doctor Manuel Ortega Reyes quien no le daría su apellido sino hasta muchos años después, cuando antes de casarse el caudillo le exigió que la legitimara y lo recompensó con una senaduría.[190]

Había nacido Delfina en Oaxaca en 1845 y Porfirio la había conocido desde la cuna "cuando jugaba con sus sonajas de semillas", lo mismo que había sucedido entre Benito Juárez y Margarita Maza y entre Juan Nepomuceno Almonte y Dolores Quesada. En una ocasión en que pasó por Oaxaca después de las guerras de intervención, vio a la ya para entonces jovencita floreciente y dieron inicio a su relación.

Díaz andaba por todas partes cumpliendo con sus deberes militares. Cuando volvía a Oaxaca la visitaba y cuando estaba lejos le escribía cartas. En una de ellas se decide por fin a proponerle matrimonio: "Querida Fina: estoy muy ocupado y por eso seré demasiado corto no obstante la gravedad del negocio que voy a proponerte en discusión y que tú resolverás con una palabra. Es evidente que un hombre debe elegir por esposa a la mujer que más ame entre todas las mujeres si tiene seguridad de ser de ella amado y lo es también que en la balanza de mi corazón no tienes rival, faltándome de ser comprendido y correspondido; y sentados estos precedentes no hay razón para que yo permanezca en silencio ni para que deje al tiempo lo que puede ser inmediatamente. Éste es mi deseo y lo someto a tu juicio, rogándote que me contestes lo que te parezca con la seguridad de que si es negativamente no por eso bajarás un punto en mi estimación y en ese caso te adoptaré judicialmente por hija para darte un nuevo carácter que te estreche más a mí y me abstendré de casarme mientras vivas para poder concentrar en ti todo el amor de un verdadero padre. Si mi propuesta es de tu aceptación avísame para dar los pasos convenientes y puedes decírselo a Nicolasa, pero si no es así, te ruego que nadie sepa el contenido de ésta, que tú misma procures olvidarla y la quemes. No me propongas dificultades para que yo te las resuelva, porque perderíamos mucho tiempo en una discusión epistolar. Si me quieres dime sí, o no, claro y pronto. Yo no puedo ser feliz antes de tu sentencia, no me la retardes. Mas a lo sublime del amor hay algo desconocido para el idioma pero no para el corazón y para no tocar lo común en él me despido llamándome sencillamente tuyo".[191]

Porfirio era sin duda un hombre decidido y directo y con su prosa llana de soldado, no se andaba con rodeos y daba órdenes sin usar demasiadas palabras: o me aceptas para esposo o te adopto como hija, pero en cualquier caso te quedas cerca de mí, y no perdamos más tiempo en este asunto. ¡Vaya alternativa!

La carta debe de haber causado estragos en la muchacha, una joven sencilla y sin demasiadas luces pero seguramente contaminada por el romanticismo de la época. Nada más la recibió, se puso a contestarla: "Mi muy querido Porfirio: tengo ante mis ojos tu amable carta de fecha 18 del presente. No sé cómo comenzar mi contestación; mi alma, mi corazón y toda mi máquina se encuentran profundamente conmovidos al ver los conceptos de aquélla. Yo quisiera en este instante estar delante de ti para hablarte todo lo que siento y que mis palabras llegaran a ti tan vivas como son en sí, pero ya que la Providencia me tiene separada de tu presencia tengo que darte la respuesta tan franca y clara como tú me lo suplicas, pero me permitirás que antes te diga que varias reflexiones me ocurren que debiera exponértelas previamente, pero sacrifico este deber sólo porque te quiero dar una prueba de que vivo tan sólo para ti y que sin perjuicio de que alguna vez tenga derecho a explicarte las citadas reflexiones, me resuelvo con todo el fuego de mi amor a decirte que gustosa recibiré tu mano como esposo a la hora que tú lo dispongas, esperando que mi resolución franca la recibirás no como una ligereza que rebaje mi dignidad, sino por no hacerte sufrir incertidumbres dolorosas. Nada de esto sabe Tía porque no me pareció el decírselo yo, sino que tú se lo digas... Te ruego que te cuides mucho sin ajar tu buen nombre y entre tanto saber que es y será tuya...".[192]

¡Qué retórica! Podemos imaginar a Fina pensando, escribiendo borradores y rompiéndolos hasta lograr que la misiva quedara como ella creía que sería lo correcto. Seguramente la conmovió aquello de que "en la balanza de mi corazón no tienes rival" y se sintió la heroína de una novela sentimental, de ésas que tanto gustaban a las mujeres de fines del siglo XIX. Lástima que a tanta belleza sólo acertó a contestar que "su corazón y toda su máquina" se encontraban profundamente conmovidos. Por lo demás, no podía saber que las dulces palabras del tío-novio no eran sino una fórmula, pues por aquel tiempo Porfirio mantenía una relación con quien sería la madre de su hija más querida, a la que puso por nombre precisamente Amada.

¿Conocía la buena Delfina lo que escribían los versificadores de ese tiempo, los poemas de Manuel Acuña que se suicidó a los veinticuatro años por el despecho de la hermosa Rosario o los de Juan de Dios Peza que cantaba en tono melancólico a las dulzuras del hogar? ¿sabía quién era Altamirano, el escritor que retrataba entrelazados a los paisajes de la naturaleza y al amor?

Deja el baño, amada mía,
sal de la onda bullidora;
desde que alumbró la aurora
jugueteas loca allí.
¿Acaso el genio que habita
de ese río en los cristales
te brinda delicias tales
que lo prefieres a mí?[193]

Carlos Tello describe así a Delfina Ortega: "Recibió de su padre la finura de sus rasgos, la sangre más indígena de su madre en cambio, apenas se le vislumbraba. El cabello lo tenía largo, castaño, brillante, peinado casi siempre con caireles. Sus labios eran delgados y la mirada de sus ojos asustada, como la de los venados. Era bonita".[194] La fotografía que conocemos de Delfina Ortega no desmiente la apreciación de Carlos Tello, aunque eso puede deberse más a la belleza propia de la juventud.

Existen dos versiones de su matrimonio con el caudillo. Según la de Tello, se casaron el 15 de abril del año 67, un lunes por la noche, en el número 18 de la calle Santa Catalina, "una de las casas más hermosas de Oaxaca", que era propiedad del padre de la novia. Porfirio no estuvo presente en la ceremonia, ocupado como estaba en la preparación del sitio de Tacubaya y en su poder y representación asistió Juan de Mata Vázquez. En cambio, según Armando Ayala Anguiano, vivían en unión libre y se casaron apresuradamente un día antes del último parto de Delfina porque ella estaba muy enferma y podía morir en cualquier momento.[195]

Villalpando afirma que las dos versiones son correctas porque la primera se refiere al matrimonio civil y la segunda al religioso que se llevó a cabo "in articulo mortis" para darle gusto a la mujer que lo pidió por recomendación de su confesor, previa dispensa por consanguinidad. Escribe Tello: "Ante la cercana muerte de Delfina, pidió para ella los últimos auxilios espirituales. La jerarquía católica, sabiendo que la dama en agonía sólo era casada por el civil, condicionó la administración de los santos óleos a la celebración de una boda religiosa que concluyera su vivir en pecado. Don Porfirio aceptó de inmediato. Entonces los eclesiásticos pusieron por condición al general Díaz, presidente de la República, que explicara su juramento a la Constitución de 1857 (que lo había mantenido excomulgado) y declarara su fe católica. Porfirio Díaz, dando la más grande y hermosa manifestación de amor por Delfina, con humildad escribe con propia mano el documento solicitado. En él declara que la fe católica fue la religión de sus padres y la suya propia y que cuando juró la Constitución lo hizo porque creyó que en nada contradecía a la religión católica. Después de eso se celebró el matrimonio y la dulce esposa pudo recibir la extramaunción y murió tranquila".[196]

Delfina vivió con Díaz en su hacienda La Noria a donde éste se retiró luego de entregarle la capital a Juárez a la salida del invasor francés. Allí permanecieron después del fracaso de la sublevación en contra de la reelección de Juárez. Según Tello, cuando llegaron a Tlacotalpan, acababa de perder uno tras otro a sus tres primeros críos pero el suave clima de esa región le permitió tener dos más, Porfirio y Luz, quienes "heredaron la fragilidad de su semblante". Y es que la mujer sufría mucho de mala salud por lo que "solía convalecer al lado de los suyos en las aguas de Tehuacán".

Cuando el triunfo tuxtepecano, se fue con su esposo a la capital y allí "fue tratada como primera dama del país. Las cartas llegaban a su casa desde todos los rincones de la República. De Oaxaca, donde la conocían, le mandaban por lo general peticiones de trabajo para que se las hiciera llegar a su marido. De Campeche en cambio, donde no la conocían, le mandaban más bien rebanadas de cazón para ver si le gustaban".[197]

En abril de 1880, Delfina dio a luz a otra niña a quien pusieron por nombre Victoria y que apenas sobrevivió unas horas. La mujer estaba tan agotada y enferma que nunca se recuperó del parto y murió de fiebre puerperal, en la casa de Moneda número 1 que era la habitación oficial de los presidentes (ese lóbrego sitio que tanto había disgustado a Conchita Miramón y a Margarita Juárez), a los treinta y cinco años de edad. Como su marido estaba en funciones de presidente de la República, se le rindieron honores y hubo guardias de miembros de la Suprema Corte, del senado, de la cámara de diputados y del ejército, además de un servicio fúnebre en la Colegiata de Guadalupe. Una larga comitiva acompañó al féretro hasta el panteón del Tepeyac.

En el periódico *La República* del 10 de abril de 1880, se publicó la noticia de esta muerte que "conmovió profundamente a la sociedad entera pues eran conocidas las singularidades y virtudes de la esposa del Primer Magistrado, sobre todo una modestia sin igual... Jamás se advirtió en ella el más leve sentimiento de ostentación". Más adelante la nota insistía: "Se concentró en sus deberes de madre y esposa y en cultivar un pequeñísimo círculo social".[198]

En las notas necrológicas queda patente una vez más lo que ya vimos a lo largo del siglo: que las virtudes que se pedían a las mujeres seguían siendo las mismas y que lo que se elogiaba de la señora Delfina era lo que se había alabado en Ana Huarte y en Margarita Maza, es decir, su inexistencia pública, que paradójicamente se convertía en lo contrario a la hora de su muerte. A la señora incluso le dedicaron un libro completo lleno de palabras pomposas que se referían a sus supuestas cualidades.[199] El escritor Ignacio Manuel Altamirano, que por esa época ponía en práctica sus ideas de una cultura que olvidando rencores y diferencias permitiera unir al país y construir a la nación, escribió conmovido que había muerto una: "matrona que ha sido el honor de su sexo, el decoro de la Patria y el encanto de su familia".[200] ¡Llamarla matrona a los treinta y cinco años! Pero lo que más llama la atención en toda esta palabrería es ¡cuánta floritura para una mujer a la que en vida nadie tomó en cuenta!

...y una enemiga

1

Respetuoso de la ley y de su propia bandera de no reelección, que había usado como pretexto para dos sublevaciones, Díaz se deja sustituir por su compadre y amigo el ministro de Guerra y Marina general Manuel González, apodado "el Manco", porque habían tenido que amputarle el brazo derecho desde el codo por las heridas que recibió durante una batalla gracias a la cual aquél resultó triunfador. Dicen los que saben, que el caudillo pretendía que fuera su títere y que le devolviera la Presidencia al terminar su periodo y que parece que él estaba de acuerdo.

En los cuatro años que duró su gobierno, González continuó con la política modernizadora iniciada por Juárez y Lerdo, que daba énfasis al tendido de líneas de ferrocarril y a la instalación de luz eléctrica. Pero como empezara a mostrar cierta independencia de decisiones y, sobre todo, una enorme habilidad para enriquecerse, el propio Díaz le organizó zancadillas. No sólo la prensa se dedicó a atacarlo en feroces y burlones editoriales, artículos y caricaturas, sino que incluso hubo manifestaciones populares como aquélla en que le reclamaron por las nuevas monedas que el gobierno había puesto en circulación. La gente estaba furiosa porque al ir a comprar el pan, si se pagaba con monedas de plata lo entregaban cocido pero si se pagaba con las de níquel lo entregaban crudo.[201] Entre las muchas acusaciones que aparecieron entonces, las más reiteradas fueron la de malversación de fondos, la de querer reelegirse y la de llevar una vida personal licenciosa.

2

Esto último era cierto. Los "lances de alcoba" del general fueron motivo no sólo de chismes y de comentarios en todas las mesas de sociedad y en la prensa del día sino que de plano se convirtieron en escándalo. Este modo de ser no había empezado cuando se convirtió en presidente, sino que había sido su conducta desde siempre. Sus orgías y francachelas en los burdeles y en las casas de sus amigos eran cosa sabida y dicen que hasta mandó traer a dos francesas y a una circasiana, expertas en artes amatorias, y que a esta última la instaló en una de sus haciendas, la que tenía allá por Chapingo, de lo que queda constancia en una estatua que aún existe. Y todo esto sin el menor recato ni cuidado, a la vista del mundo, ofendiendo y humillando a su esposa.

La historia es la siguiente: cuando era teniente coronel del ejército conservador, Manuel González había casado en el mes de septiembre del año de 1860, con la muy joven señorita Laura Mantecón Arteaga, que según otra fuente se llamaba Laura Fernández de Arteaga y Mantecón Santibáñez, la cual había decidido usar solamente el Mantecón porque era de más abolengo, obedeciendo según ese estudioso "a la costumbre muy común entre las mujeres de entonces de elegir entre sus apellidos paternos o maternos", afirmación que

Laura Mantecón de González, la mujer que sola y sin recursos se atrevió a pelear contra un poderoso marido, harta de los ultrajes y las humillaciones a que éste la sometía me parece sumamente extraña y no sé de dónde sale. Hay todavía otra versión más según la cual la señora era de ascendencia alemana, de apellido Terán y Mueller.[202]

La dificultad para aclarar su apellido se repite respecto a todo: a su lugar de nacimiento —un autor dice que es originaria de la capital y otro de Oaxaca—, a su familia —uno dice que era modesta y otro que "de muy buenos pañales" y esmerada educación (insiste en señalar su buena ortografía, cosa rara entonces para las mujeres)— así como respecto a su físico, pues según la fotografía de la primera versión de este libro, era una señora muy poco agraciada mientras que ahora encontramos otras en las que resulta muy bonita, lo que Carlos González Montesinos corrobora: "De estatura media, de formas muy femeninas, delgada, de ojos verde claro, con una mirada ligeramente triste, labios sensuales sin demasía, cuello y manos muy finas".[203]

El hecho es que muy joven —tenía quince años— se desposó con González, que era un hombre sumamente bien parecido, doce años mayor que ella, y con él procreó dos hijos, Manuel y Fernando, uno de los cuales sería apadrinado nada menos que por el general Miramón (a cuyo servicio estaba en ese momento el hombre) y su esposa Conchita, y otro, cuando ya había cambiado de bando y se había unido a los liberales, por el mismísimo don Porfirio, en cuyo ejército figuraba. (Ese muchacho sería pretendiente de Amada, la hija de Díaz, con quien no se casó, lo cual no obstó para que acompañara a don Porfirio al exilio.)

Según Morelos Canseco González, descendiente del general y quien escribió un libro en el que reproduce la versión de los hechos que le contó su abuela, la familia González hacía una vida modesta en un segundo piso de la calle de Mesones en una construcción vieja por encima de la tortillería y la lechería (con su trapo blanco anunciando, como se estilaba entonces, que había leche fresca), del estanquillo y la carnicería (con su trapo rojo avisando que había carne fresca). Tiempo después se fueron a vivir al campo a una finca llamada El Moquetito donde, cuenta el autor, la señora "se ponía pantalones y trabajaba en el campo y dando indicaciones a los albañiles", cosa que nunca se había visto antes y que sirvió para que la calificaran de "rara". Según don Morelos, a pesar de estas extrañezas, "así estuvieron tres muy felices años y luego regresaron a la capital". En cambio, según Carlos González Montesinos, nieto directo por la línea de su hijo Fernando, en cuanto se casaron en la ciudad de México él se fue a la guerra y en adelante ella iría a buscarlo cada vez que quedaba herido o preso, intercediendo ante las autoridades correspondientes, incluso ante el presidente Juárez, para que la dejaran ocuparse de su curación.

Como sea, para doña Laura no parece que la vida con el militar fuera "muy feliz". Más bien al contrario, desde el principio del matrimonio el marido la maltrató (en dos ocasiones hasta le provocó abortos, escribiría ella después, "por las dificultades que hemos vivido y principalmente por tu carácter irascible e impredecible"), no le dio recursos para vivir y la humilló. Una vez cuando fue a recogerlo al campo de batalla, él le gritó que seguramente se había tomado la molestia de ir porque suponía que él había muerto y así estaría libre para buscar otro afecto.

Pero el que tenía otros afectos era él. Durante su paso por los cargos que tuvo, entre ellos gobernador de Michoacán, secretario de Guerra y Marina, presidente de la República y gobernador de Guanajuato, tuvo muchas relaciones, y no sólo con mujeres de la vida alegre ni sólo pasajeras, sino que asuntos serios con hijas de buena familia, en los que incluso hubo hijos que él reconoció. Entre éstas: Dolores Herrera, una española muy vivaz con quien tuvo dos hijas; Juana Horn, una inglesa a quien puso casa en la capital, con quien tuvo también dos hijos y a la que llevaba a los mítines y la presentaba como su esposa legítima para que la gente la aclamara; María Muñoz, muy joven y bonita; Amalia de Rosas con quien tuvo una hija; Julia Espinoza a quien le puso casa en Silao. Y "no se pretende que ellas fueran las únicas con las que se ligó en amores, son simplemente las más notorias y conocidas".[204]

Tan grande llegó a ser su cinismo, que no sólo llevaba varias relaciones simultáneas jurándole a cada una lealtad total, sino que incluso las llevó a vivir al hogar conyugal y a su esposa la mandó a Cuernavaca, con instrucciones de no regresar a la capital. Como explicó ella después, esto lo hizo para poderse dedicar "a ensanchar el campo de sus conquistas, no perdonando ni a una huérfana", que la señora había recogido. Pero como ella volviera porque no tenía cómo mantenerse, él se enojó mucho y le impidió entrar a su domicilio, mandándola a Tacubaya, a "un sitio que ni siquiera tenía cocina" dice Clara Guadalupe García.[205]

Durante los cuatro años que estuvo en la Presidencia, González vivió con otra mujer en la que había sido casa de Laura allá por Peralvillo, además de que tenía una querida instalada por el rumbo de Azcapotzalco. Incluso dicen que usaba la puerta Mariana que treinta años antes había mandado abrir en un costado del Palacio Nacional el entonces presidente Arista, para los mismos fines que aquél, es decir, hacer pasar a sus habitaciones a las visitantes femeninas.

Sin embargo, la señora aguantó, porque así se estilaba, porque le habían enseñado que ésa era su cruz y que debía cargarla. Hasta que la humillación fue tal que se decidió a hacer lo que muy pocas hasta entonces: presentar una demanda de divorcio civil. ¡Hacer esto sí que requería de pantalones! ¡Esto sí que era raro!

Y aquí empieza el verdadero vía crucis de doña Laura. Conocemos el caso por la propia señora Mantecón, quien escribió de su puño y letra los documentos del juicio que fue muy sonado, relatando, con pelos y señales, los motivos que la orillaron a tan drástica decisión. El largo escrito, desgarrador y conmovedor, nos muestra mejor que muchos ensayos y novelas la situación de las mujeres en ese fin de siglo que se supone era el de la razón, la libertad y la modernidad. Escribe doña Laura "el fiel relato de los hechos en que fundo mi demanda": "Expongo: que mucho tiempo ha vengo luchando con dificultades de orden moral para decidirme a promover un litigio que por ruidoso y en beneficio de mis hijos he aplazado, esperando una solución pacífica y razonable que zanjase dificultades y fijase mi situación social. La necesidad de este litigio

ha llegado entre tanto a hacerse del dominio público... Aludo a mi divorcio del General Don Manuel González. Si no fuera una formalidad ineludible, pudiera yo suprimir la enumeración de las causas del divorcio y aun las pruebas de ellas que también, Sr. Juez, están en la conciencia pública".[206]

Cuenta la mujer que desde que se casó, muchas veces tuvo que trabajar o pedir ayuda a su familia porque su esposo la tenía en el abandono. Y que ya desde entonces "tuve que presenciar actos vergonzosos de mi marido con las sirvientas de mi casa". Esto, dice ella, se había vuelto cada vez peor: "En un inconcebible orgasmo de furor erótico mi esposo se ha empeñado en hacer transparentes los muros de su alcoba y ha puesto un lujo de satisfacción en revelar al mundo lo que por espacio de muchos años me empeñara yo en ocultar". Amargamente se queja de "los vicios", "las pasiones", "los eróticos instintos" y "el demonio de lujuria que se enseñoreó de mi marido devorando sus recursos cuantiosos".

Además del adulterio y la vergüenza por la exhibición pública que de sus aventuras hace el general, hay otros hechos que le hacen la vida sumamente amarga: que el señor es irascible y de mal carácter; que es indecente y grosero con ella y le dice palabras soeces e insultos "en la intimidad" y en público; que la obliga a hacer cosas que "desgarraron el velo de mi inocencia pero no aniquilaron mi pudor" ("repugnante escuela" le llama a lo que involuntariamente aprendió con su marido); que la maltrata y golpea "causándole sus violencias lesiones de importancia que la obligaron a acudir a los facultativos". Lo acusa de "exponerla a peligros" llevándola o mandándola por caminos difíciles y llenos de bandidos y desertores, en compañía de soldados rasos que no la respetan. Y por si todo eso no fuera suficiente, "me atribuía ser la causa principal de sus desgracias" y "en mí y en nuestros hijos hicieron explosión las contrariedades sufridas en las casas de sus mancebas que se multiplicaban y sucedían sin tasa ni medida".

El agua le llega al cuello a la mujer cuando el señor le cierra la puerta de su propia casa y no la dejar entrar más y en cambio lleva a ese lugar a una hermosa joven de padres ingleses a quien había conocido en un baile en San Luis Potosí. "Cualquiera que tenga corazón alcanzará a comprender lo intenso de mi pena, lo desgarrador de un desengaño semejante", escribe desolada. La letra se va haciendo temblorosa y difícil de leer. Hay tachaduras, se repiten palabras, "la pluma se resiste a trazar sobre el papel los pormenores".

Pero para no afectar la carrera política del general, en lugar de proceder jurídicamente lo que hace es separarse: "No pudiendo soportar la vida al lado de mi esposo intenté separarme de él para evitar escándalos que pudieran perjudicarle en su carrera política... entonces puso el general González en juego una arma que me honra y que prueba hasta qué punto fiaba en mi generosidad... se me dijo que estando proscrito y confiscados sus bienes no debía yo abandonarlo. Mi resolución fue la que González esperaba".

Laura Mantecón de González y su hijo Fernando

En efecto, durante siete años la señora vive en otra casa, mientras su marido asciende por la escalera política, se convierte en presidente y cuatro años después concluye en su cargo. Y sólo después, a principios de 1885, cuando González ya no era primer mandatario promueve el juicio. Pero mañosamente, él había aprovechado el tiempo en el cargo más alto de la República para cambiar los bienes conyugales a su nombre y ¡hasta para mandar a hacer cambios en el Código Civil que le impidieran a ella salir airosa de la situación!

El Código Civil liberal había sido promulgado en 1870 y dedicaba un largo título al matrimonio, los hijos y el divorcio, autorizando a éste por primera vez en el país. Claro que un cambio tan radical para las mentes y las costumbres no podía hacerse de la noche a la mañana, así que el divorcio que se permitía tenía características muy particulares: sólo se le aceptaba "en casos extremos", definidos éstos por la propia ley, y que tenían que ver con el mal comportamiento de alguno de los cónyuges, por ejemplo el adulterio en las mujeres (no en los hombres), el alcoholismo, algunas enfermedades contagiosas, la demencia, la violencia física exacerbada, el prostituir o corromper a la mujer o a los hijos y el abandono del domicilio común.

Sin atreverse a contradecir de plano las imposiciones de la Iglesia, el divorcio asentaba que el vínculo matrimonial no se disolvía sino que solamente se suspendían algunas de las obligaciones civiles. Lo que resultaba era más bien la separación de cuerpos. Y se asentaba claramente que ninguno de los cónyuges podía volverse a casar mientras el otro estuviera vivo. Sin embargo, esa ley insistía en dar protección a la esposa: "señalar y asegurar alimentos a la mujer" (entendiéndose por alimentos: "la comida, el vestido, la habitación y la asistencia en caso de enfermedad") y el marido debía mantenerse "como administrador de los bienes del matrimonio sin causar perjuicios a la mujer".[207]

La reforma de Manuel González en 1884, conserva el espíritu del código anterior pero le hace algunos cambios, destinados nada más a afectar a aquéllas que como su esposa, tuvieran el atrevimiento de quererse defender de maridos abusivos. Se establece entonces que: "El cónyuge que diere causa al divorcio perderá todo su poder y derechos sobre la persona y bienes de sus hijos" y "perderá todo lo que se le hubiere dado o prometido por su consorte". Por lo demás, la mujer "no puede sin licencia del marido, dada por escrito, comparecer en juicio". Los estudiosos del derecho familiar en México destacan otro cambio que se refiere a la testamentación, pues en este código queda abolida la herencia forzosa a esposa e hijos legítimos, lo que se supone hizo González para poder heredar a los vástagos que tuvo con otras mujeres.[208]

No hay que ser especialista para darse cuenta de que las reformas fueron hechas en función de los intereses personales del general. Esto fue claramente percibido en su momento por Jacinto Pallares quien escribió: "La razón de esta reforma se hizo pronto del dominio público... obedeciendo al deseo de favorecer a un altísimo funcionario cuyas desavenencias de familia exigían las reformas, más que a un sentimiento de interés general".[209] Y aún así, cínicamente González anunció que los cambios se habían hecho "para afirmar los lazos de familia y suprimir los de egoísmo criminal".[210]

No está de más recordar en este punto que México ha sido siempre un país tradicionalista y que de acuerdo a los preceptos religiosos, las esposas tienen que aguantar al marido que les ha tocado en suerte y cargar su cruz de la que sólo la muerte las puede liberar. Desde siempre se les había dicho a las mujeres que debían "tomar estado", es decir, estar casadas, pues ésa era su condición natural y lógica, y que ese vínculo era indisoluble aun si los esposos las trataban mal. "San Pedro había exhortado a las mujeres mal casadas a permanecer bajo el cuidado de sus esposos porque una esposa con una conducta admirable y piadosa era una buena influencia para un marido que se descarriaba."[211] Y un escritor de la época pensaba lo mismo y ponderaba la abnegación de una esposa fiel al marido "pese al olvido o a las humillaciones a que éste la somete".[212] ¡Cómo no traer aquí a colación a la pobre señora Guadalupe Martel de Arista a la que don Mariano le hizo las mismas humillaciones que a la señora Laura Mantecón pero a ella no le quedó más remedio que terminar sus días sola y pobre en un convento mientras que ésta ya trató de defenderse!

La ley liberal era moderna, aunque no por eso dejaba del todo atrás el espíritu de las viejas costumbres sobre el matrimonio como institución indisoluble. Y precisamente allí radicó el problema, porque de las contradicciones en el interior de la propia ley y de la contradicción entre la ley y la realidad social del país, resultó la peor situación para la mujer. Como eran las cosas, el divorcio la dejaba completamente desprotegida en lo económico y sin un lugar en la sociedad. Una solterona ("doncella vieja" se les llamaba a las que "se quedaban a vestir santos") o una viuda tenían un espacio en el mundo decimonónico, lo que no sucedía con una divorciada, "esposa sin esposo", quien perdía toda consideración social y era víctima del ostracismo y de la penuria material.

Quienes han estudiado la historia del divorcio, aseguran que las pocas mujeres que se decidían a solicitarlo (esto es válido también para antes de que hubiera contrato civil, cuando se pedía anulación del matrimonio) no lo hacían por razones económicas o de salud, ni siquiera por el engaño, sino porque ya no soportaban la humillación y el maltrato. Escribe Françoise Giraud: "Desde siempre llama la atención las muchas quejas de las mujeres contra sus esposos por violencias, borrachera y adulterio... Estas quejas nos recuerdan que... la sumisión tenía un límite".[213] ¡Cómo olvidar a aquella virreina que en el siglo XVI y desesperada por los malos tratos de su marido se atrevió a escribirle al soberano español pidiéndole que interviniera (lo que por cierto, éste nunca hizo)! ¡Y cómo olvidar que durante todo el siglo XIX hubo peticiones de divorcio siempre iniciadas por las mujeres dice Silvia Marina Arrom, y cuyo causal era la violencia y los maltratos del marido! Y deben haber estado muy hartas y desesperadas para recurrir a ese expediente a sabiendas del negro futuro que les esperaba. Algunas esposas incluso los llegaron a matar porque no encontraban otra salida y alguien que visitó la cárcel de mujeres afirmó que lo más impresionante es que ninguna de las allí recluidas sentía remordimientos y todas afirmaban que "el hombre se lo merecía".[214]

¿Pensó Laura Mantecón alguna vez en matar a su marido? ¿le hubiera gustado retarlo a duelo, cosa que era tan común en ese tiempo a pesar de que oficialmente ya se lo había prohibido unos años antes, cuando el escritor Ireneo Paz mató al joven y brillante Santiago Sierra en un acontecimiento que causó gran conmoción?[215]

No sabemos si por su cabeza pasó la idea. Lo que sí sabemos es que la mujer debe haber estado muy harta de los maltratos y humillaciones para atreverse, sola, sin recursos y sin apoyos, a pelear no nada más contra las costumbres sociales sino contra un hombre tan rico y tan poderoso. Así lo dice: "Los ultrajes podía soportarlos en beneficio de mis hijos... pero la infamia, ¡eso nunca!".

Y la respuesta de González fue hacer todo lo que estuvo en sus manos para hundirla. No sólo la corrió de su casa, le quitó a sus hijos y la dejó sin medios de manutención sino que la calumnió para mancillar su nombre y dejarla completamente excluida de la sociedad. Lo cual logró.

¿Qué necesidad tenía ese hombre de hacerle tanto daño a una pobre mujer? Ninguna. En todo caso, hubiera sido a él a quien más convenía quitársela de encima para poder vivir su vida. Por lo demás, siendo como era tan riquísimo, hubiera podido pasarle una pensión sin que ello le afectara en lo más mínimo. Pero su orgullo de macho no podía aceptar que una persona de la que se sentía dueño y señor se rebelara y lo pusiera en evidencia. Por eso se decidió a aplastarla. Ana Lidia García Peña piensa que lo hizo además porque entre tantas acusaciones que se le hicieron, no le convenía la de estar divorciado, pues eso era muy mal visto en una sociedad tan tradicional como la mexicana.

Y es que de por sí la lucha entre hombres y mujeres siempre ha sido desigual, ¿podemos imaginar lo que fue en ese caso en que el marido era militar, compadre de Porfirio Díaz, presidente de la República y después gobernador de Guanajuato y además con los recursos para comprar a la justicia y volverla a su favor? ¡La señora Laura ni siquiera consiguió que algún abogado quisiera ocuparse de su caso ("No encontré abogado ni aun entre los abogados de pobres, que quisiera patrocinarme contra el señor González" escribió), ni tampoco nadie que quisiera ser su testigo en contra del acusado (se lo pidió a su hermana, a su cuñado y a su compadre Porfirio Díaz y los tres se negaron) o un juez que fuera imparcial o al menos que reconociera que su problema era digno de tomarse en consideración!

En un documento ejemplar por su lambisconería y parcialidad hacia el poderoso, el juez de lo civil encargado del caso se olvida por completo de las leyes que supuestamente defiende y representa y según las cuales, era causal del divorcio el adulterio si se cometía en el domicilio común, si había "escándalo o insulto público hecho por el marido a la mujer legítima" o si se maltrataba de palabra o de obra a ésta, acusaciones todas que había presentado doña Laura contra su marido y de las que había pruebas y testigos. Pero el abogado le contesta informándole que su demanda no procede. Salpicando su pomposo y pedante texto de citas de autores en francés y latín, le dice que "la causa jurídica no existe" pues el adulterio no es ilícito en el varón y en consecuencia no debe ni siquiera discutirse el asunto. Tampoco acepta el argumento de que el hombre traía a otras mujeres al domicilio conyugal pues, en su opinión, "la mujer no tiene otro domicilio que el de su marido, dondequiera que él fija su habitación y como ellos ya no vivían en la misma casa, entonces no se podía calificar la presencia de otras mujeres como adulterio": "si la mujer no habita con su marido deja de resentir momento por momento los efectos de vivir en común". Y todavía se permite advertirle que, según la ley, la mujer está obligada a vivir con su marido pero no al contrario y que ella debe seguirlo y obedecerlo pues está sujeta a las leyes del hombre y en caso de que su voluntad y la de su marido se contradijesen, "por el bien de la pareja se establece que el señor tenga preeminencia para terminar así con las disputas".[216]

Valiente y decidida, doña Laura insiste ante la autoridad acudiendo a un tribunal superior. Con su letra de señorita bien educada vuelve a defenderse y a dar argumentos. Lo que quiere es vivir lejos de él, pero tener acceso a sus hijos y recibir una pensión alimenticia. Sabe que tiene derecho a ello pues de acuerdo a la ley: "El derecho a recibir alimentos es irrenunciable ni puede ser objeto de transacción". Y termina diciéndole al juez: "Que la majestad augusta de la justicia ordene al esposo desentendido el cumplimiento de sus deberes alimentando decorosamente a la madre de sus hijos, reconociendo el derecho que tiene a impedir que el patrimonio de ellos se dilapide en bastardas mancebías y haciendo respetar a la vez lo que la ley y la naturaleza conceden a la madre honesta".

Mientras todo eso sucede, busca trabajar para sobrevivir. Primero instala una escuela elemental en la calle del Empedradillo, hoy la calle Monte de Piedad, en la Plaza de la Constitución; cuando los maestros que colaboraban con ella se retiran ante el hostigamiento oficial, pone una casa de huéspedes en la que se cuida mucho de exigir que las parejas demuestren estar debidamente casadas. Pero como la siguen hostigando, se va del país. Viaja a Estados Unidos y en Nueva York hace estudios de medicina (en 1891 obtuvo el título y hasta empezó a ejercer),[217] pero cuando vuelve a México no puede hacerlo pues a las mujeres eso no se les permitía, de modo que se hace costurera y abre una pequeña tienda de ropa para dama. "Sé vivir a expensas de mi trabajo honrado sin mendigar lo que por derecho me pertenece", escribe. Pero esos esfuerzos por ganarse el sustento le serán reprochados por la autoridad, pues el juez afirmará para argumentar su negativa a conceder el divorcio, que ella avergonzó a su marido cuando "se fue a poner establecimientos industriales y a viajar por el extranjero sin su permiso".

Al final, la señora pierde todo: ninguna de las causales de divorcio es aceptada por los jueces en las dos instancias a que los somete. Le quitan techo, sustento y familia dejándola en la peor de las miserias mientras el hombre derrocha fortunas en sus bacanales. Carlos González Montesinos dice que los hijos, ambos militares, le ofrecieron obsequiarle sus sueldos para ayudarla a vivir pero que ella se negó a aceptarlos. La actitud le sorprende, pero a nosotros nos resulta totalmente coherente con la lucha de esta mujer que no aceptaría jamás quitarle a sus vástagos lo que correspondía pagar al padre.

Pero lo que a ella más le duele es que le arrebatan "el respeto de mis hijos y de la sociedad". Y eso fue así sin duda. Porque todavía hoy, más de un siglo después de aquellos acontecimientos, se sigue acusando a la señora de haberle hecho daño al general, de acosarlo, desprestigiarlo y proporcionarle elementos a sus enemigos políticos: "Provocó, fomentó y utilizó el escándalo público". No importa que los dos autores citados reconozcan que hubo un montón de mujeres y de hijos ilegítimos, y no importa que sepan que su marido no le quiso dar manutención y que se le impidió trabajar para ganar su pan, no importa que se percaten de que se cambiaron las leyes para servir al general, de todos modos afirman que ella "incurrió en exageraciones, faltando obviamente a la verdad".

Y lo que es peor: le atribuyen semejante proceder a "trastornos mentales" y "desórdenes emocionales": "enajenación provocada por celos enfermizos y deseos de venganza". Era ésa una forma típica y muy común de descalificar a las mujeres. Una estudiosa francesa cuenta que "en 1887 Hubertine Auclert fue considerada por la policía como loca e histérica porque pretendía mirar a los hombres como sus iguales". Si eso pasaba en Francia, el país de los mayores avances ciudadanos, ¿qué se podía esperar en México? Laura Mantecón vivía en un país en el que el Estado, aunque empezaba a tener injerencia en la vida privada (que hasta entonces había sido del dominio exclusivo de la Iglesia) y le quería imponer leyes, aún seguía teniendo el esquema católico y su idea de la familia así como de la posición de la mujer. Se pensaba que lo importante era protegerla de las amenazas del exterior y reducir al mínimo los desórdenes que amenazaban con resquebrajarla.[218]

Los dos autores que han hablado de la señora Laura, coinciden en afirmar que ella debió aguantarse y guardar silencio. Escribe uno de ellos: "Dejó de aplicar sus firmes principios de la religión católica olvidando que en el 'perdónanos nuestras deudas, así como nosotros perdonamos a quienes nos ofenden' hubiera radicado su salvación moral y sentimental para vivir el resto de sus días si no felizmente, cuando menos con paz del espíritu y con mansedumbre".[219]

3

La vida de Laura Mantecón no podría ser más trágica ni su futuro más oscuro. Ella lo advierte: lo que quieren es empujarla al lodo, al fango, a la caída. "¿Qué importa que muera en un hospital desnuda, hambrienta y olvidada?" escribe con pluma a la vez trágica y melodramática.

Unos años después, en su novela *Santa*, el escritor Federico Gamboa recogería el modo de pensar de esta época que doña Laura hacía suyo:

"Trocóse Santa de encogida y cerril en cortesana a la moda, a la que todos los masculinos que disponían del importe de la tarifa anhelaban probar... Como la muchacha de perderse tenía, a nadie se le ocurrió intentar siquiera su rescate, que en este Valle de las Lágrimas fuerza es que todos los mortales carguemos nuestra cruz y que aquel a quien en suerte le tocó una pesada y cruel, pues que perezca... ¡Caída!... ¿dónde finalizaría con semejante vida?... ¡pues en el hospital y en el cementerio, puerto inevitable y postrero en el que por igual fondeamos justos y pecadores!".[220]

Laura Mantecón murió en la capital en diciembre de 1900 y fue inhumada en el panteón de Dolores, sin que nadie diera cuenta del hecho ni se elogiara su persona, como era costumbre cuando fallecía la esposa de algún político importante.[221]

El general Manuel González pasó a la historia como un militar que como escribió Narciso Bassols, lo único que manifestó en su vida fue la falta de principios y el desenfado de pasar de un partido al opuesto y de ser un pelele de Díaz, pero sobre todo, como un corrupto que usó el poder para enriquecerse fabulosamente.

Su esposa Laura Mantecón, a la que él humilló y ofendió y que tantos años estuvo olvidada por la historia, está siendo ahora reivindicada por haber estado dispuesta a todo con tal de no aceptar las indignidades que como mujer la sociedad le obligaba a soportar. Porque como ella misma dice con su letra fina "pudiendo sucumbir por los desórdenes y torpezas de su esposo" se negó a ello y se atrevió a luchar: "He aquí el porqué del arrojo que alguna vez he mostrado y que tan poco natural parece en alguna mujer".

Una gran señora

1

Entre 1880 y 1900 parece surgir "una Hispanoamérica nueva, una que aparentaba no tener ya nada que ver con la de los primeros cincuenta años que siguieron a su independencia política. Un nuevo orden se alzaba en cada país, un orden apoyado en la ciencia y preocupado por la educación de sus ciudadanos y por alcanzar para ellos el mayor confort material".[222] En México, ese nuevo orden podrá implantarse debido a tres factores principales: el primero, que en los países altamente industrializados necesitaban lugares donde vender sus productos e invertir sus ganancias y donde comprar materias primas. En esa división internacional del trabajo el país se convertía en una economía complementaria de la de las metrópolis. El segundo factor tuvo que ver con el hecho de que, como resultado de las Leyes de Reforma, nació una clase de latifundistas. Escribe Arnaldo Córdova: "El propósito de los liberales era crear una masa de pequeños propietarios emprendedores... Los resultados sin embargo, fueron otros: las tierras de la Iglesia nacionalizadas por el gobierno de Juárez fueron malbaratadas en momentos de urgencia y acaparadas por unos pocos especuladores; en las antiguas comunidades indígenas, los comuneros aún no acababan de recibir las tierras en propiedad individual, cuando ya aquellos mismos especuladores las estaban adquiriendo a bajísimo costo, frustrando los proyectos originales de la Reforma que eran los de movilizar la riqueza... Este proceso dio origen a un nuevo tipo de latifundistas que constituyó el primero y más importante de los sectores sociales en los que se apoyó el porfirismo".[223] El tercer factor, no menos importante, era el deseo de todos los sectores sociales de vivir en paz y gozar de los beneficios de la civilización: "Existían las fuerzas económicas que apoyaban y usufructaban la pacificación del país y la ciudadanía se mostraba exhausta de seguir dirimiendo sus diferencias por medio de las armas".[224]

2

A mediados de los años ochenta, Porfirio Díaz gana las elecciones dando inicio a un largo periodo de gobierno, que durará casi treinta años.

En cuanto llegó al cargo, Díaz se dedicó a congraciarse con los diversos grupos que hasta ese momento habían disputado entre sí, a fin de lograr una reconciliación nacional. Fue amigo por igual de los liberales que de la Iglesia, de los militares que de los conservadores. Escribe Enrique Krauze: "De los liberales lima las aristas jacobinas y el idealismo democrático, respetando formalmente la ley y colocando al país en las vías de la verdadera modernidad: la del progreso material. De los conservadores lima sus aristas mochas, demostrando con hechos que el país podía progresar en lo material sin renunciar a sus raíces".[225]

Siguiendo la máxima de su amigo Ignacio L. Vallarta, Díaz se dedicó a hacer "poca política y mucha administración". Convencido de que los dos problemas centrales para echar a andar el país eran los recursos financieros y las comunicaciones, hizo todo por atraer inversionistas nacionales y extranjeros y por abrir vías de comunicación: convirtió a los ferrocarriles en la columna vertebral del progreso; organizó los telégrafos y teléfonos, las finanzas y los impuestos, eliminó las trabas fiscales, concertó empréstitos y vio que se hicieran leyes adecuadas y que se terminaran las críticas al gobierno en la prensa. En su tiempo progresaron la banca, la agricultura, la minería, la siderúrgica y el comercio, crecieron las ciudades y aumentó la población.

Gracias a lo que el ministro Limantour llamaba "el buen desempeño de los negocios públicos", México adquirió fama y crédito en el exterior como una nación fuerte y próspera que paga sus deudas y que tiene amistad con la humanidad civilizada. Y como el interior se mantuvo tranquilo se pudo dar, como afirma François-Xavier Guerra, "una mutación extraordinaria de la economía y la sociedad".[226]

El de Díaz fue un "régimen de poder personal" en el cual el presidente no compartía su poder con nadie. La justificación de esto era, según los pensadores del momento, que la nación mexicana era un organismo social muy débil y atrasado —según decía Justo Sierra— y que los mexicanos eran indolentes y no sabían trabajar —según decía Telésforo García— por lo que se requería de la institución de un gobierno fuerte que impusiera el orden y "sometiera a los elementos disolventes mediante la violencia si se hacía preciso".[227]

Díaz encarna esta idea del gobernante árbitro con facultades extraordinarias, capaz de garantizar el camino al progreso, que era, afirmaban los intelectuales de la época, llamados "científicos", lo que la nación deseaba y necesitaba.

Y así gobernó, como un tirano: cuando hubo disidencia —huelgas de trabajadores, levantamientos de indígenas, críticas de intelectuales— fue duramente reprimida, a la prensa se le jalaron las riendas, a los oficiales del ejército y a los burócratas se les dieron prebendas y en las regiones se dejó que mandaran y se enriquecieran los caciques. Y para mantener la apariencia de legalidad que impresionaba en el extranjero, cada cuatro años se hizo la faramalla legalista de convocar a comicios a fin de que Díaz resultara legítimamente electo una y otra vez para la Presidencia de la República. Además, se mantuvo la representación del pueblo aunque gobernadores, senadores y diputados fueron convenientemente elegidos por el dictador entre sus incondicionales. Por eso decía la copla:

Qué importa a los chamulas,
que no tengan ojos azules,
si dos diputados güeros,
se sientan en sus curules.[228]

3

La primera dama de México durante ese periodo fue la muy noble señora Carmen Romero Rubio y Castelló. Había nacido el 20 de enero de 1864 en Tula, Tamaulipas, hija de una familia de abolengo y riqueza, de la que recibió esmerada educación y exquisitos modales.[229] En una biografía que apareció por entonces en la prensa, se afirma que al llegar a la pubertad, la inteligente discípula poseía a la perfección los idiomas inglés y francés —otro autor asegura que también el italiano—, había dominado la música y el canto y ejecutaba delicadas labores de aguja, especialmente los bordados. "Era ya, en fin, una cumplida señorita."[230]

El romanticismo de la época, cuando las novelas llevaban hasta la exageración a sus heroínas sentimentales y llorosas, encontró en esta joven delicada el modelo perfecto. Era la representación del ideal de belleza, tal como la había visto Nervo cuando habló de "los rubios cabellos de trigo garzul" y "la innata realeza del porte" y tal como Gutiérrez Nájera la pintaría en su poema "La duquesa Job":

Ágil, nerviosa, blanca, delgada
media de seda bien restirada...
nariz pequeña, garbosa, cuca
y palpitantes sobre la nuca
rizos tan rubios como el cognac.[231]

La descripción del poema era parecida a la que hizo Alejandro Arrubiera de Carmelita: "Alta, esbelta, blanca tez y muy expresiva fisonomía... orgullo de la raza latina de América".[232] Para referirse a ella, los poetas hablaban de "esa criatura", que como decía una novela de la época, "apenas toca con sus alas blancas y flotantes el mundo tangiblemente perecedero, el mundo de la materia".[233]

¿Cómo conoció esa dulce señorita de sociedad a un rudo general que según dicen no tenía modales?

Porfirio conoció a Carmelita en una recepción en la embajada norteamericana. Allí acordaron que él empezaría a tomar con ella clases de inglés

y fue durante ese tiempo que se enamoró. Tanto, que abandonó a una mujer con un hijo que tenía allá por Tlalpan y, como era su costumbre, se puso a escribirle cartas de amor: "Yo debo avisar a usted que la amo... Estoy ya en la necesidad de seguirla a usted si no me lo prohíbe".[234]

Fue el padre de Carmelita, Manuel Romero Rubio, quien organizó el matrimonio, algunos dicen que en contra de la voluntad de su esposa la señora Agustina Castelló, para la cual Díaz no era el héroe de la Patria sino el indio, el soldado y el jacobino al que despreciaba y temía. Sin embargo, Alfonso de Maria y Campos, cuya madre era amiga de la familia Romero Rubio, afirma que la señora no sólo estaba de acuerdo con este enlace que mucho le convenía, sino que incluso fue ella quien lo promovió.[235] Por supuesto, como se acostumbraba entre la gente de alcurnia, a la única a la que nunca se preguntó su parecer fue a la involucrada, la cual simplemente tuvo que aceptar la decisión que se tomó sobre ella, a pesar de que estaba enamorada de un militar joven y apuesto, según consta en una carta que resguarda el Fondo Reservado de la Biblioteca Nacional.[236] Y en las supuestas memorias de Sebastián Lerdo de Tejada, que era su padrino, se reproduce una carta que supuestamente Carmelita le envió en la que escribe: "Sabe usted mejor que ninguno que mi matrimonio con el general Díaz fue obra exclusiva de mis padres, a quienes por darles gusto he sacrificado mi corazón... He obrado con perfecta corrección dentro de las leyes sociales, morales y religiosas".[237]

El matrimonio entre Carmelita de diecisiete años (toda la vida la llamarían con su nombre en diminutivo, costumbre que había venido a sustituir a aquélla recibida de Francia por la cual llamaban a las mujeres "niña", "gatita" o "nena") y "don" Porfirio (hasta sus enemigos anteponían esta señal de respeto cuando se referían a él, siguiendo la costumbre española de así mostrar respeto a la autoridad del patrón) que para entonces pasaba del medio siglo —tenía treinta y tres más que la novia— se realizó siguiendo la ya para entonces costumbre establecida de efectuar un doble acto: el civil en noviembre de 1881 —apenas año y medio después de la muerte de Delfina— siendo testigo el presidente de la República Manuel González y un día después el religioso, recibiendo la bendición nada menos que del arzobispo Labastida y Dávalos, el iracundo monarquista. No dejaba de ser extraño: el padre de la novia había sido ministro del presidente Lerdo a quien Díaz derrocó y el arzobispo había defendido la monarquía a la que Díaz había combatido. Y ese don Porfirio, un hombre de bajísima extracción social, descendiente de indígenas, se casaba con una señorita de la mejor sociedad.

Con esa boda se sellaba una alianza política y social que sería símbolo de la nueva etapa del país. Quien lo encarnaba y se había sacrificado para lograrlo era Carmen y ella tenía muy clara la situación: "He sacrificado mi corazón... He querido ser la paloma que con el ramo de oliva apaciguara las tormentas políticas de mi patria".[23]

Carmen Romero Rubio de Díaz, criatura que despedía fragancia de violetas en medio del fasto y fulgor de la corte porfiriana

Carmen Romero Rubio de Díaz

La fotografía de la ocasión muestra a una novia bella, "con su traje de faya gris engalonado con blondas de abalorio y con sus ojos grandes que miran a través de los azahares", la cintura estrechísima como se usaba con los apretados corsés, "la prenda más querida del guardarropa femenino", según asegura Rosa Castro. Como regalo el general dio a su nueva esposa "los diamantes que brillaban en los gavilanes de su espada de gala, aquélla que le regaló la ciudad de México por combatir a las fuerzas del imperio".[239]

La luna de miel fue en Nueva York y a ella los acompañó el suegro quien a partir de entonces y hasta su muerte ocuparía alguna cartera en el gobierno de Díaz. Un autor cree que fue así porque a Díaz le interesaba reconciliarse con Lerdo de Tejada que allá vivía y que era compadre del señor Romero Rubio y padrino de Carmelita. De ser cierto eso, no lo logró: don Sebastián jamás le volvió a dirigir la palabra.

Ahora bien: aunque obedeció a su padre y se sacrificó por la patria, y aunque su marido la adoraba, según ella misma lo escribe, Carmelita nunca dejó que Porfirio se acercara a su lecho. En la citada carta a su padrino ella afirma que sólo siente por él "filial cariño" y que "el mayor castigo sería tener hijos del hombre que no amo". Por eso poco antes de fallecer aseguró que se iba al otro mundo "intacta, tal como había nacido".[240] Por lo demás, nada de eso era un secreto para la época pues en la prensa aparecían artículos que sostenían que "cambiar el blanco cendal de la niña por el augusto manto de la esposa no alteró ni la dulzura de su carácter ni la bondad de sus infantiles sentimientos".[241]

Pero así y todo, Carmelita respetó mucho al general y lo acompañó siempre cumpliendo con sus deberes de esposa. Desde el primer momento, se dio a la tarea de educarlo y pulirlo "quitándole la dureza de genio a que lo obligaba su vida de campaña" y le enseñó a vestir y a hermosear su imagen, "transfigurándolo en los salones y haciéndolo adueñarse de ciertas intimidades del protocolo oficial". Krauze dice que por ósmosis hasta le blanqueó la piel, pero según Carlos Martínez Assad esto fue resultado de la cuidadosa aplicación de polvos de arroz en el rostro del caudillo. Con ella el soldadote aprendió a comer con cubiertos y a no escupir en la alfombra, a no poner los codos sobre la mesa y a utilizar mondadientes. Lo que dicen que nunca pudo enseñarle su esposa, a pesar de muchos esfuerzos, fue a escribir sin faltas de ortografía. "Carmelita fue el alma sorprendente de la evolución del general Díaz hacia una existencia refinada" escribió el obispo Eulogio Gillow. Además, atendió a los hijos del general, ya que propios no tuvo, ocupándose de su educación en los mejores colegios y viendo que hicieran buenos matrimonios. Y por supuesto, le llevó la casa. Era tan estricta en el manejo de las cuentas domésticas, que el cocinero alemán que había contratado prefirió abandonarla porque no soportaba que literalmente "le contara los chiles" (y por cierto se fue a abrir un restaurant que aún hoy existe en la ciudad de México).

4

Cuenta la leyenda, que poco después de casarse doña Carmelita recibió de su marido la siguiente advertencia: "Ahora que ya eres mi esposa, quiero que sepas que en nuestra casa tú serás la reina. Todo el mundo te obedecerá comenzando por mí. Tú decidirás lo que mis hijos tengan que hacer. Yo te entregaré todo mi sueldo y tú lo distribuirás lo mejor que te parezca. Un solo favor te pido: que en todo lo que se relacione con mi vida política tú no tengas nada que ver".[242]

Pero las leyendas exageran y los hechos no siempre fueron así. A pesar de las palabras de don Porfirio, Carmelita tendría una notable participación e influencia en la vida del país, pues su marido la escuchaba cuando recomendaba ministros o sugería contactos con ciertas personas, además de que ella en lo personal otorgaba favores, como aquel que fue célebre, cuando pidió por la vida de un criminal condenado a muerte y una escritora, emocionada, escribió con la retórica al uso: "Por encima del severo fallo de la ley, levantó su voz implorando con fervorosa súplica la vida de un sentenciado". Y agrega: "¡Quizá sea a ella a quien esté reservado influir, con el triple prestigio del amor, de la virtud y de la razón, en el ánimo el primer magistrado de la República, para que se borre de nuestro código la repugnante marcha de la pena de muerte, que aún empaña con su negra sombra el radiante disco de la civilización moderna".[243]

Destacan sobre todo sus acercamientos con la Iglesia católica que desde tiempos de la Reforma estaba alejada del poder gubernamental. Escribe Guerra: "Su mujer jugó un papel público simbólico ya que podía ejercer en las ceremonias religiosas una representación oficial importante para la mayoría católica del país, pero que prohibía a su marido la práctica constitucional".[244] Así, pues, se la vio asistir a misas y tedeum y a todo tipo de ceremonias religiosas, incluyendo la devolución de algunas parroquias que durante la Reforma habían sido expropiadas, participó en las obras de decoración de la Basílica de Guadalupe, obsequió a unas monjas francesas una casa para que fundaran su comunidad y a ella se debió la erección del templo expiatorio de San Felipe de Jesús en la capital. Tan grandes fueron sus servicios a la institución, que Su Santidad León XIII le obsequió un solideo en reconocimiento. En sus *Reminiscencias* el obispo Gillow escribió: "Carmelita fue el alma sorprendente de... una política de conciliación de tan hondas consecuencias en la vida nacional".[245]

Don Porfirio era muy trabajador y como buen soldado, disciplinado y exigente con su cuerpo. Dormía en catre duro, se levantaba temprano, comía poco y sencillo, hacía duros ejercicios en el gimnasio del Colegio Militar y dedicaba la mayor parte del tiempo a sus obligaciones. Los domingos atendía sus asuntos personales, entre ellos recibir al barbero y al sastre y contestar su correspondencia dictándole a un secretario. Según su esposa, "era sobrio en palabras y costumbres" y "en casa siempre evitaba hablar de política".

Doña Carmelita y don Porfirio vivieron y recibieron en tres sedes: el Palacio Nacional al que remozaron y adornaron —el regio salón comedor tenía puerta y muebles de cedro con alfombra y cortinajes guinda—, su casa particular de la calle Capuchinas —decorada con muebles japoneses de ébano con forros de seda amarilla y un hermoso piano Steinway— y el castillo de Chapultepec, al que Lerdo de Tejada había convertido en residencia oficial de los presidentes y al que también arreglaron con el gusto francés que predominaba en la época. A los baños se los acondicionó con todas las comodidades modernas, se decoraron los salones, se cambiaron los muebles y se mandó poner un elevador de válvulas hidráulicas y un billar para dar gusto a don Porfirio, pues ése era su entretenimiento favorito al que dedicaba todos los días un rato después del almuerzo. Los jardines se embellecieron para hacerlos parecidos al bosque de Boulogne en París y se mandó construir un lago artificial.

Podemos imaginar a la señora cuando "paseaba su hermosura y su bondad por la sala de armas (con la mesa de billar), por el corredor (al que daban trescientas floridas macetas), por los cuartos de la residencia, por la sala de recepción (con su araña de mil luces, sus jarrones de mayólica y sus largos espejos) y por la escalera (también florida) de la casa".[246]

Desde este lugar reinaron los Díaz. ¡Y vaya que fue un reinado! Él, "César de Tuxtepec" como le llamó Renato Leduc y ella la "primera dama por antonomasia" como la llamó Carlos Monsiváis.[247]

Carmen Romero Rubio de Díaz

5

El fin del siglo XIX y principios del XX en México fueron tiempos de buena vida para quienes podían pagarlo. En sus palacetes afrancesados de las colonias Juárez —la antigua colonia Americana— Roma y Santa María vivían, "entre mármoles, marfiles y tapices", los ricos hacendados, empresarios y comerciantes que formaban la "aristocracia" mexicana. Para ellos, según afirmó Nemesio García Naranjo: "La vida transcurría alegremente y sin grandes preocupaciones".

Virginia Fábregas "de arrogante belleza y elegancia europea" como la describe Armando de Maria y Campos, presentaba las últimas novedades teatrales de Europa y la diva francesa Sarah Bernhardt lograba lleno completo cuando presentó *La dama de las camelias* en el Teatro Nacional, pese a que los boletos costaban cinco pesos en luneta y la friolera de ¡cuarenta pesos! por un palco. ¡Y aún así los ricos porfiristas todavía gastaron dinero para mandarle ramos de flores, tantos, que no cabían en el escenario!

En el teatro Arbeu se escuchaban las óperas dirigidas por Mingardi, aunque en salas semivacías porque a pocos les gustaba ese arte y según escribe un periodista de la época, a los cantantes venidos de allende el mar les iba tan mal, que tenían que pedir limosna para poder comprar el boleto de regreso a su casa. En uno de sus grabados, José Guadalupe Posada dibuja a un cantante de ópera que se esfuerza por lucir su voz en el escenario mientras que en la sala los únicos seres que ocupan las butacas son ratas enormes. En El Principal se estrenaba los viernes alguna zarzuela venida de España o escrita por el ingenioso Pepe Elizondo, en la plaza de toros Gaona se lucía con sus faenas estatuarias y el Frontón Nacional se engalanaba con la cesta insuperable de Navarrete.

Las damas y los caballeros salían de compras al mediodía, a las Fábricas de Francia y El Palacio de Hierro o recorrían la elegante calle de Plateros (antes San Francisco, hoy Madero) en donde abrían sus puertas lujosos almacenes: La Ciudad de Bruselas, La Parisienne, Sorpresa y Primavera Unidas y otros muchos que vendían productos importados de Europa, entre ellos la ropa interior que se empezaba a usar. Se podían comprar joyas en La Esmeralda, instrumentos musicales y abonos para los conciertos en Wagner y Levien, pistolas con el nuevo sistema Mausser en la Armería Americana y en la Botica Iturbide (llamada así por el distinguido hotel que había allí cerca) o en la Perfumería Carlos Félix y Cía. (Antigua Droguería La Palma) los polvos dentífricos y antisépticos Ste. Madeleine y las cremas rosadas Adelina Pratti "que suavizan y embellecen el cutis".[248]

Cuando empezaba a anochecer, desfilaban los carruajes magníficos y las personas distinguidas cambiaban saludos, mientras se dirigían al teatro, al Casino Francés en la calle de Palma, a una fiesta o a hacer alguna visita. Escribe Fernando Curiel: "Desde el Teatro Nacional se desprende la procesión de carruajes: cabs, tilburys, sulkys, coupes, landós, victorias, duquesas, faetones, paniers, berlinas, todos con lacayos que usan librea. En ellos viajan doña Catalina Cuevas de Escandón, doña Anita Vinet de Romero de Terreros, doña Paz Romero de Terreros de Rincón Gallardo, doña Agustina Castelló de Romero Rubio, doña Lorenza de Braniff, doña Luisa Rincón Gallardo de Cortina, doña Ana Lascuráin de Cuevas, doña Susana Elguero de García, doña Elena de Iturbide, doña María Cañas de Limantour, doña Isabel Pesado de Mier, doña Guadalupe Rubín de Sierra".[249] Las fiestas estaban a la orden del día: "tenemos muchas diversiones en perspectiva; un gran baile que darán los miembros del Casino Nacional... otro baile de fantasía que dará el Jockey Club; el enlace de la hermosísima Amada Díaz, hija de nuestro presidente".[250]

Los cafés y restaurantes estaban siempre repletos, desde los más sencillos donde se degustaban bizcochos con chocolate hasta los más sofisticados donde se servían elegantes menús franceses regados con espléndidos vinos. Y en todos, los comensales mantenían conversaciones ligeras sobre temas más ligeros todavía. Había dulcerías y sorbeterías, tabaquerías —entre ellas la famosa El Buen Tono donde se fabricaban cigarrillos que gozaban de mucha fama—, la pastelería El Globo de los señores Hommel y la fina papelería La Helvetia donde se podían mandar a imprimir invitaciones y tarjetas de visita.[251]

Era ésa, como apuntaba Salvador Novo, una vida refinada, europea, ultraculta: "La peluquería de Micolo, el Hipódromo de Peralvillo, el baile de Chapultepec, La Concordia, el Jockey Club, las tiendas de la viuda Genin, los billares de Iturbide".[252] Para esa gente se arregló y embelleció la ciudad de México, con obras de drenaje y pavimentación, con alumbrado público de gas que diez años después se cambió a eléctrico, con pomposos monumentos situados en glorietas magníficas y con suntuosos edificios para museos (en 1907 había treinta y ocho asegura Mario Monteforte Toledo) y para la Biblioteca Nacional así como el de Correos diseñado por Adamo Boari y el de Comunicaciones diseñado por Silvio Contri, con jardines y fuentes.

Doña Carmelita experimentó todas las bondades de la época: desde leer en *El Imparcial* los muy esperados romances de Rosa Espino (que luego se descubriría que era seudónimo nada menos que del general Vicente Riva Palacio quien los publicaría como el libro de poemas *Flores del alma*) hasta los almanaques y las revistas para mujeres como el *Álbum de Damas*, donde se enteraba de las modas de París, *El Álbum de la Mujer* "revista mensual científico literaria", *La Mujer Mexicana*, "consagrada a la evolución, progreso y perfeccionamiento de la mujer mexicana" y la revista *Violetas del Anáhuac*, "periódico literario redactado por señoras" donde aparecían crónicas de sociales y algo de literatura escrita por mujeres de buena familia y con cierta educación (el *Diario del Hogar* seguro no lo leía, pues a pesar de su nombre tan inocente era de oposición); desde la instalación de un teléfono cuya primera llamada ella misma recibió y era el señor presidente que estaba en Palacio Nacional y así daba por inaugurado este servicio, hasta la fotografía que ya se usaba mucho y el cine, pues a don Porfirio le gustaba ver películas y también que lo filmaran; desde ir a los casinos —El Nacional, Francés, Español o Alemán— a donde se reunía lo más granado de la sociedad, hasta las tertulias de media tarde donde se tomaba el té, pues la hispana y añeja costumbre de beber chocolate se había cambiado por la más moderna y suave copiada a los ingleses.

Sin embargo, seguramente también se perdió de otras buenas cosas de su tiempo: como no fumaba, no probó el espléndido tabaco mexicano; como no jugaba a la lotería que era la apuesta más célebre de la época, se perdió de la emoción de ganar; como no viajaba en transporte público no conoció la novedad de los tranvías; como no usaba adornos de plata sino nada más perlas y piedras preciosas, no aprovechó el blanco metal mexicano que era de tan buena ley y tan apreciado en el mundo.

Con sus modales aristocráticos, con su elegancia, con su apellido de abolengo, con su dulzura y con todo el poder en sus frágiles manos, doña Carmelita presidió a la alta sociedad mexicana, afrancesada en sus gustos y ocupada de frivolidades. El modelo de mujer era "la que entiende perfectamente el gobierno de su casa... y que en materia de dulces, pastas y curiosidades no hay quien la aventaje".[253] "Las mujeres se disputaban la cintura más estrecha, conseguida con corsets tan apretados que hasta les quitaban la respiración y las hacían desmayarse, rivalizaban en profusión de encajes, aplicaciones, pliegues y bordados. La mujer de la época era de movimientos estudiados y precisos y su figura llena de adornos simbolizaba el romanticismo".[254]

6

La señora Díaz fue la primera que hizo lo que hasta hoy consideramos como lo que le corresponde cumplir a una primera dama, presidiendo actos y asistiendo a eventos de tipo social, cívico y cultural como la colocación de la primera piedra de alguna construcción, la inauguración de alguna obra pública o de una exposición. Esto era importante, porque servía para atraer la atención y tener contentos a muchos. Por ejemplo, la prensa destaca su visita a una exhibición de flores porque en ella se presentaban "magníficos ejemplares de eucaliptos destinados a las planicies dejadas por el lago de Texcoco, los cuales servirán para disminuir el polvo que invade la ciudad de México".[255]

Pero además, formó juntas de socorro (costumbre que se impuso desde mediados del siglos XIX) cuando algún accidente o desastre natural conmovían a la opinión pública, y eso no sólo para México, pues cuando los terremotos de Andalucía, encabezó las fiestas para recolectar fondos que se mandaron a España.[256] Y también emprendió obras de beneficencia (costumbre que había implantado en México la emperatriz Carlota), como mandar construir la casa

cuna anexa al templo de San Agustín o hacer donativos y "su nombre aparecía a la cabeza de todas las subscripciones que, con fines sublimes de caridad, se abrían en el país".[257] Por ejemplo, en un periódico de la época dice: "La señora Díaz cooperó al sostenimiento de la sociedad de beneficencia llamada 'La Buena Madre', cediendo a su favor cierta cantidad de dinero con el cual en 1887 abrió sus puertas un asilo para la niñez indigente y desvalida".

Y es que durante esta época, la beneficencia privada volvió a surgir en México. Esto es interesante porque en cierto sentido representó un retroceso respecto a la Reforma que secularizó las instituciones de ayuda al desfavorecido y obligó al Estado a ser el que se ocupara del asunto, sin autorizar la injerencia de grupos privados de ningún tipo. Sin embargo, como nunca había suficientes recursos, ya para los años ochenta del siglo XIX, se volvió a permitir que los particulares construyeran y administraran hospitales, asilos, orfanatorios y casas cuna y se empezó a considerar que "la beneficencia privada era el medio más seguro y natural de acudir a los dolores y miserias de la humanidad".[258]

Por lo demás, para la sociedad porfiriana, una de las pocas actividades fuera del hogar que se consideraba propia de la mujer de alcurnia era la filantropía. Como afirma Michela di Giorgio, excluidas de la escena política, las mujeres encuentran en la beneficencia su campo de acción,[259] que por lo demás era la manera de presentar una alternativa a los esfuerzos de intervención social de las feministas que se empezaban a organizar y de las que querían ir a la escuela, como Matilde P. de Montoya que estudió medicina y recibió su título en 1887 en una ceremonia a la que asistió el presidente de la República.[260] En ella participaban señoras y señoritas que se ocupaban de fundar instituciones y como se decía en tiempos coloniales "dotarlas".[261] Y no sólo era bien visto, sino que era una labor que se admiraba. Escribe Concepción G. de Flaquer en *El Álbum de la Mujer*: "La mujer mexicana, tímida para exhibirse en público y para promover fiestas sociales donde pudiera lucir su belleza y sus galas, practica con entusiasmo la caridad y no vacila ante las mayores dificultades para socorrer el infortunio".[262]

Uno de los biógrafos de Carmelita escribe al respecto un comentario que se adapta también a todas estas distinguidas señoras: "Favorecida por la fortuna... sin haber sufrido ni el más ligero soplo de desgracia, ni el más leve de los dolores que agobian a los infelices de la Tierra, ha sabido comprenderlos y llorar con ellos, socorriéndoles sus necesidades y tendiéndoles la generosa mano de la caridad".[263]

Una "calavera" publicada el día de muertos del año de 1890 da fe de esta mirada que se tenía sobre la esposa de Díaz:

Yace aquí Carmen Romero,
madre de los desvalidos,
le llora la caridad, muchas madres, tiernos niños,
que arrancó de la desgracia y condujo al buen camino.[264]

Carmen Romero Rubio con su familia

En 1908 se reunió un Congreso Nacional de Madres en el que participaron las más connotadas damas de la capital. "Su plan era reunir una Asamblea para estudiar la alimentación y cuidado del niño, el socorro de las madres pobres, el fomento de los ejercicios físicos, la difusión de los jardines de niños, el establecimiento de casas de maternidad y dispensarios de ayuda a los padres indigentes".[265]

Pero la más significativa de las actividades de beneficencia de la señora Díaz —emprendida en los últimos años del gobierno de su marido, lo que indica que no tenía intenciones de irse ni vislumbraba lo que se venía— fue la fundación de las casas hogar y escuela "Amiga de la Obrera", la primera de las cuales se abrió en diciembre de 1887, estuvo en Tacubaya y albergó a trescientos niños a los que se atendía, enseñaba y daba de comer mientras sus madres trabajaban. Se dijo en aquel entonces que éstos eran "asilos para niños que necesitan amparo, los infelices hijos de las obreras, desgraciados seres indigentes que ya no estarán abandonados al mísero jornal de sus madres y recibirán caridad material y espiritual".[266] Este lenguaje es típico de una época que consideraba, como escribió Macedo, que "la sociedad se divide en superiores e inferiores" y que estos últimos lo son "porque no tienen exigencias ni goces aparte de los meramente animales". Según José López Portillo y Rojas, sólo la necesidad puede engendrar los estímulos que se requieren para mejorar la propia condición: "Causa verdadero asombro la miseria en que viven los campesinos. Trabajan sin tregua, comen poco, andan casi desnudos... Saldrán de la abyección en que vegetan el día que aspiren a comer bien, a vestir decentemente y a procurarse comodidades".[267]

Esos pobres, sin embargo, esperaban de ella compasión y ayuda. Por eso le escribían cartas, muchas cartas en las que le relataban hechos graves que suponían no conocía y le suplicaban que resolviera problemas. Las mujeres, sobre todo, le pedían que intercediera por sus maridos, hijos, padres o hermanos. Algunas son francamente conmovedoras como ésta del 6 de mayo de 1903: "Respetable señora. Con el corazón henchido de esperanza y no teniendo a quién acudir en el presente caso pues somos demasiado pobres para inspirar compasión de nadie que no sea Ud., nos permitimos dirigirle la presente para referirle siquiera someramente nuestra angustiosa situación rogándole humildemente nos imparta su valiosa protección. Acajuba es un pueblecillo de cuatrocientos o quinientos habitantes por desgracia analfabetas y jornaleros en su totalidad. Está incrustado en los terrenos de la Hacienda de Tenguedó, propiedad de los Sres. Villamil cuyo apoderado es el Sr. Manuel Vértiz, residente en esa ciudad (San Bernardo 13) o un señor D. Félix Cuevas. Desde hace mucho tiempo, por razones que no comprendemos, los administradores de la citada hacienda han puesto verdadero empeño en causarnos todo el daño que su maldad les sugiere; comenzaron por tratarnos con extremado rigor en los quehaceres del campo, siguieron por alterar incondicionalmente la renta de pastos para nuestros ganados, obligándonos por esta causa a deshacernos de ese único recurso con que contábamos para casos de extrema necesidad, continuaron por prohivirnos el paso por los diferentes senderos que acortan las distancias a travéz de los campos, reduciéndonos a dos únicas salidas y para no cansar la atención de Usted, han colmado la copa de nuestras desdichas privándonos por medio de enormes bardas construidas al derredor del pueblo, del agua que en la época de lluvias baja de los cerros a surtir nuestro jahuey, único depósito de agua con que contamos para las necesidades del hogar. Así es que mientras nosotros nos ganamos los 25 o 28 centavos en doce o catorce horas de ruda labor, nuestras familias tienen que caminar cinco kilómetros para comprar una poca de agua dulce pues aunque tenemos un pozo es tan difícil como peligroso hacer uso de él a causa de su profundidad y además que no es suficiente para las necesidades de la población. No acudimos a los tribunales en demanda de justicia porque el día que no trabajamos no hay sustento para la familia, y esperar que la autoridad municipal venga en nuestro auxilio es en vano porque no lo hará jamás. Sus atentísimos servidores que atentos su mano besan".[268]

La carta es elocuente. El sufrimiento, la explotación y el maltrato, la arbitrariedad por parte de dueños y administradores y la inutilidad de pretender recurrir a las autoridades y esperar de ellas justicia. Pero aun así, acostumbradas las gentes de este país al paternalismo de sus patrones y gobernantes, seguían creyendo que su situación se podría resolver si alguien cercano al poder —como la esposa del presidente de la República— intercedía por ellos.

Y es que, fuera de la reducida sociedad dueña de haciendas y palacetes, el país era pura pobreza: "miserables vecindades de insalubridad inimaginable" decía Altamirano.[269]

Ocho millones de habitantes tenía México que, como apuntó el novelista José López Portillo y Rojas, "trabajan sin tregua, comen poco, andan casi desnudos y no tienen exigencias ni goces aparte de los meramente animales". Un millón de personas vivían hacinadas en los barrios pobres de la ciudad de México, escribe Enrique Krauze, con sus calles polvorientas o lodosas según la temporada, donde jamás variaba el paisaje de niños semidesnudos, perros callejeros, montañas de basura y las imprescindibles pulquerías, de las que había casi un millar en la capital.[270]

Porque la ciudad de los palacios seguía siendo, como había escrito en otro tiempo Guillermo Prieto, fuera de las calles centrales que estaban empedradas, con banquetas, atarjeas y alumbrado público, un sitio de estrechos callejones sin luz, con ciénagas, zanjas y muladares. "La multitud de indígenas cargando a lomo todo género de mercancías, desde carbón y leña hasta canastas y gallinas atadas de las patas, y la abundancia de aguadores que, después de surtirse en la fuente de la Tlaxpana o en la desembocadura del acueducto de Chapultepec, recorrían las calles distribuyendo de puerta en puerta el preciado líquido por una módica cantidad. Había un constante remolino alrededor del Salto del Agua y no era extraño oir maldiciones, sobre todo cuando alguien descubría un lechero en la cercanía; entonces comenzaba un concierto de abucheos acusándolo de prácticas fraudulentas".[271]

¿Tenía idea la buena de Carmelita de todo esto? ¿sabía lo que pasaba en esas haciendas donde los peones estaban atados por deudas, en ese Valle

Nacional donde se les esclavizaba, en las monterías y las minas donde morían agotados y enfermos? ¿sabía de las levas con las que se nutría el ejército o de la ley fuga con la que se juzgaba a los disidentes matándolos en el acto sin mayor trámite? ¿supo de los italianos a los que trajeron para trabajar aquí y que murieron por las insalubres condiciones? ¿vio con algo de compasión a esas pobres mujeres mal alimentadas y llenas de hijos que eran las madres de la mayoría de los mexicanos? ¿se enteró que entre quienes iniciaron la huelga de Río Blanco había una mujer de nombre Lucrecia López que era madre de veintidós hijos? ¿supo de los movimientos de mujeres, de las luchas que emprendieron por mejores condiciones de vida y de trabajo? ¿se enteró de las caricaturas y los grabados con los que Posada retrataba a la sociedad y arremetía contra sus dirigentes? ¿estaba obsesionada —como todas las damas de la época— con las muchas prostitutas (once mil afirma Sergio González) que deambulaban por las calles o vivían encerradas en los burdeles desde los más caros hasta los más miserables? ¿sabía de los antros, de la vida bohemia, de los poetas y los músicos, que bebían ajenjo, "el hada verde" que les trastornaba el cerebro, adoraban a la noche y le dedicaban sus mejores creaciones, deseosos como estaban de oponerse a la moral de la época, "a los cerrojos del catecismo y a las admoniciones del hogar y la familia"?[272] ¿Leyó aquel libro de Rubén Darío poblado de hadas y cisnes, faunos y gnomos? ¿los de Díaz Mirón "de los trocitos de piedra que saltan al escupir", Othón de los poemas rústicos, Nervo de las perlas negras o las crónicas brillantes del Duque Job? ¿conoció aquel poema de Urbina en el que la prostituta se llamaba precisamente Carmen? ¿conocía a los escritores que retrataban a la sociedad, a "Manuel Gutiérrez Nájera, el precursor del refinamiento verbal, Justo Sierra el escritor de vuelo retórico, Rafael Delgado, José López Portillo y Rojas y Emilio Rabasa, serenos y reposados cronistas de la primera sociedad porfiriana y Ángel de Campo, escritor de compasión y ternura para los humildes"?[273]

Es probable que doña Carmelita no supiera nada de esto, metida como estaba en su mundo cerrado y protegido, un mundo hermoso y amable como los paisajes de José María Velasco y de Clausell donde todo era paz y beatitud de cielos azules, bosques verdes, valles llenos de luz. ¿Cómo saber lo que sucedía más allá de su habitación toda en tonos marfil y rosa? ¿qué podía saber esta "criatura" con sus vestidos de encaje, sus collares de perlas y su nombre pronunciado siempre en diminutivo?

Decía la copla:

Allí no penetra nunca
la tierna, exquisita dama
que en los tranquilos hogares
es reina en virtud y gracia.[274]

¡Y, sin embargo, bien que mandó censurar la "Misa negra" de Tablada, aquel poema que se proponía "celebrar, ferviente y mudo, sobre tu cuerpo seductor, lleno de esencias y desnudo, la misa negra de mi amor"![275] ¡Y muy probablemente le habría gustado hacer lo mismo con aquella escultura *Malgré tout* de Jesús F. Contreras, que aunque era un escultor muy admirado y considerado por el gobierno de su marido, se había permitido representar a una mujer desnuda sensual e inquietante, o con la pintura *La bella Otero* de Julio Ruelas en la que una mujer se consume por la llamarada de la pasión y con todos los escritos que hablaban de cuerpos anudados, muslos enlazados, caricias y ardores!

7

Carmelita fue muy querida por la gente. Las crónicas de la época hablan de su corazón noble y sus hermosos sentimientos, "una reina que tiene por vasallos a todos los mexicanos", "cuyas cualidades y virtudes sobresalientes rinden el corazón más exigente". Siguiendo una vieja costumbre, de todas partes le mandaban regalos. Por ejemplo, el señor Alejandro López de la villa de Santiago Tianguistenco puso a disposición del presidente y su esposa un ábaco para enseñar a los niños las operaciones aritméticas con facilidad y una señora del pueblo, doña Jacoba Avendaño de Ponce de León, pasó tres meses bordándole un precioso cojín, que por cierto, no le recibieron, pues cuando lo llevó a entregar le dijeron que la bodega ya estaba llena y no tenían espacio para más objetos.[276]

Los músicos componían valses para el gobernante y su familia, como "Amada" de Lerdo, "Arpa de oro" de Martínez, "El México de Porfirio Díaz" de Julio Sesto y algunos para ella como "Carmen" de Juventino Rosas, dedicado "A la digna señora Carmen Romero Rubio de Díaz" el día que se inauguró la colonia que llevaba su nombre allá por Coyoacán:

Es la ocasión
que he buscado con gran ilusión
para ofrecer mis ensueños
cantándole a usted.
Y espero así que mis versos
expresen completos
mi gran amor, mi respeto y admiración.
Yo quisiera cantar para usted
los poemas de inspiración.[277]

También los poetas le ofrecían sus versos, como aquéllos de Gutiérrez Nájera:

Despedía fragancia de violetas esa criatura,
toda mansedumbre, toda perdón, toda cariño.
Pasaba intacta por el bullicio de las grandes fiestas
como albo cisne por las ondas del estanque.[278]

Algunos escritores le dedicaban sus libros, como José María Vigil quien escribió tres volúmenes sobre poetas mexicanas y Laureana Wright de Kleinhaus que en un libro sobre *Mujeres notables* —en el que se hablaba de las primeras que habían estudiado, pues la autora era una defensora de la educación de las mujeres y ya había publicado dos libros sobre este asunto— inicia con un texto sobre Carmelita, muestra obligada de deferencia. Según esta autora, la señora era de carácter bondadoso y afable, dulce, de exquisita modestia y natural sencillez. La llama "angelical esposa del héroe de la paz" que "tendió la generosa mano de la caridad a los infelices de la tierra". Por cierto que la señora Laureana formaba parte de las Violetas del Anáhuac, un grupo que se consideraba a sí mismo "ardientes sectarias del progreso intelectual, moral y sobre todo humanitario".[279] Por su parte, Virginia Fábregas le dedicó un poema:

Siempre derramando el bien
sale al paso del que llora
y su mano bienhechora
derrama paz y consuelo.[280]

Pero no sólo ellas, sino que en la prensa todos los días se publicaba algún elogio para "la noble dama" o "la respetable señora" a la que llamaban "flor de la esperanza, "alma benéfica", "rocío que vivifica", "aura suave que calma tempestades", "fragante brisa", "gala y orgullo del pueblo mexicano", y a la que atribuían "bellas cualidades que la adornan" y "hechos virtuosos".

Era tanta la adulación, que hubo quien supuso que Carmelita hasta se hartó. Según las supuestas memorias de Lerdo de Tejada, ella escribió: "Desde mi matrimonio estoy constantemente rodeada de una turba de aduladores... no les falta más que caer de rodillas y besar mis pies... todos se atumultan y atropellan mendigando un saludo, una sonrisa, una mirada... La otra noche, al escupir en los pasillos del teatro, un general que iba a mi lado interpuso su pañuelo para que la saliva, cual preciosa perla, no cayera en el embaldosado... No es ya lisonja de gente exquisita, de gente educada, es el brutal servilismo de la gentuza en su forma más animal y repulsiva: la del siervo. Los poetas, los poetillos y los poetastros me martirizan a su modo; es algo como una tromba de tinta capaz de ennegrecer el mismo océano. Esta calamidad irrita mis nervios a tan extremo, que a veces me vienen síncopes de histerismo. ¡Horrible!... Y nada digo a usted de los párrafos y artículos que publica la prensa que papá tiene alquilada: los que no me llaman ángel, dicen que soy un querubín, otros me elevan a la categoría de diosa, los de más allá me colocan en el firmamento como un astro y los de más acá me bajan hasta la botánica, calificándome entre los lirios, las margaritas y los jazmines. A veces ni yo misma sé si soy ángel, querubín, diosa, astro, lirio, margarita, jazmín o mujer. ¡Dios mío! ¿Quién soy yo para que se me deifique y se me envuelva en esa nube de fétido incienso?".[281]

Carmen Romero Rubio de Díaz y su esposo Porfirio Díaz

El momento del máximo esplendor del régimen fueron las fiestas de celebración del centenario de la Independencia, "lustre y renombre de una de las épocas sociales más esplendorosas de México", escribió Carlos Denegri, presididas por la pareja Díaz. La parte visible de la ciudad de México fue embellecida y engalanada. Veinte millones de pesos se derrocharon para agasajar y atender a los invitados extranjeros y nacionales que asistieron a comidas y recepciones, inauguraciones de obras públicas y monumentos, conciertos y actos culturales, desfiles, cenas y bailes.

Los festejos duraron todo el mes de septiembre: se abrieron el día primero con la inauguración del Manicomio General de la Castañeda a la que asistieron los miembros del gabinete y el cuerpo diplomático en pleno, además de unas tres mil personas. Ese mismo día la colonia italiana obsequió a la ciudad una estatua de Garibaldi, que por cierto enojó a quienes veían al prócer como enemigo de la religión católica. Al día siguiente llegó a la capital la pila bautismal de don Miguel Hidalgo, que recibió honores militares antes de quedar colocada en un museo. El día 3 puso Díaz la primera piedra de la nueva cárcel de Lecumberri; el 4 hubo desfile de carros alegóricos; el 5 entrega solemnísima de cartas credenciales de los embajadores especiales que venían a las fiestas;

el 8 homenaje a los Niños Héroes además del inicio de un Congreso de Americanistas; el 9 una exposición de arte español; el 11 la colocación de la primera piedra del monumento a Pasteur que los franceses obsequiaban a México y un desfile de trajes típicos; el 12 inauguración de la Escuela Normal para Maestros; el 13 se develó en la Biblioteca Nacional un busto de Humboldt, regalo del káiser alemán; el 14 homenaje en la catedral a los Héroes de la Patria y un desfile; y por fin el 15 (la fecha del levantamiento de Hidalgo se hizo coincidir con el cumpleaños del caudillo), "entre una espesa niebla llegada del norte de nuestro valle" tuvo lugar el Grito "en la más suntuosa ceremonia que haya registrado nuestra historia de pueblo libre".[282]

Multitudes expectantes aplaudieron al presidente cuando salió al balcón central y cuando tañó la histórica campana de Dolores —traída especialmente para la ocasión— que le recordaba al pueblo "la hora augusta de su libertad".

Posteriormente, en Palacio Nacional se efectuó una recepción a la que siguieron una cena y un baile que se celebraron en el patio central, al que se había cubierto con un hermoso emplomado especialmente mandado a hacer para la ocasión.[283] Cientos de invitados asistieron engalanados con impecables levitas, elegantes vestidos y ricas joyas. En el convivio degustaron platillos de la comida francesa que como ha dicho Novo, vino a sustituir a la vieja y recargada comida española: "Los ricos mexicanos sucumbieron a la seducción arrolladora, irresistible de la cuisine française". El menú de esa noche de gran gala fue: "consomé de res y ternera, sopa de tortuga, trucha salmonada, filete de res, pollo y pavo con espárragos y legumbres varias, trufas y hongos y patés, todo regado con excelentes vinos, agua mineral y al final cognac".[284] Por supuesto, corrió el champagne que como escribiría Azuela, "ebulle burbujas donde se descomponen la luz y los candiles".

Para ésa que fue la fiesta más importante de la temporada, Carmelita llevaba un vestido de seda bordado con oro, broche y diadema de brillantes y al cuello varios hilos de perlas del mejor oriente, que eran sus piedras favoritas, si bien las joyas le gustaban bastante. Y así por ejemplo, aunque las diademas sólo se usaban en las grandes ocasiones, tenía varias. Además de la de brillantes que llevó en la fiesta mencionada, había una con veintitrés esmeraldas que le había mandado a confeccionar el ministro de Hacienda, José Yves Limantour en un viaje que hizo a París. En aquella ocasión, ella misma le entregó las piedras preciosas y le confió la decisión sobre el diseño, pero le sobraron cuatro que los joyeros ya no quisieron montar para que no se viera demasiado exagerada.[285] Y don Porfirio, con todas sus condecoraciones al pecho (como se ve en un célebre óleo pintado por Cusachs), destacando entre los soldados de aspecto marcial con sus cascos relucientes. Era "la figura de un hombre que ostentaba en su traje un alto grado militar y las condecoraciones más distinguidas cosechadas sobre el campo de la guerra extranjera. Alto, llevando en su rostro señal de los soles de la campaña, la mirada unas veces benévola y otras terrible, en sus labios unas veces la sátira punzante y otras la sonrisa de la generosidad; fino en extremo, cordial con todos pero manteniendo un aire de superioridad. La majestad de la República".[286]

Esa majestad hablaría, en el momento de mayor solemnidad de las fiestas para afirmar: "El pueblo mexicano, con vigoroso empuje y con lúcido criterio ha pasado de la anarquía a la paz, de la miseria a la riqueza, del desprestigio al crédito y de un aislamiento internacional a la más amplia y cordial amistad con toda la humanidad civilizada. Para obra de un siglo, nadie conceptuará que eso es poco".[287]

"¡Majestad imperante, absoluta, jactándose de haber levantado a la nación mexicana a las primeras alturas de los pueblos cultos. Y bajo los doseles de oro y terciopelo, con la majestad de los Césares antiguos, esperando inquieto que le traiga su insolente fortuna el fallo inflexible de la historia!"[288]

Y con él, a su lado, su reina "que tiene por perlas de su corona las lágrimas de los desgraciados, por trono el corazón de su esposo y por vasallos a todos los mexicanos".[289]

Por supuesto y como era tradición, también hubo bailes populares en el Zócalo y en las calles de la ciudad, profusamente iluminadas y llenas de gente. Cuentan las crónicas de la época que la alegría se prolongó durante toda la noche, con las luces de bengala, las campanas al vuelo en todas las iglesias, la música.

Y al día siguiente, como cierre magnífico de las festividades, se inauguró la columna de la Independencia con la asistencia de don Porfirio y Carmelita, la aristocracia mexicana y los invitados extranjeros.

Se trataba de un monumento diseñado por el arquitecto Antonio Rivas Mercado, en el cual la victoria alada recubierta de oro se elevaba sobre la ciudad desde un altísimo pedestal de casi cuarenta metros levantado en el elegante y afrancesado Paseo de la Reforma, a lo largo del que ya desde tiempos de Lerdo de Tejada se habían colocado sendas estatuas de los próceres liberales con una dedicatoria:

Por hacernos vivir dieron la vida,
la Patria los venera agradecida.

El señor diputado Salvador Díaz Mirón, "el primero de los poetas nacionales", declamó las palabras que estremecieron:

Salve a Nuestra Señora
la Virgen Democracia.[290]

9

Y, sin embargo, esa brillante majestad caería poco después. Una y otra vez había dicho don Porfirio que vería con buenos ojos que alguien le disputara la Presidencia. Al periodista norteamericano James Creelman le aseguró que ésa era una necesidad ya manifiesta en el país y con la que estaba de acuerdo. Incluso hizo creer a varios de sus colaboradores que ellos serían los seleccionados. El más notable fue el caso del ministro de Hacienda José Yves Limantour, quien sin embargo fue descartado cuando su esposa lo contó en una reunión de señoras y el chisme le llegó a doña Carmelita. Díaz castigó como a él, a todo el que sugiriera siquiera la posibilidad de acceder al máximo cargo.

En el país había inquietud. Se oían rumores, aparecían publicaciones opositoras, los obreros hacían huelgas, se fundaban clubes antirreeleccionistas. En *La fuga de la quimera*, Carlos González Peña describe el ambiente: "Es preciso señores, es preciso digo, reaccionar contra la infame dictadura de Porfirio Díaz. ¿Qué pasa en este país? ¿por qué no hay sufragio? ¿por qué no hay derechos del hombre? ¿por qué no hay libertades para el pobre pueblo oprimido?".[291]

El 25 de mayo de 1911, Díaz renunció. Según una sirvienta fue Carmelita quien después de mucho insistir lo convenció de hacerlo, porque él no quería. Juan A. Mateos cuenta la escena de otra manera: "El César continuaba silencioso, sus ministros llenos de pánico y desconcertados, ni quien se atreviera a decir una palabra... Y aquel hombre que había desplegado en todas ocasiones su valor a toda prueba... se entregaba como un cordero al sacrificio y entregaba las llaves del reino... En silencio tendió la mano, mojó la pluma y trémulo de emoción puso su firma en el documento que sería enviado a la Cámara popular... Se ignora quién dio aviso a las multitudes, que se retiraron en medio de aplausos y algazara, gritando ¡Ya renunció!".[292]

El abatido don Porfirio se despidió de sus amigos y acompañado de Carmelita, algunos familiares, dos sirvientas (¿les preguntó alguien si querían irse tan lejos de su casa?), sus muchos objetos personales y ocho baúles que guardaban sus archivos, se dirigió a la estación de San Lázaro para tomar un tren a Veracruz. En el camino lo asaltaron unos bandoleros pero a los ilustres viajeros no les sucedió nada como no fuera tener que escuchar los gritos y mueras de la gente.

Cinco días permanecieron en el puerto recibiendo honores oficiales y homenajes populares y por fin el día 31, mientras una compacta muchedumbre los despedía en el muelle cantando el Himno Nacional y se disparaban veintiún cañonazos, la comitiva abordó el barco *Ypiranga* que los llevaría a Europa. Habían transcurrido apenas nueve meses desde los fastuosos festejos de la Independencia.

10

Los Díaz se instalaron en la capital de Francia donde eran muy respetados no sólo por los dignatarios del gobierno sino también por la gente común. Cuando entraban a algún sitio público los comensales se ponían espontáneamente de pie y esperaban hasta que ellos tomaran asiento.

En adelante, su vida consistió en emprender largas caminatas, hacer algunos viajes por Europa y Medio Oriente y recibir a parientes y visitas con quienes hablaban de la patria amada. Cuentan los testigos de esas conversaciones que ni don Porfirio ni Carmelita entendieron por qué les había sucedido la caída, pues lo mismo que Santa Anna en su momento, siempre creyeron que le habían hecho bien al país y aseguraban que cualquiera que quisiera gobernar a México tendría que hacer lo que hizo el general. Y también como Santa Anna, Díaz nunca perdió la esperanza de que lo llamaran de vuelta, sólo que a diferencia de aquél, no hizo locuras ni trató de forzar la situación. "Porfirio tiene la creencia —le escribió Carmelita a Limantour— de que cuando se calmen las pasiones y lleguen a juzgarse con absoluta frialdad a los hombres y las cosas en México, la verdad acabará por abrirse paso."[293]

Según Carlos Tello, Carmelita sufrió con resignación sus años en el exilio. No estaba sola: con ella vivían sus hermanas doña Sofía Romero Rubio de Elizaga y doña María Luisa Romero Rubio de Teresa y varias damas de apellidos ilustres que habían huido de "la bola" levantada en el país.[294] También el general soportó con dignidad la nueva situación y se dedicó a esperar la muerte, que tardó en llegar pues don Porfirio era "un hombre macizo, de cuerpo alto y fuerte" como bien había advertido Federico Gamboa.

Pero un día de julio de 1916, cuando Europa ardía con la primera guerra mundial, ésta llegó y lo recogió en la tranquilidad de su domicilio de la avenida del bosque de Boulogne.

Según Martín Luis Guzmán, Carmelita acompañó a su marido hasta el último momento, mientras deliraba sobre Oaxaca, sobre su madre y sobre su amada hacienda La Noria hasta que perdió el conocimiento. Ella le acariciaba la cabeza y las manos heladas. "Cuando le cerré los ojos y lo besé por última vez creí morir también" cuentan que dijo. "No había muerto en Oaxaca pero sí entre los suyos" escribió Guzmán.[295] Lo enterraron con todos los honores, junto a su espada y envuelto en la bandera nacional.

Carmelita era aún joven y cualquiera que haya sido la verdad sobre cómo se llevó a cabo su matrimonio, sin duda había llegado a querer mucho al general. Después de la muerte de éste, se quedó unos años más en Francia viviendo de las considerables rentas que le dejaban sus propiedades en México y que a pesar de la Revolución le llegaban puntualmente. Las había heredado de su padre y las administraba un primo suyo que trabajaba en el Banco Nacional de México. "Estaba consciente de vivir, como todos los exiliados, bajo la sombra de don Porfirio. Su departamento, poblado por los objetos que le pertenecieron era, por así decir, un centro de peregrinación al que concurrían con asiduidad los fieles del antiguo régimen."[296]

En noviembre de 1931 la señora Díaz volvió a tierras mexicanas "para vivir aquí sus años de viudez en la mayor discreción". Era una tarde fría cuando llegó a la ciudad de México, "su cabeza ayer rubia, hoy abatida por la desolación, estaba llena de canas respetables y dolientes" escribió Julio Sesto.[297]

Estarían para recibirla muchos amigos fieles que la ayudaron a instalarse en una casa alquilada, en el número 87 de la calle Quintana Roo, en la colonia Roma, entre reliquias históricas, artísticas y familiares "que le prestan evocador encanto a los salones llenos de recogimiento y recordación".[298] Según Guillermo Gómez, fue entonces cuando en respuesta a la pregunta de un periodista que la entrevistaba sobre su exilio, la señora pronunció su frase famosa: "Yo de México no me he separado nunca".[299]

Trece años más tarde y luego de una larga enfermedad que se prolongó por dieciséis meses —durante los cuales diariamente recibió la comunión puesto que era muy devota— y de una agonía que duró dos horas, Carmelita Romero Rubio de Díaz dejó de existir, el 25 de junio de 1944, a los ochenta años de edad.[300] La misa de cuerpo presente fue oficiada por el arzobispo Luis María Martínez, "Tributo último rendido a la que en vida inspiró la política de concordia político-religiosa más brillante de que tengamos noticias".[301] La enterraron en el panteón Francés, en la fosa propiedad de su familia, en un ataúd "cuya sencillez contrastaba con el esplendor que hasta la muerte de su marido la rodeó", amortajada toda de blanco y con una toca de velo también blanco envolviendo su rostro, hábito de las terciarias de Santo Domingo, orden a la que pertenecía desde hacía muchos años y cuyas reglas observaba rigurosamente, en el pecho un escapulario de la Virgen del Carmen y entre las manos un rosario.

En el periódico *Excélsior*, el periodista Carlos Denegri lamentó la marcha de esta "grande alma, noble alma" que "pasó por el mundo haciendo todo el bien que pudo". Y escribió la frase que cerraba una época: "El corazón del porfirismo dejó de latir ayer".[302]

11

Cuando Porfirio Díaz renunció a la Presidencia de la República, en virtud de los Tratados de Ciudad Juárez, se nombró como presidente interino al secretario de Relaciones Exteriores Francisco León de la Barra y Quijano, hijo de una familia de abolengo procedente de Chile, "diplomático por excelencia" según escribió Nemesio García Naranjo. A éste se le llamó "el presidente blanco" porque no tenía compromisos políticos aunque era sin duda un hombre del porfiriato.

Según Mateos: "De la Barra es todo un caballero, instruido y de gran talento, con educación exquisita, humilde y correcto... simboliza la luna de miel de la revolución triunfante... El pueblo lo recibió con los brazos abiertos y lleno de esperanza, la Cámara le dio la bienvenida con una estruendosa ovación".[303]

Cinco meses y diez días duró su mandato, tiempo que sirvió para que se convocaran elecciones y que le alcanzó para dar el tradicional grito la noche del 15 de septiembre, en una ceremonia en la que no hubo el regocijo de los años anteriores "y mucho menos el del más inmediato", como afirma Antonio García Ruiz.

De la Barra estaba casado en segundas nupcias con la señora María del Refugio Borneque y Schneider, hermana de su primera esposa María Elena Amalia, con quien tuvo dos hijos y que muy joven murió de tuberculosis. La tía Cuca, como le decían a la señora, a su vez era viuda y tenía tres hijos. Juntos procrearon otro más y el suyo fue, en opinión de un sobrino, "un matrimonio fantástico".[304]

Ella inmediatamente asumió los compromisos que le correspondían: asistió a ceremonias y banquetes, acompañó a su marido a visitar a los presos de la penitenciaria y a la escuela de sordomudos e incluso aceptó una fiesta que en su honor hizo el Colegio Militar en el Hipódromo de la Condesa a la que se presentó con un vestido de encajes y un enorme sombrero con sombrilla a juego.[305]

¿Tenía ella idea de lo que pasaba en el país? ¿supo del levantamiento maderista? ¿podía vislumbrar el cambio tan profundo que se estaba gestando? ¿había oído decir que las mujeres ya desde entonces enarbolaban la bandera del derecho al voto?

Quién sabe. Lo que sí es un hecho es que "después del deslumbrante fulgor de la corte porfiriana, la Presidencia de la República pierde su antiguo fasto y —como afirma Guillermo Gómez— las primeras damas desaparecen en la gloriosa penumbra del hogar".[306]

Refugio Borneque de De la Barra, primera dama apenas unos cuantos meses

III. La digna esposa del caudillo

México,
tú vales por el río
de las virtudes de tu mujerío.

Ramón López Velarde

La inseparable...

1

En 1910 empezó la Revolución, exactamente un siglo después de la Independencia.

¡Así es la revolución
que germina con su savia
y que llega a lo más hondo
de la tierra mexicana![1]

Sus orígenes se pueden buscar en la inconformidad de algunos grupos que querían participar en la vida política nacional y no encontraban oportunidad para hacerlo dentro del viejo régimen, de modo que hicieron por romper la esclerosis de un gobierno de treinta años, dirigido por oligarcas autoritarios y rígidos, que no parecían entender las necesidades del nuevo siglo y de las nuevas gentes criadas a la sombra de la paz, el auge, la riqueza y, también, de las ideas liberales.

Aunque no soy Blas Urrea
ni los periódicos lea
pos no sé ler ni escrebir
la democracia comprendo
y tal como yo la entiendo
se las voy a definir...
pa siembra o pa tamales
han de ser todos iguales...
haiga o no revolución
si todos somos mortales
pos hemos de ser iguales
amo, mayordomo y pión.[2]

Pero sus orígenes se pueden buscar también en la miseria y la explotación de campesinos, mineros y trabajadores cuyas acciones, protestas y huelgas habían sido una y otra vez violentamente reprimidas.

Con mi treinta treinta me voy a embarcar
dentro de las filas de la rebelión,
si mi sangre piden
mi sangre les doy
por los habitantes de nuestra nación.[3]

2

¿Qué fue la Revolución mexicana?

Según Luis Cabrera, se trataba de una lucha por la libertad, pues ya no podía soportarse más el malestar del caciquismo (tiranía de las autoridades locales), del peonismo (explotación de los campesinos en las haciendas), del fabriquismo (explotación de los obreros en las fábricas), del hacendismo (privilegio de los latifundios sobre las pequeñas propiedades), del cientificismo (privilegio de los grandes negocios contra los pequeños) y del extranjerismo (privilegio de las empresas extranjeras sobre las nacionales). Enrique Semo cree que la motivación estaba en el deseo de participación política de ciertos sectores, que habían conocido un importante desarrollo económico durante el porfiriato y a los cuales la vieja clase de los científicos había excluido de los puestos de poder gubernamental. Leopoldo Solís encuentra su causa en la crisis financiera mundial que se inició en 1907 y que tres años después mostraba ya serias consecuencias sobre la economía mexicana.[4]

Para Jesús Silva Herzog, en cambio, la lucha por la tierra fue su motor: "Puede asegurarse que la causa fundamental de ese movimiento social que transformó la organización del país... fue la existencia de enormes haciendas en poder de unas cuantas personas".[5] Arnaldo Córdova ha llamado "otras revoluciones" a los movimientos sociales de Emiliano Zapata en el sur y de Doroteo Arango, mejor conocido como Pancho Villa, en el norte. Aquéllos, campesinos despojados de sus tierras comunales y éstos, peones de las grandes haciendas; aquél, "dirigente y símbolo del agrarismo mexicano" y éste, "cabeza de una formidable insurrección plebeya de intensidad legendaria".[6]

Se trata, pues, de grupos distintos con móviles diferentes e incluso contradictorios y a todo eso se le llama la Revolución.

¿Tuvo ella un programa?

Castro Leal afirma: "El pueblo mexicano luchó y sufrió lanzado sin más programa que su anhelo, sin más método que su instinto, sin más límite que su piedad y su cólera, a redimir a un país en que había vivido siglos de olvido y servidumbre".[7] Arnaldo Córdova piensa lo mismo: "Su ideología y aun sus dirigentes... no expresaron proyectos de desarrollo u organización

Sara Pérez de Madero, hermana, colaboradora, compañera de lucha y guardián del recuerdo del apóstol asesinado

nacional. La proyección a ese nivel de sus posiciones, o fue casual o se limitó a las demandas inmediatas".[8] Y en la más célebre novela que la retrata, *Los de abajo*, de Mariano Azuela, el personaje Demetrio Macías se pregunta: "¿Pos cuál causa defendemos nosotros?".[9]

Y, sin embargo, la Revolución mexicana no nació de la nada: se venía incubando desde las tesis del Partido Liberal Mexicano hasta las doctrinas de los hermanos Flores Magón y su periódico *Regeneración*; desde los diarios de oposición y las caricaturas de Posada hasta novelas como *Perico* y *Tomochic*; desde los estudios sobre la situación nacional de intelectuales como Wistano Luis Orozco, Andrés Molina Enríquez y Luis Cabrera hasta los proyectos culturales del Ateneo de la Juventud que, como afirmó Henríquez Ureña, con sus esfuerzos de renovación cultural lucharon contra la opresión intelectual que significaba una filosofía demasiado sistemática y demasiado definitiva y "refutaron la base ideológica de la dictadura".[10] Y allí estaban también los programas: en el libro pionero de Madero que exigía la no reelección y en los planes que elaboraron las distintas facciones en lucha.

¿Qué logró la Revolución?

Ante todo, desordenar al país: choques sangrientos, saqueos, asaltos, atropellos, angustias y muchos muertos —se dice que un millón. Pero de ella resultó un cambio profundo en la estructura de la propiedad de la tierra, en las instituciones del gobierno y en las personas que usufructuaban el poder y la riqueza. Y también en las ideas. Porque, como ha dicho Carlos Monsiváis, la movilidad física permitió una transfiguración de las costumbres, quebró el rígido y jerarquizado sistema social y dio pie a una movilidad cultural.[11]

Así pues, la Revolución, con todo y su anarquía, rapiña, hurto, violencia, "echó a andar nuevamente la historia —escribió Alfonso Reyes— e hizo recobrar su fluidez al escenario petrificado".[12]

3

Francisco I. (Ignacio, Indalecio, Inocencio o Irineo) Madero era originario de Coahuila, hijo de una familia muy rica. Estudió en Estados Unidos y en Francia, viajó y leyó mucho y creía que la democracia era más necesaria que el pan de cada día. Desde muy joven militó en círculos democráticos y cuando dirigió las empresas agrícolas de su familia trató de aplicar sus ideas. En 1908 publicó un libro que resumía esas creencias y planteaba las inquietudes políticas de la época: se llamaba *La sucesión presidencial en 1910* y en él se oponía a la reelección de Díaz.

La conmoción que provocó ese texto fue grande. En todas partes se comentaba su propuesta, por igual en las mesas de las familias "decentes" que en las cantinas y pulquerías. Escribe François-Xavier Guerra: "El éxito del libro de Madero, el éxito del mismo Madero, no se comprende fuera del contexto de una generación alimentada desde la escuela primaria en el culto casi religioso de los valores liberales. En el lenguaje de la Patria de Madero, las ideas democráticas están revestidas y sostenidas por un vocabulario que hace constantemente referencia a las virtudes morales: rectitud, serenidad, honradez, prudencia, magnanimidad, fe, integridad, grandeza de alma, constancia, sinceridad, firmeza, lealtad... Este lenguaje explica el éxito del libro entre los grupos sociales intermedios de las ciudades de provincia y del campo que comparten con el autor el mismo gusto del pueblo y de la democracia ideal, ornamentado con los valores morales y religiosos tradicionales".[13]

Pronto empezaron a surgir los clubes antirreeleccionistas y la gente se empezó a ir a "la bola", armada con su machete. Y resultó que lo que en un principio parecía un movimiento fácil de sofocar, se fue convirtiendo en un fuego que, como había dicho el obispo de Michoacán hacía cien años, amenazaba con incendiarlo todo.

El 6 de noviembre de 1911, Madero se convierte en presidente de México, por elecciones en las que triunfa con nada menos que 98 por ciento de los votos. ¡Tenía que ganar dado que formaba parte de las tres fórmulas que contendían por el cargo y que eran: Madero y Pino Suárez, Madero y Vázquez Gómez, Madero y León de la Barra!

Don Francisco era un personaje singular. De baja estatura ("hombrecillo de apariencia insignificante" lo describía la prensa de la época), de cuerpo enclenque y lágrima fácil, soñador y místico, austero y altruista, vegetariano y espiritista, homeópata y predicador. Antonio Caso le llamó San Francisco Madero y otros le decían el Apóstol.

Desde muy joven, consideró que tenía una misión que cumplir como redentor de La Patria. Según Ignacio Solares, la tabla ouija le avisó que sería presidente de México y él aceptó ese anuncio como destino. Por eso anduvo por toda la república organizando clubes antirreeleccionistas y escribiendo panfletos para explicar, convencer y defender —con las armas si era necesario— la causa del "sufragio efectivo, no reelección".

En este fatigoso trabajo le acompañaba una pequeña comitiva: "La esposa Sara, el estenógrafo Elías de los Ríos y Roque Estrada, cercano colaborador y exigente testigo".[14]

4

Sara Pérez Romero, "la inseparable Sarita" como le llama Bernardo García, era hija también de un rico hacendado. Había nacido en San Juan del Río, Querétaro, en 1870, pero creció en Arroyo Zarco. Conoció a Madero porque era amiga de sus hermanas, con quienes había estudiado en un colegio de Estados Unidos y había iniciado con él una relación que fue difícil porque el joven aún no encontraba su camino. Él mismo lo relata en sus *Memorias*: "Diré que cinco años antes había estado en relaciones con ella, que la había ido a visitar con frecuencia a México, que llevábamos muy asidua correspondencia y que nos amábamos entrañablemente. Pero la distancia y la vida disipada que llevaba yo en aquella época, borraron poco a poco en mí esos sentimientos y acabé por romper con ella sin ningún motivo. Para ella fue un golpe terrible y para mí un motivo más para seguir mi vida disipada. Pero a pesar de que cortejé a muchas otras señoritas, en mis momentos de calma, de serenidad, volvía a brotar en las profundidades de mi alma la imagen de Sarita".[15]

Cuenta Madero que cuando su "adorada mamacita" enferma muy grave de fiebre tifoidea, él deja de ir a fiestas y paseos para dedicar su tiempo a cuidarla. En esos momentos recuerda a la amiga querida y se da cuenta "que a nadie podía amar con un amor tan grande y que difícilmente encontraría quien pudiera sentir igual cariño por mí". Entonces se forma "el propósito irrevocable de volver a Sarita" y lo cumple.[16]

La ceremonia del enlace civil se verifica en enero de 1903 en la residencia de un tío de la novia en la capital y un día después se lleva a cabo la boda religiosa en la capilla del Arzobispado. El banquete se sirve en el Hotel de la Reforma. Una foto del acontecimiento muestra a la novia, de treinta y tres años de edad, tres más que su marido, en su atuendo tipo francés, todo encajes y adornos, con la cintura estrechísima como se acostumbraba y sin dejar asomar ni un milímetro de la piel del cuerpo.

Madero quiso mucho a su esposa a la que consideraba como su "inseparable y amantísima compañera". Una carta da fe de esto: "Desde que me

casé me considero completamente feliz... mi esposa es tan cariñosa conmigo y me ha dado tantas pruebas de su cordura, de su abnegación y de su amor, que creo no poder pedir más a la Providencia". Las misivas dirigidas a ella las firmaba: "Tu amante esposo".[17]

La suya fue una pareja especial, pues más que marido y mujer los Madero fueron colaboradores y amigos, "hermanos" como se consideraban a sí mismos, dedicados en cuerpo y alma —se dice que incluso con voto de castidad— a su labor de promover el cambio político, tal como le había sido indicado a él desde el más allá.

Sarita fue una mujer diferente de las tradicionales esposas mexicanas: no fue ama de casa, no fue madre de familia; como escribe Aurelio de los Reyes: "Ella abandona ovillo y aguja, escoba y trapeador y se lanza a la calle a conseguir sus derechos".[18]

No era la única que hacía esto, pues ya para entonces muchas mujeres salían del hogar y fundaban clubes políticos, organizaban manifestaciones callejeras para apoyar demandas y hasta se lanzaban a la huelga. El caso más célebre es el de Carmen Serdán, nacida en Puebla y valerosa antirreeleccionista, quien en sus actividades secretas usaba el seudónimo de "Marcos Serratos" y que sirvió como correo, distribuyó armas, imprimió proclamas y consiguió fondos, por lo que fue hecha prisionera. Y hubo las que intentaban cambiar la forma tradicional de la vida en familia: la muy célebre actriz Virginia Fábregas, en 1911, entabló una demanda de divorcio que fue tan sonada como la de Laura Mantecón hacía más de un cuarto de siglo.

Sara Madero fue compañera de su marido, a cuyo lado estuvo siempre, acompañándolo "callada y valerosamente" a todas partes: en su gira electoral, "la primera que se hizo en México y llena de peligros reales",[19] por igual a los campamentos de soldados que a los mítines políticos, en los viajes por caminos difíciles que a la hora de los discursos y de las negociaciones. Allí está cuando él se aloja en hoteles de paso porque ninguno de los decentes le quiere dar cabida dada su fama de "alterador del orden" y allí está en una habitación alquilada frente a la cárcel cuando lo meten preso. Escribe Solares: "A fines de junio los trasladaron a la prisión de San Luis Potosí por haberse pronunciado en esa ciudad los discursos sediciosos de que se les acusaba. Tu esposa Sarita fue tras de ustedes, temerosa de que les aplicaran la ley fuga".[20] Siempre estuvo pendiente de sus necesidades, lo consoló, lo apoyó y lo sostuvo, con cariño y serenidad. En las noches de insomnio permaneció sentada junto a él y en las largas horas del día compartió sus sueños e idealismos, su esoterismo, su optimismo y también su pesada carga de trabajo. Así lo reconoce él en una carta que le escribió: "Me siento llevado por el destino, guiado por un deber, alentado por lo noble de nuestra causa... Tengo fe en el triunfo... Sé que adondequiera que vaya irán conmigo tus tiernas y fervientes oraciones y que esos pensamientos... formarán a mi rededor una atmósfera de bienestar que me protegerá siempre... Tu amor lo llevo siempre en mi corazón".[21]

Sara Pérez de Madero

Tan ciega era la fe de doña Sara en la misión de su marido y tan segura estaba de que la vía de la lucha armada señalada por él era la correcta, que ella misma arengaba a las tropas y organizaba actos proselitistas y festivales en pro de las víctimas del movimiento armado; iba a las reuniones de obreros y recibía a las organizadoras de los clubes políticos (como las antirreeleccionistas Hijas de Cuauhtémoc) y a comisiones que le presentaban toda clase de problemas. Además, presidía el club Caridad y Progreso cuyo nombre indicaba los dos puntos esenciales del programa maderista y desarrolló una intensa actividad benéfica que "sostenía a huérfanos, becaba a estudiantes, creaba escuelas, instituciones de caridad, hospitales y comedores populares".[22] Todo eso "mientras la imagen carismática de Madero iba creciendo hasta transformarse en el ídolo del México moderno".[23]

En efecto, cuando don Francisco entra a la capital aquel año de 1911, masas de gente lo aclaman, suenan las sirenas de las fábricas y se echan a vuelo las campanas de las iglesias. José Guadalupe Posada dibuja a Sarita sentada junto a su marido en el carruaje que recorre las calles, tan sonriente y saludadora como él, pero no fue así: ella no participa, sólo presencia, mezclada con el público, el recorrido que hace el triunfador desde la estación Colonia "en un coche descubierto y tirado por un poderoso tronco de caballos negros. Iba escoltado por un grupo de jinetes compuesto por algunos de los más destacados jefes revolucionarios... La comitiva llegó a la Cámara de Diputados a las once en punto de la mañana. Dentro del recinto parlamentario hubo muestras de júbilo, después se hizo el silencio y don Francisco I. Madero rindió su protesta. Una ovación extraordinaria rubricó la ceremonia y acompañó al nuevo presidente mientras abandonaba la sede de la Cámara baja. De allí se dirigió a Palacio Nacional donde el Lic. De la Barra le entregó formal y solemnemente el poder y luego pasó a recibir las felicitaciones del cuerpo diplomático. En las calles el pueblo celebró el acontecimiento que llenaba a todos de optimismo: el primer día de la democracia en el México del siglo XX".[24]

¿Podemos imaginar su emoción en ese momento, cuando el sueño parecía cumplido? ¿qué sintió al atravesar la ciudad y ver las mismas bardas que había visto doña Carmelita unos meses antes, pero que en lugar de decir ¡Muera Díaz! decían ¡Viva Madero!? ¿podemos imaginar su felicidad al escuchar las aclamaciones a su marido no sólo por parte de la gente común sino incluso de los jefes revolucionarios, con las campanas que repicaban desde catedral y hasta con el temblor de tierra que sacudió a la capital esa madrugada —y que fue de diez grados porque, como decían entonces, duró el tiempo suficiente para rezar diez avemarías— como símbolo de la conmoción nacional que significaba ese triunfo?

Porque allí estaba Sarita en esos momentos solemnes y allí estaría en todos los demás durante el mandato de su esposo: en las fiestas (aunque no le interesara nada de lo que había gustado a Carmelita Díaz, ni las reuniones sociales, ni la moda, ni las costumbres de las clases acomodadas), en los paseos por la ciudad (con el embajador norteamericano), en los repartos de ropa y las acciones de caridad,[25] en el viaje al sur (para negociar con Zapata), en la noche

Sara Pérez de Madero

del 15 de septiembre para la ceremonia del Grito que en esta ocasión refrendaba la Independencia celebrándola con gran júbilo popular y también cuando el señor Madero rindió su informe a la nación.

Y en todas las ocasiones se ve que la señora hacía un esfuerzo por verse bien, tratando de ser elegante con sus vestidos largos, sus abrigos de pieles y sus imponentes sombreros que se le veían ridículos porque era muy menudita. Por cierto, que los periódicos no la mencionan por su nombre, siendo que aparece en las fotografías que ilustran profusamente los reportajes. ¡Eso jamás habría sucedido con Carmen Díaz, de la que se hablaba siempre que participaba en cualquier acto! Mucha razón tenía Guillermo Gómez al afirmar que la Presidencia había perdido su antiguo fasto y las primeras damas habían desaparecido "en la gloriosa penumbra del hogar".

Pero de eso precisamente se trataba: de cambiar al país que había sido México durante el largo mandato de Porfirio Díaz.

5

El "Apóstol de la Democracia" no pudo gobernar: "Adscrito a la vieja legalidad, quiso clausurar la agitación y las expectativas recién abiertas en el

país, para establecer en la República convulsionada simplemente un nuevo gobierno, no un nuevo orden". Pronto encontró resistencia "por igual entre las corrientes que sí querían el cambio como entre los intereses creados que ambicionaban la restauración".[26] En su mismo gabinete, que él ingenuamente quiso que fuera de conciliación nacional, empezaron las peleas entre exporfiristas y revolucionarios y no pudo controlarlas. Tampoco pudo contra la ambición de algunos que, como el general Bernardo Reyes, se sentían calificados para gobernar. Ni pudo con la insurrección campesina que no se calmaba en el sur del país, ansiosa por conseguir reformas y que terminó poniéndose en su contra con el Plan de Ayala. Las acusaciones iban desde "inepto" y "ultrajador de la causa de la justicia y las libertades del pueblo" hasta "traidor a la Patria".

¿Qué sentía ahora Sarita Pérez cuando abría los periódicos y veía cómo se burlaban sin piedad de su marido? Porque si algo define ese breve tiempo democrático, es que la prensa fue libre como nunca pues para Madero la libertad de expresión era un principio fundamental e inviolable. Sólo que paradójicamente, dice Krauze, ella "ejerció contra él la más intensa campaña de ofensa y descrédito personal que haya recibido alguien en la historia de México": sátiras, caricaturas y versos atacaban al presidente no sólo como gobernante sino como persona. El poeta José Juan Tablada le escribe:

¡Qué paladín vas a ser,
te lo digo sin inquinas,
gallo bravo quieres ser,
y te falta Chantecler,
lo que ponen las gallinas![27]

De todo lo acusaron, de todo se burlaron. Como escribe Solares: "Te acusaron de ser corto de estatura, de no tener el gesto adusto y duro el mirar, de ser joven, de emocionarte al hablar, de no ser militar, de decir discursos directos y transparentes, de ser vegetariano, de ser espiritista, de ser optimista, de haber volado en aeroplano, de gustar del baile y tantas cosas más". ¡Incluso de querer y respetar a su esposa, pues eso no era usual y mucho menos en público!: "Y si hacían befa de tu valor, ¿cómo no hacerlo de lo que más amabas y respetabas, tu esposa?".[28] ¿Qué sintió doña Sarita cuando encontró aquel pasquín en el que decían que era el perro faldero de su marido y cuando le inventaron aquello de que era su sarape por lo de Sara P.?

6

A quince meses de iniciado su mandato, empezaron los levantamientos en contra de Madero. En febrero de 1913, varias secciones de la guarnición de la capital se sublevaron, liberaron a los presos Félix Díaz y Bernardo Reyes y trataron de tomar el Palacio Nacional. Como no pudieron, se refugiaron en

Sara Pérez con Francisco I. Madero

Sara Pérez con Francisco I. Madero

La Ciudadela, dando así inicio a lo que se conoce como "la decena trágica", diez días de una cruenta guerra civil con muchos muertos, escasez de alimentos y pánico.

Un testigo de los sucesos relata: "Un domingo nos levantamos temprano para salir con rumbo cerca de la colonia Roma para cobrar los abonos. Como a las siete una persona había salido a la calle y regresó y dijo que en el zócalo había un movimiento militar y que no pudo saber lo que había. Vimos que el zócalo estaba rodeado de soldados con carabina en mano, lo mismo en los altos del Palacio Nacional, en la catedral y sus altos campanarios y las azoteas de las casas cercanas. Nosotros fuimos y abordamos el tren eléctrico y un momento más tarde oímos fuertes tiroteos y los disparos de los cañones... El zócalo se llenó de muertos y heridos. En los diez días que duró la lucha hubo muchas pérdidas de vida en el ejército y en el público... Grandes edificios fueron derribados por las balas de los cañones. En los días que duró, el público no podía salir a ningún lado para arreglar sus asuntos domésticos, sólo podía hacerlo en las dos horas diarias que daban los combatientes como horas de descanso. Un día en esas horas de descanso yo y mi señora salimos y dimos una vuelta caminando hasta llegar cerca de los combatientes y vimos los montones de muertos que estaban listos para quemarlos con gasolina".[29]

Por toda la ciudad aparecen cadáveres, "en los jardines, en las plazas desiertas, en los atrios de los templos, al pie de las paredes, en las avenidas desoladas, debajo de las ruinas, en los quicios de las puertas. Se pudrían en la luz azafrán del atardecer... Casi en cada esquina ardían piras de cuerpos humanos... La humareda permanecía flotando dos o tres metros por encima del nivel del pavimento... El hedor caliente recordaba el de los muladares y las moscas, también".[30]

Para sofocarlos, el presidente llamó a Victoriano Huerta, un general que se convirtió así en el hombre fuerte de la República, pues en lugar de combatir a los rebeldes entró en negociaciones con ellos para hacerse del poder.

Huerta detiene a Madero y al vicepresidente Pino Suárez. Sus esposas temen por ellos y van a Palacio Nacional a buscarlos, pero no las dejan entrar. La señora María Cámara Vales de Pino Suárez le manda una carta a su esposo en la que relata el estado de ánimo de la familia que le aguarda en casa y que no piensa sino en qué hacer para liberarlo: "Estoy intentando convencer a los actuales gobernantes de que por ningún motivo has de volverte a meter en política y que sólo deseas recobrar tu libertad para dedicarte por completo a tu familia que tanto te necesita. Espero que comprendan la sinceridad de mi ofrecimiento, que tú cumplirás al pie de la letra".[31] ¡Tan grande era el dolor de las esposas como para andar haciendo estas promesas que quién sabe si sus maridos aprobaban!

Por su parte Sarita, desesperada, se lanza a buscar al embajador de Estados Unidos Henry Lane Wilson, el mismo con el que el presidente había paseado por las calles y al que había sentado cerca de él en los banquetes, para pedirle que interceda por don Francisco. "Ésta es una responsabilidad que no puedo echarme encima —le respondió aquél, que según Manuel Rojas había sido el que incitó a Huerta contra Madero—, usted sabe señora que su esposo tenía ideas muy peculiares." Indignada, la señora le responde con una frase que da la medida de su fe en Madero y de cómo compartía su pensamiento: "Señor embajador, mi esposo no tiene ideas peculiares sino altos ideales".[32]

Años después, en una entrevista, Sara Pérez de Madero declaró: "No volví a ver a mi esposo desde que dejó el castillo de Chapultepec para ir al Palacio Nacional en la mañana del 9 de febrero... Temprano en la tarde traté de hablar con él por el teléfono privado y no pude obtener contestación... Cuando estaba aún en el teléfono llegaron tres ayudantes del presidente... me refirieron lo que había pasado en el Palacio, que Huerta se había apoderado del poder, que se había atentado contra el presidente en su misma oficina... Inmediatamente que los ayudantes del presidente me refirieron lo que había pasado, busqué refugio en la legación japonesa".[33]

El 22 de febrero de 1913, los prisioneros "fueron sacados y subidos al automóvil que fue escoltado por otro vehículo en el cual iba una guardia de rurales bajo el mando de un tal mayor Cárdenas... Los automóviles avanzaron por un camino tortuoso en la dirección de la Penitenciaría pero pasaron de largo la entrada principal y continuaron hasta el extremo más apartado del edificio donde se les ordenó detenerse. Comenzaron entonces algunos disparos que pasaban por el techo del automóvil y el mayor Cárdenas hizo que sus dos detenidos descendieran de su vehículo. Mientras bajaba Madero, Cárdenas le puso su revólver a un lado del cuello y lo mató de un balazo. Pino Suárez fue conducido hasta el muro de la Penitenciaría y fusilado ahí".[34]

En la entrevista de 1916 con el periodista Robert Hammond Murray, la viuda dijo: "Tengo la firme convicción de que si el embajador hubiera hecho enérgicas representaciones, como era razonable esperar que lo hiciera... no sólo se habrían salvado las vidas del presidente y el vicepresidente sino que se habría evitado la responsabilidad que recae con esos hechos en Estados Unidos por los actos de su representante diplomático".[35] Este documento, una vez transcrito, fue firmado y autentificado por ella y por el cónsul de ese país vecino y depositado en la legación norteamericana.

La historia recuerda a Sarita Pérez de Madero en ese momento terrible: "Su imagen piadosa ha quedado fija en el acto de eterno amor custodiando el martirio del apóstol asesinado".[36]

7

Luego de la muerte de su marido, la señora de Madero se exilió primero en Cuba a donde la llevó el embajador Manuel Márquez Sterling y después en Estados Unidos. Su casa de la calle Berlín fue saqueada e incendiada. Vivía sola porque nunca tuvo hijos, quién sabe si por la edad a la que se casó, que para ese tiempo era muy avanzada, porque no quiso tenerlos para poder dedicarse a la causa, o por el supuesto voto de castidad. En sus *Memorias* Madero dice "aunque hasta ahora no tengo sucesión, vivamente deseo tenerla".[37] Pero eso no sucedió.

En 1921, Sarita volvió a la patria para vivir retirada en una casa de la calle Zacatecas en la colonia Roma de la capital, a donde pasó su viudez en la más absoluta oscuridad, manteniéndose con una pensión del gobierno. Claro que no faltó un periodista que la siguiera y pudiera relatar cómo hacía algunas obras de caridad. Por ejemplo un día: "Fue al hospital Juárez para visitar a una muchacha que ha tenido a su servicio y en ese trance su ayuda fue muy oportuna porque le llevaba dinero para que comprara las medicinas y le hacía buen rato de conversación para animarla".[38]

Varios años más tarde, José Emilio Pacheco escribiría: "Entre el parque y mi casa vivía doña Sara P. de Madero. Me parecía imposible ver de lejos a una persona de quien hablaban los libros de historia. La viejita frágil, dignísima, siempre de luto por su marido asesinado".[39]

Mientras vivió, diariamente Sarita llevó flores a la tumba de su esposo. No fue la única. Las mujeres que habían formado el Club de Lealtad a Madero —entre ellas aquella María González en cuya casa se había alojado el revolucionario cuando su huida a San Antonio— hicieron lo mismo. Todas cuidaron la memoria del mártir.

El último día de julio de 1952, casi cuarenta años después del asesinato de su marido, murió en su casa de Zacatecas 88 doña Sarita, "primera dama de la Revolución", como le llamaron los diarios de la época.

...y las acompañantes

1

En febrero de 1913, al sucederse el cuartelazo, había asumido el poder el secretario de Relaciones Exteriores, licenciado Pedro Lascuráin Paredes, quien permaneció en el cargo durante cincuenta y seis minutos (algunos dicen que fueron cuarenta y cinco), tiempo que nada más le alcanzó para renunciar a favor del ministro del Interior Victoriano Huerta, a fin de que el nombramiento adquiriera ropaje de legalidad.[40]

Seguramente la señora María Enriqueta Flores Manzanera de Lascuráin, nacida en 1873 y muerta en 1951 en Francia, ni siquiera se enteró de que fue primera dama, pues para cuando su marido volvió a casa esa noche y se lo contó, ya había sido y ya había dejado de ser presidente de México. Y es que en ese día sucedió que el país tuvo tres presidentes, aunque no simultáneos como había pasado en el siglo anterior. En esa ocasión, desayunó con Madero, almorzó con Lascuráin y merendó con Huerta. Pero fue éste el que se quedó.

José Victoriano Huerta Ortega tenía cincuenta y nueve años cuando asumió el cargo más elevado de la República. Era de corta estatura, corpulento, gesto decidido y mirada franca dice Josefina Vázquez, los ojos siempre vigilantes detrás de sus gruesos anteojos. De origen humilde, había nacido en Jalisco y según Fernando Orozco era "indio de raza pura" pues su madre era una indígena huichol.[41] Desde siempre había seguido la carrera militar, y se había mostrado desconfiado y astuto, brutal y sanguinario. La gente que lo conocía afirmaba que era un barbaján que "predicaba fusiles al tiempo que citaba mil veces a Dios". Sin ponerse la mano en el corazón mandaba matar a quienes consideraba sus enemigos y a aquellos soldados que por haber sido reclutados por el método de la leva no le eran todo lo fieles que esperaba. Circulaba por entonces una canción:

La leva, la odiosa leva
sembró desolación...
Al obrero, al artesano,
al comerciante y al peón
los llevaron a las filas
sin tenerles compasión.[42]

Era suya una bien ganada fama de dipsómano que reconocían hasta sus amigos más cercanos: "Pocos hombres he conocido en el mundo que beban tanto como él", decía el periodista Nemesio García Naranjo, testigo presencial de varias de las francachelas del usurpador. ¡Y que alguien llamara la atención por bebedor en un país de coroneles borrachos (como dice el poema de Tablada) era mucho! Tan grande era su vicio, que se podía beber una botella de cognac en una hora. Eso lo cuenta él mismo en sus *Memorias*[43] las que aunque se consideran apócrifas, dan fe de cómo se le veía. Y se dice que una vez cambió su elegante abrigo por una botella de tequila barato, con tal de no quedarse sin bebida.

Sus asuntos los despachaba en cantinas, centros nocturnos y casas de juego y sus ministros tenían que andar buscándolo por todos los antros de la ciudad cuando algo se necesitaba.

¿Qué pensaba Emilia Águila del alcoholismo de su señor marido? ¿le molestaba o, por el contrario, mandaba ella misma a comprarle las botellas de cognac marca Henessy que era el que más le gustaba?

2

La señora Emilia Águila había nacido en Jalapa, capital del estado de Veracruz. Era hija de una familia de buena posición, descendiente de españoles y nadie sabe cómo es que se llegó a casar con ese hombre al que según Heriberto Frías le decían "el Chichimeca", palabra que era sinónimo de bárbaro.

Pero si seguimos la historia de México, vemos que esto sucedía con bastante frecuencia: las familias de buena posición aunque no ricas, estaban urgidas por casar a sus hijas (que por lo general eran muchas) y entonces adquirían para ellas el primer marido que pudieran conseguir, y en el arreglo se supone que ganaban los dos: ella no se quedaba soltera y él ascendía de clase social. Si observamos la fotografía de doña Emilia, es probable que la razón de ese matrimonio haya sido que la mujer era muy poco agraciada físicamente. Según Aurelio de los Reyes, la señora "era un desacato a la elegancia, al porte y a la distinción".[44] Sin embargo, según Edith O'Shaughnessy, esposa del encargado de negocios de la embajada de Estados Unidos en nuestro país, "la señora Huerta fue una mujer muy bella, de finas cejas y dignos ojos; ahora es seria y callada, con una expresión de sobriedad en el rostro".[45]

Emilia Águila de Huerta, amable señora, ¿cómo fue que casó con ese hombre bárbaro y grosero?

Lo que la embajadora tomaba por sobriedad, seguramente era amargura, porque su marido era un hombre grosero, alcohólico y mujeriego. Julio Sesto describe una de sus aventuras: "Don Victoriano estaba hipnotizado por la tiple María Caballé, morena y graciosa y con mucho ángel en la escena... Encarnaba y realizaba admirablemente los papeles que se le asignaban en el Teatro Principal, al que acudía noche tras noche el señor presidente que tenía su palco oficial... La cosa se puso tan seria que María tuvo que esconderse en la legación argentina... No sé cómo saldría de México. Ha de haberle costado trabajo. Ella se salvó de aquel cuartelazo amoroso".[46]

Como sea, mientras su marido fue presidente, doña Emilia cumplió con sus obligaciones asistiendo a fiestas oficiales y organizando conciertos y festivales de caridad a los que invitaba a los militares, a los ministros y al cuerpo diplomático con sus esposas y a los que se presentaba elegantemente ataviada.

Escribe la señora O'Shaughnessy: "Cuando llegamos la primera vez a México, las recepciones las presidía la bella doña Carmen Díaz; luego vino la recién casada señora de De la Barra, dulce y sonriente; después la señora de Madero, honrada, pía y apasionada. Ahora la señora de Huerta es la primera dama, todo esto en dos años y medio. Mañana Huerta y su señora van a recibir en Chapultepec. Es la primera vez que se usará oficialmente la residencia presidencial".[47] Y en la prensa del día siguiente se describe ese evento: "Mujeres de pechos exuberantes y pequeña estatura, con cabellos oscuros partidos sobre sus gruesas cejas y sujetos con bandas de pasamanería... La esposa del presidente vistió un traje de corte princesa entallado de terciopelo con camisolín de satén blanco y guantes negros glacé".[48]

Pero la festividad más importante que se llevó a cabo durante el mandato de Huerta fue sin duda la boda de su hija Luz con el capitán primero del Estado Mayor Luis Fuentes. Los periódicos de la época cuentan la boda en el templo de San Cosme con la bendición nupcial impartida por el ilustrísimo don José Mora y del Río, y el banquete para trescientas personas en la casa particular de la familia del presidente en la colonia San Rafael, en donde habían permanecido viviendo con sus trece hijos, en lugar de mudarse a la residencia oficial. El vestido de la novia había sido hecho en París con aplicaciones de encaje valenciano y una abundante cauda. Y en "la corte de amor" desfilaron diez damas vestidas "primorosamente" de rosa y azul pálido y diez caballeros en uniforme de gran gala. Entre la numerosa y destacadísima concurrencia se pueden captar los nombres de la vieja aristocracia porfirista: Mier, Corcuera, Rincón Gallardo, Casasús, Creel, Romero Rubio, Cusi, Castelló, Lascuráin y muchos otros.[49]

Al leer esta nota social, me percaté de que aquello que escribí en la primera versión de este libro, en el sentido de que "la gente fina no quería codearse con los Huerta" —información que obtuve de una entrevista con una estudiosa de la época— no era cierto. Josefina Vázquez afirma que "las clases decentes" lo recibieron bien y que el arzobispo hasta le ofició un tedeum.[50] Fuentes Mares lo confirma: "No me explico cómo la gente decente se alió con tamaño asesino... haciendo difícil definir lo que la decencia sea".[51] Y también lo apoyaron varios intelectuales y alguno que otro poeta, como José Juan Tablada, que dedicó montones de cuartillas a elogiarlo, y Amado Nervo, quien en una carta suspira aliviado porque "al fin llegó ese puño de hierro que todos queríamos para terminar con el caos que existía desde 1910".[52]

3

Como se infiere del relato de la señora O'Shaughnessy, con todo y las balas la vida seguía su curso y las personas trataban de que no les afectara tanta guerra. Las grandes fiestas de los Huerta indican que se seguían haciendo banquetes y bailes y que la gente rica se mandaba traer ropa de París.

También la vida intelectual seguía su curso: en Teotihuacán se estaban haciendo excavaciones que sacarían a la luz la hermosa Ciudad de los Dioses con sus imponentes pirámides; la Universidad Nacional que había vuelto a abrir sus puertas en 1910 gracias a la iniciativa de Justo Sierra, daba cursos y los alumnos asistían con regularidad; y se inicia la Universidad Popular Mexicana en donde daban clases profesores que componen la primera línea de los pensadores de la época, se inician revistas literarias, se forman grupos de estudio y discusión y se dictan conferencias.

El historiador Edmundo O'Gorman recuerda cómo en su casona de San Ángel, amenazada por las tropas revolucionarias, el padre enarboló una bandera inglesa en el portón principal como señal de paz y por las tardes reunía a la familia para cumplir el ritual de lectura de una novela. ¡Y todo eso mientras afuera retumbaban los cañonazos![53]

4

Diecisiete meses duró Victoriano Huerta en el cargo, un periodo al que la historia oficial calificaría de "usurpación", aunque en aquel momento recibió el reconocimiento de varios países (incluso se le concedió un préstamo) y toda suerte de felicitaciones y festejos: "Millares de hombres y mujeres de toda condición, frenéticos, felices, irracionalmente contagiados de regocijo, marchaban en compactas legiones hacia el Zócalo gritando mueras a Madero, vivas a Huerta y bromas a quienes desde azoteas y ventanas los veían desfilar".[54]

Pero ese gobierno fue una dictadura brutal: "El crimen político fue una práctica común y la libertad de prensa un artículo de lujo que dejó de existir... Ordenó la detención de ochenta y cuatro diputados y la disolución de la legislatura. La mínima imprudencia podía costarle la vida a cualquier funcionario... La moneda se devaluó cuarenta y nueve veces".[55]

El relevo político en Estados Unidos hizo que los europeos le retiraran su apoyo por presiones del nuevo presidente Wilson, quien además envió sus tropas a Veracruz. Aun así, el "tal Huerta" —como le llamaba una canción de la época—, el "vil canalla" —como le llamaban sus enemigos— no cayó hasta que se levantó en armas contra él Venustiano Carranza, gobernador de Coahuila. Al percatarse de que su derrota era segura, huyó del país.

El general se va a Europa, pero no "se halla" tan lejos de México. Decide entonces instalarse en Estados Unidos para estar más cerca y una vez allí, empieza a planear su regreso al terruño. La primera guerra mundial hace que los alemanes pretendan patrocinar ese retorno para conseguir a cambio el apoyo a sus intereses. El espionaje británico descubre la intriga, lo que le vale ser arrestado por los norteamericanos, quienes lo encierran en la prisión militar de Fort Bliss. Allí "el chacal", como le llama Fuentes Mares, se convierte en un gatito que llora porque no le permiten ingerir su acostumbrada ración de alcohol. Amargamente suplica y gime pidiendo bebida que no le dan.

Victoriano Huerta murió en su cama de cirrosis hepática el 14 de enero de 1916.[56] La señora Emilia murió en el año de 1940. ¿Disfrutó durante ese cuarto de siglo de su viudez ya sin nadie que la importunara?

5

La Revolución estaba en su apogeo, con levantamientos por todas partes: "Los ejércitos revolucionarios, a bordo de sus trenes abigarrados, en largas columnas de caballería o en pequeñas partidas, entran y salen de pueblos y ciudades, ocupan las casas porfirianas, vuelan trenes, levantan ganados y cosechas. Miles de hombres salen de sus casas y sus pueblos. Tras ellos, junto a ellos, van sus mujeres convertidas ahora en una masa anónima de soldaderas que ejercen ellas mismas una fulminante revolución de las costumbres sociales y sexuales".[57]

Y por si eso no bastara, las tropas norteamericanas atacan Veracruz, "esa frontera junto al mar" como llamó el escritor José Mancisidor al puerto. El 21 de abril de 1914 un periódico publicó la siguiente noticia: "Después de un reñido combate en que los cadetes de la Escuela Naval y algunas tropas del 19° Batallón intentaron resistir a los invasores, marineros provenientes de la escuadra estadounidense anclada en ese puerto se apoderaron finalmente de la ciudad".[58]

Al caer Huerta, el cargo de presidente de la República lo había asumido el licenciado Francisco S. Carvajal, presidente de la Suprema Corte de Justicia, quien permaneció en él entre julio y agosto de 1914, tiempo que utilizó para hacer ceremonias honrando a Juárez, hasta que los ejércitos constitucionalistas entraron triunfantes a la capital. Ésta, como acostumbraba hacer con los victoriosos de cualquier facción, dice Fuentes Mares, les hizo un recibimiento multitudinario y festivo a los nuevos amos.

Encabezándolos venía Venustiano Carranza Garza, jefe de la facción constitucionalista, quien inmediatamente ocupó el cargo: "Ayer, después de medio día, llegó a la ciudad de México el señor Carranza y de acuerdo con el Plan de Guadalupe, asumió la dirección de la República".[59]

Venustiano era el onceavo vástago de una familia de terratenientes de raigambre liberal-juarista, que había sido senador durante el porfiriato y luego gobernador de Coahuila, y que se había instaurado a sí mismo como defensor del constitucionalismo frente a los muchos grupos revolucionarios en pugna.

Alto, de imponente porte, elegante, acostumbraba ataviarse con un traje que según Fernando Benítez estaba "a medio camino entre militar y civil" y usaba una barba de chivo. Como rondaba los sesenta años cuando ganó, el mismo Benítez le llamó "El rey viejo".[60] Según uno de sus biógrafos, el hombre "carecía de ingenio pero también de nerviosismo o incertidumbre. No fumaba y apenas si bebía. Era muy astuto".[61] Pero lo que más llamaba la atención en él era, según quienes lo conocieron, "su natural tozudo", "obcecado", que para Fuentes Mares no era otra cosa que "su terquedad de aragonés".[62]

Desde que se convierte en presidente, Carranza intenta gobernar aprovechando el regocijo por la vuelta de la legalidad, que en el mes de septiembre creció por el aviso que hicieron los norteamericanos de la pronta evacuación de las tropas invasoras, ordenada por el presidente Wilson porque "habían desaparecido las causas que motivaron la ocupación".[63]

La noche del 15 de septiembre, la del Grito, un Carranza emocionado leyó desde el balcón central del Palacio Nacional el cablegrama que anunciaba la buena nueva y "los toques de la campana se perdieron entre el entusiasmo popular".[64]

6

Con el fin de lograr una negociación entre las facciones en pugna, se reunió en octubre del 14 en Aguascalientes, la llamada "Convención" (Soberana

Convención Revolucionaria), a la que acudieron representantes de los diversos grupos. Pero como dice Josefina Vázquez, "se carecía de una indispensable coherencia para unificar voluntades y sólo los agravios eran concretos", de modo que los señores no se pudieron poner de acuerdo en casi nada, excepto en una cosa: le quitaron la Presidencia a Carranza y se la dieron, a título provisional, al general Eulalio Gutiérrez de quien esperaban la conciliación. Escribe José Vasconcelos: "La Convención consumó el parto de los montes: eligió presidente por veinte días, mientras volvía a haber quórum, al general Eulalio Gutiérrez, tercero en discordia, candidato de transacción que no solicitó un solo voto pero que se aprestó a cumplir con su deber tan pronto estuvo nombrado. Tan patente era el absurdo, que en otra sesión le dieron nombramiento indefinido".[65]

Por supuesto, Carranza no reconoció el nombramiento de Gutiérrez y otra vez el país tuvo dos presidentes: uno que instaló su gobierno en el puerto jarocho y otro que, apoyado por la Convención, estaba en la capital y al que poco le importaba que aquél "rabiara en su islote de Veracruz".

Pero apenas pasados dos meses, en la madrugada del 16 de enero de 1915, el presidente Gutiérrez huyó. Para el cargo fue nombrado el también general Roque González Garza quien poco después se vio obligado a llevarse su gobierno a Cuernavaca ante la amenaza de los ejércitos carrancistas que se acercaban a la capital. Sólo seis meses aguantó en el puesto: en junio abandonó la capital por sus diferencias con los jefes rebeldes. En su lugar fue designado el abogado veracruzano Francisco Lagos Cházaro quien tampoco pudo sostenerse más de seis meses y en octubre salió del país. "La derrota militar de la Convención no puede separarse de su fracaso mayor consistente en la incapacidad para asumir el peso de la administración nacional", escribe García.[66] Y es que no era fácil controlar a este país, ni siquiera a esta ciudad capital que como decía el general Villa, "es un rancho muy grande para nosotros".

7

Corría el año de 1915, "año por excelencia de la violencia, su gratuidad descarnada y su secuela devastadora", dicen Héctor Aguilar Camín y Lorenzo Meyer. El país ardía en batallas y guerrillas, en violencia y confusión, en saqueos y muertes. Volaban los trenes, los colgados se quedaban por días sin que nadie los recogiera, la sangre de los fusilados embarrada en los muros, las casas saqueadas y las señoritas sacadas a jalones de sus escondites para violarlas. Como escribió Salvador Novo, era "el florecimiento de los máussers" y como afirmó José Rubén Romero, era "el pillaje, el vandalismo". En su célebre novela *Los de abajo*, Mariano Azuela narra lo que era la Revolución:

"Y cuando comienza un tiroteo lejano, donde va la vanguardia, ni siquiera se sorprenden ya. Los reclutas vuelven grupas en desenfrenada fuga buscando la salida del cañón.

¡Fuego!... ¡Fuego sobre los que corran!...

¡A quitarles las alturas!, ruge después como una fiera.

Pero el enemigo, escondido a millaradas, desgrana sus ametralladoras y los hombres de Demetrio caen como espigas cortadas por la hoz.

Demetrio derrama lágrimas de rabia y de dolor cuando Anastasio resbala lentamente de su caballo, sin exhalar una queja, y se queda tendido, inmóvil. Venancio cae a su lado, con el pecho horriblemente abierto por la ametralladora y el Meco se desbarranca y rueda al fondo del abismo. De repente Demetrio se encuentra solo. Las balas zumban en sus oídos como una granizada. Desmonta, arrástrase por las rocas hasta encontrar un parapeto, coloca una piedra que le defienda la cabeza y, pecho a tierra, comienza a disparar."[67]

En uno de sus relatos más conmovedores, la escritora Nellie Campobello cuenta lo que eran esos tiempos desde el lado de la gente común que no iba a las batallas pero que sufría las consecuencias:

"Fue al mediodía. Se oyó un balazo grande, retumbó toda la calle, se estremecieron las casas. El brazo de mi hermanito, hecho trizas, apareció arrastrado por un cuerpo ennegrecido; su ropa y su cara destrozadas, renegridas. El plomo se le incrustó en todas partes. Corrió llevando su carne rota ante mamá. Primero caminaron una cuadra: iban a buscar un médico. Luego se devolvieron porque ya no pudieron seguir: el niño se moría. Ella, enloquecida, iba y venía. Se le moría su hijo. Le gritaba a Dios, le pedía a la Virgen, lloraba."[68]

En la capital la situación era muy grave. Distintos ejércitos revolucionarios la ocuparon y cada uno de ellos se apoderó a su gusto de bienes y personas y se puso a emitir billetes que nada valían pero que la gente se veía obligada a aceptar. Rubén Salazar Mallén le llamó a esta temporada "el tiempo del hambre". Faltaban los alimentos, el agua y el combustible, se sentía miedo. Los habitantes estaban humillados dice Julio Sesto, al borde del colapso: "La ciudad de rodillas y los congales llenos de mujeres".[69] La mayoría se escondía tras las puertas cerradas a piedra y lodo de sus casas y otros salían de ella buscando refugio: "Enjambres de familias fugitivas huían" escribe Bernardo García.

La gente se comía lo que podía ¡hasta a los perros callejeros! y cortaba sus muebles y hasta los centenarios ahuehuetes de Chapultepec para hacer leña. Escribe Alejandra Moreno Toscano: "Días antes de la primera entrada de los zapatistas a México, el comercio cerró. La población urbana comenzó a comprar alimentos en exceso para almacenarlos en sus casas. Se temía a los saqueos. Cuando entró Villa con sus tropas, se repitió la escena pero además lo acompañaban veinte mil soldados que también demandaban alimentos. Cuando volvió Obregón y los zapatistas se replegaron a Padierna, se suspendió el suministro de luz (porque los zapatistas cerraron las fuentes de Xochimilco) y como tampoco había carbón, los habitantes tenían que salir de noche y a escondidas, a cortar árboles de calles y avenidas para hacer fuego. Todas las fábricas del Distrito Federal habían cerrado y tampoco los ferrocarriles introducían materias primas para la producción. La ciudad estaba llena de desempleados y de limosneros que deambulaban sin rumbo fijo y dormían en las calles. El tifus comenzó a hacer estragos. El Ayuntamiento reconoció su incapacidad para mantener el gobierno de la ciudad en esas condiciones y la abandonó a su propia suerte. Declaró que no podía hacerse cargo ni mantener a los huérfanos y ancianos de los asilos ni a los pensionados del manicomio de La Castañeda y abrió las puertas de esos establecimientos".[70]

8

Por fin, a la ciudad de México abandonada por los sucesivos gobiernos, entró el general Álvaro Obregón, que venía al mando de los ejércitos constitucionalistas. Jorge Aguilar Mora describe ese momento: "Por la Reforma llegaron los soldados que parecían vaqueros tejanos con sombreros de fieltro de anchas alas, su camisola de paño color verde, su pantalón de montar color kaki y sus polainas cafés. Al cinto exhibían un revólver y cruzadas al pecho dos, tres y hasta cuatro carrilleras de parque. Atrás de ellos la infantería harapienta, sudorosa y desmelenada, campesinos malolientes llenos de polvo que miraban asombrados los lujos de la capital y se dejaban mirar asombrados por empleados de bombín, cuello duro y corbata y por señoritas que les echaban claveles y les gritaban vivas".[71]

Y es que de verdad esta vez los capitalinos se pusieron felices de ver entrar a los obregonistas para defenderlos de las tropas de Villa y Zapata a las que mucho temían. Por eso la bienvenida fue entusiasta y los gritos y aclamaciones, la música y los repiques de campanas ponían de manifiesto el respiro que sentían los atosigados ciudadanos.

Desde entonces, Carranza pudo dedicarse a gobernar en esa Presidencia que de hecho nunca había dejado. Pronto fue reconocido por varias naciones latinoamericanas y también por Estados Unidos.

Pero su tarea no era fácil, pues el país estaba muy destruido. Los ferrocarriles habían sufrido tantos ataques que quedaban menos de la mitad en circulación, muchas fábricas y minas habían cerrado por lo que el desempleo era alto y tantos campesinos se habían ido a la guerra, que no había cosechas. El presidente se preocupó por restaurar la economía —para lo cual adoptó el patrón oro con el fin de detener la inflación y normalizar el circulante— y actuó de manera drástica para evitar las huelgas y para mantener en paz a los caudillos que aún andaban por allí. Además, convocó a un Congreso Constituyente que se reunió en la ciudad de Querétaro en 1916 y que, retomando el carácter liberal de la Carta Magna del 57 que entonces aún regía a la nación, hizo una nueva a la que le agregó reformas de tipo social. Ésta se promulgó el 5 de febrero de 1917, exactamente sesenta años después de la que habían redactado los liberales de la Reforma. Y de acuerdo a sus lineamientos, se celebraron elecciones que ganó el señor Carranza quien tomó posesión del cargo en mayo de ese mismo año, por un periodo que debía terminar en noviembre de 1920.

Inmediatamente se puso a expedir una serie de leyes importantes, como las relativas al municipio y la restitución y dotación de ejidos cuyo carácter social recogía los postulados de la Revolución, mandó limpiar y embellecer la ciudad, prohibió las drogas, el alcohol y los juegos de azar, hizo repartos de ropa, alimentos y medicinas en los pueblos y ciudades devastados por la guerra, trató de resolver el problema de los transportes, de reparar caminos y parques y de sembrar árboles y dictó medidas para la disminución de las rentas y de los impuestos. Muchos ciudadanos le escribían sobre sus problemas y muchas veces él les respondía: "Una viuda recibía leche a la puerta de su casa y un alma solitaria que le pidió dinero para visitar a su familia en Monterrey recibió cien pesos del presidente".[72]

Cuentan que a don Venustiano le importaba mucho que se respetara la investidura. En una ocasión en que se encontró con Pancho Villa, se atrevió a ordenarle que se quitara el sombrero porque estaba frente al presidente de la República, lo que para sorpresa de todos, el bravío caudillo hizo sin chistar.

9

En 1882, cuando tenía veinticuatro años de edad, Carranza había casado con la señorita Virginia Salinas Balmaceda, una mujer enjuta y fea, originaria también de Cuatro Ciénagas, Coahuila, hija de una respetable familia de terratenientes, que tenía entonces veinte años de edad y era considerada como un buen partido. Con ella procrearía dos hijas.[73]

En aquel entonces, el hombre estaba dedicado a la ganadería y, por lo menos en apariencia, lejos de las ambiciones políticas. Aurelio de los Reyes afirma que la señora no aceptó de buena gana el cambio en su marido cuando éste se metió en los enjuagues de la política y que cuando llegó a presidente se negó a acompañarlo en los actos oficiales. En opinión de este autor: "A partir

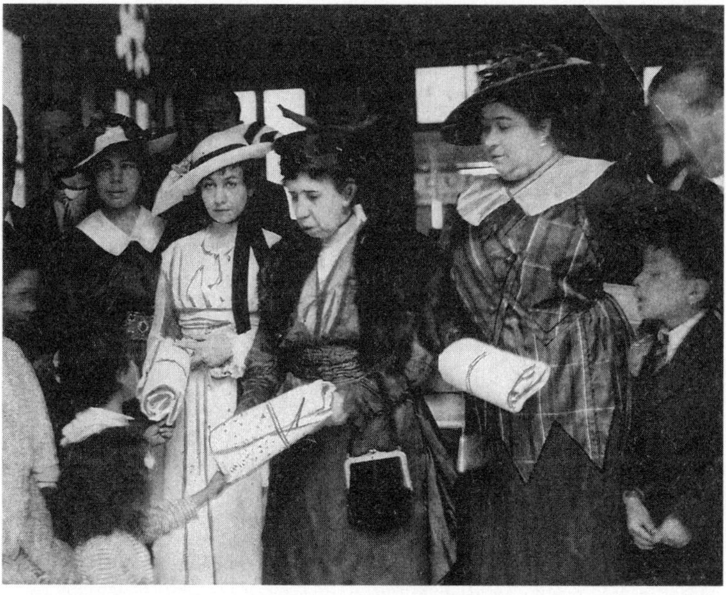

Virginia Salinas de Carranza, esposa oficial pero apenas una de las cuatro mujeres del Primer Jefe

de Carranza las mujeres de los políticos no aparecen... La vida política es difícil y se consideraba patrimonio varonil".[74]

Sin embargo, las fotografías de la época desmienten esa afirmación pues en ellas aparece la esposa del presidente en actos públicos, acompañando a su marido o sola, tanto en ceremonias oficiales como haciendo repartos de ropa entre los pobres, labor que para entonces ya era típica de las esposas de los mandatarios. Se la ve muy emperifollada, con vestidos que pretendían estar a la moda y con sombreros que le iban muy mal.

Y es que por el aislamiento de México después de tantos años de guerra, las mujeres no conocían las transformaciones en el vestir que fueron muy significativas en la primera década del siglo. Como dejaron de llegar los periódicos y revistas extranjeros que en sus páginas incluían los figurines que dictaban la moda, las señoras que no eran muy ricas y no viajaban a Europa, se tuvieron que conformar con guiarse por lo que usaban las actrices italianas en las películas y así fue como comenzó a generalizarse la imitación, hasta que "el atuendo a la italiana fue lugar común en las mujeres de la ciudad".[75]

¿Conoció la señora Carranza la idea de nación que tenía su marido? ¿estuvo enterada de los problemas que tuvo en el cargo, de los líos de leyes y acciones, de iglesias y curas, de levantamientos y oposiciones? ¿supo de sus esfuerzos para gobernar por encima de sus rivales? ¿sabía que muchas mujeres ya estaban activas en lo que entonces se llamaba "la cosa pública", entre ellas la secretaria particular del Primer Jefe, Hermila Galindo de Topete, a quien éste había conocido porque a su entrada a la capital ella había pronunciado un discurso de bienvenida? ¿conoció a esta señora que era editora de la revista *La Mujer Moderna* y promotora desde tan temprana fecha del derecho de la mujer al voto y que incluso ganó unas elecciones que el colegio electoral no le quiso reconocer?[76]

Porque el asunto del sufragio femenino ya estaba presente en nuestro país y pronto se le discutiría ampliamente en el Primer Congreso Feminista a celebrarse en Yucatán en el año 16, en el que las mujeres exigirían derechos políticos y educación pero no lo conseguirían. El argumento que se dio en su momento para negárselos aparece publicado en el *Diario del Congreso Constituyente*: "En el estado en que se encuentra nuestra sociedad, la actividad de la mujer no ha salido del círculo del hogar doméstico ni sus intereses se han desvinculado de los nombres masculinos de la familia... las mujeres no sienten pues la necesidad de participar en los asuntos públicos".[77]

10

¿Y qué con las demás primeras damas?

No sabemos nada de la señora Carvajal, si la hubo. De hecho Ricardo Covarrubias asegura que el licenciado era soltero. De Petra Treviño de Gutiérrez suponemos que esperó a su marido en casa durante la celebración de lo único que alcanzó a hacer este señor a su paso por la primera magistratura de la nación, que fue ofrecer un banquete en Palacio Nacional al que asistió el cuerpo diplomático en pleno y también los caudillos rurales que habían llegado a la capital: Villa —quien se presentó vestido con un sencillo traje de civil— y Zapata —quien se presentó colgado de adornos y abalorios— y al que ella no parece haber sido convidada. Sin embargo, cuando él huyó, lo acompañó y en una difícil travesía cruzó el desierto para llegar al otro lado de la frontera con Estados Unidos, odisea en la que a punto estuvo de perder la vida.

Por lo que se refiere a Roque González Garza, éste era aún muy joven cuando recibió la Presidencia (tenía veintinueve años) y no se había casado. Lo hizo después, ya estando en Estados Unidos a donde huyó. Según Federico Reyes Heroles, cuya familia materna lleva ese apellido, "se casó con Consuelo de Garay y Pontones y tuvieron dos hijos. La boda tuvo que haberse efectuado después de 1914, por lo tanto fue presidente por la Convención sin primera dama". Y de la esposa, si es que la hubo, del licenciado Lagos Cházaro, tampoco sabemos nada. Ricardo Covarrubias asegura que era soltero.[78]

Y dado que Villa y Zapata llegaron hasta el Palacio Nacional donde el primero se sentó en la silla presidencial, ¿cuántas primeras damas tuvimos en esos breves momentos si el general norteño estaba casado con Manuela Casas, Juana Torres, Luz Corral, Austreberta Rentería y Soledad Seáñez y además tenía una mujer en cada pueblo por donde pasaba?[79]

11

Como en el siglo anterior, sucedió que milagrosamente el país volvía poco a poco a levantar cabeza y que la vida iba retomando su curso. El teatro Arbeu recibió al gran pianista Arthur Rubinstein, el Principal a la gran bailarina Ana Pavlova, en el Salón Rojo pasaban películas del gran actor Charles Chaplin. Antonio Caso dicta cursos de filosofía y los pintores y los poetas quieren "encontrar una explicación intelectual de los acontecimientos y de su propia agitación interior".[80] Mariano Azuela publica en El Paso, Texas, a donde se había trasladado por aquel entonces, la primera novela sobre la Revolución, *Los de abajo*, obra prototípica que mostraba los hechos armados, pero que no se conocería en México sino hasta diez años después.[81]

Escribió Manuel Gómez Morin: "Cuando más seguro parecía el fracaso revolucionario, cuando con mayor estrépito se manifestaban los más penosos y ocultos defectos mexicanos... cuando la lucha parecía estar inspirada nomás por bajos apetitos personales, empezó a señalarse una nueva orientación... Nació el propósito de reivindicar todo lo que pudiera pertenecernos: el petróleo y la canción, la nacionalidad y las ruinas".[82]

En noviembre de 1919, el mismo año en que se consumó la traición y asesinato de Zapata, murió en la ciudad de Querétaro a los cincuenta y ocho años de edad la señora Virginia: "Después de una prolongada enfermedad falleció la esposa del Primer Mandatario estando presentes todos los familiares de la distinguida dama en tan lamentable desenlace. Fue sepultada al día siguiente en el panteón de la Cruz junto a la fosa de la corregidora Domínguez".[83]

A pesar de ser primera dama, no se le rindieron honores especiales ni se llenaron los diarios de lamentos como había sucedido en casos similares anteriores. Pero es que el romanticismo con su lenguaje florido había quedado atrás, y su lugar lo ocupaba el duro realismo de los generales revolucionarios. Por lo demás, don Venustiano tenía otras esposas y no era cosa de hacerle tanto ruido a la muerta.

Y es que el "Varón de Cuatro Ciénagas", como se conocía a Carranza por el lugar en que había nacido, tenía fama de gustar de las mujeres y según Douglas Richmond, su biógrafo, "disfrutaba teniendo aventuras", aunque a diferencia de muchos que también las tenían, sabía ser discreto.

Se sabe de una que vivía en Celaya, una en Cuatro Ciénagas, una en Querétaro y una en México. Ésta era Ernestina de la Garza (y no Herminia Hernández como se afirma por un error atribuible a Gustavo Casasola y que recoge Ricardo Covarrubias) con quien tuvo una "aventura amorosa que duró muchos años y la mujer le dio cuatro hijos".[84] Por esta mujer hasta cambió el

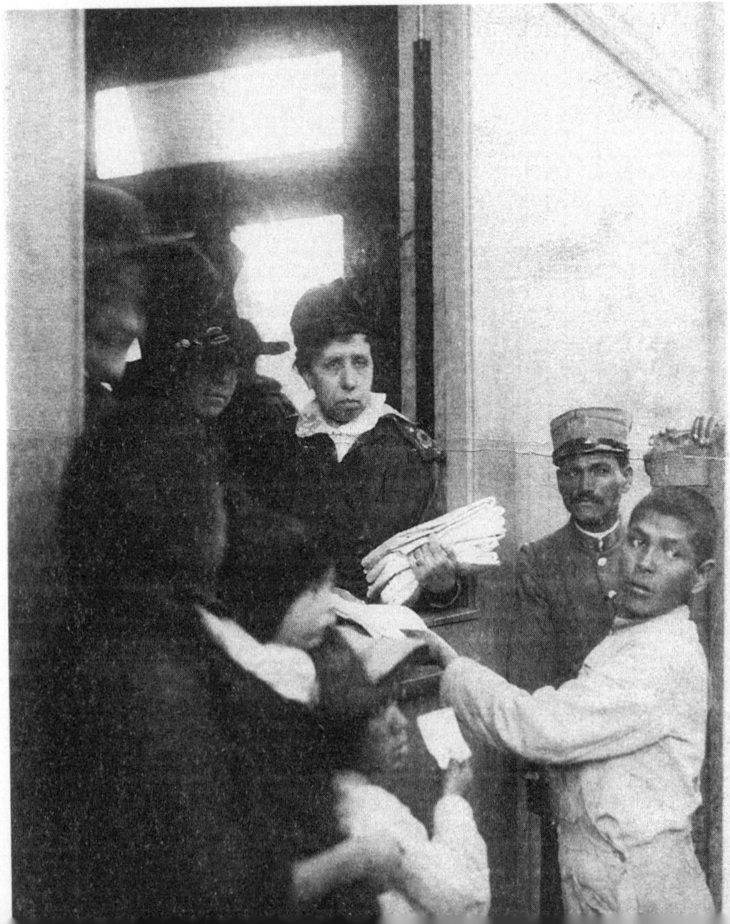

Código Civil a fin de poderse divorciar de su esposa Virginia para casarse con ella, lo cual de todos modos no hizo. Se casaron cuando ésta murió pero el matrimonio duró dieciséis días pues a él lo mataron.

Ernestina era una mujer menudita, de muy mal carácter y con muchos desplantes, que en su juventud fue bella, con el cabello rubio muy largo y que vivió hasta los ciento siete años de edad en su casona de la avenida Palmas en las Lomas de Chapultepec de la ciudad de México, donde murió en 1964.[85]

Sin embargo, en la casa de Carranza que hoy es museo, no existe retrato ni mención de ella y sólo se hace presente la familia "oficial", compuesta por la señora Virginia, su hija mayor del mismo nombre que se casó con el general Cándido Aguilar y que no tuvo hijos, y su hija menor Julia quien permaneció soltera y vivió un tiempo en casa de Ernestina ayudándole a cuidar a sus medio hermanos, antes de irse a radicar a Estados Unidos.[86]

Los descendientes saben unos de la existencia de los otros pero no se llevan: "Somos distintos y estamos distanciados" dice la señora Martha Carranza de Astorga, una bisnieta, "principalmente por causa de la herencia".[87] Y es que don Venustiano dejó bastantes bienes: "Todos los presidentes han salido con algo, mi bisabuelo también, ¿por qué no?". De hecho el Primer Jefe tenía fama de gustar de las riquezas. Una anécdota cuenta que en un banquete en que estaba sentado junto al embajador de España, desapareció el hermoso reloj que éste llevaba. El diplomático perdió la compostura y armó gran escándalo acusando a todo mundo de robo hasta que el mandatario lo llamó a un lado y le devolvió la joya pidiéndole que ya no hiciera tantos aspavientos. Y la señora Martha asegura que siendo niña vio en su casa baúles llenos de monedas de oro. ¡No en balde se acuñó el término carrancear como sinónimo de robar!

12

Estando cerca del fin de su periodo, Carranza quiso imponer a su candidato a la Presidencia de la República y entonces surgió una vez más la oposición. El Plan de Agua Prieta lo desconoce y levanta la rebelión que se extiende rápidamente. El presidente decide salir a combatir a los rebeldes y llevarse el gobierno otra vez a Veracruz.

En un alto del camino, en la sierra de Puebla, en un lugar llamado San Antonio Tlaxcalantongo, lo asesinan. Escribe Martín Luis Guzmán: "Cerca de las tres o las tres y media los fugitivos despertaron al clamor de grandes voces y a los disparos que se oían a la puerta misma de las chozas. Parecía que los asaltaban. ¡Viva Peláez! ¡Viva Obregón! y sonaba nutrido el fuego de fusilería... En el interior de la choza de don Venustiano las descargas se habían sentido cerradas desde el primer momento. Hendían las tablas por la parte donde estaba acostado él; lanzaban pedazos de las tazas y platos que habían quedado sobre la mesa. Afuera, junto a las tablas mismas, las voces gritaban: Sal viejo arrastrado, aquí viene tu padre, sal viejo, ora sí vamos a cogerte por las barbas.

Virginia Salinas de Carranza

Y brillaba intermitentemente, por entre los resquicios, la lumbre de los fogonazos... Pasaron así diez minutos, quince, quizá veinte. Disminuía el tiroteo y aumentaban las voces. Suárez seguía sosteniendo a don Venustiano; sentía correr la sangre y vibrar en el cuerpo el estertor. De pronto se resolvieron aquellas sensaciones y la oscuridad de la choza, en la cercanía de un grupo de asaltantes que llegaban a la puerta intimando rendición y ordenando que salieran todos los que estaban dentro. Alguien les informó que el presidente se hallaba herido, que podían entrar, que nadie haría resistencia. Los asaltantes les mandaron entonces encender la luz y, encendida ésta, pasaron... Entraron apuntando las carabinas, profiriendo injurias contra Carranza, cogiéndolo todo... Don Venustiano agonizaba. Su estertor era un ronquido más y más grueso, que se iba yendo, que se iba apagando... Todos callaron y esperaron. El estertor se hizo opaco y tenue. Don Venustiano expiró. Amanecía. Serían las cinco de la mañana. La niebla y la lluvia, ya menos copiosas, tamizaban la luz".[88]

Sus hijas presidieron el concurrido velatorio en la casona de la calle Lerma número 35 en la colonia Cuauhtémoc de la capital, al que asistieron generales, ministros, diplomáticos y políticos. De acuerdo a sus deseos, se sepultó a don Venustiano en el panteón civil de Dolores "en una tumba de tercera clase, donde se enterraba a la gente pobre".[89] Sin embargo, el 5 de febrero de 1942 se exhumaron sus restos y los llevaron al monumento a la Revolución.

¿Quién se quedó con la chaqueta, el sombrero y las polainas del muerto, con los anteojos que usaba para su astigmatismo, con el reloj y la pistola? ¿quién se hincó junto al cadáver y acarició esa pierna rota por donde el hombre se había desangrado?

13

"Con la muerte de Carranza terminaba el periodo tumultuoso y militar de la Revolución mexicana y principiaba una época de reconocimiento y restauración", escribió Fuentes Mares.[90]

Muerto el presidente de la República, el Congreso de la Unión nombró como provisional a Adolfo de la Huerta, el gobernador sonorense que había iniciado la rebelión de Agua Prieta. Hombre de carácter afable, "de ninguna manera se le podía acusar de ser majestuoso o ampuloso. Era persona sencilla y franca".[91] Había nacido en Guaymas, un puerto con mucho movimiento, donde se desempeñó como gerente de un importante negocio y donde también estudió violín y canto con un profesor italiano. Tenía una buena voz de tenor y cantaba en las fiestas de la alta sociedad norteña "cuyas familias más almidonadas seguían viéndolo sin embargo, como un zapetudo (un arribista)".[92]

De la Huerta tomó posesión el primero de junio de 1920, instalando, como era costumbre, sus oficinas en el Palacio Nacional y su residencia particular en el castillo de Chapultepec, donde se llevaban a cabo las recepciones.

En los pocos meses que estuvo al frente del gobierno, el presidente intentó al mismo tiempo usar la fuerza y la conciliación: "El breve interinato de Adolfo de la Huerta fue un periodo más importante de lo que se

Clara Oriol de De la Huerta, soportó el exilio y las estrecheces económicas

ha creído. Entre otras cosas, el suave presidente logró la pacificación general por métodos civiles: Villa, Pablo González, los jefes zapatistas que quedaban, Manuel Peláez, Juan Andreu Almazán, Marcelo Caraveo... uno a uno fueron deponiendo las armas por la buena".[93] Su gestión "inauguró" la etapa de reconstrucción, afirma Josefina Vázquez, ese periodo "de la inteligencia, de la armonía" de que hablaba Obregón en sus discursos, y se distinguió, dice Pedro Castro, por la integridad que no era muy común.[94]

El hecho de que el presidente se hubiera ido a vivir a Chapultepec sin su familia es quizá lo que hizo pensar a los historiadores que era soltero. Pero no. Estaba casado con María Clara Oriol Ortiz de la Torre, también originaria de Guaymas, donde había nacido el 11 de enero de 1884, hija de don Pedro Oriol Félix y doña Mariana Ortiz de la Torre Sandoval y a quien había conocido gracias a la música pues ella era una consumada pianista.[95] La señora se había quedado en Hermosillo con sus hijos Arturo y Adolfo, para como decía un periódico de la época: "Que a través de ellos sus gobernados sintieran su presencia".

Sin embargo, pronto tuvieron que venirse a la capital porque al señor le dio un ataque de apendicitis que lo obligó a suspender las ceremonias oficiales de la toma de posesión, incluido el desfile. Escribe Aurelio de los Reyes: "El 22 de junio despachaba en sus oficinas de Palacio cuando se agudizó su padecimiento; los médicos recomendaron reposo absoluto y desde la tarde se retiró a sus habitaciones. Seguramente se avisó por telégrafo a su esposa porque acompañada de sus hijos llegó a la ciudad de México el 27".[96]

Aunque ya se quedaría a vivir con él en la capital, la señora del presidente casi no se dejó ver en ceremonias oficiales y llevó una vida tranquila dedicada a sus labores domésticas y a alguna que otra reunión social. De los Reyes asegura que: "Lejos estaba de sentirse emperatriz e imponer la moda y de la exuberancia social de doña Carmen Romero Rubio de Díaz, o de la militancia de doña Sara Pérez de Madero; era aún más discreta que doña Virginia Salinas de Carranza y al igual que ésta, seguía a las actrices italianas en su arreglo personal".[97] Eso sí, no faltó a las ceremonias del 15 de septiembre en las que después del tradicional Grito se servía lo que se llamaba un "lunch-champagne", que era un buffet frío durante el cual departían el gabinete y el cuerpo diplomático.

Terminado su periodo, Adolfo de la Huerta entregó el poder de modo tranquilo a su sucesor y recibió de él otros encargos ministeriales, pero unos años después quiso otra vez la Presidencia y hasta se levantó en armas para lograrlo. La sublevación fracasó y el hombre tuvo que salir al exilio en Estados Unidos. Según Pedro Castro, atrás de él y con un salvoconducto de Obregón, fue la familia.

Como se mantenía en la clandestinidad, la señora y sus hijos se instalaron en Los Angeles, donde pasaron miserias. Cuando por fin su marido volvió a casa, abrieron una escuela de canto cercana a Hollywood donde entonces empezaba el cine sonoro. Allí don Adolfo tuvo importantes alumnos a quienes enseñaba acompañado al piano por su esposa. Aunque trabajaban hasta catorce horas diarias, doña Clarita recordó siempre esta época como los mejores años de su vida.[98]

Volvieron a México en los años cuarenta y ya se quedaron aquí, viviendo de lo que él ganaba en puestos de segunda línea en el gobierno. La señora murió muy anciana, a los ochenta y tres años de edad, el 12 de diciembre de 1967 pero siempre se mantuvo lúcida y conservó los recuerdos de uno de los raros matrimonios bien avenidos entre los políticos. ¿Se debió esto quizá a que soportaba con paciencia las prédicas moralizantes que le dio por soltar a don Adolfo endilgándole a cualquier persona que se dejara su idea de que todo mundo debía ser abstemio y puritano como se había vuelto él?

Esposas fecundas

1

La muerte de Carranza, asegura Narciso Bassols, dejó libre el camino para Álvaro Obregón, "único dirigente capaz de aglutinar los hilos que el carrancismo perdía".[99] Éste elige la vía institucional para llegar a la Presidencia para lo cual se lanza a recorrer buena parte del país haciendo campaña y pactando con los líderes y caudillos locales. Y gana las elecciones.

A la medianoche del 30 de noviembre de 1920 el general tomó posesión de la Presidencia de la República, para un periodo que terminaría cuatro años después. Lo hizo en la cámara de diputados, ante quinientos cincuenta asistentes vestidos de rigurosa etiqueta, que se presentaron a esa extraña hora elegida por él, que así pretendía cumplir escrupulosamente con la ley y "evitar cualquier falla o desfase en cuanto al lapso para su gobierno marcado constitucionalmente".[100] Bandas militares, uniformes de gala y campanas al vuelo en las iglesias acompañaron el hecho. Había llegado a la Primera Magistratura sustentado en su fama de militar victorioso así como en sus muchos amigos, que le permitieron ganar limpiamente las elecciones después de la rebelión triunfante de Agua Prieta.

Obregón Salido nació en 1880 en la hacienda Siquisiva en Navojoa, Sonora, era un hombre alto y fornido, apuesto, famoso por su carácter alegre, su inagotable energía, su prodigiosa memoria, un gran ingenio y sentido del humor y cierta especial capacidad como conversador. Pero también por su ambición política y por sus enormes deseos de riqueza. Éstos eran tales, que después de la batalla de Santa Anna del Conde, Guanajuato, en la que perdió una mano, él mismo hacía chistes diciendo que si la quisiera encontrar, bastaría con lanzar una moneda de oro y la mano saldría de donde sea que estuviera escondida con tal de recoger el rubio metal. Pero ese gusto por los dineros no debía preocupar a los ciudadanos insistía don Álvaro, al contrario, pues la ventaja de que su presidente tuviera una sola mano en vez de dos, era que podía robar menos.

Según Bassols, Obregón no era hombre de estudios ni de teorías y sus ideas políticas eran prácticas, pero, según Aguilar Camín y Meyer, "tenía un gran sentido de la oportunidad". Fue un buen estratega, con don de mando y capacidad de organización y ello se hizo patente en sus triunfos militares pues las batallas que dirigió definieron el triunfo del ala carrancista. Ya después con su gobierno dio pie, según las palabras de un autor norteamericano, a que la Revolución fuera respetable, porque si bien aún hubo algunas sublevaciones, con él dio inicio la era de la estabilidad y la reconstrucción, palabra ésta que se puso de moda y que usaban desde el propio Obregón hasta Salvador Alvarado quien escribió un libro con ese título. Daniel Cosío Villegas asegura que ésos fueron "buenos años" y que había satisfacción por lo conseguido y confianza en el porvenir.[101]

Obregón se tuvo que enfrentar a lo que eran —y siguieron siendo por muchos años— los problemas básicos de la vida política del país: "De la cuestión

Un cariñoso recuerdo
querida Chole.
María

agraria, de los sistemas electorales, de las relaciones con Estados Unidos, del imperialismo petrolero, del fanatismo religioso y de sus consecuencias políticas, del militarismo, del socialismo, de la educación popular, de la vida municipal, de las responsabilidades de los funcionarios públicos, de las relaciones entre los patrones y sus obreros".[102]

Lo primero que hizo fue tratar de echar a andar la maltrecha economía del país. Gracias al reconocimiento norteamericano a su gobierno, mismo que le fue demostrado tanto con apoyo militar directo como con un sustancial adelanto de los impuestos de las compañías petroleras —quince millones de pesos según Ricardo Pozas—[103] se pudieron reparar vías férreas y líneas telegráficas y se emprendió un ambicioso programa educativo y cultural dirigido desde la recién creada Secretaría de Educación Pública por José Vasconcelos. Además se redujo el ejército, se dio apoyo a la organización de los obreros, la CROM, que creció mucho, se repartieron tierras para dar inicio a la reforma agraria y se trató de llegar a acuerdos con la Iglesia católica, que estaba abiertamente en contra de la Constitución y era muy crítica de la Revolución y de sus generales por el anticlericalismo furibundo de éstos. Para congraciarse con ella, Obregón fue a la catedral metropolitana acompañado por el cuerpo diplomático y depositó una ofrenda frente al altar donde reposaban los restos del malogrado emperador Iturbide.[104] Ésa fue su manera de celebrar el centenario de la consumación de la Independencia en 1921: en lugar del tradicional desfile, se llevó a cabo una ceremonia solemne en la que la orquesta sinfónica de México tocó la obertura *Tannhäuser* de Wagner.

A mediados del año 23, fue asesinado el último jefe revolucionario de importancia, el general Francisco Villa. Con su muerte y la de un centenar de jefes rebeldes que disentían de su caudillaje, Obregón pretendía poner fin a los movimientos que pudieran representar algún peligro para su gobierno.

2

Dos esposas tuvo el general Obregón: con la primera, Refugio Urrea, sonorense, se había casado en 1903 y habían comprado una pequeña finca en la que se sembraba garbanzo. Tuvieron cuatro hijos y la vida parecía feliz y tranquila cuando en el curso de un solo año, el de 1907, murieron la señora y dos de los hijos dejándolo muy abatido. Tres de sus hermanas que eran solteras le ayudaron a criar a los huérfanos mientras él se ocupaba de proveer para la economía familiar. Al iniciarse la Revolución, el agricultor se transformó en soldado y se fue a las batallas para así iniciar su rápida carrera hasta general.

El 7 de febrero de 1916, Obregón acompañó a Carranza a una gira por el occidente del país. Al llegar a Manzanillo se despidieron porque él seguía a Hermosillo para contraer matrimonio con una señorita de sociedad. Se llamaba María Claudia Tapia Monteverde y era originaria de Guaymas, donde había nacido

María Tapia de Obregón, trece años de matrimonio, siete hijos y una larga viudez el 30 de octubre de 1888, pero radicaba desde niña en la capital del estado con sus padres Francisco Tapia Arvizu y Sara Monteverde Morales, descendiente de italianos. Como hija de una familia acomodada, había estudiado en Los Angeles, California, por lo que hablaba perfectamente el inglés (lo que mucho ayudaría a su marido después).[105] Se casaron el 2 de marzo de 1916 por la Iglesia, a pesar de la fama de jacobino del hombre. El matrimonio se llevó a cabo en la catedral de Hermosillo y no asistieron los hijos de don Álvaro, Humberto y Cenobita. Unos días después, él les escribió: "Mucho sentimos María y yo que no estuvieran con nosotros el día de nuestro matrimonio pues fueron los únicos que faltaron en aquel acto... ya les mandaré algunas fotografías". Firmaba "El General".[106] La luna de miel fue en Querétaro y después la pareja se intaló en el rancho, donde pronto empezaron a nacer los hijos, uno detrás de otro hasta sumar siete.

En las fotografías, la señora Tapia aparece como una mujer de cara agradable y fresca, que cumplía el ideal de belleza de la época: "Mujeres blancas, gorditas y de aspecto juvenil" como lo ofrecían los anuncios de cremas blanqueadoras para la piel y de pastillas Carnol para engordar. Por eso hasta fue reina del carnaval y una vez en un baile Carranza la eligió para un vals.[107]

Según la hija menor de la pareja, doña María Mona Obregón Tapia viuda de Vargas, quien hasta la fecha vive en lo que hoy se llama Ciudad Obregón y antes era Cajeme, el general quería mucho a su esposa y que por eso decidió tomar la ciudad de México en la fecha de su santo, un 15 de agosto. Puede ser.

Lo que sí es seguro es que a ella le tocaron momentos muy difíciles

El general Álvaro Obregón y su señora esposa María Tapia de Obregón

en la vida de Obregón, desde las campañas militares —los míticos ocho mil kilómetros que decía haber recorrido— de las que el hombre salió con grande fama, hasta la pérdida de una mano en la batalla de Celaya que obligó a amputarle el brazo.

El golpe fue tan duro para él que hasta intentó suicidarse. Decían quienes lo conocían que a partir de ese momento dejó de ser dicharachero y cuentachistes para volverse quejumbroso y de carácter agrio; su cuerpo antes fuerte y robusto empezó a engordar y a enfermar. Según Jorge Aguilar Mora, Obregón envejeció prematuramente y a los cuarenta y tantos años parecía de setenta. Su salud se convirtió en su principal preocupación y se volvió un hipocondriaco que buscaba pretextos para ir a hospitales norteamericanos a curarse de supuestos males.[108]

Pero a la señora Tapia le tocaron también los placeres del poder. Cuando lo eligieron presidente, se fue con su marido a vivir a la capital y una vez allá, en su calidad de esposa del mandatario, tuvo que cumplir con una serie de compromisos, que no sabemos si le agradaban o no, pero que le permitían lucir sus galas, aunque para entonces había engordado bastante.

Era éste un cambio importante porque a los generales de la Revolución no les gustaba que sus mujeres abandonaran el hogar y salieran a la luz pública. "Los puestos indivisibles no han de compartirse con persona alguna por más amada que sea y por más identificados que estemos con ella", dice Rubén Romero que decía don Álvaro,[109] y según Aurelio de los Reyes: "El general parece haber deseado que la gestión presidencial no alterase el papel de ama de casa de su esposa. Como tal es la imagen que en los primeros meses de gobierno de Obregón proyecta María Tapia".[110] Tan era así que cuando la señora Teresa F. de Issassi, presidenta de la Sociedad Protectora del Niño, le manda una carta a la señora solicitándole su apoyo, quien respondió fue don Álvaro: "Tuve el gusto de recibir la atenta carta de Ud. y un ejemplar del reglamento de esa sociedad protectora por el que me entero de los altos fines humanitarios que persigue... Le participo que desde luego pueden anotar en sus listas de donativos el nombre de mi esposa, la señora María Tapia de Obregón, con la suma de $10.00 mensuales",[111] y poco después, cuando lo invitan a él a El Paso, Texas, para visitar la Exposición Internacional y ofrecerle un banquete, no la lleva. En un telegrama enviado por los organizadores a la señora le manifiestan "sentir en el alma que tanto usted como sus familiares no estuvieran presentes para presenciar los tributos de amistad y simpatía que le demostraban" y le enviaban un ramo de rosas rojas "en prueba de cariño y fraternidad a una fiel esposa amada".[112]

Sin embargo, al general no le quedó más remedio que hacerla participar en actos protocolarios y ceremonias. Y es que los tiempos habían cambiado. Ahora había en México admiración —y ganas de ser aceptados— por Estados Unidos, "ese maravilloso animal colectivo que vive junto a nosotros" como había dicho Justo Sierra. Y en ese país hacía más de un siglo que las llamadas "primeras damas" tenían un lugar social y unas funciones que cumplir y la opinión pública se interesaba por sus actividades. ¿Cómo no hacer lo mismo aquí si tanto queríamos parecernos a ellos? Así fue como esos generalotes bebedores y parranderos, que dejaban a sus mujeres en la casa mientras iban con las artistas y vedettes, empezaron a posar para retratos de familia con la esposa y los hijos (todavía no se usaba, como hoy, incluir al perro).[113]

Por lo demás, Obregón empieza a reactivar las actividades de beneficiencia pública. En enero de 1921 se lleva a cabo el primer Congreso Nacional del Niño, una de cuyas conclusiones fue que urgía crear centros de higiene y atención. Entonces se echaron a andar dos, además de un servicio especial para los escolares.

Así que entre la moda norteamericana que se impone en el protocolo y las necesidades de ayuda a los indigentes, no queda más remedio y María Tapia empieza a aparecer. En diciembre de 1926, el periódico *Excélsior* da la nota de una gran fiesta para niños pobres, ofrecida por el presidente y con asistencia suya y de su esposa, en el parque Reforma, donde se montó un inmenso árbol de navidad con dos mil foquillos eléctricos y mil esferas de cristal. Hubo representación teatral, fuegos artificiales y reparto de juguetes y dulces y tanta emoción provocó el acto que "allí mismo el señor presidente ordenó que se distribuyeran entre los niños ocho mil pesos en piezas de a cincuenta centavos, lo que se hizo desde luego".[114] Ese "desde luego" de la nota es la señal de una cultura política que agacha la cabeza frente a sus gobernantes quienes disponen a su santo gusto de los fondos de la nación, como había sucedido en tiempos de Maximiliano y de Díaz. Por lo demás, ocho mil pesos era mucho dinero, si se considera que la Lotería ofrecía como premio mayor sesenta mil y que la fiesta en su totalidad había costado quince mil. ¡Ése es el mismo presidente que a nombre de su esposa daba un donativo mensual de sólo diez pesos para ayudar a una sociedad protectora de niños!

La señoraTapia se sigue con eso de las apariciones públicas y está presente en banquetes y recepciones, atendiendo a las esposas de los diplomáticos, presidiendo torneos deportivos, entregando premios, visitando casas cuna y también, por supuesto, acompañando a su marido en las tradicionales ceremonias del Grito de Independencia. Las fotografías de la época nos la muestran en las fiestas de la Virgen de la Covadonga que organizaba anualmente la colonia española, presentándose a la solemne misa tocada con la clásica mantilla. La vemos también asistiendo a los toros y al Hipódromo de la Condesa y vacacionando junto al lago de Chapala —que era un sitio favorito de las clases altas— a donde le gustaba pasar la semana santa.

Cada vez sale más a la luz pública: ya no sólo acompaña a su marido sino que hasta va sola a alguna comida con los diputados, a repartir juguetes entre los niños pobres, a visitar escuelas, hospicios y orfanatorios y a hacer obras de beneficencia por las que incluso recibe una condecoración de la Cruz Roja. Como por entonces la Secretaría de Educación inició el reparto de desayunos escolares, la esposa del mandatario presencia y preside esos actos que luego se volverán los más característicos de las primeras damas. Y según Guillermo Gómez, "también realizó muchas obras de caridad, pero lo hizo siempre recatadamente, sin que nadie lo supiera, por manos de algunas de sus amigas o de su secretaria Ester Bocanegra".[115]

Así pues, María Tapia abandonó "la dulce penumbra del hogar". Y desde entonces ya nunca las consortes volverían a la oscuridad del encierro doméstico.

3

En septiembre de 1921, la señora hizo los honores de la casa para recibir a los invitados especiales para las fiestas del centenario de la consumación de la Independencia en las que hubo bailes, desfiles, exposiciones y funciones de teatro. ¿Se le antojaría mejor participar de las verbenas populares en las que la gente salía a las calles, bailaba y bebía hasta el amanecer y disparaba balazos porque era la moda soltar tiros con cualquier pretexto? ¿qué pensó al escuchar los discursos nacionalistas que entonces se pusieron en boga? ¿qué le pareció cuando vio que el jarabe tapatío se convirtía en parte imprescindible de las celebraciones oficiales del 15 de septiembre? ¿se mandó a hacer un traje de china poblana como hicieron tantas señoras de sociedad? ¿le gustó cuando aquí les dio por el costumbrismo y el folclor, por gritar vivas a México y a lo mexicano y, como afirmaba el pintor José Clemente Orozco, por inundar al país de petates, ollas, huaraches y sarapes?

Porque fue entonces cuando entró, como una ráfaga, el nacionalismo. La Revolución hizo que los mexicanos descubrieran su país: "Y con optimista estupor nos dimos cuenta de insospechadas verdades. Existía México, como país con capacidades, con aspiraciones, con vida, con problemas propios... Existían México y los mexicanos", escribió Manuel Gómez Morin.[116] Y como consecuencia de ese descubrimiento, quisieron conocerlo y saber en qué consistía. Antonio Caso pedía: "Volved los ojos al suelo de México, a los recursos de México, a los hombres de México, a nuestras costumbres y nuestras tradiciones, a nuestras esperanzas y nuestros anhelos, a lo que somos de verdad"; Manuel Gamio exigía que el arte y la literatura "reflejasen, intensificados y embellecidos, los placeres, los sufrimientos, la vida y el alma del pueblo".[117]

Todo mundo se aboca a esa intención: el gobierno, los intelectuales, los ciudadanos. Vasconcelos manda maestros a los más apartados rincones del país al tiempo que, retomando una propuesta que había hecho hacía unos años el pintor Gerardo Murillo —Dr. Atl—, encarga que en edificios públicos se pinten murales que enseñen la historia y, como decía Diego Rivera, "sean espejo de la vida social de México... Un condensador de las luchas y aspiraciones de las masas... que les sirviera para ayudar a su organización".[118] Los músicos componen obras basadas en melodías populares, tal que el mariachi y el son entran en las sinfonías; los escritores buscan las raíces y tradiciones y los poetas enaltecen la realidad que los rodea. Años después el vate Ricardo López Méndez recogería este espíritu en forma melodramática:

México, creo en ti.
Porque escribes tu nombre con la equis,
que algo tiene de cruz y de calvario.[119]

¿Sabía la señora Tapia que estos esfuerzos eran parte de las campañas educativas —"la santa cruzada del alfabeto y la cultura" como se decía entonces— que se emprendieron durante el mandato de su marido? ¿sabía de los intentos por incorporar a los indígenas a la vida nacional? ¿tenía idea de la importante vida cultural que había en México con escritores y pintores de primer nivel? ¿conoció los murales que Diego Rivera pintó en las paredes del mismísmo Palacio Nacional donde despachaba su marido? ¿supo que el gobierno invitó a visitar el país a la poeta chilena Gabriela Mistral —que luego sería premio Nobel de literatura— quien preparó un libro de *Lecturas para mujeres* destinado a usarse en las escuelas donde las niñas ya también recibirían educación y para complementar y mejorar el tan famoso *Rosas de la infancia*, de María Enriqueta Camarillo? ¿oyó hablar de Antonieta Rivas Mercado —que muchos creen erróneamente que fue quien posó para la Victoria Alada, mejor conocida como el Ángel de la Independencia— quien desafió las convenciones sociales sobre el matrimonio y terminó suicidándose?[120]

Eran los años cuando había terminado en Europa la Gran Guerra y aquí, en estas tierras, también se iniciaba la paz.

Cuenta Carmen Collado que la vida social recuperó su esplendor. Se hacían bailes y banquetes porque el general Obregón era particularmente afecto a éstos.[121] Había desfiles y kermeses, espectáculos y corridas de toros, carreras de caballos y comedias en los teatros, en las que se hacían chistes sobre la vida política nacional. En ese momento las más conocidas era *La Huerta de don Adolfo* y *El jardín de Obregón*. Las señoras de clase alta, herederas de los apellidos ilustres del porfiriato, organizaban fiestas con el pretexto de matrimonios y bautizos y también lo hacían las esposas de los políticos como la señora Esther Pani, cuyo marido era secretario de Relaciones Exteriores y que era tan infatigable para organizar actos sociales que la llamaban "la primera dama de la diplomacia mexicana".

Como el ministro de Educación Pública José Vasconcelos quería volver cultos a los mexicanos, repartía libros por todo el país y montaba espectáculos. Así se escenificó la ópera *Aída* en El Toreo, a la que acarrearon a un montón de soldados con sus esposas enrebozadas que se aburrieron solemnemente viendo a aquellas gordas vestidas de blanco pegando estrepitosos gritos en un idioma incomprensible. En una ocasión, se presentó una obra de teatro en la que la trama era un padre que no dejaba que su hija se reuniera con su enamorado y de entre el público se levantó un soldado con la pistola desenfundada y le gritó al actor que lo representaba: "O los deja que se quieran o aquí mesmo me lo quebro". ¡Y cuando pasaban películas en las que se veía venir un tren la gente salía corriendo porque sentía que el monstruo se le echaba encima![122]

México se ponía al día: aviones, teléfonos y autos, demasiados autos. Salvador Novo decía que había más fordcitos que generales y ¡eso era mucho decir en un país en el que abundaban los militares! Luces, radios, edificios, ruido, anuncios: "Ciudad insurrecta de anuncios luminosos" escribió Maples Arce, y Novo: "La publicidad, el tenis, los box-spring, el divorcio, el idioma chino, el cine, los anteojos contra el sol". Es el México de los años veinte y suma y sigue: "El chicle, té Liptons, perfume Coty, la fotografía, la máquina".[123]

Algunos se desvelaban hasta altas horas de la madrugada disfrutando de la vida nocturna de la capital en los salones de baile y cantinas, en las carpas, en las peleas de gallos, en el box y en los antros y burdeles. Para otros la vida era tranquila en la "Patria dulce, Patria del maíz, de las minas y del niño Dios" de que había hablado Ramón López Velarde en su poema "La suave Patria". Para las personas "decentes" todo era ir de la casa a la misa, de la misa al trabajo, del trabajo a la casa, echar siesta después del almuerzo y tomar el chocolate a media tarde.

4

La moda que en esos años se abría paso entre las damas mexicanas traía un cambio verdaderamente drástico: vestidos rectos, el talle bajo y suelto —nada de cintura— y las faldas que subían dejando asomar ya no sólo la punta del botín sino incluso "la tibia, la pantorrilla y el peroné" como diría después una canción. Eran tiempos de plumas y flecos, de chaquiras, canutillo y lentejuelas, de plisados y drapeados, de collares largos.[124] Tiempos en que todas las mujeres se maquillaban y no sólo las actrices, con polvos de arroz, rímel y hasta lápiz labial. Poco a poco se va abandonando el incómodo y rígido corset y se recortan las mangas de los vestidos hasta el codo. ¡Y ni qué decir de los nuevos y atrevidos escotes! ¡y de los trajes de baño que se ponían para ir a nadar a los balnearios públicos!

No por nada los curas estaban furiosos: "Hoy ya no se ve en las calles y reuniones a la señorita ni a la dama cubiertas como Dios manda con todo decoro, sino por el contrario, por dondequiera y aun en el templo mismo, se siente náusea de la desnudez femenil".[125] A la menor oportunidad estos señores echaban discursos contra el relajamiento moral y el desmoronamiento de las buenas costumbres y amenazaban con el infierno, mientras los miembros del Ejército de Salvación andaban por las calles tratando de "redimir a las víctimas del vicio y de los amores clandestinos".

Los mayores estragos los hacía el nuevo modo de llevar el cabello cortísimo, a la altura de las orejas, lo que se lograba, ¡oh sacrilegio!, yéndolo a cortar en alguna de las peluquerías que por entonces se inauguraban. Escribe Arqueles Vela dando fe de esto: "Era feminista. En una peluquería reuníase todos los días con sus compañeras. Su voz tenía el ruido telefónico del feminismo".[126] Y surgían por supuesto las canciones alusivas:

Estaban las tres pelonas
sentadas en un balcón
y una a otra le decía
¡Que viva Álvaro Obregón![127]

María Tapia de Obregón

¿Fue alguna vez María Tapia a una de esas peluquerías? ¿frecuentó los nuevos cafés y restaurantes como Sanborns, el Tacuba o Lady Baltimore? ¿compraba sus vestidos y sombreros en las grandes tiendas recién inauguradas? ¿aprendió a jugar el bridge que entonces se puso de moda? ¿escuchó la primera emisión de radio en la que cantó José Mojica, quien unos años después se convertiría en cura? ¿le gustaba ir al cine Parisiana en la colonia Juárez, en uno de cuyos palquitos se sentaba la señora Dolores Asúnsolo de Martínez del Río que sería conocida después como eximia actriz? ¿o a alguno de los muchos teatros de revista y de zarzuela? ¿sabía lo que se presentaba en el Lírico y el Colón, en el Olimpia, el Iris y el Ideal? ¿tuvo celos de Alma Reed, la hermosa extranjera que su esposo trajo a México y de la que se enamoró perdidamente el gobernador de Yucatán Felipe Carrillo Puerto, quien le mandó componer una canción en la que la llamaba "Peregrina" y adoraba sus ojos "claros y divinos" y sus mejillas "encendidas de arrebol"? ¿tenía idea de que el general su esposo, era el personaje central de las farsas y los chistes en los teatros y carpas? ¿había oído hablar de Celia Montalván, de María Conesa —la Gatita Blanca—, de la Rivas Cacho, de Mimí Derba —"con tres partes de Afrodita y otra parte de Minerva"—,[128] de las cupletistas y divettes que volvían locos a los generales y ministros incluido su señor marido?

Salvador Novo escribiría la copla:

Tres autos esperan a tres generales,
un vaho de pianola
nos salpica cabeza,
tronco y extremidades.
¡Esa chica no trae medias![129]

Quince millones de habitantes había entonces en la república, dedicados la mayoría a las labores agrícolas. La miseria y las enfermedades estaban a la orden del día: de cada mil niños nacidos, morían doscientos veintidós y de cada mil difuntos, trescientos cuarenta y nueve lo eran por enfermedades gastrointestinales. Los servicios públicos, hospitalarios y asistenciales, eran casi inexistentes.

La ciudad de México, con sus 700 mil habitantes y a pesar de sus modernos edificios, sus tranvías y sus cables, seguía resignada a inundarse periódicamente, a tener cortes de luz, falta de agua y, sobre todo, exceso de basura. Sus límites se habían extendido con fraccionamientos para las clases altas y medias que abandonaban el centro y se establecían en las nuevas urbanizaciones: la colonia Toriello Guerra allá por Tlalpan y Chapultepec Heights que era la más lujosa y cara. A las pocas zonas donde se aislaban los ricos, las rodeaba "toda la astrosa muchedumbre" como le llama José Joaquín Blanco, compuesta por los pobres y sus oficios: aguadores y serenos, limosneros y vagabundos. Como lo había sido a lo largo de su historia, el país seguía siendo el de la pobreza, la ignorancia y la desigualdad: "Cuerpos, gestos y vidas diferenciadas abismalmente entre sí: del sobrealimentado hombre de frac al indio desnutrido con calzón de manta y descalzo, del español pretendidamente castizo al dialecto o al idioma indígena, de la cocina criolla sofisticadísima a la mera tortilla".[130]

¿Supo la señora María de lo que hacían las mujeres, de sus movimientos de defensa inquilinaria y de los esfuerzos de las maestras y las prostitutas por mejorar sus condiciones de vida? ¿sabía que cada vez proliferaban más los clubes feministas y que algunos de ellos lograban triunfos como en San Luis Potosí donde consiguieron el derecho al voto, medida que despertó mucho enojo entre las damas de la buena sociedad todas ellas muy católicas?[131]

5

En el año de 1924, con el país pacificado y los generales revoltosos pasados por las armas, Obregón entregó el poder a su gran amigo, el también general y también sonorense secretario de Gobernación Plutarco Elías Calles, y se fue con su familia —María Tapia y sus siete hijos más los dos que tenía de su esposa anterior— a su rancho en Sonora.

Nada más de regreso en sus tierras, el general se puso de nuevo a hacer negocios para los que tanta habilidad y buen ojo tenía. Así fue como convirtió a su propiedad en un muy productivo emporio agrícola. ¿Tenía idea la señora Tapia de lo rico que era su esposo? ¿o simplemente disfrutaba sin preguntar de dónde salió la inmensa fortuna? ¿sabía que en el año 26 el general pidió un préstamo al recién creado Banco de Crédito Agrícola y que nunca lo pagó?[132]

Cuatro años después, cuando estaba por terminar el periodo presidencial de Calles y era la hora de elegir candidato, más de uno se apuntó y hasta hubo quien se levantó en armas para conseguir el nombramiento. Entre aquéllos estaba otra vez el general Obregón, que decía vivir retirado de la política pero a quien le seguía atrayendo el puesto. Él mismo hacía bromas sobre eso y cuando le preguntaban qué tan buena vista tenía respondía que muy buena porque desde Sonora alcanzaba a ver la silla presidencial en la capital.

Cuentan que una gitana le había augurado que sería presidente por segunda vez y dado que eso cuadraba con lo que él quería, pues se puso a buscar cómo lograrlo. Ayudado por su amigo el general Calles, consiguió que el congreso reformara la Constitución y le permitiera lanzarse otra vez como candidato, lo que hizo en el año de 1928.

¿Qué sintió María Tapia de pensar que tendría que abandonar su hermosa hacienda de Náinari y regresar a la capital, a la casa de la avenida Jalisco 185? ¿qué opinó de que su marido iniciara otra vez una campaña recorriendo el país en el tren al que puso por nombre "Siquisiva" y circulando en carros con capota descubierta para que los burócratas lo ovacionaran? ¿tuvo miedo cuando el hombre sufrió un atentado en plena campaña electoral?

Obregón ganó las elecciones pero nunca tomó posesión del cargo porque lo asesinaron. Mataron al héroe de tantas batallas, al vencedor de Pancho Villa, al que sostuvo a Carranza y empujó a Calles, al hombre al que dos veces estuvieron a punto de fusilar y que una vez se quiso suicidar, al que supo hacer que fueran convenientemente liquidados sus principales contrincantes en lo que se conoció como "la poda de generales". Martín Luis Guzmán lo relata en su novela *La sombra del caudillo*: "Entonces, señores, aplastemos la reacción una vez más; suprimamos de un golpe esas dos docenas de traidores, ya que actos así son propios e inevitables en cuanto traemos a cuestas el enorme fardo de la pureza revolucionaria. ¡Qué le vamos a hacer! Cada dos años, cada tres, cada cuatro, se impone el sacrificio de descabezar a dos o tres docenas de traidores para que la continuidad revolucionaria no se interrumpa".[133]

A Obregón lo balacearon durante uno de esos banquetes a que tanto le gustaba asistir, mientras comía cabrito y escuchaba su canción favorita "El limoncito".

Al pasar por tu ventana
me tiraste un limón,
el limón me dio en la cara
y el zumo en el corazón.[134]

Estaba celebrando su triunfo como presidente electo para un segundo periodo y había aceptado que le hicieran una caricatura, ofrecimiento que le hizo el asesino, un joven católico que, molesto por el trato que se daba a la Iglesia, decidió tomar su propia venganza y convertirse en mártir. Su nombre era José de León Toral.

Muerto don Álvaro, María Tapia se retiró a Huatabampo, Sonora, a vivir su viudez con una pensión del gobierno federal y con el mucho dinero que le había dejado su riquísimo marido. Allí vería crecer a sus hijos, uno de los cuales sería gobernador de su estado, y allí le nacerían muchos nietos, veintiocho para ser exactos. Según afirma su hija Mona, vivió hasta la vejez, sana y fuerte, menos los últimos años en que padeció diabetes. Y nunca jamás se mencionó frente a ella el nombre de Toral. La señora murió el 18 de febrero de 1971, poco antes de que el presidente Echeverría (cuya esposa María Esther Zuno era su ahijada) expropiara sus tierras a la familia. Está enterrada allí mismo y desde entonces, año con año, en una escuela que lleva su nombre se la recuerda en ese día con un acto. En el más reciente se leyó un poema escrito por el profesor David Humberto Miranda:

Fue mujer de corazón...
luz señorial.[135]

6

Francisco Plutarco Elías Calles era un hombre corpulento, serio y de pocas palabras. Había nacido en 1877 en Guaymas, hijo fuera del matrimonio de una relación de su madre María de Jesús Campuzano con un empleado del Ayuntamiento de nombre Plutarco Elías Lucero. Con ella vivió el niño hasta los cuatro años de edad, fecha en que falleció la señora, y a partir de ese momento y hasta los veinte, permaneció en el hogar de su tía materna María Josefa Campuzano y de su marido Juan Bautista Calles "de quien adoptó el apellido ya que éste era un individuo generoso y paternal aunque en extremo enérgico y disciplinado".[136] ¡Curiosa situación en que tomó un apellido de quien lo abandonó y otro del que lo cuidó y a la que dejó fuera fue nada menos que a su madre!

Desde muy joven trabajó como maestro de escuela y dejó de serlo a los treinta y tres años cuando se fue a la Revolución y se metió a la política llegando a ocupar dos secretarías y la gubernatura de su estado. Era tan amigo de Obregón que se decía que era el brazo que éste había perdido en Celaya. Fue gracias a esa relación que a los cuarenta y siete años ocupó la silla presidencial.

Tomó posesión del cargo en el flamante Stadium Nacional, como se le llamaba entonces al estadio construido en los terrenos del antiguo panteón de La Piedad, en una ceremonia a la que asistieron más de cuarenta mil personas muy en el estilo de la política de masas inaugurada por el general Obregón. Al acto le siguió un jolgorio que continuó toda la noche frente a la casa del presidente en la calle de Marsella.[137]

El nuevo mandatario era un político entre los generales, que supo granjearse a los más importantes líderes de la época para que le permitieran continuar con la reconstrucción del país iniciada por su antecesor. Según Ricardo Pozas, Calles asentó su poder sobre cuatro pilares: el apoyo de Obregón que era el principal caudillo del momento; la profesionalización y descaudillización del ejército; la organización de las bases sociales que llevaría a la creación del PNR, el partido en cuyo interior debían gravitar todas las fuerzas de la Revolución y dirimir sus diferencias; y el acuerdo norteamericano con todo y renegociación de la deuda.[138]

En su cuatrienio se hizo reparto de tierras —lo que ya se consideraba tarea esencial e ineludible del gobierno— pero, sobre todo, mucha construcción de caminos y carreteras, de puertos y sistemas de riego así como de otras obras de infraestructura, y se fundó el Banco de México como único autorizado para emitir moneda.

Pero también entonces se rompió el precario equilibrio que desde tiempos de Carranza se mantenía entre la Iglesia y el Estado. La jerarquía eclesiástica insistía en hacer críticas y propuestas de enmiendas a algunos artículos de la Constitución que limitaban sus facultades y lo que ellos veían como sus derechos. En las escuelas católicas se anatematizaba a las figuras del panteón liberal mexicano, mientras que en la enseñanza oficial se acusaba a la Iglesia de ser la causante del retraso nacional. La fundación de la Liga Nacional de Defensa de la Libertad Religiosa y los boicots al consumo para que el erario no captara ingresos enojaron al gobierno. Los embates verbales empiezan a crecer y en el año 26, el arzobispo de México monseñor Mora y del Río publica una declaración en contra de lo que consideraba como el contenido

Natalia Chacón de Calles, enfermiza y angustiada, tuvo doce hijos y murió joven anticlerical de la Carta Magna. Entonces el presidente, para afirmar su poder y la primacía de la ley, mandó clausurar conventos y escuelas confesionales y deportó a sacerdotes. En respuesta, la Iglesia decretó la suspensión de cultos, medida muy grave que se tomaba por tercera vez en la historia de México.[139] Los fieles se alebrestaron y, sin más, tapizaron sus casas con consignas de ¡Viva Cristo Rey!, se colgaron un escapulario al pecho, y se lanzaron en contra del gobierno y de la ley. Una vez más había guerra. Escribe José Guadalupe de Anda: "Manchas de sangre, como clavos de lumbre, motean sus anchos calzoncillos y sus burdas camisas de manta. Por los pies amarillentos, llenos de cuarteaduras, les escurre la sangre, como chorreaduras de cirios que se consumen alumbrando el firmamento. Y cinco sombreros de alta copa aguzada se levantan a sus pies como piras mortuorias.

Todo el mujerío y los chicos de la ranchería les forman rueda.

–¡Probe criatura, si toavía traiba la leche en los labios!"[140]

Para fines de los años veinte, el centro del país estaba incendiado, las balas volvían a oirse y los trenes a volar en pedazos con todo y pasajeros. "El gobierno no pudo suprimir por la fuerza la rebelión pero los cristeros tampoco lograron quebrantar la hegemonía del gobierno. Se llegó a una especie de sangriento empate del que sólo se pudo salir después de largas negociaciones."[141]

El 24 de agosto de 1899, Calles se había casado, sólo por lo civil —pues era ultralaico, ultrajacobino y anticlerical—, con la señorita Natalia Chacón Amarillas, oriunda de Mazatlán, Sinaloa, donde había nacido el primero de diciembre de 1879, pero que vivía en Guaymas, Sonora, lugar donde se llevó a cabo el matrimonio en casa de sus padres don Andrés Chacón, empleado federal dedicado a la inspección de aduanas, y doña Buenaventura Amarillas, ama de casa.[142] La novia tenía entonces veinte años, cinco menos que su flamante esposo y un padecimiento asmático que le causaba fuertes rachas de tos, no obstante lo cual se dio a la tarea de procrear uno tras otro muchos hijos. "La máquina está andando" le gustaba decir al esposo, complacido de la fecundidad de su mujer. ¡No en balde, como dice el dicho, para los hombres la esposa es como una escopeta, que debe estar siempre cargada y en el rincón!

En 1913, mientras él se lanzaba a la lucha contra el usurpador Huerta, ella se refugió con la familia del otro lado de la frontera en Arizona, y luego regresó a vivir a Nogales donde permaneció hasta 1920 viendo muy rara vez a su marido, cuando éste pasaba por allí en los momentos en que se lo permitían sus ocupaciones militares y políticas y también sus asuntos personales. Porque como cuenta su biógrafo: "Plutarco conoció y congenió con una joven residente de Agua Prieta, originaria de Cananea, que contaba con apenas diecisiete años de edad. Se llamaba Amanda Ruiz... El hecho es que ambos tuvieron una inesperada y fugaz aventura durante los no más de tres días en que el personaje permaneció en ese lugar y la semana que duró el viaje a la

capital... De aquella pasajera afinidad nació un pequeño que fue bautizado con el nombre de Manuel".[143]

Ocho años duró la separación de los esposos y durante ese tiempo la señora no dejó de reprocharle el abandono y la poca correspondencia: "Quisiera que tú vinieras", le escribía y firmaba "Quien verte desea", y no dejó tampoco de recomendarle que se cuidara mucho y que tomara sus purgas. Además, si podía, le enviaba regalos. Por ejemplo, cuando estaba en campaña para ser presidente, recibió una carta de su secretaria en la que le pedía mandarle al general "unos tres juegos de ropa de lana interior, unos seis pares de calcetines y una media docena de pañuelos porque todo está muy agujereado y muy roto".[144]

Después de Agua Prieta, doña Natalia se fue con su esposo a la capital. Cuatro años más tarde, él sería presidente de la República.

Según afirma Hortensia Calles: "En los años veinte, no se acostumbraba que las mujeres se ocuparan de nada que no fuera su hogar, ni los maridos se los permitían".[145] Y, sin embargo, ser esposa del presidente, como vimos, ya empezaba a significar ciertas obligaciones como la de acompañar al marido en ceremonias y hacer obras de asistencia social. La señora Chacón hizo algo en este sentido, como organizar banquetes: "El jueves di la recepción a los diplomáticos —le escribe a su hija Alicia—, salió muy bonita, vino muchísima gente, bailaron en las terrazas del castillo y se acabó hasta la una"[146] y visitar escuelas. Además, inauguró la primera red de comedores infantiles de México que funcionó por iniciativa suya.[147] Pero muy poco fue lo que pudo dedicarse a estas labores pues estaba siempre enferma, y desgastada por "calenturas y miles de achaques e insomnios", y a su mala salud contribuía el hecho de tener tantos hijos y tan seguidos partos (los Calles tuvieron doce, de los cuales sólo nueve sobrevivieron: Rodolfo, Plutarco, Natalia, Hortensia, Ernestina, Alicia, Alfredo, Artemisa y Gustavo).[148] Incluso deja de aparecer en las ceremonias del Grito de la Independencia que era una costumbre ya muy arraigada y que tenían lugar en el Palacio Nacional cada 15 de septiembre, así como en otros actos oficiales a los que por tradición asistía la esposa del primer mandatario. Su vida era una pura queja: "Estoy mala y sumamente nerviosa, paso las noches sin dormir y con una asfixia horrible". A diferencia de su antecesora que había sido una mujer alegre, ella llegó a estar tan desesperada que hasta escribió: "Constantes y tantas cosas que pesan sobre mí, yo quisiera ya mejor morirme".[149]

Escribe Macías: "A decir verdad, como esposa nunca fue un factor esencial que hiciera las veces de consejera o cómplice para que Calles cobrara aliento en sus ambiciosas empresas. Plutarco no la enteraba de las incidencias de su trabajo y no solía confiarle las situaciones que lo hicieran parecer débil, sensible o en exceso preocupado".[150]

Pero si no podía cumplir con compromisos públicos, la señora en cambio fue muy apegada a su hogar y a sus hijos con quienes pasaba la mayor parte del tiempo y a quienes "nunca regañaba". Vestía de oscuro, usaba

Natalia Chacón de Calles con sus hijas

Natalia Chacón de Calles
con su hija Hortensia

cuellos de encaje blanco ("tenía delirio por los encajes" afirma su hija menor) y le gustaba preparar comida sonorense (la machaca y el turrón de clara batida con nueces eran sus platillos favoritos).[151]

¿Supo la señora Calles que en ese entonces estaban arreglando el Palacio Nacional y que le agregaron un piso logrando que se viera más esbelto? ¿supo que durante los cuatro años que duró el gobierno del general Calles se hicieron muy pocas obras de asistencia social —apenas un dormitorio para niños y el regalo de dos edificios a asociaciones femeniles? ¿supo que fue su marido quien inició la costumbre de hacer una ceremonia en el monumento a la Independencia que había mandado levantar don Porfirio? ¿le gustaba oirlo hablar por ese nuevo aparato, la radio, lo que él empezó a hacer desde que era candidato? ¿se enteró del festejo para recibir al famoso aviador Charles Lindbergh que desde que se bajó de su avión en el campo aéreo de los llanos de Balbuena y hasta que llegó a la casa del embajador norteamericano Morrow en las calles de Londres de la colonia Juárez fue aplaudido y bañado en confeti por los capitalinos? ¿y supo que la fiesta continuó esa noche en el teatro Iris

amenizado por las orquestas de Miguel Lerdo de Tejada, Esparza Oteo, Tata Nacho y los cantantes Guty Cárdenas y Pedro Vargas?[152] ¿se enteró que se promovía a México en el extranjero para que viniera el turismo y que Taxco y Cuernavaca se volvieron lugares favoritos y muchos escritores famosos llegaron aquí buscando el sol, la luz y el exotismo del país?

Un país que nunca como entonces estaba dividido entre quienes añoraban un antaño al que suponían mejor (refugiado, creían, en los rincones provincianos) y quienes adoraban el presente (que se vivía, afirmaban, en la intensidad de las ciudades). El poema "La suave Patria" de López Velarde expresaba esa dualidad:

Sobre tu capital, cada hora vuela
ojerosa y pintada, en carretela,
y en tu provincia, el reloj en vela
que rondan las palomas colipavos,
las campanadas caen como centavos.[153]

Era ése el México de los años veinte, que en su seno llevaba lo que parecían partes irreconciliables: las balas para conseguir la paz; los caudillos que acaparaban el poder pero al mismo tiempo fundaban instituciones con una obsesión como si de verdad quisieran terminar con el caudillismo; los poetas y pintores que enfrentaban a la provincia y a la capital, a la carne y al espíritu, a la devoción y a la blasfemia; los pensadores que se preguntaban por lo mexicano y también por lo universal. Era ése el país de Obregón y Calles, pero también de Gómez Morin y Vasconcelos; de Saturnino Herrán y López Velarde, pero también de Maples Arce y Villaurrutia.

8

El 2 de junio de 1927, a los cuarenta y ocho años, seis meses y un día de edad, se le cumple el deseo a la señora Natalia y muere. Según el acta de defunción levantada en el hospital luterano de la ciudad de Los Angeles, California, la causa del fallecimiento fue "embolismo pulmonar de cuatro horas de duración", con otras causas contribuyentes como "inflamación de la vesícula biliar y apendicitis" de la que se había operado unos días antes.[154]

Por ser la esposa del presidente en funciones, la traen desde allá en el tren del ejecutivo, se le rinden honores y se le levanta un monumento en el panteón de Dolores que según Guillermo Gómez es de "grandes proporciones". En la libreta que se abre para recibir los pésames, se llenan nueve páginas con firmas de condolencias y en la escuela número 38, la directora Esther Rojas de Navarrete asegura que "se guardará eterna gratitud a su memoria" porque la señora Calles, "con su bondad reconocida, distinguió a este plantel concediéndole una mención honorífica... Su recuerdo nos dará aliento para seguir laborando con todo empeño".[155]

Desde entonces el trabajo de acompañante oficial del presidente lo cumplió ella, Hortensia, quien debido a la enfermedad de su madre ya había fungido como "primera dama sustituta", de acuerdo al concepto ideado por Alfonso Morales.[156]

Era una joven dinámica, que ejemplificaba el cambio de vida para las mujeres de las clases acomodadas: vestida a la moda de los años veinte con la ropa suelta, libre ya de los rígidos corsés, adornada con los collares largos y el cabello corto arreglado en la peluquería, se la ve en fiestas y bailes de sociedad, con las jazz-bands que era la música en boga (en el famoso salón Chapultepec con sus enormes ventanales), jugando tenis de punta en blanco o manejando sus autos de lujo.

Una canción da fe de esa época:

Se acabaron las pelonas,
se acabó la redención,
la que quiera ser pelona
pagará contribución.

Mi papá me compró un coche
con las ruedas de cartón,
para llevarme a las pelonas
de purito vacilón.[157]

Lo que sin embargo no logró ese cambio, fue incluir en las costumbres la lectura y mucho menos de lo que escribían los mexicanos. ¿Conoció la señora las *Veinticinco canciones para cantar en las barcas* de José Gorostiza o se enteró que Martín Luis Guzmán publicó *La sombra del caudillo,* un libro que daba cuenta de cómo se deshacían los poderosos de sus enemigos?

Seguramente no, porque como ha dicho Jean Franco, las mujeres mexicanas siempre se mantuvieron enraizadas en la tradición. Y si bien la señora Hortensia y las damas de su tiempo sabían pedir sus vestidos a París, no tenían idea que en ese mismo lugar surgían las vanguardias artísticas y si bien se cortaban el cabello a la moda y manejaban sus autos, no pretendían adquirir otras libertades. ¿Supo de Tina Modotti y de sus ideas sobre el matrimonio, la sexualidad, la militancia política y el trabajo? ¿vio la fotografía que Edward Weston le tomó en la azotea de su casa y en la que ella aparece completamente desnuda?

La Tencha se había casado con el señor Fernando Torreblanca, quien había sido secretario particular del general Obregón y que luego sería colaborador muy cercano de Calles. La suya había sido una boda rumbosa que se había llevado a cabo con gran despliegue de lujos y la novia había lucido un vestido y unos zapatos carísimos traídos de Europa. La ceremonia civil había sido en el rancho La Hormiga, siendo testigos el entonces presidente Obregón y su esposa, quienes le obsequiaron una magnífica sala Luis XVI y la ceremonia religiosa (¡sí, de la hija de Calles el anticlerical!) se había efectuado en la iglesia de moda entre los nuevos ricos mexicanos, la de Santa Brígida. Para darnos cuenta cómo andaban las cosas entre quienes habían hecho la Revolución en contra de los ricos y a favor de los que nada tenían, basta mencionar que entre los muchos regalos que recibió la pareja, había un piano de cola y un automóvil Packard. Quizá por esas cosas es que en 1922 el poeta Tablada había escrito:

Pavo real, largo fulgor,
por el gallinero demócrata
pasas como una procesión.[158]

9

Según su hija mayor, sólo en dos ocasiones se vio llorar al general Calles. Una fue cuando murió su padrastro y otra cuando murió su esposa. Lo que doña Tencha no quiso nunca aceptar es que su padre lloraría una tercera vez, y mucho, por la muerte de la que sería su segunda mujer.[159]

Y es que unos años después, cuando ya no era presidente, el general volvió a casarse con una yucateca joven y bonita que era soprano, de nombre

Leonor Llorente, con quien se fue a vivir a su finca en Cuernavaca y quien le dio otros dos hijos. "Era muy alegre, todo el día cantaba y acariciaba al general, se querían mucho" afirma Artemisa, la hija menor de Calles que fue la única en la familia que aceptó hablar de esta segunda esposa.[160] Pero también ella murió pronto, en noviembre del año 32, de un tumor en el cerebro, después de dar a luz a su segundo hijo. "El Chato", como le llamaba cariñosamente a Calles (que por cierto era todo lo contrario de eso), quedó con una gran pena: "Pobre viejo, sufrió mucho" decía Micha, la hija. "Para mí, ésta es una amarga temporada" escribió el hombre. Al sepelio asistió la plana mayor de los políticos encabezados por el presidente de la República quien decretó la suspensión de labores en las oficinas de gobierno y duelo nacional nada menos que de ¡un mes! por una mujer que no significaba nada para la vida del país.

A partir de entonces, el general vivió solo en alguna de sus muchas propiedades desde las cuales manejó los hilos de la política nacional. En 1945, envejecido y agotado, murió a los sesenta y ocho años de edad. Extrañamente, el acontecimiento coincidió con la celebración del cincuentenario de la coronación de la Virgen de Guadalupe. Su amigo José Guadalupe Zuno, también jacobino y anticlerical, le escribió un poema, una de cuyas líneas decía, suponemos que con ironía:

Era de acero y se melló su acero
en la tilma suavísima de Juan.[161]

Su hija reunió y cuidó sus archivos que aún están resguardados en su vieja casona de la colonia Condesa en la ciudad de México, que ahora atiende una de sus nietas.

Un primer esfuerzo

1

Con el asesinato del presidente electo, se desataron fuertes tensiones. El gobierno fue blanco de numerosos ataques y acusaciones y corrían rumores de levantamientos armados. Pero con todo y la turbulencia política, el mensaje de las balas de León Toral fue escuchado y Calles anunció el fin de la era de los caudillos y de las pistolas y el inicio del tiempo de las instituciones: "Orientar definitivamente la política del país por rumbos de una verdadera vida institucional, procurar pasar de una vez por todas de la condición histórica de país de un hombre a la de nación de instituciones y leyes".[162]

Obligados a nombrar presidente, los políticos se pusieron a buscar entre los posibles. Varios aspiraban al cargo, entre ellos Luis Napoleón Morones, "el hombre de la cara de luna" según Dulles, que era amigo del presidente y cabeza del movimiento obrero, prototipo del líder enriquecido que lucía una enorme barriga, costosos trajes, autos de lujo y anillos de brillantes. Sólo que no tuvo apoyo suficiente y como se decía entonces jugando con su apellido, "se desmoronó". El nombramiento hecho por el congreso recayó sobre el gobernador de Tamaulipas Emilio Cándido Portes Gil.

El hombre que lleva los nombres de la Ilustración había nacido en 1890 en Villa de Victoria, capital del estado de Tamaulipas, "de una madre quien sin ayuda de nadie y trabajando a veces hasta por la noche en quehaceres de costura, pudo educarme y dotarme de los elementos indispensables para la lucha por la existencia".[163] Emilio estudió para abogado y poco a poco se fue encaminando a la política. Tenía treinta y ocho años de edad cuando asumió el cargo de presidente provisional de México. Se trataba a todas luces de un acto insólito, pues como escribió años después el actor central: "En momentos aciagos para la República, en momentos en que el horizonte nacional se veía ensombrecido por la tragedia, que llegara un civil sin arreos militares y sin las características de caudillo a que ya la nación se había acostumbrado, despertó en todos los sectores sociales un hondo sentido de optimismo". Como insólito fue también que un presidente expusiera, antes de hacerse cargo del poder, el programa a que sujetaría su actuación y en el que propuso "desvincular la política de la administración para impedir, ojalá que de hoy para siempre, que el estado se convierta en elector".[164]

Tomó posesión en el Estadio Nacional el primero de diciembre de 1928, en una ceremonia a la que según sus propios cálculos asistieron "más de sesenta mil ciudadanos", además de su madre doña Adelaida Gil viuda de Portes y de su esposa Carmen García, dando así inicio a la costumbre de que las familias de los presidentes asistieran a la ceremonia de protesta, la que se prolonga hasta hoy.[165] Eso sí, al banquete de festejo para más de quinientas personas en el castillo de Chapultepec, sólo fueron hombres.

Las innovaciones —desde el tipo de ceremonia y de discurso hasta la presencia de su familia— respondían a las necesidades y condiciones de la época, que llevaron también a que ese mismo día se fundara el Partido Nacional Revolucionario, organización que confederaba a varios partidos chicos y sectores sociales de peso y en cuyo interior debían gravitar todas las fuerzas de la Revolución y dirimir sus diferencias, para terminar de una vez por todas con el lenguaje de las balas, de la intranquilidad y la zozobra. Según Arturo Alvarado, el PNR "funcionaba como un aparato gobiernista que legitimaba las decisiones en materia de elecciones y apoyaba al gobierno movilizando a las masas. Además era un mecanismo de reclutamiento, formación y pertenencia de la elite en el gobierno".[166]

El de Portes Gil sería un mandato breve, de dos años nada más, durante los cuales fue un primer mandatario que, usando la expresión del escritor Martín Luis Guzmán, estuvo siempre "a la sombra del caudillo". Y es que durante este periodo, Calles dominó la política nacional. Escribe Lorenzo Meyer: "Se apartó de la estructura formal del poder y fue tejiendo la complicada red de hilos políticos a su alrededor".[167] Se conoce a la época como "el maximato" —término que se creó a partir del que se le asignaba a don Plutarco como "Jefe Máximo"— y ella duró hasta mediados de la década de los treinta. "En sus escasos días en la silla presidencial, Portes Gil intentó realizar un ambicioso

proyecto político y legislativo: reformar el Código Agrario y volver a repartir tierras... modificar el Código Civil y las formas de elección de los representantes del Poder Judicial, reformar el Código Penal, establecer nuevas y amistosas relaciones con Estados Unidos y acabar con las rebeliones cristeras."[168]

Nada de eso era fácil, no sólo por la situación dentro del país sino también por la depresión en Estados Unidos que afectó a la economía mexicana, pues al disminuir las exportaciones, se redujeron los ingresos del gobierno. Pero aun así, Portes Gil logró —con la intervención del embajador de Estados Unidos Dwight Morrow— firmar los arreglos definitivos con la Iglesia que pusieron fin al conflicto que tanta sangre había costado. Puede decirse con Alfonso Teja Zabre que este presidente supo mantener "la línea evolutiva de la Revolución", porque su esfuerzo fue en el sentido de poner orden, de organizar, de institucionalizar, de legalizar y todo esto "con fina mano izquierda y hábil derecha" como dijera Salvador Novo. "Este astuto político aceptó la premisa del maximato sólo para encontrarle diarias excepciones y asumir múltiples iniciativas constructivas."[169]

2

En el año de 1922, en plena agitación política y electoral, "cuando estaba buscando cómo influir en la forma de actuar de los grupos políticos en el congreso"[170] Portes Gil se había casado con la señorita Carmen García, oriunda de General Terán en Nuevo León donde había nacido en 1905. La historia de cómo se conocieron gustaba de contarla él mismo: ella era la hija menor de una familia de buena posición y muy numerosa. A los diecisiete años la mandaron a Tamaulipas para visitar a una hermana casada que vivía allá. Por alguna razón, en la estación de trenes estaba Emilio, que a la sazón tenía treinta años de edad, era diputado, nunca había contraído matrimonio y vivía solo con su madre que era viuda y había visto morir a dos de sus tres hijos. Al ver bajar a la joven del ferrocarril, se prendó de ella y les anunció a sus acompañantes que sería con quien se casaría. Sin esperar más, la mandó seguir y una vez que supo quién era, se presentó a un baile al que ella asistía y la comenzó a cortejar. Poco después le propuso matrimonio y ella aceptó. Una vez efectuado el enlace, se fueron a vivir a una amplia casa, llevando consigo a la madre de Portes Gil, "la abuelita", que permanecería con ellos hasta su muerte.[171]

Pocos años más tarde, cuando apenas tenía veintitrés años, la señora Carmen se convirtió en primera dama.

Con el presidente Portes Gil dio inicio un trabajo más decidido de asistencia social. La razón de este esfuerzo fue, según el investigador norteamericano James Wilkie, la aparición de un libro que mostró, con testimonios directos, que la gente vivía en una miseria terrible: "En 1930, Ramón Beteta y Eyler N. Simpson publican *Mendicidad en México*, y llaman la atención sobre el número de

Carmen García de Portes Gil, primera dama a los veintitrés años, inició un trabajo más decidido de asistencia social mendigos que se encontraban en las calles de la ciudad. Antes los escritores se referían a los léperos como gente de mala calaña, pero Beteta y Eyler los vieron con simpatía y merecedores de que se les ayudara. Estos autores opinaban que la sanidad pública estaba íntimamente relacionada con el bienestar público".[172]

Tal vez por causa de ese libro o tal vez porque eran las ideas de la época, pero fue entonces cuando la señora Carmen empezó a actuar. Su esposo —que la llamaba "hija" con la misma actitud paternalista y protectora con que a Conchita Miramón le decían "niña"— le pidió que le ayudara con los pequeños desvalidos, para lo cual ella se reunió con un grupo de amigas y esposas de los colaboradores del presidente y juntas empezaron a hacer el trabajo social.

En 1929, la señora creó y presidió el Comité Nacional de Protección a la Infancia cuyas oficinas estuvieron en el propio castillo de Chapultepec, siendo su secretaria la señora Hortensia Calles de Torreblanca. Según doña Tencha: "El comité directivo trabajó incesantemente creando delegaciones en casi todas las capitales de los estados de la república". Sus objetivos eran: "Proteger al niño desde el punto de vista físico, social y moral creando centros de higiene para mujeres embarazadas, casas de maternidad, casas de niños semiabandonados en las edades de preescolar y escolar, colonias de vacaciones, campos de juegos y demás servicios adecuados".[173]

Sin embargo, de sus amplísimos propósitos, se cumplieron solamente dos: la fundación de diez hogares infantiles ubicados en barrios pobres de la capital, en los que se dio atención a mil doscientos niños de madres de escasos recursos que los dejaban allí mientras iban a trabajar (igual a lo que hizo la Casa Amiga de la Obrera en tiempos de Carmelita Díaz) y la distribución de desayunos escolares a través del programa La Gota de Leche, que se sostenía con dinero del gobierno y con donativos de particulares y que para 1932 ya repartía quinientas raciones diarias. Se fundaron además algunos centros de asistencia social, uno de ellos la Casa de Salud del Periodista en las Lomas de Chapultepec, otro la Unidad Médico Higiénica anexa al Deportivo Venustiano Carranza y otro más en la populosa colonia Obrera, casas de salud para niños cuyo principal objetivo era combatir la alta mortalidad infantil y para mujeres embarazadas (de las cuales también hubo delegaciones en casi todos los estados de la república) y muchas escuelas. Según Gustavo Casasola, la señora "demostraba voluntad, paciencia y cariño por la niñez así como por las mujeres en estado de gravidez carentes de recursos económicos".[174]

La señora Carmen estaba siempre en acción: presidiendo actos deportivos —estaban de moda las tablas gimnásticas con decenas de jovencitos vestidos de blanco que hacían pirámides unos sobre otros— y festivales, recibiendo peticiones o repartiendo ropa y juguetes, visitando hospitales, hospicios, escuelas, centros de higiene y centros obreros "para decir frases de aliento y palabras de consuelo" o para "regalar un obsequio".[175] Fue designada presidenta honoraria de la Cruz Roja, cuyo hospital visitaba periódicamente,

Carmen García de Portes Gil y sus colaboradoras

y madrina de la Asociación Mexicana de Exploradores; apoyó importantes campañas de salud —contra el paludismo, la tuberculosis, la lepra y el mal del pinto— y una (que fue la que más enorgulleció al régimen) contra el alcoholismo, que en ese momento se consideraba uno de los males más graves del país. Desde el balcón central de Palacio Nacional, el mandatario y su esposa (la primera ocasión en que la mujer de un presidente salía a este lugar) observaron una manifestación infantil en contra de este vicio en la que doce mil pequeños desfilaron, y se emitió un timbre postal por cuyas ventas se obtuvieron más de cinco millones de pesos.

¿Por qué se decidió en México luchar contra el alcohol siendo que aquí era parte esencial del modo de ser de la gente y no había un político ni general que no fuera afecto al trago? ¿podemos creer que el presidente Portes Gil no se tomaba sus copitas cuando le servían las comidas típicas de Tamaulipas, que tanto le gustaban y que años después lo harían asiduo al restaurant Tampico en la ciudad de México? Pero ya hemos visto cómo nos llegaban de fuera las ideas de la "modernidad". En este caso, la campaña contra lo que se consideraba un grave problema vino de Estados Unidos, que por ese entonces luchaba a un tiempo contra la depresión y por la prohibición. Curiosamente, mientras el gobierno combatía los vicios los poetas los alababan. Allí estaban los versos de Villaurrutia según los cuales es grande "el placer que revela el vicio" y la prosa de Leduc que anunciaba su deseo de cultivar todos los vicios porque mañana no lo serán más: "Nuestra frugalidad será dispepsia, nuestra castidad impotencia, nuestro miedo a la muerte teosofía".[176]

Para darse una idea de la intensa labor llevada a cabo por la joven primera dama del país, señalaremos que tenía que asistir a todas las juntas del comité, visitar a los distintos establecimientos de beneficencia, a los festivales y ceremonias organizadas con motivo de la campaña de protección infantil, sin contar con las fiestas y ceremonias oficiales a las que tenía que acompañar al jefe del ejecutivo, que para entonces eran cada vez más seguidas, más solemnes y más largas: el desfile militar del 16 de septiembre de 1929 duró nada menos que ¡siete horas!

Su agenda estaba siempre muy llena. Un ejemplo: el 31 de enero visitó la Cruz Roja, el 20 de febrero visitó la casa de Amparo y Protección a la Mujer "Isabel la Católica", el 27 de abril jugó con los niños de la Escuela del Bosque de Chapultepec, el 8 de mayo asistió a una comida organizada por el Club de Rotarios, el 11 del mismo mes presidió un festival en el Tribunal de Menores, el 12 de junio visitó el hospicio de niños de la Calzada de Tlalpan, el 4 de agosto asistió a un té danzante benéfico, el 4 de septiembre presidió un festival deportivo, el 8 de ese mismo mes inauguró una unidad médico-higiénica, el 10 de octubre inauguró una escuela-hogar, el 12 visitó un hospital, el primero de noviembre inauguró un centro de higiene infantil... y etcétera, etcétera.[177]

Con todos estos esfuerzos, la beneficiencia empezaba a dejar de tener un carácter de voluntad personal y pretendía convertirse en actividad asistencial organizada y dirigida desde el gobierno.

La labor de la señora Portes Gil constituye un esfuerzo importante y sobre todo pionero, que sentó las bases de lo que en adelante sería el papel público de las primeras damas en nuestro país.

3

A la señora Carmen, "de alabada belleza" según afirma Guillermo Gómez, le encantaban los reflectores: "le gustaba arreglarse y asistir a los eventos y se emocionaba cuando tocaban el himno nacional y la gente se ponía de pie al iniciar cualquier acto oficial", dicen sus hijas.[178] Siempre acompañaba a su marido y también recibía en su casa donde era excelente anfitriona. ¡Hasta mandó traer músicos de la tierra de don Emilio para que acompañaran sus nostalgias y así es como llegaron a la capital los Trovadores Tamaulipecos![179]

Fotografías de la época nos la muestran arreglada muy a la moda de los años veinte. "Le gustaba muchísimo la ropa" dice su hija Rosalva y era arriesgada para ponerse lo último: los vestidos sueltos y de telas ligeras que le llegaban al tobillo, los zapatos de tacón con adornos, las estolas de pieles y los sombreritos de casquete, todo perfectamente cortado y combinado. Además usaba el cabello corto, para escándalo de algunos tradicionalistas que, como ya vimos, se burlaban de las mujeres que iban a las peluquerías. Y no sólo por su arreglo era moderna, sino incluso por sus actividades, pues hasta escribió guiones para cine.[180] Tal vez por eso Cecilia Gironella dice que ella "fue una de las primeras

damas partidarias del feminismo culto".[181] ¿Qué quería decir con eso? ¿se refería a que era una mujer que ya daba a luz a sus hijas en el hospital y no en la casa como se acostumbraba?[182] ¿o quizá a que compartía las luchas de las mujeres por el derecho al voto, algunas de las cuales habían triunfado, para desmayo de las damas de la buena sociedad? ¿o que estaba de acuerdo con la proliferación de los clubes feministas y con los esfuerzos de organización de las maestras, las inquilinas y las prostitutas que querían mejorar sus condiciones de vida? ¿o que le daba gusto que se hubiera formado el primer cuerpo femenino de policía?

Pero también, según sus hijas, la señora "sufría mucho por la época tan peligrosa en que le tocó vivir". A su marido lo amenazaron varias veces y en una ocasión hasta ella recibió por correo un anónimo que con temblorosa letra manuscrita decía:

> Urgente
> a la Sra. Portes Gil
> esposa del presidente
> México: Chapultepec
> México D.F. Febrero 8-929
> Sra. Portes Gil
> Urgente
> Si no se suspende la ejecución a José Toral, Ud. y su niña acabara en la misma forma, con primera oportunidad, Obregón era un criminal mas grande en nuestra república.
> Su amigo revolucionario cromista y católico
> [firma ilegible][183]

Y en efecto, un día después de la ejecución del asesino de Obregón, "tal y como se me había anunciado —escribe Portes Gil—, el tren presidencial en que viajaba en compañía de mi esposa y de mi pequeña hija Rosalva, entonces de dos años de edad, la mañana del 10 de febrero de 1929, fue dinamitado al llegar al puente ubicado en el kilómetro 327 entre las estaciones de Comonfort y Rinconcillo, en el estado de Guanajuato. Serían aproximadamente las seis y media de la mañana... en los precisos momentos en que terminaba de vestirme, cuando se sintió un fortísimo choque en el tren".[184]

¿Se asustó doña Carmen? ¿podía entender a este país suyo en que algunas gentes echaban flores y prendían velas por donde pasaba el cadáver de León Toral mientras que otras marchaban para protestar por el asesinato del líder comunista Julio Antonio Mella?

Este extraño país: fanáticos religiosos y comunistas activos, mujeres que creían en el amor libre y otras que seguían viviendo aferradas a sus costumbres y tradiciones. Un país en el que se abría un concurso para premiar novelas revolucionarias —entendidas como éstas las que hablaban de los indios y los proletarios—, en el que se abogaba por el arte comprometido "que debe asumir un papel social al servicio de la colectividad" según afirmaba Carlos Gutiérrez Cruz,[185] y por un nacionalismo tan feroz que hasta los diputados proponían que se consumiera solamente lo que en él se producía, pero al mismo tiempo, un país en el que se fundaba la revista *Contemporáneos*, cuyos integrantes componían una vanguardia estética e ideológica que quería respirar los aires del mundo y traerlos hasta acá y que como diría poco después Jorge Cuesta, se negaba "a embrutecerse con las obras representativas de lo mexicano: que duerman a quienes no pierden nada con ellas, yo pierdo *La Cartuja de Parma* y mucho más".[186]

Carmen García de Portes Gil

4

Una vez terminada su presidencia, Portes Gil tendría diversos cargos en el gobierno y en la empresa privada. Fue embajador en Francia y la India —desde donde cumplió su sueño de visitar el Tíbet—,[187] secretario de Relaciones Exteriores, en algún momento quiso volver a ser gobernador de su estado pero fracasó, fue procurador, dirigente del partido oficial y director de la Comisión Nacional de Seguros, puesto al que llegó porque durante su mandato se preparó la Ley Federal del Trabajo —que se promulgaría poco después— y se debatió ampliamente sobre el seguro para los trabajadores.

Doña Carmen siempre lo acompañó, con todo y sus dos hijas. En Relaciones Exteriores se emperifolló para ir con él a cenas y recepciones todas las noches y en el extranjero le llevó la casa. ¿Le hubiera gustado más quedarse en su hogar art-decó de la colonia Roma? ¿o ir al cine Olimpia a ver la primera película con sonido que se exhibió en México y que era *La última canción* con Al Jolson en el papel principal? ¿qué sintió cuando supo que su yerno había ingresado al Partido Comunista, ése que su marido había prohibido y que desde entonces era clandestino?[188] ¿pensó entonces que había valido la pena que Portes Gil hubiera ordenado que en nuestro país se empezaran a fabricar aeroplanos y así estar preparados para combatir la "amenaza roja"? ¿se enteró alguna vez de que cuando su esposo fue presidente había cesado a Ramón Beteta de su cargo en la Secretaría de Hacienda por un chisme en relación a ella? Así lo cuenta la esposa del susodicho, la señora Elizabeth de Cou:

"Alguien, tal vez celoso de su éxito, le había atribuido un chiste de mal gusto sobre lo adecuado que resultó que la entonces primera dama, bella mujer dotada de un magnífico busto, fuera la patrona de La Gota de Leche... Ramón jamás hizo este chiste, pero como era conocido como autor de otros muy pesados, resultó fácil adjudicárselo y sus enemigos supieron escoger muy bien el momento adecuado para hacerlo."[189]

Don Emilio murió en 1980 y poco después, apenas pasados cinco meses, falleció doña Carmen, de un cáncer que ella nunca supo que padecía pues, como se estilaba entonces, sus hijas se lo ocultaron. Él tenía ochenta y ocho años y ella setenta y cinco.

En su libro *Quince años de política mexicana*, publicado en 1954, Portes Gil pone la siguiente dedicatoria: "A mi madre que siempre me enseñó a decir la verdad y cuyo espíritu sigue alimentando mi existencia. A mi esposa, compañera que ha sobrellevado con abnegación y cariño, todas las vicisitudes de mi vida. A mis hijas Rosalva y Carmelita con la exhortación cariñosa de que no mientan jamás".[190] Y en su escrito *La imagen de mi madre*, publicado en 1967, escribió: "Cuando contraje matrimonio en el año de 1922, puedo decir que hice un matrimonio muy feliz. Desde esa época mi esposa compartió con mi madre todas las penalidades y puedo decir que la felicidad de mi hogar fue la consecuencia de la fusión de los corazones de esas dos santas y nobles mujeres. Mi esposa, siempre cariñosa y prudente, otorgaba a mi madre confianza plena y la hacía sentirse siempre el centro de la casa. En cambio, mi madre, generosamente, renunciaba a todo lo que significara autoridad y depositaba en mi mujer el cetro que las dos compartían como reinas de mi hogar".[191]

5

El general e ingeniero michoacano Pascual Ortiz Rubio, fue el siguiente presidente de México. Era un hombre con una hoja de servicios que se tenía en gran estima, según afirma un estudioso, y que incluía la gubernatura de su estado natal y varias embajadas. Había sido el primer candidato oficial del nuevo partido político contra el que parecía seguro triunfador, el señor Aarón Sáenz, quien, según dicen, fue descartado porque no era católico y porque un grupo de generales expresó querer "a uno de los nuestros". Y se había enfrentado también a un intelectual reconocido, José Vasconcelos, a quien le había ganado en las elecciones por la muy inflada cifra de casi dos millones de votos.

Decía el corrido que por entonces se escuchaba:

Vasconcelos debe ser,
presidente de su pueblo.
Los votos de la Nación,
exigen un hombre nuevo.[192]

Pero no fue así y el que mandó fue otra vez Calles, quien impuso a su amigo don Pascual, en lo que fue la primera prueba para el PNR y, de paso, la advertencia de que no se aceptaría ninguna resistencia a su línea y que como escribió Jacqueline Peschard sería "generoso con los que se integraban a él pero implacable con los que lo impugnaban".[193]

Como ya era tradición, Ortiz Rubio tomó posesión en el Estadio Nacional sobre la calzada de La Piedad —hoy avenida Cuauhtémoc— y como también ya se estaba volviendo costumbre, en la tribuna estuvo presente su esposa junto con la del presidente saliente. Terminada la ceremonia el nuevo mandatario se dirigió a Palacio Nacional para instalar a su gabinete y recibir felicitaciones.

Cuando salía por la Puerta de Honor para dirigirse al automóvil convertible que lo esperaba, se dio cuenta de que el coche de su esposa estaba estacionado y que dentro iba la señora, acompañada por su hermana y una sobrina.

–Vente conmigo —invitó don Pascual a doña Josefina.

–Mejor vente tú conmigo, yo en coche descubierto no voy.

Él aceptó y se subió al lujoso Lincoln. Y ese cambio de planes le salvó la vida.

Porque apenas si empezaba a avanzar por entre la valla de gente que le saludaba cuando sufrió un atentado: "Una bala penetró y rozó la oreja de la esposa del presidente y alcanzó al ingeniero en el carrillo derecho".[194] Cuenta Mejía Prieto que cuando a toda velocidad la ambulancia lo trasladaba al hospital brincando y saltando por los baches y desniveles, el herido alcanzó a decir: "¡Qué calles tiene México. Ésa es la causa de mis dolores!".[195]

Dos meses duró la convalecencia de don Pascual y durante todo ese tiempo, la señora Josefina Ortiz de Ortiz Rubio no se separó de su lado.

6

Y es que ella nunca estaba lejos de él. A todas partes donde iba don Pascual allí iba doña Josefina. Según Carlos Macías: "Los esposos Josefina-Pascual Ortiz Rubio evidenciaron en sus epístolas influencia recíproca y constante compañía".[196]

La dama era también michoacana. Había nacido el 13 de febrero de 1892 en Copándaro, en una hacienda propiedad de su padre que era abogado. Había sido educada en el Colegio Teresiano de Morelia, con las interrupciones de la Revolución, pues en cuanto alguien advertía que se acercaban los de a caballo, corría a dar aviso a las casas para que escondieran a las señoritas y no salían de allí hasta que aquéllos estuvieran lejos. Como tantas jóvenes de las clases acomodadas, Josefina y su hermana Esther pasaron muchas horas encerradas en algún sótano mientras su madre y las sirvientas rezaban para que no las encontraran los alzados.[197]

Al padre de Josefina le gustaba mucho el ajedrez. El gobernador del estado, que era precisamente Ortiz Rubio, su pariente lejano, lo procuraba para jugar, pues también a él le apasionaba mover a los reyes y peones. Y como se dice, terminó robándose a la reina.

Pascual y Josefina se casaron el 13 de agosto de 1920. Las vicisitudes de la política los llevaron a vivir a la capital donde él ocupó diversos puestos en el gobierno, hasta que se hartó y decidió alejarse. Así fue como empezaron a viajar: vivieron en Europa y en Medio Oriente —en Barcelona pusieron un negocio de libros y tabaquería cuyo anuncio era una bebé con una pipa que era nada menos que su hija Ofelia, y en Egipto permanecieron seis meses

mientras el ingeniero estudiaba los sistemas de riego que los ingleses habían llevado a ese país.

Estando en Alemania, Obregón le pidió que tomara, "por la buena o por la mala", la embajada de México en Berlín que se encontraba en manos opositoras, encargo que don Pascual cumplió. Y allá se quedaron, encantados con el país y con las amistades que hicieron entre los altos mandos del ejército alemán. Se cuenta que Hindenburg los apreciaba tanto, que a pesar de que era enemigo de los franceses, en las cenas en las que los Ortiz Rubio estaban

Josefina Ortiz de Ortiz Rubio fue feliz cuando su marido renunció al cargo

presentes insistía en hablar francés como una deferencia ante la señora Josefina que no sabía alemán.

Electo presidente el general Calles, los visitó en Alemania donde lo recibieron y le brindaron todas las atenciones. Antes de volver, y agradecido, le preguntó a la señora si había algo que él pudiera hacer por ella:

–Sí —le respondió. Cuando sea presidente mándenos por favor a un lugar donde haya sol.

Dicho y hecho. Para sorpresa y disgusto de don Pascual, un día llegó el telegrama que los mandaba muy lejos del invierno, hasta Brasil. Y allá permanecerían durante tres años hasta que el presidente Portes Gil le solicitó su regreso a la patria, para ser candidato a la Presidencia.[198]

Doña Josefina Ortiz de Ortiz Rubio era una matrona gorda (le gustaban mucho los dulces y en la mesa se ponían al menos tres bandejas de postres), con piel apiñonada, cabello negro, una expresión de dulzura en el rostro y unos hermosos ojos oscuros. Tenía la barbilla partida, rasgo que le heredaron sus hijos y varios de sus nietos. A los treinta y cuatro años de edad fue primera dama y aceptó el encargo como había aceptado seguir en todo a su marido. De modo que se mudó al castillo de Chapultepec, donde "fuimos muy felices" coinciden en afirmar los tres hijos de la pareja. Vivían en la parte alta del edificio y perseguidos por su institutriz alemana correteaban por las muchas habitaciones, patios y jardines, subían y bajaban por el hermoso elevador hidráulico de tiempos de don Porfirio y en ocasiones entraban a escondidas a la zona prohibida que era donde se guardaban las reliquias del Segundo Imperio.

¿Qué vestido se puso la señora Josefina para la boda de Artemisa, la hija menor del general Calles, quien echó la casa por la ventana para la celebración como era su costumbre? ¿sintió celos de la esbelta jovencita que ganó el concurso de "la belleza mexicana"? ¿se le antojó irse en avión a los juegos olímpicos como hicieron muchos compatriotas ricos? ¿o prefería seguir viajando por el país en tren, en auto y a caballo que era lo que le gustaba hacer a su marido? ¿vio la primera película sonora que se filmó en México y que era nada menos que *Santa*, aquella historia de una mujer que se vuelve prostituta, escrita por Federico Gamboa a principios del siglo y en la que cuando la actriz Lupita Tovar pronunció la primera frase todo el público se soltó a aplaudir? ¿o prefirió leer las novelas sobre los cristeros, ella que era tan devota?

Siguiendo la costumbre impuesta por su antecesora, la señora apareció al lado de su marido en homenajes, inauguraciones, banquetes y ceremonias oficiales. Y continuó con la obra asistencial de La Gota de Leche y con la de las casas hogar —cuyo número aumentó—, así como el reparto de desayunos a los que agregó un sistema dominical exclusivo para niños indígenas. Gracias a su influencia, la Casa de Salud del Periodista se transformó en Maternidad Pública que muchos años funcionó bajo la tutela de la Secretaría de Salubridad y Asistencia Pública.[199] Pero, sobre todo, la señora Ortiz Rubio se ocupó de atender su hogar y de la vida familiar tanto en la ciudad de México como en la finca a la que iban a descansar allá por Tizapán y que ella había adquirido con sus propios recursos pues al morir su padre le había heredado un dinero.[200] Allí pasarían sus fines de semana entre árboles frutales y hermosos jardines hasta que su ahijado, Maximino Ávila Camacho, consiguió, después de mucho insistir, que se la vendieran.

¿Alguna vez llamó al teléfono Ericsson 11-70 o al Mexicana 16-37 para encargar que le mandaran a domicilio la gasolina marca El Águila, Sinclair o Mexican Gulf para su lujoso Lincoln negro? ¿se imaginaba que tiempo después su marido sería el director de Petromex y como tal mandaría instalar una refinería en la que se haría una mejor gasolina, la llamada Mexolina?

7

El presidente Ortiz Rubio nunca pudo realmente gobernar. Escribe Medin: "Si durante el periodo provisional podemos analizar en qué medida se sometió Portes Gil y en qué medida fue independiente, durante el periodo de Ortiz Rubio la claudicación fue casi total y casi total fue también la quiebra de los verdaderos intereses revolucionarios... fue dirigido totalmente por Calles quien inclusive participaba en las reuniones del gobierno sin tener representación oficial alguna".[201]

Se dice que había más gente haciendo antesala para consultar al ex-presidente en su casa particular que la que esperaba al presidente de la República en Palacio Nacional y se dice también que ni los gobernadores ni el congreso le hacían caso alguno a don Pascual. "Aquí vive el presidente —se murmuraba cuando alguien pasaba frente al castillo de Chapultepec— pero el que manda vive enfrente", pues la casa de Calles estaba al pie del bosque, en lo que hoy es la colonia Verónica Anzures.[202]

Según Fuentes Mares, en su afán por hacer algo notable Ortiz Rubio convertía cualquier actividad, por nimia que fuera, en un pretexto para hacer ceremonias muy formales. Así, por ejemplo, con bombos, platillos y bandas de guerra que ejecutaban el Himno Nacional, fue a inaugurar las obras de un paso subterráneo para peatones en la esquina de 16 de septiembre y San Juan de Letrán, "una obra digna de figurar en el programa de obras materiales del presidente municipal del villorrio más infeliz".[203] Lo único significativo que se recuerda de su gobierno fue el impulso a la Doctrina Estrada que establecía la no intervención en asuntos de otros países y que durante años serviría de guía a las relaciones internacionales de México.

¿Qué pensaba doña Josefina de la situación tan difícil en la que se vio envuelto su marido, obligado a aceptar un cargo que no podía ejercer? ¿escuchó los chistes cada vez más corrosivos que se contaban sobre él? No sabemos. Lo que sí sabemos es que entre el presidente Ortiz Rubio y Plutarco Elías Calles llegaron a producirse serias fricciones. Hasta que en 1932, al día siguiente de su segundo informe, don Pascual renunció debido a "una situación de crisis crónica que ha existido desde la iniciación de mi gobierno haciendo débil y pálida su acción y mezquinos sus resultados".[204] Antes de irse y haciendo eco a la atmósfera de golpe de Estado que se respiraba, afirmó: "Salgo con las manos limpias de sangre y dinero y prefiero irme y no quedarme aquí sostenido por las bayonetas del ejército mexicano".[205]

Apenas liberado de su encargo en la Presidencia ("El día más feliz de la vida de mamá fue cuando *papapai* renunció" coinciden en afirmar los hijos), Ortiz Rubio se fue con su familia a vivir a Estados Unidos y sólo volvió a México cuando el presidente Cárdenas, que era su amigo, lo llamó y, una vez aquí, se ocupó de atender algunos encargos presidenciales y sus negocios personales y se dedicó a viajar por el país. ¿Le gustó a la señora que la llevaran por todos esos caminos y brechas? ¿qué sintió cuando tuvo el privilegio de ver el nacimiento del Paricutín, con sus luces de colores y su imponente tamaño?

Doña Josefina fue una mujer de gran autoridad moral sobre su familia, que la quiso y respetó hasta el último día de su larga vida. Y es que a pesar de tantas dificultades y cambios, supo estar siempre al lado de su marido y mantenerse serena. Y supo también darle a sus hijos una educación sólida y cristiana. ¡Y conste que hubo tiempos —cuando sus hijos eran chicos— en que eso era muy difícil en México, pues por la pugna entre el gobierno y la Iglesia, los fieles "tenían que hacer clandestinamente sus enseñanzas del catecismo y sus ceremonias de bautizo y matrimonio!".[206] Pero la señora era tan creyente que los tres vástagos hicieron su primera comunión en capillas privadas y durante el gobierno de su marido consiguió que él diera permiso para traer un órgano monumental para la Basílica de Guadalupe y hasta el fin de sus días haría fuertes donativos a una parroquia cercana a su domicilio.

Dama muy fina, jamás faltó a sus compromisos, cumpliendo con las muchas invitaciones que le hacían, visitando amistades y enfermos. Y así siguió durante los veinte años que duró su viudez. "Siempre tenía mucho quehacer", dice su hija Ofelia, pues tejía a gancho, leía poesía, tocaba piano, cantaba zarzuela, cuidaba con esmero su jardín y sus pájaros y vivía rodeada por el cariño de dieciocho nietos y varios bisnietos. Murió en 1983, a los noventa y un años de edad.[207]

8

La renuncia de Ortiz Rubio dejó al país sumido en una seria crisis política. A eso se aunaban "los efectos de la gran depresión económica de Estados Unidos que se sintieron con fuerza. En la capital el Banco de México era asediado por los ahorradores temerosos".[208]

Josefina Ortiz con su esposo e hijos

El congreso nombra como presidente interino al general Abelardo L. Rodríguez —L. por Luján, que era el apellido de la madre pero él lo ponía antes del de su padre—, que había sido gobernador de Baja California y secretario de Guerra y Marina y a quien lo único que interesaba eran los negocios. Y se dedicó con fruición a ellos: desde empacadoras de pescado hasta procesadoras de alimentos, desde fábricas de aviones hasta astilleros y empresas navieras, desde bancos hasta compañías de seguros, desde minas hasta cementeras, madereras y huleras, desde radiodifusoras hasta productoras y distribuidoras de cine, desde inmobiliarias y fraccionadoras hasta constructoras, desde casinos hasta hoteles y galgódromos, bares y restaurantes.[209] Por eso Jorge Mejía Prieto decía que Rodríguez "era un tahúr profesional que tenía como afición la Presidencia de la República".[210]

La familia Ortiz Rubio

Durante su gestión él también se mantuvo a la sombra de Calles, pero entre ellos no hubo fricciones porque a diferencia de Ortiz Rubio, Rodríguez aceptó "desde el principio un acuerdo tácito entre ambos: el presidente se encargaba de supervisar el buen funcionamiento de la administración pública y el Jefe Máximo se reservaba las principales decisiones políticas".[211] En su autobiografía, Rodríguez lo justifica afirmando que lo único que quería era "nivelar el presupuesto y poner en orden la administración del gobierno" y aseguraba que su intención era "permanecer al margen de la dirección política dejando esa actividad en manos de los políticos".[212] Pero cómo serían las cosas, que aunque no se quería meter en las decisiones políticas terminó por enviar una circular a los funcionarios de su gobierno en la cual les advertía que: "En lo sucesivo se abstengan de someter a la consideración y consulta del general Calles los asuntos de la competencia de las Secretarías y Departamentos a su cargo y en aquellos casos que desearan conocer la opinión del mismo general Calles, lo hagan invariablemente por mi conducto ya que tengo por costumbre oir siempre su autorizada opinión".[213]

Durante este gobierno se crearon la Comisión Federal de Electricidad, la Nacional Financiera, la Procuraduría General de la República y la empresa Petromex. Seguía viento en popa el proceso de organización e institucionalización con el que se pretendía poner a México al día. Aunque claro, no demasiado, porque cuando el secretario de Educación Pública Narciso Bassols quiso introducir en los planes educativos la educación sexual, se levantó tal enojo que tuvo que renunciar a su cargo, y cuando Rubén Salazar Mallén publicó su novela *Cariátide* se la censuró porque usaba palabras altisonantes y groserías.[214]

Escribe Fernando Orozco: "La política seguida por el gobierno del general Rodríguez fue contradictoria: hizo que se reformara el artículo tercero para implantar la educación socialista pero le dio gran impulso y muchas concesiones a la iniciativa privada. Hablaba de libertad y mandó reprimir con lujo de fuerza una manifestación de madres de familia que protestaban por la imposición de la educación sexual en las escuelas. Se opuso a la participación de los sindicatos en las actividades políticas del país pero él mismo decretó el salario mínimo así como la ley del servicio civil para proteger a los trabajadores y asegurar su estabilidad en el empleo".[215]

9

En el México de la tercera década del siglo se vivía bien; como había escrito Tablada, "teatros y cafés abrigaban en su seno toda la alegría de la ciudad". Había carpas y cantinas, jardines y mercados, baños públicos y puestos de tacos, y "las viejas iglesias barrocas y los conventos" que tanto llamaron la atención del escritor Graham Greene. En las colonias Juárez, Roma y San Rafael se levantaban lujosas casas y en los barrios pobres como La Merced, La Candelaria de los Patos y Tepito, vecindades ocupadas por obreros, choferes, ferrocarrileros y mecánicos, secretarias y enfermeras. El novelista Mariano Azuela describe una de éstas: "Doce departamentos sobre el patio central y cuarenta viviendita en los cuatro largos y angostos pasillos que lo cruzaban".[216] En las esquinas se vendían "jaletinas" de jerez y de limón. En los zaguanes platicaban parejas de novios y en las azoteas tapizadas de tinacos colgaba la ropa tendida al sol. Los tranvías de color rojo oscuro con asientos de madera traqueteaban por las calles mientras los niños jugaban canicas o "avión" en las banquetas.

Amanece en la ciudad: "El alba que asoma a tu ventana", escribió Efrén Rebolledo.[217] "Muy temprano de las panaderías flotaba un santo olor... pasaba uno que otro camión... Los trenes urbanos... zafando el trole en las esquinas... Algunos carteles recientes... y los gendarmes de tráfico... En los almacenes se alzaban las cortinas de acero y desde el fondo, saludaban avalanchas de zapatos.

Se instalaban los sitios de autos... los choferes enjuagaban el coche afanosos, en mangas de camisa, y medían el aire de las llantas", escribió Salvador Novo.[218]

Una ciudad de gente que trabaja y suda: "Con los cinceles y el martillo" decía Rebolledo; "Las manos fuertes que perfumaba el sensual aroma del aceite" decía Novo; "Ríos de blusas azules que desbordan las esclusas de las fábricas" escribió Maples Arce.[219]

Una ciudad de gente que vive "el ritmo de los días y el domingo y la familia y el padre que trabaja y regresa y la hora de comer y los amigos y las visitas y el traje nuevo y las cartas de otra ciudad" escribió José Vasconcelos.[220]

Una ciudad de tiendas, escaparates, galerías: "La ciudad se le entrega sin reservas en los escaparates, le otorga sus intimidades, le devela sus secretos, le rinde pleitesía" escribe José Martínez Sotomayor; "Los escaparates asaltan las aceras" escribe Manuel Maples Arce.[221] Y también una ciudad de cafés: "La Concordia, en la calle de Madero, el Cazador, en el portal de Mercaderes, el del Progreso, donde hoy se alza el edificio del Banco de Londres y México, el de La Gran Sociedad, sito en los bajos de la actual Casa Boker", escribió Novo. En Lady Baltimore los helados ya no son solamente de limón, de fresa o de amantecado como solían, sino que las listas de sabores se han vuelto largas e incomprensibles y "los ice cream sodas llenos de espumarajos y con dos popotes eran ¡de mocha! ¡y de maple!".[222]

Alfonso Reyes asiste a la inauguración de una casa de antigüedades en la avenida Juárez y Octavio Barreda deja correr el tiempo recargado bajo el toldo de una droguería viendo pasar a las mujeres. Y al llegar el anochecer, cuando oscurece sobre la ciudad, "diez mil lámparas eléctricas que de pronto, como si se hubiera alzado un telón, se encendían..., una ciudad insurrecta de anuncios luminosos".[223] Y es que la ciudad de México ya exhibía con exageración la luz eléctrica (decía Salazar Mallén), luces de neón (decía Azuela), teléfonos (decía Novo), telégrafos (decía Maples Arce), fonógrafos (había dicho Tablada), cines (decía Owen), anuncios (decía Martínez Sotomayor), aviones (decía Torres Bodet) y autos que ensuciaban el aire con sus humos, se enredaban en las esquinas y hacían tanto ruido con sus cláxones que ya no se podía oir cantar a los gallos.

10

Abelardo Rodríguez había nacido en el seno de una familia muy numerosa y pobre. Como él mismo escribe en sus memorias ya citadas: "A los seis años usaba zapatos sólo en determinadas ocasiones... Hube de trabajar para ayudar a mis padres y por eso suspendí los estudios sin terminar siquiera la educación primaria".[224] Y, sin embargo, logró encumbrarse como dice él mismo, tanto en el mundo oficial como en el de la iniciativa privada.

Tres veces casó el general, que dicen era bien parecido. La primera, en 1917, con la señorita Luisa Montijo Hugues, originaria de Guaymas donde nació en 1895, hija menor de una familia de buena posición que la mimaba mucho. Tuvieron un hijo y se divorciaron poco después. Ella se fue a vivir a San Diego

en California donde murió en 1990 de casi noventa y cinco años de edad.[225] La segunda, en 1921, con la norteamericana Earthyl Vera Meier, a la que trajo a vivir a México y quien desesperada por su soledad en este país desconocido, se suicidó. La tercera, en febrero de 1924 en Mexicali, cuando era gobernador del territorio de Baja California Norte, con una joven de veinte años de edad, nacida en 1904 en Puebla, la señorita Aída Sullivan Coya, hija del ingeniero norteamericano John Sullivan, que trabajaba en la construcción del ferrocarril, y de la señora María Coya, originaria de Cuba.[226] Con ella permaneció por el resto de sus días y tuvieron tres hijos, todos varones. "Ella ordenó mi vida" afirmó el general en su autobiografía. Y debe haber sido cierto porque la señora era de un carácter muy fuerte —le decían "la generala"— y de una imponente personalidad.

Doña Aída lo acompañaría durante sus encargos oficiales y en sus muchos viajes por todo el mundo y cuidaría de su salud porque el hombre era diabético. Y, por supuesto, se hizo cargo del hogar y la familia.

Según Guillermo Gómez, la señora era una mujer muy bella, "dama de gran hermosura y de mucha distinción, a cuyo resplandor contribuye su figura aristocrática". Alta, delgada y de buena figura, tenía la piel blanquísima, los ojos amielados y el cabello negro que se dejaba muy largo aunque recogido en un chongo de moño.[227] Lo que más llamaba la atención eran sus manos hermosas. Era una mujer sumamente elegante que siempre andaba impecablemente arreglada y "hasta dormía maquillada —dice su nieta Hortensia— con tal de que nadie la viera desarreglada". Escribe Enriqueta de Parodi: "Paseaba su elegancia por las terrazas del castillo de Chapultepec",[228] pues en efecto, como era la costumbre, vivió en ese espléndido lugar, donde servía el té en tazas de porcelana importada y dejaba lucir sus largos collares de perlas.

La señora continuó con la obra de asistencia social, tal como lo habían hecho sus antecesoras, y participó en las recepciones oficiales en las que se servía abundante champagne, aunque dicen que a ella no le gustaban las fiestas y sólo asistía "si era indispensable su presencia dentro del protocolo oficial".

Dos causas hizo suyas doña Aída: la primera, la de adoptar en México la bandera de las Américas, idea que por aquel entonces había surgido en el sur del continente y que proponía ondearla y reverenciarla en todos los países hispanoamericanos. Al secretario de Educación Pública le escribió: "Tenemos la obligación moral de estrechar los vínculos de amor entre esa constelación de Repúblicas hermanas que se extienden en nuestro continente. Por esto necesitamos no solamente operar a través de la frialdad diplomática sino ir derecho al corazón".[229] La segunda, la de traer a nuestro país los métodos más modernos en puericultura, una materia que entonces se ponía de moda en los países desarrollados y que tenía que ver con el cuidado de los niños, su alimentación e higiene. "Impresionada por la fuerte mortalidad infantil que se registra en México y ante la realidad imperiosa de inyectar a nuestra raza una pujante energía vital", la señora mandó a escribir un *Libro para la madre mexicana* que se distribuyó

Aída Sullivan de Rodríguez, mujer guapa y elegante,
apoyó al marido pero fue dura con los hijos

gratuita y masivamente en 1933 con la intención de "liberar a las madres de consejas y supersticiones y enseñarle a saber las cosas correctamente".[230]

Los consejos que se le daban a la mujer en dicho texto eran: visitar al médico regularmente (p. 2), vivir en habitaciones amplias, bien ventiladas, asoleadas y limpias (p. 9), alimentarse con "leche, verduras, cereales, fruta y huevos" (p. 10), contar con un marido que la apoye (p. 24), tener ropa adecuada para el bebé (p. 38 en la que se incluye una lista de lo que se considera "básico"), bañarse diariamente ella y el niño (p. 67), hacer ejercicio y pasear y vacunarlo (p. 108). ¿Se le olvidaba a la señora Aída en qué país vivía, en el que la mayoría no conocía más que la extrema pobreza? ¿o creía que todas las mujeres mexicanas eran de clase media y podían seguir sus consejos?

¿Leía la señora las noticias en *El Universal* y *Excélsior* o prefería oirlas por radio, ese invento genial que encantaba a todos? ¿le gustó el nuevo pan de caja marca Ideal y la nueva bebida que sabía a medicina y se llamaba Coca-Cola? ¿se enteró de que por aquí andaba el escritor inglés D. H. Lawrence maravillado con la luz de las mañanas de México? ¿asistió a la inauguración del imponente Palacio de Bellas Artes, a la que fueron tantos actores y actrices célebres para escuchar cantar al tenor Jorge Negrete y tocar a la Orquesta Sinfónica de México bajo la dirección del maestro Carlos Chávez? ¿se enteró de que su marido hizo todo por limitar la inmigración de los chinos a los que se consideraba "extranjeros perniciosos" aunque se aseguraba que no era por racismo sino por razones económicas? ¿sabía que en el país había dieciséis y medio millones de habitantes, la mayoría brutalmente pobres? ¿supo allá arriba del cerro del Chapulín de lo que sucedía abajo, en ésa que Alfonso Reyes había llamado "la región más transparente del aire"?[231] ¿le agradó que su marido le construyera una casa en el lujoso fraccionamiento de moda, Chapultepec Heights, que estaba muy cerca de la residencia presidencial? ¿escogía ella los trajes que él usaba, los Kuppenheimer de fino casimir que costaban 125 pesos en High Life o en El Palacio de Hierro? ¿lo acompañaba al Zócalo, frente a Palacio Nacional, por un sombrero marca Tardan (que como decía el anuncio "se usan de Sonora a Yucatán") que hiciera juego? ¿disfrutaba de las joyas que él le obsequiaba? ¿sabía de dónde había salido el mucho dinero que tenían y con el cual adquirieron vastas propiedades y caros automóviles? ¿o simplemente gozaba de estos recursos sin indagar más?

Según Carlos Martínez Assad, para entonces las esposas de los políticos ya habían aprendido a aprovechar las riquezas de sus maridos y andaban muy emperifolladas con vestidos finos, joyas y abrigos de pieles, paseando en enormes automóviles con chofer, dedicadas a jugar bridge, a organizar tés-canasta y a ir al Country Club donde tomaban cocktails y high-balls.[232] Y es que como esas mujeres no tenían nada que hacer, pasaban el tiempo en actividades sociales, rodeadas de amistades y disfrutando del dinero y la posición de sus esposos, mientras ellos hacían negocios, comían con sus amigos en el restaurant Prendes, se bañaban en las magníficas regaderas nuevas adyacentes al vapor del hotel Regis, tenían segundos frentes y amantes y protagonizaban escándalos con artistas y tiples.[233]

En su novela *Las batallas en el desierto,* José Emilio Pacheco describiría años después, una situación por entonces ya muy común: "La mamá de Jim es la querida de ese tipo. La esposa es una vieja horrible que sale mucho en sociales, espantosa, gordísima. Parece guacamaya o mamut. En cambio la mamá de Jim es muy guapa, muy joven. Dicen que tiene mujeres por todas partes. Hasta estrellas de cine y toda la cosa. La mamá de Jim sólo es una entre muchas".[234]

Y es que la "casa chica" —que como decía el chiste, era casi siempre la más grande y lujosa— era una costumbre tan arraigada que se había convertido en una institución. Y lo era incluso para los presidentes que casi en todos los casos tuvieron hijos ilegítimos. Y seguramente las esposas lo sabían, porque lo sabía todo mundo, pero nada decían.

11

Terminada la presidencia, los Rodríguez se fueron a Europa, instalándose en Londres de donde volvieron un año después. El general todavía sería gobernador de su estado natal, Sonora, lugar donde la señora Aída estableció una fundación para becar a estudiantes pobres.

Aída Sullivan con su esposo Abelardo L. Rodríguez

Aída Sullivan de Rodríguez

Dos tragedias familiares le afectaron profundamente: la muerte de su hijo mayor en un accidente de aviación y la de su nuera, madre de cuatro hijos pequeños, a quienes tomó bajo su cuidado y crió. Ellos serían los herederos de su fortuna porque como no le gustaron las esposas que eligieron sus otros hijos, simple y llanamente los desheredó. Era una madre convencida de que tenía la razón y de que podía decidir y manipular las vidas de los suyos.

Amargos recuerdos quedan entre los descendientes a los que se quitó del árbol familiar, pero la señora Rodríguez fue implacable.

Don Abelardo murió en 1967 en un hospital de California. La señora Aída, aunque era treinta años menor que él, falleció en 1975, apenas ocho años después. Fue enterrada en El Sauzal, en Baja California.[235]

Historias de amor

1

El siguiente de los elegidos por el Jefe Máximo y por el PNR para gobernar al país, fue el general Lázaro Cárdenas del Río. "Para Calles la postulación de Cárdenas constituía un intento táctico de seguir dominando la situación,"[236] afirma Tzvi Medin, sólo que esta vez no le daría resultado.

El general era originario de Jiquilpan, Michoacán, donde había nacido en 1895. Muy joven se había incorporado a las filas de la Revolución en las que ascendió por los rangos militares. Fue secretario —de Gobernación y de Guerra y Marina— en los gobiernos de Ortiz Rubio y Abelardo Rodríguez y gobernador de su estado natal.

Desde su campaña electoral, Cárdenas mostró que se interesaba por el país, por su gente y por resolver sus problemas. Por eso recorrió, de manera intensa y decidida, casi 28 mil kilómetros de territorio nacional, en ferrocarril, automóvil, aeroplano, barco y a caballo, "con la intención de tener un conocimiento lo más exacto y completo sobre las condiciones que prevalecían" y para, como acostumbraba decir, "recoger y sembrar inquietudes".[237]

Una vez que lo eligieron presidente de la República, lo mismo que sus antecesores, tomó posesión en el Estadio Nacional convertido por decreto en recinto oficial, el mediodía del primero de diciembre de 1934, para un periodo que por primera vez sería de seis años debido a las reformas hechas a la Constitución. Pero a diferencia de aquéllos, el acto hizo pública una sencillez que lo volvería famoso pues se presentó a recibir el cargo en traje de calle —sus antecesores lo hicieron en sendos jaquets— y luego, en vez de hacer fiestas y ofrecer costosos banquetes, se fue con su familia a descansar a su finca de Cuernavaca. Este modo austero se repetiría en todas las ceremonias oficiales, incluida la de cada 15 de septiembre, a la que quitó el lujo y derroche que se habían vuelto tradicionales. Además, inició la costumbre simbólica de, al menos una vez durante su mandato, "dar el Grito" en la ciudad de Dolores, cuna de la gesta independentista (copiando lo que se le había ocurrido nada menos que a Maximiliano).

Otras muestras de sencillez del nuevo presidente fueron mandar suspender los clarines que todas las mañanas lanzaban al aire el saludo anunciando a la ciudad de México la llegada del jefe de Estado al Palacio Nacional y prohibir que se sirvieran licores en su mesa y en el tren "Olivo", que era el medio de transporte oficial del primer mandatario. Y entre las primeras medidas que tomó, estuvo la de clausurar centros y clubes de juego y de apuestas, aunque sus dueños fueran políticos poderosos: "El martes 4 de diciembre apareció en los diarios la noticia de que se habían clausurado por disposición presidencial los casinos Casablanca y Casino de la Selva en Cuernavaca que fueron convertidos en escuelas y el Foreign Club del Estado de México en donde se instaló un leprosario. Había que cortar de raíz todo aquello que recordara el estilo de los generales sonorenses".[238]

El país estaba prácticamente estabilizado —aunque todavía hubo que sofocar la rebelión de algún alzado, como el general Saturnino Cedillo— de modo que el presidente se pudo dedicar a cumplir con su trabajo que consistía en tratar de llevar a la práctica los postulados de la Revolución. Y es que el de Cárdenas fue un régimen que se diría "arquetípico de una Revolución", pues se sustentó en un acendrado nacionalismo y una decidida entrega a las causas sociales: "Cárdenas eligió el derrotero de las reformas sociales y económicas" afirma un estudioso de este periodo.[239]

La idea de nación soberana preside todo su gobierno en sus ideas, en sus discursos y en su actuación y ella se sustenta en algunos pilares: el Estado como activo promotor e impulsor de la buena marcha de los negocios públicos; el agrarismo y el laborismo; la especial atención a la educación; el decidido anticlericalismo y el acendrado nacionalismo. Y en efecto, el Estado comenzó a dirigir técnica y políticamente las estrategias económicas. Escribe Martínez Assad: "Con Cárdenas la institucionalización del poder político llegó a su máxima expresión...".[240] Se apoyó a los trabajadores y campesinos en sus demandas laborales, salariales, de reparto de tierras, de ayuda para la producción y de organización. En el año 36 se creó la Confederación de Trabajadores de México, CTM, y en el 38 la Confederación Nacional Campesina, CNC.[241] La reforma agraria emprendida fue de gran envergadura pues el general se propuso liquidar el latifundio y convertir al ejido en la forma básica del agro. Durante este sexenio se repartieron más de diecisiete millones de hectáreas, una cantidad que superaba con creces lo que hasta entonces se había hecho y a ello se agregó apoyo con crédito, irrigación, maquinaria, asesoramiento e infraestructura. "La agricultura mexicana no volvió a ser la misma... Al finalizar el gobierno de Cárdenas, el ejido representaba casi la mitad de la superficie cultivada de México."[242]

Y por lo que se refiere a la educación, apoyó la implantación de la llamada educación socialista, que excluía de la enseñanza a las doctrinas religiosas. En octubre del año 34, la cámara de senadores aprobó la reforma al artículo tercero constitucional para así "combatir el fanatismo y los prejuicios y en cambio organizar las enseñanzas y actividades de tal forma que la juventud lograra un concepto racional y exacto del universo y de la vida social".[243]

El partido oficial fue reestructurado convirtiéndolo en PRM (1938) —que contenía en su seno a los sectores sociales de más peso— y nació uno de oposición, el PAN (1939); se dio atención específica a los indígenas y a los grupos más pobres de la población; se hizo obra pública; se crearon instituciones; y se tomó la trascendental medida de nacionalizar los ferrocarriles.

En materia de política internacional, el principio fundamental fue el antiimperialismo que se manifestó sobre todo en las denuncias contra el fascismo, así como en el apoyo a los republicanos españoles. Se calcula en cuarenta mil el número de refugiados de ese país, además de los de otros países, que llegaron a México, pues mucha gente huía de Alemania e Italia y de las pésimas condiciones de vida en los países del este de Europa o del Medio Oriente. Aunque no a todos se les quiso recibir (barcos cargados de pasajeros judíos se quedaron esperando el permiso para desembarcar que nunca llegó), a muchos se les autorizó a quedarse a vivir aquí, donde se integraron de manera pacífica y productiva a la vida nacional pues como se dijo en aquel entonces, no se les consideraba "como náufragos de la persecución dictatorial sino como exponentes de la causa imperecedera de las libertades del hombre".[244] En este sentido es que se dio asilo político al exiliado soviético León Trotsky, quien unos años después sería asesinado en estas tierras.

En síntesis, si hasta ese momento se había dado prioridad a las necesidades de índole política, con este régimen se empezaron a cimentar las estructuras económicas y sociales.

Pero la medida que causó más impacto fue la nacionalización de las empresas petroleras extranjeras, en un acto valiente que causó mucho enojo a las poderosas transnacionales y que se convirtió en una dura prueba para el país. El 18 de marzo de 1938, en sus *Apuntes*, el presidente Cárdenas escribió: "En el acuerdo colectivo celebrado hoy a las 20 horas comuniqué al Gabinete que se aplicará la ley de expropiación a los bienes de las compañías petroleras por su actitud rebelde... A las 22 horas di a conocer por radio a toda la Nación el paso dado por el Gobierno en defensa de su soberanía, reintegrando a su dominio la riqueza petrolera que el capital imperialista ha venido aprovechando para mantener al país dentro de una situación humillante". Y un día después agregó: "Con voluntad y un poco de sacrificio del pueblo para resistir los ataques de los intereses afectados, México logrará salir airoso. Hoy podrá la Nación fincar buena parte de su crédito en la industria del petróleo y desarrollar con amplitud su economía".[245]

Tal como lo previó Cárdenas, el apoyo popular permitió superar la prueba. Escribe Martínez Assad: "En marzo de 1938 el Zócalo se convirtió en un bosque humano donde la multitud celebraba la expropiación petrolera y representaba a las compañías extranjeras en cajas de muerto".[246] En septiembre de ese año, "el Grito resultó apoteósico, la gente estaba muy entusiasmada y el desfile del 16 fue el más grande de toda nuestra vida de pueblo libre".[247] Una canción de la época daba fe del estado de ánimo que reinaba:

Sigue en plena ebullición
el entusiasmo vital
que ha surgido en la Nación
al sonar del atabal
la santa expropiación.[248]

En adelante, todas las batallas del gobierno cardenista celebrarían sus triunfos en la Plaza Mayor de la ciudad de México, que se convirtió en el punto de encuentro espontáneo del pueblo con el poder: "El Zócalo fue tomado se convirtió en el lugar de las manifestaciones de izquierda y también de derecha. Los agraristas pasaban por allí cuando decidían pedir a Tata Lázaro —como le llamaban a Cárdenas— un pedazo de tierra o solicitar la regularización de su tenencia... fue también el lugar de enfrentamiento entre los llamados camisas doradas y el sindicato de taxistas".[249]

Y siempre el presidente respondía. Desde el balcón central de Palacio Nacional se oía su voz, distorsionada por los altavoces colocados en las esquinas, a la que la gente recibía con vítores y júbilo. Era tan novedoso este proceder, que un bolero de la Alameda, sorprendido, respondió a la pregunta de un periodista: "Hasta que hubo un presidente que se preocupa por el pueblo".

El cardenismo fue un momento muy especial en la vida nacional: "La ciudad se pobló de pancartas y de manifestaciones obreras. El overol y las gorras se convirtieron en prendas que mostraban con orgullo la posición de clase de quienes las portaban. Se podía hablar de socialismo e incluso de comunismo, enarbolar banderas rojas y exhibir el escudo de la hoz y el martillo, lo cual no impedía que se siguieran adquiriendo los modelos Ford de lujo y que El Palacio de Hierro anunciara sombreros de fieltro en colores negro, tabaco, plomo, perla, castor y belly hasta en 16.50 pesos, que representaban la mitad del salario mensual de un obrero".[250]

Para llevar a cabo lo que se había propuesto, Cárdenas tuvo que tomar una medida radical: ordenar la expulsión del país del general Calles y de varios de sus seguidores que querían continuar manejando los hilos de la política. En una ocasión en que éste expresó opiniones adversas al modo como el presidente conducía su gobierno y a lo que le parecía "el maratón de radicalismos" que provocaban "una agitación innecesaria", sin más trámite lo mandó al exilio: "El ejecutivo federal adopta medidas de emergencia a fin de evitar a la Nación trastornos de mayor magnitud".[251] De esta manera se libró del tutelaje del caudillo para lograr "que las aguas de la política volvieran a su cauce normal".[252]

Cárdenas había preparado las alianzas para que esta medida contara con el apoyo necesario. Y así fue: los trabajadores afiliados a la Confederación de Trabajadores de México llenaron las calles y realizaron mítines para rechazar la actitud del Jefe Máximo y para apoyar a Cárdenas, y su líder y primer secretario general Vicente Lombardo Toledano lo manifestó en incendiarios discursos.

2

Decidido a enfrentar los problemas sociales, el gobierno de Cárdenas cambió completamente la beneficencia pública y dio con ello "un salto cualitativo": "Los desamparados o desvalidos no tienen por qué pedir por favor que se les atienda, tienen el derecho a solicitarlo y el Estado debe acudir en su ayuda".[253]

Así fue como en adelante, ésta pasó a convertirse en asistencia social con un sentido moderno, según el cual el auxilio a los pobres ya no era una buena acción del Estado sino su obligación, dado que los "débiles sociales y económicos" —como se les llamaba— pasaban a ser considerados ciudadanos que aunque carecían de medios de vida, tenían derechos. Se trataba de un avance significativo con respecto a las épocas anteriores en las cuales el indigente o el discapacitado eran estigmatizados y se les culpaba de su situación mientras que a partir de este momento, se consideró una responsabilidad social el hecho de que hubiera gente sin trabajo, enferma y en la miseria: "El desarrollo de las instituciones de asistencia social está estrechamente ligado al surgimiento del Estado moderno cuyo reto es lograr que la parte más débil de la sociedad no comprometa el desarrollo entero del cuerpo social".[254] Por eso no se consideró que la intervención del Estado debía ser nada más para reparar el daño, es decir, para aliviar las necesidades básicas de esas personas, sino para integrarlas a la vida productiva: "La asistencia pública protegerá a los habitantes del país contra la debilidad social y principalmente la económica y tomará así la parte de acción que le corresponde dentro del movimiento de la Revolución mexicana. Al efecto actuará con el fin de prevenir, atenuar o curar esa debilidad, procurando que los individuos que sufren sean integrados, reintegrados o mantenidos como elementos activos de la producción y del consumo de bienes".[255]

Si durante los gobiernos anteriores se hicieron intentos por intervenir en este aspecto, en el cardenismo se sentaron las bases jurídicas y reglamentarias de la asistencia social en México, pero sobre todo se definieron su orientación y sus beneficiarios. Por eso Teresa Incháustegui llama a esta época la de "construcción constitucional de la política de asistencia".

En 1937 se fundó la Secretaría de Asistencia Social y se dictaron una serie de decretos y ordenanzas que echaron a andar campañas de vacunación y erradicación de enfermedades, así como reparto de alimentos (para el año 36 se llegó a cinco mil raciones diarias), de construcción y acondicionamiento de hospicios, asilos, dormitorios y comedores públicos y de escuelas para ciegos y sordomudos. Además se establecieron dos programas, el de atención médica a madres y menores de siete años y el de ayuda a las viudas zapatistas.

3

La señorita Amalia Alejandra Solórzano Bravo[256] nació en 1912 en Tacámbaro, un lugar pequeño y pintoresco de Michoacán, hija de una familia de buena posición: su padre don Cándido Solórzano Morales era ranchero y comerciante, y su madre Albertina Bravo Sosa estaba dedicada al hogar y a atender a sus ocho vástagos, seis mujeres y dos hombres, aunque también le ayudaba a su esposo "llevándole los libros", como se decía entonces para referirse al manejo rudimentario de la contabilidad.

Amalia, la mayor de las mujeres, estudió primero en una escuela oficial, "la única que existía en esa época en Tacámbaro" hasta que, para felicidad de sus padres, llegaron unas monjas guadalupanas que abrieron un colegio. Desde entonces sería su alumna, tanto en el pueblo como en la institución que las religiosas mantenían en la capital.

Cuando el general Lázaro Cárdenas andaba en campaña para ser gobernador de Michoacán, llegó hasta el lugar y conoció a la muchacha. "Un 3 de junio el general visitó nuestra casa que era un poquito más presentable que las otras del pueblo. Fue a la casa y estuvimos platicando... permaneció cuatro días recorriendo la zona... entonces hubo la manera de tener un poquito más de trato...[257]

Amalia era "alta y bien formada, graciosa y bonita, con una sonrisa encantadora y un porte lleno de dignidad", "tipo perfecto de la hermosa y dulce provinciana que cantaba López Velarde",[258] a la que, según Guillermo Gómez, mucho le impresionó "la apostura militar, erguida y seria del general",[259] un hombre de complexión robusta, varonil, ancho de espaldas, que entonces tenía treinta y tres años. ¿O serían sus ojos —grandes y de color verde— y la mirada intensa de la esfinge de Jiquilpan? El hecho es que como varias veces contó ella: "Luego nos vimos en otra comida que le ofrecieron en una huerta que se llamaba Los Pinos. Allí fue donde nos tratamos más y donde nos hicimos novios".[260]

Sin embargo, su familia se opuso a la relación. Ante todo porque ella era demasiado joven, pero principalmente porque eran gente devota que seguramente veían en el pretendiente de su hija mayor a un jacobino y enemigo de su fe y además no les gustaba que fuera soldado pues ésos tenían muy mala fama y se decía que "siempre abandonan a sus mujeres". "Mi papá no lo recibió en casa" le dijo Amalia al periodista Luis Suárez. Cuenta William Townsend que para evitar que avanzara el noviazgo, "la internaron en la escuela de un convento en la ciudad de México... e instruyeron a las monjas para que la vigilasen estrechamente", aunque, según las memorias de doña Amalia, ya estaba estudiando en la capital desde antes.

De todos modos, encerrada o no, con catorce años según el mito que ella misma ha construido o con algunos más como se deduce por las fechas, el hecho es que durante el tiempo de su encierro recibió cartas y regalos de su pretendiente e incluso visitas. Y, según cuenta, las monjas se encariñaron tanto con el general que cuando fue presidente hasta le bordaron una de las bandas que usó durante su mandato.[261]

Se casaron nada más terminado el periodo de gobierno de Cárdenas en Michoacán, el 25 de septiembre de 1932, y lo hicieron en una ceremonia civil que era la única que reconocían las leyes del país y la única que el general aceptaba. El acto fue de carácter íntimo y se llevó a cabo en la sala de la casa de la novia y "los padres de Amalia se abstuvieron de estar presentes por no estar conformes en que prescindiéramos del acto eclesiástico que en nuestro caso no es necesario".[262]

¡Esta actitud firme y decidida en una muchacha tan joven nos da la tónica de lo que era su fuerte carácter que hasta hoy conocemos bien los mexicanos!

Amalia Solórzano de Cárdenas, no quiso asumir el papel porque en su opinión "primeras damas somos todas las mujeres de este país"

Luego de la boda, los Cárdenas se fueron a pasear por varios lugares del estado —el general tenía un rancho cerca de Pátzcuaro— hasta que él recibió órdenes de irse a Puebla a donde lo habían comisionado. De allí y por sus diversos cargos, pasaron a la ciudad de México donde se instalaron en una casa en la colonia Guadalupe Inn.

La pareja tuvo dos hijos, una pequeña ("fruto de nuestro afecto" escribió el general en sus *Apuntes*) que llegó al mundo en junio de 1933 y a la que pusieron por nombre Palmira pero que falleció al poco tiempo, y un varón que nació un año después, a quien llamaron Cuauhtémoc y al que la madre se dedicó con devoción convirtiéndolo desde pequeño en su acompañante en los viajes por el país y en participante de la vida política de su padre.

4

Al asumir el cargo, el general no quiso ir a vivir al castillo de Chapultepec, que le parecía demasiado suntuoso y poco acorde con los principios de la Revolución, además de expuesto al escrutinio público, de modo que la majestuosa residencia fue convertida en el Museo Nacional de Historia y la familia permaneció en su casa particular mientras buscaban un sitio adecuado.

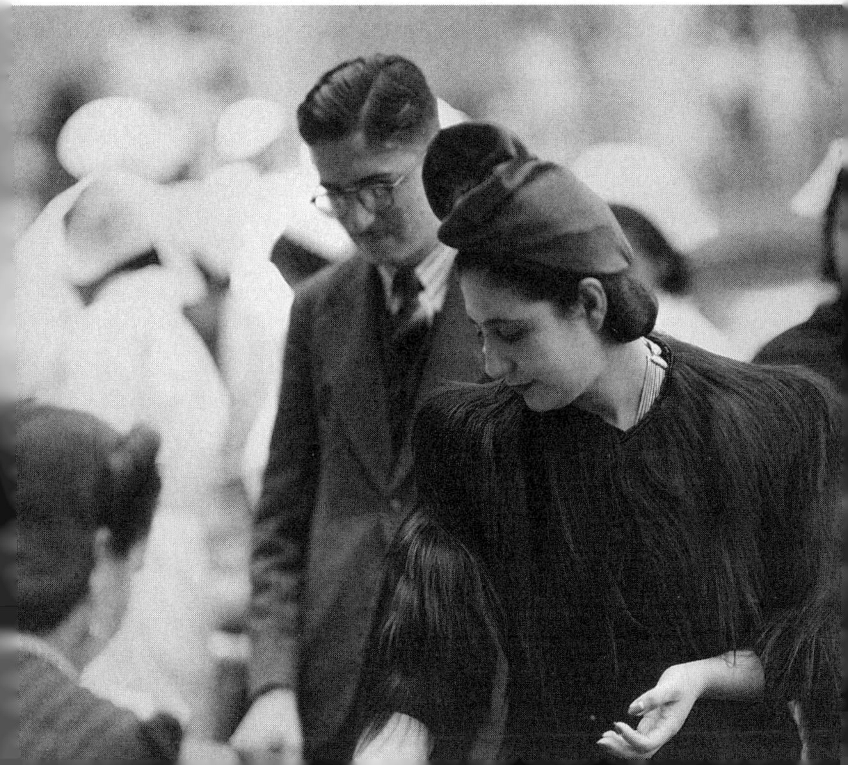

Éste se encontró en un terreno que era propiedad del Estado, situado en el extremo poniente del bosque, junto al viejo e histórico Molino del Rey. Se llamaba La Hormiga y algunos afirman que eran unas caballerizas, otros que eran unos talleres y otros más que una vieja escuela de telégrafos. En realidad se trataba de un rancho que había sido incautado a sus propietarios durante el gobierno del presidente Carranza para que lo habitaran los funcionarios de confianza del primer mandatario, lo cual efectivamente sucedió. Allí había vivido el general Calles cuando era parte del gabinete obregonista y luego el general Amaro, arquitecto del moderno ejército mexicano.

"En cuanto al origen del nombre de La Hormiga —escriben Fernando Muñoz Altea y Marcela Escobosa Hass de Rangel— don Carlos Martínez del Río (que había sido su dueño) cuenta que muy probablemente su padre la llamó así por el tamaño, pues comparativamente hablando, junto a las demás propiedades de la familia Martínez del Río que eran tan vastas, sobre todo la de Chihuahua, ésta de la ciudad de México era 'la hormiga' por pequeña. Pero hay otra versión que también parece tener su razón de ser y es que hace muchos años hubo abundancia de hormigas grandes y rojas, de las llamadas arrieras."[263] Como sea, el lugar llamó la atención de Cárdenas porque "se adaptaba a su manera de ser y le gustó la idea de irse a vivir allí",[264] cosa que hizo después de mandar a hacerle algunos arreglos, como poner baños. Y una vez instalado, le cambió el nombre por el de Los Pinos que era el del lugar cerca de Tacámbaro en donde había conocido a su esposa.

Los Cárdenas arreglaron su hogar con modestia: dejaron los pisos sin alfombras y llevaron muebles sencillos. Según doña Amalia, el general se levantaba muy temprano para nadar en agua helada, montar a caballo o hacer largas caminatas. Era hogareño y gustaba de convivir con la familia. Todos los días desayunaban juntos, mucha fruta y verdura, a excepción de aquellas ocasiones en que les mandaban antojitos de su tierra y entonces se agasajaban.

Las horas de trabajo de Cárdenas eran largas, hasta casi la medianoche, pero se reservaba los fines de semana para descansar. "No quería que le cambiaran esa costumbre", escribe la señora, porque le gustaba ir a las afueras de la ciudad, a Texcoco, Xochimilco o el Nevado de Toluca, a donde se pudiera caminar y detenerse en pleno campo a comer. Su lugar favorito era una finca en el estado de Morelos a la que se retiraban "a sembrar árboles y flores que a semejanza de los hijos se ven crecer con cariño", según escribió don Lázaro en sus *Apuntes*. Allí, aislados del bullicio de la ciudad, respirando el aire sano del campo, se sentían contentos. Llevaban una vida ordenada y sencilla. Él la llamaba "chula" o "Mamu".

La ocupación de doña Amalia en ese tiempo fue "la de quedarse en la casa", dedicada a cuidar a su hijo y a otros niños que vivían con ellos, algunos de los cuales eran hijos que había tenido el general en sus andanzas por el país cuando, según su amigo Francisco J. Múgica, vivió "en la anarquía amorosa". A mediados de los años noventa, un noticiario de la televisión presentó a dos de estos vástagos y el mismo Cárdenas cuenta de una niña llamada Alicia. Había además varios pequeños que don Lázaro acostumbraba recoger en sus giras o que eran hijos de sus ayudantes y empleados y que se convertían en compañeros del hijo único. Según un testigo: "En los días en que estuvo en la Presidencia se podían ver jugando por la casa y jardines de Los Pinos ocho o nueve chiquillos y una niña".[265] Con esos niños el presidente habilitó una escuela (a la que doña Amalia llamaba "mi escuela") en la que aprendieron las primeras letras. "El grupo de muchachos se renovaba cada temporada porque los Cárdenas querían que pasara por allí el mayor número que fuera posible, los que luego se iban a seguir sus estudios a otra parte."[266]

La señora vestía con discretos trajes de calle y sin joyas, aunque gustaba de usar sombreros. "Elegancia pero sin lujo", es como la describió alguien que la conoció. Nunca jugó bridge ni lució pieles como acostumbraban hacer las damas de buena posición y tampoco tuvo una vida social intensa. La actividad que más le gustaba era salir a pasear a caballo por los llanos enormes y vacíos de lo que hoy es la colonia Polanco. Casi siempre lo hacía con su amiga doña Soledad Orozco, esposa del general Ávila Camacho.

¿No le apetecía mejor ver películas de cine como *Vámonos con Pancho Villa* y *Allá en el rancho grande*, en las que aparecía retratado el país que había vivido una revolución? ¿o ir a las carpas donde actuaba Cantinflas imitando a los "peladitos"? ¿o quedarse a leer los nuevos libros que se publicaban como *El águila y la serpiente* de Martín Luis Guzmán o *Ulises criollo* de José Vasconcelos en los que se narraba el cambio tan enorme que había sufrido México? ¿conoció alguna de las muchas novelas que se publicaron por entonces (dos mil "en el establo de Botas" según la expresión irónica del crítico Rafael Solana) que hablaban de los indios, de los obreros, del petróleo, temas tan candentes entonces? ¿sabía de la agitación y las polémicas feroces entre los intelectuales y artistas, preocupados por encontrar formas de expresar en su trabajo el compromiso con la sociedad? ¿le gustaron las esculturas y monumentos de Ignacio Asúnsolo y Guillermo Ruiz, artistas oficiales y representantes de la estética del gobierno de su marido?[267] ¿le atraía tanto como a él la pintura de Orozco a quien por eso don Lázaro le encargó un retrato de Gandhi para sus oficinas? ¿conoció el diario *El Machete* que publicaban los comunistas? ¿oyó hablar de la revista *Taller* en la que un joven llamado Octavio Paz publicaba sus primeros poemas? ¿o quizá supo de aquel José Gorostiza que en un largo poema saludaba a la "inteligencia, soledad en llamas"?[268] ¿se enteró del corrido que le dedicaron al general llamándolo "padre de los pobres", de los atentados en su contra, de las niñas de escuela que le llevaban a firmar el libro de los visitantes distinguidos cuando les hacía el honor de pasar por su plantel?[269]

5

Siendo como era un gobierno que dedicó tanto esfuerzo a la asistencia social, sorprende que durante los primeros años la señora Amalia no participara en actividades públicas. Ni siquiera estuvo presente en los actos oficiales: no asistió a la toma de posesión (a Fernando Benítez le dijo que porque en ese entonces no se usaba pero sabemos que esposas de presidentes anteriores ya

lo habían hecho) y se excusaba para no presidir los festivales del día de las madres. ¿Por qué tuvo esa actitud?

La razón de esto fue, en sus propias palabras, que: "El general pensó que yo, en mi participación social, debería mantener una actitud discreta, no aparecer mucho, para que él trabajara libremente". Es obvio que la señora respetó la opinión de su marido según la cual el papel que le correspondía como esposa del primer mandatario era el mismo que cumplían todas las mujeres de la patria: el de atender su hogar y cuidar a su familia, "modelar el espíritu de sus hijos para que sean buenos ciudadanos". Por eso nunca aceptó que se la considerara primera dama de la nación: "El general me acostumbró a no sentirme primera dama. Tú no puedes usar un título para adornarte —decía— porque el pueblo ha elegido al primer mandatario pero no a su esposa. Por lo demás, primeras damas somos todas las mujeres de este país porque nos desempeñamos en nuestros hogares como compañeras, amigas y consejeras de los maridos".[270]

De todos modos y a pesar de las declaraciones, conforme avanzaba el sexenio doña Amalia no se pudo librar del todo de los deberes públicos: "Para entonces yo ya había contraído algunas obligaciones, ya era otra cosa la vida".[271] Tuvo que presidir algunos actos femeninos, mítines sindicales y asambleas de intelectuales (de "acentuada tendencia izquierdista" según Guillermo Gómez) e incluso estableció una oficina desde la cual llevaba correspondencia con mujeres de todo el país para conocer sus problemas, en la que le ayudaba la señora Soledad Vázquez Gómez, su secretaria. Además formó dos asociaciones de asistencia a la infancia: la Asociación del Niño Indígena y el Comité de Ayuda a los Niños Españoles que llegaron a México en calidad de refugiados.

En junio de 1937 llegó a las costas de Veracruz un barco procedente de Europa, en el que venían quinientos niños cuyos padres los habían mandado a México con la esperanza de salvarlos de la guerra. Un grupo de damas mexicanas, que según el general Cárdenas fueron quienes tuvieron la idea de traerlos, los recibió en el puerto y otro, encabezado por la esposa del presidente, en la estación de ferrocarril de la capital. De allí los mandaron a Morelia donde se les dio techo, sustento y educación. El general y la señora los visitaban periódicamente y en alguna ocasión invitaron a los que obtenían mejores calificaciones a la capital para pasar el día en la residencia de Los Pinos y almorzar con ellos. Años después, uno de ellos escribiría agradecido:

> *Y tú, México libre, pueblo abierto*
> *eres tú esta vez quien nos reconquistas.*[272]

Pero la participación pública más importante de doña Amalia fue la que se dio a raíz de la expropiación petrolera. Así lo cuenta ella misma: "No fue sino hasta muy avanzado su gobierno que yo empecé a participar en forma activa en la vida de mi esposo como presidente. Esto sucedió en el año

1938, en el momento trascendental en que se decidió el decreto de la expropiación petrolera... cuando se hizo el llamado para pedir la ayuda popular".[273] "El general me dijo: Chula, creo se debe invitar a la mujer a una participación directa y motivarla en este momento en que es urgente la presencia de todos los mexicanos. Hay que hacer labor en las escuelas, en las familias, en fin, un llamado nacional."[274]

No hizo falta demasiado esfuerzo para que las mujeres participaran. Ya lo venían haciendo desde hacía varios años, algunas para exigir el derecho al voto y otras, al contrario, para oponerse a los derechos políticos y a la educación sexual. Aquéllas se habían organizado y celebraban congresos en los que se discutía acaloradamente y a mediados de la década crearon el Frente Único Pro Derechos de la Mujer con cincuenta mil afiliadas. Éstas, por su parte, emitían comunicados y hacían manifestaciones públicas para pedir: "Que todas las mujeres que prestaran servicios en las oficinas públicas fuesen desterradas, que se las obligase a casarse dentro del menor tiempo posible y se establecieran sanciones para las que se rehúsen a contraer matrimonio y premios para las que tuvieran varios hijos".[275]

¿Sabía la señora de todas las "conspiradoras", como les llamó Novo a las mujeres que participaban en la vida pública, de María Ríos que escribió libros y fundó la Confederación Femenil Revolucionaria, de Refugio García y Esther Chapa que luchaban en favor de la ciudadana y por su elevación intelectual y moral y de la Liga de Mujeres Proletarias que buscaba beneficios laborales?

Doña Amalia encabezó un comité femenino y presidió en el Palacio de Bellas Artes la colecta pública destinada a reunir fondos para el pago de la deuda. Como decía un diario de la época: "Espontánea y patrióticamente se prestó a colaborar en el Programa de Redención Nacional ideado por su esposo". El acto resultó conmovedor pues a él acudieron hombres, mujeres y niños de toda condición social que pusieron a disposición del gobierno su poco dinero o cualquier cosa que tuvieran, una gallina, una alcancía, una alianza matrimonial, para cubrir el adeudo con las empresas. Ricardo Pérez Montfort reproduce el siguiente diálogo tomado de una tira cómica de la época:

"Niño rico: Mi papá dio 50 pesos para el pago de la deuda del petróleo.

Timoteo: El mío también dio 50 pesos y va a seguir dando un día de sueldo cada mes y mi mamá dio diez gallinas y sus aretes. ¿Cuánto gana tu papá?

Niño rico: Más de mil pesos al mes ¿y el tuyo?

Timoteo: El salario mínimo: dos pesos diarios."[276]

La solidaridad con el gobierno se convirtió en lema nacional y como decía la canción:

Hombres, mujeres y niños
estrujan sus escarcelas
en las que hacen escudriños
para aumentar las gabelas.[277]

¿Eran estos mexicanos los mismos que según un libro de reciente publicación del filósofo Samuel Ramos *El perfil del hombre y la cultura en México* estaban marcados por un complejo de inferioridad, por resentimientos y fatalismos?[278]

En el último día del gobierno del general, la señora sí lo acompañó a la cámara de diputados, a donde le tributaron una fuerte ovación que mucho la emocionó. Y vio cómo con tranquilidad entregaba el poder al sucesor. Según doña Amalia, en ese momento sintió gran tristeza: "¡Quería gritar y la posición me lo prohibía. Quería llorar y un prejuicio me detenía!".

Unos días después, abandonaron la casa de Los Pinos y se fueron al lugar que más le gustaba a Cárdenas: su casa paterna en Jiquilpan. Desde allí iban también a su propiedad campestre en la que sembraban frutas y otros productos agrícolas.

Pero no se quedaron descansando por mucho tiempo, porque cuando un submarino alemán hundió un buque tanque mexicano, el país entró a la segunda guerra mundial y el presidente Ávila Camacho llamó a don Lázaro para nombrarlo jefe de operaciones en la zona del Pacífico, responsable de defender las costas ante un posible desembarco japonés, y poco después, lo ascendió a ministro de la Defensa, cargo en el que permaneció hasta el año de 1945 y del que a solicitud suya fue relevado cuando terminó la contienda.

A partir de entonces, su vida ya no dejó de ser activa. Anduvo recorriendo el país viendo qué hacía y cómo ayudaba, le proponía ideas al gobierno o por su cuenta las echaba a andar: desde la reforestación de los cerros de los alrededores de Jiquilpan hasta la comisiones de Tepalcatepec y del Balsas y el proyecto Las Truchas, desde el trabajo en la Mixteca, hasta los programas en la Comarca Lagunera y en Yucatán. Participó en el Movimiento de Liberación Nacional que se fundó a fines de los años cincuenta, y dio su apoyo a los presos políticos y a la causa de los estudiantes. Pero, sobre todo, fue célebre su solidaridad con la Revolución cubana y cuando la invasión de Bahía de Cochinos, hasta se quiso ir para allá pero el presidente López Mateos no dejó que el avión despegara. Entonces convocó a una manifestación en el Zócalo capitalino en la que, trepado sobre un automóvil, fue el orador más apasionado y aplaudido.[279]

El general conservó siempre una enorme ascendiente moral. "Nunca vi a nadie subirle la voz" dijo en una entrevista la señora Amalia, y más que eso, fue difícil que alguien no reconociera su valor o la importancia de las causas que defendía.

A las cinco de la tarde del 19 de octubre de 1970 Lázaro Cárdenas murió en su residencia de las Lomas de Chapultepec en la ciudad de México. Los últimos años había padecido un cáncer y no aceptó que le hicieran tratamientos. La señora Amalia y sus hijos Cuauhtémoc y Alicia recibieron las condolencias de cientos de personas —incluidos el presidente en funciones y el electo— y las muchas coronas de flores que llegaron. Al día siguiente se le hizo un homenaje de cuerpo presente en la cámara de diputados y fue inhumado en el monumento a la Revolución. Doña Amalia besó el frío metal del féretro antes de que fuera depositado en la cripta.[280]

6

Quienes los conocieron afirman que el general quería mucho a su esposa. Así lo escribió: "Amalia siempre estimuló las tareas de mis responsabilidades políticas y sociales ya en lo nacional como en lo internacional. Tengo mucho que agradecerle a Amalia que es comprensión y sensibilidad. Cuando serví en la Primera Magistratura del país su conducta fue ejemplar, modesta, sin alardes. En Amalia he tenido siempre un gran estímulo. Inteligente, comprensiva y cariñosa, ha sabido compartir mis responsabilidades. Afín a mis ideas políticas y sociales... su actitud fue discreta y de gran sensibilidad".[281]

También ella lo debe haber querido mucho pues aceptó seguirle el paso en todo: desde no casarse por la Iglesia (a pesar de su educación religiosa) hasta participar públicamente cuando él se lo pedía. Y eso con todo y que como le dijo al periodista Luis Suárez, no siempre la comunicación fue fácil y no siempre entendió la importancia de las tareas: "No me di cuenta de qué es lo que pasó o por qué... No tenía la menor idea de lo que me esperaba... No me percataba del valor que en ese momento él representaba como persona, como político", pues "como era tan joven y pasé tantos puestos importantes en la vida de él, que al principio ni cuenta me di bien de ello".[282]

En julio del 2001, la señora Amalia festejó su cumpleaños y, como es su costumbre, no dijo cuántos años cumplía, pero aceptó encantada el homenaje organizado por su familia en el que trescientos invitados se congregaron en el patio del Museo de Culturas Populares de la ciudad de México. Con el cuerpo erguido, el cabello teñido de negro y perfectamente arreglado, la ropa discreta pero elegante, se presentó en el citado evento para escuchar discursos, elogios y aplausos. Llaman la atención su vivacidad, su lucidez y memoria así como su carácter todavía muy fuerte. Incluso su nieta Camila, entre las palabras de cariño que expresó, dijo que era "regañona".[283]

Yo misma pude constatar cuán cierta es dicha apreciación cuando hace varios años, mientras preparaba la primera versión de este libro, coincidí con la señora en una comida y me mandó llamar a su mesa para decirme que me había escuchado en la televisión y que no estaba de acuerdo con que yo estudiara a las primeras damas, porque en su opinión, primeras damas eran todas las mujeres de México.

Sin embargo, de hecho, y a pesar de sus declaraciones en contra del concepto y del papel de la primera dama, la señora Amalia fue la única de todas las esposas de los presidentes que se convirtió en una "exprimera dama profesional", pues durante sus treinta años de viudez trabajó infatigablemente no sólo para continuar defendiendo las causas que defendía su marido, sino para promover y sostener la imagen del general del que siempre se expresó con cariño y admiración: "Creo sinceramente que la figura de Lázaro Cárdenas rige en la historia de México como la de un hombre que dedicó su vida a redimir a las capas populares. A mi juicio sus ideales, en la medida de lo

Amalia Solórzano con su esposo Lázaro Cárdenas del Río y su hijo Cuauhtémoc posible, han fructificado". Y se manifestó orgullosa "por haber sido la esposa de un mexicano excepcional". Por eso continuamente se la invitaba dentro y fuera de México para presidir actos y ceremonias en los que se honra una cierta ideología o forma de trabajo social como las que él impulsó. Y ese papel lo ha desempeñado con la mayor dignidad. De allí que Carlota Botey expresara en uno de los discursos que se pronunciaron en la fiesta de cumpleaños, que "doña Amalia no fue esposa de un presidente que trabajara a su lado seis años, sino que lleva setenta". ¿Qué más primera dama que esto?

Por si eso no bastara, la vimos apoyar con la misma entrega a su hijo y a sus nietos en sus aspiraciones y logros políticos. "Aquí seguimos —escribió en sus memorias— hasta hoy unidos en familia... Hemos seguido con una casa para todos y todos la consideran su hogar... Nunca me he sentido sola, mi familia hace mi felicidad." En diciembre del 2008, a los noventa y siete años de edad, falleció doña Amalia en su domicilio. Un año antes todavía había viajado a España a recibir una condecoración del gobierno.[284]

7

El gobierno del general Cárdenas ha sido alabado y también denostado, en ambos casos hasta el exceso. En su tiempo circulaba un versillo que decía:

En tiempos de la vieja dictadura
el gobierno editaba El Imparcial
y el pueblo al leerlo se decía
quítenle el in para decir verdad.
Ahora en tiempos de la joven dictadura
subvenciona el gobierno a El Popular
y el pueblo al saberlo reflexiona
póngale el in para decir verdad.[285]

En aquel entonces el escritor Mariano Azuela le hizo severas críticas, como lo hicieron también sectores sociales cuyos intereses se veían afectados por sus reformas o que tenían miedo de su populismo. Y eso ha seguido sucediendo. Un ejemplo es Salvador Abascal Infante quien le llama, en tono acusatorio, "presidente comunista".

Para otros, en cambio, no alcanzan las palabras elogiosas al hablar de Cárdenas, de su obra y de lo que consideran sus actitudes progresistas. Por su parte, algunos historiadores aseguran que el régimen de Cárdenas consolidó las conquistas de la Revolución y sentó las bases del México moderno.

El penúltimo día del mes de mayo de 1970, la escritora Rosario Castellanos publicó en el diario *Excélsior* un artículo que define bien el significado de este periodo: "Lázaro Cárdenas [fue] el primer nombre que escuché pronunciar a mis mayores con espanto, con ira, con impotencia. Porque su política no sólo estaba lesionando sus intereses económicos —cuando dispuso el reparto agrario en la república y no hizo de Chiapas una excepción— sino que estaba despojándolos de todas las certidumbres en las que se habían apoyado durante siglos. El mundo que habitaron, no sólo como si fuera lícito sino también eterno, de pronto se derrumbó... ¿Qué iba a ser de nuestro porvenir que antes se proyectaba como la precisa sucesión de los pasos de un ritual y que ahora estaba expuesto al asalto de lo imprevisto, al golpe de lo azaroso?

"Antes de Cárdenas, no hubiese habido ninguna duda: en la infancia yo habría asistido a la Casa de la Amiga para que me enseñara los rudimentos del alfabeto y las cuatro operaciones aritméticas y cuando observara los primeros signos de la pubertad me diera el título de señorita.

"Una señorita iba a los bailes después de ofrecer una novena al muy milagroso san Caralampio para que le hiciera el favor de que no la dejaran sentada mientras la marimba tocaba... Una señorita se casaba al gusto de sus padres, con un pariente más o menos cercano, dueño de un rancho del que ella iba a ser dueña... Una recién casada amanecía, al día siguiente, calzada con zapatos de tacón bajo, vestida con una bata informe, sin huellas de pintura en la cara y envuelta con un fichú negro para hacer patente a los ojos de cualquiera su nuevo estado civil... Una señora respetable tenía un hijo cada año y confiaba su crianza a nanas indias así como confiaba los quehaceres domésticos a un enjambre de criadas que se afanaban en la cocina, en los patios, en las recámaras y salones. La señora, cuyo perpetuo embarazo le impedía hacer ejercicio y cuya progresiva gordura iba reduciéndola a la inmovilidad completa, dictaba órdenes, decretaba los castigos, elaboraba las reprimendas desde una hamaca (cuando el tiempo era favorable) o desde su cama (cuando precisaba mayor abrigo).

"La señora se resignaba a ser sustituida por alguna mujer cuya categoría era tan ínfima que la hacía prácticamente inexistente y matriarca al fin, recibía a los hijos habidos de esas uniones ilícitas y se encargaba de darles un oficio, una situación.

"La señora a su tiempo, se preocupaba por la carrera de los varones, por el matrimonio de las hembras, por el reparto equitativo de la herencia. Era oportunamente abuela y la viudez le permitía consagrarse por entero a la iglesia y morir en olor de santidad.

"Éste era el paraíso que yo perdí por culpa de Cárdenas, éstos los bienes que ya no alcancé a disfrutar. Y ahora abominación de abominaciones, por más que nos pesara a todos, más valía irse preparando: estudiar una carrera, ganarme la vida.

"Ahora, al hacer un balance entre las dos formas de vida, la que Cárdenas hizo imposible y la que Cárdenas hizo posible, yo no sabría decidir cuál hubiera sido la más feliz, la más tranquila, la más exenta de sobresaltos. Pero sí sé que la que tuve fue la más responsable, la más plena y la más humana. Y sé también a quién tengo que agradecérselo."[286]

8

Llegado el momento de la sucesión, había varios candidatos dentro de la llamada "familia revolucionaria", además de los de oposición. Uno de ellos,

Juan Andreu Almazán era, dicen los que saben, el preferido de aquellos grupos que, como ha mostrado Rosario Castellanos en su texto, estaban hartos del radicalismo. Por su parte el candidato de Cárdenas era Manuel Ávila Camacho, quien aunque había ocupado cargos públicos de importancia era, afirma Krauze, un "soldado desconocido". Según Jorge Mejía Prieto, era un "general de escritorio, sin batallas... cuyos méritos militares se ignoran y cuyos méritos civiles se desconocen por completo".[287] "No tenía ni vocación ni preparación política, su elevación fue fruto de una coalición" escribió Francisco Javier Gaxiola en sus *Memorias*,[288] y un estudioso norteamericano estuvo de acuerdo en que era solamente un hombre sereno, juicioso y buen administrador, con una hoja de servicios limpia aunque limitada en la política y una habilidad excepcional para atraerse la cooperación de la gente que tenía puntos de vista antagónicos.

Varios autores explican la elección de este sucesor por lo que llaman "el viraje de Cárdenas", y según el cual, en los dos últimos años de su gobierno, el general dejó de insistir en las medidas radicales que había emprendido para ocuparse de consolidar el empuje dado al crecimiento y buscar el alivio de las tensiones con los grupos poderosos, sobre todo con la nueva clase empresarial que despuntaba, asegurándole que no se toparía con trabas ni hostilidades pues sus recursos le eran necesarios al país. Por eso Adalbert Dessau afirma que a fines de los años treinta, "la burguesía nacional recuperó su papel dirigente".[289] Y es que para entonces los catrines habían triunfado por sobre los calzonudos que habían hecho la Revolución.

Ávila Camacho ganó las elecciones, a pesar de las movilizaciones, choques, violencia y balazos. Y tomó posesión del cargo la soleada mañana del domingo primero de diciembre de 1940, en una ceremonia sobria que tuvo lugar en el majestuoso edificio de la cámara de diputados. Por primera vez acudían a ese acto embajadores enviados en misión especial por los países del mundo con los cuales México tenía relaciones. En su discurso inaugural el presidente afirmó: "El clamor de la República entera demanda ahora la consolidación material y espiritual de nuestras conquistas sociales en una economía próspera y poderosa, demanda una era de construcción, de vida abundante y de expansión económica". Para ello ofreció: "Combatir la pobreza, elevar el nivel nacional, dar garantías a la propiedad rural, defender la salud del pueblo y apoyar a la juventud" y pidió "cooperación y concordia para hacer una Patria más grande".[290]

Las palabras "cooperación" y "concordia" daban fe de un espíritu nuevo para enfocar los asuntos públicos. Con ellas el presidente hacía patente su propósito de frenar el impulso reformista de la Revolución para en su lugar "fincar una política económica en la cual imperaría el apoyo al capital, la protección a los propietarios agrícolas y la acogida a los inversionistas extranjeros como ejes y motores del deseado despegue económico a la modernidad".[291]

Una de las claves de este esfuerzo era la "Unidad Nacional", término por él acuñado que desde la campaña anunciaba su pretensión de terminar con las rencillas en el seno de la familia revolucionaria para dar lugar a: "Una política de comprensión, de simpatía humana, de solidaridad social... una coalición de los ciudadanos de los partidos y de los grupos políticos".[292]

El término significaba también dar fin a los conflictos con la Iglesia que tanta sangre habían costado a los mexicanos y para ello, el nuevo presidente se declaró —en una entrevista con el periodista José C. Valadés para una revista de circulación nacional— "creyente y católico por origen y por sentimiento moral".[293]

Y por fin, el término tenía que ver con la educación, cuestión que tantas ronchas había levantado en tiempos de su antecesor, de modo que otra vez se enmendó el artículo tercero constitucional y se eliminaron las ideas de educación socialista y de educación sexual a fin de que todos quedaran conformes.

Un acto en la plaza de la Constitución al que asistieron todos los expresidentes vivos dio inicio oficial a esta política: "México es uno y obreros y burgueses, campesinos y clasemedieros, católicos profesantes y ateos, deberán caber en un solo espíritu que detesta a los nazis, admira al cine nacional, reconoce las cualidades del progreso norteamericano y se confiesa romántico oyendo boleros".[294] José Revueltas lo puso así: "Hoy se ve juntos a los enemigos, han aplazado el odio para sustituirlo por esa convivencia silenciosa y sombría del país".[295]

Con Ávila Camacho se finca un país estable, dirigido a desarrollarse económicamente y a integrarse al concierto de las naciones industrializadas. El Estado mexicano adquirió fuerza ya no sólo porque cumplió con sus funciones como administrador y legislador sino también por su activa intervención en la economía. Si los años entre las dos guerras mundiales habían sido para nuestro país "el periodo en el que se formó la base del sistema político: se acabó con el predominio de los caudillos militares, se organizó en el seno del partido oficial a obreros y campesinos, se reformó la política del gasto público para orientarla al fomento económico y social, se establecieron los fundamentos del sistema financiero con la fundación del Banco de México y se dio impulso a la reforma agraria",[296] ahora en los años cuarenta la coyuntura de la segunda guerra mundial abría la posibilidad de un importante empuje económico, pues aunque faltaron combustibles y algunos otros productos, la industria mexicana recibió fuerte estímulo ya que tuvo que sustituir lo que no le vendían los países en guerra y producir y vender muchos de los productos que ellos necesitaban y que no podían ocuparse en fabricar, orientada como estaba toda su economía al esfuerzo bélico. La producción no sólo aumentó sino que empezó a ser predominantemente industrial para dejar atrás el país rural y agrario que hasta entonces había sido México.[297]

En efecto, fue en ese momento cuando empezó a cambiar el rostro económico y demográfico del país. Atrás iba quedando el México rural y campesino y adelante empezaba a aparecer el de las fábricas y los obreros, atrás el de los pueblos tradicionales cerrados en sí mismos y adelante el de las ciudades. El eje de este cambio fue el Estado, y la Presidencia quedó afianzada como la pieza central del sistema con el partido oficial en el dominio total y monolítico.

En la primavera de 1942, dos submarinos alemanes hundieron a los buques-tanque mexicanos *Potrero del Llano* y *Faja de Oro* que transportaban petróleo mexicano y en el ataque murieron varios de sus tripulantes. Hacía apenas unos meses que Estados Unidos había entrado a la guerra luego del ataque aéreo a Pearl Harbor y había presionado a nuestro país para que hiciera lo mismo. "Día a día la situación de México sufría con creciente intensidad los impactos de la segunda guerra mundial —escribe Gaxiola en las memorias citadas—: No éramos beligerantes pero nuestra proximidad con Estados Unidos nos obligaba ineludiblemente a participar en el esfuerzo bélico."[298]

Y efectivamente, el gobierno decidió ponerse del lado de los aliados y entrar a la guerra contra el Eje. Decía la canción:

El pueblo mexicano
deplora el hundimiento
que a México enlutó.
La muerte de los bravos
el día 13 de mayo
la ruta nos marcó.

El primero de junio el presidente Ávila Camacho anunció el "estado de guerra" entre nuestro país y Alemania, Italia y Japón.

¡Ora es cuándo!
¡Ora es cuándo mexicanos!
¡Ah qué muchachos!
Probaremos que nosotros
somos gallos de pelea
y gritando ¡México a acabar con la ralea!
deberemos apoyar al presidente que es Camacho.[299]

El 15 de septiembre la ceremonia del Grito fue una demostración de patriotismo y en el desfile militar del día siguiente salieron a la calle cuarenta y siete mil hombres de todas las armas más los aviones de la fuerza aérea. Al presidente lo acompañaban en el balcón central de Palacio Nacional varios jefes militares de Estados Unidos. Así dio inicio una estrecha colaboración con el vecino del norte en la cual México quedaba como vendedor de materias primas y surtidor de brazos para llevar a cabo los trabajos, principalmente agrícolas, que muchos norteamericanos, por estar reclutados, no podían hacer.

La primera mitad de la década de los cuarenta estuvo marcada por dos procesos: por una parte el grupo gobernante optó por una política moderada y de concordia y por la otra, la guerra mundial incidió favorablemente en la economía del país y en sus relaciones con Estados Unidos. Al finalizar la contienda "México se descubrió más integrado a la zona de influencia norteamericana. Había desaparecido la posibilidad de que los países europeos sirvieran de contrapeso a esa influencia".[300]

9

En los años cuarenta, en razón de la guerra el país y sobre todo la capital, se volvieron un remanso para exiliados y refugiados de todo el mundo. Aquí llegaron nobles, reyes destronados, ricos empresarios y artistas que querían salvar la vida y que trajeron además de sus capitales sus modos de vida. Uno de los más célebres fue aquel rey Karol de Rumania, dueño de un pene descomunal según cuenta Hugo Gutiérrez Vega, quien llegó con su amante la señora Lupescu y se fue lo más pronto que pudo porque no le gustaba la barbacoa que ofrecían las señoras mexicanas en sus fiestas.[301]

Pero hubo también muchos que desembarcaron con las manos vacías porque lo habían perdido todo: "Y ellos, los recién llegados, en sus pobres vestidos oscuros, en su pobre soledad, cargando sus atados, sus baúles con lo poco que pudieron llevar consigo, los edredones de plumas, los cubiertos, los iconos y las bendiciones, las viejas fotografías amarillentas, la llave de la casa, el candelabro, la taza de porcelana transparentísima, el misal... ¿qué conducta debe seguirse en estas tierras desconocidas, entre los desconocidos?... ¿A qué sabrán todas esas frutas, a qué olerán todas esas flores jamás vistas por sus ojos ni imaginadas por sus mentes? ¿Qué son esos enormes recipientes de color tierra en los que juntan el agua? ¿Por qué el azúcar de aquí sabe más dulce que la de casa?... ¿Qué hacer si uno se enferma, cómo conseguir un médico y cómo confiarle? ¿Llegarán las cartas a esta extrañísima dirección? ¿Cómo hacer para cumplir con nuestras obligaciones religiosas, cómo conseguir maridos para nuestras hijas, dónde enterrar a nuestros muertos?".[302]

Y también llegaron un montón de aventureros, impostores y buscadores de fortuna, algunos de los cuales timaron a los burgueses mexicanos quienes admiraban cualquier cosa que viniera de afuera y estaban ansiosos de codearse con la nobleza. Luis Spota lo contaría varios años después en su novela más célebre *Casi el paraíso*:

"El príncipe tornó a abrir los ojos. Se apoyó firmemente, con las manos en el descansabrazos de la butaca:

–Alonso... ¡he seducido a su hija!

–¿Qué? ¡Usted...! —barbotó Rondia. Se había puesto rojo de cólera al levantarse. Luego alzó el puño poco a poco, hasta dejarlo colgando a lo largo de su cuerpo.

Ugo asintió...

–He abusado de la bondad de usted —comenzó, con voz lastimera, como si decir las palabras le causara un gran dolor. Traicioné al amigo... deshonré su casa, seduje a su hija... Yo, yo la amo, señor Rondia. Pero somos jóvenes, inexpertos y nos queremos... Ahora... ahora Teresa va a tener un hijo...

La revelación fue para Rondia como si dentro de su cabeza estallara una carga de dinamita. Al escuchar que su hija estaba embarazada y que tendría un chico del príncipe, sintió no pena ni furia sino una extraña sensación de locura, un algo incontenible que le aflojaba las piernas, que lo cegaba y hacía zumbar sus oídos.

Con la vista perdida, Alonso se dejó caer en el sillón frontero al de Ugo. Éste lo escuchó repetir, en el temblor agitado de su floja sotabarba.

–Un hijo... Teresa un hijo.

Conti no tenía prisa. Estaba satisfecho. Lo que esperaba que hiciera Alonso estaba cumpliéndose punto por punto. Dejó que el presidente de la Junta Intersecretarial de Inversiones se repusiera del azoro.

Ugo lo tomó por los hombros obligándolo a escucharlo:

–Quiero casarme con su hija... No por compromiso, sino porque estoy enamorado de ella... Deseo hacerla la Princesa Conti ahora que por gracia de Dios, lleva en sus entrañas al ser que heredará la gloriosa tradición de mis antepasados... Con ese hijo la línea sucesoria de los Conti está asegurada...

Alonso Rondia se estremeció. Las palabras de Ugo, dichas con tan desgarradora sinceridad lo emocionaban. Por fin brotaron las lágrimas y el hombrón lloró ruidosamente, ebrio de felicidad, mientras Conti le palmeaba la espalda. Un viejo sueño se realizaba sencillamente. Su familia, esa familia por la que había luchado tanto y tan duramente, iba a ingresar en la antesala del cielo, en la nobleza. Él mismo, a partir de ese momento, se convertiría en parte de la aristocracia universal y su nombre quedaría para siempre ligado, lo mismo que su sangre, al nombre y a la sangre de los Conti."[303]

Claro que los lectores nos enteramos al final, como seguramente se enteraron tarde muchos de los engañados, que el tal príncipe no lo era, sino que era un aventurero que quería hacerse rico de manera fácil para lo cual se aprovechó del muy petulante pero muy ignorante nuevo rico mexicano.

Pero así como tantos llegaron a estas tierras en busca de refugio seguro, así también México se volvió entonces un lugar que expulsaba a su gente. Millones de mexicanos (se les llamaba "braceros" o "espaldas mojadas") se iban del otro lado de la frontera, a Estados Unidos, a buscar trabajo (que mucho había pues los hombres de aquel país estaban en el ejército) y a ganarse el sustento. Este proceso seguiría aún después de la guerra y aun cuando ya los norteamericanos querrían —inútilmente— detenerlo. Una vez más es Luis Spota quien lo relata:

"–¿Mojados? —indagó el barquero.

Estaban sentados a la orilla del canal, cerca de las canoas. Estaban allí porque el gasolinero les había dicho que con un poco de suerte podrían engancharse en cualquiera de las lanchas pescadoras. El barquero parecía bonachón y amable. Los había estado observando, durante más de un cuarto de hora, sin dejar de escarbarse las narices.

–¿No se nos echa de ver? —ironizó Paván— mojadísimos y escurriendo...

–Digo, del otro estilo. Todos los que vienen aquí lo son. Santa Isabel de los Mojados debería llamarse el pueblo. Siempre hay trabajo, comida y un rincón para dormir.

–¿Y tendremos vela en el entierro?

–Depende.

–¿De qué?

–De que haya entierro, de que haya trabajo —y el barquero soltó la carcajada.

Paván sintió que su hambre se hacía pesada como piedra dentro del estómago.

–Mientras hay trabajo, ¿no tiene un taco?"[304]

10

La señora Soledad Orozco, originaria de Zapopan, Jalisco, donde había nacido en 1905,[305] era una mujer guapa y elegante a la que según Amalia Solórzano de Cárdenas, el general Ávila Camacho "le tenía mucha estimación". Ésa era la manera de aquella época de decir que la quería.

Ella y el llamado "presidente caballero" se habían casado según algunos en Sayula y según otros en Zapopan en 1925, en pleno movimiento cristero y lo habían hecho por la Iglesia, a pesar de la suspensión de cultos, pues ambos eran muy devotos. Una vez más sucedía que la mujer era de nivel social superior al hombre, y una vez más, como sucedió en varios casos de los que ya hemos hablado, la familia de ella no estaba de acuerdo con que su hija casara con un militar que tan mala fama tenían, por lo que la mamá de Chole no asistió al enlace. ¿Se enamoró esa mujer alegre y enérgica del carácter apacible del general? ¿o fue de sus ojos pequeños pero de mirada vivaz?

Una vez casados, se instalaron en la ciudad de México, en una residencia en el lujoso fraccionamiento de las Lomas de Chapultepec, aquella colonia Chapultepec Heights que ya para entonces se llamaba con su nombre en español. Y cuando su marido llegó a la primera magistratura, decidieron mudarse a Los Pinos para así continuar la costumbre iniciada por su antecesor, a pesar de que mucha gente les pidió que volvieran al castillo de Chapultepec al que consideraban un lugar más adecuado para el desempeño del importante cargo.

Una nota aparecida muchos años después, cuando murió doña Soledad, resume su vida: "Su labor como primera dama del país fue siempre estar al lado del presidente Manuel Ávila Camacho".[306] Y, en efecto, doña Chole tuvo como prioridad la atención a su hogar y a su marido, a pesar de que no tuvo hijos: "Con su finura y discreción lo secundaba siempre porque su vida fue darle gusto en todo y por todo a su esposo a quien cariñosamente llamaba Manolo", diría alguien que los conoció, y agregaba: "El tío Manuel respetó mucho la vida matrimonial y le dio su lugar a la señora... eran una pareja muy unida".[307]

Escribe Guillermo Gómez: "Acompañó a su esposo en la casi totalidad de recepciones y en la mayor parte de los actos oficiales de carácter público que se celebraron en México y participó en varias jiras [*sic*] y viajes al lado del presidente".[308]

A la señora Soledad le gustaba mucho aparecer en público y en las nuevas secciones de sociales de los periódicos. Participaba en actos y ceremonias oficiales tales como los informes de gobierno (a partir del segundo ocupó ya su lugar fijo en la cámara de diputados siendo la primera vez que eso sucedía), brindis en las embajadas, inauguraciones y clausuras. En particular se la

Soledad Orozco de Ávila Camacho

recuerda a lado de su esposo en ese momento significativo que fue la visita del presidente de Estados Unidos y su esposa, los señores Roosevelt, que vinieron en 1943 a nuestro país para terminar con una larga historia de agresiones y dar inicio a una época de cooperación y cordialidad entre las dos naciones.

La señora Eleanor era una mujer muy especial, que cambió de manera definitiva e irreversible el papel de la primera dama en su país, puesto que se ocupó de manera seria de los grupos más desprotegidos y se opuso de manera decidida al racismo. Mucho debe haber impactado a doña Soledad haber conocido a quien se había convertido en un personaje tan célebre y tan controvertido.[309] ¡Qué extrañas se veían juntas, la norteamericana alta, desgarbada y mal vestida, y la mexicana, de baja estatura pero buen porte, elegantísima y a la última moda!

Y es que doña Chole siempre se vistió muy bien. En las fotografías aparece con trajes finos, cubierta de pieles y con imponentes y llamativos sombreros. Como afirma Rosa Castro, "esta prenda, prodigio de la imaginación, permite conocer a su portadora".[310] Eso es muy cierto para la señora con los suyos, porque eran exagerados de tamaño y llenos de adornos, flores, plumas y gasas, que le valían constantes chistes y simpáticas anécdotas. Una de ellas la relata el entonces joven escritor Luis Spota: "Hubo un gran banquete, el desayuno de la amistad en el Campo Marte, en el cual cinco mil burócratas agradecían algo al señor presidente Ávila Camacho. El periódico me mandó cubrir esa actividad en el aspecto no de reportero sino de hacer comentarios un poco al margen de lo que estaba ocurriendo. Recuerdo que publiqué una majadería que consistió más o menos en lo siguiente: llega la señora del presidente y en lugar de sombrero trae un par de huevos fritos, porque efectivamente, no sé por qué todas las presidentas que son muy competentes para otras cosas, no lo son para vestir. La señora Ávila Camacho en su sombrero no era muy afortunada. Esto se publicó al mediodía del día siguiente y por la tarde llegó a mi casa una persona de la Presidencia con un recado: el señor presidente quería verme...

El señor me pregunta: –¿Es usted fulano de tal?

–Sí señor, yo soy.

–¡Pues es usted un majadero! Y es usted un majadero, jovencito, porque uno no tiene derecho a burlarse de una señora y usted no tiene derecho a decir por escrito lo que ha dicho de la esposa del presidente de la República. Efectivamente las señoras no se saben vestir. Efectivamente yo le había dicho a doña Soledad pues que ese sombrero no era bonito. Efectivamente sí parecía un par de huevos fritos...

Cierto, parecía aquella pintura de Dalí 'La persistencia de la memoria' donde está escurrido un huevo. Además tenía unas plumas y un nido."[311]

Hasta aquí la anécdota. Ella nos sirve para varias cosas: para darnos cuenta del modo de ser tan particular de doña Soledad y de cuánto su marido la cuidaba y protegía. Pero también de la omnipotencia de los presidentes que en todo se metían.

Desde siempre, las señoras ricas mexicanas le dieron importancia a la moda y copiaron sus modelos de los españoles, italianos o franceses. Vimos ya que una virreina mexicana hasta se atrevió a pelear con su majestad la reina de España porque a aquélla le parecía mejor una moda y a ésta le gustaba más otra. Durante el siglo XIX las luchas civiles hicieron que estas cuestiones pasaran a un segundo plano (con las breves excepciones de los dos imperios), y fue la señora de Díaz quien nuevamente convirtió la moda en un aspecto central de la vida social. La Revolución rompe con esto y las esposas de los presidentes de principios de siglo no se caracterizan por su bien vestir aunque trataban de hacerlo usando vestidos y sombreros que en su opinión estaban al día. Según Aurelio de los Reyes, a más de una le llamaban la atención los atuendos de las artistas italianas en boga, por ejemplo, a las señoras María Tapia y Clara Oriol. Por su parte, las señoras Portes Gil y Rodríguez estuvieron a la vanguardia de la época en cuanto a vestuario. Pero luego Amalia Solórzano se desinteresaría del asunto, vistiendo siempre con gran sencillez. No así doña Soledad que iba muy a la moda tan favorecedora de los años cuarenta, aunque eso sí, exagerando en el uso de pieles si se considera el clima caluroso de México.

Y es que mientras en Europa ardía la guerra y millones morían en los frentes de batalla y en los campos de concentración, las personalidades y los ricos que habían huido de allá y se habían establecido en nuestro país, convirtieron a la capital mexicana en un centro cosmopolita. Restaurantes y clubes nocturnos abrieron sus puertas a los hombres y las mujeres "ebrios de perfumes" como decía Salvador Novo, que disfrutaban de excelentes comidas y bebidas, shows y fiestas, bailes y desveladas, vestidos a la última moda por modistos como Chatillon, Pavigniani y Valdés Peza, quienes le dieron sentido a la palabra "chic", un término que a un tiempo hablaba de elegancia y de estilo y que con el correr de los años ha significado faldas que suben o bajan, sombreros y corsés que crecen o se achican (o que de plano desaparecen), cinturas que se ajustan o se sueltan, bustos que se exhiben o se ocultan, mangas que se amplían o se encojen, hombreras que hacen a las mujeres parecer boxeadores o al contrario, hombros que se dejan caer con suavidad, cabelleras que se recogen o se dejan libres, tacones altos y delgados o anchos y bajos, uñas y labios hoy de rojo intenso y mañana de rosa nacarado, rostros un día pálidos porque sus dueñas tomaban vinagre para verse siempre al borde del desmayo y otro día rebosantes de salud y con las mejillas rosadas como resultado de que se inventaron las vitaminas. Hasta el poeta Renato Leduc hablaría de una señorita de negra cabellera y labios rojos, vestida de verde lechuga, verde moda.[312]

Las mujeres se cubrían de pieles y joyas, se envolvían en sedas, encajes, chifones, gasas, tafetas, brocados, satines, terciopelos, paños y angoras, y se adornaban con lentejuelas, alforzas y olanes, flecos y pliegues. 1940 es el año en que la fábrica Dupont anuncia "que había descubierto un hilo sintético de carbón, piedra, agua y aire llamado nylon con el que se fabricaban medias que no se corrían ni necesitaban zurcirse, sutiles como una telaraña, flexibles en las rodillas, ajustables a las formas de las piernas y que costaban diez veces menos que las medias de seda" —por lo demás, imposibles de conseguir pues ésta se usaba para hacer paracaídas.[313]

Era ése el México de los años cuarenta, un rincón de paz en medio de la tormenta que asolaba al mundo y en él estaba en su apogeo lo que Rosa Castro ha llamado "el espumoso mundo de las frivolidades", donde el capricho, la fantasía y la vanidad eran ilimitados.

11

La señora Soledad Orozco no sólo estuvo presente en actos sociales sino que también cumplió con la asistencia pública de modo similar a sus antecesoras, en aquello que tenía que ver con la ayuda a la niñez y la mujer. Por

Soledad Orozco de Ávila Camacho, su labor como primera dama fue estar siempre al lado del presidente en ceremonias y actos oficiales

lo visto, ya había quedado establecido que éste era el papel de las primeras damas: uno en el que simbólicamente encabezaban las labores asistenciales del gobierno hacia las mujeres, niños, ancianos y discapacitados.

El gobierno de Ávila Camacho continuó con los programas de asistencia social iniciados durante la etapa anterior pero les limó los aspectos radicales y les dio una orientación clientelar: "Quienes tuvieron acceso a ellos fueron principalmente los miembros del ejército y la marina, los servidores públicos y la élite de trabajadores —petroleros y ferrocarrileros— así como de empresas paraestatales o privadas donde funcionaban sindicatos nacionales de industria".[314] Para ellos se mandaron a construir gigantescos centros hospitalarios e institutos de especialidades médicas (el Instituto Mexicano del Seguro Social se creó en 1943), pero la realidad en cifras señala que la asistencia creció poco y se mantuvo en las zonas urbanas y del sector modernizado de la economía. No en balde los estudiosos del tema dicen que en este periodo se regresó a una política "remedial", y eso se nota mucho respecto a los indigentes, pues lo que se hizo para ellos fue repartir raciones alimenticias, ya no sólo desayunos sino también meriendas.[315]

La señora Ávila Camacho, a diferencia de su antecesora, fue muy activa en realizar visitas a guarderías, escuelas y hospitales y participó en varias campañas importantes como la de alfabetización, la de legalización de matrimonios y la de educación vial para los escolares. Pero, sobre todo, le encantaba organizar y presidir repartos de regalos a soldados, niños y madres humildes. Es impresionante ver las fotografías en las que miles de personas esperaban durante horas para recibir de la primera dama algún juguete, alguna ropa o algún alimento. Por eso Guillermo Gómez afirmó que "no hay pobre que no la conozca".

Ella fue quien reforzó e institucionalizó lo que había sido una iniciativa del periódico *Excélsior* en 1922, de dedicar un día del año —el 10 de mayo— a celebrar a las madres. En aquella ocasión Rafael Alducin había invitado a los mexicanos a "hacer un monumento de amor y de ternura a la que nos dio el ser, a manifestar en una palabra que todos los sacrificios, que todas las infinitas ansiedades de que es capaz el corazón de la mujer cuando se trata de sus hijos sean valorados por éstos".[316] Y desde que era candidato, don Manuel se había comprometido "a organizar una campaña de veneración, de respeto a la madre".

La idea copiaba una costumbre de otros países y aprovechaba el sentimentalismo de los mexicanos, y de paso servía para combatir la fuerza que estaban adquiriendo los movimientos feministas en favor del voto para las mujeres insistiendo en el argumento de fortalecer a la familia.[317] Por eso contó con el apoyo de la "buena sociedad" y de la Iglesia. El arzobispo de México declaró que le parecía una bellísima idea y pronto muchos grupos e instituciones se adhirieron a la propuesta y la primera dama terminó encabezando los festejos.

En ese día, la esposa del presidente de la República regalaba útiles obsequios a las madres humildes, tales como estufas (de petróleo) o planchas (de carbón) y en una ocasión, según cuenta Alfonso Taracena, el gobierno pagó las boletas de empeño en el Monte de Piedad a fin de que se devolvieran cientos de máquinas de coser a mujeres que por necesidad económica las habían empeñado. Éstas le agradecieron con emoción y el hecho causó gran revuelo. Julio Sesto escribió un artículo en el que manifestó su admiración por la señora Ávila Camacho quien según él: "Dio pruebas de tener un corazón enorme y ese gesto insólito será imborrable en los anales del sentimiento mexicano".[318] La verdad es que no sólo en una ocasión hizo esto la señora, sino que, según la prensa de la época: "Repitió el generoso acto restituyendo gratuitamente todas las prendas empeñadas que no sean de lujo, hasta de veinticinco pesos".[319]

La señora Soledad fue responsable de que la gente se acostumbrara a esperar que el gobierno le hiciera regalos en los días festivos: navidad, día del niño, día de la madre. El paternalismo gubernamental que se manifestaba en las políticas hacia los obreros y campesinos, ella lo puso en práctica con los más pobres, sobre todo niños y mujeres que salían a la calle y acudían a los actos a aplaudir para ver si les tocaba algo. Muchas fotografías dan fe de esto y una en particular resulta simbólica: en ella aparece doña Chole sobre un estrado, vestida de negro y con una estola de pieles que cae suavemente sobre el escudo nacional bordado que cubre la mesa desde la cual reparte los regalos entre los necesitados, toda sonrisas, toda labios y uñas de color rojo intenso. ¿Se preguntó alguna vez sobre la incongruencia de ir tan emperifollada con los más pobres?

Probablemente a ella no se lo parecía. Unos años después, en una entrevista en la televisión, le preguntaron a una famosa actriz de cine si no se avergonzaba de cubrirse de joyas y ropas caras con tanta gente que no tenía ni lo más elemental y ella contestó: "A mi público le gusta verme guapa y rica, no quieren que ande desharrapada".[320] Tal vez sea cierto. De hecho todos los reyes y todas las Iglesias creen que así debe ser y que deben impresionar a la gente común con grandes lujos y fastuosidades. A principios del siglo XIX el congreso asignó al emperador Iturbide y a su familia la increíble cantidad de un millón y medio de pesos para los gastos de la casa imperial cuando el país estaba en la ruina por tanta guerra y Lucas Alamán insistía en que se permitiera a la Iglesia tener todo para que el culto fuera de gran lujo. Tanto Maximiliano y Carlota como don Porfirio y Carmelita cuidaban de ponerse sus mejores galas y joyas para mandarse a hacer los retratos destinados a regalar al pueblo paupérrimo. El historiador Francisco Bulnes lo explica así: "México, a diferencia de Estados Unidos, no es un país formado de monjes protestantes dedicados a la meditación mística... No puede obligarse (a los gobernantes) a vivir con la modestia cuáquera de los presidentes de Estados Unidos".[321] Por eso, muy pocos consideraron como mérito la austeridad de Juárez y de Cárdenas, más bien al contrario, la criticaron. Por lo visto parecerse a los pobres no es un valor en nuestra cultura.

Pero el trabajo que más se le reconoce a la esposa del presidente es el que realizó tras bambalinas para zanjar el pleito entre el gobierno y la Iglesia. Así como Carmelita Romero Rubio lo hizo en su momento en estrecha relación con el obispo Eulogio Gillow, así doña Chole consiguió que el arzobispo Luis María Martínez tuviera acceso al oído del presidente. Según Guillermo Gómez: "El pueblo católico de México no esconde su gratitud hacia la distinguida dama por lo mucho que ella hizo en defensa de la libertad de expresión religiosa. Se cree que la tolerancia religiosa observada durante el gobierno del general Ávila Camacho no es extraña a los sentimientos católicos de doña Soledad Orozco de Ávila Camacho".[322]

Esos mismos sentimientos la hacían sin embargo tener una idea tan rígida de la moral que ¡hasta mandó ponerle taparrabos a la estatua de la Diana Cazadora que por aquel entonces había hecho el escultor Juan Olaguíbel, el favorito del régimen, para adornar una de las principales avenidas de la ciudad de México! (No se lo quitarían sino hasta muchos años después, en el sexenio de Díaz Ordaz, en una ceremonia que a pesar de que se realizó a altas horas de la madrugada congregó a bastante gente que aplaudió a rabiar.)

Los Ávila Camacho con los Roosevelt

Y es que la capital empezaba a crecer en serio y a convertirse en una metrópoli moderna. En ella radicaban entonces poco más de tres millones de habitantes de los veintitrés que tenía el país. Se abrían nuevas calles y avenidas —Veinte de Noviembre es una de ellas—, en las colonias se levantaban edificios de departamentos y el gobierno mandaba construir imponentes obras, algunas de adorno, como el monumento a la expropiación petrolera, y otras de trabajo, como el centro hospitalario La Raza del arquitecto Enrique Yáñez, el de la Secretaría de Salubridad y Asistencia de Carlos Obregón Santacilia, el de Recursos Hidráulicos de Mario Pani, el Conservatorio Nacional de Música y un montón de escuelas.[323] Por supuesto crecían también los arrabales "con sus vecindades degeneradas, que representan un cuadro sombrío de promiscuidad y vicio", según decía Enrique Guerrero, y que ocupaban la quinta parte del área de la ciudad y albergaban a más de medio millón de habitantes.[324] La ciudad se convirtió en "el centro del desempeño económico nacional, con la industria manufacturera como su motor".[325]

Un estudioso calcula que en la década de los cuarenta la ciudad creció casi cincuenta por ciento y otro de plano afirma que fue más de cien por

ciento. Cualquiera que sea la cifra, era, como cantaba el poeta Efraín Huerta, una ciudad que "podía ser negra o colérica, mansa o cruel" y en la que había de todo: perros, miseria, homosexuales, prostitutas y poetas, chicas de aire, rezos y oraciones.[326]

12

La vida de los Ávila Camacho era tranquila. Él era un hombre sensato y sereno —a diferencia de su hermano Maximino que había sido un cacique borracho, jugador, mujeriego y matón— y ella era alegre y dinámica. Como no tenían hijos, varios sobrinos se fueron a vivir a la casa presidencial y fueron educados por ella. Acostumbraban invitar todos los días gente a comer y gustaban mucho de los deportes. El profesor Ramón Velázquez, a quien se contrató para dirigir las actividades deportivas de los habitantes de la residencia oficial, relata que la señora era incansable a la hora de jugar tenis, "prolongándose las sesiones algunas veces hasta las dos de la tarde".[327]

Pero su verdadera pasión, que compartía con su esposo, eran los caballos finos. Al general no había cosa que le gustara más que montar y también ella era una gran amazona que salía a cabalgar en hermosos ejemplares que le regalaba don Manuel. Esta afición la supo aprovechar el empresario Bruno Pagliai quien por entonces construyó el Hipódromo de las Américas, que la señora inauguró recibiendo como regalo un palco para ella y el presidente.

¡Qué tiempos aquellos donde los gobernantes se podían tomar las horas que quisieran para hacer deporte, pasear, comer con sus amistades o ver cine! Porque a doña Chole y a su marido les gustaba el cine. Según Carlos Martínez Assad, el presidente dispuso que todas las noches hubiera función de cine en la Residencia Oficial de Los Pinos y él no se perdía la de los jueves. A su esposa "le gustaban las películas que contienen un fondo educativo y humano... con valores familiares", y en cuanto a él, "son muy de su agrado las de muñecos animados".[328] ¡Seguro que vio *El peñón de las ánimas* con la bellísima María Félix y el galán Jorge Negrete que era su cantante favorito desde que había cambiado la ópera por la música ranchera, *María Candelaria* con Dolores del Río y Pedro Armendáriz, *Distinto amanecer* con Andrea Palma y *México de mis recuerdos* con Joaquín Pardavé, sin faltar por supuesto algunas extranjeras como *Casablanca* con Ingrid Bergman y Humphrey Bogart!

¿Leía la señora Soledad? ¿conocía al poeta Pellicer, el de los ríos caudalosos y las "manos llenas de color"? ¿o a Reyes el ensayista "de inteligencia ávida que quiere encerrar en palabras todos los estímulos del mundo"?[329] ¿y a Leduc el antisolemne y cachondo, o a Huerta que ya desde entonces le declaraba su odio a la magnífica ciudad de México "amplia y dolorosa"? ¿o quizá prefería las novelas de José Revueltas, siempre hablando de los pobres y recordando la miseria que allí seguía a pesar de tanta Revolución y tantos discursos?

¿Le gustaba la música a la señora Soledad? ¿escuchó el *Huapango* de Moncayo que se estrenó por ese entonces o prefería los desplantes bravíos de Lucha Reyes, la cantante enamorada de su galán "tan remono, con el pelo bien envaselinado, los pantalones flojos y los tirantes rojos"[330] que se suicidaría en el año 44?

¿Le gustaba la pintura a la señora Soledad? ¿conoció la obra de Tamayo y de Mérida, opuesta a las grandilocuencias y las pedagogías tan en boga y que se negaba a obedecer aquella obligación impuesta por Siqueiros de "no hay más ruta que la nuestra"? ¿visitó la exposición surrealista que trajo una de las primeras galerías privadas de la capital, la de Inés Amor, en la que mostraban sus cuadros cuatro mujeres que vivían en México —Kahlo, Carrington, Varo, Rahón?[331]

¿Le interesaba lo que sucedía en el país a la señora Soledad? ¿tuvo idea de las batallas campales que se desataban en las calles de la ciudad entre los jóvenes fascistas y los antifascistas?[332] ¿se enteró de las marchas que había protestando por la carestía de la vida? ¿tuvo ella también que apagar las luces, como se ordenó a todos los ciudadanos, por si había un ataque aéreo enemigo en tiempos de la guerra? ¿supo de la participación de las mujeres en las luchas, entre ellas una que precisamente se llamaba Soledad Orozco, viuda y madre de seis hijos que formaba parte del Frente Único Pro Derechos de la Mujer y que contendió para diputada por un distrito en León, Guanajuato, y le reconocieron el triunfo? ¿sabía que según el censo de población de cada

Soledad Orozco con su esposo Manuel Ávila Camacho

cinco familias mexicanas en una la mujer era la que corría íntegramente con los gastos familiares?[333]

13

Muy buena debe haber sido la vida de los gobernantes de entonces para que todos lamentaran que se terminara su gestión. Ya vimos que doña Amalia Solórzano quería llorar y gritar el último día y para los Ávila Camacho fue sin duda el momento más triste. Y eso a pesar de los tres infartos que le dieron a don Manuel, uno durante la campaña y dos durante su mandato presidencial, de los que nada se dijo a la población para no asustarla y a pesar de que un día de 1944, en pleno Palacio Nacional, el presidente sufrió un atentado. Sucedió cuando se dirigía a sus oficinas y "un joven vestido con ropas militares sacó su pistola y le hizo un disparo". Ávila Camacho detuvo al agresor y resultó ileso. Las crónicas de la época dicen que se salvó porque no perdió la calma. Otros afirman que fue por su chaleco antibalas.

¿Rezó mucho por él doña Soledad? ¿le cantó mil veces al oído su canción favorita "Dos arbolitos" para que se aliviara? ¿le echó la culpa de sus males a la tensión que le ocasionaban los problemas del mundo y algunas del país como el líder Vicente Lombardo Toledano que era socialista pero dicen que de todos modos tenía trescientos trajes en su armario, eso sí, todos iguales para que no se notara cuántas veces estrenaba?

Y es que fue entonces cuando empezó la costumbre de que apenas nombrado el sucesor, nadie los visitaba más y en cambio todos se hacían presentes en la casa del candidato. En su novela *El primer día*, Luis Spota relataría años después la soledad de un presidente en cuanto el poder deja de ser suyo: las grandes estancias y jardines de su mansión vacíos, se arrancan sus retratos de las paredes en las oficinas públicas, desaparece el enjambre de ayudantes y encargados de seguridad y "ya nadie le adivina el pensamiento como antes". Y lo mismo le sucede por supuesto a su esposa, la primera dama: "Desde que se resignó a aceptar que todo había terminado para nosotros y que ellos vendrían a apropiarse y a disfrutar de lo que había sido nuestro, la pobre empezó a marchitarse... se le fue el color de la cara y la alegría del cuerpo. Ya no era la misma que había sido antes".[334]

Terminado su periodo en la Presidencia, los Ávila Camacho se retiraron de la política y se dedicaron a una intensa vida social: "Reuniones del jet-set político e intelectual... Entre otros personajes a su residencia de La Herradura llegaron Rita Hayworth, Emil Ludwig, Carlos Chávez, José Clemente Orozco, Juan Rulfo, Dolores del Río, Carlos Pellicer, Eleanor Roosevelt, Harry S. Truman, los príncipes Felipe de Edimburgo y Bernardo de Holanda, los duques de Windsor, Fulgencio Batista, Orson Welles".[335]

Para entonces ya vivían en un enorme terreno en el que había un rancho ganadero y una lujosa residencia. Tan grande era que tiempo después la propiedad fue convertida en fraccionamiento —La Herradura— pero, como escribió un cronista, "ellos conservaron más de cinco mil metros de jardín y tres soberbias edificaciones que componían su casa particular, amuebladas y adornadas espléndidamente con muebles italianos y franceses, cuadros y esculturas, porcelanas y platería, vajillas y candiles además de una biblioteca con libros de la disciplina militar". Poco antes de morir, la señora la donó al gobierno de México para "que se dedique en el futuro a residencia ocasional de mandatarios extranjeros en visita oficial a nuestro país, alojándolos con decoro en forma digna que ennoblezca la hospitalidad mexicana".[336]

Don Manuel murió en el año 55. Desde entonces y durante más de cuarenta años hasta su muerte en 1996 a los noventa y un años de edad, doña Soledad se dedicó a presidir actos en memoria de su marido. Año con año, vestida de riguroso luto, recibió a los cada vez menos avilacamachistas sobrevivientes que se presentaban el día de la efeméride a rendirle homenaje al general.[337] Están enterrados juntos en el panteón Francés de San Joaquín.

IV. La señora del licenciado

Nuestra suerte no está en manos de los dioses,
sino en las de quien prepara nuestro alimento.

Confucio

Historias de conveniencia

1

El primero de diciembre de 1946, protestó como presidente de la República el primer civil que asumía el cargo después de la cauda de militares que había traído consigo la Revolución.

¿En qué acabaron?
aquellos generales
tan gloriosos
¿qué se hicieron?[1]

Se trataba del abogado veracruzano Miguel Alemán Valdés, primer presidente del Partido Revolucionario Institucional, cuya postulación había enfrentado fuertes oposiciones dentro de la propia "familia revolucionaria", entre ellas la del poderoso hermano del presidente Ávila Camacho que quería ser el elegido pero que convenientemente murió antes de convertirse en un problema.

Más de tres mil personas presenciaron el acto de toma de posesión en el Palacio de Bellas Artes, declarado recinto oficial: "Protesto guardar y hacer guardar la Constitución Política de los Estados Unidos Mexicanos y las leyes que de ella emanan y desempeñar leal y patrióticamente el cargo de presidente de la República que el pueblo me ha conferido, mirando en todo por el bien y la prosperidad de la Unión y si así no lo hiciere, que la nación me lo demande".[2]

Con Alemán daba inicio el "país de los cachorros de la Revolución", como les había llamado el dirigente obrero Vicente Lombardo Toledano a los nuevos políticos, diciendo que eran "los herederos legítimos de Francisco I. Madero y de Lázaro Cárdenas".[3] Con él daba inicio también el país de los licenciados, que sustituían a los generales luego de que la guerra había dejado en todo el mundo un gran recelo contra lo militar y, como afirma el investigador norteamericano Robert C. Scott, "había dado lugar a una gran valoración de las formas de la democracia".[4] Y por fin, con él daba inicio el país del PRI, partido que había nacido en 1945 cuando el presidente anterior transformó al PRM: "El país tiene un nuevo y poderoso partido... los principios de la Revolución se consideran ya suficientemente válidos, depurados y claros como para convertirlos en una forma de vida nacional".[5]

Con él también tomó vuelo el empuje modernizador de México que había venido gestándose desde hacía dos décadas, pero que ahora definía una nueva orientación. Como lo advirtió el mandatario en su programa de gobierno: "El Estado brindaría la más amplia libertad para las inversiones particulares reconociendo que el desarrollo económico general es campo primordialmente de la iniciativa privada".[6] Desde su discurso de toma de posesión, el presidente dio la bienvenida a los inversionistas y les aseguró que gozarían de sus utilidades sin problema. Y para apoyarlos emprendió una importante labor de construcción de infraestructura —carreteras, aeropuertos, presas— y de creación de instituciones financieras y de servicios. Todo ello sirvió de estímulo a la industrialización: "La primera etapa de la industrialización se acelera hasta alcanzar un ritmo febril... México se aproximaba a ser el país latinoamericano que mejor había sabido adaptarse al clima del capitalismo en la segunda mitad del siglo XX".[7]

La Presidencia se convirtió en un reducto del poder absoluto que negociaba secretamente sus diferencias mientras que públicamente se manifestaba como pura armonía: inauguraciones y clausuras, discursos y sonrisas, adulación y aplausos. La imagen típica del sexenio alemanista es la de un montón de niñas vestidas de blanco que rompen los cercos policiacos para entregarle flores al presidente mientras burócratas de traje gris y corbata aplauden. Y es que en ese México todo eran sonrisas, la concordia era la marca del periodo. A derecha e izquierda del espectro político, todos se sumaron al gobierno: desde el líder Vicente Lombardo Toledano (ya sustituido en la CTM por un joven Fidel Velázquez y reducido al rincón de su Partido Popular Socialista) hasta el arzobispo Luis María Martínez (contento de que el artículo tercero constitucional hubiera sido vuelto a modificar para eliminar esa educación que proponía enseñar "un concepto exacto del universo"); desde el pintor José Clemente Orozco (quien recibió el recién creado Premio Nacional de Arte como muestra de que se apoyaba una nueva concepción pictórica ajena a la escuela mexicana y a sus rutas ortodoxas) hasta la actriz María Félix (diva de una industria que alcanzaba su apogeo, la del cine, y ejemplo del nuevo manejo de influencias que a muy pocos favorecería); desde los enriquecidos empresarios (que contaban con todo el apoyo, tanto el abierto que se manifestaba en legislación adecuada e infraestructura como el cerrado con la muy conveniente corrupción) hasta el ejército (eliminado como sector de importancia en el partido y sustituido por la CNOP que "representaba" a las clases medias en ascenso); desde los obreros (organizados en sindicatos charros perfectamente controlados y obedientes del gobierno) hasta los periodistas (domesticados a base de buenas untadas de dinero). La frase más escuchada en el sexenio fue: "El señor licenciado Alemán y su gobierno cuentan con todo el apoyo sincero y afectuoso de...".[8] Y es que, como afirmó Monsiváis: "¿Para qué obstinarse en pleitos ideológicos si se tiene a mano la edificación de una sociedad moderna?".[9]

Hasta los vecinos, tanto del norte como del sur, adulan al país y mandan a sus agregados militares y a sus contingentes de cadetes a los desfiles del 16 de septiembre. Nos visitan mandatarios y dignatarios, incluido el presidente norteamericano Truman, y el nuestro es recibido apoteósicamente en Washington porque ha quedado establecida una nueva relación "de míster amigo" con los que antaño fueron enemigos y que ahora prestaban dinero, conseguían créditos, compraban productos, fijaban los montos de los adeudos y ponían fin a las reclamaciones.

El sistema funciona. Hay estabilidad política y paz social, los negocios florecen, el Estado interviene para regir y mediar en las relaciones con el sector privado y para meterse en aquellas áreas de la producción que a éste no le interesan y la corrupción abre las puertas y funciona como el aceite que lubrica a un sólido entramado de lealtades y recompensas.

Una anécdota ejemplar de la época es la de un policía que detiene un automóvil. Y lo que encuentra es que en él viaja una novia que se dirige a la iglesia para casarse. Pero ni aun así la deja ir si no le da su "mordida", que era en ese tiempo la forma de decirle al dinero que se le daba a alguna autoridad de manera ilegal. Como la joven no llevaba bolsa, pues ¡le tuvo que entregar sus arras!

Mover influencias, tener amigos, hacer negocios: ésas eran las consignas. Según Francisco Martínez de la Vega, "el alemanismo es una fórmula práctica para utilizar los recursos del poder en beneficio de un grupo".[10] José Emilio Pacheco describe en una novela al personaje típico de la época: "El poderosísimo amigo íntimo y compañero de banca de Miguel Alemán, el ganador de millones y millones a cada iniciativa del presidente: contratos por todas partes, terrenos, permisos de exportación, constructoras, reventa, contrabando, obras... millones de pesos cambiados a dólares y depositados en Suiza el día anterior a la devaluación".[11]

En *La estrella vacía*, Luis Spota, el novelista del poder, ejemplifica:

"Debían ser las nueve cuando Many la despertó anunciándole la visita de un joven. Media hora después Olga entraba a la sala.

Al verla se irguió rápidamente el joven. Hizo una tiesa caravana:

–Me manda el licenciado Guillén —explicó— con esto para usted...

Le entregó dos llaves atadas con una cadenita de oro. Olga pareció extrañarse.

–El coche está abajo, señorita. Puede usted verlo desde aquí. Yo quedaré a sus órdenes. Mi nombre es Tomás Téllez.

Era un auto espléndido. Un Lincoln Continental blanco, convertible, lujosísimo, forrado de seda. Olga probó la comodidad de los asientos, admiró las aplicaciones, los adornos, los accesorios relucientes.

–El licenciado —habló de nuevo Téllez cuando le entregaba una tarjeta— me encarga decirle que le llame y que le diga si el coche le gustó.

Olga regresó al apartamento, excitadísima. Many le preguntó si había recibido buenas noticias.

–¡Y en qué forma! —repuso, sin reprimir su entusiasmo. ¡Mira qué noticia!

A Many el coche le pareció fantástico y muy merecido por la señorita. Luego, Olga tomó el teléfono. La voz de Guillén al otro lado de la línea:

–¡Bueno! —emitió un gruñido.

–Licenciado —Olga ensayó la entonación más suave— quiero darle las gracias por el coche...

–¿Le gusta?

–Es maravilloso y no encuentro palabras...

–Ni las busque. Prefiero que me las diga en persona.

–Estoy a sus órdenes, mi jefe..."[12]

Este relato que en la novela parecía una exageración, de hecho palidecía frente a la realidad. En una entrevista la actriz María Félix contó: "Jorge Pasquel [figura prominente del grupo alemanista] fue el hombre más espléndido que he conocido. Cuando filmamos la película *Maclovia* en Pátzcuaro dejó en el lago su hidroavión a mi disposición para todo lo que se me ofreciera. Un día se acabó el hielo en el hotel y a las pocas horas ya estaba el hidroavión de regreso de la ciudad de México con un enorme refrigerador. Él me acompañó hasta Pátzcuaro y nos fuimos por la carretera con seis Cadillacs que nos seguían en fila india. En ellos viajaban los camareros uniformados, barberos, cocinero, valet, tres sirvientas, masajista y hasta un armero. Comimos en un lugar bonito del camino: los criados, en un abrir y cerrar de ojos, pusieron tiendas de campaña, un stand para que Jorge practicara tiro al blanco y una mesa con manteles largos en donde el cocinero nos sirvió un gran banquete...".[13]

¿Y la Revolución?, bien gracias. El gobierno se consideraba su heredero y continuador, y así lo repetía hasta el cansancio en sus discursos, pero como escriben Meyer y Aguilar Camín: "Se había consumado el salto ideológico crucial, la idea de que la Revolución es un presente continuo y un futuro promisorio..., de que el verdadero México estaba aún por venir".[14] Y mientras tanto "los Quijotes engordan", como escribió Jorge Ferretis, "se vuelven acomodaticios", como escribió López y Fuentes. Ésa era la Revolución que les hacía por fin justicia a sus hijos, a sus cachorros, a sus herederos legítimos y que como dijo un periodista con frase afortunada, "se había bajado del caballo para subirse al Cadillac".[15]

2

Y es que muchos Cadillacs y Lincolns y Packards circulaban por las anchas avenidas de la flamante capital, bordeadas de altos edificios. La ciudad dejaba atrás su rostro antiguo, en lugar de las pesadas casas porfirianas en barrios de aire sereno, surgen rascacielos ("Hay que tirarse de cuarenta pisos para reflexionar en el camino" había escrito List Arzubide)[16] y las cúpulas coloniales se alternan con los edificios. Según Vicente Quirarte, "tan sólo en el periodo que transcurre entre 1941 y 1950 la ciudad aumenta su superficie 47.5 por ciento".[17] Y además de crecer, adquiría un aire cosmopolita: "Buena prueba de ello es la moderna avenida de la Reforma, donde se unen armoniosamente la elegancia de los chalets y la línea de los grandes edificios, la amplia calzada central del paseo con la frondosidad de los árboles para dar una sensación cabal de próspera sobriedad".[18]

En los nuevos fraccionamientos se construían lujosas mansiones con amplias habitaciones, modernos baños, jardines y "garages", como se les decía copiando la palabra francesa que adoptaron los norteamericanos, a los lugares para estacionar los autos. "El derroche, el lujo, la ostentación sin límite llegaron a la insolencia" afirmó Rafael Solana.[19] Los comercios exhibían sus productos en escaparates profusamente iluminados: "Los escaparates asaltan las aceras" había dicho un poeta y por doquier aparecían anuncios que "estiran y encogen sus músculos luminosos, enloquecidos por la gimnasia sueca concordante y rítmica: un movimiento por segundo. Uno... dos, uno... dos, uno...".[20] Y todo mundo soñaba con comprar refrigeradores y aspiradoras (que se pagaban a plazos), como bien lo captó Alejandro Galindo en su película *Una familia de tantas*.

La gente disfrutaba de la vida, sobre todo de la nocturna que era muy animada, en los night-clubs donde se bebía y bailaba al ritmo de las grandes orquestas como la de Luis Arcaraz y las mujeres "tiran sus copas a la pista para demostrar su alegría".[21] La música importada de "swing" marca el ritmo, pero también se luce la canción romántica nacional:

Bésame, bésame mucho,
como si fuera esta noche la última vez.[22]

"Se comía en el Ambassadeurs y el Ciro's, en el Centro Gallego, en el Prendes, el Tampico, el Bellinghausen, Las Cazuelas, la Fonda Santa Anita y el Edén... Se adquirían libros en las librerías Robredo, Porrúa, de Cristal y las editoriales Botas y Espasa Calpe producían libros a todo vapor. Las galerías de arte aparecían por todas partes... la ciudad de México cambió su fisonomía, pasó de 46 kilómetros cuadrados a 117 y su población rebasó el millón de personas... el alumbrado público se había extendido y la tira asfáltica también, los ríos se habían entubado, desecado el lago de Texcoco... los carros de mulitas y los viejos tranvías habían dejado el paso a modernos transportes eléctricos y a los camiones de veinte centavos. Numerosos taxis y autos particulares transitaban por sus anchas avenidas, los anuncios eléctricos destacaban, aparecieron grandes aparadores para ofrecer sus mercancías, extendiéndose desde las tiendas más conocidas como la Casa Boker, El Centro Mercantil, El Borceguí hasta los comercios del barrio de La Merced atendidos por árabes (designados con este genérico libaneses y sirios), españoles y judíos. Las marcas extranjeras llenaban los espacios periodísticos: Colgate, Bour Jois, Richard Hudnut, High Life, Hinds, Barbara Gould, Coca Cola, Easterbrook, Parker."[23] Nunca como entonces se divirtieron tanto los ricos y los políticos con sus amantes, viajes y joyas. Como escribió José Agustín, "había una atmósfera de fiesta colectiva".[24]

Además de la vida nocturna en la capital, estaban las míticas parrandas en Acapulco. La Quebrada lucía iluminada y desde el restaurant La Perla, la internacional concurrencia le aplaudía al clavadista que se echaba al mar en mitad de la noche. ¡Y allí estaba, en una de las mesas, la bellísima Rita Hayworth acompañada de alguno de sus célebres galanes![25]

Los teatros están llenos de espectadores, los jardines de paseantes y los mercados de flores, frutas y verduras. "Los bienes raíces alcanzaron gran auge, nacieron nuevos barrios residenciales y las otrora despobladas colonias fueron ocupadas hasta sus últimos reductos. Las instalaciones industriales aumentaron y el combustible quemado fue impregnando el aire."[26]

El cine mexicano compartía las salas de exhibición con el norteamericano y ponía en pantalla las nuevas situaciones sociales (*Nosotros los pobres, Una familia de tantas*), y la vida de noche que estaba en su apogeo (*Aventurera, Sensualidad*). Las películas de Cantinflas hacían reir porque llevaban a la exageración los modos de ser del mexicano. No faltaban por supuesto las de la Revolución y las que daban fe de los nuevos ideales emanados de ella (*Río escondido* en la que aparece el perfil del presidente de la República quien le encomienda a la maestra rural que cumpla con su trabajo y la felicita cuando lo hace). El público conoce y adora a las estrellas del entretenimiento moderno por excelencia, en ésa que se considera la "época de oro" del cine mexicano: Jorge Negrete y María Félix, Pedro Infante y Dolores del Río, Pedro Armendáriz y Gloria Marín. Y por supuesto, también a las divas y a los galanes de Hollywood.

¡Qué cosmopolitas y modernos nos sentíamos! ¡La gente hasta dejó de hacer siesta porque eso era muy provinciano y había demasiado que hacer! O al menos así parece en las secciones de sociales de los periódicos que retratan las diversiones de la gente bien: sus tés canasta y sus bodas, sus bailes de sociedad como el famoso "Blanco y Negro" y los de beneficencia, sus viajes y vacaciones. El cronista llamado "duque de Otranto" publica dos gruesos volúmenes con tapas de fino terciopelo rojo para dar fe de quienes, según él, conformaban lo más granado de la sociedad mexicana. Y para no hacerle el feo hasta incluye a la primera dama de la nación.[27]

La moda era favorecedora. Trajes sastre, vestidos de línea sencilla, zapatos de tacón ancho, medias con una gruesa costura que subía por la pierna, labios de color rojo intenso. Las mujeres se veían femeninas y elegantes. Los vestidos de noche eran largos, se llevaban con guantes hasta el codo y con estolas de mink en tonos gris y café claro. El señor Matsumoto cultivaba orquídeas y en las ocasiones especiales los maridos enviaban a su esposa un "corsage" que se ponía del lado izquierdo del vestido, casi a la altura del hombro, y que después se guardaba por varios días en el refrigerador.

También los pobres se divertían. En las cantinas se bebía bajo un letrero que advertía: "Se prohíbe disparar". Llenos estaban los cabarets y teatros de revista en los que Ninón Sevilla y Tongolele aparecían en bikini, pero sin enseñar el ombligo pues eso estaba prohibido, o María Victoria, enfundada en un vestido tan entallado que hacía destacar su enorme trasero, cantaba con sus célebres pugidos "Cuidadito, cuidadito, cuidadito". Llenos estaban los animados salones de baile —el Smyrna, el Colonial— en los que los parroquianos se movían los pies a ritmo de danzón y del nuevo mambo que trajera desde Cuba Dámaso Pérez Prado que agregaba "la cintura y los hombros". En el Salón México un letrero advertía: "Se prohíbe tirar colillas porque las damas se queman los pies".[28]

Cha cha cha. Bailemos. Hiervan los ruidos.
Siga el vacilón. Bailemos diente con diente.[29]

Y todos, ricos y pobres por igual, terminan la noche en los caldos de Indianilla.[30]

Y allí están los ritos inmutables para dar fe de la estabilidad: cada 15 de septiembre el Grito y el festejo posterior en Palacio Nacional para los invitados especiales y en el Zócalo para el pueblo y cada día 16 los desfiles militares y una vez al año el informe, ese discurso grandilocuente lleno de cifras que relatan lo que se había hecho y que apuntalan el progreso.

Tanta es la felicidad nacional que hasta el delegado apostólico se permite volverse poeta a la hora del elogio: "México, como en majestuoso navío atravesando el océano del progreso y la civilización, surcando las olas mansas en la bonanza y adelantándose soberanamente hacia destinos de gloria. En el puente de mando se yergue el experto capitán, el jefe de la nación, el presidente de la República... Bajo su mando y dirección México avanza en la trayectoria de su prosperidad".[31]

Muchos pensaban como él. En su libro *El laberinto de la soledad*, Octavio Paz escribiría: "Hemos dejado de ser materia inerte sobre la que se ejerce la voluntad de los poderosos. Éramos objetos, empezamos a ser agentes de los cambios históricos... Somos por primera vez en nuestra historia contemporáneos de todos los hombres".[32]

3

La señorita Beatriz Velasco Mendoza había nacido en 1913[33] en Acámbaro, Guanajuato, aunque su familia era de Celaya. Se había casado con el joven Miguel Alemán Valdés en 1931, el mismo año en que él se había recibido de abogado y cuando se iniciaba en los negocios y en la política. Los había presentado en la ciudad de México un cuñado y el cortejo había comenzado inmediatamente. El joven era huérfano de padre y carecía de recursos, de modo que cuando la visitaba, se quedaban en casa oyendo *La Hora Íntima* en la XEW:

Mujer, mujer divina,
tienes un veneno que fascina en tu mirar,
mujer alabastrina
eres vibración de sonatina pasional.[34]

A veces la invitaba a dar una vuelta, a comer un helado o al cine, quizá de excursión a Xochimilco. Eso era todo, pues en aquella época todavía no tenía con qué. Pero seguramente a ella le gustó su sonrisa seductora que con el tiempo se haría famosa por irresistible. Por su parte, el propio Miguel Alemán escribiría en sus *Testimonios y remembranzas* que la joven de dieciocho años le atrajo por ser "de finísimo trato y con una gracia natural que me cautivó tanto

Beatriz Velasco de Alemán, su afición fue la costura y a ella dedicó gran parte de su tiempo, mientras la ciudad se divertía en fiestas y centros nocturnos

como sus hermosos ojos azules".[35] Muy probablemente también lo cautivó la buena posición social y económica de la familia formada por don José María Velasco, doña Columba Mendoza y sus cuatro hijos.[36]

Se casaron en 1931. La boda religiosa se efectuó en la iglesia de San Cosme y la novia llevaba un vestido de terciopelo color marfil. La civil fue en casa de los padres de Beatriz en la calle Durango, luego de la cual se sirvió un banquete en el restaurant El Retiro. Se trató de un acontecimiento social, que salió en los periódicos con todo y foto. La luna de miel fue en San Antonio, Texas, hasta donde la joven pareja se fue por tren.

Quienes la conocieron, coinciden en que la señora Beatriz tuvo como interés central en la vida el ciudado de su casa y sus hijos: "Dama de la más pura cepa provinciana, amante del hogar y de su familia, experta en las labores femeninas como la alta costura, el bordado, el tejido, y por supuesto la cocina, actividades a las cuales dedicó buena parte de su tiempo, pero ante todo, defendiendo con gran celo la paz y la tranquilidad de su casa".[37]

Ella estaría al lado del licenciado Alemán durante sus cargos como magistrado, senador, gobernador de su estado natal y secretario de Gobernación, pero según se rumoraba entonces, ya estaban separados cuando él fue nominado candidato a la Presidencia y se volvieron a juntar para dar la imagen de familia que la sociedad exigía en esos tiempos tan moralistas de la posguerra.[38] Pero una vez que entraron a vivir a Los Pinos, la señora siguió la tradición y acompañó al presidente de la República en las ceremonias y recepciones oficiales como señalaba el protocolo, entre las cuales la más sonada año con año era la del Grito de Independencia. La familia completa salía al balcón central de Palacio Nacional y después estaba presente en la recepción para los miembros del gabinete, el cuerpo diplomático y los invitados especiales, elegantemente ataviados y alhajados.

Durante el periodo presidencial nació el último de los hijos de la pareja: "La señora doña Beatriz Velasco de Alemán es la primera esposa de un presidente en cincuenta años en dar a luz a un hijo durante el gobierno de su esposo" escribió un periodista.[39] El licenciado Alemán no la pudo acompañar en el hospital durante el alumbramiento pues sus ocupaciones se lo impidieron. Por lo demás, tampoco lo había hecho en el de los dos hijos anteriores.

Y es que justo sucedió que por esos días vino a México en visita oficial el presidente de Estados Unidos Harry S. Truman. Era el suyo un viaje de amistad y buena voluntad al país que había sido su aliado durante la guerra. Su esposa Besse tuvo que desistir de acompañarlo puesto que la señora Alemán se encontraba hospitalizada después del parto y la primera dama norteamericana no quiso complicar las rígidas cuestiones del protocolo. Tampoco pudo la señora Alemán ir con su marido a la visita oficial que éste hizo poco después a Washington y en la que fue recibido con grandes honores.

Aunque los Alemán conservaron su lujosa residencia particular en la colonia Polanco —en la calle Fundición, después llamada Rubén Darío, una hermosa avenida frente al bosque de Chapultepec— se cambiaron a la Residencia Oficial de Los Pinos unos meses después de la toma de posesión. Para ese momento, a la original que habitaron Cárdenas y Ávila Camacho, se le había agregado una casa adyacente y se había arreglado todo el conjunto "hasta darle las comodidades y prestancia adecuadas a su función, que no era sólo la de habitación para la familia del presidente sino también de oficinas y de lugar de recepción para visitantes extranjeros distinguidos".[40]

La señora Beatriz la decoró en estilo francés, con muebles y objetos traídos de ese país europeo: cómodas de Boulle, sillones Luis XV y Luis XVI, esculturas de bronce y mármol, porcelanas de Sèvres y Limoges, candiles de Baccarat, jarrones de Meissen, tapetes persas y chinos, cuadros. Entonces no estaba de moda ni se apreciaba lo autóctono mexicano, de modo que seguramente ni siquiera se planteó que pudiera decorar la casa de ese modo para con ello hacer algún tipo de afirmación nacionalista. Ésos eran tiempos en que por el contrario, queríamos ser cosmopolitas. Cuando años después las cosas cambiaron, su hija Beatriz se sintió obligada a justificar la elección: "Por ser una casa que iba a dar la imagen de México al mundo, se pensó no exactamente en mostrar lo nuestro sino en mostrar que también sabemos reconocer y asimilar lo bueno que Europa nos había legado".[41]

4

Al finalizar la segunda guerra mundial los vencedores, reunidos en Bretton Woods, habían acordado crear lo que se llamó "un nuevo orden económico mundial", destinado a generar políticas económicas y reformas sociales que estimularan la recuperación. Entre ellas estaba la seguridad social, que se consideró el método moderno y universal para garantizar el bienestar de las mayorías, y no nada más de las generaciones activas sino también de aquellas que ya no estaban en la vida productiva.

En México, como sucedía siempre que los países desarrollados decían algo, se tomaron estas ideas con gran entusiasmo y se decidió que el camino de la seguridad social era superior al de la asistencia: "Mientras la seguridad realiza en su más alto grado el ideal de la solidaridad humana, la asistencia responde a móviles filantrópicos, mientras la seguridad tiene una orientación redistributiva, la asistencia tiene un carácter remedial, mientras la seguridad busca el progreso colectivo, la asistencia atiende sólo a la necesidad. Los servicios asistenciales son un favor que cumple parcialmente el poder público, sin garantizarle al indigente nada ni darle siquiera el derecho de exigir".[42]

Pero dada la situación de miseria en el país, resultaba imposible llevar hasta sus últimas consecuencias el abandono de la única ayuda que recibían los menesterosos para sobrevivir, por lo cual se trató de hacer compatibles a los dos modelos. De allí la creación por una parte de las instituciones de seguridad social destinadas a atender a trabajadores y burócratas del Estado —como el IMSS y los institutos de especialidades— y por otra, de las instituciones abiertas a la población en general, destinadas a ocuparse de aquella que estaba fuera de las estructuras —como la Secretaría de Salubridad y Asistencia.

Ahora bien: la terrible situación sanitaria y de salud que prevalecía en el país, hizo que todos esos organismos consideraran que el aspecto más

urgente del trabajo gubernamental eran las acciones para ponerle remedio y por ello interpretaron su función solamente como de atención a la salud.

Y a eso se dedicaron. Lo hicieron siguiendo un esquema característico de la época, que consideraba a la familia como la "célula básica de la sociedad" y por lo tanto como su destinataria y beneficiaria. Eso a pesar de que, según un estudio hecho por la SSA y basado en el censo del año 40, "el cincuenta por ciento de la población nacional es integrante de familias de seis miembros, y de cada cinco familias, en una la mujer tenía que satisfacer íntegramente los gastos familiares".[43] Es decir, que tanto la seguridad social como la asistencia se sostuvieron sobre una idea de la sociedad totalmente alejada de la realidad, lo cual no tendría ninguna importancia si no fuera porque a partir de ella se fijaron los objetivos.

El primer paso que se tomó fue el que reiteradamente se estila en nuestro país, que consiste en legislar y crear instituciones. En esto se va siempre buena parte del tiempo y de los recursos. En el sexenio de Alemán se crearon el Instituto de Bienestar de la Infancia, la Oficina Nacional del Niño y la Asociación Pro Nutrición Infantil. Además se establecieron los programas de subsidios familiares —apoyados directamente por la Secretaría de Hacienda y Crédito Público— de hogares sustitutos y de educación para padres y se emprendieron campañas sobre el ciudado que se debía dar a los menores, que tuvieron poco alcance en términos de la cantidad de población beneficiada.

Así por ejemplo, se dictó una ley según la cual un progenitor perdía la patria potestad si abandonaba o maltrataba a un niño, en un país en el que "¡noventa por ciento de los niños indigentes llegaron a serlo debido al abandono y descuido!".[44] Y se hicieron propuestas de cómo debían balancearse los alimentos para que cumplieran con los requerimientos nutricionales, en un país en el que por la pobreza eran imposibles de cumplir: "Cada niño necesita 533.3 calorías en cada comida... balanceando las combinaciones". Por ello se propone: "Para los lunes y viernes, jamón 12 gramos, mermelada 64, mantequilla 4, leche 250, fruta 55; para los martes y jueves...", etcétera.[45] No puede uno más que recordar cuando la señora Aída Sullivan de Rodríguez pretendía enseñar a las madres las bases de lo que entonces se llamaba "higiene", y les proponía tener habitaciones amplias con mucho aire y sol, hervir buen rato el agua, contar con el apoyo del esposo y otras cosas por el estilo.

¿A cuantos niños alcanzaron a atender las flamantes instituciones del gobierno? Las cifras son contundentes: el país rondaba los veinticinco millones de habitantes y en 1947 se repartían alrededor de quince mil desayunos escolares, además de los mil de la Asociación Pro Nutrición Infantil que encabezaba la primera dama. La Oficina Nacional del Niño, a pesar de su título tan ambicioso, atendía apenas a seis mil quinientos pequeños en la capital, cuya población rebasaba el millón de habitantes, y sus subsidiarias en todos los estados de la república se ocupaban de diez mil. Es obvio que como afirma la investigadora Teresa Incháustegui, a la asistencia se le consideró la pariente pobre de las políticas sociales. Esto lo confirma el investigador James Wilkie quien afirma que en 1947, cuando empezaba el sexenio alemanista, del total del gasto ejercido, quince por ciento se destinó a lo social y en 1952, a punto de terminar su gestión, la cifra se había reducido a once por ciento.

Y más todavía, durante ese periodo se intentó desplazar al Estado de la responsabilidad para echársela a la sociedad: "Entre 1946 y 1952 se refuerza la tendencia a la privatización de la asistencia social y prácticamente se desmantela la estructura institucional de la misma con la separación entre los organismos recolectores de fondos o financiadores de la asistencia (la Lotería Nacional y el Patrimonio de la Beneficencia Pública) y los organismos prestadores de servicios como la propia SSA. Se inicia así el proceso de dispersión institucional de la asistencia social, que va a terminar fragmentando los diversos instrumentos de la política, impidiendo que tuvieran coherencia y coordinación, con lo que se propició también la fragmentación y diversidad de las legislaciones en la materia".[46]

La asistencia social, que es el área en la que participan las primeras damas, deja de ser importante para el gobierno y se convierte en una protección paternalista dirigida a algunos individuos de los sectores económicos más débiles. Es obvio que ella no se hizo como un esfuerzo decidido para resolver la situación de los desamparados, sino solamente como una fachada que se consideraba adecuada para un país que se las daba de moderno y para un régimen que se las daba de producto de una revolución.

Eso sí, en el mantenimiento de la fachada, la señora Beatriz cumplió con su parte y se ocupó, como ya era costumbre, de la atención a la niñez desvalida: "Desde que el señor licenciado Miguel Alemán se hizo cargo de la Presidencia de la República, mi principal preocupación fue la de estar en posibilidad de atender los urgentes y complicados cuadros de las clases necesitadas que por su situación económica no pudieran bastarse a ellas mismas y sobre todo el problema de la niñez, muy especialmente el de la alimentación del niño en sus primeros años. Además, reviste superlativo interés la vigilancia de la salud de la madre, no sólo cuando ésta se halla en estado de gravidez sino también en el periodo postnatal para que el niño nazca en condiciones normales y reciba a su debido tiempo las atenciones requeridas sin descuidar para ello la falta de recursos de aquellas madres que viven en condiciones precarias. Por todo lo anterior, se concibió la idea de crear la Asociación Pro Nutrición Infantil, consagrada especialmente al estudio y solución de este problema capital, ya que para todos los habitantes del país y para nuestro espíritu de mexicanos, debe ser más humano y más lógico pensar en el niño que significa esencialmente el espíritu de la Patria".[47]

Así fue como nació la Asociación Pro Nutrición Infantil, con domicilio en la ciudad de México y subsidiarias en varios estados de la república, que se propuso distribuir desayunos que costaban veinte centavos —pues se consideraba fundamental que los niños no los percibieran como caridad— así como orientar a las madres sobre hábitos de higiene, vacunación y nutrición.[48]

Beatriz Velasco de Alemán

Una idea animaba esa labor: "El niño bien nutrido es la primera piedra, base de una familia. La familia es el espíritu de una raza fuerte".[49]

La labor social de esta asociación se mantenía gracias a donativos de particulares —como los que daban los ricos empresarios Lorenzo Servitje y Bruno Pagliai— y a fondos conseguidos mediante festivales y espectáculos que presidía la primera dama y también gracias a la ayuda gubernamental

Beatriz Velasco de Alemán con su hija

y de algunos organismos internacionales como la FAO. Además se abrieron albergues, clínicas, asilos y dispensarios —uno de ellos en la propia residencia oficial— y se construyeron dos institutos gemelos, uno para problemas de la vista y otro para problemas del oído, mismos que se levantaron en la zona de Coyoacán y que fueron inaugurados por el presidente en noviembre del año 52, casi al terminar su periodo, con sendas placas que todavía están allí y dicen: "Construido a iniciativa de la señora doña Beatriz Velasco de Alemán".

Por supuesto, en las fechas significativas, la señora continuó con la tradición de hacer festivales con repartos de ropa, juguetes y dulces a niños y mujeres de escasos recursos. En su sexenio los regalos llegaron a ser magníficos: en el día de las madres el gobierno del D.F. regalaba nada menos que casas en diferentes rumbos de la ciudad, llevando a su punto más alto la celebración de esa fecha con todo su sentimentalismo. El 10 de mayo de 1949, doña Beatriz inauguró el monumento a la madre que está todavía hoy en el parque Sullivan de la capital, con una placa que lo dedicaba: "A la que nos amó antes de conocernos".[50]

Además, dado que según el más célebre cronista de sociales de la época: "La excelentísima señora de Alemán ha tenido siempre, desde su más tierna edad, gran afición por la costura..., actividad a la que ha dedicado gran parte de su tiempo", fundó un club de tejido y costura que funcionaba en casa de Hortensia Calles de Torreblanca..., en el cual las esposas de los funcionarios del gobierno preparaban canastillas que donaban al Hospital General de México.[51] Así iniciaría la costumbre de que cada primera dama diera prioridad y volviera públicas las actividades que respondían a sus gustos o intereses personales. En su caso fue la costura, en otros sería la educación, el fomento a las artesanías o el apoyo a la música.

5

En 1950 empezaron las transmisiones de la televisión. Entre las privilegiadas que pudieron ver las primeras —una de las cuales fue el último informe presidencial— que se hicieron desde el canal XHTV-4 cuyas oficinas se instalaron en el edificio de la Lotería Nacional, el más alto de México, estuvo la primera dama, gracias a que las empresas RCA Víctor y General Electric repartieron aparatos entre los funcionarios del gobierno y por supuesto al presidente de la República le tocó uno. Dicen quienes los conocían que el momento fue tan emocionante que el entonces muy joven Miguel hijo tomó la decisión de que se dedicaría a eso. Y hoy sabemos que lo cumplió y en grande, pues durante muchos años, antes de lanzarse a la política, fue socio y directivo de una de las empresas televisivas más importantes del mundo.

¿Llevó la señora uno de estos aparatos a su casa de Cuernavaca donde pasaba los fines de semana con sus hijos aunque sin su marido que prefería irse a Acapulco?

Y es que al presidente, como buen jarocho que era, le gustaba divertirse. Muchas fiestas hubo en la residencia oficial durante el sexenio. Cada aniversario de bodas, don Miguel organizaba una en la que bailaba con su esposa "Aquellos ojos verdes", interpretada para ellos por alguna de las orquestas de moda, pero la de más postín fue la del matrimonio civil de su hija Beatriz, para la cual "fueron abiertos por primera vez a la sociedad mexicana y al mundo diplomático y político nacional e internacional los salones de la nueva residencia".[52] Como existía una tradición laica para el gobierno mexicano, la boda religiosa no fue en Los Pinos sino que se llevó a cabo en el lujoso rancho de los Ávila Camacho allá por La Herradura.

Los artistas y cantantes más famosos del momento se presentaban en la casa presidencial para entretener al mandatario y a sus invitados. Era el tiempo de oro del llamado "flaco de oro", el compositor Agustín Lara, que cantaba:

Acuérdate de Acapulco,
María bonita, María del alma.

Beatriz Velasco de Alemán

O aquella canción que le recordaba su tierra al presidente:

Veracruz, rinconcito
donde hacen su nido las olas del mar.[53]

La señora Beatriz no asistía a esas fiestas, pues según Francisca Acosta Lagunes, "no le gustaba mezclarse con asuntos de la política y como él recibía a muchos políticos en su casa y organizaba desayunos y comidas, de plano mandó construir un comedor aparte".[54]

Quizá lo que sucedía es que él no la convidaba, porque a esos saraos no sólo acudían políticos como Fidel Velázquez o empresarios como Carlos Trouyet sino también artistas de cine, modelos y vedettes. Y es que si algo hizo famoso a Miguel Alemán fue que le encantaban las mujeres y no se privaba de recibirlas y atenderlas. ¡Tal vez por eso fue entonces cuando se le dio fuerte

impulso al concurso de belleza Miss México! (que había nacido en tiempos de Obregón cuando obsesionados por la higiene —o mejor dicho, la falta de higiene que prevalecía en el país— se propusieron elegir a la "Señorita Belleza y Pulcritud"). Se decía que si se quería conseguir algo del presidente, bastaba con enviar un contingente femenino acompañando al peticionista y entonces era seguro que los recibía. Él mismo cuenta en sus memorias que le gustaba escuchar las conversaciones femeninas sobre chismes y vestidos, "que cómo estuvo el baile", "que de qué tela más corriente era el vestido de la Nena".

¿Supo la señora Beatriz de las fiestas que hacía su esposo en Baja California a las que según la revista norteamericana *Time* llegaban aviones cargados de invitados y bellas señoritas a una casa magnífica que le regalaron los fraccionadores de allá con tal de que el gobierno mandara construir los caminos y pusiera los servicios?[55] ¿Sabía que a su marido le decían Alí Babá y a sus colaboradores Las Cuarenta Ratas o Los Cuarenta Licenciados porque se habían vuelto riquísimos?[56] ¿Tenía idea de las dimensiones de los negocios que hacían y de la corrupción con que se manejaban? Escribe Adolfo Osorio: "La de Alemán es la historia de un abogadito ratonero que unos años antes vivía en una paupérrima casucha olorosa a humedad y mandaba ponerle medias suelas a sus zapatos y hoy le compra el sistema planetario a su esposa para que se adorne el cuello y las orejas, les regala mansiones a sus queridas y amontona millones en los bancos nacionales y extranjeros".[57]

¿Sabía la señora Beatriz lo que pasaba más allá de su casa en esa ciudad a la que el poeta Efraín Huerta consideraba "un páramo sofocante"? ¿conocía los nuevos y flamantes edificios que su marido había inaugurado para la Universidad Nacional (allí donde el presidente se mandó poner una estatua que los estudiantes atacaron una y otra vez como símbolo de un gobierno que detestaban) en la que daban clase los mejores pensadores del momento (aunque a José Gaos y a sus discípulos les gustaba más ir a la cantina La Rambla)? ¿se enteró que por entonces regresaba a México el pintor Rufino Tamayo que veía lo mexicano de una manera nueva y profundamente simbólica? ¿vio la obra de teatro *El gesticulador* en la que su autor Rodolfo Usigli denunciaba "la muerte de la Revolución mexicana" generando un gran escándalo y enojo del gobierno?[58] ¿leyó al escritor José Revueltas que negaba el optimismo alemanista y decía que lo único que teníamos era "un sucederse de agonías desde la época de la raza antigua color de cobre" y afirmaba que el nuestro es un "país de mestizos con la sangre envenenada", un "país de muertos caminando, hondo país en busca del ancla, del sostén secreto"?[59] ¿cómo se explicaba que algunos vieran a México de manera tan trágica y otros tan alborozada? ¿se lo preguntaba siquiera? ¿pensaba ella, la inauguradora del monumento a la madre, en aquellas madres sufridas y agotadas que empezaban a trabajar muy de madrugada echando las tortillas y seguían trabajando tarde en la noche atendiendo, recogiendo, sirviendo, preparando? ¿pensaba en esas mujeres como las que describió Magdalena Mondragón: "Se tragó sus lágrimas pero una fuerza interior la obligaba desde hacía años a la lucha... No era ella sola, muchas madres han hecho lo mismo en horas de convulsión y de prueba"?[60]

"Madres, mujeres todas que antes de mí y conmigo, soportasteis un yugo de humillación", escribiría Rosario Castellanos.[61]

Cuando terminó el periodo presidencial, la señora Alemán se fue a su casa mientras su marido, nombrado para presidir la recién creada Oficina de Turismo de México, se dedicó a viajar y a salir retratado en los periódicos acompañado de hermosas mujeres, una de las cuales, la más asidua, era la guapa vedette brasileña Leonora Amar.[62]

Entre las personas que la conocieron, algunas aseguran que a veces la señora Beatriz se ponía celosa pero la que más se enojaba por las andanzas de don Miguel era su hija la Chata, quien nunca aceptó a una niña que tuvo su padre con una mujer austriaca y que años después, cuando éste se encontraba postrado en su lecho de muerte, sería su visitante más asidua.

La señora Alemán se fue amargando y enfermó. Según Acosta Lagunes: "Le dio una hemiplejia y así vivió hasta diciembre de 1981, cuando falleció".[63] El licenciado murió diecisiete meses más tarde y están enterrados juntos.

Por aquel entonces Tomás Perrín escribió unos versos que se publicaron en *Últimas Noticias* de *Excélsior*:

Del bien que calladamente
hizo a muchos, fui testigo.
¡Sí! por su dulce y silente
ayuda a la humilde gente,
la recuerdo y la bendigo.[64]

6

Francisco Gabilondo Soler, conocido como Cri-Cri el Grillito Cantor, era un personaje muy querido por la gente, porque componía canciones para niños, pero no faltaba quien les encontrara doble sentido. Así pasó a la hora de la sucesión cuando se hizo famosa la que decía:

Corren los caballitos,
los grandotes y los chiquitos,
porque allá en la caballeriza,
la comida se sirvió...[65]

Y es que desde mediados del año 49, se sentía la agitación por la sucesión presidencial. Un rumor empezó a correr que hablaba de reelección o "prorrogismo" como gustaban decir sus propagadores. Pero la feroz oposición de importantes personalidades, entre ellas el general Cárdenas, hizo que el asunto no prosperara y el propio Alemán lo desmintió. De modo que las cosas siguieron su curso normal, lo cual en esa época quería decir que entre los varios nombres que sonaban como posibles candidatos, uno de ellos era "el tapado" que sería elegido a su debido tiempo por el presidente.

Según Robert C. Scott, en México se había vuelto costumbre que se alternaran para la Presidencia de la República "un joven y dinámico líder que efectúa grandes cambios con un administrador que viene al puesto para consolidar los hechos".[66]

Y así fue. Del mismo modo como el sucesor del radical Cárdenas había sido el moderado Ávila Camacho, así el que siguió al dinámico empresario Alemán fue el señor —pues no era licenciado ni tenía título alguno— Adolfo Ruiz Cortines, veracruzano también "por los cuatro costados"—, como él decía, y civil también (su biógrafo afirma que fue capitán en tiempos de Carranza pero que obtuvo su retiro del ejército), quien había hecho toda su carrera política en las filas de la burocracia gubernamental hasta llegar a secretario de Gobernación y "cuya reputación se basaba más en su éxito como administrador y burócrata que sobre el esplendor de las campañas políticas".[67] Carlos Fuentes lo pone así: "A la agitación de la bamba jarocha con la que Miguel Alemán pretendía hacer simpática su política del saqueo nacional... sigue la severidad gris y moralizante de Ruiz Cortines".[68]

Don Adolfo tenía sesenta y dos años cuando recibió el cargo y por eso le llamaban "el viejito". Una anécdota de la época cuenta que cuando le criticaban su edad acostumbraba responder: "No me eligieron para semental sino para presidente y el pueblo será testigo de que en esa tarea sirvo. Lo otro no es de su incumbencia".[69]

Ruiz Cortines tenía fama de liberal y admirador de Hidalgo, Morelos y Juárez, Madero y Carranza. Se decía que incluso, por el lado materno, descendía de personajes célebres del siglo XIX como Zarco y Altamirano. Era un hombre de pocas palabras, pero las que pronunciaba iban bien cargadas de ironías y sobrentendidos. Era metódico y supersticioso —cuentan que en el bolsillo del pantalón cargaba siempre un palillo para poder tocar madera cuando se ofreciera y jamás pasaba debajo de un andamio—, irreprochablemente honrado —cosa excepcional en ese México de Alí Babá y sus mucho más de cuarenta ladrones— y austero hasta el exceso (más bien tacaño según afirman quienes lo conocieron), lo que llevaba hasta sus últimas consecuencias pues no aceptaba regalos y mandaba a su esposa a devolver los que le enviaban. No quiso ni arreglar la casa de Los Pinos pues le pareció que como estaba servía bien a su propósito, viajaba en tren y no en avión y durante sus giras se alojaba en las habitaciones más económicas de los hoteles. Era mañoso y muy terco (hasta taimado según muchos) pero supo manejar los hilos de la política mexicana tan complicada y enredada y tener la paciencia necesaria para siempre salirse con la suya. Por eso su biógrafo Rodríguez Prats lo califica de "político clásico".[70]

Su obsesión por la elegancia y la pulcritud lo hacían objeto de burlas y chistes, sobre todo porque andaba muy atildado y usaba corbata de moño, que ya entonces estaba pasada de moda. Le gustaba jugar billar y tenía pasión por el dominó al que se dedicaba todos los sábados por la tarde con sus amigos, con los que se seguía reuniendo como antes de ser presidente. Con su atuendo y su modo de ser, don Adolfo era el ejemplo perfecto de un catrín o, como decía el pintor Siqueiros, "un embrión de dandy porteño". Escribe Jorge Hernández:

México...
necesita
un hombre fuerte
un presidente enérgico
que le lleve la rienda...
Yo soy ese
solitario,
odiado,
temido
pero amado.
Yo hago brotar las cosechas
caer la lluvia
callar el trueno
sano a los enfermos
y engendro toros bravos.
Yo soy el Excelentísimo Señor
Presidente de la República.[71]

El nuevo mandatario tomó posesión el primero de diciembre de 1952, en el Palacio de Bellas Artes convertido en recinto oficial. Como ya se había vuelto costumbre, después de la ceremonia resonaron veintiún cañonazos y dio principio un desfile militar en el que quince mil hombres recorrieron las principales avenidas de la capital rumbo a la Plaza de la Constitución, mientras dieciséis escuadrillas y dos escuadrones de la fuerza aérea sobrevolaban la zona, para así mostrarle su apoyo. Éste era importante porque su periodo presidencial se había iniciado con un fuerte zafarrancho de los seguidores del candidato perdedor, el general Miguel Henríquez Guzmán, mismo que fue violentamente reprimido.[72]

En su discurso inaugural, Ruiz Cortines se distancia de su antecesor y habla de "justicia social" haciendo promesas que eran al mismo tiempo críticas al régimen anterior por derrochador y corrupto: "Recordó la modestia de los recursos nacionales y la necesidad de usarlos con razonada moderación. Señaló las carencias de las mayorías y en tono dramático habló de un plan de emergencia para poner al alcance del pueblo el maíz, el frijol, el azúcar o el piloncillo, las grasas comestibles, la manta, la mezclilla y el percal" y afirmó que sus colaboradores "se sujetarían a patrones de honestidad administrativa más rígidos que nunca... Seré infalible con los servidores públicos que se aparten de la honradez y la decencia", dijo.[73]

"Cuando Adolfo Ruiz Cortines asumió la Presidencia en 1952, siguió la línea llamada 'política del contraste' que lo hizo aparecer como una opción diferente del gobierno anterior... pero no se trataba de un viraje radical sino sólo de un sesgo en el estilo de dirigir" afirma un estudioso, y agrega: "Desde un principio su administración hizo todo por consolidar los mecanismos que sustentaban la estabilidad política: lanzó proyectos tendientes a ganar consenso, hizo ajustes en el gasto público y redujo partidas presupuestales a varias

María Izaguirre de Ruiz Cortines, "gozosa de la vida y divertida", pero también creyente y devota secretarías, pero mantuvo la política de fomento industrial y de condiciones favorables para las inversiones y alentó las exportaciones. Así se sentaron las bases para iniciar una fase de desarrollo estable que se prolongó por más de tres lustros y que permitió que la economía en su conjunto consolidara grandes logros".[74]

La Presidencia de Ruiz Cortines permitió terminar la obra de Miguel Alemán, concluyó los pendientes, ordenó los asuntos, tomó las decisiones, protegió la paz y la unidad y se rodeó de cortesanos y burócratas, de un parlamento domesticado y de una prensa servil. Según la costumbre, impulsó obras públicas, repartió tierras y se interesó por la educación. Y como aportación propia, embelleció la capital, cuyo regente mandó a sembrar flores por todas partes, lo que dio lugar a muchos chistes.

Fue entonces cuando se inauguró el que sería el edificio más alto del país, la Torre Latinoamericana, que con sus 180 metros de altura se convertiría en el símbolo del México moderno frente al Ángel de la Independencia que representaba al México porfirista. El supuesto enfrentamiento entre ambos adquirió significado cuando durante un temblor a mediados del año 57 (exactamente un siglo después del más fuerte que se había registrado durante el XIX) la majestuosa estatua cayó por tierra y aunque rápidamente fue restaurada (con una cabeza nueva) y colocada en su sitio, no por eso dejó de causar estupor entre los capitalinos que miraron fascinados cómo la enorme torre de oficinas sí se mantuvo incólume en su sitio. Nunca como entonces parecía más cierto aquello de que la ciudad se llenaba de rascacielos y de que la modernidad era lo mejor que nos podía suceder, aunque el discurso siguió siendo el de alabar a la Revolución, al mejor estilo tradicional:

Novia Revolución,
amada eterna:
tú que mis arrebatos juveniles
acogiste benévola,
y que alentaste, pródiga en ternuras
las audacias de todas mis quimeras.[75]

Eran buenos tiempos ésos, los años cincuenta, el país tranquilo y trabajando, si bien las mayorías seguían en la pobreza y para sostener la fachada de progreso se tuvieran que pedir préstamos al extranjero y devaluar el peso que de 8.70 se llegó a cotizar en 12.50 pesos por un dólar, lo cual dio lugar a una canción:

Sube el rubio,
baja el prieto
y en el pueblo hay desazón;
oye güero,
estáte quieto,
ya está bien de vacilón.[76]

Lo que más le interesaba a Ruiz Cortines eran las instituciones y sentía gran respeto por la investidura. Dicen que cuando se le salía una mala palabra (y se le salían muchas porque como buen veracruzano era muy mal hablado) era a ella, a la investidura, a quien pedía disculpas y no a sus interlocutores. Por eso Rodríguez Prats lo llama "el enamorado de las formas".

Carlos Fuentes caracteriza así a la época: "Ni el radicalismo de Cárdenas ni el derechismo de Alemán; el gobierno mexicano se ubica en el espacio puro, vacío e ilocalizable del centro. Desde allí dirime, obsequia, advierte, cumple funciones de árbitro y padre benévolo de todos los mexicanos, sin distingos de clase o de ideología; levanta el templo de la unidad nacional, iglesia que distribuye hostias a unos cuantos, tacos a la mayoría, sermones idénticos a todos, excomuniones a los descontentos, absoluciones a los arrepentidos, conserva el paraíso a los pudientes y se los promete a los desheredados".[77]

7

En el año de 1914, el de la invasión norteamericana a Veracruz, el joven Adolfo había conocido a la que sería su primera esposa, la señorita Lucía Carrillo Gutiérrez, hija del general y exgobernador de Chihuahua Lauro Carrillo, que era unos años mayor que él. Ella había llegado al puerto para iniciar un viaje a Europa y un cuñado los presentó. Así que al volver a México, Adolfo la empezó a visitar en su domicilio de la calle Reforma. "Fue desde el principio un romance apasionado. La familia de la novia se opuso al noviazgo con excepción de doña Adelita que se convertiría en su suegra", dice Rodríguez Prats.[78] En sus *Memorias*, Gonzalo N. Santos afirma que la razón por la cual no lo querían en esa casa era por sus dos famas, una de mujeriego y otra de traidor a la patria. La primera la había adquirido por sus asiduas visitas a antros y burdeles y la segunda, porque durante la invasión norteamericana había permanecido como si nada en su puesto de la aduana, cosa que el susodicho siempre negó y que según José Luis Melgarejo se le atribuía por las acciones de un homónimo.[79]

De todos modos se casaron, el 31 de diciembre de 1915. Según cuentan, para obligar a la familia de la joven a aceptar el matrimonio, el hombre fingió que iba a morir por una enfermedad —el tifo— de la que finalmente "resultó" que se curó. Pero es que Lucía ya estaba para entonces embarazada del "Faquir" (apodo con el que se conocía a Adolfo, uno entre muchos, pues también le decían "el tío Coba" —porque adulaba al poderoso Maximino Ávila Camacho— y "el Mayor").

Una vez más como tantas en la historia de México, se casaba una señorita de buena posición con un joven sin recursos ("muy jodido" según escribió sin elegancia alguna el pintoresco cacique potosino Gonzalo N. Santos), huérfano de padre y criado por su madre y su hermana (a quienes él adoraba). Y lo hacía a pesar de la oposición de su familia.

María Izaguirre con su esposo Adolfo Ruiz Cortines

Por las chambas del señor dentro del escalafón de la burocracia política, la pareja se fue a vivir a la ciudad de México, en una casa de la calle de Durango en la colonia Roma, donde procrearon tres hijos.

Según Teresa González Salas de Franco, la señora Lucía tenía muy mal genio, además de que siempre le chocó la política.[80] Y por eso la pareja se fue distanciando hasta que el matrimonio se disolvió en 1935, cuando Adolfo era oficial mayor de la Secretaría de Gobernación.

Poco tiempo después, paseando por Veracruz, el hombre se encontró con una antigua novia, María de los Dolores Izaguirre Castañeda. Ella era originaria de Mazatlán, Sinaloa, donde había nacido en noviembre de 1891, hija del capitán de fragata Manuel E. Izaguirre, y que para entonces ya estaba divorciada de su primer marido, era viuda del segundo y tenía dos hijos.

Parece que la idea de casarse no la tuvo él sino que alguien se la sugirió, pues para hacer carrera en la política y sobre todo para llegar hasta el puesto más alto, era necesario tener una familia y una apariencia de vida "normal". Quién sabe si esto es cierto y si como cuentan, ambos se pusieron de acuerdo para formalizar el matrimonio como un negocio que a los dos convenía o si las suyas fueron razones menos materiales. El hecho es que en 1941 firmaron los papeles. "Los dos eran de edad y experiencia cuando se casaron" afirma Magda Moreno.[81] En efecto, él tenía cincuenta años y ella cuarenta y nueve.

Como sea, con el tiempo don Adolfo llegó a querer bien a doña Mariquita (como la llamaba) y llegó a decir que "su estrella había empezado a cambiar y a volverse buena desde que había contraído nupcias con ella".[82] La señora por su parte, llegó a tener gran ascendiente sobre su marido.

María Izaguirre era una mujer elegante. Estaban entonces de moda las cinturas estrechas con las faldas hamponas y los cabellos peinados en complicados "chongos" que se sostenían con "laca", como se le llamaba a la pegajosa goma que servía para construirlos. Doña María se peinaba con uno de éstos, lo

que "la envejecía mucho" según decía Salvador Novo, pero le confería distinción. Estaban también de moda las estolas de mink y de éstas, así como de mantillas españolas, la señora tenía una bien surtida colección y las lucía con garbo.

Según Tere Márquez era una mujer "gozosa de la vida y divertida".[83] Hablaba varios idiomas, tocaba el piano, le encantaban los inventos modernos como el avión, que a su marido, chapado a la antigua, le daban miedo, le gustaban las buenas conversaciones y era muy aficionada al teatro. Amiga personal de Novo, iba con él a las funciones y a comer a restaurantes. Entre sus favoritos estaban La Capilla, propiedad de don Salvador, con su célebre sopa de queso y el Paolo del hotel Regis donde servían cocina italiana que mucho le agradaba.[84] Según el cronista, la señora María: "Es muy delgada, con su pelo entrecano, pero vivaz, alerta y se conoce que de muy franco y sencillo carácter... muy llana y muy simpática... tan adorable señora...".[85]

Pero lo que más le gustaba hacer y a lo que dedicaba muchas de sus noches era a jugar a la baraja. Eran legendarias sus desveladas hasta altas horas de la madrugada por la canasta, en las que encerraba a sus invitadas quienes no se podían ir hasta que ella se levantara de la mesa (y muchas veces ya había amanecido) y en las que, para angustia de muchas de las damas, tenían que apostar fuerte.[86] Quizá por esa forma de ser es que se corrieron tantos chismes y rumores sobre la señora. Pero por lo visto, a ella ni le fueron ni le vinieron.

Pero con todo y esas pasiones por el juego y el teatro, María Izaguirre era sumamente devota. Unos días antes de que su marido tomara posesión fue a rezar y allí declaró: "Mi presencia en un templo en vísperas de iniciarse las gestiones del nuevo gobierno, la aproveché para pedir a Dios conceda a mi esposo acierto, energías y valor para bien de la Patria".[87] Dicen los que saben, que también oraba por la recuperación de don Adolfo a quien secretamente acababan de operar. Su devoción, sin embargo, no fue impedimento para que tanto ella como sus hijos, parientes y amigos, hicieran muchos y jugosos negocios durante el tiempo en que duró su cercanía con el poder. Don Adolfo nada dijo y siempre se hizo de la vista gorda.

Casi un año tardaron los Ruiz Cortines en irse a vivir a Los Pinos porque a don Adolfo la residencia le parecía demasiado ostentosa. Prefería permanecer en su propia casa al sur de la ciudad[88] —pequeña y modesta pero moderna, ya no la casa mexicana alrededor de un patio sino el nuevo estilo californiano de los años cincuenta, con un jardincito bien cuidado— y atender los asuntos oficiales en Palacio Nacional. Hasta que por razones de seguridad el Estado Mayor le solicitó que se fuera para allá. Y lo hizo, pero no aceptó gastar ni un quinto (como se les decía entonces a las monedas de menor denominación, las de cinco centavos) en hacerle arreglo alguno.

"Al entrar al vestíbulo principal —recuerda Mauricio Locken, hijo de la señora Izaguirre— a la izquierda estaba el despacho del señor Presidente, el salón de juntas, la peluquería a la cual acudía a darle servicio su antiguo peluquero desde que estaba en Gobernación y en seguida el consultorio dental. Del lado

María Izaguirre de Ruiz Cortines

derecho de la sala principal estaba el comedor, un antecomedor y luego la cocina. En la planta alta, arriba del despacho presidencial, estaban sus habitaciones divididas por una pequeña sala y del otro lado las recámaras de los huéspedes... En el sótano había un gran salón que podía utilizarse para fiestas o reuniones con mesas y pista para bailar y sala de proyección de cine al cual tanto don Adolfo como mi madre eran muy aficionados y todos los domingos les llevaban películas de estreno proporcionadas por la Secretaría de Gobernación."[89]

¿Qué películas veían? ¿de acción, suspenso, policiacas, cómicas o dramáticas? Era ésa la época de las grandes estrellas, Kirk Douglas el guapo y Marilyn Monroe la sexy, Spencer Tracy el fuerte y Bette Davis la mala y también la época de oro del cine mexicano, Arturo de Córdova el duro y Libertad Lamarque, la mujer que cantaba y lloraba al mismo tiempo, sufriendo siempre, ya fuera por un hijo ilegítimo, por un marido que la traicionaba, por defender su hogar o por cuidar la moral. ¡Si hasta se vestían igual ella y la señora María!

¿Leía la primera dama? ¿se conmovió con los secos pueblos de los relatos de Juan Rulfo, habitados por ánimas en pena que arrastraban su desesperanza? ¿le dolieron las imágenes de los cerros pelones y las piedras grises, de los caminos polvosos y del viento "que no deja crecer ni a las dulcamaras", esas plantitas tristes que tan poco quieren para sobrevivir?:[90] "Y la tierra es empinada. Se desgaja por todos lados en barrancas hondas, de un fondo que se pierde de tan lejano".[91]

Con Ruiz Cortines se acaba el México de las parrandas y se instala el de la austeridad. El regente de la capital Ernesto Uruchurtu, manda a cerrar los night-clubs y bares a la una de la mañana para proteger el salario de la familia y para que la gente se duerma temprano y descanse y se levante al día siguiente para trabajar. Las damas de sociedad hacen sus tés de caridad a media tarde y la gente decente se recoge a las ocho de la noche. A las ocho de la mañana las calles se llenan de obreros con la cabeza aún mojada y de mecanógrafas con las mejillas frescas. "El sol barre la escoria de la noche y los pasillos de las vecindades... recién regados, dejan escapar una limpia humedad y permiten contemplar las macetas de geranios y las jaulas de los pájaros. En una esquina, una pequeña casa de un piso ostenta su fachada cubierta de enredaderas provincianas y abre sus puertas hacia el alegre tendedero del patio."[92]

Escribe Carlos Fuentes: "El potentado mexicano evoluciona en esta época de la casa de merengue neocolonial (Polanco) a la mansión de líneas japonesas con parte de la piscina dentro de la sala (Pedregal); del traje de gabardina y sombrero tejano al casimir de solapa angosta y el zapato de punta italiana... de la publicidad pagada de sus saraos a la discreción".[93]

De todos modos, quedan algunos rincones de la ciudad donde la llegada de la oscuridad, "cuando se encienden las llamas decadentes de los puestos de hojas con alcohol y se apagan las lámparas de la mesa hogareña", da inicio a una vida "que la hipocresía de la época se empeña en ocultar": los bebedores llegan al Bombay y al Babalú, a La Conga y el London. "En el oscuro y estrecho

María Izaguirre de Ruiz Cortines

callejón de San Camilito se esconden los vendedores de marihuana disfrazados de boleros y el sombrío pasillo de la Amargura da entrada a los tugurios de la cerrada Plaza de Tlaxcaltongo... uno que otro gendarme se refugia a jugar cubilete en la cervecería que abre sus puertas en la esquina de Montero. No falta un rincón donde han encendido una fogata papeleritos y niños callejeros."[94]

8

Doña María Izaguirre fue primera dama de México entre 1952 y 1958 y durante ese tiempo cumplió las funciones que le correspondían: asistió a los actos oficiales, entre los que destaca la tradicional celebración del Grito los días 15 de septiembre con su recepción posterior; se ocupó de la parte de la asistencia social que ya era una tradición para las primeras damas y a la que se había referido el presidente en su toma de posesión como uno de los servicios que prestaba el Estado; y continuó con el reparto de desayunos escolares, de ropa y de juguetes para la niñez. En sus notas sobre la época, Salvador Novo cuenta que en varias ocasiones las funciones de teatro se dedicaban a obras de beneficio social y que muchas damas de sociedad le ofrecían organizar actividades para juntar fondos para la causa que ella quisiera. Siempre aceptó,

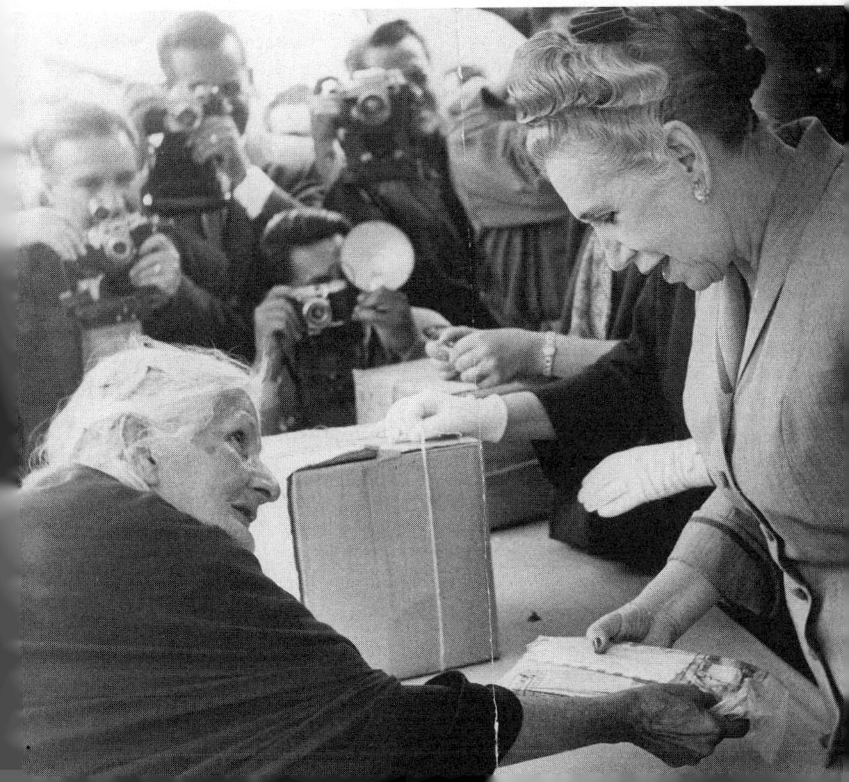

menos cuando se trataba de desfiles de modas a los que no consideraba adecuado asistir siendo como era primera dama de un país tan pobre.[95]

Por eso Jorge Hernández escribió:

México está ciego, sordo y tiene hambre.
La gente es ignorante, pobre y estúpida.[96]

Durante este sexenio, la asistencia social siguió concibiéndose y realizándose de la misma manera que en el anterior, es decir, para proporcionar sustento básico a unos cuantos entre los más pobres y para atender su salud cuando ya estaban enfermos. Fue en todo sentido, un esfuerzo dirigido a lo remedial y no a la prevención ni a la integración de los individuos al trabajo. Para ello se abrieron comedores familiares, se instalaron cocinas económicas y se creó en 1953 la Junta para el Mejoramiento de la Alimentación. También se volvieron a abrir las escuelas Amigas de la Obrera —ésas que con tanto escándalo se habían inaugurado una y otra vez desde los tiempos de Carmelita Díaz—, guarderías, tiendas populares y los llamados Centros de Bienestar, instalados en las colonias populares de las principales ciudades. Todo ello se hizo por supuesto, como decía un funcionario de la época, "en proporción a las posibilidades que permitía la hacienda pública", las cuales como se sabe nunca eran suficientes para atender la cuestión social y ni de lejos alcanzaban a cubrir a la población necesitada.

Pero la primera dama hizo lo que tenía que hacer: "Del 30 de abril al 10 de mayo de 1953 se celebraron las jornadas en pro de la niñez en toda la República. En ellas se obtuvieron aportaciones para proteger a la infancia, fundamentalmente en su nutrición y atención médica. En agosto de 1953 se celebró el Congreso Nacional de Protección a la Infancia con la intención de mejorar todas las acciones asistenciales intercambiando experiencias con organismos internacionales. En él se propuso la creación de un instituto dedicado exclusivamente a proteger a los menores de edad para que no pudieran ya ser explotados ni maltratados sin aplicarse el rigor de la ley."[97]

A la celebración del día de Reyes, doña María le dio un impulso especial: "El día 6 de enero de 1954, en el campo Anáhuac, la señora de Ruiz Cortines regaló dulces y ropa a treinta mil niños pobres elegidos en veintidós colonias proletarias del Distrito Federal".[98]

Otra fecha que recibió atención por parte de la esposa del presidente, fue el día de las madres, a quienes se les ofrecían magnos festivales en todo el país y la primera dama encabezaba las felicitaciones que aparecían en los diarios de circulación nacional con su sarta de lugares comunes: "En este 10 de mayo envío un cariñoso saludo a las madres mexicanas. Con él va toda mi simpatía y mi admiración por la entereza de su conducta y por su fe en el destino de México. Les deseo toda la felicidad para sus hogares y la mejor ventura para sus hijos". Por supuesto, también repartía regalos: "Cuarenta mil familias humildes

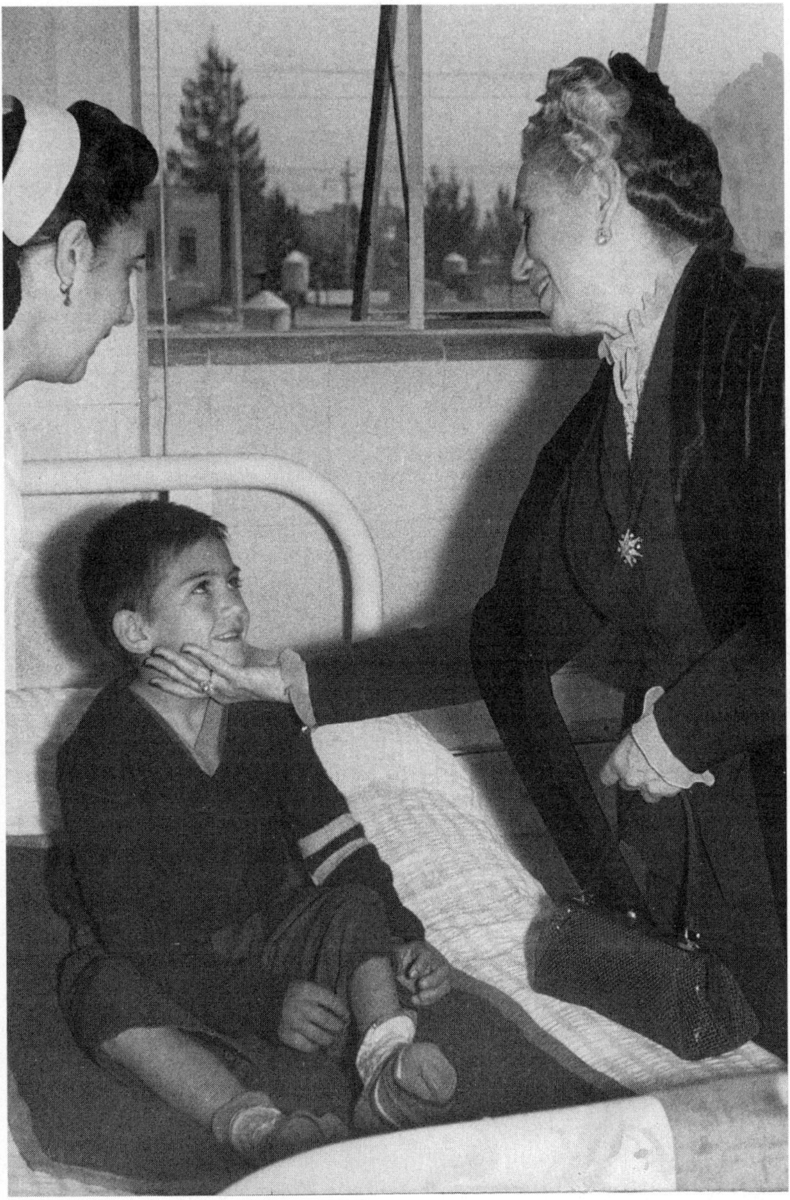

recibieron, con motivo del día de la madre, seiscientas toneladas de víveres que en seis rumbos de la ciudad les entregó la primera dama de la Nación".[99]

En su último informe, el presidente de la República resumió la labor de asistencia social de su gobierno: "En favor de la mujer se fundaron 73 casas para aseguradas en las que 107 mil mujeres reciben enseñanzas prácticas, servicios y prestaciones en beneficio del hogar; 364 clubes de aseguradas, 36 misiones médico-sociales, 45 centros de iniciación cultural y 23 centros de extensión para las no aseguradas".[100]

Como se puede ver, no fue mucho lo que se hizo, por más que las cifras hacían por agrandarlo. De hecho, durante este sexenio las políticas de austeridad en el gasto público, donde acusaron mayores estragos fue en los fondos destinados al bienestar social: "Los recursos destinados a la Secretaría de Salubridad y Asistencia alcanzaron entonces sus niveles más bajos en términos de participación relativa en el gasto público federal".[101]

Al tomar posesión de su cargo, Ruiz Cortines había anunciado: "Los problemas educativos y asistenciales específicos de la mujer serán atendidos con acucioso empeño y en cuanto a su participación en la vida pública del país, yo promoveré ante nuestra soberanía las reformas legales pertinentes para que disfruten de los mismos derechos políticos del hombre".[102]

Esto último se cumplió. Una semana después de tomar posesión, el presidente mandó al congreso la iniciativa de ley y durante su gestión se reformaron los artículos 34 y 115 de la Constitución y se concedió el voto a las mujeres, con lo que se establecía su igualdad de derechos civiles y políticos: "Las esforzadas mujeres mexicanas escucharon que la Cámara de Diputados votaba afirmativamente la reforma en virtud de la cual se les conceden los derechos políticos plenos", decía un diario de la época.[103]

Los intentos por otorgar el voto a la mujer se remontan, afirma Gabriela Cano, al Constituyente, pero adquirieron seriedad en tiempos de Cárdenas, que ya había logrado en 1937 que las dos cámaras aceptaran la reforma, la cual sin embargo no se puso en marcha. Ahora por fin se lograba.[104]

Muchas mujeres, luchadoras sociales e intelectuales, asistieron ese día al recinto parlamentario para estar presentes en el histórico momento y atestiguar "el triunfo de la razón y la justicia y la derrota de esa lamentable institución llamada machismo".[105] Entre ellas estaban María Lavalle Urbina, Amalia Castillo Ledón, Adelina Zendejas y Adela Formoso de Obregón Santacilia quien en un artículo que apareció publicado en el diario *Excélsior* en 1951 llevaría muy lejos esto de los derechos y diría una "barbaridad" que causó indignación al atreverse a preguntar: "¿Y por qué no una señora presidenta?".

La señora María de Ruiz Cortines no asistió aquel día al recinto parlamentario, no hizo comentario alguno sobre el hecho, ni se hizo presente en el acto de homenaje a su marido en el Palacio de Bellas Artes, al que acudieron cuatro mil mujeres, pero pronto haría uso de sus derechos recientemente adquiridos cuando pudo votar para elegir al sucesor de don Adolfo. ¿Qué sintió cuando depositó su voto en una urna, lo que consta en fotografías ampliamente difundidas por la prensa? ¿qué sintieron las mujeres en esos momentos cuando por primera vez en la historia de nuestro país tuvieron el derecho de elegir a sus gobernantes? ¿y qué sintieron cuando en septiembre del 54 ocupó su lugar en el recinto legislativo del apenas creado estado de Baja California Norte la primera diputada federal, "la señora abogada de treinta años de edad, madre de dos pequeños, Adela Jiménez de Palacios"?[106]

Varias caricaturas de la época muestran el ánimo que reinaba al respecto. En ellas es obvio que a los hombres (y a muchas mujeres) aún les molestaba este hecho pues les hacen burla y las dibujan como machos. El propio presidente de la República insistía en que las mujeres no deben olvidar que aunque sean ciudadanas su papel es alentar al hombre, tener virtudes morales y ser abnegadas. Así, al informar sobre la primera participación de las mujeres en unos comicios para elegir legisladores, mostró que a pesar del derecho al voto, se mantenía vigente la vieja concepción de la mujer, aquella que no la consideraba como un ser humano en la plenitud de sus facultades y sí en cambio como uno que aún necesitaba de la guía paternal del hombre y del Estado. En palabras del primer magistrado de la nación, las mujeres habían acudido a las urnas: "Con el empeño e interés de quien comprende la trascendencia y alcance de su intervención en la vida pública nacional, el valioso significado de su categoría ciudadana, el atributo pleno de esa personalidad y el completo disfrute de su libertad dentro de las normas de moral y decencia que han distinguido en todos los terrenos a la mujer mexicana".[107] ¿Qué tenía que ver la decencia y la moral con el voto? ¿por qué a los hombres no se les pedía lo mismo?

Tres años después, el presidente insistía: "Nuestras mujeres, con su tradicional sentido del deber, con su ejemplo de abnegación y trabajo y con su carácter de fieles guardianes de la familia y el hogar... con la constancia que distingue todos sus actos... proseguirán siendo el bastión principal de su hogar, como madres, como esposas, como hijas. Que no las confundan prédicas engañosas, que bien saben cuáles son sus obligaciones para con su dignidad de mujeres y ciudadanas".[108] Así, pues, aunque se les concedía el derecho de elegir a sus representantes, se las conminaba a seguir siendo las mismas que antes, dedicadas a su hogar y a su familia, guardianes de la moral y la decencia y advirtiéndoles contra las influencias ajenas y sobre todo, contra la idea perniciosa de salir de su casa. Esto era una copia fiel de lo que sucedía en Estados Unidos, donde una vez terminadas las guerras se necesitaba que los empleos fueran otra vez para los hombres y se pedía a las mujeres que volvieran al hogar, envolviendo esto con un discurso sobre la familia, la moral y los más altos valores. En este mismo sentido iba el secretario de Educación Pública cuando hacía el símil de la Patria con la mujer mexicana: "Madre de la fe y esposa de la esperanza".

9

A los Ruiz Cortines les gustaba salir a caminar sin guardias ni acompañantes. En esos momentos de intimidad, conversaban sobre diversos asuntos tanto familiares como nacionales. ¿Le ayudó ella a tomar la decisión de expulsar de México a su propio hijo porque era un alcohólico que causaba muchos problemas? ¿le explicó por qué se había opuesto a que visitara a su hija cuando estuvo tan enferma? ¿hablaron de Fidel Velázquez, el poderoso líder de los obreros, de Rufino Tamayo que pintaba grandes sandías rojas sobre fondos morados y "defendía un arte con sentido poético",[109] y de las dos galerías que el gobierno mexicano había abierto en Estados Unidos para ofrecer en el mercado lo que aquí se creaba? ¿o de la novela *Casi el paraíso* de Luis Spota que retrataba a los nuevos ricos mexicanos? ¿o de Ana Luisa Peluffo que cometía el atrevimiento de desnudarse en las películas y de Pedro Infante que cantaba "Amorcito corazón" enloqueciendo a las mujeres? ¿o quizá él le contaba de las presiones que tenía para elegir a su sucesor?

Según Rodríguez Prats, la señora María tenía gran ascendiente sobre su marido. Pero ya sabemos que una expresión de este tipo debe tomarse con cuidado, porque eso no significa que tuviera influencia en las decisiones que él tomaba respecto a los asuntos públicos, sobre todo porque todas las anécdotas sobre él muestran que era muy terco y no le hacía caso a nadie. Sabemos que ella sí tuvo que ver en las buenas relaciones del gobierno con la Iglesia y que durante la gestión presidencial, tomó parte activa en ceremonias y actos de tipo religioso y lo mismo que algunas de sus antecesoras (Carmelita Díaz, Josefina Ortiz Rubio y Soledad Ávila Camacho) la apoyó decididamente: "Encabezaría el patronato de ayuda a las obras de la Basílica de Guadalupe y... aceptó posar en la inauguración de la corona colocada en el pórtico de la Basílica".[110] Muchas de las fotografías que se le tomaron en la época la muestran acompañando a los jerarcas católicos, bautizando una ambulancia o rezando con gran concentración. Y una vez al año, les regalaba autos de lujo a los obispos, comprados con el dinero del erario.[111]

Pero no parece que esto haya sido igual en otros terrenos, en particular el de la sucesión. Es probable que la señora María hubiera hablado del tema con su esposo, porque de lo contrario no se explica que faltando poco tiempo para que se nombrara al candidato, le mandara una carta a su gran amiga, María Asunción, la Nena Izquierdo, esposa de Gilberto Flores Muñoz, diciéndole: "Estaría bien que recorrieras este caserón [se refería a Los Pinos] para ir planeando los cambios que quieras hacer cuando te mudes aquí".[112] Incluso dicen que en todas partes la presentaba como la futura primera dama y según Gonzalo N. Santos ¡hasta lo gritaba en las fiestas![113] Y sin embargo, a la hora de la hora, no fue así. El tapado resultó ser otro hombre, el "del trabajo fecundo y creador" como había dicho mañosamente el presidente cuando se le preguntó. Y la señora María, como todos los mexicanos, se tuvo que plegar a la decisión. ¡A aquéllos los asesinaría unos años después su nieto!

10

Terminada la Presidencia, los Ruiz Cortines se retiraron de la luz pública y no siguieron viviendo juntos. Él se fue solo a su natal Veracruz a una casa sencilla y austera que daba fe de la honestidad que siempre se le atribuyó.

Por las tardes iba a Los Portales a buscar a sus viejos amigos para jugar dominó y tomar café que mucho le gustaba. Ella se quedó en la capital, viviendo de las rentas que le daban sus muchas propiedades y dedicándose de tiempo completo a su pasión de jugar cartas.

En sus últimos años, don Adolfo se encerró en su domicilio y no permitió que nadie lo visitara, ni siquiera su única hija sobreviviente. Vivía semiabandonado —escribió Julio Scherer— quizá arrepentido porque "no hicimos todo lo que debimos" (lo mismo que cuarenta años después diría José López Portillo). Según Rodríguez Prats, Ruiz Cortines murió solo, en la cama que había sido de su madre y en su testamento le dejó un mensaje de amor a su esposa.

El primero en acudir al lugar del deceso fue Mauricio Locken, el hijo mayor de doña María. Entre él y su madre decidieron traerlo a la capital y aquí velarlo y enterrarlo, a pesar de que el hombre había pedido en reiteradas ocasiones que quería reposar en su tierra natal al lado de su progenitora, que según se decía, fue la mujer a quien más quiso. Una nota periodística da fe del último acto público de la señora Ruiz Cortines: "Colocó sobre el féretro gris claro tres gladiolos blancos".[114]

María Izaguirre sobrevivió apenas cinco años a don Adolfo. Murió en su domicilio de la colonia San José Insurgentes, de un paro cardiaco, en enero de 1979, a los ochenta y siete años de edad, y fue enterrada en el Panteón Jardín de la ciudad de México.[115]

En 1950, Octavio Paz había publicado *El laberinto de la soledad*, un ensayo que intentaba responder a la pregunta que atormentaba a los pensadores desde hacía veinte años: ¿quiénes somos los mexicanos? Su respuesta a esa "búsqueda de nosotros mismos", afirmaba que los mexicanos somos pura máscara de hipocresía, de resignación, de pudor: "El mexicano excede en el disimulo de sus pasiones, no camina, se desliza, no propone, insinúa, no replica, rezonga".[116] El poeta insistía en hablar con la verdad en medio del triunfalismo y el optimismo reinantes: "¡Pueblo mío, pueblo que mis magros pensamientos alimentan con migajas, con exhaustas imágenes penosamente extraídas de la piedra!".[117]

En 1957, además del temblor que derrumbó el Ángel de la Independencia de su altísimo pedestal en el corazón de la ciudad de México, el cantante y actor Pedro Infante se mató cuando el avión en el que viajaba se estrelló y al campeón boxeador Raúl el Ratón Macías le ganaron la pelea. Fue ése "un año trágico, en el que México iba a perder todos sus símbolos", escribe Héctor de Mauleón.[118]

Una primera dama y una última dama

1

En 1958, el escritor Carlos Fuentes publicó *La región más transparente*, una novela en la que presentaba un México dividido en dos. Uno era el de los pobres en el que: "Tú que gritas los pescados y las legumbres, tú que arrastras los pies en el cabaret... tú que corres lejos a cruzar el río granizado de plomo y a arrancar las naranjas vecinas, tú, tú tameme, que no supiste ni cuándo, que sientes a los hijos salir chupados y negros, que buscas qué comer, que duermes en los portales, que viajas de mosca en los camiones, que no sabes hablar del dolor, tú que nada más te aguantas, tú que esperas en cuclillas, tú que ya sientes las ganas, tú que te quedaste solo en una barriada donde hay que defenderse, tú que no tienes zapatos, que te llenas de fritangas y aguardiente, tú que te fuiste y llegaste y te volviste a ir sin que nadie pronunciara la palabra de bienvenida o de adiós". Y otro era el México de los ricos en el que: "Ustedes que fueron los contados, los elegidos del reino de la tuna, ustedes que viajan y van y vienen y poseen un nombre y un destino claro... que construyen carreteras y altos hornos y sociedades anónimas y consorcios industriales y comparten su consejo de administración con míster aquiteinvierto... y ustedes que van del jockey al versalles al focolare al club de yates al penthouse de don lameculo... y ustedes que ancho es el mundo y ustedes con bidet y lociones y ustedes que tienen su nombre, su nombre".[119]

Así era el México que entraba en la sexta década del siglo XX: un país profundamente desigual.

Según Robert C. Scott, a fines de los años cincuenta se esperaba del jefe de la nación "que tuviera características personales y hasta físicas que correspondan al puesto que pretende y al ambiente político en el cual se mueve. Debe por lo tanto estar saludable, tener suficiente energía y no ser demasiado feo. Aunque se le debe considerar muy hombre, debe sin duda evitar la reputación de macho, pues políticamente resulta mucho más efectivo aparecer como un hombre de familia con una esposa que se interesa en los asuntos públicos... La esposa no debe ser extranjera y menos todavía norteamericana... La cuestión religiosa puede variar desde ser un católico practicante hasta ser librepensador, pero en ningún caso debe ser una posición tan extrema como para que se le pueda considerar un fanático que sirva ciegamente a la Iglesia o un militante ateísta que la ataque con la misma ceguera".[120]

Adolfo López Mateos cumplía sin duda con esta caracterización. Era un hombre bien parecido (según la norteamericana Alma Reed, la mujer para quien el gobernador de Yucatán Carrillo Puerto, mandó componer la hermosa canción "Peregrina", era francamente guapo: con el cabello ensortijado, las facciones armónicas y el hablar suave), con carisma y simpatía —lo que le había ayudado a subir por la escalera de la política— y nada extremoso ni en su machismo ni en la cuestión religiosa. Había sido secretario de Trabajo de Ruiz Cortines y lo había hecho bien, de modo que fue elegido candidato y como tal, recibió, desde el primer momento y durante trece meses, la cargada de adhesiones de las llamadas "fuerzas vivas" que siguiendo el ritual ya establecido, lo visitaron o lo recibieron endilgándole discursos, aplausos y música. Ganó las elecciones con un noventa por ciento de la votación[121] y el primero de diciembre de 1958, tomó posesión.

A la época se la conoce como "el milagro mexicano", porque se mantuvo el crecimiento económico aunado a la estabilidad social.[122] Siguiendo el mismo esquema de sus antecesores, su régimen mantuvo la fuerte participación del Estado en la economía, ejerció altos niveles de inversión pública en la construcción ya no sólo de presas y carreteras (el Viaducto, primera vía rápida de la capital, es obra de su sexenio) sino también hospitales, centros habitacionales y hasta museos —puesto que la cultura se empezó a considerar parte esencial de la modernidad—, aceleró el reparto de tierras, nacionalizó la industria eléctrica, invirtió en petroquímica, impuso nuevas políticas fiscales y comerciales, consiguió mantener estable y fuerte la moneda y dictó medidas proteccionistas para estimular a la recién nacida industria nacional, principalmente en las ramas de transformación, alimentos y textiles. Grandes cantidades de dinero se invirtieron en educación —de entonces data el libro de texto gratuito—, en salud y en vivienda, y se aumentaron los salarios y las prestaciones de los trabajadores, lo que dio por resultado un aumento en el consumo de bienes entre amplios sectores sociales. Ello hizo que la gente estuviera satisfecha.

Y por lo que se refiere a la política, también siguió funcionando con orden: el partido oficial se ocupaba de coordinar los procesos electorales y disciplinar a sus miembros, las cámaras de representantes legitimaban las decisiones presidenciales, el aparato sindical no sólo ejercía control sobre el movimiento obrero sino que además funcionaba como intermediario que cooperaba con el Estado y el ejército se mantenía en calma, dedicado a ayudar en casos de desastre y como fuente de información de lo que ocurría en el país.[123]

La colaboración entre el gobierno y la iniciativa privada y entre el Estado y las diferentes clases sociales fue excelente. Así lo escribió Pablo González Casanova: "La sociedad civil compartió en gran medida los mitos y perspectivas oficiales. La comunicación fue particularmente fácil... El lenguaje común habló el lenguaje oficial, el sentido común fue el oficial, la interpretación de la historia, de la economía y de las perspectivas del futuro fueron parte de una sociedad civil que pensó como su gobierno".[124]

López Mateos se consideraba a sí mismo "de izquierda dentro de la Constitución".[125] Eso hizo que mostrara una cierta resistencia a las presiones norteamericanas, aunque sin perder la cordialidad de la relación entre ambos países. Dicha actitud fue patente en un momento particularmente difícil: 1959, cuando triunfa la Revolución cubana, que propiciaría el choque ideológico entre los bloques de poder en el mundo —lo que se llamó la "guerra fría"— y en América Latina un renacimiento de la conciencia de lo propio con todo y la idea de lucha contra el imperialismo.

Sin embargo, no todo fue miel sobre hojuelas, pues a pesar de las reformas emprendidas y del discurso izquierdizante, surgieron grupos disidentes como el Movimiento de Liberación Nacional, formado sobre todo por intelectuales, y movimientos sociales —ferrocarrileros, maestros, médicos, copreros, petroleros y diversos grupos de campesinos— opuestos al gobierno, porque les parecía insuficiente su participación en los beneficios del desarrollo. Y a todos se les reprimió con inusitada dureza.[126]

La originalidad del régimen de López Mateos radicó en que se preocupó por dar a conocer a México en el extranjero y sacarlo de la exclusiva órbita norteamericana, para lo cual hizo varios viajes internacionales —incluso a países comunistas como la URSS, lo que en aquel tiempo no agradó para nada a los vecinos del norte—, invitó a varios gobernantes de otras naciones a visitarnos (según Justo Sierra Casasús, veintitrés jefes de Estado y de organismos internacionales vinieron durante el sexenio), entre ellos tres presidentes norteamericanos —Eisenhower, Kennedy (con quien negoció la devolución de El Chamizal, una franja de tierra que por los cambios en el curso del río Bravo había quedado del otro lado de la frontera) y Johnson—, el francés De Gaulle (que como acto de cortesía devolvió a México dos banderas que los soldados galos se habían llevado durante la intervención en el siglo pasado), el hindú Nehru, el filipino Sukarno, la reina de Holanda y el mariscal Tito de Yugoslavia y se permitió algunas medidas de franca libertad respecto a Estados Unidos, como la de no romper relaciones con la Cuba revolucionaria, como hicieron los demás países latinoamericanos cediendo a la presión del gobierno de ese país y no participar en la Alianza para el Progreso que había creado el presidente Kennedy.

México estaba cambiando de manera irreversible. Debido a las políticas de industrialización y al desarrollo de las ciudades, la gente empezó a abandonar el campo para irse a buscar oportunidades a las zonas urbanas. Y debido a las políticas públicas de salud y a la mejoría en las condiciones de vida, el crecimiento demográfico empezó a ser alto y sostenido. La población aumentó a un ritmo rápido al tiempo que disminuía notablemente la tasa de mortalidad y se incrementaba la esperanza de vida en alrededor de veinte años.[127]

Pero lo más significativo de ese cambio fue la distribución de la población. Si todavía en 1940 México era una sociedad predominantemente agraria y rural en la que setenta por ciento de la población vivía en localidades de menos de dos mil quinientos habitantes, en los años sesenta fue mayor el número de habitantes de las ciudades y la fuerza de trabajo se orientó a las fábricas dejando atrás el campo. Escribe Aguilar Camín: "El mayor cambio civilizatorio vivido por el país desde su conquista a principios del siglo XVI [fue que] en la segunda mitad del siglo XX México empezó a no ser lo que había sido siempre: un país rural, adscrito a la tierra".[128]

Las zonas urbanas crecieron de manera desorbitada y desordenada, en particular la capital de la república que empezó a recibir a cientos de personas que querían trabajar, estudiar, colocarse políticamente, ascender socialmente o que simplemente sabían que, como decía Salvador Novo, éste era el mejor lugar para "plantarse en la vida". Mariano Azuela lo contaba así en una novela: "Las Amézquita no querían más acordarse de su tierra, un pueblecito de Jalisco... desde donde dieron el salto mortal del lavadero y de la mesa de la plancha hasta los elegantes escritorios de acero de la Secretaría de Hacienda... y no pensaban sino en pasear en bicicleta por el bosque de Chapultepec".[129]

Así es que el Distrito Federal o la ciudad de México o la capital de la república se convirtió no sólo en el centro sino en el sueño, no sólo en la cabeza sino en el corazón, no sólo en la meta sino en el medio. Y sucedió lo que

Genaro Estrada había advertido tantos años antes: "Que aprendimos a amar esta ciudad de México y penetradas ya las mentes y el corazón de sus virtudes maravillosas...".[130]

En estos años se produjo también el fenómeno de un importante crecimiento de las clases medias y del cambio en sus modelos de vida, en sus creencias y códigos culturales, pues a ellas ya no les decía nada el nacionalismo que desde la Revolución aparecía como ideología oficial y en cambio sí les resultaba atractiva la modernidad entendida al estilo de lo que sucedía en Estados Unidos. "El tema de lo mexicano ya no tiene ningún sentido, ya no le dice nada a la gente", afirmó Emilio Uranga,[131] y era cierto. Muchos estaban hartos de "agitar banderas tricolores o traficar con jícaras" y ya querían diversificarse y universalizarse. En una encuesta hecha por la revista *Hoy* se muestra bien este proceso: en ella la mayoría de los entrevistados criticó que el nacionalismo se limitara al costumbrismo y folclor y dijo que convendría que ya se tuviera una comprensión más profunda de los problemas actuales. Uno de los entrevistados afirmó: "De la Revolución ya no quiero leer nada pero sí me gustaría leer algo de las consecuencias de la Revolución sobre la clase media que está olvidada por todos".[132]

2

Adolfo López Mateos había nacido en 1910, el año del cometa Halley, y cuando se iniciaba la Revolución, en Atizapán de Zaragoza, Estado de México. Lo crió su madre, que escribía poesía y amaba la ópera, pero que carecía de recursos. Cinco años tenía cuando su familia se fue al Distrito Federal donde estudió la primaria, posteriormente hizo sus estudios de secundaria y preparatoria en Toluca y regresó a la capital para inscribirse en la facultad de leyes de la Universidad Nacional. Algunos autores aseguran que se recibió de abogado mientras que otros dicen que no hay constancia de ello.[133] Fue activista estudiantil en tiempos de Vasconcelos y poco a poco se colocó en la burocracia gubernamental, usando como arma su elocuencia, pues era un excelente orador. Según sus biógrafas, aunque vivía en la capital, "no se desligó del todo de su querida Toluca a donde seguía yendo con frecuencia, entre otras cosas a visitar a su novia Eva Sámano Bishop".[134]

Adolfo y Eva se habían conocido en casa de la poeta toluqueña Lolita Becerril e iniciaron un noviazgo que duraría muchos años —según la leyenda, fueron doce, pero eso parece imposible por la edad de la muchacha, aunque diez sí es probable— porque él no se decidía a formalizar la relación y prefería su soltería que lo dejaba libre para la bohemia y las mujeres a las que era muy afecto.

La señorita Sámano era originaria, según un autor, de Guerrero, según otro de Michoacán y según un tercero del Estado de México. La confusión se debe a que sus padres se movieron mucho entre un estado y otro y sus siete hijos fueron naciendo en distintos sitios. Eva nació en mayo de 1911 en San Nicolás del Oro, Guerrero, pero por los cambios de residencia de la familia estudió en Morelia y en Toluca.[135]

Parece que su padre, Efrén Sámano Montúfar, era funcionario del ayuntamiento de Toluca, aunque la familia asegura que llegó a ser tesorero del estado. Y su madre, Lutie Bishop, que era descendiente de ingleses, estaba dedicada al hogar. Eva estudió para maestra y ésa fue no sólo su profesión sino también su vocación. Era una muchacha culta, "leída y escribida" para usar la expresión de Daniel Cosío Villegas,[136] seria en su dedicación al trabajo y firme en sus valores, con un elevado concepto del deber y de la moral adquirido en su hogar de religión protestante, bautista. Pero también sabía reir, tanto, dice una sobrina suya, que "hasta se ponía morada". Alguien que la conoció muchos años después asegura que era "muy amable y platicadora".[137]

Parece que fue a instancias de su madre, doña Elena, quien le hizo prometérselo en su lecho de muerte, que Adolfo se decidió por fin a contraer matrimonio con Eva. Y lo hicieron en octubre de 1937.

La pareja se fue a vivir a la capital, donde ella empezó a enseñar en escuelas de zonas pobres mientras él ascendía por los peldaños de la política. Según cuenta su hija Ave Leonor, fue entonces cuando, en un plantel de la colonia Roma, la señora vio a los niños que llegaban a México refugiados de la guerra y se percató de que tenían muchos problemas de aprendizaje debido

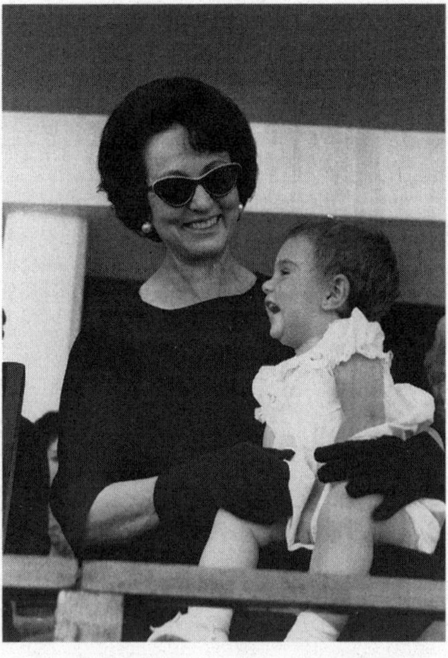

Eva Sámano de López Mateos, emprendió una labor intensa y organizada de asistencia social

a su desnutrición. Allí se dio cuenta de que para aprender, el niño tenía que comer bien.[138] A lograr esto se abocaría cuando su marido llegó al cargo más alto de la República. Y lo haría con una dedicación y entrega excepcionales.

Según Justo Sierra Casasús, la señora Sámano fue la más feliz por el destape de su marido (a diferencia de tantas esposas a quienes eso pesaba mucho) y durante la campaña participó activamente asistiendo a mítines y diciendo discursos. Por ejemplo, ante el sector femenil de la CTM, afirmó: "Desde que mi esposo era joven, supe de sus ilusiones y compartí sus anhelos. He procurado proporcionarle siempre, en el recinto de nuestra vida privada, el cuidado, la atención y el silencioso apoyo que los hombres necesitan para sortear sus problemas y disfrutar sus buenos éxitos. A su lado he aprendido que el hogar es un sitio inviolable, de cálida seguridad y para nosotras las mexicanas, el laboratorio en que creamos y recreamos continuamente la vida de nuestros esposos y nuestros hijos. A las mujeres de México nos satisface la solidez de la familia mexicana donde las virtudes de nuestros padres tienen su mejor refugio, donde los ideales del pueblo se transforman en asuntos del día y donde se gestan las corrientes directoras de la opinión nacional". Y agregó que la mujer es quien transmite el amor a la patria y mantiene la fuerza de las tradiciones por lo que su misión es familiar: "Desde el taller, la oficina y la fábrica contribuye para resolver los problemas del hogar".[139]

Resulta difícil de creer que la mujer culta, la profesionista que ejercía con seriedad su carrera, cuando hablaba en público, lo hacía para reafirmar el papel tradicional de la mujer. Por eso Armando de Maria y Campos calificó ese discurso como: "El pensamiento político de una mujer representativa", pues lo era sin duda, a pesar de que la mujer que lo pronunciaba estaba lejos de serlo.

Doña Eva incluso se situó a sí misma políticamente, también dentro de los cánones más típicos: "No participo directamente o por mí misma en la labor política encomendada a mi marido. No tengo lugar propio en sus tareas pero lo ayudaré incansablemente para compartir con él la misión que se le encomendó. Como ciudadana cumpliré el deber que me corresponde. En nuestro hogar conservaré el sitio que ocupé desde los días en que me convertí en su esposa y en madre de su hija y lo ayudaré a luchar por el bien de nuestro pueblo".[140]

Y sin embargo, a pesar de la retórica y las profesiones de fe de domesticidad, doña Eva emprendió la labor más decisiva, intensa y organizada de asistencia social que jamás se había realizado en nuestro país. En adelante y gracias a ella, quedaría establecido que ésta ya no sólo dependería de las ganas, la voluntad o el esfuerzo personal de la primera dama, sino que estaría institucionalizada y contaría con un presupuesto específicamente asignado por el Estado.

Sus acciones y su manera de hacer las cosas (tomadas a su vez del modelo norteamericano que por entonces prevalecía y que combinaba bien con los postulados sociales de nuestra Revolución) se convirtieron en el ejemplo que después todas las primeras damas seguirían, y que consiste en hacer extensivas al ámbito nacional las mismas ocupaciones que desempeña cada mujer en su hogar. Así, la tarea de primera dama es ser ante todo compañía para su esposo y guardiana de su propia familia y después, madre de los desvalidos de la república, niños, ancianos, mujeres.

La señora López Mateos le confirió al papel de la primera dama su definición, sus características y su profesionalismo. Por eso podemos decir, usando la frase de Luis G. Basurto, que Eva Sámano de López Mateos fue "una primera dama de primera".

3

Doña Eva pudo llevar a cabo estas tareas porque la época le permitió la feliz conjunción de sus ideas sobre la familia, de su vocación como maestra y de su enorme capacidad de trabajo, aunadas a un momento político en el cual, como afirmó Robert C. Scott, lo efectivo era tener una esposa que se interesara en los asuntos públicos.

Pero además, a ello contribuyó el hecho de que el gobierno de López Mateos diera un nuevo impulso al reformismo social que se había detenido con los tres presidentes anteriores. Sus medidas incluyeron el aumento de los salarios, las reformas a la ley del seguro social, el establecimiento del reparto de utilidades, la construcción de grandes centros hospitalarios y habitacionales —las "unidades cúbicas" llamadas multifamiliares en las que se apiñaban montones de personas—[141] y la creación del ISSSTE para ampliar el espectro de trabajadores que tendría acceso a la seguridad social. La población cubierta pasó a casi cinco y medio millones de personas hacia el final del sexenio, y eso sin abandonar la política de asistencia, a la que también se impulsó y apoyó.

Desde el principio de su mandato, el presidente manifestó la voluntad del gobierno de "responder vigorosamente al imperativo social y moral de proteger a la niñez por todos los medios".[142] Doña Eva era la indicada para ocuparse de este menester, pues en su opinión los niños son "la única fuerza redentora y debemos por tanto salvarla a tiempo".[143] Era suya la idea de que "es inaceptable moral y socialmente la pervivencia de carencias básicas en un pueblo, especialmente entre la niñez",[144] y por eso retomó y afianzó la Asociación de Protección a la Infancia, aquella institución que existía desde 1929, fundada por la señora Portes Gil, y le mandó construir un edificio cuya primera piedra colocó ella misma el 30 de noviembre de 1959.[145] Dicho organismo se convirtió, en febrero de 1961 y por decreto presidencial, en el Instituto Nacional de Protección a la Infancia (INPI), cuyo patronato estuvo presidido por la señora Eva Sámano de López Mateos, nombrada para el cargo por el presidente de la República.

El objetivo principal de esta institución era proteger a la niñez de manera integral, es decir, en su salud física y en su salud mental, porque, muy a tono con el modo de pensar de los años cincuenta (que hoy ya no compartimos pues más bien pensamos lo contrario), la señora Sámano afirmaba: "Yo creo que la miseria económica se origina en la miseria moral. Cuando hay moral —en el amplio sentido de vigor interior orientado permanentemente a un conjunto de fines valiosos— no hay decaimiento ante los demás problemas

Eva Sámano y su marido Adolfo López Mateos

de la vida por diversos que se presenten. Con moral hay fuerza para el trabajo y sabiduría para la eficaz distribución del ingreso".[146]

La actividad más importante del INPI consistió en reforzar y ampliar el programa de reparto de desayunos escolares nutritivos y balanceados que existía desde tiempos de la presidencia de Obregón pero que ahora se organizaba de manera institucional y se hacía extensivo a todo el sistema educativo público nacional a fin de que "la población infantil esté más apta para asimilar la instrucción primaria y defenderse de las enfermedades".[147] Para la primera dama "los niños no deben quedarse sin ir a la escuela y sin recibir su desayuno. Que no pidan limosna".[148]

El 2 de septiembre de 1959 en el castillo de Chapultepec, se llevó a cabo la Convención de Desayunos Escolares de la República bajo la dirección de la señora López Mateos y a ella asistieron las esposas de todos los gobernadores de los estados así como los funcionarios que tenían que ver con el asunto. Entonces se pusieron en marcha institutos y centros regionales a fin de que el programa abarcara a todo el país y se instalaron plantas para la elaboración de los alimentos y para la rehidratación de la leche. Durante el sexenio llegaron a repartirse muchos millones de desayunos cada día, tres según las cifras oficiales, uno y medio según una estudiosa. En cualquier caso la cantidad es impresionante y por mucho superior a la de los sexenios anteriores.[149]

El dinero para llevar a cabo este trabajo lo aportaba completo el gobierno (pues se habían terminado los apoyos que mandaba la Fundación Rockefeller a la Asociación Pro Nutrición Infantil), el cual elevó el gasto social hasta casi veinte por ciento del presupuesto. Pero también se organizaron festivales de beneficiencia con destacados artistas, por ejemplo, Frank Sinatra vino a nuestro país a cantar y Marilyn Monroe hizo un donativo.

Esta actividad no fue la única que desempeñó el Instituto Nacional de Protección a la Infancia. También creó guarderías para dar servicio a lactantes y a niños en edad preescolar, algunas de las cuales fueron en coordinación con el Instituto Nacional Indigenista precisamente para prestar servicios a los niños indígenas. Además se abrieron clínicas para atención a la salud y para dar servicios de orientación nutricional y se impulsó la investigación sobre problemas de salud y nutrición.

Conforme avanzaba el sexenio, sus programas se ampliaron hasta dar servicios a mujeres embarazadas. En su cuarto informe de gobierno, el presidente de la República afirmó: "Otra demostración de progreso la expresan las cifras de mujeres atendidas en los centros materno-infantiles... Ha de recordarse el cúmulo de prejuicios y prevenciones que hasta hace poco hacían que la ignorancia rehuyera estos servicios".[150]

Se inició también un programa para la integración social de niños que estaban al margen de la sociedad, que según doña Eva, eran "aquellos que por su infortunio la han abandonado", idea muy a tono con el modo de pensar de la época que afirmaba que los niños de la calle estaban

Eva Sámano de López Mateos

allí porque ellos querían irse de sus familias. Se crearon entonces las unidades móviles destinadas a recoger menores vagabundos.

Los servicios de la institución se ampliaron hasta incluir a niños impedidos por la poliomielitis y se creó un Instituto de Rehabilitación para pequeños atacados con esta enfermedad que en los años cincuenta se convirtió en una epidemia mundial que hizo grandes estragos en nuestro país.

Doña Eva era una mujer muy activa. Según su hija, como era insomne, se levantaba de madrugada y se ponía a despertar a sus colaboradores para mandarlos a trabajar. Por eso le dio tiempo de hacer tanto en la asistencia a la niñez y además, como eran épocas en las que el gobierno tenía dinero, se construyeron hospitales y centros de salud, escuelas y jardines de niños. Según su sobrina Alicia, en cada pueblo del país llegó a existir una escuela que llevaba su nombre y personalmente la señora las fue a inaugurar aunque tuviera que ir en burro o a pie hasta los rincones más apartados.[151]

Por supuesto, también hizo los repartos de ropa y de juguetes que ya eran tradicionales, llevó ayuda a damnificados cuando los hubo —encabezó la delegación que llevó víveres y medicinas al estado de Guerrero luego de que un huracán azotó la Costa Grande— y emprendió campañas de legalización de uniones matrimoniales que se realizaban en grandes ceremonias colectivas. Además se involucró en la campaña para impulsar y defender el libro de texto gratuito (al que se oponían muchos grupos tradicionalistas), "porque sentía que verdaderamente se necesitaba". Y fue quien inauguró la Carretera de la Patria, que une a la ciudad de Oaxaca con el pueblo de San Pablo Guelatao, lugar de origen del prócer Benito Juárez, la que se construyó por su iniciativa.

Y, no faltaba más, la señora Sámano estuvo presente en las ceremonias oficiales que como primera dama le correspondían: su primer acto público fue ir a votar en las elecciones cuando su marido era candidato y después, la fría mañana del lunes primero de diciembre de 1958, llegó con su hija al Palacio de Bellas Artes, el recinto donde se efectuaría la toma de posesión. Presidió las recepciones del 15 de septiembre y acompañó al presidente a todos los viajes y encuentros con mandatarios de los diversos países en las giras de trabajo que emprendió por Oriente, Europa y Sudamérica (que fueron tantas que se le llegó a llamar López "Paseos") y asistió a las recepciones ofrecidas a los altos dignatarios visitantes, ocupándose de atender a sus esposas y mostrarles el trabajo que se hacía en materia de asistencia social.

Recordemos que nuestras primeras damas tenían ya para entonces que medirse con las de otros países. La señora Ávila Camacho había recibido a Eleanor Roosevelt y la había atendido por todo lo grande mientras que la señora Alemán no pudo hacerlo con Besse Truman porque acababa de dar a luz a su tercer hijo. A la señora de Ruiz Cortines ni se le presentó el problema, y en cambio doña Eva lo tuvo varias veces. Pero de todas, la visita más llamativa fue la de los Kennedy, que recorrieron el Paseo de la Reforma en un auto descubierto y entre los aplausos de la gente. La señora Jacqueline se echó a la bolsa a los mexicanos —como había hecho con los franceses— por su juventud y simpatía y porque hizo un discurso en español. Pero quien de verdad se hizo amiga de doña Eva, fue la reina Juliana de Holanda, tanto, que la hija de Avecita se llama como ella en su honor.[152]

También realizó giras por su cuenta, algunas por el interior de la república y otras por diversos países del mundo a fin de aprender métodos de trabajo y de promover programas de ayuda a la niñez y llevó la voz de México a varios foros internacionales sobre problemas de nutrición, salud y asistencia social infantil en Washington, Roma y Santiago de Chile. Gracias a eso nuestro país fue admitido en la Sociedad Mundial de Protección a la Infancia y firmó el "Manifiesto contra el Hambre".

Nunca hasta entonces una primera dama había hecho un trabajo de esa magnitud. Para la señora López Mateos, la asistencia social no fue el cumplimiento de un ritual para la pura fachada, sino un verdadero esfuerzo destinado a cambiar la situación de los niños sin recursos. Según su hija, doña Eva fue una mujer idealista, que "pensó que podía componer el mundo entero" y aunque por supuesto eso no fue cierto, "sin duda hizo mucho".[153]

Gracias a ese intenso trabajo, la primera dama recibió honores: el 10 de mayo de 1964, fue nombrada "Madre Nacional" y "Gran Protectora de la Infancia" y se hizo acreedora a doctorados honoris causa por la Universidad Femenina de Filipinas y por la Universidad de Florida. Pero lo más conmovedor fue lo que sucedió durante una gira por el estado de Jalisco, en la cual una manifestación de mujeres llevaba pancartas que nada le pedían y sólo le agradecían su labor.

4

Pocas modas han sido tan escasamente favorecedoras como la de esos años. Las faldas amponas y las blusas ajustadas con los senos puntiagudos engordaban la figura mientras que los zapatos terminados también en finas puntas y con tacones de aguja adelgazaban las piernas. Los peinados se llevaban esponjados pero ya no se usaba el color rojo intenso en los labios y uñas sino un rosa pálido y "nacarado" como se decía entonces.

Las jóvenes se atreven a vestir pantalones, los llamados "pescadores" por arriba del tobillo, que habrían matado de un infarto al poeta que en los años veinte escribió:

¡Qué horror, qué horror!
Las cosas que hay que ver
que ahora el pantalón
lo lleva la mujer.[154]

Y los muchachos se envaselinan el pelo para que les brille y puedan lucir sus enormes "copetes".

Eva Sámano era discreta en el vestir. Llevaba el cabello con "crepé", que era un método de la época para esponjarlo, y sostenido firmemente con

Los López Mateos con los Kennedy

"laca", que era una goma que lo mantenía firme, ni uno se movía de su lugar, los abrigos y vestidos con la cintura marcada y el ancho vuelo en la falda y los zapatos oscuros en invierno y claros en primavera, siempre con la bolsa del mismo color.

Cuando López Mateos llegó a la Primera Magistratura, decidió no mudarse a la residencia oficial: "Los Pinos es la casa de la nación y no la del presidente" decía.[155] Por eso no le mandó hacer ningún arreglo y siguieron viviendo en su domicilio particular en la calle San Jerónimo 217, al sur de la ciudad, al que hubo que adaptar a las necesidades de la seguridad y del trabajo presidencial. La señora en cambio sí puso sus oficinas allá y diariamente asistía a ellas. Y también en ella se hicieron las cenas para los visitantes extranjeros.

¿Por qué no quiso don Adolfo vivir en la residencia oficial?

No lo sabemos, pero no sería difícil que una de las razones haya sido porque sufría de fuertes jaquecas y en su casa podía encerrarse en un cuarto aislado, especialmente acondicionado, en el que reposaba hasta que el dolor desaparecía. ¿O fue quizá por los muchos gatos que allí vivían —casi noventa—, herencia de la señora Ruiz Cortines?[156]

¿Qué pensaba doña Eva de que su esposo fumara tanto y tomara tanto café? ¿le preocupaban esos terribles dolores de cabeza que lo atacaban de manera sorpresiva y constante? ¿conocía ella la cara oscura de ese hombre que en público aparecía como simpático y alegre? ¿compartía su afición por el box y por los autos deportivos (¡hasta nombraba asesores a sus deportistas favoritos para que cobraran buenos sueldos!) o su gusto por estar con los amigos y organizar comidas que duraban muchas horas? ¿sabía que se salía por la puerta de atrás de la residencia presidencial para irse al night-club El Quid o para correr sus Ferraris y Masseratis? ¿qué opinaba de que le gustara tanto estar con muchachas jóvenes y bonitas y cantar boleros?

Usted es la culpable
de todas mis angustias,
de todos mis quebrantos,
usted me desespera,
me mata, me enloquece,
y hasta la vida diera
por vencer el miedo
de besarla a usted.[157]

Se habían puesto de moda los tríos: Los Panchos, Los Tres Diamantes, Los Hermanos Martínez Gil y tantos más que cantaban acompañados de guitarras y de un requinto virtuoso, poniendo otra vez en apogeo a la canción romántica.[158]

¿Sabía doña Eva lo que sucedía en el país? ¿tenía idea de cuánto costaba un litro de leche, un cuaderno escolar, un par de zapatos, el boleto del camión? ¿se dio cuenta de que una ciudad de barracas crecía minuto a minuto en los alrededores de la capital en la que levantaban sus casuchas los cientos de personas que llegaban diariamente a ella buscando trabajo, servicios, diversión? ¿supo del encarcelamiento de los dirigentes obreros Campa y Vallejo y del pintor Siqueiros —el agitador, el comunista—, del asesinato del líder Rubén Jaramillo, de la represión contra médicos, maestros, ferrocarrileros y campesinos? ¿sabía de los compatriotas que según Carlos Fuentes "ganan un peso diario cortando leña o veintiún pesos a la semana trabajando el henequén, o que simplemente se mueren de hambre en una sierra, sin parcela, sin bosques, en medio de una indiferencia helada"? Escribe el autor: "Indios, candelilleros, cultivadores de la lechugilla y el algodón, parias de un país dividido en dos, separados por un océano de hambre del otro México, cruzados de brazos, impotentes en medio de tierras que han dejado, nuevamente, de pertenecerles, cerca de bosques talados, al lado de mares improductivos, en una desolación de andrajos, de pies descalzos, de piojos: así vive la mayoría de los mexicanos".[159]

5

Los años sesenta: 35 millones de habitantes tenía el país. En ese entonces se creía todavía (como se había creído siempre en México) que "gobernar es poblar", idea que años después, cuando el crecimiento de la población parecía irrefrenable, se cambiaría por la frase "la familia pequeña vive mejor".

La ciudad crecía y crecía. Todos los días llegaban a ella cientos de personas que abandonaban el campo empobrecido y los pueblos sin trabajo. Surgían fábricas, empresas y comercios, restaurantes y escuelas privadas, centros de diversión y nuevas colonias residenciales. El ruido de los claxons, el olor a gasolina, el movimiento constante eran su marca. Escribió por entonces el poeta Rubén Bonifaz Nuño:

En muy pocos años ha crecido
mi ciudad. Se estira con violencia
rumbo a todos lados; derriba, ocupa,
se acomoda en todos los vacíos,
levanta metálicos esqueletos
que, cada vez más, ocultan el aire
y despierta calles y aparadores,
se llena de largos automóviles sonoros
y de limosneros de todas clases.[160]

La Revolución cubana había sembrado semillas ideológicas que tuvieron repercusión en nuestro país y en todo el continente, pues ella alimentó el sueño de que era posible sacar a América Latina de la pobreza y traer la justicia social. Así, mientras unos defendían "cristianismo sí, comunismo no", otros querían convertirse en revolucionarios como Fidel Castro y el Che Guevara y leían a Marx y a Lenin pero también a Borges y a Cortázar: "Como nunca los lectores de habla hispana se hallaron frente a atmósferas, incentivos vitales, correspondencias intensas y complementarias entre literatura y realidad... y se aferraron a los libros como manera de desligarse de la opresión del subdesarrollo. La literatura como compromiso y utopía".[161]

Atrás había quedado el nacionalismo cultural, atrás el atractivo del charro y el indio, de la mística de la Revolución y su utopía, pues ¿cómo podían caber esas preocupaciones en medio del optimismo y la modernidad, de las seguridades del progreso? y ¿a quién le interesaba ya cómo era y qué pensaba el mexicano en tanto ente abstracto y filosófico? ¿a quién convencían ya las grandilocuencias del muralismo al cual, como afirmó un estudioso, los seguidores de Rivera, Siqueiros y Orozco habían convertido en "fórmulas fijas de contenido folklórico"? ¿a quién le decían algo los sonidos autóctonos de Chávez, Huízar y Revueltas?

Estamos en la década del "cambio de piel" (para usar una afortunada expresión que poco después "inventaría" Carlos Fuentes), en la que se instalan nuevos mitos, nuevos gustos, nuevas costumbres. La tónica era mirar a Estados Unidos: de allá empezó a venir nuestra idea de lo bueno, de lo correcto, de lo divertido, de lo deseable. Había que dejar atrás Comala, nuestro pasado y mirar a Nueva York, nuestro anhelado futuro. Es el tiempo, como escribe Carlos Monsiváis, "del auge de las clases medias y su terror ante la perspectiva de identificarse con el folklore y naufragar en esquemas mentales carentes de glamour o prestigio".[162] Es el tiempo en que pasamos según Fuentes, "de Quetzalcóatl a Pepsicóatl".[163]

¡Cómo cambiaba la cultura mexicana! José Luis Cuevas hacía escándalos para llamar la atención sobre su pintura y para acabar con el muralismo (y con lo que llamaba "el infecto bastión de Bellas Artes") y Alejandro Jodorowsky los hacía para montar sus obras de "teatro pánico". ¿Quién no vio alguna obra de Juan José Gurrola con esa actriz flaquísima y pelirroja llamada Pixie? ¿quién no pasó tardes enteras en los cineclubs de la Universidad Nacional viendo las pesadas y lentas y cultas películas que venían de Europa precedidas de grande fama? ¿quien no se asustó con las diatribas anticatólicas de Luis Buñuel? ¿quién no devoraba semana a semana los suplementos culturales que hacía Fernando Benítez con un brillante equipo de colaboradores? ¿quién no iba a las galerías de pintura a mirar los cuadros abstractos que nada decían pero que había que admirar? ¿quién no paseó por las calles de la Zona Rosa ("cónclave comercial que anhela el estatus de símbolo espiritual" como dijera Monsiváis) y se sentó a tomar café en sus mesas atestadas de gente, hasta convertirla en un lugar mítico por donde paseaban los artistas y escritores y donde se organizaban las grandes fiestas? ¿quién no empezó a decir "hacer el amor" en lugar de "tener el sexo", "farmacia" en lugar de "botica", "hemorroides" en vez de "almorranas", "nescafé" en vez de "café", "super" en lugar de "mercado", "kleenex" en vez de pañuelo, "fab" en lugar de detergente y "taxi" en vez de "libre"?

En su texto "Radiografía de una década" Carlos Fuentes se pregunta "¿Puedo hablar de mi tiempo?". Yo también quiero hablar del mío, cuando era una niña y vivíamos en una de las colonias residenciales de la ciudad. Entonces íbamos y veníamos en camión, veíamos televisión y de memoria nos sabíamos los comerciales:

Colgate Palmolive,
fabricantes de Fab,
le desean cordialmente
una feliz navidad,
una feliz navidaaaad.[164]

En la escuela se nos hacía cantar los lunes por la mañana el himno nacional y honrar a la bandera antes de entrar a clases y se nos inculcaba el hábito del ahorro, haciéndonos comprar cada jueves estampitas de veinte centavos que se pegaban en una libreta hasta que se juntaban diez pesos y entonces se la guardaba durante diez años al cabo de los cuales ¡valdría el doble! ¡Y lo más increíble es que era cierto, que existía esa estabilidad que hoy nos parece extraña y que el dólar a 12.50 pesos se mantuvo así por más de veinte años!

La ciudad de México era hermosa, con su cielo "esmaltado de azul intenso azul" como había escrito Villaurrutia, con su aire "sutil y transparente" como había dicho Reyes, con las montañas que la enmarcaban, su primavera calurosa y sus lluvias torrenciales, con sus mañanas luminosas y sus tardes blancas en las que salíamos por el pan y en la calle exhibían sus tentaciones el vendedor de jícamas con limón, sal y chile piquín, el de raspados con los jarabes de colores, el de camotes y el chicharronero. Por la esquina doblaban el afilador de cuchillos con su pitido o las gitanas con sus faldas de colores que leían la mano por unas cuantas monedas. De los edificios en construcción salían los piropos que los albañiles le dirigían a la mamá: "Usted de azul y yo a su lado". Ella nunca contestaba, los ignoraba y seguía de largo. Yo hubiera querido que les espetara: "Yo de rojo y usted arrojado".

Los domingos comíamos helados, íbamos a algún parque o veíamos películas en los cines Lido y Palacio Chino. Y por la noche era un rito sagrado sentarse frente al televisor para el *Teatro Fantástico* con Enrique Alonso "Cachirulo": "Un programa para los niños, para los papás de los niños y para los papás de los papás de los niños".

Éste es el trenecito
del chocolate Express
alegre y muy bonito
y qué rápido es.[165]

En diciembre, el mes festivo, cuando no había clases, íbamos con mi papá a pasear al Zócalo a ver a los artesanos que hacían complicadas figuras de vidrio soplado y a la Alameda para comprar castañas asadas y pestañas de brillante papel "paspartú".

Por entonces se inventaron las vacaciones. Los turistas americanos llegaban por acá con sus ropas de colores vistosos y sus cámaras, y se iban a las pirámides de Teotihuacán o a Bellas Artes a ver el Ballet Folklórico de Amalia Hernández. Los nacionales en cambio salíamos hacia Acapulco, donde pasábamos el día entero bajo las palapas en las playas de Hornos y Hornitos.

Y mientras tanto, Carlos Fuentes fundaba la *Revista Mexicana de Literatura* y platicaba largas horas con Alfonso Reyes, y B. Traven seguía escondiendo su identidad. ¿Sabía doña Eva que su cuñada Esperanza era la secretaria del escritor alemán? ¿Sabía que una de las asistentes de su marido, Ema Elena Valdelamar, era compositora y que don Adolfo la tuvo que defender cuando en una fiesta un galán ofendido se le fue encima al escuchar uno de sus versos?

Donde dice desprecio
ése debe ser tu precio
y va firmado por mí.[166]

¿Vacunó doña Eva a su hija contra la poliomielitis cuando el doctor Salk inventó en Estados Unidos la fórmula que tantas vidas salvaría? ¿prefirió que Avecita tomara los mexicanos refrescos Jarritos de colores rojo y verde en lugar de la negra e imperialista Coca-Cola? ¿fue alguna vez a la tienda de departamentos que se abrió en la avenida Insurgentes de la capital, que se llamaba Sears Roebuck y en cuyos aparadores los fines de año se reía un enorme Santa Claus panzón frente a montones de observadores atónitos? ¿visitó Ciudad Satélite, el fraccionamiento a cuya entrada se levantaban imponentes las torres diseñadas por el escultor Mathias Goeritz y que anunciaban unos marcianos diciendo "ciudad a la vista, ciudad a la vista"? ¿salió a recibir al Tláloc (o a la Chalchiuhtlicue, según algunos) que trajeron desde lejos para colocarlo frente al nuevo Museo Nacional de Antropología y que se estrenó lanzando un fuerte chubasco? ¿se asomó al recién construido Museo de Arte Moderno a ver las rayas y manchas de colores que se consideraban lo más vanguardista en pintura? ¿manejó un auto como empezaban a hacer las mujeres que iban al volante de sus enormes Chevrolet y Studebacker? ¿le gustaban los comics de *Lorenzo y Pepita*, fumaba Raleigh con filtro en su paquete amarillo, se compró ropa de ban-lon, esa fibra suavecita con la que se fabricaban sweaters tan ajustados como los que llevaba Doris Day en las películas? ¿le gustaba el *Estudio de Pedro Vargas* ese programa de la televisión donde cada semana un invitado venía a hacer dueto con la voz de terciopelo del anfitrión que se manifestaba "muy agradecido, muy agradecido, muy agradecido"? ¿o quizá, como quería tanto a los niños, prefería los programas de concurso en los que las "estrellas infantiles" cantaban, bailaban o siempre, invariablemente, recitaban:

> *Mamá, soy Paquito, no haré travesuras.*
> *Un cielo azul colmado de estrellas me mira,*
> *los rayos como mi sombra caen hacia mí.*[167]

6

Desde que la mujer había adquirido el derecho de votar, se consideraba que tenía que aparecer al menos una vez en los discursos oficiales, que siempre usaban los mismos lugares comunes: "La mujer, nuestra admirable mujer mexicana, no sólo simboliza nuestras más puras esencias nacionales sino además, desde que quedó activamente incorporada con igualdad de derechos a la vida política del país, ha sido factor de perfeccionamiento democrático y su aporte ha ennoblecido y elevado el contenido y el tono de nuestras luchas cívicas. Ella mantiene el entusiasmo creador e impulsa el esfuerzo colectivo".[168]

Sin embargo, a la hora de la hora, este personaje que se supone era factor de perfeccionamiento democrático, seguía teniendo como principal virtud, su abnegación.

En su sexto y último informe de gobierno, el presidente dijo: "Con emoción desbordante tributo una vez más el homenaje de la Nación y mi gratitud a las abnegadas mujeres mexicanas que dirigen, cooperan y día a día laboran en una obra que responde a la más honda inspiración humanista de mi gobierno y a uno de los aspectos esenciales del futuro de México".[169]

Mientras López Mateos decía estas palabras y aunque su nombre nunca fue pronunciado, largos aplausos se le tributaban a doña Eva Sámano que los recibía complacida desde el palco de honor en el que año con año ocupaba un lugar, aunque ya para ese momento, él no era más su marido.

Y es que Adolfo "el joven" —como le decían por comparación con el mandatario anterior que había sido Adolfo el viejo— conoció en las postrimerías de su gobierno a una maestra de nombre Angelina Gutiérrez Sadurní de quien se enamoró. Según Julio Scherer, la había visto por primera vez una mañana en la esquina de su casa, cuando la muchacha le extendió una alcancía de la Cruz Roja y le pidió que cooperara con la campaña en favor de esa institución. "El presidente contempló el lirio que tenía enfrente y ordenó a su chofer que detuviera la marcha del automóvil. Sonriente, invitó a la hermosa muchacha a su lado, largo el trayecto hasta Palacio Nacional."[170]

Una lectora de la versión anterior de este libro se puso en contacto conmigo y la corrigió: "Angelina dirigía un kínder del gobierno en la Unidad Independencia y cuando el presidente fue de visita se le encargó entregarle un ramo de flores como bienvenida, lo que ella aprovechó para decirle todo lo que faltaba y estaba mal. A él le encantó que la joven tuviera tantos pantalones y así es como se conocieron. Ella era bonita, de buen cuerpo y con cabello oscuro, pero nada del otro mundo". La informante es Patricia L. de Ramos, quien participaba con Angelina en el grupo de jóvenes del Pedregal, y que fue, por cierto, aquel lirio que le pidió el óbolo al presidente de la República para la colecta anual de la Cruz Roja.[171]

Como sea, así empezó el romance. Dice Julio Scherer que "ALM le llevaba serenata y cerraba la cuadra en la que ella vivía para que nada interrumpiera a los tríos que cantaban bajo la luz de las estrellas". Y al poco tiempo se casaron. Villalpando afirma que fue por la Iglesia —y que de ello da fe un video— aunque no por lo civil pues doña Eva jamás le concedió el divorcio. La señora Patricia me lo ha confirmado, ya que el sacerdote que los casó era su director espiritual y él mismo se lo dijo. Se fueron a vivir a una casa muy bien puesta, que tenía a la entrada un gran cuadro con el retrato de don Adolfo, y que se localizaba en una privada por el rumbo de San Jerónimo, no lejos de la residencia de doña Eva. Allí procrearon dos hijos, un varón a quien bautizaron con el nombre de su padre y una niña, a quien la joven madre llevaba consigo a la iglesia para rezar por don Adolfo cuando el ya estaba muy enfermo.[172]

Terminado el mandato presidencial, la señora Eva se imaginó que a ella se le permitiría continuar con las actividades de asistencia social que venía realizando y que tanto le gustaban. Escribe Justo Sierra Casasús: "Creyó que doña Guadalupe Borja no iba a continuar con esos trabajos porque era nerviosa y ajena a las cosas públicas... pensó que ella seguiría al frente de dicha labor, alimentó esa esperanza hasta el último momento".[173] Pero por supuesto no fue así, porque el sistema político mexicano es claro en sus reglas y una de ellas es que quienes ya tuvieron el cargo más alto se retiren a la oscuridad. Pero de todos modos, la señora Sámano se enojó mucho y parece que hasta reclamó. El resultado fue un muy severo disgusto con la siguiente primera dama que nunca, después de la toma de posesión de su marido, la volvería a invitar a ningún acto y ni el saludo le daría cuando se encontraban.

Pero no por eso se quedó quieta doña Eva. Aprovechando su posición y para cumplir con su sueño de tener una escuela propia, se la mandó construir en unos terrenos allá por Coyoacán, "de sus propios recursos y con los regalos que le enviaron varios empresarios: camiones de material, muebles importados y mil cosas más".[174] Por nombre le puso Héroes de la Libertad y la inauguró en 1964, poco antes de que concluyera el periodo presidencial de su marido, por lo que, en su calidad todavía de primera dama, el colegio pudo recibir una bandera especial. Diez años estaría la señora al frente de esta institución —desde las ocho de la mañana en punto, impecable en su traje sastre— a la que convirtió en un centro de excelencia educativa y en colegio piloto porque en él se pusieron en práctica los métodos pedagógicos más nuevos y los sistemas más avanzados en educación. "Era una maestraza" dicen quienes la conocieron y no en balde se la llamaba "la maestra de México".

Por su parte López Mateos fue nombrado para presidir el Comité Organizador de los Juegos Olímpicos, cuya sede él había conseguido para México. Pero no pudo desempeñar el cargo porque la enfermedad se lo impidió. Una delicada operación para buscarle origen a sus fuertes jaquecas descubrió que tenía varios aneurismas en el cerebro y pronto le fue imposible moverse ni hablar.

Doña Eva estuvo a su lado en el sanatorio y después se lo llevó a vivir a su casa, donde permaneció hasta su muerte. Ni siquiera pudo asistir a la boda de su hija Ave —aunque dicen que se emocionó cuando ella entró, vestida de novia, a despedirse de él antes de salir a la ceremonia— ni conoció a su nieta Juliana. La señora no le permitió tampoco ver a su segunda esposa ni a sus hijos y a Angelina no se le dio oportunidad de presentarse al entierro cuando don Adolfo murió en septiembre de 1969.

En 1975 doña Eva Sámano se retiró. Los varios infartos que había sufrido desde tiempos de la Presidencia de su marido y su fuerte artritis le impedían seguir haciendo tanto esfuerzo. Un grupo de padres formó una cooperativa y adquirió el plantel educativo que era de su propiedad. Ella se fue a su casa y se dedicó en cuerpo y alma a atender a su única y adorada nieta. Murió en enero de 1984 en el Hospital Central Militar de la ciudad de México, donde había ingresado dos meses antes con padecimientos renales y pulmonares, y fue enterrada al lado de su esposo en el Panteón Jardín de la ciudad de México,[175] de donde años después el presidente Salinas los mandó sacar y trasladar a Atizapán, Estado de México, a un monumento erigido en honor al licenciado López Mateos.

7

Con el país en calma y trabajando, Gustavo Díaz Ordaz, que había sido secretario de Gobernación en el sexenio anterior, amigo personal de López Mateos y hombre de todas sus confianzas, asumió la Presidencia de la República el primero de diciembre de 1964.

Había ganado las elecciones no sólo con el apoyo del PRI sino también con el de otros partidos que lo habían hecho su candidato, lo que le permitió tener más de ocho millones de sufragios que constituían casi ochenta y nueve por ciento del total de la votación.[176]

Bajo un sol que aparenta comenzar otra edad
obreros, campesinos, pueblo, pueblo,
van ocupando a México. Parece
que es la Revolución... no:
son acarreados
que trajo el PRI *a aclamar al presidente.*[177]

Los estudiosos afirman que al ceñirse la banda presidencial, Gustavo Díaz Ordaz encontraba al país en las mejores condiciones de su historia: tranquilo y productivo, con inversiones y crecimiento económico y bien respetado en el mundo.

Con este presidente todo continuó igual y la única diferencia fue el cambio en la persona que ocupaba el cargo: "Los sexenios se suceden y desde el poder sigue el viejo estilo" escribió Carlos Monsiváis, y según Lorenzo Meyer, "el gobierno de Díaz Ordaz no intentó abandonar la ortodoxia desarrollista y desistió de todo intento de cambio".[178] El sistema siguió funcionando con todo y las contradicciones que lo constituían: la modernización con las desigualdades sociales; una industrialización dirigida menos a bienes de capital y más a bienes de consumo —que hacía muy dependiente el desarrollo del crédito y de la tecnología del exterior—; el autoritarismo y la corrupción; el abandono del campo porque a nadie le interesaba invertir en él ni retener en su seno a la fuerza de trabajo (por eso el campo mexicano se fue despoblando y dejó no sólo de ser exportador sino incluso autosuficiente).[179]

El triunfalismo siguió siendo la tónica gubernamental y se hacía manifiesto en discursos, ceremonias e inauguraciones. Y parecía tener bases sólidas: el partido oficial continuó funcionando para coordinar y disciplinar a sus miembros y las cámaras de diputados y senadores legitimaban las decisiones presidenciales; el aparato sindical ejercía un firme control sobre el movimiento obrero y operaba como intermediario de cooperación con el Estado; el aparato judicial era ineficiente y servil y el ejército funcionaba menos como guardián y más como fuente de información y de ayuda en caso de siniestros naturales (a excepción de su intervención en los casos de la guerrilla). La estabilidad social y política se lograba con acuerdos negociados o de plano, con francas represiones, como sucedió con algunos movimientos sociales.

Y es que, a raíz de la Revolución cubana, se habían formado en muchos países de América Latina movimientos guerrilleros que buscaban justicia e igualdad y que el indio, el obrero y el campesino no fueran tan pobres y marginados, que dejaran de ser "los condenados de la tierra" como los había llamado Franz Fanon. En México, la más importante fue la de Lucio Cabañas y Genaro Vázquez que se se levantaron en el estado de Guerrero. Pero hubo también otras cuyos líderes fueron aprehendidos, algunos para matarlos, otros para encarcelarlos. "Había trotskistas como Adolfo Gilly, guevaristas como Víctor Rico Galán, maoístas, etcétera. Los separaban las tácticas y las interpretaciones, pero los vinculaba la pasión revolucionaria, el odio al imperialismo y al capitalismo y una ideología que provocaba en Occidente fervor... el marxismo."[180]

8

Gustavo Díaz Ordaz Bolaños Cacho nació en lo que hoy es Ciudad Serdán, Puebla, en el seno de una familia oaxaqueña que pasó un tiempo en ese lugar, pero regresó a su estado por la Revolución y vivía en penosa situación económica. Escribe Enrique Krauze: "En un momento sufren la vergüenza de ser lanzados de su casa a la calle por atraso en el pago de la renta. Un hermano de doña Sabina (la madre)... los acoge en su casa a regañadientes. Cuando los personajes importantes llegan a su casa, la familia pasa a un rincón de la cocina donde no pueden ser vistos ni oídos. Son, en el lenguaje despiadado de México, unos arrimados. Gustavo viste de dril. Es pobre pero decente. Su futuro está en el estudio y si no puede adquirir libros, los pide prestados y los lee en la propia librería".[181] El joven estudia leyes y se hace amigo de Guillermo Borja, quien le presta los textos que necesita para estudiar, ya que su padre era el respetado y rico abogado Ángel Borja Soriano.

Díaz Ordaz era un muchacho de aspecto tan poco agraciado, que desde niño le hacían burlas y chistes de los que él mismo se reía. Cuando el historiador Daniel Cosío Villegas leyó lo que decía Robert C. Scott de que para ser candidato a la Presidencia de México era requisito no ser declaradamente

Guadalupe Borja de Díaz Ordaz y Eva Sámano de López Mateos

feo, afirmó que tal aseveración seguramente se hizo antes de la nominación y elección de Gustavo Díaz Ordaz. Tal vez por eso su carácter era hosco y retraído y "sus pasiones volcánicas y siempre cegadoras del entendimiento", según afirma José Fuentes Mares.[182]

La señora Guadalupe Borja Osorno era oriunda de la capital de la república, donde había nacido en 1915, pero había vivido desde chica con su familia (el ya mencionado don Ángel, su padre, doña Fanny Osorno, su madre, y seis hermanos) en Puebla. Había estudiado una carrera comercial (un autor afirma que lo que estudió fue enfermería), misma que abandonó cuando después de cinco años de noviazgo se casó en 1937, en la Parroquia de San Cristóbal, con el recién recibido abogado Gustavo Díaz Ordaz. Hay quien dice que lo que seguramente enamoró a la joven Lupita fue la voz de su pretendiente, que era muy hermosa, otros en cambio creen que le atrajo porque era serio y trabajador y no tenía vicios: ni fumaba, ni bebía y comía poco y sencillo por problemas estomacales que le obligaron toda su vida a ser sumamente austero con sus alimentos.

Los recién casados se quedaron a vivir en Puebla, donde el licenciado ocupó sus conocimientos de derecho en la Junta de Conciliación y Arbitraje, en la rectoría de la universidad, como magistrado, como presidente del Tribunal Superior de Justicia del Estado, como secretario de Gobierno, como diputado federal y como senador. Y en todos los puestos mostró mano firme y capacidad de trabajo, "ni una mosca volaba sin que su vuelo se registrara", dice Krauze.

Cuando empiezan sus ascensos en la política federal, don Gustavo se va a vivir a la capital y por supuesto, igual que todas las esposas de quienes se interesaban por la política, la señora se fue con su marido. Y mientras él pasaba largas horas en las oficinas de la Secretaría de Gobernación, ella crió a sus tres hijos, Gustavo, Guadalupe y Alfredo, y dedicó su tiempo a atender el hogar.

Según quienes la conocieron, doña Guadalupe era una señora muy dulce, muy calladita, muy bien educada y muy modesta en su forma de ser, además era bonita físicamente.[183] No era una mujer elegante aunque pretendía serlo, pero por su baja estatura y por la moda tan poco favorecedora de la época, la ropa no le lucía. La falda arriba de la rodilla y los peinados esponjadísimos le sentaban mal. Y además se ponía cosas que ya nadie usaba como sombreros o guantes largos hasta el codo. En este sentido le sucedía lo que decían muchos modistos: "La mujer mexicana no tiene buen gusto para vestirse". Ellos lo atribuían al afán de copiar las modas de otros países que las hacen ponerse cosas que no van con su tipo de cuerpo ya que "la mujer mexicana tiene una figura especial: cuello corto, busto y caderas amplias" y por otra parte, a que "las mexicanas hacen demasiada mezcolanza en su indumentaria. Se ponen igualmente un vestido de satín brillante o uno de seda artificial en la mañana que en la noche, en el teatro que en su trabajo. Llevan con la misma tranquilidad un vestido de tira bordada en invierno que zapatos de seda con un traje sastre y abusan de lo que les gusta, no importa si viene a cuento o no. Encuentro inapropiado en México el abuso del tacón alto, del tacón de once centímetros que llevan las mujeres con trajes de estilo sport".[184]

Cuando su marido asume el cargo de presidente, la familia deja su casa del Pedregal de San Ángel y se muda a Los Pinos, porque don Gustavo consideraba que habitar la residencia oficial era parte de los deberes propios de su investidura, a la que confería mucha importancia y por cuya defensa estaría dispuesto a todo. Tanto, que hasta sus amigos más íntimos tuvieron que empezar a hablarle de usted y dirigirse a él como "señor presidente".

Pero doña Guadalupe conservó el mismo estilo de vida a que estaba habituada: "La vida de la señora Díaz Ordaz era muy tranquila y reposada, como puede haber sido la de muchas amas de casa mexicanas, dedicadas por completo a atender a su esposo y a sus hijos y a vigilar su hogar".[185] Mujer sumamente hogareña, no se interesaba ni por el deporte ni por la cultura ni por la acción pública ni por la vida de sociedad. Pasaba las tardes en la casa con su nieto que era su adoración, viendo televisión.

¿Le atraían las telenovelas? ¿le afectaban las maldades que en ellas las mujeres perversas les hacían a las buenas y las ricas a las pobres? ¿odiaba como todo mundo a la actriz Silvia Derbez a quien la policía tenía que defender en la calle, pues por su papel de villana en la pantalla chica la gente la agredía? ¿o a Maricruz Olivier que de día tenía una personalidad de buena y de noche otra de malvada? ¿sentía lástima por Rafael Banquells, aquel pobre "Gutierritos" que sufría lo indecible por la incomprensión de su esposa? ¿o quizá, con tal de hacer feliz a su nieto Mauricio, prefería ver toda la tarde el canal cinco para que el pequeño disfrutara de las caricaturas del *Club Quintito* con el Tío Gamboín y Rogelio Moreno?

9

Y, sin embargo, doña Guadalupe no tuvo más remedio que continuar con la labor de asistencia social que ya era tradicional para las primeras damas y que gracias a su antecesora se había convertido en una institución imposible de abandonar. Por eso en diciembre de 1964 el presidente de la República le dio posesión del cargo de presidenta del Instituto Nacional de Protección a la Infancia. En su discurso inaugural la señora afirmó: "Soy consciente de la enorme responsabilidad que asumo", y agregó: "Con el mismo celo y cariño con que he cuidado de mis propios hijos, cuidaré de estos miles de pequeños a quienes todo les falta".[186]

Y en efecto, se siguieron repartiendo los desayunos escolares y atendiendo la salud de los niños y se ampliaron las actividades del INPI hasta abarcar a toda la familia a partir de la idea de que se debía educar y capacitar a los padres para lograr la integración familiar como "la mejor forma de proteger a la niñez". Por eso doña Guadalupe exhortaba a las mujeres a "intervenir con más importancia en la defensa de lo que amenazan peligros de guerra, disoluciones morales, injusticias" y a "hacer honor a sus más ilustres antepasados y

Guadalupe Borja de Díaz Ordaz se dedicó a su hogar pero cumplió con lo más necesario de los compromisos oficiales

Guadalupe Borja con Gustavo Díaz Ordaz y sus hijos

que sean símbolo acrecentado de las virtudes reconocidas como características de la mujer mexicana".[187]

La señora Díaz Ordaz promovió la creación de un nuevo organismo oficial: la Institución Mexicana de Asistencia a la Niñez, que por decreto presidencial nació el 19 de agosto de 1968 y del que fue nombrada presidenta. Los objetivos de este nuevo organismo eran: "Velar por el bienestar de los niños huérfanos, abandonados o enfermos y buscar, en coordinación con organismos públicos y privados, disminuir los problemas de abandono, explotación e invalidez de menores".[188]

¿Qué necesidad había de levantar otra estructura burocrática tan cara y compleja siendo que sus propósitos eran similares a los de la que ya existía? ¿por qué no mejorar y hacer crecer a aquélla?

La razón no se hizo clara en aquel entonces pero se debió al pleito ya mencionado entre las señoras Díaz Ordaz y López Mateos, que fue tan fuerte que la primera dama nunca volvió a invitar a su antecesora a ningún acto oficial (aunque asistieran otras exprimeras damas) y cada vez que la encontraba en algún lugar subía la voz pidiendo que la sacaran de allí. Por eso decidió crear una institución nueva para que su trabajo no tuviera ninguna relación ni identificación con el de la señora Sámano. Por supuesto eso no se le comunicó a la opinión pública. Lo que se hizo fue tratar de diferenciar a los dos organismos: "A la IMAN se le encargaba la tarea de organizar y dirigir programas asistenciales en beneficio de los menores en condiciones de riesgo (es decir, niños abandonados o enfermos) y el INPI seguirá con sus programas orientados principalmente a la alimentación". La doble burocracia se justificaba diciendo que "existía un vacío en lo concerniente a los infantes sin recursos y el IMAN significaba el intento institucional para aliviar esta falta de atención".[189] ¿Pero acaso el INPI no era también para niños sin recursos (o como les llamó el presidente Díaz Ordaz en su primer informe de gobierno, "los seres menos estimados")?

Según el decreto de creación del INPI en 1961, se trataba de un organismo público descentralizado con personalidad jurídica y patrimonio propio, cuyo fin era complementar la alimentación a los niños de familias de escasos recursos, pero además "dar atención general a la niñez" y según el decreto de creación del la IMAN en 1968, era también un organismo público descentralizado con personalidad jurídica y patrimonio propio, que tenía por objeto ocuparse de la niñez abandonada, teniéndolos en custodia temporal o remitiéndolos a hogares sustitutos y establecimientos de asistencia.

Lo que llama la atención en este asunto es, por una parte, la ineficiencia de la administración pública que duplicaba las instituciones encargadas de ciertas funciones y acciones, por ejemplo, el IMSS y el ISSSTE, el INPI y la IMAN. No es de extrañar que "comenzó a generarse una confusión en las actividades, la cual produjo una operación inadecuada de la asistencia social en el país. Esto se debió a que los decretos de creación le asignaron a ambas dependencias funciones similares".[190]

Y en segundo lugar, llama la atención que los recursos de la nación se puedan usar para satisfacer los caprichos personales de quienes tienen poder. Y por lo visto, las esposas de los presidentes de la República lo tenían porque sus maridos las apoyaban. Así como doña Eva se mandó levantar su propia escuela particular para ocuparse de ella una vez terminado el mandato (y aunque digan que lo hizo con sus propios recursos, en realidad recibió muchos "regalos"), así la dulce señora Díaz Ordaz se dio el lujo de hacerse su propia institución de asistencia social con tal de quitar del candelero a su enemiga. Como no podía cancelar al INPI porque ello hubiera significado hacer público el pleito —y en ese tiempo aún no se ponía de moda como hoy denostar en voz alta al presidente anterior o a su familia— simplemente lo fueron dejando desaparecer poco a poco de la luz pública (aunque siguió con los programas de desayunos y las plantas elaboradoras y envasadoras de raciones, pero para finales del sexenio ya sólo se destribuían seiscientas) para en su lugar hacer brillar a la IMAN.

El nuevo organismo estableció institutos regionales en todos los estados del país y mandó construir un magnífico hospital y una casa cuna en las calles de Churubusco y Tlalpan, destinada a la custodia de niños sin familia hasta los cuatro años de edad. Más adelante, en amplios terrenos sobre la avenida Insurgentes Sur en la ciudad de México, se construyó una casa para niñas entre los cuatro y quince años y se levantaron las oficinas administrativas de la institución. Poco después se les agregó otro hospital. Además, se echó a andar un sistema de capacitación para profesionistas y técnicos interesados en la protección del menor y otro para investigación sobre las causas del abandono de niños y se dieron cursos de educación médico-higiénica.

En ese sexenio disminuyó el gasto destinado al sector social, que de todos modos creció porque el presupuesto había crecido, tal que para 1965 se extiende la seguridad a los ejidatarios y pequeños propietarios y la población amparada pasa a ser de 7.5 millones de derechohabientes.[191]

Como todas las primeras damas, la señora Díaz Ordaz inauguró planteles educativos, casas-hogar, asilos, hospitales y clínicas, guarderías y salones de costura; recibió a los niños aplicados de todo el país instándolos a seguir adelante; legalizó uniones matrimoniales; fue nombrada presidenta Honoraria de las Guías de México y del cuerpo de voluntarias del Instituto Mexicano de Rehabilitación; inauguró las oficinas del Comité de Servicio Social y Cultural, A.C., una agrupación de mujeres que durante muchos años encabezó los festejos por el día de la mujer; organizó en el castillo de Chapultepec una comida para las esposas de los expresidentes (a la que no se invitó a Eva Sámano); asistió a exposiciones en Bellas Artes y a presentaciones de arte popular; presidió el Congreso Femenil de la Confederación de Trabajadores de México; recibió a visitantes extranjeros, entre ellos —pues ya se había vuelto costumbre— al presidente de Estados Unidos y a su esposa la señora de Lyndon B. Johnson; dio donativos a instituciones privadas de asistencia como la Cruz Roja y la Ciudad Vicentina; y organizó los tradicionales festivales con reparto de ropa y juguetes para niños en los días de Reyes y de utensilios domésticos para mujeres humildes en el día de las Madres.

En su segundo informe de gobierno, el presidente Díaz Ordaz dijo: "Debemos proclamar que la participación de la mujer mexicana ha sido verdaderamente digna de admiración... sin el concurso de la mujer no puede intentarse nada que sea grande, noble, fecundo y perdurable. Mi homenaje fervoroso a la mujer mexicana, símbolo magnífico de abnegación, de amor y sacrificio lo mismo por el padre que por el hermano, que por el esposo, que por el hijo, igual por el conjunto que forma la familia que por el conjunto de familias que forman la Patria".[192] Estas palabras de agradecimiento iban también dirigidas a su esposa aunque nunca se mencionó su nombre.

Ahora bien, la verdad es que no eran un cumplido sino que dedicar un párrafo a las mujeres se había convertido en una parte más del discurso oficial, de la misma manera como el trabajo de las primeras damas se había vuelto obligatorio dentro de la acción gubernamental. Por lo demás, son señal fehaciente de que nuestra modernización sólo lo era en la superficie, pues mientras en los países industrializados las mujeres entraban en grandes oleadas a participar en la economía y en la vida pública, en México, a pesar de que muchas de ellas ya estaban en la fuerza de trabajo (campesinas, obreras, burócratas, maestras), se les seguía pidiendo abnegación, amor y sacrificio.

En una asamblea femenil del Partido Revolucionario Institucional, ante mujeres militantes en la política, el presidente Díaz Ordaz manifestó la vieja concepción según la cual "la mujer lima asperezas, conjura predisposiciones, impone respeto, mueve a la cordialidad. La mujer es altar y es culto".[193] Al mejor estilo del siglo XIX, se la condenaba a sólo valer por ser esposa (del soldado, el maestro, el artesano, el campesino, el obrero, el comerciante, el funcionario o incluso el presidente) y a limitar su esfuerzo a aquello que tuviera que ver con tareas educativas, asistenciales, sanitarias y de orientación cívica.

10

Estamos en plenos años sesenta, el ensalzamiento de lo juvenil era la tónica de la época y rebeldía era la palabra de moda. Mientras en Estados Unidos cantaban Elvis Presley y Paul Anka, aquí eran César Costa y Los Rebeldes del Rock, y aquí, como en todo el mundo, también se cantaba "She loves you yeah yeah yeah" de Los Beatles. Los jóvenes se dejan crecer el cabello y las chicas se ponen bikini que les permite lucir el ombligo que tantos años se mantuvo escondido por la prohibición expresa de las autoridades y llevan la falda bastantes centímetros por arriba de la rodilla. ¡Hasta una manifestación hubo en la capital para defender la minifalda!

Los padres y los hijos se distanciaban "porque ya no se entendían" y pomposamente a eso se le llamaba "conflicto de generaciones". En uno de los primeros programas de debate de la televisión mexicana, una jovencita dijo: "Lo único que quiero es que me dejen en paz, que no se metan conmigo".[194]

En los hogares mexicanos hay pleitos:

–No puedes salir a la calle sin ropa —dice el papá,

–No estoy sin ropa, llevo falda —responde la hija,

–Ése es un cinturón ancho, no una falda —afirma el papá.

–Tienes que cortarte el pelo —exige la mamá,

–Me gusta así, hasta los hombros —responde el hijo,

–Es que da vergüenza, pareces mujer —insiste la mamá.

Corría por la época un chiste según el cual en la fila para entrar al cine una señora le pide a la persona que está frente a ella:

–Disculpe señor, ¿podría encargarle a usted y a su hija que cuiden mi lugar mientras voy a buscar un teléfono?

–No soy señor sino señora y no es mi hija sino mi hijo —responde el interpelado.

El gran descubrimiento fueron las drogas: las anfetaminas y el "pasto verde", como le llamó el escritor Parménides García Saldaña a la marihuana. ¿Quién no se echó un "toque" de "golden" acapulqueña que circulaba por todas partes aunque estuviera prohibidísima?

El otro gran descubrimiento fueron las pastillas anticonceptivas, el permiso que hacía falta para ejercer la sexualidad. ¿Quién no pasó la tarde en uno de esos hoteles que crecían a orillas de las ciudades? Corría por la época otro chiste: "Las niñas decentes se van a la cama a las seis de la tarde para llegar temprano a su casa".

Los jóvenes no querían saber del orden, del poder, de la familia. Se sentían los dueños del mundo y sólo querían divertirse, "alivianarse" como se decía entonces. Una enorme brecha se abrió entre el discurso oficial y la realidad de la sociedad, sobre todo la de los adolescentes de clase media. El escritor

José Agustín habló por ellos (como ellos, desde ellos) con un lenguaje fresco, irreverente y vital:

"Detrás de la gran piedra y del pasto, está el mundo en que habito. Siempre vengo a esta parte del jardín por algo que no puedo explicar claramente, aunque lo comprendo. Violeta ríe mucho porque frecuento este rincón. Eso me parece normal: Violeta es mi madre y le encanta decir que no estoy del todo cuerdo. Ahora debo regresar a la casa, porque de lo contrario Violeta me llamaría y no tolero cosas así. Seguro soy desobediente por naturaleza. Por ejemplo, hace un rato Humberto me pidió que comiera con orden, sin mordiscar aquí y allá. No le hice caso, pero acepto que diga ese tipo de cosas (no por nada es mi padre). Siempre me ha costado trabajo hacerme a la idea de que son mis padres; es tonto, he visto mi acta de nacimiento y hasta me parezco a ellos."[195]

Los jóvenes, ¡toda una categoría social! ¡todo un modo de vivir y de ver la vida! Unos se divertían en las tardeadas, otras se metían dentro de enormes jaulas para bailar "a go-go", unos le ponían "brasier" a la Diana Cazadora (a la que en el año 67 las autoridades —por fin— le quitan los calzones que le

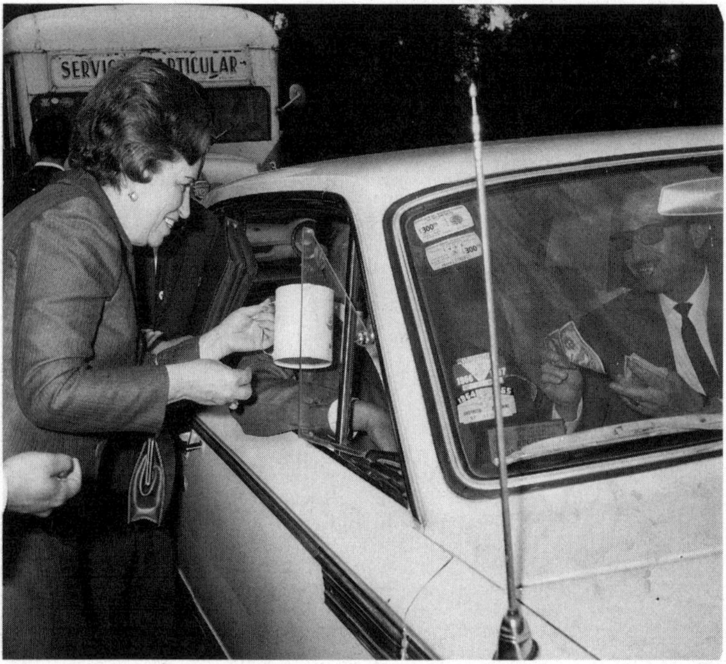

Guadalupe Borja de Díaz Ordaz

había mandado poner la señora Soledad Orozco de Ávila Camacho, en medio del regocijo popular), otros se bañaban en las fuentes públicas, unos cantaban con Julissa y Angélica María, otros descubrían a Los Rolling Stones. Unos eran caifanes y otros rebeldes, algunos fresas y otros alivianados, pero todos rockeros, todos bailando los éxitos norteamericanos traducidos al español:

Mi amor entero es de mi novia popotitos,
sus piernas flacas son un par de carricitos,
con popotitos me voy a casar,
de aquí en adelante la voy a alimentar.[196]

Los sesenta se metieron también a Los Pinos. La señora Guadalupe Borja empezó a usar las faldas más cortas y su hijo menor se convirtió en un "rebelde sin causa" que corría go-karts (hasta le mandaron a hacer su pista particular), invitaba a sus amigos a funciones privadas de cine (con películas cortesía de la Secretaría de Gobernación) y hacía fiestas con la música a gran volumen.

Ahí viene la plaga,
le gusta bailar
y cuando está rockanroleando
es la reina del lugar.[197]

Quienes conocieron a los Díaz Ordaz dicen que don Gustavo quería mucho a la señora Lupita. En una ocasión, para festejar su aniversario de bodas, mandó el avión presidencial a Guadalajara para traer hasta Los Pinos al célebre Armando Manzanero quien cantó una canción especialmente compuesta para esa fecha:

Parece que fue ayer,
cuando dormida te tomaba entre mis brazos...
Soy tan feliz
de haber vivido junto a ti
por tantos años,
que Dios te guarde
por hacerme tan feliz.[198]

También ella lo debe haber querido mucho, aunque sus colaboradoras aseguran que sentía siempre algo de temor por el carácter corajudo y enojón de su marido al que no se atrevía a enfrentar. ¿Cómo tomaba la señora las bromas que le hacían a don Gustavo por su fealdad? ¿se rio en aquella ocasión cuando le dijeron que era cosa sabida que los poblanos tenían dos caras y él contestó: "¿Ustedes creen que si yo tuviera otra usaría ésta?" ¿o aquella otra ocasión en que no dejaba de llover y el gobernador de Veracruz le dijo que lamentaba que los días estuvieran tan feos a lo que el presidente respondió que tampoco los López eran nada guapos?

A don Gustavo le gustaba vivir bien. Vestía con trajes caros y finas camisas mandadas a hacer especialmente para él en Londres y que llevaban bordado un monograma. Pedía a sus restaurantes favoritos que le enviaran lo que le gustaba comer, aunque siempre fue austero con los alimentos debido a sus problemas estomacales. A la residencia oficial se le hicieron nuevas construcciones: campo de golf, dos albercas, una cubierta y otra descubierta, canchas de tenis y frontón, una calzada para correr go-karts y un boliche electrónico que usaba el hijo menor de la familia, un muchachito prepotente que gustaba de las diversiones caras y del escándalo. Se arreglaron los salones para juntas, los de recibir invitados y el de ver cine, y a las habitaciones privadas se les instalaron grandes y lujosos baños. Finos muebles, candiles y espejos la adornaban y se mandaron traer cuadros de los museos nacionales (los que no se devolverían sino hasta treinta años después). También se encargó a Francia una vajilla para veinticuatro personas con el escudo nacional. ¡Qué avance "democrático" el nuestro si pensamos que Carmelita Díaz había mandado a hacer la suya para trescientos comensales!

Pero cuando se casó el hijo mayor, es cuando de verdad se echó la casa por la ventana, pues se mandó a levantar un enorme pabellón para que cupieran los más de tres mil invitados que cenaron y bebieron, magníficamente atendidos por cientos de meseros en impecables uniformes y que luego bailaron hasta el amanecer con dos estupendas orquestas.

Según las entrevistas concedidas por la hija de la pareja, la señora Guadalupe Díaz Borja de Nasta, la familia era feliz y unida. Si eso es cierto, no lo sabemos. Lo que sí se vio es que la señora se mantuvo firme al lado de don Gustavo en las buenas y en las malas: lo acompañó a todas partes, cumpliendo siempre dignamente con su papel de primera dama y no se despegó de su lado durante los momentos difíciles, desde una operación de ojos que se llevó a cabo en el Hospital Militar hasta los sucesos del año sesenta y ocho.

¿Comió la señora Lupita en el primer restaurant chino que hubo fuera de la calle de Dolores, el Luau, en la llamada Zona Rosa, que entonces se puso de moda? ¿se rio con los libros de Jorge Ibargüengoitia que a su vez se reía de los héroes de La Patria? ¿hizo un esfuerzo por entender los cerrrados textos de Salvador Elizondo, que eran la vanguardia en la literatura nacional? ¿o de plano prefería los comics de *La familia Burrón* con sus personajes pobres o los de *Lágrimas, risas y amor* con los amores de las jóvenes sin recursos pero bonitas que siempre conseguían maridos ricos y guapos? ¿le gustó inaugurar el modernísimo hotel Camino Real con sus enormes paredes lisas de colores brillantes y sus obras de arte contemporáneo? ¿le gustó viajar por el flamante anillo periférico, subirse al metro en la estación Insurgentes con sus grecas tipo mexicano y sus andenes de mármol, ir a pasear al nuevo bosque de Chapultepec con su lago artificial y su montaña rusa? ¿estaba orgullosa de la capital con sus altos edificios y anchas avenidas, con sus anuncios luminosos y sus claxons a toda hora? ¿recorrió la Ruta de la Amistad admirando las esculturas monumentales hechas por artistas de muchos países y asistió a alguno de los magníficos actos de la Olimpiada Cultural que se llevó a cabo poco antes que la deportiva? ¿le impresionó que los norteamericanos llegaran a la luna y que un doctor sudafricano realizara el primer trasplante de corazón? ¿se enteró del escándalo cuando el antropólogo norteamericano Oscar Lewis publicó su libro *Los hijos de Sánchez*, testimonio de la pobreza que era la negación del triunfalismo gubernamental y que provocó la airada reacción de quienes afirmaban que se denigraba a México cuando lo que en realidad hacía el autor era retratarlo en su más dolorosa verdad? ¿se enteró de que el Instituto Nacional de la Nutrición había señalado la malnutrición como el primer padecimiento de los mexicanos y la principal causante de las enfermedades que padecían cuarenta y ocho millones de personas?

11

"Pienso que estamos en 1967. Me gusta pensar que estamos en 1967" escribió Luis Guillermo Piazza.[199] El ambiente de la época era "cultural": en la Casa del Lago Mario Lavista enseña a escuchar música; en la Zona Rosa José Luis Cuevas pinta un mural efímero; aunque el libro *Picardía mexicana* ya va en su 79a. edición, se habla más de *Rayuela* de Cortázar que causa sensación; Carlos Monsiváis tiene un programa en Radio Universidad y Jorge Saldaña convierte a *Anatomías* en el espacio más polémico de la televisión. ¿Con quiénes se casarán la viuda Kennedy y el médico Barnard? ¿cuándo podremos ir todos a Marte? ¿qué se sentirá probar el LSD que acaban de inventar en California? ¿será mejor que los hongos que ofrece María Sabina en Oaxaca y que fascinan a nacionales y extranjeros? ¿por qué tantos jóvenes gringos se van de "hippies" y queman sus tarjetas del ejército con tal de no enrolarse para la guerra en Vietnam? ¿quién no sueña con que lo inviten a la revolucionaria Cuba a algún congreso? ¿quién no se sabe de memoria la canción "Susan" de Leonard Cohen?

Susan takes you down
to her place near the river,
and she feeds you tea and oranges
that come all the way from China.[200]

Tanta dicha terminó de golpe en 1968. Ese año, nació un movimiento social que como escribió Luis Villoro: "Concretaba y expresaba claramente una aspiración generalizada que, de realizarse, obligaría a un cambio político: la aspiración de conquistar, para distintos grupos sociales, el derecho a organizarse con autonomía, fuera de la tutela estatal".[201]

Cuando miles de estudiantes y profesores, de artistas e intelectuales y hasta de padres de familia, salieron a las calles de la capital a protestar contra el gobierno, muchos se preguntaron ¿de qué se quejan si son los sectores más mimados de la sociedad? ¿qué les falta en un país de moneda dura, clases medias pujantes y consumistas, oportunidades de estudio y trabajo, calles seguras, servicios y televisión?

La respuesta era sencilla. Les faltaba eso que fueron a exigir: la oportunidad de disentir, de protestar, de oponerse al autoritarismo y al lenguaje oficial anquilosado y siempre triunfalista, en una palabra, les faltaba democracia. Así lo había escrito Pablo González Casanova en su libro publicado en 1965, *La democracia en México*: "La democratización es la base y el requisito indispensable del desarrollo... dejar que hablen y se organicen las voces disidentes para el juego democrático y la solución pacífica de los conflictos".[202]

Pero lo que esos jóvenes recibieron fueron balas. Así resolvía Díaz Ordaz los conflictos, con mano dura, porque como reiteradamente decía, no le gustaba el desorden. Para cuando dieron inicio los juegos olímpicos, el presidente pudo declararlos inaugurados sobre la sangre derramada de cientos de jóvenes. Así lo relata uno de ellos: "A las cuatro y media salimos hacia Tlatelolco... Cuando llegamos ya había empezado el mitin... La Plaza de las Tres Culturas es una explanada situada en alto, se sube a ella por varias escalinatas y por un costado, está cortada a pico para dejar al descubierto las ruinas prehispánicas recientemente restauradas. Sobre las ruinas fue construida en el siglo XVI una pequeña iglesia: Santiago de Tlatelolco. Pasamos entre un grupo de niños que jugaba sin prestar atención a los discursos. Algunos vendedores se abrían paso entre la multitud. Al fondo de la plaza se veía entrar a nuevos contingentes que desenrollaban sus mantas y elevaban los carteles...

"Dos helicópteros volaban, desde unas horas antes, trazando círculos sobre la plaza y en cierto momento... empezaron a descender hasta que los círculos que dibujaban quedaron por abajo de los edificios que rodean la plaza... Entre las voces y gritos empezaron a escucharse claramente los disparos... Al mirar frente a mí, a lo lejos, hacia el fondo de la plaza, vi que el puente de acceso estaba ocupado por el ejército a todo lo largo. Estábamos totalmente cercados y desde los cuatro extremos los soldados avanzaban a bayoneta calada...

"El suelo estaba empapado de sangre... Cuando el fuego era más intenso y no se podía ni levantar la cabeza nos cubríamos con los cuerpos de los muertos; la plaza es completamente lisa, ¿te imaginas?

"Yo levanté la cabeza... y vi, como si fuera un fantasma, a una niña que se acercaba despacio y con los ojos muy abiertos, llevaba una bolsa de pan que apretaba entre las manos, seguro en su casa la habían mandado al pan y de regreso se detuvo en la plaza; la llamé ¡ven, tírate al suelo! ¡agáchate! pero siguió caminando entre los cuerpos caídos, sin soltar la bolsa y con los ojos abiertos y secos, las balas le zumbaban sobre la cabeza, creo que ni siquiera me oyó."[203]

Ésa fue en México la respuesta a lo que Enrique Krauze llamó "un fantasma de rebeldía", "un viento antiautoritario que recorría el mundo", "una emoción libertaria". La respuesta fue matar a los estudiantes. Y la había ordenado el presidente de la República, Gustavo Díaz Ordaz. Una pinta en un muro del Palacio Nacional resumía la situación: GDO-DOG.

Mientras eso sucedía, en el cine Regis pasaban una película del director polaco-norteamericano Roman Polanski. Se llamaba *Repulsión*.

Guadalupe Borja de Díaz Ordaz

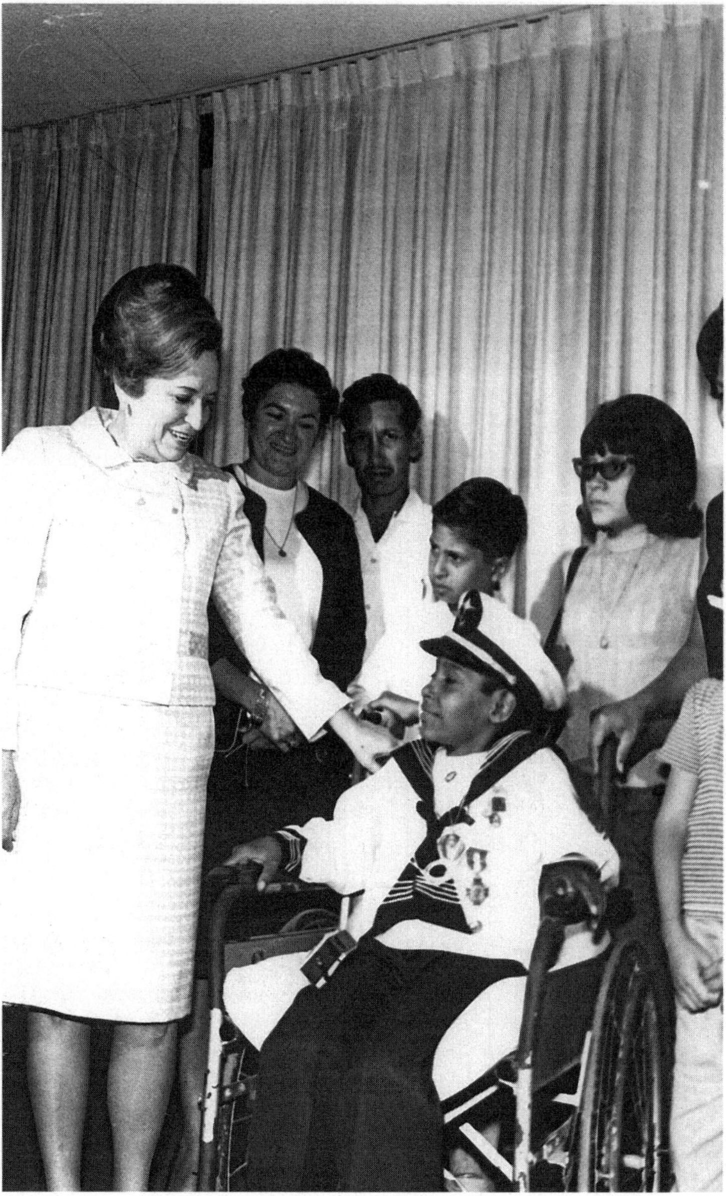

12

La "fiesta desarrollista" había terminado, como dijo Carlos Monsiváis con frase afortunada: "La del 68 fue una crisis política, moral y psicológica de convicciones y valores que sacudió los esquemas triunfales de la capa gobernante; fue el anuncio sangriento de que los tiempos habían cambiado sin que cambiaran las recetas para enfrentarlos".[204]

¿Supo la señora Guadalupe Borja de las matanzas de estudiantes? ¿se conmovió por los jóvenes? ¿le creyó a su marido cuando éste aseguró que había tenido la razón al actuar como lo hizo porque en su opinión así había "salvado a la Patria"? ¿entendió la profunda soledad en que se quedó el presidente, repudiado por todos después de Tlatelolco? "La injuria no me llega, la calumnia no me toca, el odio no ha nacido en mí", afirmó Gustavo Díaz Ordaz con la solemnidad que lo caracterizaba.

¿Sigue usted indignado,
Señor Presidente?
Mala cosa es perder
por unos muertitos
que ya hacen bostezar
de empacho a los gusanos,
la paz.
Todo
es posible en la paz.[205]

En el día señalado del mes de octubre de 1968, la atleta Enriqueta Basilio entró al estadio cargando la antorcha que inauguraba los juegos olímpicos. Durante quince días, los mexicanos vimos a cientos de deportistas luchar por el triunfo y aclamamos a Pilar Roldán cuando esgrimió su florete y al Tibio Muñoz cuando se esforzó en la alberca. Y nos conmovimos cuando la gimnasta Vera Caslavska se casó apenas terminados los juegos. Pero el presidente y su esposa apenas si se dejaban ver. ¿Qué sintió la señora Guadalupe de no poder disfrutar a sus anchas del magno acontecimiento porque a donde sea que se aparecía su marido se desataban las rechiflas y los abucheos?

Porque así sucedió en adelante, en cada uno de sus actos públicos, desde los importantes —como cuando inauguró el Campeonato Mundial de futbol en 1970 en el estadio Azteca de la capital—, hasta los nimios —como una última entrevista que como mandatario concedió a un poco conocido periodista.

Los Díaz Ordaz se encerraron a piedra y lodo. Pero hasta sus habitaciones penetraron la angustia y el insomnio: "Yo noté que mi papá se fue desgastando mucho porque se angustiaba mucho, no dormía bien, se angustiaba muchísimo".[206]

En adelante se deterioraría la salud de los dos: a él, se le acentuaron los padecimientos gástricos y los problemas con los ojos. Ella, alterada por sus temores por la seguridad de los suyos y por la humillación, padeció enfermedades nerviosas.[207] Se la vio temblorosa e inestable en la celebración del Grito, cuando salió al balcón central del Palacio Nacional. ¿Se debió a los libros que uno tras otro salieron acusatorios, recogiendo testimonios e historias? ¿o fue porque captó la dimensión del desasosiego y del resentimiento de su esposo? ¿o quizá su enfermedad se originó en los chismes que se contaban sobre la relación de su marido con una vedette a la que regalaba costosas joyas y pieles?[208]

Cualquiera que haya sido la causa, la señora Borja de Díaz Ordaz no resistió. Su hija se vio obligada a acompañar a su padre en los actos oficiales y a cumplir con las labores de primera dama sustituta, igual que como había sucedido cuarenta años antes con Calles y su hija Hortensia.

¿Por qué no intentó la señora curarse con un psicoanalista como por entonces se ponía de moda y lo hacían muchos, hasta sacerdotes como el padre Lemercier en Cuernavaca que trataba así a los monjes para asegurarse de que su vocación era genuina?

Doña Guadalupe no se alivió. Vivió sus últimos años encerrada en su casa del Pedregal de San Ángel, en la calle de Risco, dicen que más dulce y tranquila que nunca.[209] Murió en julio de 1974, a consecuencia de una bronconeumonía, después de haber estado internada más de cuarenta días en el Sanatorio Español de la ciudad de México y de haber sido sometida a una intervención quirúrgica, y fue enterrada en el Panteón Jardín.[210] Ya no se enteró de que a su marido lo mandó el gobierno como embajador a España, el primero cuando se establecieron otra vez relaciones diplomáticas con ese país. Mejor para ella, porque así tampoco supo del escándalo que surgió por ese nombramiento y que lo obligó a regresar apenas una semana después de iniciado en su flamante encargo. Ni supo de su triste final que sobrevino cinco años más tarde, cuando don Gustavo falleció por un doloroso cáncer de colon. Tampoco se enteró del suicidio de su hijo menor, aquel muchachito consentido que vivió en Los Pinos, ni del divorcio de su hijo mayor, aquél cuya boda había sido la más espectacular de que se tuviera memoria en la residencia oficial. Y menos aún llegó a saber que diez, veinte, treinta años después, la masacre de Tlatelolco, a la que su marido quiso empequeñecer llamándole "un incidente penoso", no sólo sigue siendo un momento crucial de la historia de México, sino que como apuntó Daniel Cosío Villegas, desde entonces el gobierno cayó en un descrédito que nada ni nadie pudo lavar jamás.

Una compañera y una vecina

1

"Desde finales del 68 —escribe Julio Scherer— había descendido sobre el país una tristeza agria, malsana."[211]

> *Me empiezan a desbordar los acontecimientos*
> *(quizá es eso)*

y necesito tiempo para reflexionar
(quizá es eso).[212]

Se esperaba del nuevo presidentes, dice el periodista, que su toma de posesión tuviera "el significado de un cambio de estación en la naturaleza: que reverdeciera al país".

Para responder a estas expectativas, al iniciarse la década de los setenta el gobierno intenta modificar sus políticas sociales y económicas y hace un esfuerzo por limpiar las memorias de Tlatelolco, cerrar las heridas y lograr una reconciliación nacional. Quien encabeza este esfuerzo es Luis Echeverría Álvarez, presidente de México entre 1970 y 76, el primero que llega a ese cargo sin antes haber tenido un puesto de elección popular, algo insólito en el sistema político mexicano.

Originario de la capital, abogado, Luis Echeverría Álvarez había sido el ejemplo típico del político que muy joven inició su carrera en la burocracia (tanto en el partido como en el gobierno), obedeciendo siempre y ciegamente a quien lo cobijaba, trabajando duro (quince horas diarias era su promedio), aprendiendo las mañas (que eran muchas) y guardando silencio (pocas veces se le escuchó hablar y menos opinar).

Anécdota: un grupo de burócratas ofreció una comida en su honor. Durante las tres horas que duró el convivio, el festejado no dijo una sola palabra.

Anécdota: el presidente Díaz Ordaz lo invitó a jugar golf pidiéndole que llegara temprano. Obediente hasta el extremo, el hombre se presentó de madrugada, cuando aún no amanecía.

Anécdota: un día iba con su esposa por la calle y compraron el diario vespertino. Allí se anunciaba su nombramiento como secretario de Gobernación. ¿Por qué no me lo dijiste?, preguntó la señora. Es que todo fue muy rápido, respondió él.

Echeverría fue subiendo en los puestos públicos porque era así: callado, eficiente, trabajador. Díaz Ordaz lo eligió como su sucesor precisamente porque hasta entonces había sido un hombre gris y obediente, eficaz en los cargos que había tenido y pensó que no le haría daño a su imagen. ¡Qué sorpresa se llevaría don Gustavo! Porque desde el primer día de su mandato Luis Echeverría Álvarez se convirtió, para sorpresa de todos, en dinámico y hablador.

Para fines de los años sesenta, habían quedado al descubierto los desajustes estructurales y el rezago económico y social del supuesto milagro: el endeudamiento y la dependencia del exterior y la desigualdad en el interior. Los gobiernos que ascienden al poder en los años setenta, en plena cresta del fenómeno demográfico más alto del siglo xx, heredan problemas sociales y políticos resultado de la crisis del modelo de desarrollo endógeno, que se sumaba a los saldos del atraso rural, la inflación y el desempleo.[213] En su discurso de toma de posesión el nuevo presidente lo reconoció: "Subsisten grandes carencias e injusticias que pueden poner en peligro nuestras conquistas; la excesiva concentración del ingreso y la marginación de grandes grupos humanos amenazan la continuidad económica del desarrollo".[214]

Por eso —escribe Peter Ward— "la primera medida de LEA fue desviar la dirección de la economía apartándola del modelo de 'desarrollo estabilizador' hacia otro de 'desarrollo compartido'. Para hacerlo, promocionó mayor participación e intervención del Estado en el desarrollo económico, introdujo reformas fiscales y creó un puñado de agencias de bienestar y desarrollo que ayudaron a redistribuir algunos de los beneficios del crecimiento".[215]

En términos económicos, el gobierno de Echeverría se propuso reformular las estrategias en un sentido doble: "Reorientar la planta industrial para que de la sustitución de importaciones se pasara a una política exportadora y modificar la agricultura... redefiniendo al mismo tiempo la relación económica con Estados Unidos. La palanca de esa estrategia sería el aumento de la inversión pública".[216]

En términos sociales, Echeverría destina al gasto social "casi la cuarta parte del gasto público" y echa a andar un amplio programa de educación y salud, creación de empresas orientadas al abasto y regulación del mercado de productos básicos (Liconsa, Inmecafé, Diconsa y el fortalecimiento de Conasupo), ampliación del régimen de seguridad social para incluir a trabajadores del henequén, voceadores, mineros y ferrocarrileros, de modo que la cobertura del Estado en esta materia pasó a ser de dieciséis y medio millones de personas y desarrollo de programas para atender a zonas y grupos rezagados.[217]

La represión brutal al movimiento estudiantil había dejado al descubierto la insensibilidad y el autoritarismo del sistema político y eso había llevado a cuestionar seriamente al gobierno y a sus instituciones, por lo cual muchos grupos sociales comenzaron a expresar su inconformidad: campesinos, trabajadores, empresarios, estudiantes e intelectuales. Echeverría se propuso cooptar a los sectores disidentes absorbiendo a grupos amplios de las clases medias en empleos promovidos desde el Estado y abriéndose a una buena dosis de libertad de expresión de las ideas y de la crítica. A esto se le llamó "apertura democrática". Tan novedosa era esta propuesta, que muchos creyeron que por fin se había llegado a la tan ansiada democracia y apoyaron al presidente. Uno de ellos fue el escritor Carlos Fuentes. En su opinión: "El gobierno saliente abocaba al país a una política de fuerza, represión y fascismo nativo", cuando lo que en él había era "una multitud de fuerzas que sólo podrían encontrar salida en una democracia como la que propugnaba el nuevo mandatario".[218] Para él la alternativa era "democratización o represión", o como lo puso alguien: "Echeverría o el fascismo".[219]

2

Echeverría estaba casado con María Esther Zuno Arce, hija de una familia de estirpe liberal de Guadalajara, cuyo padre, José Guadalupe, había sido gobernador de Jalisco, y cuya madre, Carmen, se había dedicado a atender su hogar y a sus doce hijos.[220]

María Esther era la tercera hija del matrimonio. Había nacido en Guadalajara en diciembre de 1924, siendo testigos de su registro Álvaro Obregón,

Lázaro Cárdenas y Manuel Ávila Camacho.[221] Tal vez por eso desde niña le advirtió a quien quisiera oirlo que ella se casaría con un presidente de la República.

El muy joven Luis y ella se habían conocido en casa de Diego Rivera y Frida Kahlo de quienes la muchacha era amiga y el muchacho admirador. Después de un noviazgo de cinco años, contrajeron matrimonio en enero de 1945, cuando él aún era estudiante de leyes.[222]

Según Eugenia Meyer, la señora era una mujer interesante y auténtica, que trabajaba muy duro en su hogar y en su granja avícola que es de lo que vivía la familia.[223] Tere Márquez dice algo parecido: "Era una mujer inteligente, preparada e interesante, que hizo mil cosas antes de ser primera dama: desde manejar una granja avícola hasta organizar una escuela de baile regional".[224] Y María Teresa González Salas de Franco afirma que la granja era un emporio productivo y eficiente, perfectamente administrado y que doña Esther obligaba a sus hijos a levantarse muy temprano para cumplir con tareas que se les asignaban en ella. Así es como los enseñó a ser chambeadores. Pero además, como adoraba lo autóctono, organizó un grupo de bailes regionales, llamado Las Palomas, cuyo objetivo consistía en "rescatar las tradiciones tal y como eran, sin embellecerlas ni adornarlas sino buscando lo más genuino".[225]

Según Julio Scherer, "María Esther había sido una luchadora social".[226] Por eso cuando su marido llegó al puesto más alto, la señora era consciente de

las enormes carencias y de las grandísimas desigualdades sociales en el país y estaba preparada para aprovechar el poder a fin de tratar de resolverlas.

Y, sin embargo, la tarea principal de doña María Esther fue la misma que la de las anteriores primeras damas, la de ser ante todo esposa: "Mi tarea ha sido la de sostener al hombre que ejerce el poder y eso que no se ve ni se sabe es lo más importante".[227] Esto lo reconocía el propio Echeverría: "Sin duda alguna su ayuda ha sido esencial en mi vida política"; "ha sido una mujer muy a la mexicana, siempre con el gran espíritu de solidaridad de nuestras mujeres".[228]

Así pues, a pesar de haber sido luchadora social, trabajadora agrícola y cuidadora e impulsora del rescate de nuestras tradiciones, la señora se había dedicado sobre todo a apoyar las ambiciones políticas de su marido.

Los Echeverría tenían ocho hijos y dos famas bien cimentadas, una de incansables y otra de nacionalistas. Respecto a la primera, los dos estaban siempre en movimiento y en acción, llenos de energía, ajenos al tiempo. Él, caminando a largos trancos que nadie podía seguir, locuaz hasta provocar la desesperación de los demás (su último informe de gobierno duró la friolera de seis horas), con una voz potente y carcajadas que retumbaban en los salones donde se llevaban a cabo las interminables reuniones de trabajo que duraban hasta catorce horas. Y mitológicamente aguantador de las necesidades humanas: "Casi no duerme ni orina si no quiere" escribió Scherer. Ella por su parte, "iba y venía como si se le acabaran las horas para salvar al país".[229]

Y respecto a la segunda fama, allí están para dar fe los discursos antiimperialistas y tercermundistas del presidente y la mexicanización a la que la señora sometió a las costumbres sociales durante su periodo, empezando por el arreglo a la Residencia Oficial de Los Pinos que fue completamente reformada: se sacaron candiles, tibores, vajillas, vitrinas, cómodas y muebles afrancesados que fueron entregados al Museo Nacional de Historia, para meter en su lugar lámparas de vidrio soplado, equipales de cuero, tapetes de lana, jarrones de barro, cortinas de manta y mesas de madera hechas por los mejores artesanos mexicanos. Ese gusto por el arte popular se extendió más allá de su hogar hasta convertirse en un esfuerzo a nivel nacional para el rescate de las artesanías, creando instituciones que las protegieran y estimularan.[230] Cuando se le preguntaba sobre esto, la señora Echeverría respondía: "Lo hago no solamente por mi inclinación y gusto personal sino por el valor político, porque pienso que los pueblos que no defienden sus tradiciones culturales rompen sus raíces y pierden firmeza en su vida colectiva".[231]

Durante el sexenio, una nueva fama iría originándose y sumándose a las anteriores: la de que mucho les gustaban los aplausos y la adulación. Y en todos los programas y acciones —igual que había hecho en su momento la emperatriz Carlota— tanto el presidente como la primera dama insistían en que se reconociera y resaltara su participación.

María Esther Zuno de Echeverría, llevó a cabo el más amplio y decidido trabajo de asistencia social de que se tiene noticia en el país

Claro que en buena medida eso fue verdad, pues la señora Echeverría llevó a cabo un intenso trabajo de asistencia social, el más amplio, decidido y claro en sus objetivos que se había visto en nuestro país desde Eva Sámano de López Mateos y ninguna primera dama, en lo que restaba del siglo XX, lo volvería a hacer igual.

Y es que en ese sexenio, se reconoció la necesidad de hacer algo más decidido para resolver los muchos problemas derivados de la gran pobreza que había en el país. Un estudioso norteamericano afirma que después de cincuenta años de Revolución, el índice de pobreza apenas había disminuido de 57 a 33 por ciento.[232] "El programa a cumplir seguirá en pie de lucha en tanto los más humildes no alcancen niveles decorosos de existencia", dijo el presidente en su primer informe de gobierno; "es indispensable compartir el ingreso y ampliar el mercado, es preciso distribuir el bienestar, la educación y la técnica".[233]

Pero no sólo se habló de "otorgar mayores y mejores servicios asistenciales", sino que se le dio un giro a la asistencia pública con la idea no sólo de remediar los males sino de combatir las causas de las carencias, de tal forma que "se pretendió hacer de la política asistencial un verdadero instrumento de desarrollo social",[234] pasando "de acciones aisladas y sin objetivos claros" a una visión global sobre la asistencia y la labor de las instituciones que fuera más allá de la superficie de los problemas, "promoviendo el bienestar a través de las decisiones colectivas y la organización del trabajo comunitario".[235]

En este sentido es que se reforman las instituciones de asistencia social, para que se conviertan en agencias de promoción del bienestar. En 1974, se decreta la del INPI y dos años después se lo convierte en IMPI: Instituto Mexicano para la Infancia y la Familia, "para que el nombre sea acorde con las funciones que tiene encomendadas y que son: desarrollar en forma íntegra, organizada, sistemática y permanente, con la participación masiva popular, los programas y actividades relacionados con el bienestar y orientación familiar, especialmente en las comunidades rurales del país".[236]

El IMPI va más allá de "la política social del Estado mexicano cuyo objetivo fundamental es proteger a la niñez por todos los medios" y llega hasta las mujeres como sujetos que también debían recibir atención por ser "pilares básicos de la convivencia y la unión social".[237] Entonces las raciones alimenticias pasan de distribuirse a los niños en edad escolar, hasta abarcar a las mujeres gestantes y lactantes. Además, se consolida la labor en el campo jurídico de protección de los derechos de la madre y del niño con la creación de la Procuraduría de Defensa del Menor. "Con esta gama de actividades, el IMPI y la política asistencial cubren un vacío institucional importante: el IMPI se convierte en la agencia de gobierno que coordina las estrategias de atención que la SSA y la SEP desarrollan para la población marginada rural y urbana, concentrando sus esfuerzos en las zonas y lugares que se consideran más afectados. Crecen por tanto su estructura orgánica y programática, su presupuesto, equipo, infraestructura y personal".[238]

Como presidenta del IMPI, la señora Echeverría continuó con los programas en favor de los niños pero los amplió considerablemente: los desayunos escolares no sólo crecieron en número sino en alcance y llegaron hasta zonas marginales como el valle del Mezquital en el estado de Hidalgo. En ellos se incluyeron dos galletas creadas especialmente para tal efecto y que eran un complemento alimenticio, una se llamaba Nutrimpi y tenía alto contenido de proteínas y otra se llamaba Yemita y era un concentrado de huevo.[239]

La nueva concepción de que no era posible atender al niño sin atender a toda la familia, cuyo pilar es la mujer ("La mujer es el grupo más revolucionario que existe en México y hasta ahora el que ha estado más desperdiciado"), sirvió para poner en marcha un programa de educación para mujeres campesinas ("Si se educa a una mujer se educa a un pueblo") a quienes la señora y sus colaboradoras se acercaron con la idea de "respetar su forma de organización social y aprender de ellas".[240]

De lo que se trataba era que las mujeres ya no sólo recibieran ayuda sino que participaran en resolver los problemas de sus familias y comunidades, luego de que se les impartiera capacitación: "No se trata de paternalismo sino de apoyo. Es dar categoría a los seres humanos con aquello que les puede resolver sus necesidades. No es caridad sino servicio". En opinión de la señora: "El común denominador desde la Revolución mexicana había sido el trabajo voluntario de las mujeres. Era necesario recuperarlo y aprovecharlo. Las mujeres tienen deseos de cooperar, tienen capacidad de organizadoras en virtud de su papel como dueñas de casa, tienen curiosidad, fuerza y una tradición de organización comunitaria".[241]

Con este modo de plantear las cosas, la primera dama cambiaba la esencia misma de la asistencia social: ésta dejaba de ser sólo un deber del Estado y se convertía también en responsabilidad de sus receptores, quienes debían prepararse para ayudarse a sí mismos y no ser pasivos y esperar todo del gobierno. Por eso Tere Márquez afirma que doña María Esther "inauguró un estilo propio".

Se impulsaron veintitrés programas, entre ellos el de construcción de vivienda, de huertos y empresas productivas familiares, de reforestación, de combate a la famacodependencia, de atención psicológica, de educación especial, de fomento al deporte y de capacitación para el trabajo. En todos se hizo el esfuerzo por llevarlos sobre todo a zonas rurales.

El más importante fue el de orientación familiar, creado en 1972, que funcionó principalmente en aquellas comunidades con menos de 2,500 habitantes a las cuales no llegaban los servicios del gobierno federal. Lo que se proponía era mejorar casas habitación, limpiar los lugares públicos, arreglar las calles, reparar las escuelas y el mobiliario escolar, organizar el acarreo de agua, construir bordos y zanjas, abrir caminos y combatir plagas. Es decir, que la atención se dirigía hacia los problemas cotidianos, pero de paso se aprovechó para cubrir otros campos: alfabetizar, iniciar a algunas mujeres en el liderazgo político y, como parte fundamental del programa, preparar parteras empíricas. Miles de éstas se capacitaron, y de este modo, muchas mujeres que ya de todos modos ejercían esta tan necesaria labor, fueron adecuadamente preparadas no sólo para desempeñar mejor su trabajo sino también para que aprendieran los elementos básicos de la detección de enfermedades, tal que se convirtieran de paso en promotoras de la salud. Dichos programas cubrían varias etapas: motivación, selección en cada comunidad de mujeres a quienes capacitar, las cuales una vez que aprendían, salían a otros lugares para a su vez preparar a más mujeres "hasta correr el programa como un chisme", según expresión de la señora Echeverría.

El Programa de Capacitación Campesina para la Orientación Familiar y para la Salud abarcó a tres millones de mujeres campesinas, con un millón de promotoras y cubrió a más de treinta mil comunidades en todo el país, por lo que fue el más importante que se desarrolló en este periodo. Pero no fue el único, porque a la señora Echeverría le dio por capacitar a todo el que se dejara y para cualquier cosa. Estaba convencida de que sólo de este modo las mujeres de todo el país trabajarían en favor de sí mismas y de sus comunidades.

Además, se pusieron en marcha Programas de Desarrollo de la Comunidad cuyo objetivo era "mejorar el medio en que se desenvuelve la familia"[242] y se creó el Programa de Paternidad Responsable con el cual por medio de conferencias, obras de teatro, reparto de volantes y publicidad, se trató de despertar conciencia entre los padres de familia para lograr dos objetivos: la planificación familiar y "generar un comportamiento adecuado de los padres en relación con sus hijos".[243]

Y es que por primera vez en la historia de México, había preocupación por la alta tasa de crecimiento demográfico y por el riesgo de que no alcanzaran los recursos, servicios y empleos para satisfacer la demanda de una población que aumentaba a ritmo exponencial y que era cada vez más joven. La campaña "La familia pequeña vive mejor" se hizo con el fin de que la gente se diera cuenta de esto y empezara a cambiar sus hábitos que consistían en tener "todos los hijos que Dios mande". Al mismo tiempo, se emprendieron campañas de legalización de matrimonios y de hijos, en escala nunca antes vista y desaparecieron, por iniciativa de la primera dama, las diferentes denominaciones que calificaban —o más bien descalificaban— a los vástagos como ilegítimos.

Se ampliaron las campañas de recolección de fondos, se construyeron centros comunitarios con servicios de lavandería, planchaduría, tortillería, tienda y lechería Conasupo (que vendía el importante alimento a precios reducidos) así como talleres de capacitación en diversos oficios: mecánica, hojalatería, costura, taquimecanografía y otros y se instaló un servicio voluntario de padres y madres de familia que se ocupaba —con su flamante impermeable amarillo— de cuidar la salida de los niños de las escuelas.

Uno de los grandes orgullos de la señora Echeverría fue el programa para tener limpio al país. La idea de "barrer la república" se le ocurrió después del desbordamiento de una presa en Irapuato que dejó mucha devastación. Aún sorprende ver entre las imágenes de aquel desastre, a doña María Esther metida en los lodazales, escoba en mano: "Tener la república barrida es señal no sólo de limpieza sino de orden".[244]

Pero no sólo a las campesinas puso a trabajar la primera dama. Con ella se vuelve obligatorio que participen en la asistencia social las esposas de los gobernadores, de los presidentes municipales, de los miembros del gabinete y

María Esther Zuno con su marido Luis Echeverría

funcionarios de todo rango y nivel, incluso las esposas de los altos mandos del ejército y hasta las de los embajadores. A todas las organizó y las puso a chambear en lo que paradójicamente se llamó la Red de Servicio Social Voluntario, que ella misma encabezó y que fue "un movimiento sin precedente", según afirman varias de sus participantes: "Este ejército de señoras —cerca de noventa mil mujeres movilizadas— lidereado por la esposa del presidente, fue el vínculo de comunicación e intercambio entre diversas dependencias y niveles de gobierno y entre empresas y organismos descentralizados con organizaciones privadas".[245]

En cuanto al cumplimiento del protocolo que ya era tradicional para las esposas del ejecutivo, María Esther Zuno lo hizo con todo rigor. Aunque no le gustaba ir en avión,[246] prácticamente le dio dos vueltas completas a la tierra pues emprendió con su marido los viajes al extranjero que lo hicieron célebre por sus excesos y dispendios, puesto que llevaba "comitivas sultanescas", como les llamó el escritor José Agustín a los aviones cargados de funcionarios, empresarios, intelectuales, artistas y periodistas a los que se atendía a cuerpo de rey y de mujeres que preparaban la comida y echaban tortillas a mano para los banquetes que se ofrecían a los dignatarios de los lugares visitados. Y también hizo sola varias salidas, igualmente muy derrochadoras, por ejemplo una al Caribe para difundir los bailes y la música mexicanos. A Cuba hasta un burro se llevó en el avión para enseñar allá nuestras costumbres y bailables. El lector José Manuel Estrada me escribe: "Yo estudiaba el bachillerato en una escuela llamada vocacional V. I. Lenin... recuerdo a la señora María Esther en su visita... en la cual realizó un desfile de trajes típicos mexicanos con las compañeras mías de aula, que estaban muy nerviosas. A mis ojos de adolescente, me pareció una persona muy agradable y cariñosa, guardo recuerdos imborrables de su sonrisa y de las palabras agradables que tuvo para todos los que de una u otra forma la atendimos ese día".[247]

Pero, sobre todo, hizo muchas giras por el país: "De cada treinta días, diez los pasábamos afuera de la capital" afirmó una de sus colaboradoras. Iba a todas partes, hasta los rincones de difícil acceso y se involucraba con la gente, les daba de comer a los bebés, abrazaba a las señoras, entraba en sus casas. Ese trabajo fue tan intenso que cuando la señora Cecilia Occelli de Salinas visitó una región apartada, las campesinas la recibieron con una enorme manta que decía: "Bienvenida compañera María Esther". ¡Y eso que habían pasado catorce años![248]

Por supuesto, estuvo presente como todas las primeras damas que la antecedieron, en los actos y ceremonias oficiales, pero lo hizo de manera diferente: cambió el estilo formal que se utilizaba en ellas por costumbres mexicanas. En los banquetes se empezó a servir un menú con platillos como crepas de huitlacoche —que según dicen había inventado Salvador Novo—, sopa de tortilla y postres hechos a base de mango y otras frutas tropicales y en lugar de vinos, se ponían aguas frescas de chía, horchata y jamaica.

Y si esto causó escándalo, lo que más revuelo provocó fue que pidió a las esposas de los funcionarios que se presentaran en las recepciones oficiales vestidas con trajes típicos de distintas regiones del país. En una novela de Luis Spota, una de las personajas afirma: "Tener al menos cuatro diferentes modelos de estos trajes era obligatorio para asistir a cualquier lugar a donde estuvieran El señor y La señora".[249] Muchos chistes corrieron en la época, de entre los cuales el más socorrido era llamar "esthercitas" a las meseras de los restaurantes Sanborns por sus atuendos "típicos".[250]

También se volvió obligatorio asistir a los actos sin joyas y si alguna señora las llevaba, se le recogían a la entrada y se le devolvían a la salida, aunque en ocasiones se les pedía que las dejaran como donativo "voluntario" para alguna causa.

Estas imposiciones causaron mucha irritación y muchas críticas. Según Tere Márquez: "Esa corte fascinada con estar en las páginas de sociales con el último modelito tuvo que dejar en la caja fuerte el brillante de veinte kilates que quería llevar en la fiesta ofrecida a la reina Isabel II de Inglaterra para vestir el traje de yalalteca".[251]

Algunas esposas de los funcionarios de más alto nivel de plano se negaron a aceptar las consignas y por allí hasta se corrió el rumor de que a la hora de la sucesión, tuvo mucho peso para que no se eligiera como candidato a un determinado secretario de Estado, el hecho de que su cónyuge nunca quiso vestirse como le pedía la primera dama y en una ocasión en que la señora le solicitó que donara sus aretes, se negó a hacerlo. A otras mujeres en cambio, parece que hasta les gustó la excentricidad. Una de ellas relata que en alguna ocasión "me vestí de Adelita y me sentí como transportada a otra época, me sentí más mexicana que nunca".[252]

María Esther Zuno de Echeverría

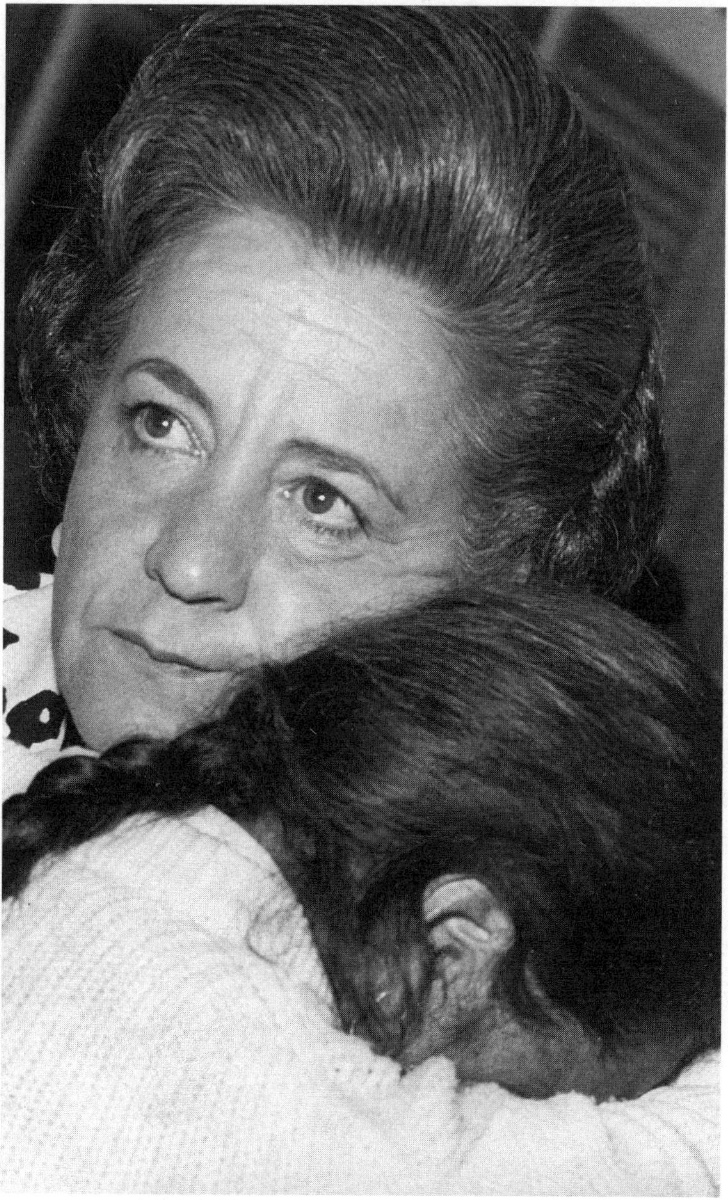

También los hombres tenían su uniforme típico que era la guayabera yucateca en la que se enfundaban cada vez que salían de gira desde el presidente hasta el último de los funcionarios.

En el Archivo Diplomático de la Secretaría de Relaciones Exteriores se conservan fotografías de la visita de la reina Isabel de Inglaterra a México. En ellas aparecen la soberana y la esposa del presidente de México y las dos parecen disfrazadas: una con la corona y la otra con el huipil y moño en la cabeza. Como decía un famoso diseñador de la época: "En mi opinión es ridículo obligar a una mujer moderna a aceptar las modas típicas regionales como ropa de vestir".[253]

3

Carlos Monsiváis describe a los años setenta con sus certeras frases: "Venga a nos el universo de los hoteles disneyländicos: Continental Hilton, María Isabel Sheraton, Fiesta Palace. Venga a nos el reino de los grandes almacenes y las cadenas de restaurantes, el reino de Denny's, Sanborns, Aurrerá, la televisión a colores y el autoestéreo, las tarjetas de crédito".[254]

La verborrea del presidente aunada a las devaluaciones del peso asustaron mucho a la gente. Los ricos empezaron a comprar departamentos en Estados Unidos, y a sacar sus joyas y obras de arte para guardarlas en bancos norteamericanos o europeos. Y las clases medias empezaron a convertir cada peso que podían ahorrar en dólares.

Para los intelectuales, ése fue el tiempo en que surgieron las ganas de explicarse al país, de conocerlo, de "volver los ojos al suelo de México", como había pedido hacía cuarenta años Antonio Caso.

¿Se dio cuenta la señora María Esther de que se empezó a estudiar la historia y a tratar de entender a la sociedad? Escribe Arnaldo Córdova en el prólogo a uno de los más serios resultados de este esfuerzo: "En nuestro país, los intentos por explicar la naturaleza de la ideología son escasos, si no es que inexistentes... Estudios de conjunto, sistemáticos, internamente relacionados, en realidad no se han llevado a cabo hasta la fecha. Éste es un esfuerzo dirigido a dar una explicación general y sistemática de la ideología del desarrollo que ha dominado en México".[255]

¿Se dio cuenta de que nacía el feminismo, un movimiento de gran energía, en el que las mujeres se juntaban en grupos en los que se contaban sus vidas, "se expresaban descontentos, se proponían soluciones y se justificaban cambios"? Escribe Marta Acevedo en uno de los trabajos pioneros sobre el asunto: "Decidimos salir a la calle el 10 de mayo... esto sería octubre del 70... El 10 de mayo era como una fiesta nacional... Alrededor de la maternidad había una amplia gama de cuestiones que tenían mucho de personal pero también de político... [Era] un acto con ciertos riesgos, el primero después del 68 y el primero de las mujeres, fue una responsabilidad grande... Así fue como se formó el primer grupo que sería el germen para el Movimiento de Liberación de la Mujer".[256]

¿Se dio cuenta de que la ciudad de México se convertía en territorio de las clases medias, consumistas y compradoras? Escribe José Joaquín Blanco con la agresividad e inteligencia que lo caracterizan: "Al ver a esta gente uno pensará que pasarán aperturas democráticas, vendrán alianzas para la producción, transcurrirán crisis, devaluaciones, siglos, dinastías, atlas, cosmos, cosmogonías... y ellos seguirán impune, graciosa, sofisticada, soberanamente de tienda en tienda".[257]

¿Se dio cuenta de que la respuesta del gobierno a la disidencia que no se dejaba cooptar por la apertura democrática seguía siendo la represión? Escribe Salvador Castañeda en una novela ejemplar sobre el tema: "–¿Sabes qué, cabrón?... a mí tu ideología me vale madres... Ahora vas a correr, pinche terrorista; pero vas a correr como nunca, hijo de la chingada... y éste —dijo señalando con el índice que movía de arriba abajo— te dará en la madre si te alcanza".[258]

¿Supo del cine de Arau, Joskowicz, Cazals, Ripstein, Olhovich, Isaac y Leduc con sus esfuerzos por "llevar la experimentación a sus últimas consecuencias"? Escribe Jorge Ayala Blanco en el estudio clásico sobre este asunto: "Podría decirse que 1968 modificó decisivamente la trayectoria del cine mexicano. Ninguna de sus estructuras ideológicas han sido derribadas pero todas han sido impregnadas por ese sentimiento de culpa, lo cual las hace creerse diferentes, no importa si mejores o peores, pero diferentes".[259]

¿Leyó alguna de las muchas novelas sobre el 68 que se escribieron por aquel entonces, como un modo de no dejar cicatrizar las heridas? Escribe María Luisa Mendoza en un texto que da fe del hecho: "La sangre. Embarrada en la pared provocaba náusea... Todo el costado del terraplén estaba manchado de sangre... la sangre a secas, seca, negra, oxidada, rechupada por la piedra, vorazmente tragada... hacia adentro, deglutida en la panza de la Plaza de las Tres Culturas de Tlatelolco".[260]

¿Le molestaba que los jóvenes gustaran de la música de rock y de los libros esotéricos de Carlos Castaneda? ¿se ofendió como tantas "buenas conciencias" cuando en el festival de Avándaro una muchacha se desnudó o cuando en la película *Mecánica nacional* se hacía alarde de los defectos de los mexicanos? ¿supo que Armando Ramírez había escrito sobre Tepito, que Isela Vega decía palabrotas en el teatro y que Roberto Cobo representaba a un homosexual en el cine? ¿se sorprendió como todos los mexicanos por la devaluación del peso que terminaba abruptamente con veinte años de estabilidad monetaria? ¿pudo explicarse el surgimiento de tantos grupos clandestinos con nombres largos y pomposos que se dedicaban a asaltar y secuestrar, siendo su propio padre uno de los más célebres rehenes junto a cónsules y empresarios? ¿sintió piedad del dolor de Rosario Ibarra de Piedra cuyo hijo desapareció como tantos otros jóvenes idealistas? ¿qué pensó cuando aquel 10 de junio una manifestación estudiantil fue otra vez reprimida?

¿Habrá un día en que acabe para siempre
la abyecta procesión del matadero?[261]

¿Que le pareció cuando el dirigente obrero Fidel Velázquez, en el colmo del cinismo, afirmó que en nuestro país los grupos de choque "no existen porque yo no los he visto"? ¿qué sintió cuando a su marido los estudiantes le arrojaron una piedra a la cabeza en aquella visita que hizo a la Ciudad Universitaria y cuando los empresarios le espetaron duras críticas el día del entierro del señor Garza Sada a quien habían asesinado? ¿le impresionaban los megaproyectos que inventaba el presidente, sus fideicomisos y empresas, sus diez reuniones maratónicas diarias y sus torrentes de palabras? ¿le gustó el mural de David Alfaro Siqueiros en el Polyforum, ocho mil quinientos metros de pintura y escultura en asbesto que relataban la marcha de la humanidad? ¿o prefería como su esposo la pintura más sutil de Ricardo Martínez? ¿estuvo de acuerdo con las modificaciones al libro de texto gratuito al que tantos padres de familia se opusieron? ¿apoyó el golpe al periódico *Excélsior* y alcanzó a leer el primer número de la revista *Proceso*, que salió antes de que terminara el sexenio, para demostrarle a don Luis que no era todo lo omnipotente que se creía?

Los años setenta vieron en buena parte del mundo una inclinación a la izquierda, que apostaba a la fraternidad de los países del tercer mundo. ¿Quién no participó en reuniones y talleres y grupos de estudio, quién no leyó las revistas independientes, quién no fue a las peñas y con sus hermanos latinoamericanos cantó las canciones de Mercedes Sosa, Atahualpa Yupanqui, Los Folkloristas? Ya lo decía el poeta:

Suena en mi pecho el mundo
como un árbol ganado por el viento.[262]

María Esther Zuno de Echeverría

Y, sin embargo, golpes de Estado militares y baños de sangre en el sur del continente americano darían fin a esas ilusiones. También eso lo diría un poeta:

Porque la realidad está al fondo
a la derecha.[263]

El presidente Echeverría abrió las puertas del país a los que huían de Brasil, Chile, Argentina, Uruguay, Paraguay. Sociólogos, historiadores, psicoanalistas y escritores llegaron a estas tierras cargando sus saberes y sus experiencias políticas, sus modos de discutir, su sofisticación teórica que los hacía decir un montón de cosas incomprensibles pero que sonaban importantes y su afición a la carne roja y a la yerba mate.

La señora María Esther se sumó a la causa con la pasión que la caracterizaba. Personalmente recibió y atendió a muchos de ellos y se encargó de que tuvieran viviendas adecuadas con todo lo necesario para hacerles amable el exilio. Hasta hoy, los latinoamericanos le viven agradecidos y recuerdan con emoción a la primera dama esperándolos en el aeropuerto, llevándolos a la panadería para mostrarles nuestros bizcochos, o acompañándolos a mandar a reparar una licuadora: "Doña Esther les mostraba la ciudad con el propósito de hacerlas a su ritmo, les enseñaba las frutas y los dulces a los que somos afectos y todos los días les llamaba por teléfono".[264]

Y es que sin duda María Esther Zuno estuvo siempre del lado de su marido en todas estas y otras cuestiones y nunca se opuso a sus decisiones ni medidas, porque, a diferencia de sus antecesoras, ella se sintió y fue parte del proyecto echeverrista, de modo que no solamente fungió como madre abnegada y acompañante de su esposo en actos del protocolo sino también como participante activa de las políticas emprendidas por el presidente.

La señora Echeverría era una persona sencilla, quizá la más sencilla de las primeras damas que ha tenido México. Eso se notaba sobre todo en su modo de vestir. Una falda y una blusa o un vestido de algodón eran su atuendo y jamás se la vio llevar pieles, sombreros o joyas. Eran de por sí tiempos en los que la moda buscaba la comodidad. Un pantalón vaquero (unos "jeans" como se decía entonces) y una "blusa camisera" eran la ropa más apreciada por las mujeres. La primera dama no usaba pantalones, pues en eso era tradicionalista, pero tampoco se emperifolló como Soledad Orozco o María Izaguirre.

Acostumbrada al trabajo duro, María Esther no sólo no le temía a hacerlo sino al contrario, lo convertía en su mote de orgullo. Es famosa una anécdota de la visita que hicieron ella y el presidente a Inglaterra, donde se les recibió con todos los honores y se les alojó en el palacio de Buckingham. Al día siguiente y como era su costumbre, María Esther se levantó muy temprano por la mañana y para desmayo de los atildados sirvientes que pusieron a su disposición, tendió su cama.

Nadie la recuerda mirando televisión (¿ni siquiera el noticiero *24 Horas* donde Jacobo Zabludovsky hablaba de ella y de su marido?), ni platicando con amigas ni jugando cartas, sino siempre dedicada a sus quehaceres con gran energía, fervor y pasión. "Formaba parte del mundo efervescente de Los Pinos" dice Julio Scherer. Fuerte y decidida, bragada como buena jalisciense, tenía convicciones firmes, carácter autoritario (a veces hasta era grosera dice una de sus colaboradoras), un alto concepto de la Patria y una enorme fe en México: "Somos un país maravilloso, extraordinario. Hay que afirmar y afirmar hasta llegar al objetivo, hasta convertir a México en un país moderno con conciencia de participación. No hay otra salida".[265]

Por estas ideas fue que la señora Zuno se negó a que se la llamara "primera dama", argumentando que ése era un "nombre que surgió en Estados Unidos y se transculturó a México, siendo esto tan grave como la Coca-Cola"[266] y prefirió que se le llamara "compañera", palabra cuyo origen era socialista y que correspondía mejor a su concepción personal de cuál era su función al lado del primer mandatario: "Hacerse solidaria de la responsabilidad del bien público".

En su último informe de gobierno el presidente de la República reconoció el enorme esfuerzo realizado por su esposa y dijo: "Sus resultados son el fruto de una nueva teoría y una nueva práctica de la solidaridad social. A través de ella se han liberado importantes fuerzas de transformación sobre todo femeninas, que hasta hace unos años se frustraban en los prejuicios y en pasatiempos frívolos. Sólo en el medio rural un millón de mujeres campesinas se comprometieron voluntariamente en el mejoramiento de sus comunidades y miles de mujeres de las ciudades acudieron en su apoyo a través de un plan nacional coordinado que cubre treinta mil centros de población en cuatro quintas partes del país. Quince mil parteras empíricas se han incorporado al Sistema Nacional de Salud... A todas las promotoras sociales voluntarias, a todas las mujeres que han ofrecido su trabajo solidario y patriótico en beneficio de nuestro pueblo, expreso hoy mi reconocimiento emocionado y sincero".[267]

Con estas palabras el primer magistrado de la nación no sólo hacía público su reconocimiento a la labor de su esposa —que también lo recibió de instituciones internacionales como la UNICEF que le otorgó la medalla Maurice Patte— y de las colaboradoras del voluntariado, sino que hacía patente su convicción de que las mujeres eran sus iguales y que como tales se habían incorporado a las tareas de la vida nacional. Por primera vez en el discurso oficial se hablaba de la mujer como compañera, como solidaria en el trabajo, con iniciativa, patriotismo y voluntad y no en términos de abnegación; se hablaba de la mujer que se esfuerza y no de la que se sacrifica por su familia o por su patria.

Y es que el presidente no podía soslayar lo que la política de asistencia comandada por su esposa había significado para él: "Su capacidad de neutralización de los conflictos y de cooptación de los liderazgos sociales emergentes a niveles de las comunidades rurales y urbanas... había permitido fortalecer el apoyo social a un gobierno cuestionado por las mayorías y asediado por sus enemigos".[268]

4

En efecto, las esperanzas puestas en ese gobierno se truncaron muy pronto. En lugar de reorganizar y tranquilizar al país y a los ciudadanos, Echeverría removió todas las cosas sacándolas del lugar donde antes estaban, afirmó Daniel Cosío Villegas, quien se volvería uno de sus críticos más furibundos, y según el cual el presidente hizo un desarreglo de la vida nacional sobre todo en su aspecto económico y creó confusión:[269] "El discurso populista y las medidas emprendidas provocaron una reacción de pánico entre amplios grupos de la burguesía. Si la iniciativa privada se había mantenido durante muchos años en armonía con el Estado ahora se puso a la defensiva para conservar sus prerrogativas y en el momento en que vio amenazados sus proyectos hegemónicos pasó a la acción ofensiva para desafiar a la burocracia política. Las acciones concretas de estos grupos fueron desde organizarse en Consejo Coordinador Empresarial para la oposición a reformas (la reforma fiscal, la de habitación para los trabajadores, la de la industria azucarera y varias en el

María Esther Zuno de Echeverría

campo) hasta la confrontación directa con el Estado (huelga de inversiones, fuga de capitales —sacaron del país casi cinco mil millones de dólares— y especulación monetaria). Tal estrategia resultó tan eficaz que casi todo el crecimiento tuvo que ser generado por la inversión pública, lo que condujo a un endeudamiento cada vez mayor para sufragar tanto el gasto social como el mantenimiento del empleo y la importación de aquello que hacía falta en el país... El proyecto echeverrista terminó en una crisis de confianza —según le llamaron los propios empresarios— entre el sector empresarial y el Estado. Ello fue campo fértil para toda clase de rumores y acciones desestabilizadoras, entre las cuales la voz de un golpe de Estado militar apareció como muy amenazante a fines del periodo presidencial".[270]

El país estaba sumamente tenso. La crisis no sólo era económica —inflación desbordada, especulación feroz, devaluación del peso y caos financiero— sino también de confianza, pues a los discursos cada vez más incendiarios y a la caída incontrolable del peso se le sumaron rumores y chismes que generaron serios efectos. ¿Quién no se encerró a piedra y lodo cuando surgieron las advertencias que le ponían fecha al golpe de Estado? ¿quién no creyó que el presidente se reelegiría? ¿quién no corrió a la escuela de sus hijos para evitar que les pusieran las vacunas que dizque esterilizaban a las niñas? ¿quién no acumuló harina, aceite, frijol y arroz, azúcar y leche por temor a que mañana no se consiguieran más? Y es que efectivamente, faltaban productos en el mercado o se especulaba con ellos. Y es que efectivamente parecía que el presidente quería prolongarse en el cargo. Y es que efectivamente se sentía mucha inquietud. En estas difíciles condiciones llegó el momento del relevo presidencial.

5

Para María Esther Zuno, la vida fue muy difícil después de que su marido terminó en el cargo. Éste se puso a buscar por todos los medios algún nombramiento o reconocimiento internacional al que se sentía con derecho. Quiso desde ser secretario general de las Naciones Unidas hasta premio Nobel de la paz. Luis Spota, que en sus novelas relata lo que sucedía entre los poderosos, cuenta la historia de un presidente ficticio que decide hablar ante la Asamblea de las Naciones Unidas en Nueva York, "allí donde sólo los grandes del mundo tienen derecho a hacerlo", para convencer a los representantes de los países miembros de sus dotes de estadista y así lograr que se le conceda el célebre galardón. Se hace acompañar de una enorme comitiva, que incluye ayudantes, secretarias, colaboradores, personal de seguridad, periodistas y hasta su amante, se aloja en el hotel más caro de la ciudad, alquila autos y equipos de comunicación y ofrece fiestas lujosas a las personalidades que pueden influir en la decisión. Pero ni al presidente de la novela ni al de la realidad se les cumplió el sueño: afuera del país nadie le daba importancia a su gestión y adentro, la situación no había quedado como para premiarlo.[271]

Aún joven y llena de energía cuando terminó el sexenio de su marido —tenía apenas cincuenta y dos años—, por las reglas del sistema político mexicano que lanzan toda la luz de sus reflectores a la esposa del nuevo presidente, doña María Esther se tuvo que retirar de la participación pública y encerrar en su casona de la calle Magnolias en San Jerónimo a dejar pasar el tiempo sin nada que hacer. A diferencia de su marido que se construyó su Centro de Estudios Económicos y Sociales del Tercer Mundo, ella no preparó su futuro. Después de haber sido, como dice Luis Spota "una reina republicana rodeada de una corte de ministras y embajadoras", ahora todo había terminado: "Empieza a marchitarse... se le va el color de la cara y la alegría del cuerpo. Ya no es la misma que había sido antes".[272]

Durante más de veinte años, hasta que la enfermedad se lo impidió, la señora se dedicó a ser "una madre esforzada de ocho hijos y una abuela cariñosa de once nietos", según le dijo el propio Echeverría al periodista Luis Suárez. (El número creció hasta dieciocho nietos y tres bisnietos.) Pero lo mismo que Eva Sámano, ella hubiera querido hacer más, mucho más. También a ella le habían encantado los reflectores, los aplausos, los agradecimientos y sobre todo la acción y ya no se sentía a gusto en el silencio y el reposo de su casa, a la que seguía convocando a sus colaboradoras cada vez que se presentaba una oportunidad de volver a contar las experiencias del sexenio. A su marido lo seguía llamando "presidente Echeverría", y cuando le preguntaban sobre su vida siempre respondía: "Es muy difícil antes y muy difícil durante la Presidencia, pero lo peor, lo más duro, es después".[273]

La diabetes se llevó a la "compañera" María Esther, quien murió en diciembre de 1999. Fue amortajada con un traje de tehuana que mucho le gustaba y velada en uno de los salones de su residencia, hasta donde acudió la plana mayor de la política nacional, incluido el presidente de la República en turno.

¿Qué quedó de todo su esfuerzo, su movimiento, su palabrerío, sus proyectos? Muy poco. Los que les siguieron en el poder abandonaron el camino por ella marcado para inaugurar el propio. Así funciona el sistema político mexicano, de modo absolutamente sexenal.

En agosto del año 2001, el Museo Nacional de Culturas Populares presentó una exposición llamada *Vestidos de tradición*: "Colección de indumentaria miniatura con más de quinientos trajes indígenas de María Esther Zuno de Echeverría".[274] Así se cerraba el ciclo de esta mujer profundamente nacionalista.

Dice un poema que escribió la señora María Esther:

Amo a mi Patria,
la veo erguirse majestuosa
e indestructible
como sus montañas,
ágil como sus ríos.
La siento cálida
como sus costas y sus niños,
fuerte y digna como sus mujeres,
indomable como sus hombres.[275]

Y dice uno que escribió el poeta José Emilio Pacheco:

No amo a mi patria
su fulgor abstracto
es inasible.[276]

¿Era la misma patria a la que se refieren la primera dama y el escritor?

6

En nuestro país, un presidente es tan poderoso que incluso tiene la gran responsabilidad de elegir a su sucesor, afirma Daniel Cosío Villegas. Debe pues saber interpretar lo que el pueblo y los sectores influyentes quieren y lo que necesitan, pero debe también cuidarse las espaldas.[277]

En el caso de Echeverría, su candidato (y el único que se presentó a la contienda, hecho insólito en la historia moderna de México) resultó ser un amigo de infancia, al que a la mitad del sexenio había nombrado funcionario de su gabinete, sin experiencia ni logros ni cargos de elección popular. Se llamaba José López Portillo y Pachecho y obtuvo noventa y seis por ciento de los votos emitidos.[278]

El primero de diciembre de 1976, el país entero suspiró cuando el "elegido" tomó posesión del cargo poniendo fin así a los temores y rumores y abriendo una puerta a la esperanza.

Luego de recibir la banda tricolor en el Auditorio Nacional —convertido en recinto oficial— el nuevo gobernante pronunció un discurso en el que reconocía la difícil situación en que se encontraba México, consideraba que él encarnaba "la última oportunidad de la Revolución mexicana" y pedía perdón a los pobres y desposeídos, paciencia a los obreros y confianza a los empresarios: "No más odio ni rencor —dijo—, crean en mi buena fe. Necesito tiempo. Concédanmelo".[279]

Los retos eran muchos: había que poner al país en rumbo otra vez y enmendar su economía pero también, atender lo que el nuevo secretario de Programación y Presupuesto llamaba "su problema social": cuarenta millones de mexicanos que el sistema no había podido incorporar.[280]

Y sin embargo la política emprendida por el nuevo gobierno siguió siendo la misma que la de su antecesor: buscar a toda costa el crecimiento, aunque fuera desigual y aunque se lo sustentara en el endeudamiento. Eso fue factible por las enormes reservas de hidrocarburos que entonces se descubrieron, precisamente en los momentos en que internacionalmente había problemas con los países productores de petróleo, lo cual puso a México en la mira de los compradores. El petróleo se convirtió en la carta para apostar y fue así como adquirió sustento la esperanza de volver a los años de la abundancia gracias a la entrada de muchos dólares por las ventas del llamado "oro negro" y al amplio crédito de que se gozó en su nombre. Como afirmó Carlos Tello, así se hizo posible una "segunda versión del milagro mexicano". O por lo menos, eso fue lo que creyó López Portillo: que podría cimentar la industria y darle al país independencia económica: "Esta riqueza constituye no sólo el instrumento para resolver los problemas económicos que tenemos en la actualidad... [sino que] hace posible ver hacia el futuro la creación de un nuevo país", afirmó el entonces director de Pemex, Jorge Díaz Serrano.[281]

7

José había sido el único varón entre cuatro hijos del ingeniero José López Portillo y Weber y la señora Refugio Pacheco. Había nacido en 1920 en la capital, estudió en escuelas oficiales y obtuvo su título de abogado en la Universidad Nacional, luego de lo cual abrió un despacho. Le gustaban los deportes y practicaba varios, desde el tenis hasta la esgrima, desde el box hasta la equitación. También leía, escribía y pintaba. Lo que no le interesaba era la política y nunca pensó en participar en ella, pero por alguna razón lo hizo, incorporándose a puestos menores de la burocracia y dejándose jalar hacia "arriba y adelante"[282] por su amigo Luis Echeverría, hasta llegar a la Presidencia de la República.[283]

Se había casado con una joven atractiva de nombre Carmen Romano Nölk, originaria del Distrito Federal, nacida en 1926 y a la que había conocido desde niña puesto que eran vecinos. Escribe en sus memorias: "Casé con la segunda novia que tuve, después de terminar con la primera al compás de: ya se va la embarcación. Todavía con Carmen Romano llevé un noviazgo de más de tres años... Incurrí en la vecinogamia. A media cuadra de mi casa vivía la familia Romano. Dos hijas y un hijo de don Alfonso, magnífico hombre, aunque brusco y malhumorado, casado con la siempre hermosa Margarita Nolk. Él, alto funcionario de la Ford, oriundo de Tlapa, Guerrero... con una fortuna regular. Margarita, mi suegra, hija de Hans Nolk, alemán, y una señora Travieso, venezolana, fue una mujer hermosísima hasta los últimos días de su vida; tan hermosa que en Guatemala, en donde la conoció mi suegro... la gente del pueblo en masa la seguía por las calles por el solo gusto de verla. Mi relación con ella fue también hermosa. Jamás tuve un problema con mi suegra a pesar de que vivió en mi casa los más de quince últimos años de su vida, después de la muerte de su esposo. Yo conocía a Carmen, la Muncy, prácticamente desde siempre, dada la vecindad. Yo era ya un joven con bigote cuando ella era una chiquilla que saltaba la reata y jugaba en los escalones de la puerta de su casa... Ante mis ojos se convirtió en hermosa mujer, a tiempo de derivar a ella, en 1948, de mi primero a mi definitivo largo noviazgo".[284]

Una anécdota parecida (pero a la inversa) a la que sucedió un siglo antes a la señora Concepción Lombardo de Miramón y unos años antes a la señora Esther Zuno de Echeverría, cuenta que la muchacha le había dicho a su pretendiente que sólo aceptaría casarse con él si le prometía nunca ser presidente de la República, cosa que el hombre le aseguró. Y que no le cumplió.

Prosigue López Portillo: "Treinta y un años tenía yo cuando en 1951 con ella casé; veintiocho cuando inicié la relación. Era yo más que joven, ya recibido, con coche y muchos problemas, pero una posición prometedora... Iniciamos una relación que culminaría en matrimonio... al que llegamos con casa propia, que con mi peculio construimos en uno de los varios terrenos que le regaló su padre. Estaba contiguo a la casa de éste. Ella hizo el proyecto y yo la hice de uno de los albañiles... Concluida la casa que con la Muncy concebimos y construimos, en ella celebramos el brindis de nuestro matrimonio... Después de la luna de miel en Acapulco, regresamos a vivir en nuestra casa de tres pisos, que vería nacer a mis tres maravillosos hijos".[285]

Sin embargo, para cuando Echeverría elige a López Portillo como su sucesor y el partido lo nombra candidato, la pareja ya estaba separada. Y es que "al llegar a los cuarenta años, de mí se apoderó el demonio del mediodía", explica don José. En aras de la imagen familiar que la moral del día seguía considerando fundamental, vuelven a reunirse para que ella cumpla con el papel de primera dama que para entonces ya era parte indispensable de la función presidencial. Pero lo hacen viviendo como vecinos, con vidas independientes.

La familia se muda a la Residencia Oficial de Los Pinos. Para entonces, la casa estaba montada a todo lujo y hasta contaba con un tren eléctrico que llevaba a sus moradores de un lado a otro dentro de sus vastos terrenos. Además de la familia nuclear —padre, madre y tres hijos solteros—, se fueron a vivir con ellos la mamá de doña Carmen, quien se instaló con su hija y nietos en un ala de la casa, mientras el presidente ocupaba la otra parte y en casas aledañas, la señora Refugio Pacheco viuda de López Portillo, madre del primer mandatario y sus hermanas Alicia y Margarita, esta última con toda su familia, a quienes mucho quería don José y de las cuales decía "son mi piel".

8

La moda de la época era planificar. Apenas iniciado el nuevo gobierno, se hizo una reforma administrativa del sector público que lo reorganizaba para "evitar duplicidades y garantizar la consistencia en el quehacer público" y se creaba una secretaría entera destinada a ello (la de Programación y Presupuesto), cuyos planes iban más allá del límite sexenal. En esta tónica se formó en 1978 el sector de salud y seguridad social, con un flamante Sistema Nacional de Salud (SNS) al que se integraron los organismos de asistencia social. Según Mario Luis Fuentes "el SNS constituye un avance administrativo relevante por su impacto... [pues] busca trazar nexos en la asignación de las tareas, especilizar los campos de trabajo y afianzar proyectos de acción interinstitucional".[286]

Como cada sexenio, también en éste se hicieron programas: que el de zonas deprimidas y grupos marginados (Coplamar), que el Sistema Alimentario Mexicano (SAM), que el de Desarrollo Regional (Proder), que el Integral de Desarrollo Rural (Pider), que la Comisión para la Integración de Áreas Sociales Marginales (Cider). Y como en cada sexenio, también en éste se hicieron campañas: que de vacunación, que de planificación familiar, que de medicina preventiva, que de atención hospitalaria. Y como en todos los sexenios, también en éste se aseguraba que el cambio en la asistencia social ahora sí funcionaría.

Carmen Romano de López Portillo, mujer excéntrica que sin embargo apoyó la música y la llevó hasta los rincones más apartados del territorio nacional

Una vez más, como tantas antes, se pretendía hacer un esfuerzo por terminar con los rezagos sociales y proporcionar a los grupos marginados un nivel apropiado de alimentación, salud, vivienda y educación. A éstos se les llamó "mínimos de bienestar".

La verdad es que resultaba imposible entender cómo era que luego de tantos años, tantas promesas, tantas leyes e instituciones, tantos esfuerzos y recursos invertidos en la seguridad y en la asistencia social, siguieran siendo altas la desnutrición y la mortalidad infantiles y escasa y mala la atención a la salud. Pero se les seguía considerando parte de las acciones esenciales del gobierno, como una costrumbre que nadie se atrevía a cuestionar.

Bajo la lógica de la articulación de los esfuerzos públicos y de la planificación que dominó el sexenio, se creó un organismo que aglutinaba a las dos instituciones encargadas de la asistencia social pública y que también —ésta fue la novedad— coordinaría a las de la asistencia social privada. La primera dama explicó: "Era absurdo que hubiera dos instituciones que tenían objetivos coincidentes y cuya Presidencia además se manejaba por la misma persona".[287] Fue así como el 10 de enero de 1977 nació el Sistema Nacional para el Desarrollo Integral de la Familia, organismo que debía promover el bienestar social, fomentar la nutrición y prestar servicios asistenciales. La institución se ocuparía de los niños pero también del núcleo familiar completo, puesto que en opinión de doña Carmen Romano: "La familia tiene la misión de forjar a las generaciones nuevas". En palabras de su presidenta, lo que el DIF se proponía era lo siguiente: "Básicamente le daremos gran profundidad a las actividades dirigidas a la medicina preventiva, nutrición y desarrollo de la comunidad", teniendo como prioridades las áreas suburbanas y rurales marginadas.[288]

En julio de ese mismo año, se dio a conocer el Plan Nacional de la Promoción Social Voluntaria que creaba el Patronato Nacional de Promotores Voluntarios con el fin de institucionalizar la labor de las señoras que colaboraban con la primera dama: "Sabemos que nuestro país requiere el máximo esfuerzo de todos los mexicanos. En el camino que tenemos que recorrer encontraremos muchos problemas que sólo se verán superados por el trabajo solidario de todos nosotros, que sin diferencia de posición social o ideología tengamos como único objetivo el alcanzar el bienestar de las mayorías". Lo que esta empresa se proponía, era: "La preservación de nuestros valores éticos y morales en una conciencia nacional que conjugue todos los esfuerzos de nuestro gobierno".[289]

Pero lo verdaderamente original del trabajo de la señora Romano fue que puso en marcha por primera vez en gran escala programas culturales: "Calló el himno campesino y nos fuimos todas a Bellas Artes", afirmó Tere Márquez dando la tónica del cambio entre ésta y la anterior primera dama.[290]

La señora Carmen había estudiado piano y le gustaba la música. Hasta había aparecido en alguna película tocando una obra clásica. Y un día de enero de 1977, cuando se encontraba en el Palacio de Bellas Artes escuchando los ensayos de la Orquesta Sinfónica Nacional, se le ocurrió la idea: "Al regresar a Los Pinos quise platicárselo de inmediato al presidente para que nos diera su apoyo. Lo encontré en el elevador esperando la visita del embajador americano y le pedí hablar con él. No te voy a quitar el tiempo, le dije, tengo una idea. Inmediatamente se fue a sentar a su escritorio del despacho presidencial y me contestó: No me siento por lo que te vayas a tardar sino que me siento porque con tantas ideas que se te ocurren no vaya a ser que me quites

Carmen Romano de López Portillo

de la silla, por eso me agarro bien de ella".[291] Así nació el Fondo Nacional para Actividades Sociales, FONAPAS.

Llama la atención el poder que habían adquirido las esposas de los presidentes de la República. Porque si la señora Portes Gil había creado La Gota de Leche, había sido para ayudar a su marido y por petición de él y si la señora Alemán había creado un club de costura lo había hecho en pequeña escala y sólo para sus amigas. En cambio la señora López Mateos ya había empujado la educación primaria como asunto de Estado, la señora Díaz Ordaz hasta había creado una nueva institución de asistencia a la niñez y la señora Echeverría le había dado gran estímulo a las artesanías. Y ahora, la señora López Portillo tomaba la decisión de impulsar la música. Y su marido, como los de las primeras damas anteriores, la consecuentaba y le cumplía el deseo (¿o capricho?).

Según doña María Teresa González Salas de Franco, la señora Carmen se había acostumbrado desde niña a que la mimaran. Una enfermedad que tuvo de pequeña motivó el consentimiento exagerado de sus padres. Y una vez casada, como perdió a su primer hijo, también su esposo le empezó a cumplir sus caprichos. Por eso (y para que se mantuviera ocupada y lo dejara a él en paz) no pudo decirle que no cuando se le ocurrió la creación de un "organismo que tiene a su cargo la promoción y difusión de la cultura para que ésta llegue indistintamente a todos los estratos de la población nacional".[292]

El FONAPAS patrocinó casas de cultura en diversas partes del país donde se desarrollaron actividades literarias, musicales, artísticas y teatrales para niños y adultos. Y dio especial impulso al tradicional Festival Internacional Cervantino que se realizaba año con año en la ciudad de Guanajuato, con el objetivo de "mostrar a México lo mejor del mundo y al mundo lo mejor de México". Se contrataron excelentes grupos y solistas de muchos países, como "expresión de unidad entre las naciones amigas que participan y que de esta forma se reafirma nuestra vocación pacifista a través de expresiones artísticas y literarias".[293]

Se crearon dos orquestas, una de jóvenes y otra, la Filarmónica de la Ciudad de México, cuyo objetivo era estimular la difusión de la música mexicana: "El rasgo distintivo de esta década en el movimiento de la música seria mexicana ha sido en primer lugar el impulso que la señora Carmen Romano de López Portillo ha dado con la integración de una nueva orquesta".[294] Y en 1978, se fundó la Escuela de Perfeccionamiento Vida y Movimiento, cuyo objetivo era "crear músicos de alto nivel que a su vez se conviertan en maestros de las nuevas generaciones y encauzar la reparación, construcción y afinación de instrumentos musicales".[295] Para albergar la escuela se construyó un edificio en el sur de la ciudad de México, que era al mismo tiempo un conjunto cultural con sala de conciertos, sala de exposiciones, aulas para impartición de cursos y venta de libros y discos.

En mayo de 1979, la primera dama creó el Premio Internacional Literario Ollin Yolitztli, para "ponderar los méritos de los escritores de habla española" y que inmediatamente se constituyó en el más importante de su género en América Latina por el monto acordado (¡cien mil dólares!, y que por lo mismo desaparecería tan pronto como su promotora dejara de tener el poder y los cuantiosos recursos). La señora López Portillo presidía también el Comité Técnico del Fideicomiso del Centro de Espectáculos, Convenciones y Exposiciones de Acapulco, creado por decreto presidencial el 28 de junio de 1977. "La cultura es lo que ha de definir nuestro perfil histórico y lo que ha de inspirar nuestra conciencia nacional", decía doña Carmen usando el mismo discurso nacionalista que su antecesora y agregaba: "Es necesario hacer llegar mayor número de oportunidades y un mejor conocimiento de nuestra historia a todos los mexicanos... a fin de despertar en ellos un afán de superación y un sentido nacionalista".[296]

Por supuesto, la señora López Portillo cumplió también con las actividades tradicionales que correspondían como esposa del presidente, tales como acompañarlo en ceremonias, emprender giras de trabajo, inaugurar obras, asistir a festivales, recibir al cuerpo diplomático y a los funcionarios después de la celebración año con año del Grito de Independencia, encabezar las colectas para la Cruz Roja, representar a México en actos oficiales en distintos países del mundo (como la toma de posesión del presidente de Estados Unidos James Carter) y en foros internacionales (como las mesas redondas sobre refugiados organizadas por la ONU en Ginebra, Suiza; el Coloquio Internacional sobre Protección a la Infancia en Tánger, Marruecos; la asamblea general de la Organización de las Naciones Unidas y reuniones en Argelia, Egipto y otros países), así como recibir a importantes personalidades. Por ese trabajo se le impusieron condecoraciones (de los gobiernos de Italia, República Dominicana y Guatemala) y nombramientos: en noviembre de 1979 se reunió la Conferencia de Primeras Damas y Comisiones Nacionales del Año Internacional del Niño, acto que se organizó a iniciativa de la señora López Portillo, con el fin de lograr la permanencia de las acciones de dicho año y la UNICEF la nombró presidenta del Comité Especial sobre la Infancia en América Latina, acreditada ante la ONU.

Toda esta labor puede resumirse en dos ideas expresadas en momentos distintos por la señora Romano. En una de ellas afirma: "Para erradicar la pobreza se requiere de una voluntad política profunda que conciba cultura y bienestar social",[297] y en la segunda expresa: "Hemos tratado de cambiar la visión que los extranjeros tenían de México. Que sepan que nuestro país es cultura, es historia, es arte".[298] O sea, que la señora se proponía nada más y nada menos que erradicar la pobreza y cambiar la visión que se tenía en el mundo sobre nuestro país. Pequeña cosa. Una de dos, o le escribían los discursos o ella ya había aprendido lo que era correcto decir: palabras como voluntad política, bienestar social, la grandeza de nuestra cultura y otras por el estilo que eran las que se acostumbraba usar.

Visto a la distancia, el trabajo emprendido por la señora López Portillo puede juzgarse por sus defectos y por sus virtudes. Entre los primeros estuvo el dispendio. Mucho dinero se gastó en traer a los artistas a nuestro país, y no sólo por lo que éstos cobraban y por lo que costaba su transporte y manutención, sino también por lo que derrochaban quienes iban a buscarlos y contratarlos, entre ellos la propia primera dama que viajaba con grandes séquitos que incluían a directores de orquesta y músicos pero también a sus hijos, a su secretaria, a la peinadora, a la modista y hasta a la planchadora. Lo útil fue que se abrieron posibilidades de educación artística para muchos jóvenes sin recursos, pues en cada rincón del país se instalaron casas de cultura y se formaron orquestas y talleres de enseñanza musical, lo que fue maravilloso en su momento, pero lamentablemente desapareció junto con su creadora, apenas terminado el sexenio de su marido.[299]

9

De la señora Carmen se contaban muchas historias, chismes y anécdotas por su forma de ser extravagante y derrochadora.

Apenas se mudó a la residencia oficial, le mandó poner un elevador para no tener que subir y bajar ¡un piso de escaleras! y cambió la decoración porque no le gustaba la de tipo mexicano que había dejado su antecesora. Y así como había diseñado la primera casa en la que vivió cuando se casó, así ahora diseñó varios de los muebles, entre los cuales destacaban las mesas que tenían forma triangular ¡para que tuvieran tres cabeceras!

Se mandó hacer su propia sala de conciertos en la residencia oficial a la que llevó no uno sino dos pianos de cola, uno de los cuales la acompañaba en sus giras nacionales e internacionales y la esperaba en todos los hoteles en los que paraba para que pudiera "practicar". Funcionarios de la época cuentan los aprietos en los que se metían porque a cualquier lugar a donde llegaba, la señora tenía que encontrarse con un piano de cola en su habitación y eso no siempre era fácil de conseguir. Hay un montón de anécdotas que relatan las dificultades para hacerlo, como aquella vez en Guanajuato, donde el enorme mueble fue volado por encima de las cabezas de los habitantes que temían se les viniera encima. Por eso quienes querían quedar bien con ella y sobre todo con su marido, le regalaban un piano de cola. Dicen que llegó a tener treinta y dos.[300] Por su parte algunos diplomáticos relatan la vergüenza que pasaban cuando la señora estaba en visitas oficiales o en museos y se empeñaba en tocar el instrumento. Así lo hizo para el presidente norteamericano y su esposa en la Casa Blanca, quienes corteses le aplaudieron y en Europa, cuando la llevaron a conocer el piano del mismísimo Mozart y se atrevió a probar su sonido nada menos que con "Los changuitos", una pieza para niños.

A doña Carmen le gustaba mucho comer y se hacía llevar a cualquier parte y a cualquier hora lo que se le antojara. También hay un montón de anécdotas sobre esto, una según la cual ordenó al piloto desviar el avión en que viajaba para comprar pollo frito en algún lugar de Estados Unidos; otra en la que hizo que subieran al avión presidencial que salía de gira muchos pays de piña, que le encantaban, suficientes para durarle todo el tiempo del viaje; una más según la cual iba a cenar a restaurantes de lujo porque le agradaba el ambiente, pero se mandaba traer tacos al pastor que le gustaban más que la comida de esos lugares; otra más según la cual en los banquetes oficiales pedía que le envolvieran su itacate de los platillos que le habían agradado y muchas en las que se hacía abrir de madrugada los sitios que ya estaban cerrados, fuera para cenar o tomar la copa.

Y dicen que eso no sólo lo hacía en los restaurantes sino también en las tiendas. Tenía fama de ser muy compradora y los grandes almacenes de México y Estados Unidos cerraban sus puertas a la clientela para que ella pudiera a sus anchas adquirir todo lo que quisiera, que era mucho. Usaba vestidos de colores llamativos, grandes abrigos y zapatos de pulsera con tacones muy delgados y altos como aquellos que según había dicho un célebre modisto, resultaban del todo inapropiados con la ropa sport. Llevaba una larga melena negra con peinados muy esponjados y se maquillaba con exageración —la señora María Teresa González Salas dice que desde jovencita lo hizo para destacar sus hermosos ojos verdes—, tanto, que corría el chiste de que su maquillista era Sherwin Williams.[301]

Pero, sobre todo, le encantaban las joyas y se colgaba todas las que podía. Era costumbre que las esposas de los ministros del gabinete se juntaran para hacerle obsequios a las primeras damas, aretes, prendedores o pulseras que les presentaban en sus cumpleaños. Una anécdota sobre doña Carmen relata que un gobernador, para complacerla, le llevó varios collares finísimos para que ella misma escogiera el que le gustara más y para desmayo del hombre, la señora se quedó con todos. Desmayos similares sufrieron las esposas de los gobernadores cuando poco antes de terminar el sexenio le pidió a cada una que le regalara el traje típico de su estado, que son tan caros.

Pero donde todo este folclor se volvía pesadilla es cuando involucraba cuestiones internacionales. José Fuentes Mares trabajaba en la embajada de México en Madrid y cuenta que en una ocasión en que la señora viajó a España para inaugurar una exposición de pintura, dejó plantados a sus anfitriones en Sevilla que le habían preparado una comida de gala sólo porque se le antojó ir de compras y que en otra, quiso ir a un concierto en el Teatro Real por lo que hubo que mover todas las influencias de la diplomacia para conseguirle un palco, dado que los boletos estaban vendidos desde hacía meses. Pero en el último momento los lugares se quedaron vacíos porque la señora prefirió irse a ver la película *Superman*. "No ganábamos para vergüenzas" concluye don José.[302] Y en México, cuando vinieron de visita los reyes Juan Carlos y Sofía, ella no quiso acercarse a recibir unos hermosos caballos que les traían de regalo, porque le resultaba muy difícil bajar las gradas con los tacones. "Si fuera mi esposa, le daría unas buenas nalgadas" comentó uno de los invitados.[303]

A donde fuera que se moviera, con ella viajaban motociclistas que le abrían el paso ofendiendo y humillando a los automovilistas porque la señora quería llegar rápido a su casa o a algún concierto en el Palacio de Bellas Artes. O pedía que corrieran a los comensales de algún restaurant y a los huéspedes de un hotel cuando quería estar sola. ¡Hasta el anillo periférico, la vía de alta circulación más importante de la capital, se convertía en paseo privado cuando ella decidía pasar por allí!

La señora Carmen insistió en que el Estado Mayor Presidencial debía asignarle también a ella guardias permanentes, costumbre que se inauguró con ella y que permanece vigente hasta hoy.

Según María Eugenia López Brun, estos señores que la cuidaban, en su afán de adelantarse a los deseos de doña Carmen, eran los que provocaban los mayores estropicios. Cuando iba a hospedarse en algún hotel, exigían que se decorara su habitación con lo que suponían que a ella le gustaría (el consabido piano, adornos de papel maché y de peluche, de porcelana y de cristal, cuadros en las paredes) y para conseguir todo esto generaban muchos problemas. En una ocasión en que hacía mucho calor, la señora comentó que se le antojaría una cervecita y allí fueron a toda velocidad motociclistas y patrullas para traer varias cajas llenas de todos los tipos para que escogiera la que le gustara. Es probable que algunas de estas anécdotas (o de muchas otras que entonces corrían como vox populi y que después del sexenio relataban colaboradores o esposas de funcionarios) sean falsas. Lo interesante es que la forma de ser de la señora las propiciaba y una vez echado a andar el chisme, todo mundo se sentía con ganas y capacidad de agregarle de su cosecha. ¿O será que, como había dicho la escultora Beatriz Caso, "las mujeres son en el fondo tan primitivas"?[304]

Lo que nadie puede negar es lo del derroche. El presidente, su esposa e hijos, su madre y hermanas, sus amigos y compadres se sentían con el derecho de gastar a manos llenas el dinero de la nación, como si fuera su botín particular. El más famoso fue el tristemente célebre jefe de la policía capitalina Arturo Durazo quien se hizo construir mansiones en el D.F. y en Zihuatanejo y cuando terminó su mandato llevó a su familia a vivir a una propiedad en Canadá.

Tres lujosas bodas para cientos de invitados se llevaron a cabo durante esta gestión presidencial: dos de ellas en el Casino Militar y una en Los Pinos, con soldados del Heroico Colegio Militar haciendo valla de honor. Y tres casas se construyeron para alojar a los recién casados, a sabiendas de que sólo estarían en ellas unos pocos años. Total, que para eso estaba el petróleo que nos hacía creernos tan ricos.

Pero si todos estos desplantes y excesos molestaron a la opinión pública, lo que más la indignó fue el nepotismo: una hermana del presidente fue nombrada en la Dirección General de Radio, Televisión y Cinematografía, otra como su secretaria particular, a su madre la puso a encabezar el Instituto Nacional de la Senectud, a su hijo José Ramón en una subsecretaría y hasta a su querida, una mujer llamativa con la que se lucía abiertamente en público, en una secretaría de Estado: "Quería nombrarla secretaria de Educación. Horrorizado de ver el destino que esperaba a la secretaría de Vasconcelos, Reyes Heroles pudo interponer todavía su influencia, pero no disuadió a 'Pepe' de nombrarla ministra de Turismo".[305]

Toda esta parentela y amistades eran prepotentes y déspotas y crearon conflictos incluso con los colaboradores más cercanos del primer mandatario. Cuentan que al mismo Jesús Reyes Heroles, secretario de Gobernación, una de las hermanas lo corrió de su oficina cuando se atrevió a hacer un reclamo, gritándole: "A mí ningún perro me ladra en mi propia casa". Julio Scherer afirma que no aceptaban ni la menor crítica. ¡Y ay del que se atreviera a hacerla porque entonces caía sobre él toda la ira presidencial!

10

El tiempo que López Portillo había pedido a los ciudadanos para revivir "el milagro" de la economía, pasó. Cuando cayeron los precios internacionales del petróleo, la ilusión se fue por tierra. "No es la primera vez que los mexicanos son ricos —escribió Luis González y González— y no será la primera vez que la riqueza se desvanezca sin dejar más que frustraciones."[306]

El "boom" que se dio al inicio del sexenio se convirtió en un brutal fracaso que dejó al país todavía peor de lo que estaba: "La crisis mostró en el espacio de unos cuantos meses todos los efectos negativos acumulados durante los últimos años... las amenazas a la planta productiva, el cerco a la economía mexicana que depende de los intereses norteamericanos y la dependencia del dólar que transforma nuestra economía en especulación".[307]

Poco a poco, los ciudadanos fueron cayendo en cuenta de que nada había cambiado, y más todavía, de que la corrupción y el despilfarro estaban peor que nunca y de que el presidente que tenían era un hombre que no sabía administrar —el gasto se había descontrolado por completo— y que para sustituir sus incapacidades lo que hacía era hablar y hablar. La grandilocuencia de su verbo, que había conmovido al principio de su gobierno, se convirtió en simple y llano ridículo. Las promesas de sacar adelante al país y de defender al peso "como perro" o las lágrimas que derramaba al escuchar con emoción sus propias palabras se convirtieron en motivo de chistes y burlas, mientras que su megalomanía y su arrogancia, en motivo de rabia e indignación.

El país debía muchos millones de dólares y otros tantos salían para depositarse en bancos extranjeros. El peso se había devaluado brutalmente. La desconfianza de los ciudadanos era enorme, los negocios se paralizaron. En una palabra: el desastre era total. "Durante sus años de auge petrolero, México vivió la increíble paradoja de que todo lo que podía hacer que el país creciera con rapidez habría de ponerlo también en el riesgo de la bancarrota. El ambicioso plan de inversión del Estado trajo consigo dispendio e inflación que devoraron la moneda y las finanzas. La banca privada convirtió su búsqueda de rendimientos seguros en especulación y dolarización agresiva de sus operaciones. La industria creció abruptamente pero al costo de un flujo insostenible de importaciones y una debilidad creciente frente al exterior. El mercado interno vació sus potencialidades adquisitivas en el consumo suntuario, el contrabando y el turismo petrolero. Sector por sector la sociedad y la economía mexicanas encontraron en el auge la prueba dramática de su impreparación estructural para el auge".[308]

Los sucesos de la vida política, los despropósitos y desperfectos de la vida económica, provocaron gran inquietud. Los setenta fueron años de desesperanza y rabia. Y por si fuera poco, cuando nada faltaba para la entrega del poder a su sucesor, en un arranque de último momento, López Portillo nacionaliza la banca. El país entero se cimbra. Hay sorpresa, hay enojo. José Ángel Conchello afirma: "Es el principio del fin". Y el presidente, con las acostumbradas lágrimas en los ojos, se lamenta: "Nadie ve lo bueno". Los mexicanos se preguntan con Daniel Cosío Villegas ¿por qué la biografía presidencial se convierte en destino nacional?, con Jorge Carpizo ¿por qué nuestra vida política es pura demagogia? y con Luis Pazos ¿cómo es que estamos indefensos ante gobiernos insaciables?

Los escritores dan fe del desastre: desde ensayistas como Rolando Cordera, Carlos Pereyra y Gabriel Zaid, hasta narradores como Armando Ramírez, José Joaquín Blanco y Elena Poniatowska retratan al país y recogen las miserias de sus habitantes.

Mira cómo desde este exilio de cemento,
se extiende la ciudad a nuestras plantas.
Mira el humo en aquellas azoteas,
el resplandor del sol en los tinacos,
aquellas sucias fábricas a plomo.[309]

Carmen Romano de López Portillo

¿Le aburrían a doña Carmen —como a los demás mexicanos— los largos discursos de su marido (salpicados de citas cultas para diferenciarse de su antecesor populista) que ni él mismo sabía qué decían, a dónde iban y sobre todo, cuándo terminarían? ¿se dio cuenta de lo que significaba que el dólar se fuera para arriba una y otra y otra vez? ¿se sintió feliz de recibir a Su Santidad el Papa cuando vino por primera vez a México o le dieron celos de que los honores los hiciera la señora Cuquita, la madre del presidente, que era tan devota que hasta una capilla se mandó a construir nada menos que en la Residencia Oficial de Los Pinos, centro del gobierno laico de la República, según marcan nuestras leyes? ¿se confundía entre el SAM (Sistema Alimentario Mexicano) que inventó su marido para ayudar a los campesinos y el tío Sam que eran los vecinos del norte a los que él trataba con la punta del pie muy embravecido por los yacimientos petroleros? ¿supo lo que era la LOPPE (Ley de Organizaciones Políticas y Procesos Electorales) y le interesó la reforma política? ¿qué pensó cuando a alguien en la Secretaría de Educación Pública se le ocurrió convertir a los tragafuegos de las esquinas en vendedores de libros? ¿se enteró de que para que a cualquier persona le vendieran azúcar, aceite o leche tenía que comprar al menos cincuenta pesos de otras mercancías? ¿tenía idea de que "tener quince años y vivir en la ciudad de México significaba vivir en conflicto permanente con las huestes del Duro Negrazo", como le decían al jefe de la policía que se llamaba Arturo "el Negro" Durazo?[310] ¿le interesó cuando descubrieron el Templo Mayor, cuando Octavio Paz y Carlos Monsiváis polemizaron, cuando le dieron el premio Nobel de la paz al mexicano Alfonso García Robles?¿le pidió ella a su marido que corriera al director del Instituto Nacional de Bellas Artes porque en un periódico de la institución se publicó un cuento que ella creyó era alusivo y ofensivo a su persona? ¿se sintió bien de tener poder para despedir a un funcionario? ¿le dolió cuando durante nueve meses se derramó el pozo petrolero Ixtoc frente a las costas de Campeche o cuando se quemó la Cineteca Nacional? ¿o nada de esto le preocupó porque estaba ocupada visitando el nuevo centro comercial Perisur? ¿le gustaban las canciones de Juan Gabriel y de José José o prefería las de su hija Paulina que se creía tan buena que hasta grabó un disco? ¿le agradaban las monumentales esculturas de Fernando González Gortázar que se levantaban en varios lugares públicos o prefería los más íntimos y decorativos "magiscopios" de Feliciano Béjar? ¿qué pensaba de las películas de ficheras que fueron las más socorridas del cine mexicano de la época?

11

La costumbre dictaba que unos tres meses antes del fin de su mandato, la familia del presidente debía dejar la residencia de Los Pinos para darle oportunidad a los futuros ocupantes de ordenar los arreglos y cambios que consideraran necesarios. Sin embargo, los días pasaban y la señora Carmen no se salía del lugar. Todos murmuraban pero ella ni se inmutaba.

Permaneció allí hasta el último momento. El 30 de noviembre, un día antes de la toma de posesión del nuevo presidente, las mudanzas trabajaron toda la noche. Tiempo después la señora haría unas declaraciones que nos permiten entender la razón de esa conducta: "Las grandes satisfacciones que tuve durante mi vida en la residencia presidencial son las instituciones allí formadas y que respondieron con creces a los fines para las que fueron creadas".[311] Ella fue feliz mientras estuvo en el candelero y mientras tuvo todos los recursos que quiso para hacer lo que le viniera en gana.

En su tercer informe de gobierno, el presidente José López Portillo había dicho: "Tal vez no sea yo quien tenga que subrayarlo pero me parece de justicia hacerlo, porque se trata de mi única colaboradora que no cobra salario, a pesar de atender varias instituciones con entrega y eficiencia ejemplares. Mi señora esposa, que a través del DIF, el FONAPAS y el Voluntariado Nacional apoya a las entidades de desarrollo social, colabora con programas críticos de coordinación como el de la montaña de Guerrero y Oaxaca, el de Las Truchas y otras promociones sociales y culturales y atiende además importantes compromisos internacionales. Mi agradecimiento y respeto".[312]

Y sin embargo nada más concluido el periodo presidencial y a pesar de los discursos de agradecimiento y las manifestaciones de respeto, don José se va con otra mujer, la señora Sasha Montenegro, artista de películas de ficheras. Con ella tendrá otros dos hijos y se irá a radicar largo tiempo a Estados Unidos. Varios años después, ya de regreso en México, el hombre se dedicará a escribir libros y artículos en un periódico de la capital y de vez en vez a dar alguna entrevista en la que se lamenta de "lo que pudo haber hecho y no hizo" durante su gestión presidencial.

En su libro de memorias, López Portillo apenas si menciona a la señora Carmen. Habla de cuando la conoció y se casaron, reconoce que fue "una madre magnífica, por encima de todas las cosas" y dice que como primera dama "trabajó bien". Y apunta: "Nada diré de mi matrimonio. Si algún problema ha habido es a mí imputable".[313]

Por su parte, doña Carmen se retiró de la luz pública a su casa en una colonia residencial al sur de la ciudad, aunque seguro hasta allí le llegaron los cuentos, los chistes y chismes que se hicieron sobre ella y su familia y las fuertes críticas a la gestión gubernamental de su esposo. "La docena trágica" se le llamó al periodo Echeverría-López Portillo, con ese humor con que los mexicanos afrontamos las situaciones más duras. Y poco después una obra de teatro dio en el blanco. Se llamaba *Agarren a López por pillo*.

En 1985, en el mismo mes y año de los temblores que devastaron a la ciudad de México, la señora Romano sacó a remate gran cantidad de objetos, todos ellos regalos que le habían hecho a ella y a su marido durante la gestión presidencial. Había cuadros, vajillas, espejos, cristales, marfiles, alfombras, biombos, tibores, muebles, esculturas, electrodomésticos, vinos y por supuesto pianos, muchos pianos —italianos, austriacos y alemanes—, "tesoros dignos de un faraón".[314] La venta se realizó en el sitio donde habían estado las oficinas del DIF: un conjunto de cinco casas rodeadas por un enorme jardín, a media cuadra de la avenida Insurgentes. El lugar estaba custodiado por soldados armados y sólo se podía entrar con previa cita.

Pocos eventos sirven como éste para mostrar lo que es el sistema político mexicano y cómo enriquece a sus funcionarios. Paradójicamente, fue el presidente López Portillo quien para vencer lo que él mismo definió como "una gran tentación" —la de aceptar el regalo de un hermoso rancho en el Estado de México que le había hecho un grupo de políticos y empresarios— propuso una ley, que se aprobó el 3 de diciembre de 1981, según la cual los gobernantes no podían recibir obsequios. Es obvio que, como tantas otras leyes, no fue sino letra muerta y antes que nada, para su propia esposa.

La señora Carmen se dedicó a viajar por el mundo. En septiembre de 1991 se divorció de su marido cuando estaban a punto de cumplir cuarenta años de casados. Quince años después, los reflectores volvieron a alumbrarla brevemente cuando una de sus hijas presentó un libro de su autoría sobre temas filosóficos. Se la vio vestida como siempre de modo llamativo y con su gran melena negra, pero con muchos kilos menos y sin los desplantes aquellos que la hicieron célebre y que tanto enojaban a los ciudadanos.

El 9 de mayo de 2000, la señora Romano falleció después de una larga enfermedad en su casa decorada con el modo excéntrico que siempre la caracterizó.[315] Dicen que en su lecho de muerte pidió la presencia de don José, pero que él no quiso cumplirle el deseo. Y no sólo eso, sino que unos días después el viudo contrajo matrimonio con la mujer con la que vivía desde hacía tantos años, en una gran fiesta de la que los medios de información dieron cuenta profusamente.

En tono discreto...

1

Los años ochenta llegaron al país cuando se encontraba en una situación crítica: una deuda de ochenta mil millones de dólares, una inflación de casi cien por ciento, un déficit sin precedentes del sector público, estrangulamiento financiero, cierre de mercados internacionales y paralización de los ingresos de divisas, fuga de capitales, debilitamiento de la actividad productiva, alto crecimiento demográfico, desempleo, concentración de la población y de los servicios en las zonas urbanas, la mitad de la gente viviendo en la pobreza, cuando no de plano en la miseria, contaminación, maltrato y desperdicio de recursos, un país talado y disecado, según decían quienes defendían la ecología.[316] La década ha sido reconocida en México como la peor en cuanto a las crisis financieras y productivas con los menores crecimientos históricos del producto interno bruto y las mayores tasas de inflación.[317] El camino se había perdido y no parecía encontrarse uno nuevo: "Los mexicanos de este siglo no habían vivido una coyuntura tan grave como la que se cernía sobre el país en esos meses finales de la fiesta petrolera".[318]

No es casualidad que Miguel de la Madrid Hurtado, secretario de Programación y Presupuesto en el gobierno anterior, fuera elegido como candidato en lugar de un político de corte tradicional. A decir de López Portillo: "La crisis financiera exigía expertos en esto".[319]

El primero de diciembre de 1982, cuando tomó posesión de la primera magistratura, De la Madrid se encontró con la responsabilidad de sacar adelante a un país que había visto desperdiciar sus mejores recursos y cuyos ciudadanos ya no creían en las promesas del gobierno: "Hace seis años la reacción organizada de los empresarios barrió al echeverrismo del escenario político. José López Portillo dedicó el primer tercio del sexenio a reconquistar la confianza del sector empresarial. La tarea que le espera a Miguel de la Madrid será aún más penosa porque nunca el Estado ha mostrado mayor incapacidad para manejar la economía y sin la colaboración total del sector privado no habrá ni la más remota esperanza de salir de la crisis".[320]

En su discurso de toma de posesión en el recién inaugurado Palacio Legislativo, el nuevo presidente dijo: "Estoy consciente de que asumo el gobierno de la República en horas difíciles. México se encuentra en una grave crisis"; y agregó: "El país se deshace entre las manos".[321]

La crisis no era sólo económica. Había que agregarle la desconfianza, el pesimismo y el desánimo de los ciudadanos con su cauda de recriminaciones y búsqueda de culpables "que ponían en duda el rumbo histórico del país".[322]

2

Originario de Colima, donde nació en 1934 en el seno de una familia de clase media en la que faltaba el padre que fue asesinado cuando el hijo tenía tres años de edad, Miguel de la Madrid asistió a colegios privados de la capital y "llegó a la UNAM a estudiar derecho, haciendo su pasantía de abogado en el departamento jurídico del Banco de México que lo becó para hacer un posgrado (de un año de duración) en administración pública en la Universidad de Harvard en Estados Unidos y a continuación se incorporó al servicio público, siempre en cargos relacionados con finanzas y planeación".[323]

Hombre "sobrio y discreto" según el historiador Enrique Krauze, "inteligente y preparado, de buenas maneras, de corrección" según el periodista Julio Scherer, "inteligente, respetable" según el empresario Juan Sánchez Navarro, Miguel de la Madrid tomó la decisión, después de dos sexenios con jefes de Estado brutalmente narcisistas y locuaces, de ser un presidente de bajo perfil, no protagónico y no escandaloso. Esto a algunos les agradó y a otros les molestó: "Todos lo querríamos de líder, pero él no quiere encabezar a la nación en crisis" afirmó un industrial.[324]

El nuevo presidente empezó su mandato pidiendo a la población sacrificios y ofreciendo de parte del gobierno austeridad y una profunda "renovación moral" que según él limpiaría al país de la corrupción y el nepotismo y aseguró que le diría siempre la verdad a los mexicanos.

Su primera tarea fue buscar la estabilización económica y recuperar la capacidad del Estado para manejar la economía. Con ese fin, hizo acuerdos con el Fondo Monetario Internacional para obtener créditos de emergencia y dio inicio a una serie de reformas en las políticas económicas ("amargas medicinas") que fueron desde recortes en el gasto público —incluso en sectores clave como los de salud y educación, razón por la que Héctor Aguilar Camín le llamó "sexenio dietético"— la implantación de nuevos impuestos y la creación de programas —como el de Reordenación Económica, el de Aliento y Crecimiento, el Plan Nacional de Desarrollo y el Pacto de Solidaridad Económica— hasta el fomento de las exportaciones y el turismo.

El gobierno empieza a reducir su presencia a aquellas áreas que son estratégicas y deja a los empresarios ocuparse "de qué, cuánto y dónde producir y distribuir".[325] Así pretende estimular y dar seguridades al capital para recuperar el apoyo de la iniciativa privada y en particular de los banqueros, lastimados por la medida de la nacionalización del presidente anterior. Mientras tanto, él se ocupa de continuar con la "modernización" del aparato estatal (lo que para el grupo de jóvenes tecnócratas que coloca en el gabinete quería decir "liberar el mercado": apertura, desregulación y privatización),[326] y de lograr a toda costa pagar la deuda, aunque ello significara imponer restricciones —la salarial por ejemplo—, reducir el gasto social y condenar a la pequeña y mediana industrias, que habían sido las generadoras de empleos y las proveedoras del mercado interno. A este modelo se le llamó pomposamente "reconversión industrial" pero significaba convertir al país en maquilador, es decir, en un productor con industrias sin fuertes inversiones, con salarios castigados y pésimas condiciones para los trabajadores. De este modo, por lo menos entre 1983 y 1985 se pudo mantener la crisis en buen nivel.

3

La señora Paloma Delia Margarita Cordero Tapia nació en la ciudad de México en 1937 siendo sus padres don Luis Cordero Bustamante y doña Delia Tapia Labardini y, como hija de una familia muy católica, estudió siempre en colegios de monjas, primero en el más rígido Lestonnac y después en el más suave Motolinía. Su padre fue abogado litigante y su madre se dedicaba al hogar. A su marido lo conoció en una fiesta en su propia casa, a la que llegó invitado por uno de sus hermanos, de quien el joven Miguel era amigo ya que juntos iban al servicio militar. Después de cuatro años de noviazgo, se casaron en la iglesia de Santa Rosa de Lima en la colonia Condesa donde ambos vivían, a mediados del año 1959, cuando él recién había terminado su carrera de leyes en la UNAM.[327]

Desde los inicios de su matrimonio, la señora apoyó la carrera de su esposo. Incluso lo esperó en México, cuidando de sus primeros tres hijos, mientras él se fue un año a estudiar a Estados Unidos. Y luego, cuando ascendía por los peldaños de la carrera político-administrativa, además de ocuparse del hogar y de los cinco hijos que procrearon, se integró al voluntariado, llegando a dirigir el de la Secretaría de Programación y Presupuesto cuando él fue secretario.

Y sin embargo, según quienes la conocen, la señora ayudó a su marido "porque lo quiere mucho" aunque el "papel público la agobiaba".[328] Y es que ella es una persona "poco adicta a la publicidad".[329]

Paloma Cordero de De la Madrid, decidió ser discreta en su trabajo como primera dama

Cuando don Miguel fue postulado como candidato a la Presidencia, la señora Paloma afirmó que "se sentía orgullosa de ser su esposa". Y asumió el reto de ser primera dama, para el que no estaba preparada puesto que era por encima de todo, una mujer de su casa. Tan fue así, que cuando un periodista le preguntó si se ocuparía de atender a los niños, respondió aludiendo a los suyos sin captar que la referencia era a los del país. Pero cumplió con responsabilidad y disciplina las tareas que ya por tradición se encomendaban a las esposas de los presidentes: "Estuvo donde tenía que estar... lo que suele ser la labor de las mujeres":[330] lo acompañó a las giras en las que se inauguraban obras de asistencia social como albergues, hospitales y tianguis, estuvo presente en las ceremonias y recepciones oficiales, se ocupó de los visitantes extranjeros y encabezó las dos instituciones, el DIF y el Voluntariado Nacional. Y lo hizo siguiendo la misma tónica que su marido en la primera magistratura: fue discreta, como se hacía necesario en ese momento para diferenciarse ante la opinión pública de su antecesora y en general de las muy escandalosas mujeres de la familia López Portillo.

La señora de De la Madrid llevó este modo de ser a todos niveles, desde su arreglo personal sencillo y correcto, siempre con vestidos y sacos de colores suaves y con el peinado impecable, hasta su participación en la vida pública, en la que supo mantener su lugar: "Sin faltarle ni sobrarle sitio adecuado", según afirma Griselda Álvarez, con lo que Tere Márquez está de acuerdo: "No había un detalle que te dijera que estaba fuera de contexto, fuera de la moral o de la educación".[331]

La familia De la Madrid se mudó a vivir a la Residencia Oficial de Los Pinos en febrero de 1983. No lo pudieron hacer antes, porque los López Portillo se salieron hasta el último momento, y todavía hubo que "darle su mano de gato", aunque no se le hicieron arreglos mayores, pues el presidente y su esposa decidieron "no gastar mucho porque no estaba el horno para bollos".[332] Como ya era costumbre, ellos se instalaron en el piso superior, "tan grande que parecía un aeropuerto", a decir de don Miguel, al cual se llevaron sus propios muebles de la casa familiar de Coyoacán, mientras que la parte de abajo la dejaron para oficina presidencial y recepciones sociales. Y en una de las casas que había construido su antecesor, puso su oficina la señora.

Para aquel momento, Los Pinos era un lugar bien acondicionado. En el enorme terreno que ocupaba —de casi cinco hectáreas— se levantaban varias casas y un hermoso jardín. Los De la Madrid disfrutaron vivir allí (sobre todo de la alberca techada y la sala de cine), tanto que don Miguel hasta le pidió a una amiga suya que escribiera un libro con la historia de la residencia oficial, excelente investigación que ha sido profusamente citada en este texto que el lector tiene entre sus manos. El inconveniente era sin embargo la excesiva seguridad, lo que a veces hacía sentir incómodos a sus ocupantes. En una entrevista reciente, uno de los hijos cuenta cómo trataba de escapar del Estado Mayor sin nunca conseguirlo.[333]

Con don Miguel y doña Paloma, volvieron a su lugar los candiles austriacos que habían esperado en las bodegas del Castillo de Chapultepec desde los tiempos de los Echeverría, así como las mesas de fina madera, los sillones tipo europeo y los muebles de marquetería que a ella mucho le agradaban y también cuadros de los mejores pintores mexicanos entre los cuales destacaba el famoso Dr. Atl que retrata los dos majestuosos volcanes, el Popocatépetl y el Iztaccíhuatl. Y volvió también a su lugar el orden y el bajo perfil de la intimidad doméstica, al punto que apenas si se supo sobre la boda de la hija mayor, efectuada allí con todo y la presencia de los jerarcas religiosos, o el festejo de sus bodas de plata, o las escapadas a la casa de fin de semana en Cuautla.

4

El viraje de Miguel de la Madrid, que decide abandonar la concepción de Estado intervencionista para dar paso al esquema neoliberal, significó un cambio en las políticas de bienestar social. Ante todo, porque el Estado se adelgazó y pretendió volverse eficiente, pero también porque los recursos destinados a esos rubros disminuyeron de manera importante. El nuevo gobierno "replantea los principios de asignación de los bienes y servicios que proveía": por una parte, se establece el control de precios y subsidios en ciertos productos básicos (tortillas, leche, pan) y por otra, la política social desplaza al sector obrero del centro de la escena, para mejor ocuparse de los grupos marginados (se les llamó "vulnerables") que componían casi cincuenta y cinco por ciento de la población,[334] y a quienes se pretendía procurar los "mínimos de bienestar", término que se seguía empleando.

Esto significó que se canalizaran menos recursos a las instituciones de salud (IMSS, ISSSTE, SSA) y que se le entregaran más a la asistencia social, a la cual se deslindó de aquélla. Así el DIF, que para entonces ya se llamaba Sistema Nacional para el Desarrollo Integral de la Familia, se constituye en un brazo especializado, autónomo y desconcentrado del sector salud, que encabeza la asistencia social, la cual incluye además de los sectores tradicionales de niños y mujeres, a los Centros de Integración Juvenil y al Instituto Nacional de la Senectud. A todo esto se le llama Sistema Nacional de Asistencia Social, el cual funciona de acuerdo con la ley aprobada en 1986.[335]

La novedad más importante de esta restructuración, es que se inicia el proceso de descentralización de la institución, con el establecimiento de los DIF estatales y municipales, lo cual cumple un doble objetivo: ampliar la cobertura y disponer de más recursos (dado que el dinero para ellos ya no sólo provenía de la federación sino también de cada gobierno estatal y los DIF municipales eran incluso autosustentables o autofinanciables con un porcentaje fijo del total de sus recursos) y de paso, como afirma Victoria Rodríguez, ganar lealtad y apoyo políticos para el gobierno.[336]

Dicha descentralización vino acompañada también de un cambio en la organización de la propia institución: se crearon un comisariado y una junta de gobierno que concentraban la autoridad formal y se modificó la naturaleza del patronato que encabezaba la esposa del presidente de la República, para convertirlo en un órgano de consulta y recomendación cuya tarea principal sería la obtención de recursos.[337] Atrás quedaban los tiempos del liderazgo de las señoras, tal como lo habían ejercido desde Eva Sámano y Guadalupe Borja hasta Esther Zuno y Carmen Romano y en adelante, la presidenta del DIF adquiere perfil bajo: "No tenía por qué arriesgarse en terrenos que no conocía como los de administración y mejor que se ocupara de supervisar los trabajos y escuchar las demandas, es decir, de ser la mano amable del poder".[338]

Paloma Cordero con su esposo Miguel de la Madrid

En su discurso de aceptación del nombramiento como presidenta del patronato de la institución, la señora Paloma de De la Madrid dijo que la asistencia social tendría como objetivo proteger y auxiliar "a los niños, los ancianos y los niños minúsválidos... a hacer de la comunidad mexicana una comunidad más sana en lo físico y en lo moral y hacer que las familias estén bien integradas".[339] Con esas palabras dejaba bien establecido a cuáles sectores de la población estaría enfocada la asistencia social. En el caso de los niños, se ampliaba la tradicional atención médica y el reparto de alimentos (que por lo demás incrementaron mucho sus coberturas) hasta crear programas integrales para "satisfacer las necesidades físicas, mentales y emocionales" y "brindarles la educación necesaria para que tengan acceso a un mejor porvenir al dejar el seno familiar".[340] En el caso de los minusválidos, se echó a andar un ambicioso plan de rehabilitación y educación especial "para lograr su plena incorporación al ámbito familiar, educativo y económico".[341] Este sector recibió especial atención, dado que el director del DIF, médico personal de la familia De la Madrid, era especialista en ese campo. Y en el caso de los ancianos, se abrieron casas de la tercera edad y se les organizaron actividades. Según Griselda Álvarez, éste fue el programa más importante que desarrolló la señora a quien siempre le conmovieron los viejitos, y se hizo cargo incluso del ciudadado de algunos como su suegra.[342]

En su quinto informe de gobierno el presidente dijo: "Durante la presente administración, el Sistema Nacional de Asistencia Social ha más que duplicado su atención a niños, personas de avanzada edad y minusválidos, al pasar sus beneficiarios de diez a veinticinco millones". Y en la *Crónica del sexenio*, voluminosa memoria de la administración que se hizo por encargo del propio presidente, se afirma que la institución atendía a más de treinta millones de personas.[343]

Por supuesto que las cifras que se manejan debemos tomarlas con pinzas. En 1980 había en el país sesenta y siete millones de habitantes de los cuales más de treinta y cinco vivían en la pobreza y fuera de los sistemas de salud, principalmente los campesinos y trabajadores agrícolas o del sector informal de las zonas urbanas, que no sólo no se habían beneficiado de las políticas de asistencia, sino que se habían visto más afectados por la inflación que otros sectores. De la población económicamente activa, más de sesenta por ciento no recibía los suficientes ingresos como para llevar una vida digna, cubriendo sus necesidades básicas. Si los números que anunciaba el gobierno hubieran sido ciertos, eso habría significado que se atendía a prácticamente toda esa población con servicios alimenticios y médicos, lo cual no fue así. México siguió teniendo millones de miserables y desnutridos que no tenían acceso a ningún servicio, ni a la salud.

En una carta enviada a la autora de este libro, el expresidente Miguel de la Madrid escribe: "En el libro se apunta una duda sobre la cifra que mi gobierno dio acerca de la cobertura del sistema de asistencia social a cargo del gobierno federal. Las cifras de cobertura de salud y asistencia social que el gobierno publicó se refieren a la población potencial de asistencia social susceptible de acogerse a los sistemas e instituciones establecidos, principalmente el DIF, y no definitivamente a las atenciones efectivamente prestadas", y agrega que ésa es la convención aceptada a la hora de dar las cifras.[344]

Es muy significativo y habla sobre nuestra forma de ser, el hecho de que se presenten de este modo tan obtuso los números. Hablar de "cifras de capacidad instalada" en lugar de simplemente decir lo que de verdad se hizo, es una costumbre de nuestra cultura política que tiene que ver con el deseo de inflar los resultados.

Pero de todas maneras, no se puede negar la importancia de la labor del DIF. El esfuerzo ha sido fundamental para una población con tantas carencias y necesidades. A pesar de que "el desarrollo social como rubro del gasto pasó de diecisiete por ciento en el año 81 a diez por ciento en 1988,[345] lo cual en relación al producto interno bruto significó pasar de 7.6 por ciento a 6.0 por ciento,[346] la institución creció tanto, que además de los programas de asistencia alimentaria, médica y educativa, tuvo otros de procuración de justicia, de acciones para menores maltratados, farmacodependientes e invidentes, de rehabilitación de discapacitados, de capacitación de técnicos y profesionales y de construcción de plantas procesadoras de alimentos, albergues, estancias, centros de desarrollo infantil y campamentos recreativos. En total, nueve áreas programáticas que incluían la muy importante de promoción de la planificación familiar, en un país en el que el crecimiento demográfico lo hacía necesario, a pesar de la tenaz oposición de la Iglesia católica. Hacia el final de su gobierno, en su sexto informe, el presidente pudo decir que: "La salud de la población ha registrado un mejoramiento general, alcanzándose prácticamente las metas del Programa Nacional".[347]

Como era costumbre también, la primera dama recibía peticiones de ayuda de parte de mujeres de todo el país, ya fuera por escrito o en persona. De hecho, eran tantas las cartas que llegaban, que se tuvo que instituir una oficina de la Presidencia que las clasificara y turnara a quien correspondiera. Y es que siendo nuestra cultura una que ve a su presidente como Dios todopoderoso —porque en México, el presidente "no es un servidor público sino amo y señor" asegura Julio Scherer, el que "nombra, protege, concede, facilita y coarta" dice Carlos Monsiváis, el que "resuelve y decide todo, desde lo nimio hasta lo trascendental" afirma Luis Spota; y su poder es tan enorme que "puede cambiar la vida de quien quisiera, torcer el destino que le viniera en gana"—[348] es lógico que las personas desesperadas, recurran a él y a sus allegados cuando tienen problemas o carencias.

Algunas de esas misivas eran francamente conmovedoras, como aquella en que una mujer le pedía al primer mandatario que como favor especial le hiciera saber cuál número de la lotería saldría ganador, porque de verdad tenía mucha necesidad de dinero.[349] O cuando las esposas de los trabajadores de varias fábricas de Monterrey que habían cerrado, vinieron hasta la capital para entrevistarse con doña Paloma y pedirle ayuda para que los hombres recuperaran su empleo. Pero el encuentro no se realizó.

5

Los años ochenta, dice Agustín Gendrón, empezaron a balazos cuando un fanático asesinó a John Lennon. Fue la década de Reagan, Thatcher, Pinochet y la derecha triunfante en el mundo, al tiempo que se venían abajo los países socialistas. Para México fue el tiempo en que "no pasó un solo mes sin escuchar o leer la expresión de que las finanzas y la vida mexicanas están en crisis".[350]

Y es que, en efecto, el nuestro seguía siendo un país de pobres, de muchísimos pobres. "País de muertos caminando, sin destino, sin objeto, sin esperanza", había escrito José Revueltas cuarenta años antes.[351] Allí seguían las ciudades perdidas sin agua ni drenaje y las miles de personas sin empleo ni oportunidades. Por las calles deambulan "pájaros sin nido" como les llamó Elena Poniatowska a las mujeres, hombres y niños "alicaídos, tratando de pasar entre los coches, golpeándose en contra de las salpicaderas, atorándose en las portezuelas, magullando sus músculos delicados, azuleando su piel de por sí dispuesta a los moretones... Estos mexicanos se nos aparecen a la vuelta de cualquier encuentro, sin disfraz alguno, con el traje que les da la vida y desaparecen en un parpadeo. Son ángeles, sin alas aparentes, y de repente ¡zas! allí están con sus carritos de dos ruedas para llevarse botellas y fierro viejo, papel periódico que vendan, sus charolas de frutas cubiertas, sus canastas de aguacates que blanden de ventanilla en ventanilla, la locomotora de los camotes y plátanos horneados y el iglú de los raspados de hielo picado...".[352]

¿Se percataba doña Paloma de las dimensiones del hartazgo ciudadano?

El hartazgo ciudadano: las eternas promesas incumplidas, la eterna corrupción, los precios que suben día a día.

El hartazgo ciudadano: la burocracia sorda, la policía delincuente, los servicios insuficientes, faltan hospitales, faltan escuelas, faltan transportes.

El hartazgo ciudadano: la ineficiencia; los trámites inacabables; los teléfonos pueden durar meses descompuestos y nadie los arregla; en los servicios de emergencia jamás contestan y cuando ya lo hacen no resuelven los problemas; las cartas se pierden en el correo; hay largas colas para cualquier cosa; en los centros de salud no atienden a los enfermos ni en las ventanillas a los contribuyentes; en los cines los pies se quedan pegados al piso por el refresco derramado que nadie limpia y las palomitas se revuelven con caca de ratón; la mercancía de contrabando inunda Tepito y Coapa; el país se llena de sembradíos de amapola y mariguana. Y en las esquinas los tragafuegos venden libros que les da la Secretaría de Educación Pública para ver si así dejan de beber gasolina.

El hartazgo ciudadano: los jóvenes divirtiéndose en los hoyos fonquis y la autoridad haciendo redadas.

El hartazgo ciudadano: las maquiladoras de la frontera explotando a miles de mujeres.

El hartazgo ciudadano: los refugiados centroamericanos hacinados en los campamentos del sur del país.

El hartazgo ciudadano: cientos de priístas abandonan el PRI, entre ellos personalidades importantes de la vida política; por primera vez un diputado interpela al presidente de la República durante su informe de gobierno; nace el Partido Socialista Unificado de México y el doctor Salvador Nava cimbra al país desde San Luis Potosí con su reclamo de democracia.

Por todo eso, el poeta David Huerta escribió: "Grietas en el amanecer para poner el cuerpo fatigado y dormir con una estupidez estéril de eremita, reflejando el alto cielo que hace cuántas horas se derramaba sobre las dudas y las desesperaciones nocturnas. El asedio, la culpa, el arrasamiento, las invasoras presencias".[353]

Y por todo eso, el poeta Jaime Reyes había escrito: "Y en la incertidumbre habíamos fincado esta certidumbre".[354]

6

En los tiempos en que la señora Paloma de De la Madrid fue primera dama, hubo muchas escuelas activas. La educación ya no sólo era confesional y ya no sólo era de gobierno. Y hubo talleres literarios y se publicaron fotonovelas y aparecieron los discos compactos y las videocaseteras y la cantante Lupe D'Alessio cambió varias veces de marido y a todos les cantó con grandes desplantes "Punto y coma", mientras los rockeros de Botellita de Jerez preguntaban:

Tons qué, tons qué mi reina,
a qué horas vas por el pan.[355]

La Universidad Nacional había crecido tanto, que tenía más alumnos que muchos países ciudadanos, aunque también crecían los centros privados de educación superior. Y los jóvenes, "pirrurris" o "raza" lo mismo da, se seguían sintiendo los dueños del mundo: "Salimos a beber y a fumar mota en Reforma y a viajar a cien en el toldo de los coches y a esquiar como suizos en los prados del Ángel tratando de averiguar hasta dónde llegaban los nuevos límites de la increíble tolerancia policiaca. ¿O salimos como sociedad civil a rebasar a las autoridades?".[356]

¿Fue la señora Paloma al teatro a ver actuar a la eterna Silvia Pinal en *Mame* y al eterno Manolo Fábregas en *El hombre de La Mancha*, con montajes escénicos que eran iguales a los de Broadway? ¿fue a las presentaciones de libros que por entonces se pusieron tan de moda? ¿leyó las revistas *Vuelta* y *Nexos* que fundaron brillantes grupos de intelectuales? ¿quiso como todo mundo matar a la villana Catalina Creel de la telenovela *Cuna de lobos* que causó sensación y paralizó al país el día de su final?[357] ¿vio las películas de las mujeres cineastas que empezaban a destacar? ¿leyó los libros de las mujeres escritoras que caían como lluvia de agua fresca sobre los lectores fatigados de años y años de las solemnidades y tristezas de la literatura mexicana? ¿qué pensó de la narración que hacía Ángeles Mastretta de los deberes y sentimientos de una primera dama?:

"Los primeros tiempos del gobierno fueron divertidos. Todo era nuevo, yo tenía una corte de mujeres esposas de los hombres que trabajaban con Andrés... Nos llevó a la inauguración del manicomio de San Roque, un lugar donde encerraban mujeres locas. Después de cortar el listón y echar el discurso, dijo que llevaran una marimba y organizó baile ahí adentro... De repente Andrés ordenó que se callara la marimba y me presentó como la presidenta de la Beneficencia Pública. San Roque dependería de mí al igual que la Casa Hogar y algunos hospitales públicos. Me puse a temblar. Ya con los hijos y los sirvientes de la casa me sentía perseguida por un ejército necesitando de mis instrucciones para moverse y de repente las locas, los huérfanos, los hospitales. Pasé la noche pidiéndole a Andrés que me quitara ese cargo. Dijo que no podía. Que era yo su esposa y para eso estaban las esposas...

"Al día siguiente fui a la Casa Hogar. Se llamaba muy elegante pero era un pinche hospicio mugroso y abandonado. Los niños andaban por el patio con los mocos hasta la boca, a medio vestir, sucios de meses... Llamé a sus hijas para proponerles que me ayudaran a organizar bailes, fiestas, rifas, lo que pudiera dar dinero para la Beneficencia Pública. Aceptaron. Se les ocurrió todo, desde una premier con Fred Astaire hasta un baile en el Palacio de Gobierno. Durante un tiempo no supe cómo iban las locas ni los enfermos ni los niños, me dediqué a organizar fiestas. Por fin creo que hasta se nos olvidó para qué eran. Nada más porque Bárbara mi hermana cumplía con su papel de secretaria fuimos a entregarles las camisetas y los calzones a los niños, las camas a las loquitas, las sábanas a los hospitales...

Paloma Cordero de De la Madrid

"Al principio la gente iba a la casa a solicitar audiencia y me pedía que la ayudara con Andrés. Yo oía todo y Bárbara apuntaba. En las noches me llevaba una lista de peticiones que le leía a mi general de corrido y aceptando instrucciones: ése que vea a Godínez, ésa que venga a mi despacho, eso no se puede, a ése dale algo de tu caja chica, y así...

"Al día siguiente, otra vez quería llorar y meterme en un agujero, no quería ser yo, quería ser cualquiera sin un marido dedicado a la política, sin siete hijos apellidados como él... Para mucha gente yo era parte de la decoración, alguien a quien se le corren las atenciones que habría que tener con un mueble si de repente se sentara a la mesa y sonriera. Por eso me deprimían las cenas. Diez minutos antes de que llegaran las visitas quería ponerme a llorar, pero me aguantaba para no correrme el rímel y de remate parecer bruja. Porque así no era la cosa, diría Andrés. La cosa era ser bonita, dulce, impecable."[358]

México en los años ochenta: "Una década que se antojaba toda individualismo y prosperidad", escribió un cronista y agrega: Emmanuel canta y "te encuentra bella como una escultura", Lucía Méndez y Verónica Castro son las divas por excelencia, Rigo Tovar —"el enemigo jurado de la sintaxis"— baila cumbia y Fernando Valenzuela triunfa en el beisbol gringo.[359] La televisión se había vuelto nuestra dueña, nuestra maestra, nuestro destino, nuestro modo de hablar y de pensar, nuestro ser: "Advertencia a los que dan como filósofo clave para entender los ochenta a Jürgen Habermas o a Jean-François Lyotard: si un sistema de ideas marcó a nuestra generación, ése fue el de René Casados... presentador televisivo devenido en predicador al son de 'prohibido prohibir' y de 'siempre sonríe y la fuerza estará contigo'".[360]

7

Los esfuerzos del gobierno para estabilizar la economía no lograron cumplir con sus objetivos de reducir la inflación, equilibrar las finanzas públicas y evitar la caída del salario que fue enorme, "sin exagerar, del orden de cuarenta por ciento real" afirma Héctor Aguilar Camín y dice: "El ajuste, como se le llamó a este descenso dramático del nivel de vida de la población, se realizó en condiciones particularmente desfavorables para los sectores de ingresos fijos, porque se hizo en medio de un agudo proceso inflacionario y en una coyuntura de quiebra general de las finanzas públicas, cuya política de saneamiento incluyó una restricción sin precedente de subsidios y gasto social del Estado. Los efectos de esas adversidades convergentes fueron, por necesidad, una agudización extrema de las desigualdades sociales y económicas".[361]

No fue poca cosa, además, el hecho de que "el sexenio de Miguel de la Madrid tuviera que soportar seis años de gobierno de Ronald Reagan, una verdadera pesadilla en la que hubo maltrato a los indocumentados, acusaciones de toda índole, presiones económicas, cierre de fronteras, suspensión de visas, calumnia a funcionarios y la arrogancia intervencionista del embajador John Gavin".[362] Y sin embargo los norteamericanos eran los más felices con el gobierno mexicano: "Para el país del norte, el grupo de técnicos era lo mejor que podía pasarle a México... Se mostraba al mundo que era posible pasar de ser un país nacionalista casi extremo a aplicar el consenso de Washington en unos cuantos años".[363]

Dos tragedias ocurren durante el sexenio: las explosiones de gas en San Juanico y los terremotos en la ciudad de México, ambas en el lapso de unos cuantos meses, que cambiarían para siempre la relación de los ciudadanos con sus gobernantes, porque es cuando aquéllos se percatan de que las causas de la desgracia no están ni en la naturaleza como algunos quieren creer ni en el castigo divino como otros pretenden decir, sino simple y llanamente en la corrupción y la negligencia de las autoridades. Y también, porque sus consecuencias se ven agravadas por las decisiones malas o lentas que éstas toman o dejan de tomar.

Y es que ante los muchos muertos y la gran devastación, el presidente y sus funcionarios quedan catatónicos: ¿si aceptar o no aceptar la ayuda extranjera? That's the question, diría Hamlet. Un nacionalismo ramplón vota por lo primero y una urgencia impostergable por lo segundo. Pero mientras deciden, el tiempo pasa y la sociedad toma en sus manos el asunto.

Escribe Carlos Monsiváis: "Convocada por su propio impulso, la ciudadanía decide existir a través de la solidaridad, del ir y venir frenético, del agolpamiento presuroso y valeroso, de la preocupación por otros que, en la prueba límite, es ajena al riesgo y al cansancio. Sin previo aviso, espontáneamente, sobre la marcha, se organizan brigadas de veinticinco a cien personas, pequeños ejércitos de voluntarios listos al esfuerzo y al transformismo: donde había tablones y sábanas surgirán camillas; donde cunden los curiosos, se

Paloma Cordero de De la Madrid

fundarán hileras disciplinadas que trasladan de mano en mano objetos, tiran de sogas, anhelan salvar siquiera una vida. Los oficios se revalúan. Taxistas y peseros transportan gratis a damnificados y familiares afligidos; plomeros y carpinteros aportan seguetas, picos y palas; los médicos ofrecen por doquier sus servicios; las familias entregan víveres, cobijas, ropa; los donadores de sangre se multiplican; los buscadores de sobrevivientes desafían las montañas de concreto y cascajo en espera de gritos o huecos que alimenten esperanzas. Al lado del valor y la constancia de bomberos, socorristas, choferes de la Ruta 100, médicos, enfermeras, policías, abunda un heroísmo nunca antes tan masivo ni tan genuino, el de quienes, por decisión propia, inventan como pueden métodos funcionales de salvamento, el primero de ellos una indiferencia ante el peligro, si ésta se traduce en vidas hurtadas a la tragedia. Basta recordar las cadenas humanas que rescatan a un niño, entregan un gato hidráulico o un tanque de oxígeno, alejan piedras, abren boquetes, sostienen escaleras, tiran de cuerdas, trepan por los desfiladeros que el temblor estrenó, instalan los campamentos de refugiados, cuidan de las pertenencias de los vecinos, remueven escombros, aguardan durante horas la maquinaria pesada, izan cuerpos de víctimas, se enfrentan consoladoramente a histerias y duelos... tal esfuerzo colectivo es un hecho de proporciones épicas".[364]

Años después, el presidente de México se defendió de las acusaciones diciendo que su gobierno actuó enérgicamente para prevenir epidemias y echar a andar de nuevo los servicios. Y agregó: "Aprovechamos los apoyos ofrecidos en la medida de las necesidades... Apreciamos y agradecimos la amistad de gobiernos y de pueblos extranjeros".[365]

La señora de De la Madrid personalmente visitó las zonas afectadas y recibió aportaciones y ayuda de varios países del mundo, entre ellas un millón de dólares de regalo de la primera dama de Estados Unidos Nancy Reagan, para el Fondo Nacional de Reconstrucción.

¿Podía doña Paloma imaginar que precisamente de las ruinas y de la tragedia es de donde nacería la solidaridad que a su vez llevaría a una conciencia que años después sería responsable de importantes cambios en la vida política del país? ¿podía prever que de esos acontecimientos nacería la sociedad civil organizada y exigente y se desmoronaría el predominio del partido oficial?

Pero una vez más y como por milagro los mexicanos levantaron cabeza. Para cuando llegó el día del campeonato mundial de futbol cuya sede México había conseguido, ya todo era otra vez alegría. Miles de gentes coreaban y vitoreaban a los equipos, insultaban al presidente: "Paloma Cordero, tu esposo es un culero", hacían la ola en el estadio y le aplaudían a la "Chiquitibum", una jovencita que lucía orgullosa sus grandes senos.

Ya éramos otra vez los que habían enterrado a sus muertos, los que habían guardado sus recuerdos en el fondo de la memoria. Ya éramos otra vez los admiradores de la cantante Lucerito y de los grupos juveniles Timbiriche, Flans y Mecano. Ya éramos otra vez los que en las fiestas de fin de año bailan hasta caerse, beben hasta caerse, comen hasta reventar, con música viva que cuesta más que el sueldo de un mes, con piñatas y regalos y brindis llenos de sentimiento y promesas.

> *No controles mi forma de pensar,*
> *porque es total.*[366]

Y sin embargo, casi al final del sexenio, bajaron otra vez los precios mundiales del petróleo —de veinticuatro dólares por barril en octubre del 85 a diez dólares por barril en marzo del 86— afectando una vez más a la economía mexicana que tan dependiente es de ese producto. En menos de lo que se puede decir, la crisis mostró otra vez sus afiladas garras. El país quedó en una situación vulnerable y el gobierno en quiebra. Otra vez hubo que devaluar, aumentar la deuda y la inflación se disparó: "Es la catástrofe", escribió Macario Schettino.[367] Y Héctor Aguilar Camín: "Con el de Miguel de la Madrid, cumplió cuatro sexenios presidenciales consecutivos que terminarían lejos del sitio donde prometieron llegar. La ineficacia de sus proyectos y sus instrumentos es ostensible".[368] Un joven autor resumió así la situación: "Miguel de la Madrid, su sexenio se inició con la caída del peso, siguió con la caída de medio Centro Histórico de la capital y terminó con la caída del sistema en las elecciones del 88, así que por lo menos no lo podrán acusar de falta de congruencia".[369]

8

En su último informe de gobierno, el presidente le agradeció dos veces a su esposa, una por su trabajo público: "A mi esposa Paloma, mi más cariñoso agradecimiento por su dedicación en estas tareas, como presidenta del patronato del DIF así como por su labor al frente del patronato del Voluntariado Nacional", y otra por su apoyo personal: "Mi agradecimiento cariñoso a mi querida Paloma, soporte firme en todo momento, digna compañera de estos años inolvidables".[370]

Estas menciones eran completamente novedosas: no sólo se le llamaba por su nombre de pila, sino que por primera vez en nuestra historia se empleaba públicamente la palabra "cariño" para referirse a ella. ¿Era señal de una relación cercana entre ellos, de una buena pareja? ¿o era aviso de un cambio en la situación de las mujeres?

Quién sabe, porque si pasamos las páginas de los muchos y voluminosos tomos que componen la *Crónica del sexenio* delamadridista, que es el recuento oficial del mismo, encontramos muy pocas menciones a la señora Paloma Cordero y vemos además que éstas van disminuyendo progresivamente desde el primer año del mandato hasta que de plano, durante un año completo, no aparece ni una sola vez. Don Miguel atribuye esto a su decisión —que fue orden para sus encargados de comunicación— de mantener el bajo perfil que se había propuesto desde el inicio de su mandato, tanto para él como para su señora. Aunque años después, le pareció que tanto recato había sido excesivo, porque no le permitió a los ciudadanos conocer la labor emprendida.[371]

En octubre de 1988, la familia De la Madrid sacó sus cosas de la Residencia Oficial de Los Pinos y regresó a su casa particular en Coyoacán. A punto estaba de concluir el sexenio, esos "años inolvidables" de que había hablado el presidente.

Según alguien que conoce bien el movimiento de Los Pinos, si durante los primeros tres años de cada gobierno, fluyen regalos y ramos de flores tan grandes y llamativos que ocupan prácticamente toda la escalera de la residencia oficial, esto va disminuyendo de manera notable a partir del cuarto año hasta que cuando ya se nombra al nuevo candidato, dejan completamente de llegar. ¿Qué sienten "El señor" y "La señora" como los llamó el escritor Luis Spota en sus novelas, ante ese desprecio después de haber sido casi dioses?

En el caso de doña Paloma, es probable que esto resultara menos un agravio que un alivio, porque entonces ella pudo regresar a la intimidad de su hogar y dedicarse como antes de la Presidencia a lo que le gusta: hacer ejercicio, atender a su familia que ha crecido por la llegada de los nietos, ir a misa, reunirse con amistades. En el caso de don Miguel, su sucesor le encomendó dirigir la empresa editorial del Estado, encargo que le ratificó el siguiente mandatario y al que se dedicó con ahínco.

Más de diez años después de terminado el mandato, a ambos se les ve muy bien. Algunas tardes se les encuentra caminando juntos por su barrio de Coyoacán en la capital o merendando en algún restaurante, vestidos con la sencillez pero elegancia que siempre les caracterizó y algunas mañanas se ve a la señora atendiéndose en un salón de belleza cercano a su domicilio, con la misma persona que ha cuidado su cabello durante muchos años y que le sigue haciendo su mismo estilo de peinado. Es extraño, pero a pesar de las crisis y los problemas, Miguel de la Madrid es el único de los presidentes recientes de México que puede presentarse tranquilo en lugares públicos sin que la gente lo abuchee.

9

El candidato a suceder al presidente fue, igual que en el sexenio anterior, el secretario de Programación y Presupuesto, un hombre joven y dinámico, muy ambicioso, que ya tenía gran poder en el gabinete delamadridista.

Su candidatura se enfrentó a una fuerte oposición organizada en torno a dos partidos, fortalecidos al calor del renacimiento de los afanes democráticos producto de la modernización de las clases medias y altas, y de la reforma política: el PAN, por el que contendía el activo empresario Manuel Clouthier "Maquío", y el Frente Democrático Nacional, conjunción de grupos y partidos de izquierda que encabezaba un hombre de gran estatura moral, Cuauhtémoc Cárdenas.

Según las cifras oficiales, la mayoría de los ciudadanos votó por el PRI en 1988. La señora Cecilia Occelli de Salinas dijo entonces: "Si la mayoría de los mexicanos vota por el PRI es porque están verdaderamente convencidos de que Carlos Salinas de Gortari es la alternativa y que adoptará las decisiones adecuadas para superar la crisis". Y es que en su opinión, su marido "podía hacer mucho por el país".[372]

Y sin embargo ese triunfo fue cuestionado por afirmaciones de fraude: "El 6 de julio de 1988 íbamos a empezar la revolución después de desayunar en el Linny's. Estabamos dispuestos a defender el voto con la vida. Para las seis de la tarde los reportes eran de lo más optimistas. El partidazo en el poder encontraba su noche triste. El error consistió en que lo festejamos prematuramente. El anuncio de la caída del sistema nos sorprendió a eso de la una de la madrugada, pero no nos arredró. ¡A la calle! ¡México se levantaría!

"Afuera, ni un alma. Ni siquiera una patrulla, ni un peatón, ni carros. Juro que caminamos varias cuadras y nadie había. Se robaban la elección presidencial, el futuro, la esperanza... y nadie había".[373]

"La elección del 6 de julio de 1988 nunca tendrá resultados claros, se cayó el sistema de cómputo para mantener erguido al sistema político", escribió Macario Schettino, y agregó: "Por unas horas el país se encuentra en los bordes mismos de la guerra civil... y si no ocurrió fue porque Cárdenas no quiso abanderar esa lucha... Carlos Salinas tomará el poder en medio de insultos en el mismo congreso. Otro México estaba naciendo".[374]

Cuando el primero de diciembre de 1988 tomó posesión del cargo el nuevo presidente, el país exigía verdaderos cambios en el ámbito político y verdadera modernización en el manejo de su economía: "Un gobierno eficiente y eficaz, organizado administrativamente, racional en el intervencionismo estatal, neutro en su discurso nacional e internacional, honesto contra el enriquecimiento de los funcionarios de la administración pública, el partido y los sindicatos".[375]

Para lograr ese objetivo, Carlos Salinas se rodeó de una nueva elite política formada por jóvenes tecnócratas que habían estudiado en las universidades norteamericanas y para quienes la salida a la crisis se encontraba en la integración de nuestro país a la economía mundial, terminando así con un sistema nacionalista y corporativo para dar paso a la vía neoliberal y globalizadora, con una concepción del Estado mínimo que el presidente manifestó con claridad desde el principio de su gobierno: "Un Estado más grande no es un Estado más capaz, un Estado más propietario no es un Estado más justo. Un Estado de mayor tamaño no necesariamente satisface sus responsabilidades con quien reconoce como su autor y destinatario de su acción: el pueblo".[376]

Claro que para poner eso en práctica, requería antes de una legitimidad que no tenía. De modo que lo primero que hizo fueron algunas acciones que le atrajeran la simpatía de los ciudadanos: encarceló al poderoso líder petrolero la Quina y "estancó" —la palabra es de Schettino— al empresario financiero Legorreta. Y se dedicó a echar a andar su gobierno: negoció con los obreros todavía comandados por el anciano líder Fidel Velázquez, a quienes a cambio de mantener el drástico ajuste salarial les ofreció contener la inflación; con los campesinos, para quienes cambió el artículo 27 constitucional lo que les permitía terminar con el ejido y creó algunos programas de apoyo, entre ellos el llamado "Solidaridad" que les daba dinero en efectivo; con la Iglesia para la cual reformó el artículo 130, lo que abrió las puertas a un cambio de

relación con el Estado —incluso se mandó un embajador al Vaticano—; y con los intelectuales, a quienes cortejó y apoyó con recursos y prebendas.

Al mismo tiempo y para recomponer las finanzas públicas, se inició el proceso de la privatización bancaria, se pusieron en venta empresas deficitarias, se renegoció la deuda y se hizo una reforma fiscal que favoreció a las grandes empresas nacionales y a las transnacionales que le dieron su apoyo al presidente, felices de por fin enterrar al Estado interventor, aunque eso afectara gravemente a las pequeñas y medianas industrias, muchas de las cuales tuvieron que cerrar.

La nueva política pareció funcionar y el país empezó a vivir "años realmente buenos", según afirma un estudioso. La economía creció a más de tres por ciento, se controló la inflación y no hubo más devaluaciones. Miles de dólares entraban en inversiones y se habían detenido las fugas de capital.[377]

Entonces, el presidente pudo proponer el eje y esencia de su proyecto: el Tratado de Libre Comercio con Estados Unidos y Canadá. Se trataba de un acuerdo que "reconoce la globalización creciente y la interdependencia económica al vincular el intercambio de bienes, el comercio de servicios y los movimientos de capital... y fortalece los principios del multilateralismo al proponerse la creación de un espacio económico amplio y abierto al resto del mundo".[378]

Un intenso trabajo de cabildeo se llevó a cabo para conseguir que los vecinos del norte aprobaran la propuesta. Y en noviembre de 1993, el congreso norteamericano por fin lo hizo. Salinas estaba feliz. Veía a México encaminado al primer mundo y él aparecía como el héroe de la película.

10

Carlos Salinas de Gortari era un típico hijo privilegiado del sistema. Había nacido en 1947, en el seno de una familia cuyo padre, Raúl Salinas Lozano, había sido funcionario gubernamental y su madre doña Margarita, maestra. Estudió la carrera de economía y un posgrado en Estados Unidos, lo que le aseguró su lugar en la administración pública, en la cual fue ascendiendo hasta convertirse en secretario.[379]

A su esposa Cecilia Occelli González la había conocido cuando ambos eran unos muchachos de quince y diecisiete años. Ella era originaria del Distrito Federal, donde nació en 1949, en el seno de familia numerosa —el padre, Armando Occelli, ingeniero; la madre, Ana María González, dedicada al hogar y los nueve hijos del matrimonio— que vivía en un barrio residencial del sur de la ciudad, en el que también estaban las escuelas donde estudió la primaria —Instituto Guadalupe— y la secundaria —Félix de Jesús Rougier, de monjas del Espíritu Santo—. Luego ingresó a la carrera de secretaria parlamentaria bilingüe y se casó en abril de 1972, después de siete años de noviazgo.[380]

Cecilia Occelli de Salinas, se sumó con entusiasmo
a los programas de asistencia social del gobierno

A lo largo del ascenso de su marido, más que acompañarlo, ella lo esperó en casa porque tenían tres pequeños que requerían de su atención. Ansioso de escalar en los peldaños de la política, el licenciado dedicaba largas horas a su trabajo, que incluían domingos, días festivos y hasta vacaciones. Cuando ya tarde por la noche llegaba a su casa, doña Cecilia "no le preguntaba sobre el país y la política, para no cansarlo con lo mismo con lo que había estado todo el día y por el contrario, le contaba de los hijos y le organizaba el descanso".[381]

Durante el sexenio de Miguel de la Madrid, la señora Cecilia, en su calidad de esposa de un secretario de Estado, se había incorporado por primera vez a las tareas públicas en el Voluntariado Nacional. Allí tuvo contacto con el trabajo que hacían las cónyuges de los funcionarios, de modo que cuando llegó a ser primera dama lo asumió "con temor pero con decisión de aprovechar la gran oportunidad para ayudar": "No tenía ni idea de las responsabilidades que me esperaban. La señora Paloma me llamó a una reunión en Los Pinos con los directores del DIF y del Voluntariado quienes me explicaron todo. Luego yo me puse a estudiar al DIF. Lo que más me impresionó al irlo conociendo es que se trataba de instituciones muy serias y sus programas eran buenos y necesarios".[382]

La familia se mudó a la residencia oficial a la que también se llevaron sus propios muebles para que los hijos "se sintieran como en casa". Allí la señora instaló una oficina desde la cual desempeñó las labores que se le encomendaron "sin ruido ni boato" según la opinión de María Teresa Franco, quien la considera "una primera dama extraordinaria y con gran capacidad de trabajo, profesionalismo y discreción", opinión que comparten otras mujeres que por alguna razón estuvieron cerca de ella durante ese tiempo.[383]

Cecilia Occelli cumplió con las tareas que le correspondían, desde las asistenciales hasta las de acompañar a su marido en las ceremonias oficiales que exigía el protocolo, entre ellas las del Grito de la Independencia los días 15 de septiembre a las que se presentaba elegantemente ataviada y también a los informes anuales de gobierno. En una ocasión, se presentó a éste "con los visibles efectos de la reciente intervención quirúrgica a que fue sometida para extirparle el apéndice".[384] Además de recibir a los dignatarios extranjeros y atender a sus esposas, así como representar a nuestro país en diversas partes del mundo, por ejemplo en las exequias del emperador Hirohito del Japón.

11

Como todo lo demás, la asistencia social también se había vuelto más compleja. Ella se debatía entre dos tensiones: por una parte, la que derivaba de la existencia de instituciones nuevas de política social —Pronasol, Procampo— que consumían una buena parte del presupuesto destinado al gasto social, y por otra, la que derivaba de la contradicción surgida entre el esfuerzo para que el conjunto de instituciones políticas, objetivos e instrumentos, obedecieran a una racionalidad en la toma de decisiones, en la asignación de recursos y en la delimitación precisa de tareas así como de los ámbitos de responsabilidad y la realidad burocrática de estructuras cada vez más diferenciadas, que daban lugar a estrategias y tácticas, compromisos y acciones, leyes y convenios, institutos y centros.[385]

Para cuando la señora Occelli asume el cargo de presidenta del patronato del DIF, la asistencia social ya está inserta en un plan de dimensiones nacionales. La institución forma parte del sector salud y lo primero que hacen sus nuevos funcionarios es emprender una restructuración que elimina varios programas anteriores y crea nuevos, algunos en función de la tradición en este terreno (los alimentarios por ejemplo), otros en función de los compromisos que se van a adquirir en la Cumbre Mundial de la Infancia de 1992 y unos más en función de los aprendizajes en esta materia que condujeron a las autoridades a percatarse de que "uno de los factores más importantes consiste en reconocer la necesidad de modelar los instrumentos y procedimientos de la administración pública con base en la lógica de organización y trabajo de las comunidades... en la toma de decisiones, en la prioridad de los problemas a atender y en los objetivos a lograr".[386]

Todo lo anterior significó que en los años noventa ya quedaba perfectamente diferenciado lo que correspondía hacer al gobierno y lo que era "el lugar de las señoras" en las tareas asistenciales. Ya no eran los tiempos en que ellas podían decidir, ahora sólo se podían sumar. Y doña Cecilia aceptó ese modo y se integró para participar. Y lo hizo bien, pues por una parte contrató a profesionales capacitados para desempeñar ciertos trabajos —principalmente de tipo administrativo— y por la otra encabezó a las esposas de los secretarios de Estado, gobernadores y presidentes municipales, "señoras muy comprometidas", como decía ella, que aprovecharon sus posiciones para concertar con las autoridades a fin de que se resolvieran cuestiones de servicios (basura, agua, drenaje, vigilancia) en las comunidades de menores recursos tanto en la capital como en los estados.

La señora Salinas siguió adelante con los programas que estaban en marcha, consistentes en "brindar en forma permanente, ayuda alimentaria y de desarrollo integral a niños, mujeres, ancianos, minusválidos y personas de escasos recursos" que incluían, por supuesto, los tradicionales programas de abasto de leche y de desayunos escolares más otros de entrega directa de alimentos así como las campañas de fomento al cuidado de la salud, de vacunación y vitaminación, tratamientos contra parásitos e infecciones, combate a epidemias —contra la polio, tuberculosis, difteria, paludismo, tosferina, tétanos y sarampión—, las cuales llegaron hasta los más apartados rincones del país, permitiendo, a la hora del quinto informe de gobierno, anunciar que: "El noventa y cinco por ciento de los niños mexicanos menores de cinco años está cubierto con todas las vacunas" y que nuestro país: "Es el que ha reducido con mayor rapidez la mortalidad infantil en el mundo occidental".[387]

Y también participó en otros de nueva creación: el de Desarrollo Integral del Adolescente, para jóvenes entre doce y diecinueve años que les permitiría no quedarse sin apoyo entre la niñez y la edad adulta; el de las Escuelas para Padres que les enseñarían a éstos a tener mejor comunicación con sus hijos y a no maltratarlos; el de las casas de cuidado diario en las que se capacitaba a mujeres para que atendieran a los hijos de madres trabajadoras mientras éstas iban a sus labores; el de "La salud comienza en casa" en los que se explicaban de modo sencillo fórmulas de higiene, alimentación y cuidado; el de salud reproductiva para que las mujeres pudieran espaciar sus embarazos y tener menos hijos; y el consentido de la señora: el de las cocinas populares comunitarias que mejoraban el sistema de desayunos escolares porque daban a los niños una alimentación fresca y más parecida a la de su hogar y permitían al gobierno ahorrar dinero ya que "resultaba más caro mandar los paquetes con las galletas Nutrimpi a todo el país que preparar en cada lugar los alimentos y las papillas". Esas cocinas funcionaban con materia prima pagada por el gobierno y con cuotas simbólicas que se le pedían a la comunidad y permitían alimentar no sólo a los pequeños sino también a los ancianos y a muchos adultos.[388]

La primera dama hizo viajes por toda la república para supervisar los programas y además encabezó campañas de recolección de fondos para diversas actividades e instituciones, por ejemplo las anuales de la Cruz Roja y otras que colaboraban con los proyectos rurales del programa de Solidaridad, en los que el Estado ponía cincuenta por ciento y la gente del lugar otro cincuenta por ciento del costo de obras de beneficio colectivo. Presidió la Asociación Gilberto que nació después de un huracán que azotó las costas del Caribe mexicano y que estaba destinada a tareas de ayuda a la población y tomó la iniciativa de la que nació el Museo del Niño en la ciudad de México, mejor conocido como "El Papalote", que se realizó de manera conjunta entre el gobierno y la iniciativa privada y que desde su apertura es uno de los mejores del mundo. Ambos proyectos siguen vivos, no sólo funcionando sino creciendo: la asociación tiene ahora veintitrés sedes en toda la república y el museo, además de haber ampliado sus actividades en la capital, las ha empezado a llevar a los estados tanto con la creación de museos en edificios públicos como con los museos móviles que van por todas partes en grandes camiones.

En su último informe de gobierno el presidente Salinas anunció que: "El DIF otorgó atención con eficacia y responsabilidad a poco más de diez millones de habitantes de escasos recursos, especialmente menores, adolescentes, mujeres embarazadas, ancianos desamparados, minusválidos e indigentes".[389] Estas cifras tenían un tinte más realista que las que se habían dado en el sexenio anterior, aunque de todos modos seguían siendo exageradas, porque de ser ciertas no debería quedar ningún desamparado en el país. Y aunque en el documento el primer mandatario no mencionó por su nombre a su esposa, habló del trabajo del Voluntariado Nacional: "Las mujeres que en él laboran apoyan los esfuerzos comunitarios y comparten su ánimo social. Expreso mi reconocimiento a quien las encabeza y a todas sus integrantes".[390] Había desaparecido el tono afectuoso del presidente anterior y tampoco se conservaba el tono de compañerismo solidario de los Echeverría. El agradecimiento tenía el mismo aroma de lejanía y compromiso que había usado en su momento José López Portillo, y que se había hecho evidente desde que al responder el último

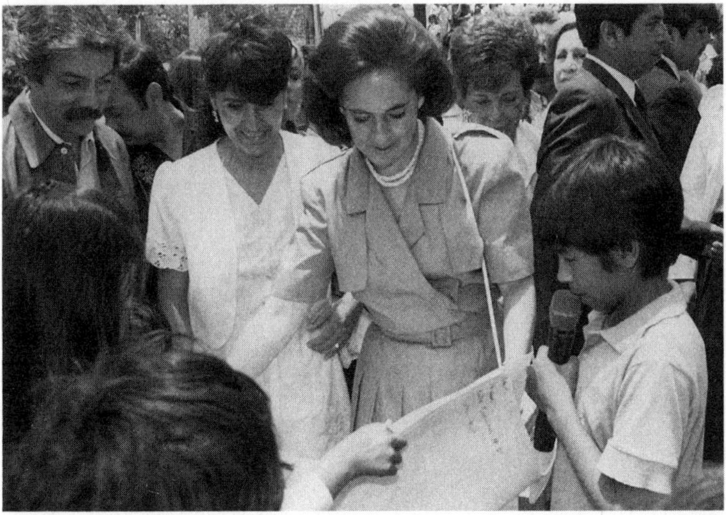

Cecilia Occelli de Salinas

informe del DIF presentado por la señora Cecilia, el licenciado Salinas se había dirigido a ella por su nombre de soltera.

12

Cuando la señora Cecilia Occelli era primera dama, la internacionalización a la que aspiraba su marido ya no era sólo una propuesta económica sino una realidad que se cumplía en la vida diaria de muchos mexicanos, aunque era más bien norteamericanización. Los programas de televisión y las películas de cine que se exhibían, así como la música que se escuchaba en el radio, todo era norteamericano. Y en las tiendas y puestos de los tianguis callejeros se vendían aparatos eléctricos, juguetes, ropa, cosméticos, blancos, medicinas y toda suerte de productos y chucherías venidos de Estados Unidos.

El país parecía cosmopolita, no porque la gente entendiera lo que significaba la caída del muro de Berlín y la desintegración del bloque socialista —acontecimientos que para muchos pensadores marcan el fin del siglo XX— sino porque en las ciudades brotaron restaurantes de cocina japonesa, árabe, argentina y griega así como los de comidas rápidas que ofrecían servicio a domicilio en menos de treinta minutos, porque se empezaron a vender productos de todo el mundo —desde jabones hasta zapatos pasando por todo lo imaginable— y porque nos visitaron escritores, políticos, actores y creadores renombrados. Y por primera vez hubo aquí los grandes espectáculos que los países desarrollados llevaban veinte años presenciando. Escribe Yolanda Moreno

Rivas: "La moda del rock revive y se convierte en la nueva fiebre juvenil. Los empresarios de la música comercial han sabido utilizar los viejos moldes del rock de los años anteriores para propiciar una inmensa oleada de grupos que los utilizan junto con los sucesivos clichés de moda. Al igual que la balada en español, este resurgimiento del rock se inició en España con grupos y cantantes como Los Hombres G, Olé Olé, Miguel Ríos y proporciona millonarias ganancias a los promotores de este nuevo movimiento. La expresión del actual rock juvenil en Argentina —Soda Stereo, Miguel Mateos, Charly García, Fito Páez— aun cuando tiene rasgos similares al español, trata de rescatar elementos de la música vernácula, incorporando ocasionalmente ritmos e instrumentos tradicionales. Por el contrario, en México, tanto los grupos espontáneos como Botellita de Jerez, Los Caifanes, Maldita Vecindad, como los grupos creados por los medios como Timbiriche, aun cuando tienen asegurado un inmenso público juvenil, caen con frecuencia en una imitación un tanto desleída de la versión hispana del rock. La honrosa excepción a la regla la constituyen grupos y solistas como Betsy Pecanins, Real de Catorce o Jaime López, cuyo profesionalismo y calidad musical los eleva por encima del nivel general".[391]

¿Fue la señora Salinas al Palacio de los Deportes a escuchar alguno de esos magnos conciertos? ¿acompañó a su marido a alguna de las muchas cenas y comidas que le ofrecían los intelectuales y a quienes él correspondía con invitaciones y becas y premios? ¿participó en las discusiones entonces en boga que descalificaban a la escritura de las mujeres por considerarla de "bajas calorías"? ¿se sentó ante mesas bien servidas para hablar de la crisis como se puso de moda? ¿escuchó a los hombres, jóvenes y viejos, pensantes y actuantes, enloquecer por las jovencitas Patricia Manterola, Bibi Gaytán o Thalía que aparecían en la televisión? ¿compró el disco de Gloria Trevi, el calendario de Gloria Trevi, la camiseta de Gloria Trevi, se fascinó con las declaraciones y películas y programas de Gloria Trevi?:

A mí me gusta andar de pelo suelto
aunque me vean siempre con enredos
me gusta todo lo que sea sincero...[392]

¿Se le antojó mover los pies como María Rojo en la película *Danzón* y se fue a aprender a bailarlo en alguna de las muchas escuelas que entonces surgieron y a practicarlo los domingos en la tarde en la plaza Santo Domingo, en el frontón de Coyoacán o en el zócalo de la ciudad de Veracruz? ¿leyó la novela *Como agua para chocolate* y vio la película *Como agua para chocolate* que tenían gran éxito en todo el mundo y a cuya autora su marido invitó a comer a Los Pinos cuando la nombraron "Mujer del Año"? ¿leyó a Cristina Pacheco para saber de los pobres y a Guadalupe Loaeza para saber de los ricos? ¿oía cada mañana a José Gutiérrez Vivó en el programa radiofónico *Monitor*, de gran

Cecilia Occelli y su esposo Carlos Salinas de Gortari

influencia entre la gente? ¿se compró su horno de microondas, su computadora personal y su caminadora eléctrica? ¿conoció el nuevo hotel Nikko, la nueva sala internacional del aeropuerto de la capital, el nuevo canal cultural de la televisión? ¿se hizo amiga de Carlos Slim que empezó por entonces a comprar cuanta empresa se le ponía enfrente hasta convertirse en el hombre más rico del país? ¿leyó el manifiesto de los intelectuales que pedían apoyo a las campañas contra el sida, esa enfermedad que amenazaba con convertirse en una plaga y que era objeto de satanización por parte de los grupos conservadores?[393] ¿supo que mientras ella dormía cómodamente en su cama trabajaban las prostitutas, los linotipistas y los mariachis de la plaza Garibaldi y que mientras ella comía con su marido los domingos trabajaban las taquilleras del metro y de los cines, los taxistas y choferes de camiones, las vendedoras del super y los meseros de los restaurantes y que mientras ella vacacionaba con su marido en su rancho de Agualeguas que tenía caballos, alberca y hasta aeropuerto, trabajaban los maestros de escuela, los médicos, los curas, las secretarias, los barrenderos y los tragafuegos?: "¡Ande, cómpreme el último cachito para que se vaya a Europa, aunque no me lleve! ¿Grasa joven, chicles, dulces, chocolates, cacahuates? ¿Le sirvo otro? ¿Quiere que se lo lleve a su coche? ¿Cuál le tocamos? ¿Le saco los golpes? ¿Cuál quiere, el rojo o el amarillo? A 1.50 la bolsita. Regálele su topoyiyo al niño, mire cómo le está gustando, ése para la señorita, de limón o de tamarindo. No, si ésas se pelan con los dientes, con chile o con sal. Si ora todo viene en su bolsita de plástico, está bien dulce ese camote. Mire nomás qué sucio lo trae, en un segundo se lo limpio, ahora sí, arránquese, ya ve que yo siempre acabo con la luz verde. Tapetes para su coche, si quiere mañana le traigo el retrovisor, ¿bien fría o al tiempo?".[394]

13

El primero de enero de 1994, el mismo día en que entraba en vigor el TLC, en el sur del país un grupo armado se levantaba contra el gobierno. Se llamaban a sí mismos Ejército Zapatista de Liberación Nacional y eran indígenas armados, encabezados por un intelectual de la capital.

La sociedad mexicana se sorprendió y conmovió con estos hombres y mujeres cuyas demandas, pobreza y discurso hacían patente el fracaso del proyecto salinista y de todos los proyectos políticos que durante dos siglos no habían podido dar a muchos mexicanos adecuados niveles y condiciones de existencia. Pero el gobierno no supo enfrentar la situación y no quiso o no pudo darle respuesta: un día los ignoraba y otro mandaba un comisionado a negociar, un día los amenazaba y otro los reprimía.

¿Se emocionó la señora Cecilia con esos guerrilleros que pedían se les hiciera caso a los desposeídos y justicia a los indios? ¿se cooperó con la actriz Ofelia Medina que recolectaba dinero y alimentos para ellos? ¿leyó las crónicas de Hermann Bellinghausen en el periódico *La Jornada* o alguno de los muchos libros que entonces se publicaron sobre este movimiento social de los pueblos de Las Cañadas en Chiapas?

Si así fue, nadie lo supo, pues la señora nada dijo y no se hizo presente en el lugar. En una "carta abierta" publicada en varios diarios del país, Guadalupe Loaeza le reclamaba su ausencia y la del DIF en la zona de conflicto: "Son más bien las universidades las que han estado mandando ropa, comida y medicinas. Todo el mundo sabe que hay muchos niños y mujeres de la sociedad civil que están muy afectados", y concluía que la primera dama "a lo largo de este sexenio se ha mantenido en una posición, erróneamente para mi gusto, demasiado discreta". En opinión de la autora, esta tónica de bajo perfil que habían seguido las primeras damas recientes había sido equivocada y había llevado a que "no siempre se hayan comprometido a fondo con los problemas sociales de México".[395]

La señora Salinas no respondió públicamente a este escrito pero en una entrevista concedida más de dos años después, afirmó que ella consideró que lo correcto era comportarse como lo hizo, precisamente para evitar conflictos políticos: "Era riesgoso meterse" dijo. Sin embargo, aseguró que tanto el DIF nacional como el estatal sí habían cumplido con sus responsabilidades como lo afirmaron en aquella ocasión sus directivos: "Los objetivos del DIF se cumplen aunque no necesariamente se hacen públicas sus actividades diarias", escribió la señora Efigenia Chapoy de López Moreno, esposa del gobernador de Chiapas y presidenta de esa institución en su entidad.[396]

Noventa millones de habitantes tenía la república al entrar en la última década del siglo XX, la mitad de ellos menores de treinta años. ¿De dónde sacar recursos para proporcionarle educación, salud, empleo y servicios a toda esta gente?

Cecilia Occelli de Salinas

Tan sólo en la capital y su zona conurbada habitaban casi veinte millones de personas para quienes la otrora ciudad de los palacios se había convertido en "monstruosa" según Octavio Paz, "un albañal, la antepenumbra del infierno" como escribió Margo Glantz, en el "Detritus Federal" como decíamos sus habitantes. Néstor García Canclini la describe: "La selva de calles y avenidas, parques y plazas, grandes arterias y atajos en que se ramifica la metrópolis... las dificultades para desplazarse y la tendencia a recluirse en la vida doméstica... las percepciones y los saberes fragmentados que se obtienen... una gran ciudad". Y Carlos Monsiváis la resume: "La economía subterránea desborda las aceras... a cualquier hora, una escena de violencia con la policía que detiene jóvenes y los levanta del cabello".[397] "¿Quién es esta ciudad que no conozco? ¿Quién este enjambre donde me veo repetido, atrapado?"[398]

¿Era ésta la modernidad en la que tanto nos habíamos empeñado? ¿dónde había quedado el país pujante, optimista y hasta vanidoso que habíamos sido en los años cuarenta, cincuenta y sesenta? ¿en qué acabaron las promesas de los setenta, a dónde habían ido a parar las ilusiones, los engreimientos sustentados sobre Eldorado petrolero?

"Yo creo que las crisis no dejan de acercarse en todos los momentos de la vida. Ahora estamos viviendo una. Y no sabemos cuándo vamos a salir de ella",[399] dijo una famosa cantante cuando la entrevistaron. Parecía como si fuera normal vivir de ese modo.

¿Sabía la señora Cecilia que más de la mitad de los días de cada año los capitalinos soportaban una inversión térmica por culpa de la brutal contaminación? ¿qué le parecieron las nuevas formas de movilización política como marchas, plantones, huelgas de hambre, cierres de calles y carreteras? ¿y las constantes interrupciones y cuestionamientos a los funcionarios y a su marido durante sus comparecencias e informes? ¿y los triunfos del Partido Acción Nacional en los estados, los primeros de la oposición?

Los años noventa, los del individualismo feroz, los de la generación equis, los de cada quien para su santo pero todos los santos para mí. ¿A quién le importaba nada que no fuera él mismo? "Una mujer pasaba el tiempo contemplándolo sin tristeza ni alegría. Eran los únicos en la playa. El sol se acercó unos milímetros", escribe Luis Humberto Crosthwaite, y Jaime Avilés: "Bueno, y que más podía yo hacer si se acabó la cocacola, si registré todos los departamentos vecinos y no había gota de agua en ningún lado".[400]

Los años noventa: "Y en las incertidumbres de este andar como a la deriva, esa sensación compartida con muchos más de que el camino es otro, aunque no sepamos todavía marcar la dirección ni trazar el sendero",[401] escribió Guillermo Bonfil.

14

Hacia mediados del sexenio, la economía empieza a mostrar problemas: no llegan capitales, la industria nacional resiente las demasiadas importaciones con cuyos precios no puede competir, se impone la contracción monetaria para evitar la fuga de divisas, suben las tasas de interés.

Y la apertura total, a la que el presidente Salinas consideraba como el camino y la salvación, se empieza a vislumbrar como un estrepitoso fracaso. Según Jorge Castañeda, ello se debió a dos razones: primero, a la avasallante asimetría entre los países y la idea simplista de confiar en los automatismos del mercado sin buscar mecanismos compensatorios, y segundo, a la prisa con que se lo quiso implementar.[402]

En efecto, en su ansia por pasar a la historia, los salinistas quisieron integrar la economía mexicana a la mundial a la mayor velocidad posible y terminaron lastimando a México. La "manera salvaje" —como le llama Sergio Zermeño— con que se empujó al país a entrar en el nuevo modelo económico y la combinación de esto con un Estado autoritario, terminaron por servir sólo a los capitales transnacionales y a algunos grandes capitales nacionales mientras se destruía a la pequeña y mediana industria y comercio que tan penosamente se habían levantado durante cuarenta años. "Fue un acuerdo entre magnates y potentados de los tres países que excluyó a la gente común y corriente."[403]

Al romperse la forma tradicional de funcionamiento del sistema, muchos trabajadores se quedaron sin empleo y se fueron alejando de las posibilidades del consumo al que estaban ya acostumbrados. El resultado fue la alteración de todo el tejido social. El esfuerzo y el sacrificio que durante años se había pedido a los mexicanos, concluía una vez más dejándonos peor que nunca: "La reforma del campo no generó la inversión esperada, la economía no creció como se pensaba, las disparidades sociales no se redujeron conforme lo previsto, las exportaciones no aumentaron de acuerdo a las expectativas".[404]

Y en cambio la deuda externa crecía de manera exponencial y la corrupción que nos habían ofrecido combatir florecía en grandes dimensiones. Krauze pone un ejemplo que sirve como indicador: "El gobierno puso en marcha un proceso de venta por licitación pública. Al cabo del ciclo, ochenta y cinco por ciento de las empresas públicas se habían declarado en quiebra, cerrado o vendido. Los recursos que obtuvo el erario llegaron a los 22,500 millones de dólares que luego por desgracia [*sic*] se volatilizaron".[405]

El sueño salinista de convertirnos en país del primer mundo se convertía en pesadilla y "la crisis, la nueva y la misma, estaba de regreso", escribió Macario Schettino. Carlos Monsiváis expresaba en voz alta lo que todos los ciudadanos nos preguntábamos: "¿Pero qué es México? ¿una catástrofe a corto, mediano y largo plazo?".[406]

Tres asesinatos políticos se agregaron a la pesadilla económica y a la intranquilidad social. Primero, un cardenal. Después, un joven político carismático, a quien Salinas había elegido como candidato a sucederlo. Se llamaba Luis Donaldo Colosio y su muerte durante la campaña, como afirmó Julio Scherer, "cortó la respiración del país" e inauguró la crisis política más grave desde la década de los veinte.[407] Y por último, el secretario general del PRI que además era excuñado del presidente. Lo que estos crímenes vendrían a demostrar, es que no había acuerdo entre las clases políticas y que la estabilidad y el orden estaban en entredicho.

¿Tuvo miedo la señora Cecilia? ¿pensó como pensaron tantos que México se vendría abajo?

15

Pocos días después de entregar la banda presidencial a su sucesor, Salinas se fue de México. En el viaje (que se convirtió en un periplo por medio mundo pues ningún país lo quería alojar) no lo acompañaba la señora Occelli sino otra mujer, con quien contraería matrimonio y procrearía una nueva familia. No era, como corría el rumor, una actriz de la televisión, sino una profesionista, colaboradora suya desde hacía muchos años, de nombre Ana Paula Gerard. La señora Cecilia y sus hijos permanecieron en México, en su hermosa casa del sur de la capital.

Pero a la familia no le estaría dada la tranquilidad: "La magnitud del fraude que representó la presidencia de Carlos Salinas quedó claramente al descubierto".[408] Los ciudadanos, desesperados y preocupados, convirtieron al expresidente y a los suyos en culpables de todos los problemas económicos, sociales y políticos y sobre ellos hicieron caer el escarnio público. Ésta era una costumbre que se había venido forjando desde el sexenio de Echeverría —antes nunca se habló mal en voz alta de un expresidente— y que alcanzó vuelo con López Portillo, cuya persona y parentela fueron considerados culpables de la desgracia nacional. Lo mismo sucedía ahora: el hombre que quiso ser salvador de la patria se convirtió en blanco de ataques y en hazmerreir, de una forma nunca antes vista en esta cultura nuestra que es a un tiempo adoradora de tlatoanis (cuando tienen el poder) y derrumbadora de ídolos (cuando ya no lo tienen).

Raúl Salinas de Gortari, el hermano mayor del expresidente, fue detenido y encarcelado, acusado de mandar asesinar a ese excuñado de la familia, secretario general del PRI, José Francisco Ruiz Massieu, de corrupción, manejos turbios, tráfico de influencias, venta de favores y contratos jugosos, todo lo cual redundó en cifras fabulosas depositadas en cuentas suizas. Don Carlos quiso defenderlo y volvió al país, pero las circunstancias no le dieron oportunidad de exponer su caso. Entonces se puso en huelga de hambre en casa de una señora que había sido participante de los comités de Solidaridad en Monterrey, pero nadie lo tomó en serio. Al contrario, se le ridiculizó y convirtió en sujeto de burlas y chistes y las esquinas de las calles de las ciudades del país empezaron a vender máscaras con el rostro y las orejas tan caricaturizables del expresidente, mientras él huía al otro extremo del mundo para refugiarse en Irlanda.

En su libro *Manos sucias*, Rafael Loret de Mola cuenta dos anécdotas: según la primera, "el 12 de febrero de 1995, unos días antes de la aprehensión de Raúl Salinas de Gortari, la señora Cecilia Occelli y su hija Cecilia asistieron a la plaza México a presenciar la corrida de toros... el público las miró con recelo. La exprimera dama, nerviosa, se limitaba a esbozar una mueca, a manera de saludo, para calmar la animosidad. Ambas ocuparon una barrera de cuarta fila y trataron de ser discretas". La segunda anécdota asegura que en una ocasión en que la señora Occelli "pretendía volar hacia la Babel de Hierro decenas de pasajeros, a coro, gritaron ¡que se baje, que se baje! Y la exprimera dama, sin expresión en el rostro aunque con las manos crispadas, prefirió quedarse en tierra, vencida por la injusta humillación".[409]

Doña Cecilia afirma que ninguna de estas historias es cierta porque ni a ella ni a sus hijos los ciudadanos los tratan mal: "Fuimos a los toros con amigos y estuvimos viendo y participando de la corrida. La gente fue amable". Alejada de chismes y rumores, ajena a toda participación pública, la señora hace proyectos para el futuro asegurando haber crecido mucho en estos años. Tiene confianza, como en su momento la tuvieron Conchita Lombardo de Miramón y Carmelita Romero Rubio de Díaz, de que la historia pondrá todo y a cada quien en su lugar.[410]

16

El primero de diciembre de 1994 tomó posesión de la Primera Magistratura el doctor en economía Ernesto Zedillo Ponce de León. Había llegado al cargo en circunstancias sumamente difíciles pues su candidatura se había presentado como emergente luego del asesinato de Luis Donaldo Colosio, cuya breve campaña había coordinado. La votación para elegirlo había sido alta y nutrida, casi cincuenta por ciento del total de los sufragios. Según algunos autores, ello se debió a que los ciudadanos tenían miedo y a que querían orden y paz.

Igual que su antecesor, Ernesto Zedillo era muy joven cuando llegó al alto cargo. Había nacido en la capital de la República en 1951 y crecido en ese infierno caluroso que es Mexicali. A él le gustaba contar que era de familia pobre y que había sido bolero en su infancia. Luego, sin embargo, pudo estudiar nada menos que en la Universidad de Yale.

En su discurso de toma de posesión el nuevo presidente se comprometió a trabajar por la democracia, el federalismo y el fortalecimiento de las instituciones, todo lo cual llevaría en su opinión otra vez a la estabilización económica.

Sin embargo, según Macario Schettino, en ese mismo mes de diciembre, la deuda en tesobonos pasó de veinte mil millones de dólares a veintiocho mil y el flujo de dólares al exterior superó los mil millones semanales. El día 20, el secretario de Hacienda del nuevo gobierno anunció "el desplazamiento de la banda de flotación". La respuesta no se hizo esperar: seis horas más tarde se habían fugado del país seis mil millones de dólares.[411] A los dos días, la devaluación ya era del cincuenta por ciento y a los tres meses había llegado casi al cien. A esto, las autoridades le llamaron "el error de diciembre" y los ciudadanos, con su humor característico, le pusieron "el horror de diciembre".

La debilidad del gobierno entrante era patente, no sabía cómo resolver los problemas y ni siquiera contaba con un equipo sólido y bien integrado para enfrentarlos. Para evitar la hecatombe, solicitó un préstamo de cuarenta mil millones de dólares a Estados Unidos que el congreso de ese país le negó.

La salvación vino del presidente William Clinton, quien consiguió los recursos para prestarle a México.

Pero por supuesto, ellos vinieron acompañados de un programa de ajuste de esos duros que imponía el Fondo Monetario Internacional y que consistía en: reducción del gasto público, elevación del impuesto al valor agregado de diez a quince por ciento y restricciones al crédito.[412] Un año y medio más tarde, se habían perdido dos millones de empleos, los bancos tenían problemas porque las personas no podían pagar los créditos que habían sacado a tasas artificialmente bajas y con un peso sobrevaluado, y la inversión, el producto interno bruto y el consumo habían caído estrepitosamente.

Y por si todo esto no bastara, seguían en pie los tradicionales problemas de corrupción y autoritarismo, de inseguridad y violencia, de contaminación, a los que se agregaba ahora uno nuevo: el narcotráfico. Porque la situación geográfica de México lo había convertido en lugar privilegiado para el paso de la droga, puente entre los países productores y Estados Unidos, la nación que en palabras de su propio presidente, "es la que más la consume en el mundo".[413]

La vida nacional se vio afectada en todos sus estratos y niveles por este comercio. Y el gobierno no pudo hacer nada para evitarlo: mafias poderosas, cantidades enormes de dinero y la mejor tecnología se pretendieron combatir con policías mal pagados y discursos amenazantes. Escribe Jorge Castañeda: "Las lealtades o instituciones que garantizaron por tanto tiempo la estabilidad mexicana y todo el modo de funcionar del presidencialismo mexicano están dejando de operar. Nunca ha sido más baja la credibilidad del presidente".[414] Por primera vez en un siglo, el fantasma de la ingobernabilidad parecía ceñirse sobre México.

17

Cuando su marido fue nombrado candidato a la Presidencia de la República, la señora Nilda Patricia Velasco Núñez, mostró abiertamente su enojo y habló del miedo que sentía por la vida de su esposo. A diferencia de sus antecesoras que habían hecho pública (aunque muchas veces no fuera cierta) su alegría porque él hubiera llegado al cargo más alto y que habían anunciado su deseo de cooperar, la señora Zedillo se mostró tensa y molesta, como si hubiera hecho suya aquella frase de Martha Washington: "Soy más un prisionero de Estado que otra cosa".[415]

A esto se aunaba su inexperiencia en el trato con la opinión pública. Los medios de comunicación, copiando el estilo norteamericano, empezaron a perseguir a los Zedillo queriendo saber todo de su vida privada. La señora Nilda les respondió con candor. En una reunión con un grupo de mujeres periodistas "defendió el rol de la mujer como madre y reivindicó el trabajo doméstico": "Creo que las mujeres deberían darse la oportunidad de atender a sus

Nilda Patricia Velasco de Zedillo, acompañó a su marido a todas partes pero no se interesó por la asistencia social

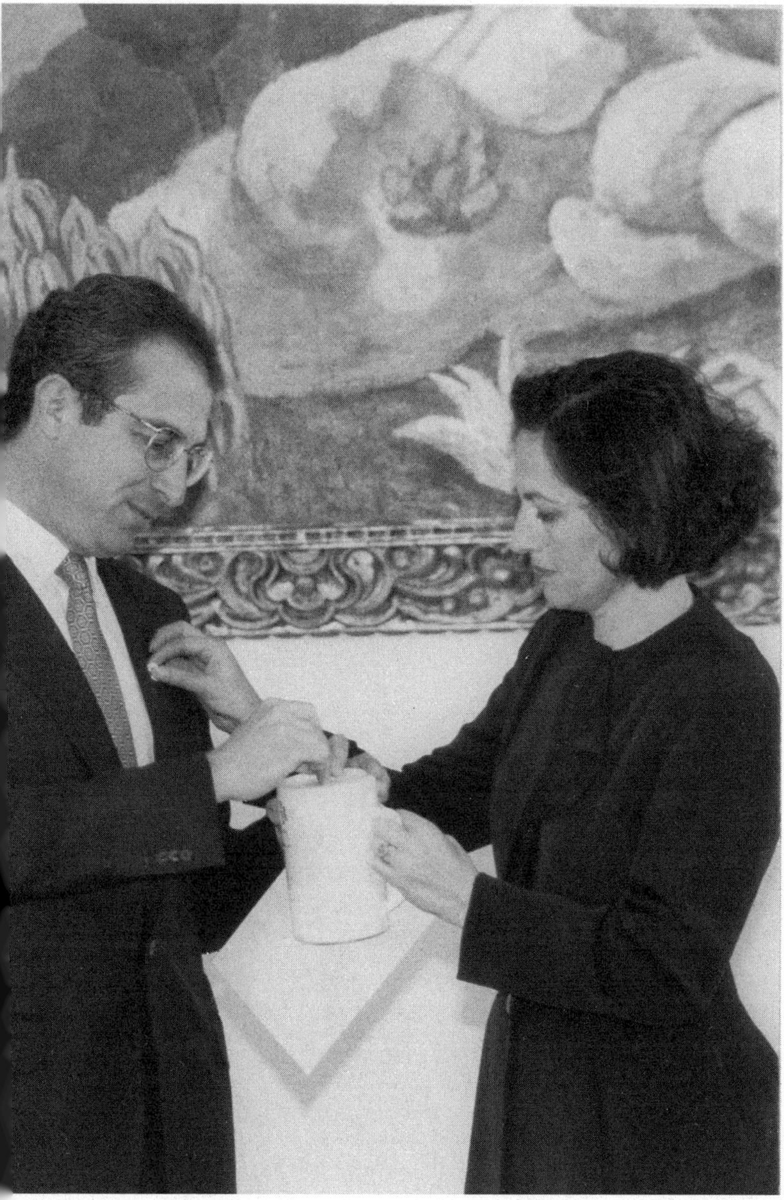

hijos. Muchas trabajan sólo para gastar el dinero que ganan en medias y combis. Nunca están en su casa y cuando llegan, pues no hay comida y entonces se llevan a los niños a comer a McDonald's".[416]

Inmediatamente las feministas la acusaron de no tomar en cuenta "las vidas increíblemente difíciles de las mujeres pobres, marginadas y sin alternativas que necesitan salir a trabajar: su desconocimiento de la situación de las mujeres trabajadoras le hizo polarizar entre las buenas madres que atienden a la familia y las malas que por trabajar la desatienden... Atender a la familia no es la opción moralmente más alta, pero además de eso, las mujeres en su mayoría, ni siquiera pueden elegir su opción".[417]

Tampoco resultó muy afortunado su relato del estilo de pareja que mantenía con su marido, en la que aparecía como una familia tradicional con la mujer subordinada a él: "Cuando intenté trabajar fuera de casa noté que esto le preocupaba a Ernesto. Me checaba más a menudo y consideré que él es el tipo de persona que, para trabajar más a gusto, necesitaba tenerme en casa".[418]

Durante varios meses, la señora fue objeto de críticas: si iba o no iba, si decía o callaba, si hacía o no hacía. La más persistente fue porque no sonreía en público: "Mujer de mirada distante, sonríe poco, no cede a ningún comentario de humor", escribió Teresa Weiser; Gaby Vargas le criticó lo que llamaba "su actitud"; y Guadalupe Loaeza le pidió "una sonrisita por favor, porque eso reconfortaría a los mexicanos".[419] Por toda respuesta a estos comentarios, la señora hizo "un voto de silencio" que no rompió durante el sexenio, pues no volvió a conceder entrevistas.

Nilda Patricia era originaria de Ciudad Cuauhtémoc, Colima, donde nació en 1953, la segunda de ocho hijos de don Fernando Velasco, dedicado a la agricultura, y doña Albina Núñez, quien laboraba como contadora auxiliar en un banco del gobierno.[420] Había estudiado la carrera de economía en el

Politécnico Nacional y fue allí donde conoció a quien sería su marido y que en aquel momento era su maestro, Ernesto Zedillo. Se casaron en 1974.[421]

Mujer sencilla, vestía trajes sastre o vestidos que le escogían sus hermanas y una de ellas era también quien la peinaba.[422] "Su estilo es discreto y no muy sofisticado", escribió una comentarista en la prensa.[423] Y así era incluso en las grandes ocasiones, cuando vestía de negro, con algún rebozo como único adorno, el cabello recogido en un chongo, sin joyería ni pieles ni maquillajes excesivos. Nunca se dio aires ni de ejecutiva, ni de mundana, ni de deportista, ni de culta, aunque le gustaba leer y admiraba a sor Juana. Lo que más le interesaba era su familia, y estuvo dedicada por completo a atender a su marido y a sus cinco hijos, que aún eran niños cuando su padre fue elegido presidente. Incluso en una ocasión en que vino a México el director de UNICEF para América Latina, quien esperaba encontrarla para alguna ceremonia, el presidente la excusó diciendo: "Cuando los niños Zedillo están de vacaciones alguien tiene que cuidarlos".[424]

Durante el sexenio se la vio tratar de seguir su vida normal: asistir al cine, a algún concierto y a la Basílica de Guadalupe cuando vino el papa en su cuarta visita a México. Siendo como era devota, solicitó al Santo Padre que bendijera un cuadro con la imagen de san Jerónimo, patrono de su tierra, que ella misma llevó para allá.

A la señora Nilda no le gustaban los reflectores ni el protagonismo. Una y otra vez insistía en que no se sentía primera dama y ni siquiera montó oficina ni tenía secretarias o ayudantes. Es más, ella misma contestaba el teléfono.[425]

Esto por supuesto dio lugar a muchos malentendidos porque resultó que ni sí ni no había primera dama, dado que la señora tampoco se retiró del todo y dado que los ciudadanos la consideraban como tal. Pero su perfil era tan bajo que hasta ocurría que la gente no se percataba de su presencia en algún lugar. ¡Qué diferencia con Esther Zuno o con Carmen Romano! En una ocasión en el Auditorio Nacional, el público supo que allí estaba porque el cantante Luis Miguel le besó la mano en señal de respeto,[426] y en una comida, Vicente Fernández ofreció cantar para complacer "a la señora Yolanda", ¡un error así cuando habían pasado casi tres años de que era primera dama![427] Y la melodía que escogió fue sin duda simbólica:

De qué manera te olvido
si te miro en cualquier gente
y tú no quieres mirarme
aunque hagas daño a mi corazón.[428]

Con su familia de Colima la señora se mantenía cercana, por lo que mucho le afectó cuando se involucró a su padre y dos hermanos en escándalos relacionados con el narcotráfico (se supone que eso tiene que ver con el encarcelamiento del general Jesús Gutiérrez Rebollo) y cuando en un accidente de auto murió uno de ellos, Fernando, a quien se sentía muy unida.[429]

"Nilda es muy sensible e inteligente pero en público no puede expresar su verdadera personalidad porque es algo tímida", afirmó en una ocasión Porfirio Muñoz Ledo.[430] Esto se hizo patente cuando en mayo de 1997 visitaron el país el presidente de Estados Unidos y su esposa. Entonces la revista *Newsweek* publicó la siguiente nota: "Nilda Patricia Velasco de Zedillo aún no se ve completamente cómoda en la escena política. Durante los tres días de la visita de Bill y Hillary Clinton, la primera dama mexicana se mostró a disgusto posando para las cámaras mientras que su contraparte Hillary rogaba por ellas. En una comida con mujeres mexicanas prominentes, Hillary hizo un brindis sobre los desafíos comunes que enfrentan las mujeres mientras que Nilda bebió su vino blanco sin decir ni una palabra. En una discusión sobre educación sexual, Hillary lanzó preguntas a los adolescentes que estaban en el público y animó a Nilda a que hiciera lo mismo. 'No gracias' fue la respuesta".[431]

18

La política social del gobierno zedillista estuvo marcada por la falta de recursos. Y es que las prioridades fueron el pago de la deuda y el rescate de la banca, de modo que era muy poco lo que quedaba para enfentar los compromisos internos. Por lo demás, los funcionarios eran neoliberales ortodoxos en materia económica, de modo que ni creían en los modelos seguidos por los gobiernos posrevolucionarios ni tampoco en el populismo neoliberal del sexenio anterior y todavía más, no les interesaba el rubro de las acciones sociales. Así que no sólo disminuyeron considerablemente los recursos destinados al gasto social, sino que cambiaron incluso su forma de asignarlos.

Debido al conflicto armado en Chiapas y a los riesgos de extensión de la insurrección a otras regiones, se estableció una política de combate a la pobreza estrechamente ligada a la estrategia de seguridad nacional y a la lucha contrainsurgente.[432] Los programas de asistencia fueron dirigidos prioritariamente hacia la zona del conflicto y hacia regiones con riesgo de levantamientos, y lo mismo que hiciera Salinas en el sexenio anterior, se prefirió asignar directamente a los beneficiarios apoyos monetarios en lugar de prestarles servicios. El Progresa, creado en 1997, atendió a poco más de dos y medio millones de familias, de los 23 millones de personas que según el Consejo Nacional de Población vivían en pobreza extrema en el país.[433]

En cambio las instituciones tradicionales de seguridad social recibieron tan poco dinero, que los ciudadanos se quejaron repetidamente de la falta de atención y hasta de medicinas, lo que absurda y demagógicamente negaban sus funcionarios.[434] Todavía en su informe del año 1999, el director general del Seguro Social dijo ante la asamblea de ese instituto que catorce millones de trabajadores, cincuenta y cinco por ciento de la población total del país, eran derechohabientes. Lo que no dijo es que aunque lo fueran, el servicio que recibían era harto deficiente.

Y por lo que se refiere a la asistencia social, ésta se redujo a lo mínimo indispensable que fue lo puramente alimentario, dado que este rubro era imposible de eliminarse por razones tanto históricas como simbólicas. Los programas que había se compactaron en uno solo, porque los funcionarios de la Secretaría de Hacienda y de la Contraloría (ya había desaparecido la Secretaría de Programación y Presupuesto) se propusieron el desmantelamiento de varias instituciones que tenían que ver con cuestiones de tipo asistencial y cancelaron todo lo que fuera más allá de las prestaciones básicas: "La política del mínimo minimorum es la pauta central de la reforma social del gobierno de Ernesto Zedillo", afirmó Teresa Incháustegui.[435]

Y como no hubo una primera dama que defendiera este campo, dado que la señora Nilda mostró total indiferencia respecto a la asistencia social, pues prácticamente se la abandonó.[436] Si no murió del todo, fue porque por un lado estuvo el peso de la costumbre y por otro el hecho de que algunas personas (entre ellas el director de la institución y algunas esposas de mandatarios estatales) hicieron hasta lo imposible por mantenerla viva.

Por supuesto, el presidente trató de tapar esta realidad con discursos: "El Sistema Nacional para el Desarrollo Integral de la Familia sigue con su distribución de raciones alimenticias para niños y apoya a grupos sociales que habitan en zonas de altos niveles de pobreza".[437] En efecto, los programas de desayunos escolares pasaron a poco más de tres millones diarios en 1997 y en 1999 ya se repartían cuatro y medio millones.[438] Éstos, sin embargo, fueron criticados porque se componían de comida fría industrializada y en muchos casos de plano de productos "chatarra", tales como refrescos y dulces.[439] Continuaron también los programas de desayunos comunitarios preparados por los padres de familia, quienes de este modo "enriquecen las raciones en variedad y calidad acorde a las características regionales. Actualmente se utilizan 485 menús diferentes",[440] y los programas de abasto de leche y de subsidio a la tortilla.

El hecho de que la señora Nilda no se interesara por el DIF (ni por ninguna otra causa social) provocó muchos problemas. Porque en esta institución, como lo explican los especialistas citados, sucede lo que en ninguna otra, que es la presencia de una doble fuente de autoridad, la formal y la real, aquella manejada por el director y ésta por la esposa del jefe del ejecutivo. Entonces, si la señora no daba línea, nadie sabía qué hacer. Incluso quienes dirigían los DIF estatales y municipales, si bien disponían de bastante libertad en cuanto al manejo de sus recursos, seguían guiando sus acciones por las directivas del centro.

Fue tal el desconcierto que provocó la actitud de la primera dama, que en una reunión nacional inter DIF —a la que por cierto ella no asistió aunque se la había anunciado— las esposas de los gobernadores se la pasaron pidiendo que se combatieran los esquemas asistencialistas compensatorios ¡que eran precisamente los que había impuesto el gobierno federal! pero ellas no se habían dado cuenta. El asunto se complicó todavía más porque la señora Nilda tampoco se retiró del todo: aceptó el nombramiento para presidir el patronato, lo cual significó que algunas veces sí apareciera en las reuniones y hasta tratara de imponer su concepción de las prioridades, que no siempre eran las mismas que las de la institución. Por ejemplo, su obsesión por la familia como "motivo de orgullo para los mexicanos y un valor fundamental que da cohesión a nuestra sociedad": "Ninguna institución puede remplazar a la familia como espacio idóneo para el desarrollo humano", dijo en una ocasión, negando con ello que el DIF pudiera hacerlo.[441] Y también su preocupación porque los cambios sociales y culturales llevaran a su desintegración: "La familia enfrenta cambios profundos y serios retos", dijo al inaugurar el Primer Congreso Nacional para el Fortalecimiento de la Familia en Ciudad Victoria, Tamaulipas, "es importante proporcionarle todos los recursos que garanticen su salud y evitar la desintegración de los núcleos familiares".[442] Tal vez no se había percatado, como se lo habían señalado las feministas, de que precisamente la institución del DIF existía porque eso ya estaba sucediendo, como resultado no de los valores sino de la pobreza.

La verdad es que la misma señora Nilda no conocía bien las políticas del gobierno de su marido. Eso se hizo claro cuando en 1998 aceptó encabezar la colecta anual de la Cruz Roja Mexicana en la Residencia Oficial de Los Pinos, precisamente en el momento en que el más alto directivo de esa institución se había manifestado en contra del uso del condón como forma de control natal y para la prevención del sida, posición que se oponía a la del gobierno mexicano que desde los años setenta venía promoviendo la planeación familiar y más recientemente el combate a esa enfermedad, a la que se veía como un problema de salud pública y no de moral.[443]

Hacia el final del sexenio, se hicieron todavía más recortes del presupuesto asignado al gasto social, e incluso se hablaba de la desaparición de Conasupo y se advertía que la Secretaría de Salud no podría crecer ni modernizar sus servicios.[444] Y por lo que se refiere al DIF, se le redujo el subsidio con lo cual "novecientos mil niños dejarán de recibir leche y un millón de personas dejarán de recibir tortillas", según su director, quien agregó: "La Secretaría de Hacienda no se da cuenta de la importancia que tiene apoyar a las familias en lugar de luego tener que dar más dinero para el combate contra la delincuencia y la violencia intrafamiliar".[445] La suerte de la institución era incierta y como afirmó Teresa Incháustegui, "se advierte un proceso acelerado de debilitamiento institucional que raya en su desmantelamiento".[446]

Eso mismo sucedió con el Voluntariado Nacional al que de plano se eliminó con el argumento de que "ya se había convertido en demasiado caro y sin resultados significativos".[447] En su lugar se crearon las Unidades de Participación Ciudadana "a través de las cuales se ofrecerán los apoyos de asistencia social", pero que nunca funcionaron o si lo hicieron, nadie se enteró.

La novedad de la señora Zedillo fue que acompañó a su marido a todas partes, incluso en ocasiones en las que la actividad de éste no tenía que ver con sus funciones como primera dama, por ejemplo en giras y reuniones de gabinete. Ninguna de sus antecesoras lo había hecho: "Es la primera que acompaña al presidente a actos tales como inaugurar carreteras o fábricas".[448]

Por supuesto, esto dio origen a críticas. Según Tere Márquez: "No se le ha visto ninguna función que no sea al lado de su esposo. No la vemos ni en el DIF ni en el INSEN. Pero al lado del presidente Zedillo está en todo".[449] Según una amiga de la familia, la razón de este proceder fue que "el licenciado Zedillo le prometió, cuando lo nombraron candidato, que la Presidencia no los separaría como pareja y lo ha cumplido. A él le gusta pasar tiempo con su esposa y con sus hijos y hace esfuerzos por lograrlo".[450] Algunos observadores políticos, sin embargo, lo atribuyeron al miedo de la señora por la seguridad de su esposo.

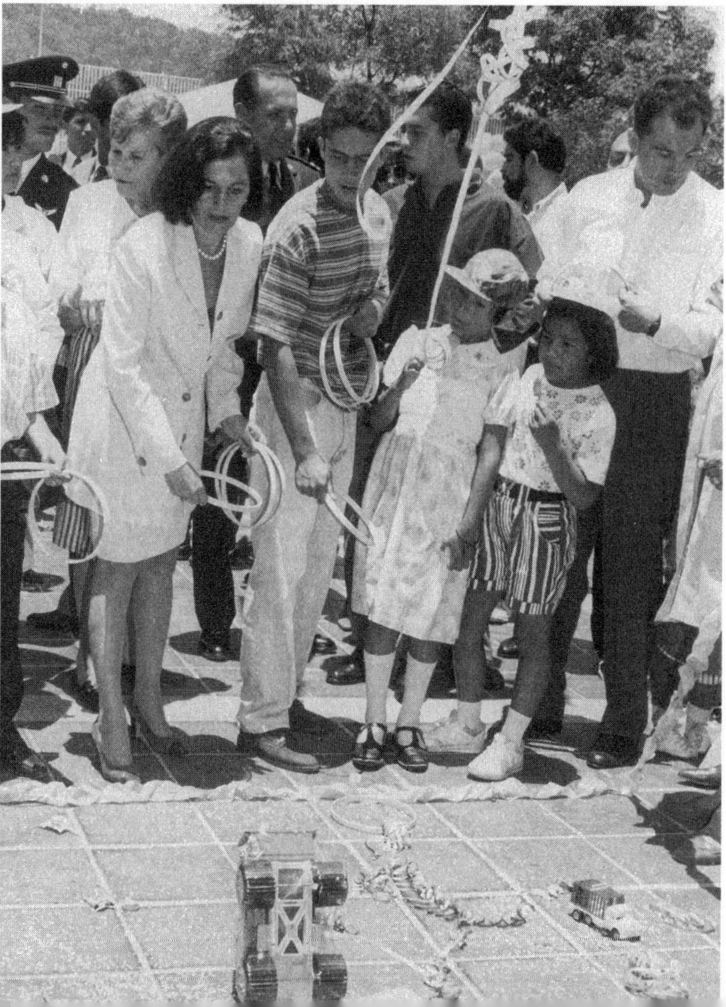

El hecho es que la gente se acostumbró tanto a verla con el presidente, que en una ocasión en que no había ido con él a una gira por Monterrey, de todos modos le aplaudieron y le echaron porras como si estuviera allí: "Una multitud de unas doce mil personas reaccionó hoy con una extensa aclamación al saludo que su presidente municipal dio a la señora Nilda Patricia Velasco. Sólo que la esposa del presidente no había venido a la gira de hoy. El aplauso surgió de donde estaban las señoras de las colonias y se extendió como un mensaje para quienes esperaron. 'Como siempre viene con el presidente' dijo una de las entrevistadas cuando le dijeron que no estaba allí...".[451]

El incidente no es aislado, en San Luis Potosí y en el Distrito Federal los ciudadanos le preguntaban al doctor Zedillo por su esposa:"¿Por qué no la trajo?" le decían y le mandaban saludos. Eso a veces le debe haber desagradado al mandatario, porque cuando inauguró una exposición de arte prehispánico en el Colegio de San Ildefonso y una señora lo espetó: ¿dónde está su mujer?, en seco le respondió: "No sé, se la robaron".[452]

Por supuesto, la señora Nilda recibió a dignatarios e invitados extranjeros, a los que además de acompañar durante el día en diversas actividades, agasajó por las noches en cenas oficiales y se hizo presente en las ceremonias protocolarias: año con año estuvo en el balcón del Palacio Nacional los días 15 de septiembre para el Grito y caminó junto al presidente cuando éste se dirigía a entregar el lábaro patrio a los cadetes del Heroico Colegio Militar. Acompañó a su marido en viajes nacionales e internacionales e hizo algunos por su cuenta, tanto dentro del país —para las campañas de vacunación—, como al extranjero, por ejemplo en 1995 acudió a la Quinta Cumbre de Esposas de Mandatarios de América, en Paraguay, donde incluso pronunció un discurso, ella que era tan reacia a hacerlo, en el que se refirió "a la mejoría en la condición social de las mujeres mexicanas sin que eso signifique que hayan desaparecido las inequidades derivadas de su condición femenina".[453] Sin embargo, las pocas veces que se decidía a hablar, le gustaba defender a su marido, como si lo que su gobierno hacía fuera excelente para México. Durante una comida con mujeres prominentes, "Nilda, que estudió economía, hizo una apasionada defensa de la recuperación económica de México".[454]

Sus actuaciones más destacadas fueron en los momentos de desastre. Cuando el huracán Paulina devastó las costas de Guerrero y Oaxaca, tanto ella como el presidente se hicieron inmediatamente presentes y organizaron la ayuda a los damnificados. Y a nivel internacional, hizo una gira —muy breve, de apenas dieciséis horas— por los países centroamericanos afectados por el huracán Mitch, a los que llevó dinero que se había juntado en la campaña altruista organizada por el gobierno. En esa ocasión el presidente de Nicaragua le prometió construir una clínica que llevaría su nombre.[455]

Pero la actividad que le gustaba hacer y que hizo año con año, fue poner en la Residencia Oficial de Los Pinos un nacimiento de casi dos mil figuras (propiedad de una tía del presidente). Ella misma llevaba a visitarlo a grupos de estudiantes, personas de la tercera edad, enfermos, discapacitados, promotoras y trabajadores.[456]

Como a todas las primeras damas de la nación a lo largo de la historia, también a ella le enviaban cartas en las que le pedían ayuda. Por ejemplo, la de una profesora, madre de un muchacho preso, quien solicitó su intervención para liberarlo porque, según ella, nunca cometió los delitos de los que se le acusa: "Señora Nilda Patricia: recurro a usted como una madre desesperada por salvar a nuestro hijo que es lo único que tenemos en la vida y le suplico intervenir ante los procuradores tanto federal como estatal... Estoy segura, señora Nilda, que mi súplica será atendida y que pronto tendremos a mi hijo a nuestro lado. Con mi agradecimiento eterno, el de mi hijo y el de mi esposo y pidiendo a la Virgen de Guadalupe por el bienestar de sus hijos y esposo, me despido...".[457] Y en Coahuila, en una marcha en que los habitantes exigían el cierre de la empresa Met Mex Peñoles, identificada como fuente de contaminación que estaba afectando seriamente a la salud, portaban una manta dirigida a ella pidiéndole que los ayudara a solucionar el problema.[458]

19

La población se había casi duplicado en veinticinco años, pues aunque el número de nacimientos disminuyó, morían menos niños y la esperanza de vida había aumentado doce años: "De acuerdo con el anuario demográfico de la ONU —escribe Mario Luis Fuentes— México (junto con Bangladesh, Pakistán, Irán y Etiopía) era uno de los países del mundo con población más joven: la mitad de los habitantes es menor de veinte años".[459]

Escribe José Joaquín Blanco: "El principal panorama de la ciudad es su gente. En otras ciudades destacan principalmente los rascacielos o las avenidas, las plazas y los edificios. Aquí en cambio la presencia humana voluntariosa, apresurada, tensa, desafiante, ocupa y desborda todos los espacios".[460]

La demografía se había convertido en una pesadilla. La advertencia que hiciera Carlos Fuentes en los años sesenta se había cumplido: Calcuta ya no era nuestro posible futuro sino nuestra cruda realidad. México son multitudes de gente que necesitan alimento, trabajo, techo y transporte, educación y medicina, servicios y recreación. "El ámbito de las multiplicaciones despoja de sentido a las profecías —escribió Monsiváis—, obstinadamente minimiza todas las pretensiones triunfalistas."[461]

Así lo conocí
vivía en la vecindad
jamás llegó a encontrar
trabajo más formal...[462]

Además, estaban los autos: más de tres millones circulaban (¿circulaban?) por la megalópolis que era la ciudad de México, o como se estilaba decir, por "el territorio conurbado" en el que se apretuja la quinta parte de los cien millones de mexicanos, "retrepados a dos mil y pico metros de altura, sofocados en invierno, respirando toneladas de mierda",[463] escribió Curiel,

Nilda Patricia Velasco de Zedillo

literalmente bebiendo gasolina, como había dicho Pellicer. Y el poeta Francisco Hernández escribía desde un décimo piso hasta donde llegaban "los bramidos de las perforadoras, el rumor de los automóviles negándose a morir".[464]

¿Le gustaba a la señora Nilda la capital siempre en movimiento, con sus luces, videoclubes, restaurantes, salones de belleza, teatros y museos, pero también con su tráfico, contaminación, puestos y vendedores ambulantes, basura? ¿intentó visitar a su marido en sus oficinas del Zócalo y se percató del deterioro del Centro Histórico? ¿tomó alguna vez un taxi y la asaltaron como le sucedía a tantos ciudadanos? ¿o prefirió ir en metro con los miles de usuarios que lo atascan día con día, hora tras hora?

La moda de los años noventa, no sólo apuntaba a la comodidad sino que hacía a las personas verse más ágiles y juveniles. La ropa era de materiales naturales y frescos como el lino y el algodón. ¿Le gustaba a la señora Nilda usar "pants", camisetas y zapatos deportivos?

La preocupación por la salud y por mantenerse joven, que en Estados Unidos se había convertido en verdadera obsesión, llegó hasta nosotros y se abrieron gimnasios y centros de medicina alternativa. ¿Le gustaba a la señora Nilda subirse a la bicicleta fija para hacer ejercicio o tomar un masaje de relajación? ¿fue con una nutrióloga para saber comer bien, con una comunicóloga para saber relacionarse bien, con un endocrinólogo para que le recetara el Prozac que todos los "yuppies" quisieron ingerir para nunca sentirse deprimidos? ¿tomó refrescos de dieta, platillos vegetarianos, pastas sin calorías y carnes sin grasa, fumó cigarrillos bajos en nicotina?

El deseo de encontrar paz interior en medio de un mundo agitado, se convirtió también en verdadera obsesión y se abrieron en México centros de meditación, escuelas de técnicas orientales de relajación y templos de varias religiosidades. ¿Fue la señora Nilda a cantar al ashram hindú, a meditar con los sufis, a tomar cursos de budismo o de grito primigenio, a aprender creatividad y pensamiento positivo?

Las mujeres de las clases acomodadas, aunque se seguían ocupando de su hogar y su familia, también trabajaban, iban y venían, haciendo infinidad de cosas. ¿Hubiera preferido la señora Nilda pasar las tardes tranquilamente con sus hijos y llevarlos ella misma al dentista y a la peluquería en lugar de correr a algún rincón apartado de la república para inaugurar la Semana Nacional de Vacunación? ¿le hubiera gustado pedir por teléfono una pizza con los bordes rellenos de queso en lugar de presidir las cenas oficiales con reyes y presidentes?

¿Fue la señora Nilda Patricia alguno de los muchos megacentros comerciales que se abrieron en el país? ¿o a tomar un café en algún Sanborns de los que llegó a haber uno casi en cada esquina de la ciudad? ¿entró a los nuevos cines carísimos donde se paga más por el estacionamiento y las "palomitas" que por ver la película? ¿aprendió a usar la Internet para navegar por ella en las noches de insomnio? ¿esperaba con ansiedad sus fines de semana para irse a Cancún que era el lugar favorito de su esposo para descansar? ¿le gustó viajar al Vaticano? Cuando fue a Japón ¿no soñó con huir de sus guardias del Estado Mayor a los que tenía pegados a sus espaldas todo el tiempo? ¿le impactó ver el museo del Holocausto en Israel?

Los noventa: una oferta cultural rica y diversa. ¿Leía la señora Nilda alguno de los muchos diarios que para entonces circulaban o escuchó alguno de los muchos programas radiofónicos matutinos con comentarios sobre política y economía? ¿vio la película *Profundo carmesí* y le gustó que le dieran al director el Premio Nacional de Artes? ¿se enteró de que en los años cuarenta se hacían setenta y cinco películas al año y en el 2000 a duras penas fueron veintisiete?[465] ¿leyó la novela *En busca de Klingsor* y le gustó que le dieran a su autor, Jorge Volpi, el Premio Biblioteca Breve? ¿se enteró de que en México el promedio de lectura de libros es de medio por habitante al año? ¿conoció las llamadas "instalaciones" que eran la forma más novedosa de hacer escultura? ¿escuchó algún concierto de Jorge Reyes con sus sonidos que combinaban lo prehispánico con la tecnología más avanzada? ¿o quizá fue al Palacio de Bellas Artes a oir *Florencia en el Amazonas*, la ópera de Daniel Catán que no hubo dinero para montar con todo y escenografía? ¿o prefirió mejor comprarse el disco de Javier Álvarez y escuchar su obra "Temazcal"?[466]

Los noventa: la vida sigue y todos se esfuerzan por seguir. Escribe Álvaro Enrigue: "En alguna de mis frecuentes mañanas de hartazgo, salí a darle rienda suelta a mis iras entre las multitudes perezosas que han sitiado el paseo que conduce a mi casa". Y Daniel Sada: "Los minutos palpitaban en el aire tal si un pulso novedoso anduviera entre las cosas".[467]

Los noventa: una rica diversidad política y social. ¿Se enamoró la señora Nilda Patricia del Subcomandante Marcos ("el sup") como le pasó a tantas mujeres? ¿siguió la huelga en la Universidad Nacional y se preocupó porque pasaban los meses y nadie parecía tener voluntad de resolverla? ¿le ofendió que en un viaje a Francia las organizaciones defensoras de los derechos humanos acusaran al gobierno de México de que en nuestro país no se los respeta? ¿le molestaban las críticas que le hacían al presidente? ¿tenía idea de cómo elegían los de Progresa a quiénes se debía beneficiar?

Los noventa: ¿supo la señora Nilda Patricia de la existencia de los bares gay y de los table dance donde mujeres desnudas bailan sobre las mesas mientras los hombres les gritan obscenidades?

Los noventa: ¿tuvo miedo la señora Nilda Patricia de los secuestros, que son tantos que hasta a su hijo un día casi se lo llevan, a pesar de los guaruras?

Los noventa: ¿se emocionó la señora con la boda de los cantantes Mijares y Lucerito, con la muerte de la princesa Diana de Inglaterra en un accidente de auto, con los comerciales que hizo la actriz Salma Hayek en Veracruz, con la despedida del poeta Octavio Paz en una ceremonia encabezada por el presidente? ¿sintió alivio cuando por fin se murió el viejo líder obrero Fidel Velázquez, "el representante más caracterizado de la Revolución mexicana" como decía él mismo, el catorce veces secretario general de la CTM, el de los lentes oscuros y las conferencias de prensa de los lunes? ¿le causaban risa los chistes que hacía su marido y que a todo el mundo le parecían pesadísimos? ¿era ella también de las que andaba por la calle sin traer "cash" como dijo don Ernesto cuando una pobre mujer le quiso vender algo? ¿sacó su credencial de elector con fotografía y buscó si en las listas había alguien que se llamara igual que ella como le sucedió a dos y medio millones de compatriotas que tenían el mismo nombre y los mismos apellidos?

20

Unos meses antes del fin de su mandato, el presidente Zedillo compró una casa en un barrio residencial del sur de la ciudad de México y la mandó a arreglar. La familia se preparaba para volver a la vida fuera de los reflectores. La señora Nilda parecía aliviada cuando por fin se pudo mudar para allá, a pesar de que a últimas fechas ya parecía gustarle más el papel de primera dama. Poco después, sin embargo, el doctor Zedillo aceptó un cargo en una empresa transnacional, lo que por cierto estuvo a punto de desatar un escándalo. Y de allí se siguió, quedándose a vivir en Estados Unidos, muy solicitado por lo que se supone fue el "éxito" de sus políticas macroeconómicas, razón por la cual la Universidad de Yale lo nombró para encabezar un instituto de estudios sobre la globalización.[468]

En su última gira por Colima, el mandatario le dio un largo beso en público a su esposa y les agradeció a los colimenses "por haberle prestado una paisanita para ser su compañera".[469]

Terminaba el sexenio. Por primera vez en muchos años la situación no era de crisis aguda, aunque tampoco fácil. "Ya se vendió lo que se podía vender. Se abusa del petróleo para sobrevivir. El sistema fiscal es deplorable y la recaudación total es menor al diez por ciento del PIB, lo cual no alcanza para los gastos de un gobierno como el que tenemos. La industria que florece es la maquila, que no es inversión sino empleo de mano de obra a salarios muy bajos. Por lo demás, México no es ese cuerno de la abundancia que creía Humboldt. Ni tenemos mucha tierra para sembrar ni es de gran calidad y el agua no sobra", escribió Macario Schettino.[470]

Correspondió al presidente Zedillo reconocer el triunfo de la oposición en dos ocasiones particularmente importantes: la elección de jefe de gobierno de la capital en 1997 y la elección de presidente de la República a mediados del año 2000. En ambos casos lo hizo con dignidad, a diferencia de la actitud que mostró su antecesor cuando partidos que no eran el PRI ganaron sus primeras gubernaturas. Su gobierno destinó muchos recursos a la creación de instituciones que realizaran y vigilaran las elecciones.

Durante su periodo floreció la libertad de expresión. Por primera vez en casi un siglo se podía criticar públicamente al presidente, y aunque más de una vez él se molestó y descalificó a sus detractores, no los reprimió. Caía así uno de los dos tabúes históricos que impedían tocar el tema del primer mandatario y de la Virgen de Guadalupe.

Fue ése un tiempo en que se multiplicaron las organizaciones civiles que trabajan por los intereses ciudadanos —desde el respeto a sus derechos y la exigencia de servicios, hasta la defensa de la ecología, de la educación sexual y de la libertad de conciencia. Caía así también la idea de que los mexicanos esperan todo del gobierno.

El conflicto chiapaneco no se resolvió ni tampoco muchos otros que la pobreza y marginación hicieron surgir en estos años. La inseguridad fue cada día mayor y los secuestros y la violencia estuvieron a la orden del día.

Después de tres gobiernos neoliberales y un Tratado de Libre Comercio, con todo y la ilusoria entrada en la globalización (ese esquema que inventaron los países desarrollados para obligarnos a todos a consumir sus productos, por igual si vivimos en Mozambique con un ingreso per cápita de ochenta dólares al año que si en Suiza con uno de más de treinta y tres mil),[471] México terminaba el siglo XX endeudado y pobre y, sobre todo, desigual.

V. Una compañera para el nuevo siglo

Correligionaria, amiga, refugio, acicate, admiradora, estratega.

Salvador Camarena

...y en alto perfil

1

El 31 de diciembre del año 2000, la ciudad de México estaba hermosa. Había poco tráfico, el aire se sentía fresco y limpio y la cubría una luz propicia para arrebatos místicos. Así debe haber sido el "alto valle metafísico" del que hablaba Alfonso Reyes.[1]

En la última noche del año, en el Zócalo de la capital, el corazón del país, muchas personas iban a rezar a la catedral, cuyas campanas no cesaban de tañer, y otras a la fiesta que habían organizado las autoridades, en la que alternaban grupos musicales, se vendían elotes y atoles y se bailaba sobre la enorme plancha gris.

Hacía un mes que había tomado posesión el nuevo presidente de la República, el primero de la oposición que ocupaba ese cargo. Él había logrado que el siglo XXI se iniciara en México con la derrota del partido que lo había gobernado durante prácticamente toda la centuria anterior y que esto sucediera de manera indolora, como resultado de "elecciones equitativas, imparciales y con resultados ciertos" que legitimaron a la incipiente democracia mexicana[2] y "prometían hacer factible de una buena vez el anhelo democrático y la voluntad de cambio".[3]

2

Vicente Fox Quesada, que así se llamaba el electo, había nacido en el Distrito Federal en 1942, pero a los tres días se lo llevaron al rancho San Cristóbal, en San Francisco del Rincón, Guanajuato, propiedad de su familia, compuesta por el padre José Luis Fox Pont, la madre Mercedes Quesada Expide y un hermano mayor. Luego nacerían otros siete hermanos. Fue educado en escuelas de los lasallistas y jesuitas en León y cursó la licenciatura de administración de empresas en la Universidad Iberoamericana de la ciudad de México, entre 1960 y 1964 aunque se recibiría hasta 1999, a los cincuenta y seis años de edad. En su currículum asegura que cursó un diplomado en alta gerencia en la Universidad de Harvard, aunque no hay registro en dicha institución que lo confirme.[4]

VISION
ISION A
VISIO

Cuando terminaba sus estudios, inició lo que sería su exitosa carrera profesional en la empresa transnacional Coca-Cola, donde empezó como supervisor a bordo de un camión repartidor y acabó como director general para México y Centroamérica. Además de ser dueño del rancho que heredó de su padre, era propietario junto con sus hermanos, de una congeladora de verduras y de una fábrica de botas.[5]

En 1987, Manuel J. Clouthier lo invitó a ingresar al Partido Acción Nacional, que había sido fundado en 1939 por Manuel Gómez Morin y que desde entonces recogía y articulaba las demandas de los grupos católicos que se oponían a la ideología de la Revolución mexicana y tenían sus propias ideas sobre cómo debía funcionar el Estado.[6]

Cuando Maquío (como llamaban a Clouthier) convocó a Fox, era un momento en el que estaban entrando a formar parte del partido empresarios (una nueva militancia a la que Pablo Latapí llama "el empresariado de derecha"[7] y a la que la vieja guardia panista no aceptaba porque como decía Carlos Castillo Peraza, "no era suya la filosofía humanista de los fundadores"),[8] decididos ya no sólo a defender sus intereses económicos sino también a participar activamente en la política nacional, a fin de oponerse al autoritarismo presidencial, al populismo, al centralismo y al intervencionismo estatal y conseguir "jibarizar al Estado".[9] Había obligado al partido a redefiniciones importantes en cuanto a su doctrina y programa, pues había que ganar elecciones para acceder al poder.

Clouthier no se equivocó con Fox. Tres años después de su afiliación, ya lo estaban lanzando para diputado, elección que ganó "a pesar de su absoluta inexperiencia política y de que era desconocido entre el electorado",[10] y de allí saltó a contender por la gubernatura de su estado, lo que dos veces intentó y según los suyos, dos veces ganó, aunque la primera "le escamotearon el triunfo", cosa que ya no pudieron hacer en la segunda, porque entonces arrasó "casi al dos por uno sobre su contrincante priísta alcanzando 58.3 por ciento de los votos". [11]

Fox fue un gobernador que se enorgullecía de nunca ir a su oficina. Delegaba el trabajo en sus funcionarios mientras él se dedicaba a viajar por el país y por el mundo para conseguir inversiones para su estado y sobre todo, para que lo conocieran, porque para entonces ya había decidido que quería ser presidente de la República y lo decía abiertamente, algo insólito en el sistema político mexicano.

En 1997, completamente fuera de los tiempos acostumbrados, se lanzó a ello, primero para obligar al partido a elegirlo como candidato y después para convencer a los ciudadanos de votar por él. Como si fuera predicador, decía que "había tenido un sueño", el cual consistía en ganar las elecciones del año 2000 para dedicarse a "crear las condiciones para que los ciudadanos tengan la oportunidad de realizarse y ser felices".[12]

Fox apareció ante los mexicanos como un hombre carismático e irreverente, dicharachero, pragmático y franco, de fuerte carácter, con una imagen

A Marta Sahagún de Fox le gustaban
mucho los reflectores y los micrófonos

fresca y vivaz que rompía los estereotipos de los políticos tradicionales,[13] con todo y que, como ha señalado Carlos Martínez Assad, paradójicamente apelaba a la más pura tradición provinciana.[14]

Durante su larga campaña, su popularidad creció día con día. Sus discursos despertaron esperanzas precisamente en un momento en que se venía dando "la emergencia de una nueva cultura cívica en ciertos segmentos de la sociedad mexicana, que se expresó durante toda la década de los noventa en el crecimiento de la votación a favor del PAN en elecciones municipales y estatales, sobre todo de las entidades del norte del país".[15]

Y a muchos los convenció. Entre ellos, a un amplio grupo de intelectuales que, siguiendo la tradición de pragmatismo que les atribuye un estudioso norteamericano, empezaron a hablar del "voto útil", lo cual significaba dárselo a este candidato con tal de "sacar al PRI de Los Pinos".

Y en efecto, el 2 de julio del año 2000, ante la sorpresa del propio Vicente Fox que unos días antes todavía afirmaba que ganaría "pero de panzazo",[16] casi dieciséis millones de mexicanos[17] le dieron su voto a lo que algunos de esos intelectuales llamaron "la esperanza foxista".

El país tenía casi cien millones de habitantes[18] y un padrón electoral de 55 millones, de los cuales había votado el 60 por ciento y de ése, el 42 por ciento le había dado su sufragio a la Alianza por el Cambio, lo cual significaba que Fox, a pesar del ruido y las fanfarrias, había sido el presidente que había ganado con el menor número de votos en la historia moderna de México.[19] Pero aun así, como escribió Lorenzo Meyer, la importancia de este triunfo estaba en otra parte: en la legitimidad con que llegó a la primera magistratura, resultado del amplio margen con que ganó respecto al siguiente contendiente, del apoyo de los poderes fácticos (empresarios, Iglesia) y sobre todo, de la ilusión de los ciudadanos por el cambio.

3

Lo primero que hizo Vicente Fox una vez electo, fue buscar a quienes conformarían su gabinete. Lo quiso hacer a la manera empresarial, a través de un complicado método de "selección de los mejores", para lo que incluso abrió una convocatoria pública y contrató a empresas encargadas de llevar a cabo la búsqueda, aunque colaboradores suyos aseguraron que mucho de esto fue pura pantalla y que el presidente electo ya tenía a sus elegidos.[20]

En cuanto tomó posesión, nombró a las cabezas de las dieciocho secretarías de Estado, pero además creó lo que se llamó el gabinete ampliado, con el fin de reorganizar la manera de gobernar según tres asuntos: el social, el económico y el de seguridad, con un responsable al frente de cada uno de ellos. Esto no les gustó a los secretarios que no tenían la menor intención de permitir que nadie los supervisara y controlara,[21] y porque los encargos se traslapaban, los límites no eran claros y nadie se ponía de acuerdo. Según uno de los colaboradores del presidente: "El equipo que se formó fue muy disímbolo, poco cohesivo y carecía de liderazgo".[22]

Marta Sahagún de Fox y su marido Vicente Fox

Organizado el gobierno, el mandatario se abocó a resolver lo que había recibido en herencia: el conflicto en Chiapas. Ordenó retirar el apretado cerco que mantenía el ejército en la zona, buscó reunirse con el líder del movimiento, el célebre Subcomandante Marcos y envió al Congreso de la Unión la iniciativa de ley de la Comisión de Concordia y Pacificación. Según Alejandra Lajous, se trataba a todas luces de un esfuerzo por "buscar la paz y establecer un nuevo contexto legal y político para integrar a los indígenas al desarrollo".[23]

Sin embargo, nada de eso resultó. Más bien al contrario, se votó una ley que se oponía a los intereses y deseos de los pueblos indios, pues eliminaba el reconocimiento a sus autonomías, lo que llevó a los zapatistas a romper toda relación con el gobierno y a organizar una marcha a la ciudad de México, que incluyó una comparecencia de varios comandantes indígenas en el Congreso de la Unión. El presidente Fox, frustrado y molesto, se tuvo que conformar con asegurar que hubiera condiciones de seguridad para los marchistas y convidar a cenar a las celebridades extranjeras que llegaron a México a apoyarlos.

Su siguiente esfuerzo consistió en lograr una reforma fiscal, cuyo objetivo era aumentar los recursos del gobierno a través de incrementos de los impuestos —haciendo universal la aplicación del IVA— y de reorganizar el complicado sistema tributario que permitía muchas trampas y fugas. Pero la propuesta fue satanizada desde el principio por los partidos, que no la dejaron pasar en ninguno de los dos intentos que se hicieron para conseguirlo.

También quiso hacer una reforma energética, pero la propuesta abortó antes de nacer, pues inmediatamente los partidos se negaron a tocar a las empresas proveedoras de electricidad y de petróleo, ambas estatales. Y una reforma laboral que nunca prosperó, obligando en su lugar a hacer negociaciones con los viejos líderes sindicales para no tener problemas ni huelgas y poder hacer despidos y recortes. Y una reforma migratoria con los vecinos del norte, para que los mexicanos que se van a buscar trabajo al otro lado del río Bravo no sufrieran tanta humillación y maltrato. Pero tampoco se pudo, porque a raíz de la tragedia del 11 de septiembre de 2001, los norteamericanos entraron en una locura de autoprotección que cambió sus prioridades y los llevó a endurecer su política migratoria y el control de sus fronteras. De modo que allí quedó el sueño de la "enchilada completa" como llamó el canciller foxista a sus esfuerzos en pro de dicha reforma. Como cereza para este pastel, y dado que cuando Estados Unidos decidió hacerle la guerra a Irak, México no lo apoyó en el Consejo de Seguridad de la ONU, la relación con los vecinos se enfrió de manera significativa.

Y por fin, quiso hacer un nuevo aeropuerto para ampliar y modernizar los servicios del de la ciudad de México, que ya alcanzaba su límite de capacidad. Para ello lanzó un decreto expropiatorio de tierras en el sitio elegido para su edificación, pero los ejidatarios afectados en la zona de Atenco, Estado de México, se levantaron en armas (o mejor dicho: en machetes) contra el gobierno, dando lugar a un conflicto social mayúsculo, de modo que el presidente tuvo que retractarse y suspender definitivamente la obra. Esto significó un fracaso tan grande, que se le consideró el parteaguas que acabó con el gobierno foxista[24] ¡y eso que apenas era el año 2002!

4

Cuando tomó posesión de la presidencia de la República, Vicente Fox estaba separado de su esposa. Él mismo había hecho pública esa situación cuando en una entrevista "reconoció sin ambages que su mujer, Lilian de la Concha, con quien casó en 1971, lo había abandonado durante su primera campaña por la gubernatura".[25]

Aunque en un libro autobiográfico Vicente Fox "rechazaba tajantemente que para ser presidente hay que estar casado",[26] resultaba extraño que un primer mandatario no tuviera esposa. Era apenas la cuarta vez que eso sucedía en toda la historia de México ¡y la última había sido hacía un siglo con Lerdo de Tejada![27] Todo mundo parecía desconcertado y se preguntaba ¿qué va a pasar sin primera dama?[28]

Pero era también evidencia de los cambios culturales que se estaban produciendo en el país, pues por primera vez, se decía abiertamente que el presidente se había divorciado (información que en otros casos no se había hecho pública e incluso hubo quienes se habían vuelto a juntar durante el mandato sólo para cubrir las apariencias, como vimos en capítulos anteriores de este libro) y no parecía que a los ciudadanos les molestara o les significara un impedimento para votar por él. Esto no era poca cosa en un país en el que la mayoría de la población se declaraba católica,[29] y el propio mandatario había hecho pública su pertenencia a esa Iglesia, entre cuyos principios, como señaló en aquel momento la revista *Nuevo Criterio*, está el que considera que el matrimonio es un sacramento y es indisoluble.[30]

Muy pronto la prensa del corazón y aun la política se dieron al juego de atribuirle romances al presidente, que según el periódico *Christian Science Monitor*, se había convertido en "el soltero más codiciado de México".[31]

Entre los muchos rumores que corrían en torno a las posibles relaciones sentimentales de Fox, el más persistente era con una cercana colaboradora: su encargada de comunicación social, su vocera y según algunos, "su sombra".[32]

El 2 de julio del 2001, día en que celebraba un año de su triunfo en las urnas y su cumpleaños número 59, "el cuento de hadas tuvo final feliz"[33] cuando Vicente Fox contrajo matrimonio civil con ella, a la que consideraba "la mujer ideal" y "muy guapetona",[34] en una breve ceremonia efectuada muy temprano por la mañana en la Residencia Oficial de Los Pinos y a la que asistieron apenas unos cuantos invitados que brindaron con jugo de naranja.

El evento tomó por sorpresa a los mexicanos y causó gran conmoción. No hubo medio de comunicación que no se refiriera al asunto y se preguntara si "¿se trataba de una historia de amor o de una historia de poder?", recogiendo una duda que nacía de las insinuaciones de la hija mayor del presidente respecto a los sentimientos de la elegida por su padre.

Pero a los ciudadanos pareció encantarles lo sucedido: "Se me hace como una historia de telenovela en la que a pesar de los impedimentos se consolidó la relación", expresó una conductora de televisión y según un empresario: "Todo hombre necesita a una mujer a su lado. Una relación de pareja da estabilidad, siempre las esposas de alguna manera son un freno y al darle esta paz al presidente, le permite pensar de otra manera".[35] Una lectora mandó la siguiente carta a un diario: "Yo veo perfectamente bien al matrimonio. Señor Presidente, lo felicito. Me da gusto que vayan contra viento y marea".[36]

Estas reacciones a la boda volvían a hacer evidentes los importantes cambios culturales que se estaban dando en la sociedad mexicana. Que un país católico tuviera un presidente casado solamente por lo civil, sin anulación de los previos matrimonios religiosos de ninguno de los dos miembros de la pareja (esto sucedería hasta 2005 para ella y 2007 para él) era algo tan novedoso, que el cardenal y arzobispo primado Norberto Rivera Carrera se vio obligado a tomar una posición pública: "Ni están excomulgados ni en pecado pero mientras no estén unidos religiosamente quedarán excluidos de la comunión eucarística".[37]

Pero por más que los jerarcas y algunos grupos conservadores quisieron negarlo, el golpe estaba dado. Juárez y los liberales habían ganado la batalla con su insistencia en que estos asuntos debían ser materia de contratos regulados por el Estado. "Espero que no tenga consecuencias negativas para las familias mexicanas", dijo una simpatizante de la organización Provida, pero eso era imposible y así lo reconoció la flamante recién casada cuando una reportera le preguntó: "¿Significa esto que en adelante habrá mayor tolerancia para las parejas divorciadas?", a lo que ella respondió: "Sin duda alguna".[38]

Pero si con la boda quedaba satisfecho un anhelo de la sociedad, o al menos de los medios de comunicación, empezaba también la duda respecto al papel que desempeñaría la nueva primera dama, pues como escribió un periodista: "La boda trastocó y aceleró la definición de muchas cosas en la política mexicana".[39]

5

Marta María Sahagún Jiménez, que así se llamaba la nueva esposa de Vicente Fox (en su acta de nacimiento el nombre está escrito con h, la que luego ella se quitó) era una mujer de baja estatura, delgada, con ojos grandes y vivaces, de modales finos, extremadamente amable y cortés, a la que le gustaba decir que llevaba en su nombre "los de las dos grandes figuras del Evangelio, la Marta amorosa y la María hacedora de cosas".[40]

Había nacido en 1953 en Zamora, Michoacán, en el seno de una familia de buena posición y ferviente católica, cuyo padre Alberto Sahagún de la Parra era médico y cuya madre Teresa Jiménez Vargas se dedicó al hogar y a la atención de sus seis hijos.

La región del Bajío, explica Carlos Martínez Assad, se define por una cultura ranchera, de pequeños propietarios vinculados al trabajo agrícola en una tierra fértil y rica, "vacía de indios" y conformada por criollos, sobre quienes la Iglesia tuvo y sigue teniendo gran ascendiente, al punto que allí se encuentran las tasas más altas de definición católica en el país (así como de sacerdotes, iglesias construidas y vocaciones) y la menor presencia de otras religiosidades. Se trata de una sociedad con fuertes lazos religiosos y familiares, conservadora y tradicionalista (por eso no es casualidad que allí hayan surgido las guerras de independencia, la de los cristeros y el sinarquismo) en la que el proceso de secularización que ha sufrido en lo general la sociedad mexicana se ha dado en menor medida y tardíamente.[41]

El tipo de catolicismo que prevalece en esa región y que fue el que nutrió los valores y modos de pensar y actuar de Marta Sahagún, fue uno que consideraba que el individuo tiene una responsabilidad para con sus semejantes, particularmente si son los pobres de este mundo, a quienes "hay que ir a buscar no para consolarlos sino para ayudarles".[42] A esta solidaridad persona-sociedad se le consideraba una misión y al mismo tiempo una causa cívica: se trataba de "ser fervorosos cristianos y cumplidos ciudadanos", o como se decía en los tiempos en que ella era niña y adolescente, "jóvenes laicos con conciencia social",[43] con "valores cívicos, familiares y comunitarios",[44] y con "disposición de servicio, espiritualidad en el trabajo, amor al ser humano y deseo de corregir injusticias".[45]

No sorprende entonces que en sus discursos cuando fue primera dama, Marta Sahagún hablara del "bien común" en lugar de la justicia social, se dirigiera a los mexicanos como "nuestros hermanos" en lugar de cómo ciudadanos y hablara de "comunidad" en lugar de sociedad. Y que su discurso estuviera teñido de palabras como abnegación, rectitud de intención, entereza, unir y armonizar.

Marta había estudiado la primaria y la secundaria con monjas teresianas y luego se había ido a Irlanda para aprender inglés también en colegio de monjas. A su vuelta, siendo muy joven, casó con un veterinario, el señor Manuel Bribiesca Godoy, con quien se fue a vivir a la ciudad de Celaya en Guanajuato y procreó tres hijos.

Durante más de un cuarto de siglo, la señora colaboró activamente con su marido en el negocio familiar, una farmacia veterinaria que fue creciendo hasta transformarse en una importante empresa mayorista de productos de su especialidad. Además, en sus tiempos libres se inscribió en diplomados y seminarios sobre temas de administración y política y se dio tiempo para hacer trabajo social en colonias pobres de la ciudad y para ser tesorera de los Legionarios de Cristo en su localidad.

Empujada por su suegro, panista desde hacía muchos años, y también por el ya mencionado Manuel Clouthier, se incorporó a las filas del Partido Acción Nacional y empezó a ascender en ellas hasta que en 1994 se lanzó como candidata para la presidencia municipal de Celaya, haciendo una campaña de casa en casa, pero aun así, perdió las elecciones. Eso no la desanimó y siguió en el partido, y un año después ya formaba parte del Consejo Nacional.[46] Poco

después empezó a colaborar en la segunda campaña del candidato a gobernador Vicente Fox, quien al triunfar la llamó y le encomendó la comunicación social de su gobierno, terreno que desconocía por completo pero que cumplió bien, pues se dedicó a él con entrega y trabajo.

Sahagún no sólo le manejó la imagen al gobernador sino que lo acompañó en sus viajes y empezó a formar parte del círculo íntimo de sus colaboradores, de donde saldría la idea de lanzarse "para la grande": "En la mesa del rancho de San Cristóbal empezamos a construir todo este gran proyecto que significaba cambiar a México".[47]

En ese "gran proyecto" del que fue pilar y de cuyo éxito fue tan responsable como el mismo Fox,[48] Marta Sahagún se encargó de la comunicación social del candidato y después de la del presidente electo y por fin, una vez obtenido el triunfo, de la del primer mandatario. Y una y otra vez puso en marcha la idea de que "Gobernar es comunicar", para lo cual desarrolló un intenso trabajo tanto por vía de publicidad pagada como de la relación cuidadosa con los medios, que incluía estrategias poco conocidas en el país como la de mandarle cartas personalizadas a reporteros, comentaristas y articulistas de opinión: "La lectura de tu colaboración periodística reafirma mi convicción. Ambos compartimos la certeza de que nuestro país seguirá contando con una opinión pública bien informada y con un profundo sentido crítico... Las importantes reflexiones que haces muestran con claridad que el ejercicio profesional del periodismo responsable y la permanente retroalimentación informativa, son instrumentos eficaces y confiables para que la sociedad civil y el gobierno de la República establezcan la comunicación social".[49]

Usando el estilo del marketing norteamericano que tutea a todo mundo, esas misivas buscaban limarle el filo a las críticas más severas y pretendían convertirlas en ideas afines.

Además de esa encomienda, Sahagún —para entonces ya divorciada— se tomó la de estar pendiente de las necesidades personales de Fox, como recomendarle la ropa que debía vestir y vigilar su alimentación. "¿Cómo se las arregla para hacer tanta cosa?", le preguntaron en alguna entrevista, a lo que respondió: "Tú sabes que las mujeres siempre encontraremos tiempo para todo, para hablar con los hijos, para compartir con ellos, para estar con mi madre antes de que falleciera, para leer, escuchar música, incluso tengo tiempo para reflexionar. Todo es cuestión de saber manejarlo con sabiduría".[50]

Esa "sabiduría" supuestamente inherente a la condición femenina, le permitió no solo ganarse la confianza de Fox sino volvérsele imprescindible. Y en efecto, él la consideraba "insustituible", "irreemplazable".[51] Y es que la señora estaba entregada a sus tareas no nada más con total convicción sino también sin límite de tiempo. En su crónica de la campaña, Guillermo Cantú afirma que jamás faltó a las reuniones de estrategia del candidato y que cuando los demás se iban a dormir ella aún se quedaba trabajando.[52]

Tanta cercanía con Fox provocó problemas. En primer lugar, con la madre y los hijos del presidente. La hija mayor, que no la quería nada, dijo en una entrevista que Sahagún no era "más que una empleada de su padre".[53]

Pero también con los colaboradores, que resentían su derecho de picaporte, su influencia en los nombramientos y las decisiones y sobre todo que, una vez casada con el mandatario, funcionara en la práctica como jefa de gabinete[54] y terminara por convertirse en la funcionaria más poderosa del gobierno.

Y es que se trataba de una mujer con mucha energía ("Es muy inquieta", dijo su marido en un programa de radio; "Un volcán en erupción", según la revista *Época*)[55] con una alta opinión de sí misma ("Soy un ser humano libre y sensible", "Un alma sin cortapisas que sale en búsqueda de la verdad sin condiciones")[56] y gran confianza en su persona ("Sé que soy capaz y lo voy a lograr"), de modo que desde el momento en que fue oficialmente primera dama, se soltó el chongo, como se dice coloquialmente, y se puso a hacer muchas cosas.

La primera, remodelar las casas-habitación de la Residencia Oficial de Los Pinos, de donde sacó lo que no le gustaba (que fue embodegado porque es propiedad de la nación) para meter muebles, adornos y otros enseres a su gusto, entre ellos "87 toallas de diversos tamaños y 18 juegos de sábanas", según informó en su momento el administrador de la Residencia Oficial Carlos Rojas Magnon,[57] las cuales por su elevado precio, terminarían por generar el escándalo conocido como el "Toallagate" (destapado por la periodista Anabel Hernández) que llevó a la renuncia de dicho funcionario.

La segunda, cambiar su imagen. Si antes vestía trajes mal cortados y de telas económicas, "la ropa para la que me alcance mi presupuesto" como le gustaba decir, una vez que estuvo casada con el presidente, empezó a llevar ropa de diseñador y joyas finas porque "le gustaban mucho".[58] Y si antes se maquillaba en exceso, en ese momento empezó a hacerlo menos y modernizó su corte de cabello.[59]

Se supone que esto lo pudo hacer gracias a la partida número 3825, destinada a "atuendos, galas y accesorios para el Presidente y la primera dama", pero según una publicación, no podía alcanzarle para todo lo que adquiría, que era de elevado precio: "Entre 2002 y 2003 la primera dama ejerció 280 mil 520 pesos por concepto de vestuario y accesorios de las marcas Loewe, Frattina y Macario Jiménez como la chaqueta que adquirió el 3 de septiembre de 2003 por un monto de 20 mil 104 pesos, según refiere la factura Loewe número 750, un bolso Helen Napa por seis mil 449 pesos, una cartera larga Napa por tres mil 379 pesos y un portacosméticos grande por mil 600 pesos, según documenta la factura número 357 emitida por la misma tienda el 30 de septiembre de 2002".[60]

Pronto la señora se convirtió en la primera dama mejor vestida que habíamos tenido en toda la historia de México en términos de la calidad de su ropa, aunque no necesariamente de cómo le lucía. Pues si a algunos les pareció que "a ella cualquier cosa le luce bien con ese cuerpo que tiene", otros consideraron que lucía mal algunas galas porque no iban con su estatura y sobre todo, por el abuso de joyas.[61] En una cena con los monarcas de España ¡llevaba más que la reina Sofía!

Pero lo que más se puso a hacer "la señora Marta" como la llamaba el presidente, fue dar entrevistas para revistas, periódicos y programas de radio y televisión del país y del extranjero, en las que anunciaba sus

proyectos y planes y se describía a sí misma con palabras como "espíritu de servicio", "honestidad de sentimientos", "capacidad de sacrificio", "congruencia", "optimismo", "generosidad", "perseverancia" y "con una misión a cumplir".[62]

Atrás quedaban los perfiles bajos de Paloma de De la Madrid, Cecilia de Salinas y Nilda Patricia de Zedillo, para dar paso a una mujer que desde el primer momento se instaló en el terreno mediático pues adoraba los reflectores y el micrófono y los usaba y mucho.[63] ¡Y eso a pesar de que el día de su boda el presidente le había advertido: "Tú ya no haces más declaraciones"!

Pero era imposible detenerla. En su primer discurso "Usó mil seiscientas quince palabras para delinear ideario político y compromisos prácticos", escribió Julio Hernández López.[64]

6

Para trabajar por sus causas y cumplir con los compromisos que ella misma se asignó, la señora Sahagún de Fox se montó una oficina en una de las casas que conforman la Residencia Oficial de Los Pinos, con secretarios, asistentes y ayudantes: "Ocupa todo el edificio de lo que fue la casa presidencial Lázaro Cárdenas en Los Pinos. Además dispone de oficinas en el edificio que la Presidencia tiene en la calle de Constituyentes 161", afirmó un periódico, mientras que según una revista, "tenía para sí una clave presupuestal asignada por el mandatario —la número 112-2— para sus gastos tanto de tipo protocolario como social y de montaje y mantenimiento de su oficina, que incluían teléfonos fijos y celulares, papelería membretada, asesorías especializadas, boletos y viáticos para las giras. Y en la nómina de la Presidencia de la República estaban varios de sus colaboradores (algunos de los cuales tenían sueldos de más de 100,000 pesos) sin que se aclaren sus funciones ni aparecieran en la información puesta a disposición de los ciudadanos a partir de la entrada en vigor de la Ley de Transparencia y Acceso a la información Pública Gubernamental".[65]

Lo primero que hizo fue deslindarse de lo que hasta entonces había sido el trabajo de las primeras damas, que consistía en encabezar la institución para la infancia y la familia: "No me voy a reducir a trabajar en el DIF", "Tendré mi agenda propia".[66]

Fuera de sus planes de trabajo quedaba la que había sido la labor principal de las esposas de los gobernantes de México: presidir el Sistema Nacional para el Desarrollo Integral de la Familia, con su ya para entonces enorme infraestructura, sus 32 sistemas estatales y 2,274 municipales, su ayuda a más de tres millones de familias en pobreza extrema, sus más de cuatro mil cocinas comunitarias, sus casi 5 millones de desayunos escolares diarios, su apoyo a niños, adolescentes, mujeres, viejos y discapacitados.[67] Se lo entregó a una panista que decidió que lo que le correspondía era atender "la vulnerabilidad,

Marta Sahagún de Fox

la soledad, el desamparo, el maltrato, la violencia intrafamiliar y la desprotección jurídica".[68]

Ella en cambio, adoptó su "agenda propia" que se construyó a partir de lo que quería hacer y de cómo lo quería hacer, sin que le importara si sus actividades se integraban a una política nacional general y sin que le preocupara si es lo que hacía falta, lo que servía o convenía, lo que los "beneficiados" deseaban o necesitaban y sobre todo, sin respeto a los acuerdos sociales y hasta a los usos y costumbres, sino solamente sujeto al "yo hago lo que quiero" como dijo la señora en un programa de televisión.[69]

Empezó anunciando la creación de un Consejo Nacional para la Infancia y la Adolescencia, que ella presidiría, el cual atravesaba y se ponía por encima de siete secretarías de Estado y de varias de las coordinaciones que había echado a andar el presidente al tomar posesión de su cargo.

Pero eso no le bastó y poco a poco sus planes empezaron a crecer: "No vamos a trabajar sólo en un área determinada", "Vamos a ampliar el campo de actividad".[70] Y así fue. Primero anunció "mi compromiso es con las mujeres" y luego agregó a "los adultos en plenitud". Poco después incorporó también la lucha contra las adicciones y contra las enfermedades degenerativas, el apoyo a la hora de desastres naturales y el acopio y distribución de alimentos para los sectores vulnerables de la población. En sus planes entraron la educación, la salud, la atención a los migrantes, la violencia doméstica, la salud reproductiva y la vivienda para los indígenas.

De allí saltó a tres objetivos más amplios: "Crear una red de organizaciones de la sociedad civil, para lograr conectividad entre sociedad y gobierno", "buscar tecnología como la herramienta para enfrentar la globalización" y "buscar recursos financieros para el soporte de proyectos que trabajaremos los ciudadanos y su servidora".[71]

Con enorme ambición afirmó: "Voy a hacer política", "Quiero hacer historia", "Una gran cruzada por México sin ideologías ni partidismos".[72] Para ello habló de "movilizar a la sociedad entera y promover la participación ciudadana", "luchar contra la pobreza", "reactivar el desarrollo del país", contribuir a equilibrar las grandes desigualdades sociales", e incluso,"salvar a México".[73] Nada más y nada menos.

Eran muchos proyectos, imposibles de llevar a cabo ni siquiera desde el poder, ni siquiera con toda su energía. Era como si se propusiera "encarnar un proyecto-Estado",[74] en el sentido que le da Norbert Lechner al Estado como "instancia privilegiada de coordinación social" al que le corresponden las tareas de organización y coordinación, de mediación y control, de iniciativa y orientación,[75] y de acuerdo también a la idea de Victor Abramovich y Christian Courtis de que el Estado tiene "la obligación de asegurar la satisfacción de por lo menos niveles esenciales de los alimentos básicos, atención primaria de salud, abrigo y vivienda, condiciones sanitarias básicas y formas básicas de enseñanza".[76]

Y todo eso envuelto en el discurso de "lo hago por amor" y "lo único que quiero es servir", el típico modelo de ambición que se envuelve en el manto de la humildad pero que como escribió Marta Lamas: "Altruismo y poder, es una combinación que encubre motivaciones hedonistas, oportunistas, utilitaristas e interesadas".[77]

Para llevar a cabo esa obra enorme, decidió crear una fundación privada, a la que llamó Vamos México, que oficialmente nació en octubre del 2001 (aunque ya antes había organizado un concierto en el Castillo de Chapultepec para recaudar fondos para lanzarla), en un magno evento presidido por el Primer Mandatario de la Nación, en el que la señora hizo un discurso para hablar de ella misma, de su misión (que no de sus objetivos), de su compromiso de cara a México entero y de su causa.

Al ser privada, la fundación no tenía que someterse a ninguna ley ni control, ni tampoco que responder ante ninguna autoridad, ni en cuanto a asuntos y prioridades ni sobre todo en lo que se refería al uso de los dineros. Porque si la suya hubiera sido una institución gubernamental, la Auditoría Superior de la Federación podría (y tendría que) revisar sus ingresos y egresos, pero no estaba facultada para revisar a ninguna asociación civil ni fideicomiso. Además, dado que la fundación aparecía como una Asociación Civil (A.C.) y no como una Institución de Asistencia Privada (I.A.P., que era lo que realmente era) no tenía un marco jurídico: "Las I.A.P. tienen un marco jurídico que no tienen las A.C. Están más vigiladas por la ley, tienen un Consejo Directivo con representantes del gobierno y la Secretaría de Hacienda y una contraloría interna y no reciben recursos del gobierno. Y tienen que hacer claro el origen de sus recursos, a quienes se les van a entregar los donativos, por qué, con qué criterios y cuáles son los resultados".[78] En cambio las A.C. no tienen nada de esto: "El Código Civil y las reglamentaciones son muy laxos respecto a ellas y las supervisiones que hace la Secretaría de Hacienda son mínimas para este tipo de asociaciones".[79] Ello explica, afirma Sara Murúa, que Vamos México se registrara como una asociación civil con el fin de evitar controles y supervisiones.

La fundación estaba encabezada por ella (aunque después, cuando arreciaron las críticas, nombró a otra persona,[80] si bien siguió siendo el poder detrás del trono) y sus socios honorarios se contaban entre los hombres y mujeres más ricos del país. Sus acciones consistían en recaudar fondos, tanto en México como en el extranjero, tanto en efectivo como en especie, tanto entre individuos como entre empresas, para repartir parte de ellos a organizaciones privadas de filantropía (que podían gestionar directamente sus apoyos, sin necesidad de la fundación); en lanzar campañas ("Tu cambio para la educación", "Autobuses-aula"); echar a andar programas ("Ayúdame a llegar", "Arranque parejo en la vida", "Niños y adolescentes sin adicciones", "Participa", "Tecnología educativa", "Escuela para padres", "Mesa interinstitucional para la elaboración del diagnóstico de la familia mexicana", "Acción para la prevención y rehabilitación de discapacidades"); mandar a hacer y repartir libros educativos (*Cómo proteger a tus hijos contra las drogas* y las *Guías de padres* formadas por tres tomos: *Aprender a vivir juntos, Aprender a conocer y hacer, Aprender a ser*), estos últimos hechos por acuerdo con la lideresa del

Sindicato Nacional de Trabajadores de la Educación (y de los cuales no se conocen las cifras exactas del tiraje pero se calculan entre ocho millones de ejemplares según la señora Marta, veintiocho millones según Carlos Monsiváis y setenta y ocho millones según Elías Martínez)[81] y hacer regalos "útiles" a la población, tales como bicicletas, computadoras, techos de lámina, maquinaria y material médico.

La megafundación por igual atendía cuestiones que le correspondían a la presidencia de la República que otras que eran competencia de alguna secretaría de Estado, gobierno estatal o institución pública, en algunos casos repitiéndolas, en otros empalmándolas o de plano tomándose atribuciones.

No contenta con lo anterior, la señora quiso además encarnar y representar también a la sociedad civil, metiéndose en los campos más diversos y queriéndose ocupar de lo mismo que se ocupaban las organizaciones no gubernamentales. Y quiso además, "conectar" a las dos instancias, a partir de la idea de que "los gobiernos no lo pueden todo" y "la sociedad no puede sola".[82] ¿Significaba eso que Vamos México estaba allí para llenar la brecha? Según ella sí. Y así lo decía: "Yo concibo a Vamos México como un proyecto de nación".[83]

7

¿Por qué pudo Marta Sahagún cambiar las reglas del juego que hasta entonces habían prevalecido respecto a las esposas de los mandatarios? ¿por qué pudo alterar los usos y costumbres para las primeras damas y hacer lo que le vino en gana?

Sin duda una parte de la explicación radica en la falta de claridad respecto al papel que debe desempeñar la consorte presidencial, a la que por una parte se presiona para "hacer algo" pero por otra, no se especifica qué es ese algo, dejando a su voluntad, capacidad y criterio el camino a seguir.

Otra parte de la explicación tiene que ver con el modo de funcionamiento de nuestro sistema político. La señora Marta, entusiasmada con el mundo de posibilidades que le dio su acceso al poder, empezó a querer poner en práctica sus ideas que ella consideraba novedosas e importantes. Esto ya nos había sucedido antes con varias esposas, y ahora se repetía, porque en nuestro país "nadie se atreve a negarle nada a la red de familiares del jefe de la nación".[84] Vivimos en una cultura política acostumbrada a la omnipotencia de los poderosos, con una democracia incompleta y endeble, con "gran debilidad de las instituciones, fuerte personalización de la autoridad, escaso cumplimiento de la ley, ausencia de contrapoderes",[85] de modo que alguien puede adquirir un poder enorme solo por el hecho de su cercanía con el poderoso.

Un elemento más que abona a la explicación, es nuestra escasa memoria histórica y la ignorancia de muchos de quienes tienen cargos públicos.

Marta Sahagún de Fox y Vicente Fox

La señora Marta no tenía idea de lo que se había hecho antes de ella y creyó que, como dijo en una entrevista, "yo asumí un papel más activo que las otras esposas de los presidentes"[86] y que con sus proyectos estaba descubriendo el hilo negro y así lo dijo en su página oficial: "Ha emprendido acciones innovadoras".

Por eso pudo creer que "inventaba" las formas de hacer asistencia social cuando lo que en realidad hizo fue regresarnos de golpe y porrazo a la caridad personalizada, voluntarista y clientelar.[87] Y pudo creer que era la primera a la que se le ocurría organizar el voluntariado: "Se que contaré con el apoyo desinteresado, cariñoso y entusiasta de las esposas de los funcionarios del gabinete de Vicente Fox",[88] pero este ya había existido y había sido desmantelado por caro e ineficiente. Y pudo suponer que fue la primera en representar al presidente en eventos internacionales o que su idea de formar escuelas para padres de familia era original o que era la primera que elaboraba libros para educar, siendo que todo eso ya había sucedido, dejado de suceder y vuelto a suceder como se puede observar en la lectura de este libro que el lector tiene entre sus manos.

Por ignorancia y falta de memoria histórica, el presidente y otros funcionarios creyeron también que ella era la primera esposa de un mandatario que trabajaba. Fox hasta llamó "conchudas"[89] a las anteriores primeras damas mientras que otros panistas hablaron de "el letargo en que se mantuvieron otras esposas de presidentes mexicanos".[90] Pero eso era completamente falso. Todas las esposas de los gobernantes hicieron su trabajo en mayor o menor medida, como hemos visto en este libro. Y no fueron "puro ornato", "figuras decorativas", "sólo acompañantes", como dijo nada menos que la directora del Instituto Nacional de las Mujeres, la primera que debía estar informada.[91]

Pero sobre todo, lo que constituye el centro de la explicación —y que ni la señora ni su esposo ni sus colaboradores pudieron entender— es que todo lo que ella pudo hacer se debía a dos factores completamente ajenos a su persona: por una parte, a que la situación de la mujer en México había cambiado gracias al propio proceso de modernización del país y a años de luchas feministas por la equidad, por los derechos y por la participación, cambio del que ella se estaba aprovechando al subirse a un caballo que otras habían domesticado. Y por otra parte, a que si pudo hacer todo lo que hizo y meterse como se metió en todos los rincones del gobierno, es porque su marido se lo permitió. Fue el presidente el que no le puso límites y el que le permitió su "empoderamiento", ese que no había conseguido por sí misma y ni siquiera porque su partido hubiera defendido la causa de las mujeres.

Por ese apoyo presidencial, la señora Marta, que no ostentaba ningún cargo oficial, pudo dar instrucciones a las aduanas para que se saltaran los trámites de importación de computadoras que ella quería obsequiar, pudo ir a Washington encabezando una delegación de secretarios de Estado —nada menos que los de Economía y Comercio y el gobernador del Banco de México—,[92] pudo ir como representante personal del mandatario a la toma de posesión del presidente del Perú y comportarse como si tuviera la investidura, pasando revista a las tropas e incluyéndose en la fotografía oficial, y pudo ocupar un lugar en el estrado cuando el Papa Juan Pablo II vino de visita a México.

Por ese apoyo presidencial, la señora Marta, que no tenía ninguna experiencia en gobernar, pudo empezar a hacerlo sin más. Cuando en un programa matutino de radio el locutor informó de la renuncia de un secretario de Estado, el encargado de Comunicación Social de la Presidencia corrió a preguntarle al presidente Fox cómo debía enfrentar el rumor. Él se dirigió a su esposa y le dijo: "¿Cómo la ves? ¿qué hacemos?". Y fue ella quien dio las instrucciones.[93]

Pero si el Presidente hizo esto, fue porque a diferencia de las esposas de los mandatarios anteriores, Marta Sahagún conocía a fondo el proyecto político de Vicente Fox y lo compartía. Juntos lo habían construido y juntos lo estaban llevando a cabo. Ninguna esposa anterior había tenido esa cercanía, ese conocimiento y esa participación.

8

Por eso la señora Marta pudo mover los hilos. Y vaya que los movió. Así lo cuentan dos colaboradores del presidente: "No se necesitaba la intervención de Marta para funcionar en el gobierno de Fox, pero se funcionaba mejor con su intervención; no era indispensable su injerencia para lograr una audiencia, asistencia o ayuda presidenciales, pero se obtenían con mayor celeridad y facilidad gracias a su injerencia. Empresarios, jerarcas de la Iglesia, secretarios de Estado y gobernadores, conductores y comentaristas lograban su cometido de modo más expedito y expreso con Marta, sin Marta resultaba más difícil".[94]

Eso lo confirmaron otros: cuando José Luis Soberanes Fernández hizo un balance de su gestión como presidente de la Comisión Nacional de Derechos Humanos afirmó: "Si algo se pudo hacer serio con Fox fue gracias a Marta Sahagún. Las pocas cosas que pude ver con Marta fue lo que tuvo solidez. Todo lo demás era el concierto de la frivolidad".[95] Y la directora general del DIF: "Marta me ayuda con las cosas que tengo que hacer y que de repente no le encuentro solución. Siempre que toco las puertas hablo con ella y siempre encuentro una respuesta apropiada".[96]

Por supuesto, la señora se cuidó de hacer que eso se viera y se supiera. Mientras el presidente se dedicaba a proclamar a los cuatro vientos que estaba enamorado, ella contaba que él la consultaba y la escuchaba. Y además, defendía su derecho de intervenir: "Por supuesto que opino, no me voy a quedar callada".[97]

Esto explica que llegara a sentir como suyas las funciones y atribuciones de la investidura presidencial, como si también a ella la hubieran elegido. Por eso en sus discursos decía cosas como "les voy a cumplir", "no les voy a fallar", "estoy comprometida con ustedes", "me debo a los mexicanos". Una persona a quien nadie eligió ni nombró, se sentía sin embargo capaz de decir: "El presidente Vicente Fox seguirá al frente de este esfuerzo y yo estaré allí, junto con él, al lado de él, para cumplirle a todos los mexicanos y mexicanas, sobre todo a los que más necesitan". ¿A cuenta de qué? ¿quién se lo había pedido y encomendado?

Los mexicanos no estábamos acostumbrados a eso. No queríamos "comprar uno y recibir el otro gratis" como decía una publicidad y nuestras leyes no contemplan la existencia de un poder ejecutivo compartido ("Se votó por un presidente y no por una dupla para dirigir los destinos del país", dijo Elías Martínez),[98] ni que las decisiones se tomen entre varias personas ("El presidente puede consultar con quien quiera, con su esposa o con la almohada, pero la responsabilidad en la toma de decisiones es sólo suya", afirmó Martí Batres),[99] de modo que a muchos les disgustó. El escritor Carlos Monsiváis se preguntó si estábamos teniendo una pareja administrando el poder, la estudiosa Soledad Loaeza si la presidencia iba a ser a cuatro manos y el senador Fidel Herrera si se trataba de una "presidenta adjunta".[100] No faltó quien afirmara que la señora Marta "copreside" el gobierno,[101] e incluso que el presidente "ha abdicado" y ella era la gobernante.[102] Julio Hernández López la llamaba "Presidenta" en sus columnas en *La Jornada* y cuando hablaba del presidente Fox lo llamaba "el esposo de la señora Marta".

El presidente Fox se ocupó de responderles asegurando que en efecto, eran una pareja presidencial.[103] Y yo en un libro que escribí sobre la señora Marta, agregué que no sólo eso, sino que ella era "la mitad más visible".[104]

9

La fundación Vamos México trabajó como una organización unipersonal, en la que todas y cada una de las acciones fueron decididas solamente por la señora Marta, fijando ella las necesidades, prioridades, objetivos, metas, métodos de trabajo y forma de usar los recursos y encima de eso, considerando que era "lo que la sociedad reclama", "lo que la nación necesita", "lo que el país requiere".[105] ¿Cómo lo sabía? ¿con base en qué suponía que había correspondencia entre sus deseos, intereses y proyectos personales con los de los demás? ¿en función de cuáles criterios un día decidía dar bicicletas y otro computadoras, techos para viviendas aquí y un aparato de rayos x allá, una casa a este y una beca a aquel, caricias en un orfanatorio, discursos en un leprosario, rezos en una escuela y propuestas de divorcio en un refugio para mujeres golpeadas? ¿cómo y hacia dónde decidía "canalizar millones de pesos a programas orientados al combate a la pobreza"? ¿o a la educación de los padres? ¿o a la lucha contra el consumo de drogas?

Todo ello generó fuertes críticas, porque como apuntaron muchos expertos, las buenas intenciones no sirven para definir las políticas a seguir, más bien al contrario, lo revuelven y desordenan todo: "Si ella dijera que se propone operar del corazón a un enfermo, todo mundo se le iría encima porque no estudió medicina y por lo tanto no sabe cómo hacerlo y seguramente el paciente se le va a morir, pero cuando dice que se va a meter a resolver la pobreza ¿quién se atreve a decirle que no si es una cosa tan buena, tan libre de toda sospecha?".[106]

Y es que al interesarse por la pobreza o la vejez o la infancia, la señora Fox consideró que adquiría el paraguas moral suficiente para hacer irreprochables sus acciones, cualesquiera que ellas fueran, lo cual por supuesto, no fue así, porque como afirma Linda Gordon, "el supuesto 'mejor interés de alguien' puede ser la peor política".[107] Clara Scherer lo dijo con claridad: "Las acciones mal hechas echan por tierra el trabajo de muchos años y de muchas personas que han estudiado y actuado para enfrentar cada tema".[108]

La educación y la salud, la pobreza y la marginación, la cuestión indígena y la causa de las mujeres son asuntos complejos, que exigen (y tienen atrás) un gran cuerpo de conocimientos y experiencias, de personas involucradas y de caminos recorridos, de intereses y de ideas que no se pueden ni se deben borrar de un plumazo. Pero a la señora Fox esto no le importó. Como escribió alguien: "Se encaramó en la bandera de la apertura hacia la sociedad civil con una especie de refuncionalización del modelo asistencialista y de caridad, echando por tierra el trabajo de muchos años y de muchas personas".[109] Sus decisiones eran fruto de la improvisación y el espontaneismo ("enfermedad infantil de la participación", le llama Hélena Béjar),[110] y como afirmó María Elena Chapa, "sin más claridad programática que los enunciados típicos del lugar común y ni ella misma sabe a qué la arrojará su entusiasmo".[111]

Marta Sahagún de Fox

Las críticas tuvieron también que ver con el uso de los recursos: ¿Quién le dio a ella y cuánto le dio? ¿a quién ella le dio y cuánto? ¿en base a cuáles criterios eligió a quién darle?¿qué condiciones les pone a quienes reciben? Las respuestas a estas preguntas eran misterios, pero lo que era un hecho es que abiertamente favoreció a ciertos grupos a la hora de repartir los donativos. Sara Murúa escribió: "El peligro es que Vamos México se ha convertido en la institucionalización de un proyecto de derecha que se cubre con el manto asistencial", y según Martha Martínez: "Vamos México es el apoyo disfrazado a grupos de la ultraderecha".[112] Decían esto porque los grupos favorecidos eran Cáritas Arquidiócesis de México, Fundación Mexicana para la Planeación Familiar, Centro de Rehabilitación Celaya, Centro de Integración Juvenil de Zamora, Fundación León XIII, Albergue Mazatlán, Casa Don Bosco, Fundación Pro Niños de la Calle, Barrios Unidos en Cristo, Centro de Rehabilitación de Alcoholismo y Drogadicción Dr. Sergio Berumen, Pro ayuda a niños con cáncer Luz de Vida, Escuela de Educación Especial Mariana y otros por el estilo.

Pero esto no era todo. Había poca claridad en el manejo de los dineros, como lo hizo público el prestigiado periódico inglés *Financial Times*, según el cual la mayor parte del dinero se usaba para administración y operación y no para los objetivos prometidos. Sara Silver, la corresponsal en México de ese diario, encontró que de 153 millones de pesos que se recaudaron durante los primeros quince meses de la fundación, sólo 46 —el 30 por ciento— se donaron a instituciones y grupos de beneficencia, además de que no había informes fidedignos y que las cuentas no cuadraban.[113] Estas acusaciones se extenderían a otros organismos como la Lotería Nacional y el fideicomiso Transforma México en los que la señora estaba involucrada.

Estaba también la cuestión de los recursos públicos que Marta Sahagún usaba para su fundación privada: edificios, transportes, servicios, personal.[114] Ella sin embargo, consideraba que tenía derecho a hacerlo, "por ser esposa y como representante del presidente",[115] y por si fuera poco, consideraba que no estaba obligada a dar cuentas. Su responsabilidad, decía, sólo era "con su propia conciencia y con Dios": "El único que me va a pedir cuentas de cuanto haga es el de arriba", "Sólo Dios me juzgará". ¿Quería esto decir, como preguntaba Miguel Ángel Granados Chapa, que ella estaba fuera de las imposiciones y los límites de las leyes y las instituciones, que no había para ella reglas ni restricciones, que usaba la autoridad pero sin las responsabilidades que esta conlleva?[116] ¿quería esto decir, como cuestionaba Soledad Loaeza, que ella estaba por encima de las leyes de los hombres y fuera de nuestro alcance como gobernados y que su único límite era el cielo?[117]

Eso sí, como para ella no había obligación de pedir permisos ni de realizar trámites burocráticos ni de obedecer restricciones, podía hacer lo que nadie más. De allí que cuando en una gira por el estado de Morelos, le pidieron al primer mandatario computadoras para una escuela, su respuesta fue: "Voy a llevarle el recadito a la señora Marta y ella les manda sus computadoras la semana próxima".[118] ¡Con razón Fox pensaba que los programas que hacía su esposa eran "las mejores políticas públicas" y decía que "nosotros como gobierno respaldamos ese esfuerzo"![119]

10

Al empezar el siglo XXI, las telenovelas seguían llenando las tardes de muchas mujeres, la Selección Nacional de Futbol seguía perdiendo los partidos,[120] mientras que quienes ganaban en justas internacionales eran atletas solitarios como Ana Guevara y Fernando Platas, las tiendas seguían estando atascadas de productos chinos y los negocios del empresario Carlos Slim seguían creciendo día con día.

"No se olvide de las madres solteras ya que somos el pilar de una familia y nuestros hijos el futuro de México" le había escrito la señora Adriana Patiño a Vicente Fox durante la campaña.[121] Ella era una de las muchas mujeres jefas de familia que existen en el país, pues de los veintidós millones de hogares, al menos 20 por ciento eran responsabilidad total de las mujeres.[122] ¿Creyó Marta Sahagún que porque el gobierno de su marido creó un Instituto de la Mujer ya se las iba a ayudar? ¿Creyó que porque se empezaron a admitir mujeres en la policía y en el cuerpo de granaderos se había alcanzado la igualdad? ¿Estaba enterada de lo desfavorables que eran para la mujer las leyes relativas a los hijos, las propiedades y los derechos?[123] ¿tuvo idea de las dimensiones de la violencia que se ejerce en el seno de las familias contra la mujer y los hijos? ¿Le indignaron, como a tantos ciudadanos, los asesinatos que se cometían contra mujeres en Ciudad Juárez? ¿Y el comportamiento del gobernador de Puebla Mario Marín hacia la periodista Lydia Cacho cuando ella denunció redes de pederastia y pornografía infantil? ¿Le preocupó que las trabajadoras domésticas no tuvieran ningún derecho ni prestación y estuvieran sometidas a abusos de todo tipo?

¿Le dolió que el PAN perdiera la mayoría en la cámara de diputados en las elecciones intermedias del 2003, sabiendo que eso significó para su marido el fracaso de la reforma fiscal que era su principal sueño como gobernante? ¿Y le dolió que se le echara a ella buena parte de la culpa de eso cuando decidió apoyar públicamente a los candidatos?: "La visita de Martita creo que no ayuda en nada... es una mujer que no ayuda en nada... las encuestas que se levantaban periódicamente no manifestaban una ayuda con la presencia de la señora".[124] ¡Tan obvio fue esto, que dos candidatos a gobernadores de ese partido se negaron a que el presidente y sobre todo su esposa los acompañaran durante su campaña, sosteniendo que eso les haría más mal que bien![125]

¿Qué opinó de que su marido quisiera encontrarse con el Subcomandante Marcos y éste nunca estuviera dispuesto a recibirlo? ¿Se conmovió cuando la Comandanta Esther del Ejército Zapatista de Liberación Nacional habló en la tribuna del Congreso de la Unión y dijo que "por mi voz hablaron millones de indígenas de todo el país"? ¿Estuvo feliz por la amistad que hicieron ella y su marido con Elba Esther Gordillo, la poderosa líder del sindicato de maestros? ¿De veras creyó que sus *Guías de padres* servirían para ayudar a educar a los niños? ¿No se dio cuenta que eran "un paquete de ideas y recetas preestablecidas, llenas de prejuicios y silencios, una ensalada moralista con omisiones significativas" como le dijo Marta Lamas?[126] ¿Se percató de que era absurda su idea de "promover la participación ciudadana"[127] pues a ésta no se le pueden dar las directrices ni señalarle los caminos, las prioridades y los métodos desde el gobierno? ¿Qué le pareció cuando el canciller Jorge Castañeda mandó a tantos escritores para encargarse de las relaciones culturales en las embajadas de México en el mundo?[128] ¿Le gustó tanto la terminal nueva del aeropuerto de la ciudad de México que por eso le encargó al mismo arquitecto la construcción de su Centro Fox en Guanajuato? ¿Se sintió reina cuando la invitaron a cenar los reyes de España o intelectual cuando el presidente invitó a cenar a Alain Touraine y Vázquez Montalbán que habían venido a México para apoyar la marcha zapatista? ¿Se dio cuenta del cambio en nuestro país, porque si en los años cuarenta del siglo veinte llegaban actrices famosas y reyes destronados, en la primera década del siglo XXI los que llegaban eran activistas como los llamados Monos Blancos, José Bové o Danielle Mitterrand que venían para apoyar causas sociales?

¿Qué pensaba de que se compraran seis mil latas de atún y once mil cajas de pañuelos desechables y que se pagaran trece mil pesos por concepto de mayonesa cada mes para la residencia oficial de Los Pinos? ¿Se apenó siquiera tantito de que en su discurso se presentara como la señora que protege a la infancia desamparada pero luego mandara poner en una cena para las primeras damas del continente unos arreglos de flores que costaron más que los alimentos y vacunas que necesita un niño? ¿O que los regalos que llevaban el presidente y ella a sus viajes internacionales para obsequiar a reyes, jefes de Estado, esposas y hasta periodistas costaran varios millones de pesos?[129] ¿Se quedó atorada en cualquier avenida o calle por las muchas marchas y mítines y tomas de carreteras que hubo una y otra vez para protestar por esto o por aquello? ¿Se subió con su auto al segundo piso que mandó construir el jefe de Gobierno de la capital? ¿Conoció a alguien detenido porque el alcoholímetro le marcara que había bebido demasiado como para manejar? ¿Sintió encono hacia los ejidatarios de Atenco que consiguieron echar para atrás la construcción de un nuevo aeropuerto?

¿Qué le pareció la nueva moda de que tantos intelectuales tuvieran espacios en los medios para opinar sobre la política y los políticos? ¿Los escuchaba en la radio o la televisión? ¿Los leía a veces en los periódicos? ¿O prefería como su marido decir que nunca lo hacía y recomendarle a los ciudadanos que ellos tampoco lo hicieran?

¿Sintió como pérdida la muerte del pintor Rodolfo Morales? ¿Y se emocionó de que el pintor Francisco Toledo presentara su primera exposición en diez años, aun si eso fue en Estados Unidos? ¿Vio alguno de los espectáculos del grupo Kalispherion, cuya propuesta traía la actualidad en materia de interdisciplina artística? ¿Le gustó que el Conaculta apoyara la creación de un Centro Mexicano para la Música y las Artes Sonoras en Morelia, Michoacán, poniendo así al país en la vanguardia musical? ¿Llamó alguna vez

Marta Sahagún de Fox y Vicente Fox

a los teléfonos en los que dos canales de televisión hacían noche a noche encuestas sobre asuntos que le importan a la ciudadanía? ¿Tuvo algo que ver en la propuesta de que más de cien obras de arte que se encontraban en Los Pinos volvieran a los museos nacionales? ¿Vio la película *Amores perros* de Alejandro González Iñárritu que ganó montones de premios en el mundo? ¿Le gustó el nuevo disco *Arrasando* de Thalía? ¿o prefirió a Julieta Venegas cantando "Acaríciame"? ¿Conoció la novela de Mario Bellatin en la que construye a su personaje a partir de la nariz? ¿Leyó la novela *Vivir la vida* de Sara Sefchovich que expresa la situación de inseguridad en que se vivía en el país?: "Habíamos avanzado apenas unas cuadras cuando dos jóvenes abordaron el auto. Me taparon la boca y me pusieron una navaja en la garganta. Me arrancaron la bolsa, la argolla matrimonial que apenas hacía unos cuantos días que ocupaba mi dedo y la cadenita de oro con un relicario, regalo de la abuela, que desde que cumplí catorce años colgaba de mi cuello... Durante largo rato dimos vueltas por las calles. Una y otra vez me insultaban y me preguntaban dónde estaba mi tarjeta de crédito y cuál era el número confidencial, pero yo estaba paralizada y no podía contestar".[130]

11

Como he mostrado en este libro, a lo largo de la historia de México las esposas de los gobernantes de México fueron personas de las que no se habló o cuando se lo hizo fue solamente para dar cuenta de su presencia en algún acto oficial y entonces soltar caudas de elogios y adulaciones.

Pero de repente, apareció una figura sobre la que todo mundo tuvo algo que decir y quiso decirlo. Los medios se llenaron de reportajes, artículos de opinión y comentarios sobre Marta Sahagún e incluso, en las mesas familiares y de amigos y en reuniones de todo tipo ella se convirtió en tema infaltable.

Libros completos se le dedicaron a la señora y en todos los que se publicaron sobre el gobierno de Vicente Fox ella ocupó un lugar prominente. Esto fue tan novedoso que vale la pena detenerse.

El más célebre fue sin duda *La jefa. Vida pública y privada de Marta Sahagún*, escrito por la periodista argentina Olga Wornat, que apareció en 2003.[131] "El eje de la historia es la relación entre el presidente Fox y Marta Sahagún, su exvocera, actual esposa y primera dama: cómo se conocieron y dónde y cuándo se originó el romance. Cuenta quién es Marta y quién es Fox y sus historias personales e intimidades en la relación política y amorosa, su ascenso al poder y los primeros tiempos en Los Pinos. Además el papel y la influencia de las hijas de Fox. Y cuenta sobre la exesposa de Fox, los secretos de su divorcio, las infidelidades y acusaciones de impotencia. También habla de las vinculaciones de ella con los Legionarios de Cristo y las relaciones de la exesposa de Fox en el Vaticano para evitar la anulación papal. Analiza por qué Fox decidió romper con la larga tradición de presidentes laicos y se declaró católico. La influencia de Marta en las decisiones del presidente, su transición de vocera a primera dama y el cambio de imagen, su propio proyecto y las reacciones que esto generó en el gobierno, el partido en el poder y en el conjunto de la clase política mexicana".[132]

Resultaba increíble que en una cultura siempre muy cuidadosa con los poderosos, la vida privada tanto del presidente como de su esposa se expusieran hasta en sus detalles más sórdidos, siguiendo el modelo de los medios norteamericanos con los famosos de la farándula. La autora lo justificó afirmando que "la vida privada de las mujeres y los hombres públicos es pública pues en la medida que sepamos más de ella entenderemos por qué actúan como lo hacen y cuál es el último significado de sus decisiones y las actitudes que adoptan".[133]

En el mismo año, Rafael Loret de Mola publicó la novela *Marta*, también muy agresiva contra la señora y contra el presidente Fox. Según una reseña: "El libro detalla el camino de Marta hacia el poder. Detalla la vida diaria y personal de, entre otros, Vicente Fox, Marta, Lilian de la Concha y Manuel Bribiesca". Y agrega: "Fox, impotente ante el amor violento de Marta Sahagún, permite que la primera dama participe de manera manipuladora en los asuntos del presidente hasta confirmarse como figura central con más poder que el presidente."[134]

Para contrarrestar estas miradas, Amparo Espinosa Rugarcía publicó también en ese mismo año *Dulce asalto al poder*, con el subtítulo *Marta Sahagún, popular y polémica primera dama*, en el que afirmaba que los mexicanos no supimos enfrentarnos a lo que Marta Sahagún significaba y representaba para México. Esto era, en opinión de la autora, lo más vanguardista y acorde con los cambios en la situación de la mujer: "Por sus características personales y el entorno sociopolítico actual, le tocó a ella colocar el tema sobre la mesa. El oscuro papel que la tradición le ha adjudicado a nuestras primeras damas no debe extrañarnos, es reflejo fiel de la triste suerte de millares de mexicanas. Este oscuro y marginal papel es anacrónico a la luz del México democrático y del dinamismo de sus mujeres. La actuación de la señora Fox no se da en el vacío ni tampoco está fuera de contexto. Ocurre en un entorno social que ha redefinido de raíz el matrimonio".[135]

La señora Espinosa admiraba a la mujer hiperactiva y capaz de tomar decisiones y que pensaba que era posible cambiar las tendencias sociales desde el poder y en sólo unos años. Era lo mismo que pensaba de sí misma la señora Marta, que sin empacho alguno y como si treinta años de luchas feministas no significaran nada, afirmaba que "hemos contribuido significativamente a la revalorización del papel de la mujer en los diferentes ámbitos" y "a la disminución de las iniquidades [*sic*] de género", y aseguraba que su fundación Vamos México había logrado la disminución de la mortalidad materna e infantil en el país.[136] Por cierto, era lo mismo que pensaba el presidente Fox cuando se atribuyó a él y a su gobierno nada menos que "las reservas más altas de petróleo en la historia del país" y el aumento en la expectativa de vida de las mujeres mexicanas, ¡como si aquello dependiera del gobierno y esto se pudiera lograr en menos de tres años![137]

Un año después y también casi al mismo tiempo, Sara Sefchovich y Guadalupe Loaeza publicaron sendos libros sobre la primera dama. El de Loaeza, *Simplemente Martita*, juega en su título con el de una célebre telenovela de fines de los años sesenta, en el cual la sirvienta se casa con su patrón. Con esta idea, la autora se ríe de la ropa, del modo de hablar, de los desplantes y ambiciones de la señora Marta, haciendo que, como afirma Denise Dresser en el prólogo, la historia sea la misma en la realidad que en el teledrama: "Marta no era nadie y ahora es la mujer más conocida de México. Era una cenicienta y ahora es una princesa".[138]

El mío, que se llamó *Veinte preguntas ciudadanas a la mitad más visible de la pareja presidencial con todo y sus respuestas, también ciudadanas*,[139] fue por otro lado, porque a mí lo que me interesaba era entender lo que la señora Marta significaba simbólica y culturalmente para México, así como abordar los temas centrales del debate político en nuestro país, cuestiones como la legitimidad, la rendición de cuentas, el papel del Estado, la ley, las instituciones, la separación entre lo público y lo privado, la participación ciudadana, la agenda para las mujeres, la justicia social, la educación y el proyecto para el mañana.[140] Según Ciro Gómez Leyva: "Es quizá el libro más inteligente sobre Marta Sahagún. En él no hay interés en la chismería ni la alcoba. Con la sobriedad de los buenos investigadores, la autora recupera dudas, mitos y contradicciones del famoso personaje, a partir del método de las preguntas y respuestas, de las conjeturas y los esbozos de tesis. El resultado es muy satisfactorio: un libro útil. Editado con una prosa sin textos largos, la escritura se fragmenta en diversos planos, en los epígrafes y los títulos de las preguntas, en divisiones y subdivisiones, en las cornisas y notas, lo cual le da economía a las respuestas. Es un libro actual que proporciona información para discernir entre verdades a medias y mentiras completas. Y que trata de comprender, más allá de los lugares comunes, cómo y por qué esa mujer sigue concitando tantas sospechas".[141]

En el 2005 aparecieron tres libros. En *La pareja*, Julio Scherer García relata sus encuentros y desencuentros con Fox y Sahagún y cuenta otras historias, como la relación de Fox con sus mujeres e hijos, con Diego Fernández de Cevallos, con Lino Korrodi y la historia de los Amigos de Fox, la de su examen profesional durante su candidatura, su relación con el PAN y la visita de Juan Pablo II, todo escrito con la óptica periodística y el largo oficio que lo caracterizan y pone de relieve algunos de los abusos de la llamada pareja presidencial.[142]

En *La familia presidencial. El gobierno de cambio bajo sospecha de corrupción*,[143] Areli Quintero y Anabel Hernández hacen "un seguimiento muy profesional, muy puntual de la familia presidencial" y de su sorprendente y rápido enriquecimiento.[144] Las periodistas habían seguido a Vicente Fox desde sus tiempos de gobernador y durante la campaña para presidente, de modo que lo conocían bien y además, sabían cuáles eran sus bienes y propiedades. Por eso, les sorprendió "toda la situación económica que el presidente vive actualmente, de él, de sus hijastros, de sus hijos, de sus hermanos, de los hermanos de la señora Marta Sahagún, es una situación que no tenía, todos estos personajes tienen como ingrediente en común que iniciaron en bancarrota, cuando inicia el sexenio, todos ellos tenían cuentas en el Fobaproa, tenían deudas, tenían una vida bastante precaria y en unos años tienen montones de bienes, como un rancho secreto de la mitad del tamaño del bosque de Chapultepec, arreglado y modernizado y los familiares igual".[145]

En *Crónicas malditas desde un México desolado*,[146] Olga Wornat dice algo similar, pues se refiere a los hijos de la señora Marta y a su rápido enriquecimiento, conseguido gracias a jugosos negocios hechos al amparo del poder de su madre. Según Carlos Tello Díaz, este libro "contribuye a poner a discusión una vez más el tema de la relación de lo público con lo privado".[147]

Por alguna razón este libro fue el que más enojó a la señora Marta, al punto que le metió una demanda "por intromisión en la vida privada y daño moral" a la autora y a la revista *Proceso* que publicó avances del mismo. Las cosas llegaron tan lejos que hubo un careo de cinco horas entre ambas mujeres, algo que nunca había sucedido en el país entre un poderoso y un "civil".

El último año del sexenio, Anabel Hernández volvió a la carga con *Fin de fiesta en Los Pinos*,[148] en el que insistía en el tema del enriquecimiento y la corrupción de la pareja presidencial y de su familia, en base a documentos y testimonios sobre todo lo que se llevaron cuando se fueron de la Residencia Oficial.

El impacto que causaron estos libros fue tal, que la cámara de diputados formó una comisión para indagar el tráfico de influencias y el enriquecimiento ilícito de la familia. Ésta sin embargo, a pesar de que cambió varias veces de miembros y del esfuerzo que hizo uno de los diputados que la presidió, Jesús González Schmal, nunca logró resultados y siempre se topó contra la pared de las complicidades y de los hostigamientos, incluido el de la primera dama que lo responsabilizó "por cualquier daño que pudieran sufrir mis hijos".

Además de los libros escritos por otros, la pareja presidencial escribió sus propios libros sobre sí mismos. Y no uno, sino dos cada quien. Vicente Fox publicó en 1999 *A Los Pinos. Recuento autobiográfico y político* y en 2007 *La revolución de la esperanza.*[149] En el primero, cuenta los preparativos para llegar a la presidencia y en el segundo hace el análisis de los resultados de su sexenio.

Por su parte, cuando aún no era esposa de Fox, pero era la más firme aspirante a serlo (sobre todo si le creemos al consorte que en uno de sus libros mencionados dice que se le declaró en 1999 cuando iban en un avión a Buenos Aires y "desde esa mágica semana hemos sido pareja"), Marta Sahagún publicó una larga entrevista con Sari Bermúdez, que durante el sexenio foxista sería la presidenta del Consejo Nacional para la Cultura y las Artes, con el título de *Marta. La fuerza del espíritu. La historia del nacimiento de un ideal para cambiar una nación.*[150] En él hablaba de sí misma en términos de virtudes y compromisos, con un lenguaje a un tiempo edulcolorado y solemne, edificante y cursi —"beaterías" les llamó el poeta Homero Aridjis—,[151] lleno de lugares comunes y adornado con citas mal hechas y que nunca venían al caso, de pensadores y filósofos —desde el Eclesiastés, Buda y Teresa de Jesús, pasando por Spinoza y Bergson, hasta Kundera, Roosevelt y Krauze— y donde dice cosas como: "Vivir es atreverse a luchar por la justicia en la que crees", "No tengan miedo ante nada, una hermosa joya surge de fundir el oro a fuego ardiente", "El compromiso es una forma de vida sin máscaras que eventualmente se contagia".

A veces sus dichos eran tan rebuscados que resultaban incomprensibles: "La fe entendida en términos menos abstractos —aunque para mí es lo mismo— podía pensarla como la paradoja de Kierkegaard que decía que la hazaña suprema del hombre es atreverse a descubrir aquello que el pensamiento por su experiencia no podía pensar".[152]

El libro es un retrato de cuerpo entero de la señora Fox, totalmente involuntario: por su modo de hablar plagado de siempres y nuncas, por su apelar constante a "los principios" y a "los grandes valores", por sus argumentos voluntaristas e individualistas, por su actitud de positividad, de "todo se puede si de verdad se desea", de "yo puedo", de "cada quien construye su vida como quiere", y "hay que ser felices": "Lo importante en la vida es ser feliz y para ello hay que hacer el bien".[153] En resumidas cuentas, como diría Enrique Alduncin: "El poder de la voluntad y la energía, la autosuficiencia moral, la autodisciplina y el autocontrol, todas las manifestaciones de un individualismo sustentado en la creencia de que el destino personal es el resultado de una transacción privada entre el individuo y Dios mismo".[154]

El segundo libro fue escrito casi al final del sexenio con la colaboración de Amparo Espinosa Rugarcía, su defensora más conspicua y se llamó *Caminando.*[155] Su objetivo, según la señora Sahagún, era aclarar y explicar: "Se ha dicho mucho de mí, verdades y mentiras. Hay quienes me conocen y saben quién soy. Hay también quienes me han inventado. No pretendo dictaminar aquí sobre acontecimientos políticos, tampoco es una autobiografía, sólo quiero contarles algo de mi historia, decirles qué me mueve, por qué lucho, cuáles son mis convicciones y mis sueños, no excluiré mi pasado, es lo que me ha permitido ser lo que soy".

De nuevo, el libro "revela de manera contundente e involuntaria la personalidad de la primera dama", escribió Carlos Tello. Y en efecto, allí está una vez más el elevado concepto de sí misma con el cual relata aspectos de su vida (acompañados de fotografías) y además, recopila lo que considera sus mejores frases: "Lo importante en la vida es ser feliz y para ello hay que hacer el bien", "Amor es servicio", "Generosidad es amor", con las cuales llena una buena mitad del volumen.

Además, están los capítulos que se le dedicaron a la señora Marta en varios libros. Por ejemplo, la mención que le hacen en *Los suspirantes. Los precandidatos de carne y hueso* de Jorge Zepeda Patterson[156] que se refiere a los posibles candidatos a la presidencia para suceder a Fox, o el capítulo "Marta Sahagún & hijos. Los Beverly de Guanajuato", de Rita Varela, incluido en *Los intocables* coordinado por el mismo periodista,[157] o los sendos espacios que le dedican Alejandra Lajous y Jorge Castañeda y Rubén Aguilar Valenzuela en sus libros sobre el sexenio foxista.[158]

Por lo que se refiere a artículos en revistas y periódicos o comentarios en radio y televisión, es imposible citar todos los que hubo. Baste decir que fueron muchísimos, porque no hubo medio de comunicación ni analista que no hablara de ella. Y a cuatro años de que terminó el sexenio,"sigue la marta dando": Andrés Aguayo Mazzucato les dedica libro completo a los Fox, para burlarse afanosamente de ambos personajes.[159]

Además, la señora fue tema de un montón de representaciones: centenares de caricaturas en diarios y revistas, programas de televisión con enorme éxito de audiencia (*La parodia* y *El privilegio de mandar*) y obras de teatro (*Foximiliano y Martota,* título que hacía alusión a ellos como emperadores, misma vena en la que Andrés Manuel López Obrador llamó a Fox "su alteza ciniquísima", en alusión al dictador del siglo XIX Antonio López de Santa Anna que se hacía llamar "su alteza serenísima").

La actriz Raquel Pankowsky se convirtió de plano en el muy exitoso doble de la señora, una imitadora perfecta con su personaje Marta Según en *La marta del Zorro, Martita en vivo, Martita contigo, Lo que el rancho se llevó* y *Ya nos vamos México.*

La avalancha fue tan sorprendente que Guadalupe Loaeza escribió: "Nunca unos personajes tan iletrados habían inspirado tantas letras".[160]

Y cosa curiosa: precisamente ellos, que le pedían a los demás que no leyeran (Fox hasta felicitó a una campesina por analfabeta),[161] ¡escribían libros esperando que a ellos sí les hicieran el honor y más todavía, que les creyeran y hasta los admiraran!

12

Toda esta sobreexposición y todo este ruido dieron por resultado que la señora Marta fuera muy conocida. En las encuestas aparecía como "la figura política más popular del país" con 55 por ciento de opiniones favorables contra 52 por ciento de Andrés Manuel López Obrador, jefe de Gobierno del D.F.[162]

Pero su celebridad tenía dos caras. Por una parte, muchas mujeres admiraron su trayectoria y hasta querían imitarla.[163] Les parecía que la suya era una imagen positiva que afirmaba que la mujer no tenía por qué soportar relaciones insatisfactorias de ningún tipo —ni de trabajo ni conyugales— y que podía cambiarlas: salir de casa, trabajar, divorciarse, volverse a casar y tener una presencia pública sin sufrir escarnio ni perderlo todo, como vimos en un capítulo anterior que en su momento le sucedió a Laura Mantecón de González. Y que afirmaba también que era posible empezar a cualquier edad, ya sea en el trabajo, en la militancia política o en el matrimonio. Marta Sahagún mostró que una mujer de cincuenta años, con hijos y hasta nietos, no estaba acabada ni condenada al ostracismo y la soledad, o como dice Susana Vidales, "que puede hacer algo más que tejer chambritas".[164]

También porque con ella se hizo explícita la importante contribución que hacen las mujeres al patrimonio familiar. En su primer matrimonio, la señora ayudó a levantar la empresa de su esposo hasta convertirla en una importante distribuidora de productos veterinarios del país y en su segundo matrimonio, formó parte integral del proyecto foxista desde sus orígenes y fue tan responsable como el mismo Fox de su éxito. Según Amparo Espinosa, quien mandó a hacer una encuesta para conocer lo que opinaba la ciudadanía sobre la primera dama, a la gente le encantaba que fuera tan dinámica y activa, tan participativa. La veían como alguien que hacía cosas, a diferencia de los políticos y funcionarios inmóviles y temerosos, llenos de ataduras partidistas y políticas.[165] Y en este sentido, Marta Sahagún mostró que las virtudes de la mujer no sólo son la ternura y la comprensión, sino también la ambición y la capacidad de lucha.

Así lo entendieron, y por eso la defendieron a capa y espada, varias panistas dedicadas a la política, entre ellas Margarita Zavala que —entonces no lo sabía aún— la sucedería en el papel de primera dama.[166] Y así me lo hizo saber un grupo de esposas de empresarios a quienes les admiraba "que la señora no sea sólo esposa sino que haya manifestado su voluntad de aprovechar su privilegiada posición para hacer algo a favor del país y de su gente, que tanto lo necesitan". Ellas se propusieron "seguir su ejemplo y participar en labores de tipo social".[167]

En el baño de una cafetería de Coyoacán en la ciudad de México, una pinta con el siguiente diálogo, hecho a lo largo de varios días y por varias manos, expresa bien este sentir: "Viva Marta Sahagún para Presidente", "No seas pendejo", "Claro que sí, es nuestra mejor oportunidad".[168]

Para otros en cambio, resultaron molestos su protagonismo y ambición: "La vemos 70,000 veces al día, en todas partes, hasta en el papel con el que me envuelven las flores que compro en el mercado. Si prendo la televisión allí está. Si oigo el radio allí está. Si hablo con mis amigas allí está. Cansa, harta y aburre", escribió Guadalupe Loaeza.[169]

Y eso no solamente porque su imagen estaba constantemente presente sino por lo que significaba: por estar desempeñando un papel fuera de lo que le correspondía, por crear confusión entre lo público y lo privado, por actuar al margen de la ley. Como escribió Isabel Turrent, la señora Marta pareció olvidar que el presidente era su esposo y no ella, y que el hecho de ser esposa del hombre por el que votaron una mayoría de ciudadanos, no la autorizaba a proceder como lo estaba haciendo pues "no es por ósmosis que se adquieren las facultades, hay mandato constitucional".[170]

Pero ese tema no existía para ella. Lo único que existía era que tenía poder y lo usaba, aunque como dijera Norberto Bobbio, fuera un poder de hecho que es lo contrario de un poder legítimo y un poder arbitrario que es lo contrario de un poder legal.[171]

Soledad Loaeza escribió: "La pregunta que tendríamos que hacernos seriamente y más allá del anecdotario de palacio, es hasta qué punto la persistente intervención de la señora Sahagún de Fox es un problema real o si se trata simplemente de un asunto de la *petite histoire* del sexenio. Desafortunadamente, hay más de una razón para suponer que la señora Sahagún de Fox está creando problemas que van mucho más allá de los dimes y diretes de la corte".[172]

Y en efecto, los problemas estaban allí. Primero, porque debilitaba a la investidura presidencial. En una carta a un periódico así lo planteaba un lector: "¿El presidente no se da cuenta de que su señora esposa en lugar de ayudarlo lo perjudica?"[173] Alfonso Durazo habló del "desmoronamiento de la autoridad moral del presidente" y Denise Dresser afirmó tajante que la señora "le hacía mal a la presidencia de su esposo, que perjudicaba a Vicente Fox".[174]

Éste no es un asunto menor, si consideramos que el jefe del ejecutivo es la pieza más importante del universo político y simbólico mexicano, y "funciona como elemento central" para el ejercicio del poder,[175] de modo que si su imagen se debilita, pierde la autoridad que necesita para gobernar.[176]

También porque afectó a las organizaciones de la sociedad civil, pues quienes daban los donativos preferían canalizarlos a la esposa del presidente, para así tener influencia y recibir protección.[177] Según Juan F. Millán Soberanis: "Se constató que entre 2000 y 2001 las donaciones para las Instituciones de Asistencia Privada (I.A.P.) bajaron casi diez por ciento, casi la misma cantidad que ingresó a Vamos México, y la baja se reitera al cerrar el 2003. Lo que me han dicho algunas instituciones es que algunos donantes, con el argumento de que ya le dieron a la fundación Vamos México, dicen que ya no tienen recursos".[178]

Y porque su comportamiento se contagió entre las esposas de gobernadores, presidentes municipales y funcionarios "hasta el quinto nivel de la administración pública", que como escribió Soledad Loaeza, empezaron a creer que ellas también podían echar a andar sus iniciativas y "poner su vocación al servicio de la Patria". Así lo hizo la de Tabasco que creó su fundación o la de Chiapas que le cambió el nombre al DIF por uno de desarrollo humano, la palabra de moda, o la de Sonora que se sintió también parte de una pareja gobernante, y todo eso, siendo que "un alarmante 60 por ciento carece de preparación o de mérito profesional alguno que avale su derecho a intervenir, vetar, priorizar o aprobar planes y proyectos. Son ñoras cuyo único mérito es ser esposas y cuya única credencial para decidir el destino anual de cientos de millones de pesos es ésa (y que creen que) basta con blandir la varita mágica de 'educación en valores' que es la que siempre sacan a relucir como si fuera la panacea contra la desintegración familiar, drogadicción, abuso sexual y demás lacras".[179]

Y por fin y sobre todo, porque le hacía daño al país, pues la atención sobre la señora Marta quitaba del centro del debate público los temas verdaderamente importantes. Adriana Ortiz escribió: "¿Qué tal si nos ponemos a debatir con la misma intensidad y fuerza durante horas y horas el tema de las muertas de Juárez?".[180] Y lo mismo se podría decir sobre tantos asuntos más: ¿dónde quedaba la discusión sobre la agenda nacional, sobre los problemas tan serios que es necesario resolver, sobre tantos polos olvidados de la atención pública?

Pero de nuevo, ella no parecía darse cuenta. Más bien al contrario: confundió el ruido con popularidad y eso la animó a sentir que podía seguir y seguir. No sólo hizo su propia evaluación positiva de su trabajo: "Se han emprendido acciones de gran impacto social", "Vamos por el camino correcto", "Nuestra labor impacta favorablemente", "Hemos contribuido significativamente", "Es un gran trabajo de aportación, por el bien de México, por el beneficio de mi país, que le sirve a la comunidad y le gusta a la mayoría",[181] sino que incluso supuso que podía ser candidata de la presidencia de la República para suceder a su marido.

Por increíble que parezca, así fue: la señora llegó a creerlo en serio y no nada más ella sino también su esposo el presidente, quien ya en el 2002 dijo que "vería con agrado que una mujer ocupara la presidencia de la República en el 2006".[182]

El lanzamiento de la posible candidatura lo hizo ella misma, en un programa de televisión que se transmitía en cadena nacional: "Tenemos que luchar por la continuidad del proyecto", dijo[183] y lo reiteró en un seminario en la Universidad Iberoamericana, donde afirmó que la sociedad mexicana estaba lista para tener una mujer presidente y agregó: "No sabemos quién es, qué edad tiene, dónde trabaja y cuál es su origen. Probablemente está aquí, en este mismo foro".[184]

Lorenzo Meyer lo calificó como "el descabellado intento de ganar Los Pinos desde Los Pinos",[185] y aunque el secretario de Comunicación del CEN panista afirmó: "No veo por qué hay que hacer especulaciones al respecto", la bolita estaba echada y empezó a crear enormes problemas. Hasta Felipe Calderón, que ya para entonces quería ser el candidato panista a la Presidencia, escribió: "Nadie ignoraba que miembros del gabinete habían tenido reuniones con panistas en torno al tema de la elección del 2006. Por si fuera poco, una de las noticias relevantes de ese fin de semana había sido la de las reuniones de la señora Marta Sahagún con diversos líderes de opinión, mujeres y organizaciones civiles, en las que se habían difundido profusamente encuestas que la ubicaban como la mujer con mayor liderazgo y probabilidades de ser candidata a la Presidencia".[186]

El intento llegó a ser tan serio que Carlos Monsiváis afirmó que quien fuera candidato en el 2006, "tendrá la dicha de contender con doña Marta Sahagún".[187] Y el consejero presidente del Instituto Federal Electoral se vio en la necesidad de insistir "que el Congreso de la Unión legisle sobre las eventuales candidaturas de cónyuges y parientes de gobernantes para ejercer el mismo cargo".[188]

Sus intenciones fueron rápidamente copiadas por algunas esposas que se sintieron con derecho y capacidad para suceder a sus maridos en los cargos. De hecho, hubo varias que lo intentaron, tanto a nivel de gubernaturas en Tlaxcala, Nayarit, Campeche y Colima, como de alcadías en Nuevo León, Querétaro y Guanajuato.[189]

Y fueron también captadas por los ciudadanos. En una encuesta telefónica hecha por un diario de la capital, a la pregunta "¿Cree usted que Marta Sahagún tiene intenciones de ser candidata a la presidencia de México?", 54 por ciento de las personas respondió que sí.[190]

13

El sexenio foxista terminó sin sacar adelante nada de lo que quien lo encabezó le había prometido a los ciudadanos.

La economía no creció el siete por ciento, y ni siquiera la mitad.[191] Parte de ello tuvo que ver con la situación internacional y parte se debió a que se optó por "seguir una estrategia pasiva frente a los acontecimientos económicos del exterior".[192] No llegaron los miles de dólares en inversiones que se suponía vendrían después de que el presidente ofreció al país en charola de plata, y las que sí llegaron fueron en áreas como la automotriz[193] (¡38 marcas diferentes y 400 modelos distintos de autos para un mercado tan reducido!), la informática, los bancos y la hotelería, que no contribuyeron a crear ni a fortalecer una base industrial.[194] Según Enrique Quintana, no hubo creación ni mantenimiento de una planta industrial y el sector manufacturero fue el que peor desempeño tuvo en el conjunto de la actividad económica.[195] Tampoco hubo productividad agrícola pues ese sector, como afirmó Armando Bartra, estaba en una "situación de catástrofe".[196] Ni hubo modernización tecnológica. La economía siguió sustentada sobre bases que la hacían endeble y sobre todo, vulnerable, pues el grueso de los ingresos provenía de manera sustantiva solamente de dos fuentes: una, la venta del petróleo y de productos de bajo valor agregado (las aportaciones directas e indirectas de Pemex constituían más de la tercera parte de los ingresos del gobierno federal[197] y en particular durante ese sexenio alcanzaron cifras altísimas por el aumento en el precio internacional del crudo lo cual permitió obtener 70 mil millones de dólares adicionales),[198] y otra, las remesas de los migrantes que abandonaban el país para ir a trabajar a Estados Unidos y Canadá. Tan sólo en un año, el 2003, esos trabajadores mandaron unos 10 mil millones de dólares, el doble de lo que ingresó por exportaciones agrícolas y un tercio más que los ingresos por turismo. Dos años después, la cifra se había duplicado hasta conformar casi el 3 por ciento del PIB. Según el Banco de México, dichas remesas "aportaron más recursos a la economía que la balanza petrolera y la automotriz".[199]

La pobreza aumentó considerablemente: "Entre 2000 y 2002 en cuatro millones de personas, con lo cual casi 54 por ciento de la población, es decir, más de la mitad, cae en la categoría de pobre".[200] Según un informe del Banco Mundial hecho público en abril de 2004: "La pobreza en México sigue siendo inaceptablemente alta y no se ha podido combatir esa condición que afecta a más de la mitad de los mexicanos".[201]

El millón de empleos que Fox había prometido crear se convirtieron, según cifras del Instituto Nacional de Geografía, Estadística e Informática, en lo contrario: el déficit acumulado del sexenio sumó poco más de cuatro y medio millones. Y de los que sí se crearon, "85 por ciento han sido plazas temporales, lo que significa que van a desaparecer en el corto plazo y que son de muy baja calidad".[202] Lo que sin embargo creció mucho fue el empleo informal. Según Carlos Cárdenas Guzmán: "60 por ciento de los participantes en la economía están en la informal que asciende a 30 por ciento del producto interno bruto".[203]

No se logró ni la paz en Chiapas que según Fox él iba a conseguir en quince minutos, ni que pasara ninguna de las reformas estructurales que quiso hacer el presidente: ni la laboral, ni la educativa, ni la relativa a los pueblos indígenas, ni la energética, ni la migratoria ni la fiscal. Ésta, que "de todas las transformaciones con las que soñó Fox fue la más importante",[204] acabó convertida en una miscelánea impositiva que no resolvió el problema de tener más recursos y en cambio enojó a todos los sectores.

Al final del sexenio, México seguía ocupando "el lugar de honor en un selecto club de países depredados y empobrecidos".[205] ¡Y ni siquiera se pudo construir un aeropuerto nuevo para la capital!

Por supuesto no todo eso fue responsabilidad solamente de Vicente Fox. Sucedió que "un día entramos en un mundo globalizado de competencia y productividad, pero sin haber cambiado nuestro sistema de sindicatos corporativos, sin invertir en infraestructura, investigación y tecnología",[206] sin preparar los cuadros que exige el mercado ni desarrollar una cultura empresarial y un conocimiento vinculado a esa economía[207] y abandonando por completo a aquellos productores mexicanos que en el campo y en la industria no tenían posibilidades de participar de ese nuevo modelo.

Y también un buen día entramos en una democracia en la cual la oposición pudo ganar espacios después de décadas de dominio priísta, pero no se hicieron los ajustes en las instituciones y en las leyes para que se adecuaran a las nuevas realidades y entonces resultó que "el presidente dejó de ejercer control efectivo sobre el congreso, lo que se tradujo en que varias de sus iniciativas fueran rechazadas, algo inusitado en la historia política del país".[208] Como escribió Roger Bartra, los aparatos de mediación tradicionales se rompieron pero sin que hubiera nuevos que permitieran negociar, lo cual redundó en retrasos y parálisis.[209]

Lo que sí pudo hacer el presidente Fox fue abrir la Residencia Oficial de los Pinos a las visitas guiadas, adicionar a su esposa para que por decreto presidencial del 2001 también ella pudiera usar la partida número 3825, destinada a "atuendos, galas y accesorios" y cambiar las órdenes al Estado Mayor Presidencial para que además de ocuparse de la seguridad y logística del presidente, se encargaran de también de las de su cónyuge.

14

Un resumen del modo de gobernar de Vicente Fox tiene que contemplar cuatro aspectos.

El primero: que todo lo que hizo o no hizo, decidió y actuó el presidente fue solamente a partir de dos elementos: las encuestas y la opinión de su esposa. Día tras día, semana tras semana, los resultados de aquéllas eran su guía y su única relación con la ciudadanía. Y día tras día, semana tras semana, era a Marta Sahagún a quien consultaba y escuchaba.

El segundo: que lo que le importó por encima de todo fueron los medios. Se la pasó dando entrevistas, haciendo declaraciones, tomándose fotografías y presentándose en la televisión desde el día de su toma de posesión hasta el día en que acompañó a Felipe Calderón al Congreso de la Unión a la suya. Doce millones de pesos diarios se le autorizaron a la presidencia para publicidad[210] y una cifra cercana a los 1,500 millones se destinaron a los gastos de imagen del presidente.[211] Durante la campaña electoral del 2003 para diputados, el entonces gobernador de Tlaxcala Alfonso Sánchez Anaya, aseguró que se invirtieron 4,800 millones de pesos en publicidad presidencial, "el presupuesto total de un año de la entidad".[212] Y hacia el final del sexenio, cuando se acercaban las elecciones para quien debería sustituirlo, esto se incrementó de manera importante. Tan sólo en los cuatro meses previos a los comicios, "utilizó 1,709 millones de pesos para transmitir casi medio millón de veces sus promocionales de radio y televisión".[213] Como escribió Lorenzo Meyer, fue una presidencia "de marketing, spots y rating".[214]

También la señora Marta estaba obsesionada con los reflectores. Mañana, tarde, moda y noche estaba en los medios. Los invitaba, los buscaba, los provocaba, enviaba boletines a la prensa, radio y televisión, pagaba inserciones y programas, solicitaba entrevistas. Aunque en su discurso afirmara que "mi única recompensa es el deber cumplido" y "no quiero nada a cambio", "de casualidad" siempre había una cámara lista cuando hacía sus obras pías, abrazaba a un leproso, le entregaba un regalo a una viejita o se conmovía y lloraba al ver a un niño pobre o a una mujer golpeada. El periodista Jesús Blancornelas cuenta que durante una visita de la primera dama a Tijuana, los colaboradores le llamaron para decirle que "a la señora le gustaría mucho que usted la entrevistara" y relata cómo una vez allí, la esposa del presidente se cuidó de "ofrecer su mejor ángulo al fotógrafo".[215]

Había un esfuerzo decidido, constante y deliberado por generar reacción, haciendo públicos sus asuntos personales y haciendo personales los asuntos públicos "confundiendo las normas y reglas específicas de una con las de otra".[216] Era tal su afán, que cuando por alguna razón dejaba de generar ruido, la señora se las ingeniaba para inventar algo que la volviera a poner en el centro del debate.[217] Un ejemplo elocuente se dio durante la invasión de Estados Unidos a Irak, cuando lógicamente ella dejó de ser *la* noticia. Entonces, ni tarda ni perezosa grabó un "mensaje de paz" para la televisión que no venía a cuento pero era para que no la olvidaran.

El tercer aspecto, fue el paso de un proyecto que apuntaba a la productividad, la eficiencia, la competitividad y la racionalidad a uno que se sustentaba en la emoción, la religiosidad, los valores morales y las acciones individuales. Esa "contramodernización" como la llamó un estudioso, frenó el paso que llevaba el país y que nos había ofrecido continuar el gerente y empresario Vicente Fox Quesada.

Y el último, que se trató de un sexenio en el cual la tensión fue constante. Por una causa o por la otra, el país estuvo una y otra vez al filo de la navaja. Esto se hizo obvio desde lo más simple hasta lo más complejo. Para empezar, en el grupo de colaboradores del mandatario: "Nunca hubo una concepción político-estratégica sobre la tarea de la transformación del país y del cambio que hubiera dado al gabinete esa función, porque mientras algunos estábamos haciendo el cambio, otros estaban haciendo una reforma administrativa y otros más estaban manejando gerencialmente una empresa. Había grandes celos y nadie quería que uno se metiera con el otro, el equipo que se formó fue muy disímbolo, poco cohesivo y carecía de liderazgo."[218]

Por eso sucedió que unos fueron renunciando y otros fueron renunciados: desde un viejo amigo hasta un antiguo colega de tiempos de la Coca-Cola, desde el creador del grupo Amigos de Fox que reunió el dinero para financiar parte de la campaña hasta el secretario particular y coordinador de Comunicación Social de la Presidencia, quien por cierto culparía de su partida a la señora Marta: "Confundió las consideraciones que recibía por su condición de primera dama con méritos políticos personales [pero] toda su fuerza política personal derivaba de su estado civil".[219] Escribió Jorge Zepeda Patterson: "Fox llegó a Los Pinos rodeado de un círculo de analistas y amigos que constituían un equipo interlocutor de buen nivel. Desde Castañeda y Aguilar Zinser hasta Lino Korrodi o los Carlos [Flores y Rojas] entre otros muchos. Hoy prácticamente no queda uno, salvo Marta".[220]

Las tensiones tuvieron que ver también con los constantes dimes y diretes entre el presidente y el jefe de Gobierno de la capital. Desde el principio del sexenio, cuando Andrés Manuel López Obrador se negó a acatar el horario de verano, hasta el último momento cuando se negó a aceptar los resultados oficiales de la votación del 2006 y bloqueó durante semanas las principales arterias de la ciudad y desde que los panistas pasaron por televisión videos sobre la corrupción de varios perredistas hasta el intento de desafuero contra López Obrador basado en una supuesta violación legal por la apertura de una calle, una y otra vez fueron y vinieron los ataques y hasta los insultos entre ellos, ante los ojos y los oídos atónitos e incrédulos de los ciudadanos.

Estuvo también el pleito con Cuba, provocado por su primer canciller en su afán de cambiar el modelo de relaciones exteriores de México; el distanciamiento con Estados Unidos por la votación mexicana en contra de la Guerra de Irak en el Consejo de Seguridad de Naciones Unidas; la toma del canal 40 de televisión y un montón de protestas, mítines, plantones, marchas y huelgas de campesinos, mineros, maestros, movimientos urbanos populares, deudores de la banca, obreros, colonos, burócratas, vendedores ambulantes, taxistas, microbuseros y grupos de diferentes religiones. Sin duda los dos más complicados fueron el de los ejidatarios de Atenco en el 2002 y el de los maestros y organizaciones sociales de Oaxaca a final del sexenio.

La tensión también fue con el Congreso de la Unión. El cambio que le permitió llegar a Fox al poder, significó también la alteración de otras fuerzas y equilibrios políticos. Como nunca, los diputados y senadores tuvieron poder (también los gobernadores alcanzaron una fuerza semejante a la que tuvieron durante el Maximato al punto que hasta los empezaron a llamar virreyes), mientras que el del ejecutivo disminuyó significativamente. Aquellos defendieron ante todo sus propios intereses y los de su partido y no estuvieron dispuestos a hacer nada que significara entregarle recursos monetarios o políticos a Fox ni permitir que se colgara una medalla.

A ello se aunó la inexperiencia y la incapacidad para negociar, lo que nunca pudo o supo o quiso hacer, ni siquiera con su propio partido. Alejandra Lajous cita a una panista molesta por "la manifiesta falta de coordinación y comunicación entre el ejecutivo federal y la diputación panista".[221]

Y por fin, la alteración que produjo el adelanto de la sucesión presidencial y el hecho de que el ejecutivo se metiera en la pelea.

Pero las tensiones tuvieron que ver también y mucho, con la esposa del presidente: se la acusó de intervenir e interferir en las decisiones políticas, de ser la causante de varias renuncias de colaboradores, de gastar demasiado dinero, de usar los recursos de la presidencia para su fundación privada, de enriquecimiento ilícito de sus hijos y de dislocar la vida política con sus ambiciones presidenciales, las cuales fueron criticadas incluso por el periódico *The New York Times*.[222]

Hacia el final del sexenio, el país estaba al borde de un ataque de nervios como diría el cineasta Pedro Almodóvar. El último informe presidencial ya no lo pudo leer Vicente Fox en la sede del Congreso de la Unión, porque los perredistas tomaron la tribuna y lo impidieron. En lugar de eso, leyó frente a las cámaras de televisión un breve mensaje político en el que paradójicamente empleó treinta y tres veces la palabra democracia en las dos mil que en total tenía su discurso.

Y en ellas, como en todo lo que dijo durante su gobierno, el presidente estuvo instalado en su país imaginario, "Foxilandia" como le llamaron con sorna los críticos, hablando de lo que según él habían sido sus éxitos, de los que una y otra vez durante el sexenio se había jactado: "Estabilidad económica, vivienda, seguro popular de salud, becas educativas y combate contra la pobreza"; "México es un país en el que uno se siente tranquilo, seguro, confiado de que va a ser el mejor del mundo".[223] Según Fox: "Estamos a unos dólares de ubicarnos en la novena posición de la economía mundial, muy cerca del grupo de ocho países que toman las decisiones sobre el futuro de la humanidad". Y según su vocero: "La economía está sólida y mejor que en los últimos veinticinco años, en términos sociales llegamos con resultados muy buenos, excepcionales. Se ha reducido la pobreza extrema. En términos políticos no hay ningún problema excepcional".[224]

Esto no lo veían así muchos ciudadanos. El gobierno foxista en que tantas esperanzas se habían puesto, resultó uno de inmovilidad y falta total de proyecto y de dirección. Germán Dehesa escribió: "Titubeos, debilidades, rectificaciones a las rectificaciones, ingenuidades, inexperiencias, complicidades con el pasado, mediocridades y tonterías disfrazadas de 'estilo de gobierno', viajes sin ton ni son, logros aislados, tartamudeos ideológicos, venias al clero, botas de charol y lo que se acumule".[225]

Una vez más, las esperanzas se truncaban y los resultados no eran lo esperado. Fox "fue un presidente que no pudo llevar adelante su agenda; no se lanzó a perseguir a los peces gordos que anunció; no contuvo a los sindicatos; no disciplinó a su gabinete, ni paró las ambiciones de su mujer. Tomó la decisión del desafuero, abandonó la política exterior, dio rienda suelta a su sentido patrimonialista y a su afán mercadotécnico y no pudo frenar el crecimiento de la inseguridad y la ingobernabilidad", escribió Alejandra Lajous, quien concluye: "El presidente Fox terminaba su sexenio en medio del descrédito y con una sensación de mucho encono".[226] "El sexenio de Fox fue en el que se prometió más y se logró menos", afirmó Carlos Bazdresch.[227]

Cuando los Fox salieron de la Residencia Oficial de Los Pinos, tras de ellos quedaba un país profundamente tenso, alterado y desconfiado. Los niños de la calle con quienes el flamante nuevo presidente había desayunado el día de su toma de posesión, seguían siendo tan pobres como seis años antes y nadie se había acordado de ellos. Los niños que según el himno de la fundación Vamos México pedían comer diario, no tener frío y no vivir en la calle, seguían allí como siempre, porque las acciones de caridad de la primera dama no habían dado resultados visibles y concretos para ellos, ni se había cumplido nada de todo lo que había anunciado y prometido respecto a nutrición, educación, violencia doméstica y consumo de estupefacientes.

Fox "no estuvo a la altura de su responsabilidad histórica y dañó el proceso de consolidación democrática en su etapa inicial. Nunca antes había tenido México una oportunidad tan estupenda para dar forma a un gran consenso democrático, pero la falta de visión y de grandeza tanto del jefe del poder ejecutivo como de su círculo de colaboradores y de la clase política en general la dejó pasar".[228]

El "gobierno del cambio" no había logrado cambiar gran cosa, o como dijo socarronamente un viejo político: "Lo único que cambió durante el sexenio fue el estado civil del presidente",[229] aunque una periodista lo puso más fuerte: "El gobierno del cambio lo único que ha cambiado son las finanzas personales de los protegidos por la pareja presidencial".[230]

Por eso, "la única que estaba feliz, la ciudadana mexicana más encantada, más entusiasta, más realizada, más enamorada, más satisfecha, más colmada, más optimista, más estimulada, más esperanzada, más receptiva, más sincera y más agradecida respecto al gobierno de Fox, era su esposa".[231]

15

¿Cuál es su proyecto de vida cuando termine el mandato?, le preguntó un periodista a la señora Fox, ¿Cómo ve su futuro?

Obligada como estuvo a renunciar públicamente a sus propósitos de seguir en la política, no tuvo más remedio que responder: "Mi proyecto de vida es estar siempre al lado de Vicente Fox —respondió—, marcharnos al rancho y compartir nuestra vida juntos. Allí vamos a seguir trabajando a favor de la gente más necesitada a través de Vamos México, que desde su inicio estuvo pensada para permanecer, para trascender".[232]

Y en efecto, los Fox se fueron a vivir al rancho de su propiedad en San Francisco del Rincón, Guanajuato. Éste no sólo había sido remozado y arreglado sino que había crecido bastante con la compra de otros ranchos y terrenos aledaños.[233]

En julio del 2009 pudieron finalmente casarse por la Iglesia después de muchas dificultades y hasta humillaciones por todo lo que salió a la luz pública sobre ambos, desde la violencia doméstica que tuvo que soportar la señora Marta en su primer matrimonio, hasta lo que dijo el Vaticano sobre "los trastornos de personalidad" de Vicente Fox.

Desde entonces, la pareja se ha dedicado a viajar y a aparecer en las revistas de sociales, a veces el expresidente da alguna conferencia en Estados Unidos y organizan eventos en el llamado Centro Fox, un enorme espacio que se mandaron a construir en los terrenos de la familia, con dinero de donativos que les dieron empresarios a quienes se favoreció durante su gobierno. La obra la construyó uno de sus dos arquitectos favoritos, Francisco Serrano, autor también de la terminal 2 del Aeropuerto Internacional de la Ciudad de México y del enorme y costoso Centro de las Artes de Zamora (el otro era Humberto Artigas, ambos se encargaron de los proyectos que más les importaron a la pareja).

Según su página electrónica, se trata de "un centro de pensamiento y acción" en donde se hace investigación y se imparten cursos para formar líderes, en acuerdo con centros de educación superior y con empresas. Pero es también y ante todo el museo-monumento a la gestión foxista, ese que nadie les habría construido. Tiene una reproducción del despacho presidencial y de la sala de juntas en Los Pinos, con todo y teléfono rojo para escuchar a Fox hablando con personalidades del mundo. Tal vez por eso dicen que es "más que un lugar de ideas, más que un espacio de cultura, más que una manifestación cultural".

16

Dos preguntas debemos hacernos acerca de este tormentoso tiempo mexicano.

Una de ellas es por qué nuestra cultura tiene necesidad periódica de personajes ambiciosos y narcisistas como Marta Sahagún, figuras que se salen tanto de los límites y provocan tanto enojo.

Su manera de comportarse, sus desplantes y declaraciones, su protagonismo, su ambición y sus excesos, la convirtieron en centro de controversias y blanco de críticas, pero sin duda ello respondió a una recurrente necesidad que tenemos como sociedad. Los mexicanos tenemos fascinación por las figuras de alto perfil, autoritarias, paternalistas y populistas pero luego terminamos hartos de ellas y furiosos con su proceder. Y entonces las convertimos en villanos, encantados de tener alguien sobre quien lanzar todas las piedras para cobrarnos la frustración, el resentimiento por las expectativas no cumplidas y los derroches. Sahagún no fue la primera ni será la última.

Pero en su caso, curiosamente esto fue algo que ella misma pidió reiteradas veces cuando decía "que se le exigiera más, que no se le perdonara nada y que su trabajo se viera a través de un lente de aumento".[234] Y fue ella misma quien dijo "bienvenida la crítica".[235]

Y hay que reconocer que aguantó los golpes. Que fueron muchos y muy duros y muy constantes. "Soy una mujer a la que la crítica no dobla, aunque no por ello deja de lastimarla", escribió en su libro *Caminando*. Y nunca se amilanó, siguió adelante haciendo lo suyo. Eso sí, cuando ya se enojaba, actuaba con todo su poder contra aquel que la criticaba.

Quien sin embargo no soportó que la criticaran fue su señor marido, que siempre la defendió a capa y espada, acusando de misóginos y machistas a los hombres y de envidiosas a las mujeres que hablaban sobre la señora. En su opinión: "Todas las mujeres deben ser como la señora Marta, que acompañan al hombre, que hacen sociedad con el hombre", decía el presidente.[236] No entendió o quiso hacer como que no entendía, que el tema no era ése, sino otro: que no se valía invocar la condición de mujer para justificar un espacio en la vida política que no se había ganado. La señora se montó en el caballo de la igualdad de las mujeres pero con el modelo tradicional de obtener el poder por la vía del marido.[237] Y después de un cuarto de siglo de luchas sociales por la equidad y la igualdad, esto no podía ser. Sahagún hizo evidente que lo que cuenta no es sólo conseguir el objetivo sino también el cómo. No se trata de llegar al poder por vías no legítimas (ni democráticas ni meritocráticas) ni de usarlo apoyándose en argumentos "mujeristas" que se sustentan en el esencialismo, victimismo y autocomplacencia.[238]

Y tampoco entendió o quiso hacer como que no entendía, que la crítica iba contra la pretensión de la señora Marta de asumir una representatividad y unos liderazgos político, social y hasta moral que nadie le había dado ni ella se había ganado. Porque ¿acaso tener poder significa automáticamente también tener el liderazgo social y más todavía, el liderazgo moral? ¿En función de cuál trayectoria, militancia, experiencia o conocimientos consideró la señora Marta que podía dar directivas en materia de lucha contra la pobreza y de desarrollo social? ¿O pretendió formar parte de la lucha por las mujeres? ¿O meterse con la educación y con la salud pública? ¿Quién la nombró "representante" de la sociedad civil? ¿Quién le pidió que "tienda puentes y abra puertas" entre los ciudadanos y el gobierno? Y es más, ¿por qué se necesitan puentes e intermediarios entre los ciudadanos y su gobierno elegido democráticamente, que además y en todo caso para eso tiene representantes también elegidos en las urnas?

La otra pregunta que debemos hacernos, es por qué nuestra sociedad una y otra vez pone tantas esperanzas en alguien que no tiene con qué satisfacerlas, como fue el caso de Vicente Fox.

Sin duda en este caso la respuesta puede hallarse en que las ganas de acabar con el predominio priísta eran tan grandes, que no se tomó en cuenta ningún otro aspecto, como eran la poca preparación e inexperiencia del candidato y como el hecho de que sólo cambiar la cabeza no bastaba para que cambiaran "ni los peldaños inferiores, ni las costumbres, ni la manera de ver y hacer las cosas".[239]

De Fox gustó su manera de ser fresca y antisolemne, que hablara con dichos como que "las cosas se sacan adelante echándole ganas y rezando" o que se dirigiera a nosotros en masculino y femenino: "los chiquillos y las chiquillas" (aunque en su afán de incorporar siempre el lado femenino dijera también "los cetáceos y las cetáceas"), o que cuando algo estaba bien dijera que estaba "de pelos" o que ser presidente le hacía sentir "ñáñaras". Pero sobre todo, gustaron sus promesas de cumplirle a los mexicanos el sueño de tener "vocho y changarro" y de que iba "a crear las condiciones para que los ciudadanos tengan la oportunidad de realizarse y ser felices".[240]

No vimos o no quisimos ver que era el mismo que le prometió a los mexicanos que si lo elegían se iniciaría una nueva era para el país, una revolución decía, tan importante como la de la Independencia, la de principios del siglo y —había agregado fatalmente— ¡la de los cristeros![241] No vimos o no quisimos ver que fue el primero en la historia de México que pública y abiertamente insultó a sus contrincantes (mandilón, la vestida) y los calificó de "alimañas, tepocatas y víboras prietas". No vimos o no quisimos ver que era un señor que le chiflaba a su esposa para llamarla, que en uno de los libros que escribió sobre sí mismo tuviera una ortografía tan mala que puso: "nos gustaba ir haber a Olga Breeskin", que decía que en México había ya muchas lavadoras "y no precisamente las de dos patas", que aseguraba que los trabajos que hacían los migrantes mexicanos en Estados Unidos eran "los que ni siquiera los negros quieren hacer", que le dijo a Fidel Castro cuando vino a una cumbre de mandatarios en Monterrey "comes y te vas", que preguntó "¿Y yo por qué?" cuando le pidieron su intervención en el conflicto del Canal 40.

No vimos o no quisimos ver que no respetaba el protocolo y muchas veces hasta la legalidad. Como cuando los ciudadanos nos sorprendimos porque el día de su toma de posesión como presidente de la República que según la Constitución es laica, lo primero que hizo fue ir a la Basílica de Guadalupe y encomendarse públicamente a la virgen (con todo y aplauso de los presentes cuando comulgó)[242] y solamente después fue al congreso a protestar "cumplir y hacer cumplir la Carta Magna". Y esto no sucedió solamente en esa ocasión, sino que durante todo su mandato "profesó de manera muy escandalosa su fe".[243] O como cuando vimos con incredulidad que inició su discurso de toma de posesión saludando primero con un "hola" a sus hijos, nombrándolos uno por uno antes de dirigirse al "Honorable Congreso de la Unión". Y como cada vez que vimos el bochornoso olvido de su posición y prioridades, cuando se ponía a declarar en público su amor por la señora Marta en lugar de referirse a los problemas de la nación. A Joaquín López-Dóriga en el noticiero más visto en todo el país, le dijo que estaba enamorado,[244] en un encuentro con los rotarios en 2005 les dijo: "Hoy hago público mi amor profundo por la señora Marta"[245] y en una conferencia en una universidad, frente a un auditorio repleto de jóvenes, cuando alguien le preguntó por sus objetivos, sin pensarlo dos veces respondió: "Hacer exitoso mi matrimonio con la señora Marta". Y después, como si recordara algo importante, agregó: "Y servir a México y lograr grandes cosas para nuestro querido país".[246]

Como afirmó Andrés Bustamante, era la suya una simpleza que "cae bien pero no me gusta para mi presidente". Y agregó: "No sé bien si sus dichos son la tumba de la solemnidad presidencial, si son puro folclor político o si serán un adelanto de lo que nos espera en los próximos años".[247] Lamentablemente, esto último terminó por ser la triste verdad.

17

Un día de mayo del 2004, el gobernador del estado de Jalisco destapó a Felipe Calderón, entonces secretario de Energía en el gobierno del presidente Fox, como precandidato a la presidencia de la República ¡cuando aún faltaban más de dos años para las elecciones!

Pero a él no pareció molestarle, al contrario, lo aceptó encantado. No pasó lo mismo con su jefe que públicamente lo regañó, olvidándose de que él mismo se había lanzado a su campaña por la presidencia tres años antes de la fecha del relevo. La paja en el ojo ajeno es más grande que la viga en el propio, dice el dicho.

El aspirante era un desconocido para los ciudadanos, tanto, que su nombre no aparecía siquiera en las mediciones sobre popularidad. En una página electrónica creada por jóvenes, donde se preguntaba quién sería el mejor candidato, se ofrecían cuatro respuestas: *a*. Xavier López Chabelo con 6 por ciento, *b*. Pedro Weber Chatanooga con 3 por ciento, *c*. Galilea Montijo con 23 por ciento y *d*. ¿Quién es Calderón?, con 68 por ciento.[248]

Y en efecto ¿quién era Felipe Calderón?

Felipe Calderón Hinojosa nació en Michoacán en 1962, el menor de cinco hijos del matrimonio formado por Luis Calderón Vega y María del Carmen Hinojosa, ambos muy católicos y muy panistas, por lo que los niños estudiaron en escuelas de curas y monjas y desde muy pequeños acompañaron a su padre a mítines, a distribuir propaganda y a pegar carteles.

Felipe siempre estudió con becas, porque la familia no tenía recursos, pero también siempre fue un buen alumno. Cuando llegó el momento de elegir su carrera profesional, no pudo inscribirse en la universidad estatal, porque en ella no aceptaban a egresados de escuelas confesionales y por eso se fue a la ciudad de México, donde la Universidad Nacional ni siquiera le dio la oportunidad de hacer los trámites de inscripción, porque la carrera que quería seguir ya estaba saturada. "Tengo el dudoso honor de haber sido rechazado de dos universidades públicas", diría varios años después.[249]

Terminaría haciendo su licenciatura en la Escuela Libre de Derecho, donde se recibió con mención honorífica y luego una maestría en economía en el Instituto Tecnológico Autónomo de México donde presentó su examen de grado en 2005.

Muy joven entró al PAN, siguiendo los pasos de tres generaciones "herederas de una misma tradición que fue crucial en la construcción de su identidad política":[250] la de su padre, un militante comprometido que participó desde que se formó el partido; la de Manuel Gómez Morin, el fundador del PAN, y la de Carlos Castillo Peraza, el ideólogo de la "filosofía humanista", "el solidarismo" y "el anhelo democrático".[251]

Pronto formó parte de los equipos de colaboradores de dos figuras señeras de ese partido como el propio Castillo Peraza, que se convertiría en su mentor y amigo, y Luis H. Álvarez, quien le encargó reorganizar el sector juvenil, desde donde contribuyó a formar grupos de resistencia civil en los que participó activamente. En algún lugar él mismo ha contado que su primera entrada a la Residencia Oficial de Los Pinos fue en la cajuela de un auto y una vez adentro, salió de su escondite para repartir volantes que se manifestaban en contra de lo que sus correligionarios consideraron en aquel momento un fraude electoral.

En 1988 fue electo diputado a la Asamblea Legislativa del Distrito Federal y en 1991 diputado federal. En 1993 lo nombraron secretario general de su partido y de allí brincó a candidato a gobernador de su estado natal, animado porque unos años antes se había producido el primer triunfo de la oposición en una gubernatura: el de Ernesto Ruffo Appel en Baja California. Pero no ganó, de modo que su carrera continuó al interior del partido. A los treinta y tres años de edad ya era presidente del PAN.

En 1999 abandonó todo y se fue a Estados Unidos, a estudiar un máster en administración pública en la Universidad de Harvard. Fue un año al que califica como "el mejor de mi vida".

A su vuelta, en el 2000, volvió a ser diputado y líder de la bancada de su partido. Con el triunfo de Vicente Fox, fue nombrado para dirigir Banobras, de donde tuvo que salir cuando se hizo público que se había autorizado a sí mismo un préstamo hipotecario. Entonces el presidente lo puso de secretario de Energía.

A este encargo renunció sin embargo, cuando el mandatario lo regañó públicamente por haber aceptado que el gobernador de Jalisco lo destapara como candidato. Esa renuncia, diría después, "fue como saltar de un barco a la mitad de la noche", porque se quedó sin sueldo y sin foro.

Dice la leyenda que cuando era niño y uno de sus maestros le preguntó qué quería ser cuando creciera, él respondió, sin el menor asomo de duda, que presidente de México. Cierta o no esta historia, es un hecho que cuando creció hizo todo lo que pudo para conseguirlo.

Ese "todo lo que pudo" significó primero, dar la lucha al interior de su partido para hacerse de la candidatura, en contra de las de otros personajes mucho más conocidos que él y que contaban con la buena voluntad del presidente de la República. Y significó también que, una vez que lo consiguió, tuvo todavía que dar dos batallas: una por ganar la elección en contra de todos los pronósticos y otra por que se reconociera su triunfo.

Pero cuando por fin lo logró, su esposa dijo: "Yo sabía que esto algún día me iba a pasar, lo supe desde que era su novia, a mí no me sorprende".[252]

19

La campaña para ganar la presidencia de la República, no sólo fue, como lo habían sido siempre en la historia de México, un enorme dispendio y "un maratón de discursos, promesas, salutaciones, mítines, giras, ataques y estrategias",[253] sino que además fue agresiva, llena de enconos, trampas y golpes bajos.

Si Vicente Fox había llevado a la arena política los insultos y descalificaciones al oponente, Calderón fue mucho más lejos hasta deliberadamente armar una campaña negativa (una "guerra sucia" le llamaría el contrincante), basada en el propósito de crear pánico entre la población, al difundir la especie de que los otros candidatos —en particular el que iba como puntero en las encuestas— le podrían hacer un enorme daño al país en caso de resultar electos. La publicidad que afirmaba que Andrés Manuel López Obrador, el abanderado de la Coalición por el Bien de Todos, era un peligro para México o que con él los ciudadanos iban a perder su fuente de trabajo, su casa y todo lo que con tanto esfuerzo habían conseguido, tuvo fuerte impacto.

Menos impacto sin embargo, tuvo su propuesta, que repetía las mismas palabras que los mexicanos habíamos venido oyendo, candidato tras candidato, desde que terminó la Revolución: promesas de crecimiento económico con estabilidad social; de lucha contra la inseguridad y la delincuencia con respeto a la ley y al estado de derecho; de depuración de los sistemas de justicia. También estaban las consabidas ofertas de justicia social, de acceso universal a la salud, de mejor distribución de la riqueza, de lucha contra la pobreza, de reducción de la desigualdad y de generación de empleos. Esta última se convertiría en la principal bandera calderonista cuando sus asesores decidieron endilgarle el lema de "presidente del empleo".

Muchas de las propuestas estaban puestas en el lenguaje del día pero eran lo mismo: si antes se decía "impulsar el desarrollo" y se le acompañaba con la frase "crecer con justicia", ahora se le decía "desarrollo sustentable" y se le acompañaba con las frases "uso eficiente y racional de nuestros recursos" y "elevación de la calidad de vida". Si antes a la lucha contra la corrupción se le llamaba "renovación moral", ahora se le decía "rendición de cuentas" y "transparencia". La novedad fue que echaba por delante las inversiones de capital y dejaba atrás el apoyo al campo, cuando antes se hacía al revés. Y no faltaron las concesiones a la moda: que no a la violencia intrafamiliar, que sí a la equidad de género, que atención a los niños "en situación de calle" como se les llama ahora, que impulso al deporte.[254]

Cuando en julio de 2006 fueron las elecciones, se convirtieron en "el proceso electoral más apretado y polémico de la historia moderna de México".[255] Los resultados fueron prácticamente un empate entre dos de los candidatos y mostraron a un país dividido entre dos proyectos de nación "no sólo distintos sino contrapuestos", como diría López Obrador.[256] Pero también hicieron evidente algo más grave: que a grandes grupos de ciudadanos no parecía importarles siquiera el tema de sus gobernantes pues sólo habían ejercido su derecho de votar poco más de 41 millones de personas y los demás en edad de hacerlo, se habían abstenido.

A la declaratoria oficial del triunfo de Calderón por parte de las autoridades electorales, el candidato perdedor respondió con acusaciones de fraude, exigencia de que se volvieran a contar todos los sufragios "voto por voto, casilla por casilla" y con la instalación de un plantón en el Zócalo y varias importantes avenidas de la ciudad de México, que se mantuvo allí durante cuarenta y ocho días, tiempo en el cual criticó todo: desde al oponente hasta a los empresarios, desde a las autoridades hasta al entramado institucional y apostó a la movilización social para tratar de revertir esa declaratoria. Según Lorenzo Meyer, ello fue posible porque Andrés Manuel López Obrador tenía "una combinación de fuerte voluntad política con una gran habilidad para explotar las constantes situaciones de confrontación con sus adversarios, más una buena dosis de pragmatismo, que le daban gran eficacia política".[257] Y en efecto, según una encuesta, uno de cada tres mexicanos adultos llegó a estar convencido de que hubo fraude.[258]

Cuando de todos modos el Tribunal Electoral del Poder Judicial de la Federación declaró a Felipe Calderón presidente electo por haber obtenido 0.58 por ciento más de votos (esta cifra la da López Obrador, Camarena dice que fue el 0.56 por ciento), los ánimos se caldearon aún más. El ambiente que se vivía era tensísimo, afirmó Ricardo Raphael; era como de guerra, escribí yo, y López Obrador mismo habló del "ánimo encendido de muchos ciudadanos" y de que "la ciudad de México estaba sitiada".[259]

El 20 de noviembre, día en que se conmemora el inicio de la Revolución de 1910, López Obrador se declaró Presidente Legítimo de México, en un acto en el Zócalo de la ciudad de México, ante miles de sus simpatizantes. Lo hizo así porque desde su punto de vista, "nunca he tenido duda: nosotros ganamos la elección presidencial".[260]

Habló entonces de lo que llamaba su "Proyecto Alternativo de Nación", el mismo que había venido reiterando desde hacía varios años, y en el que se oponía al neoliberalismo y planteaba como prioridad el desarrollo con justicia social ("Primero los pobres"), con soberanía, democracia y participación ciudadana en una república laica e incluyente.[261]

No era el primer caso en la historia de México en que había dos personas que se declaraban presidentes al mismo tiempo y ya en este libro he dado cuenta de algunos. ¿Podríamos considerar a Beatriz Gutiérrez Müller segunda esposa de Andrés Manuel —pues en 2003 había enviudado de Rocío Beltrán Medina con quien estuvo casado más de veinte años y tuvo tres vástagos— como la primera dama "legítima"?[262]

Pero el presidente electo, reconocido por las instituciones creadas para ese fin, fue Felipe Calderón. La noche anterior a la fecha en que tenía que asumir el cargo, Vicente Fox le entregó la banda presidencial por intermedio de un cadete del Heroico Colegio Militar, en una extraña e inédita ceremonia celebrada en la Residencia Oficial de Los Pinos. El acto de toma de protesta, que por ley tenía que ser en el Congreso de la Unión, se dio en medio de gritos y empujones, con la tribuna tomada por los panistas y un operativo orquestado por el Estado Mayor Presidencial por el cual Calderón tuvo que entrar al salón de plenos del Palacio Legislativo de San Lázaro por la puerta de atrás y la ceremonia de investidura duró tres minutos. De allí se fue al Auditorio Nacional a donde pronunció su primer mensaje como presidente, refiriéndose a la complejidad del momento político y a la necesidad de iniciar una nueva etapa que pusiera por encima de las diferencias el interés nacional. Hizo un llamado a dejar de lado los enconos y a buscar acuerdos y reconoció "la responsabilidad que me corresponde para resolverlos y reunificar a México".[263]

20

Apenas tomó posesión como presidente de la República, lo primero que hizo Felipe Calderón fue sacar al ejército de los cuarteles y mandarlo a combatir al narco: 27,000 soldados y policías fueron enviados a diversos estados del país destinados a erradicar plantíos de drogas, interceptar cargamentos de narcóticos y aprehender traficantes. También convenció al congreso para que "aumentara 24 por ciento el presupuesto de seguridad. El país empezó a destinar aproximadamente 2,500 millones de dólares al año en el combate al crimen organizado".[264] Imponentes operativos en Michoacán, Nuevo León y Guerrero fueron la señal de que el presidente iba en serio y con toda la fuerza del Estado.

El nuevo mandatario pretendía así entrar con paso fuerte a ejercer un puesto cuya obtención por la vía electoral había sido cuestionada y a mostrar que enfrentaba con decisión y firmeza al que se consideraba el principal problema que ponía en riesgo la seguridad nacional. Pretendía además, conseguir el apoyo de toda la sociedad para un asunto que tenía toda la legitimidad y sobre el cual no había cuestionamiento posible. De allí que hasta la oposición dijera que "no es hora de regatearle al gobierno federal el apoyo que necesita".[265]

Lo siguiente que hizo, fue anunciar sus planes para combatir la pobreza, impulsar la educación, aumentar la cobertura de salud, reducir gastos del gobierno, proveer servicios sociales, generar empleos y garantizar los derechos humanos. Uno tras otro se escucharon los discursos que aseguraban que este gobierno "rebasaría a la izquierda por la izquierda": "El presidente anunció su proyecto de combate eficaz a la marginación";[266] "Se va a emprender una reforma educativa para consolidar la vida democrática del país y construir una nueva etapa de desarrollo con crecimiento económico, bienestar, seguridad y justicia para todas y todos los mexicanos";[267] "Se crea un seguro médico para todos los niños que hayan nacido a partir del primero de diciembre del 2006";[268] "Se van a llevar servicios básicos como agua potable y drenaje del que carece una de cada cuatro familias";[269] "Se va a dar apoyo a las empresas que contraten por primera vez a un trabajador";[270] "El presidente firmó un decreto de austeridad según el cual reduciría 10 por ciento su salario y el de su gabinete y recortaría gastos de operación, representación, servicios personales, telefonía móvil y otros";[271] "Se delinearon los últimos detalles del acuerdo del convenio de colaboración entre el gobierno de México y la Organización de las Naciones Unidas para impulsar el respeto a las garantías básicas".[272]

Además de lo anterior, "inició acciones [que] fueron destensando paulatinamente el ambiente político. Pieza a pieza los poderes institucionales y también los fácticos configuraron la materia de la investidura que antes le hubiesen otorgado las autoridades electorales".[273] Hubo estrategias de acercamiento con grupos diversos y negociaciones de presupuesto, y envió a las instancias correspondientes, propuestas para modernizar el sistema judicial que estuvieron acompañadas por acciones de restructuración de la administración y de las policías. También hizo viajes al extranjero, para tratar de componer la relación que se había lastimado con algunos países durante el sexenio anterior y para conseguir inversiones.

Pronto él mismo y sus colaboradores empezaron a celebrar sus triunfos: "Hemos avanzado en la recuperación de espacios que estaban en manos de la delincuencia organizada";[274] "Los secuestros disminuyeron de 3.02 a 2.4 por ciento, ya sólo [*sic*] hay dos plagios por día"; "Se cumplieron 100 por ciento de 7 compromisos"; "Se desarticularon 53 bandas delictivas";[275] "Tuvimos un excelente año agropecuario, crecimos más que otros sectores de la economía, exportamos lo que nunca, logramos un crecimiento de empleo e inversión, somos uno de los países en el mundo que menor impacto tuvieron a consecuencia de los precios de los alimentos en su canasta básica y en la inflación. El campo va para adelante".[276]

En octubre de 2009, Calderón decretó la desaparición de la Compañía de Luz y Fuerza del Centro, por considerarla una empresa cara e ineficiente y unos meses después, su secretario de Trabajo envió a la fuerza pública a tomar minas propiedad de empresas privadas que estaban paradas desde hacía años por demandas de los trabajadores. Las medidas causaron malestar entre algunos sectores de la población, pero encantaron a los empresarios, pues hacían evidente "un arreglo claro y preciso con los poderes de facto y con los intereses y necesidades de la iniciativa privada y del sector externo".[277]

En julio del 2010, a mitad del sexenio, hubo elecciones en varios estados de la república para elegir gobernadores y otros cargos. Para ese efecto en varios lugares se formaron alianzas incluso entre partidos de tendencias ideológicas divergentes. El PAN y el PRD, que habían peleado a muerte en la elección presidencial, se amigaron para conseguir triunfos, pero el partido de Calderón perdió ocho de las once gubernaturas en juego y fue arrollado en varias elecciones locales, mientras que el PRI mostró una franca recuperación.

A este mandatario le tocó "en suerte" que durante su periodo se cumplieran doscientos años de la Independencia y cien de la Revolución, para lo cual se crearon comisiones y se destinaron cuantiosos recursos a fin de hacer una celebración digna de las efemérides. ¡Hasta se abrió un concurso para diseñar un monumento que acompañará en el Paseo de la Reforma de la capital a la columna que cien años antes había mandado erigir Porfirio Díaz!

21

Felipe Calderón estaba casado con Margarita Esther Zavala Gómez del Campo, quien había nacido en 1967 en la ciudad de México, en el seno de una familia también muy católica. Fue la quinta de los siete hijos de dos abogados, Diego Zavala Pérez, magistrado del Tribunal Superior de Justicia, y Mercedes Gómez del Campo, quien con todo y tener que atender su hogar y a esa cantidad de personas, se las arreglaba para dar clases.

Margarita fue alumna del Instituto Asunción, un colegio de monjas al sur de la capital, el cual, según Guillermo Osorno, contribuyó a forjar su personalidad de "un firme compromiso social y participación en obras de servicio comunitario en colonias populares".[278] Era de nuevo el mismo catolicismo social que había nutrido a su antecesora, y como ella, Zavala también hablaría del "servicio" y "el bien común".

Allí fue después profesora y lo ha seguido siendo hasta el día de hoy —todavía en junio del 2010 me dijo en entrevista que daba clases de derecho en la preparatoria de esa institución dos veces por semana de 7:00 a 8:40 de la mañana—[279] y se la considera una maestra "excelente", según Adriana Malvido.[280]

Muy joven se incorporó al Partido Acción Nacional. Ella misma contó en alguna entrevista, que un día su padre le dijo: "Ya sería bueno que hicieras algo por tu país" y la llevó en un viejo auto a la esquina de Insurgentes y Ángel Urraza, desde donde caminó hasta el edificio del partido y se inscribió.[281] Allí encontraría afinidades ideológicas, de clase, de costumbres, de convicciones y de aspiraciones.

Margarita Zavala de Calderón tenía una carrera política propia que dejó de lado para apoyar la de su marido

Desde su nacimiento, el PAN tuvo una Sección Femenina en la que estuvieron las esposas de los fundadores, convencidas de que "ya no podemos ver pasar a nuestro lado, sin inmutarnos, los acontecimientos políticos que a todos y a todas nos afectan. El país, que es la patria también de las mujeres, ha caminado sin el concurso de nosotras, pero ¿acaso estamos satisfechas de ello?".[282]

No lo estaban y por eso dejaron claro que "la mujer puede y debe ir al campo vastísimo de la acción social y aun al campo propiamente político cuando por política se entiende la implantación de un orden fecundo para el bien común".[283]

Sin embargo, también dejaron muy claro hasta dónde estaban dispuestas a llegar: "No pide el partido a las mujeres de México actitudes fuera de su carácter que lesionaran su feminidad y su natural proceder y situación. Les pide, simplemente, que actúen como madres, como hermanas, como hijas, como novias, como amigas".[284] Por lo visto temían lo que el diputado Aquiles Elorduy consideraba "los peligros que para la virtud de nuestras mujeres puede entrañar una participación activa en la política militante".[285]

Se planteaba pues, desde el principio, una combinación de acción pública y esquema tradicional de las actividades de la mujer. Y se planteaba también una mirada teñida de religiosidad según la cual "La Patria" quedaba convertida en un "Grande Hogar" y "de todos modos el destino de México pende de una mujer: Santa María de Guadalupe".[286]

Esto tuvo por consecuencia que siempre se quedaran detrás de los acontecimientos de cada momento histórico: no estuvieron de acuerdo con las propuestas sobre el sufragio femenino ("Yo os puedo asegurar que el derecho de votar o ser votadas nos tiene sin cuidado"), ni con las de igualdad ("Ni hablar de reivindicaciones ni de absurdas igualdades con los hombres"), se opusieron a fijar porcentajes de género ("Las cuotas son pretextos para cubrir algo que realmente no ha provocado un cambio cultural", afirmó Patricia Espinosa que sería presidenta nada menos que del Instituto Nacional de las Mujeres) y a apoyar reformas relativas a la familia, como las del Código Civil del Distrito Federal, ante las cuales, según dijo Martí Batres "mostraron la mayor resistencia y pusieron los mayores obstáculos".[287]

Zavala perteneció a una nueva generación que trató de cambiar ese modo de pensar. Ella manifestó siempre una postura a favor de la participación, la igualdad y los derechos de las mujeres.

Lo mismo que su esposo, Margarita había hecho sus estudios profesionales en la Escuela Libre de Derecho y siendo aún estudiante empezó a trabajar en el despacho de Miguel Estrada Sámano, un exdirigente panista cuyo padre había sido de los fundadores del PAN.[288] Se recibió en 1990 con una tesis sobre la Comisión Nacional de los Derechos Humanos, tema en el que siguió trabajando y su interés en él la llevó a participar en la Cuarta Reunión Mundial de Naciones Unidas sobre la Mujer, que tuvo lugar en 1995 en Beijing, China, a donde fue enviada como premio por un ensayo que escribió para un concurso y en el que ganó el segundo lugar. Según diría después: "En China descubrí en qué punto se encuentra la agenda de equidad de género y a partir de allí me dedico al tema de mujeres. Comprendí que muchas políticas públicas deberían ir dirigidas a las mujeres, que por eso a lo mejor no le habíamos atinado como mundo".[289]

Cuando tenía diecisiete años, Zavala conoció a Felipe Calderón, cinco años mayor que ella. Fue en un encuentro de jóvenes panistas, de esos que le encantaba organizar a Manuel Clouthier, en el albergue del Ajusco en el Distrito Federal y en el que Calderón dio un curso de capacitación política. Se hicieron amigos y luego se encontraron en campañas, mítines, protestas, consiguiendo recursos y repartiendo propaganda. En una rifa de boletos en la que había sorteo también para los vendedores, Margarita ganó su primer auto.

Seis años después se casaron. Era enero de 1993. La ceremonia civil fue en Morelia, la ciudad natal del marido y la ceremonia religiosa y fiesta fueron en el D.F. una semana después, siendo padrino Luis H. Álvarez.

En su autobiografía *El hijo desobediente*, Felipe Calderón cuenta que eligieron la fecha en función de su militancia partidista, para que no se traslapara con actividades importantes del PAN, porque "la militancia política había sido y seguiría siendo lo que marcaría la vida en común".[290]

Según Miguel Estrada Sámano, Felipe convenció a Margarita de dejar el despacho de consultoría para irse a trabajar de tiempo completo al partido.[291] Allí fungió como directora jurídica del CEN y en 1994 se convirtió en diputada plurinominal en la Asamblea de Representantes del Distrito Federal. El encargo era de tres años y su última etapa coincidió con que su marido fue presidente nacional del partido.

Poco después entró a trabajar al despacho de Carlos Sodi, padre de un compañero suyo en la Escuela Libre de Derecho. Según cuenta ese amigo, se la encontró en una reunión de exalumnos, cuando ella había terminado su participación en la Asamblea y estaba buscando trabajo. "Márgara —le dijo—, a ti siempre te han gustado mucho los asuntos familiares. ¿Por qué no te vienes al despacho?" Abunda Sodi: "Margarita era de esas personas que no tiene ambiciones económicas. Se notaba cuando cotizaba honorarios, era muy medida en todo y si la gente no podía pagarle entonces no cobraba".[292]

Cuando Vicente Fox ganó las elecciones en el 2000, Zavala entró a trabajar en su equipo de transición en el tema de las mujeres y fue impulsora de la creación del Instituto Nacional de las Mujeres que durante el sexenio encabezaría su amiga Patricia Espinosa, ¡la misma que se había opuesto a las cuotas!

Poco después y por nombramiento de Felipe Bravo Mena, pasó a ser secretaria de Promoción Política de la Mujer en el PAN, instancia que se había formado a mediados de los años ochenta pero que estaba completamente abandonada. Ella la ayudó a revivir, convencida como estaba de que "las mujeres somos baluarte en las luchas ciudadanas" y "factor fundamental de cambio en el país".[293]

Le gustaba, para dar fe de eso, hacer cuentas de los cambios en su propio partido pues "hemos participado en la construcción del partido fuerte y vigoroso que hoy tenemos":[294] hace cincuenta años había dos mujeres en el Comité Ejecutivo Nacional del partido, hoy somos el 34 por ciento. En 1966 tuvimos la primera presidenta municipal, hoy tenemos 20. Hace 28 años la primera diputada local, hoy 58. En el 64 la primera diputada federal, hoy 45.[295]

En 2003 fue electa diputada federal plurinominal a la LIX Legislatura. Durante su gestión presentó siete iniciativas de ley, cuatro de ellas en materia de protección a grupos vulnerables, relacionadas con la discriminación laboral contra las mujeres, la protección de los derechos de los niños, los adolescentes y las personas con discapacidad y sobre conductas discriminatorias en el ámbito educativo. Fue subcoordinadora de la comisión de Política Social y consejera

Margarita Zavala de Calderón y su esposo Felipe Calderón

del Instituto Nacional de las Mujeres. Además, participó en la lucha por las cuotas con la cual se logró que por lo menos un 30 por ciento de los espacios políticos fueran para las mujeres. Y se ocupó de otras cuestiones que afectaban a la vida nacional, como las reformas energética, laboral, hacendaria y política. En enero de 2005 incluso habló "de la amenaza del narcotráfico y de la delincuencia organizada". Y es que, como afirmó en un artículo escrito por ella en 2003, "éstos también son temas de las mujeres y para las mujeres".[296]

Cuando Felipe Calderón quiso ser candidato a la presidencia de la República, Margarita le ayudó. No sólo se echó sobre sus espaldas la responsabilidad de mantener el hogar y a la familia cuando él renunció a su cargo de secretario de Estado, sino que llevó a cabo una campaña al interior del partido, para la cual desplegó sus reconocidas dotes de buena negociadora y de excelente operadora política.[297]

Una vez que Calderón resultó electo candidato, Zavala pidió licencia como diputada federal y se dedicó a acompañar a su marido en la campaña, desarrollando un trabajo intenso con las mujeres, yendo por todo el país, reuniéndose con grupos y personas, haciendo propaganda, convenciendo, hablando. Aunque en todas las entrevistas decía que no iba a participar,[298] organizó "el acto de campaña que modificaría dramáticamente el rumbo que la candidatura de su esposo había tenido hasta entonces": se trató de un magno evento en el Auditorio Nacional al que acudieron cerca de 10,000 mujeres y los más importantes dirigentes del partido y con el cual la candidatura "comenzó a despegar".[299]

Por supuesto, allí estuvo en julio del 2006 cuando aún no era claro quién había ganado la elección y en los festejos cuando a su marido se le declaró triunfador, acompañada por sus hijos a los que insistió en hacer partícipes del momento, a pesar de su corta edad.

22

Cuando la familia Calderón llegó a vivir a Los Pinos, la señora Margarita tenía frente a sí varios retos que a muchas mujeres las habrían puesto, por decir lo menos, sumamente nerviosas.

El primero y más obvio, era acompañar a su marido en la presidencia de la República. La tarea se vislumbraba difícil, no sólo por la naturaleza misma de la responsabilidad, para la cual Felipe Calderón no tenía la preparación de algún cargo similar como una gubernatura, sino también por la cuestionada legitimidad de su triunfo, conseguido con apenas unas cuantas centésimas por encima de su adversario, resultado que no sólo era importante por sí mismo sino porque ponía en evidencia a un país dividido, lo cual dificultaba todavía más las cosas para el nuevo mandatario.

Otro reto era el cambio de vida para sus hijos, demasiado pequeños para comprender lo que estaba sucediendo, pero en edad suficiente como para creer que estar rodeado de sirvientes, choferes y guardaespaldas que los atendían y les cumplían sus deseos era algo natural y permanente.

El tercero era ella misma, porque tampoco tenía experiencia para desempeñarse como esposa de gobernante, y en cambio, lo que durante toda su vida adulta había sido su modo de funcionar, que era participar activamente en la política, le estaría vedado. Además, la sombra de su antecesora Marta Sahagún pesaba sobre ella por el pésimo sabor de boca que había dejado en la sociedad mexicana.

Así que allí estaba Margarita, en esos primeros días del último mes del año 2006, en la enorme mansión, rodeada de amplios jardines y de montones de personas, lista para empezar los siguientes seis años de su vida.

Y empezaron muy pronto, cuando de todas partes la comenzaron a llamar y a invitar que para presidir, que para participar, que para hablar, que para inaugurar. Y a todos escuchó, a todas partes acudió, porque si algo tiene Margarita Zavala es que es una mujer disciplinada, que sabe lo que hay que hacer y lo hace, que cumple con lo que se espera que cumpla y a la que además, le gusta participar.

José Manuel Villalpando usa cinco veces la palabra "discreción" para referirse a ella, en las apenas tres páginas que le dedicó en su libro *Batallas por la historia*.[300] Miguel Estrada Sámano usó la misma palabra para referirse a ella en una entrevista que le concedió a Galia García Palafox en la cual llenó de elogios a Margarita: "sencilla, abierta, tranquila, inteligente, prudente, agradable, discreta".[301] Por su parte Bernardo Graue y Katia D'Artigues la calificaron también de "prudente",[302] y de hecho, éste es el término con el que Zavala acostumbra referirse a sí misma.

Sin duda que la razón de este modo de verla fue su actitud: siempre estuvo dispuesta a poner de lado su propia carrera para apoyar la de su marido. Así se lo dijo a la periodista Katia D'Artigues: "Muchas cosas fueron y serán en función de la carrera política de él".[303] Siempre le dio a Calderón todo el crédito en lo que se hacía, así fuera algún tema que ella conocía o sobre el que había trabajado. Siempre se paró atrás o de lado del mandatario y siempre fue a él a quien escuchamos hablar. Y a cualquier pregunta que tuviera que ver con política, inmediatamente la señora contestaba, como lo hizo con un periodista del diario español *El País*: "Eso tendría que responderlo el presidente".[304]

Y además, al menos durante los primeros años del sexenio, que son hasta donde llega este libro por ahora, no dio señas de que el poder le hubiera afectado demasiado. Y eso valió tanto para su trabajo como para su manera de comportarse: no la vimos construyendo proyectos propios de esos que tanto gustan a quienes de repente pueden disponer de cuantos recursos se les antoje para hacer lo que les ocurra, ni imponiendo una agenda propia a los organismos ya existentes, sino más bien acercándose a ellos para unirse a su trabajo.

Por eso algunos, incluida quien esto escribe, consideramos que tenía un perfil demasiado bajo. Pero pronto nos percatamos de que la señora se empezó a dejar ver cada vez más y a aparecer más seguido en los medios de comunicación, inaugurando, presidiendo, haciendo giras, dando conferencias y entrevistas tanto sobre su vida en Los Pinos como sobre su trabajo de primera dama.

Hubo también otros cambios. Uno fue en su manera de arreglarse, que se fue dando "de manera paulatina, suave y prudente".[305] Según una revista, ello se debió a sugerencias de una empresa especializada que fue contratada con ese fin y que cobró bastante dinero.[306] El hecho es que prescindió de ciertos colores y de ciertos modelos de ropa, modernizó su vestuario y el modo de llevar su cabello y empezó a usar un poco de maquillaje. Eso sí, mantuvo el rebozo, a pesar de las recomendaciones de alguna asesora de imagen que le sugirió "guardarlo en el clóset".[307] Lo hizo porque es su prenda favorita y "Lo uso porque cobija y me hace sentirme mexicana", me dijo. Y sin duda lo sabe llevar de mil formas diferentes y siempre con elegancia. Si se comparan las fotografías de sus primeras cenas de gala (por ejemplo con los reyes de España) con otras posteriores (por ejemplo con la reina de Inglaterra), se podrá notar la diferencia y sobre todo la mejoría.[308]

Por lo que se refería a su posición como primera dama, en su periodo por fin se aceptó abiertamente que la cónyuge del primer mandatario dispusiera de una oficina, a la que se llamó de "Apoyo para las Actividades de la Esposa del Presidente de la República". En ella laboraba un buen número de personas, que se encargaban de colaborar con la primera dama en el cumplimiento de sus compromisos y en la comunicación de sus actividades. Según Guadalupe Loaeza, algunas tenían sueldos muy altos, como la encargada de relaciones públicas que cobraba casi ochenta mil pesos al mes.[309]

Además, cuenta con vigilancia por parte del Estado Mayor Presidencial, algo que se había iniciado en tiempos de la señora López Portillo pero no se había hecho oficial hasta que, como ya vimos, el presidente Fox lo puso entre las obligaciones del mismo en 2004. En un nuevo reglamento aprobado en 2010, se hizo también oficial y explícito algo que ya venía sucediendo: que el Estado Mayor debía ocuparse no solamente de la seguridad sino también de la logística y no sólo de las del presidente sino también de las de su familia así como de las instalaciones donde viven y laboran.[310]

Todo esto tuvo por consecuencia que si en el 2009 el presupuesto para la Presidencia de la República fue de 73 millones de pesos, en el 2010 ya pidieran casi el doble, y que se hiciera una inversión en seguridad para Los Pinos de casi 71 millones de pesos.[311] Además, que el Estado Mayor Presidencial gastara 13 millones de pesos en bienes muebles y casi 9 millones para la compra de vehículos, y 7.5 millones de pesos cada tres meses para darle de comer al personal del Estado Mayor Presidencial, de la Coordinación de Transporte, del personal civil y de la guardería de la Residencia Oficial.[312]

23

Desde que empezó el sexenio, la señora Calderón cumplió con las actividades tradicionales características de lo que por usos y costumbres hace la esposa del presidente, que consisten en acompañarlo y en hacer asistencia social con grupos vulnerables.

Margarita Zavala estuvo junto a su marido en eventos de todo tipo,

Margarita Zavala de Calderón

tanto de trabajo como sociales, tanto dentro como fuera del país. También acudió a los que por protocolo le correspondía ir sola, como las reuniones con sus homólogas, por ejemplo la de primeras damas que se llevó a cabo en El Salvador en 2007, en la que estuvieron presentes todas las del continente o la de esposas de los mandatarios estatales que se llevó en forma paralela a la asamblea de la Conferencia Nacional de Gobernadores (Conago) en Puerto Vallarta, Jalisco, también en 2007, o la organización que creó la primera dama norteamericana Laura Bush para combatir el cáncer de mama.[313] Y atendió a las esposas de mandatarios visitantes como Carla Bruni, cónyuge del presidente de Francia, y Michelle Obama, cónyuge del presidente de Estados Unidos.

Por lo que se refiere a la asistencia social, la señora Margarita tuvo claro desde el principio que "no puedo trabajar directamente con el DIF porque es un órgano público y yo no soy funcionaria pública".[314] Tampoco lo eran las esposas de mandatarios anteriores, pero no estaban tan preocupadas por la ley como la abogada Zavala. Dado que ya no existe el patronato de esa institución que en años recientes habían presidido las primeras damas, a la señora Margarita la nombraron presidenta del Consejo Ciudadano Consultivo, un órgano nuevo creado por la Ley de Asistencia Social de 2004, "cuyo presidente lo elige el Secretario de Salud y él me eligió a mí".[315]

Y es que el Sistema Nacional para el Desarrollo Integral de la Familia había dejado de ser "el lugar de las señoras" como tanto tiempo lo había sido, para convertirse en una estructura institucional consolidada que, además, ya no cumplía con las mismas funciones que antes, sino que solamente servía como intermediario con los DIF estatales, principalmente para el reparto de los recursos. Sin embargo, para la sociedad sigue siendo imposible separar a la esposa del presidente de la institución y como dice la señora Zavala "la vinculación de todos modos se hace en el imaginario, se haga o no el trabajo".[316]

Por esa razón, ella decidió usar su posición en el Consejo Consultivo para apoyar a los DIF estatales, que sí siguen desempeñando su labor al mando de las esposas de los gobernadores, para así darle peso a lo que ellas hacen.

Pero además, decidió buscar su propio camino: "Como no soy la electa, no hay papeles a los que esté obligada, más allá de una obligación humana en la que sí creo, de hacer lo mejor posible en el lugar donde te toca", me dijo en junio del 2010. "Yo me informo, escucho y voy decidiendo. He hablado con el sector de participación social para saber qué hacían y por dónde habían venido trabajando y qué esperaban." Y fue así como eligió sus tareas.

Dos han sido los programas a los que la señora Zavala ha dedicado sus esfuerzos: niños migrantes no acompañados y adicciones. Esto no es casualidad, sino una decisión para acompañar las prioridades del gobierno de su marido desde la perspectiva social.

Los niños migrantes no acompañados son aquellos que cruzan solos la frontera entre México y Estados Unidos, para buscar a sus padres o hermanos que ya viven allá. En los casos en que los capturan y dado que inmediatamente los mandan de regreso a México (pues no tienen derecho a permanecer en albergues como sí lo tienen niños y adultos de otras nacionalidades), cuando llegan, como dice la señora Margarita, están "nerviosos y correteados".

En el lado mexicano, desde hace muchos años algunas esposas de gobernadores de los estados fronterizos y varias organizaciones no gubernamentales han montado albergues para recibirlos, en los que se les da comida caliente, atención médica y sicológica, y la posibilidad de llamar por teléfono a sus familiares e incluso, si quieren y pueden, de volver a sus lugares de origen.

La señora Margarita se sumó a ese trabajo: "Lo que yo he hecho no es llegar a imponer decisiones, objetivos y formas de trabajo sino a sumarme a quienes ya lo venían haciendo y apoyar sus esfuerzos aprovechando el lugar en el que estoy. Así por ejemplo, organizamos mesas interinstitucionales con secretarías de Estado —Gobernación, Relaciones Exteriores, los encargados de migración específicamente—, con los DIF de las zonas fronterizas y los de los estados expulsores (hoy se les llama "de origen") y con agencias internacionales como UNICEF. También organizamos foros para discutir y aprender. Yo asisto a ellos y me quedo a escuchar, no sólo voy a inaugurar. Y cada vez que puedo expongo el tema: hablé en Davos y en encuentros en Estados Unidos con la esposa del gobernador de California. Este trabajo no sólo se lleva a cabo en el norte, sino también en el sur del país, para devolver a los niños que cruzan ilegalmente desde Centroamérica, pero sin tratarlos como no queremos

que traten a los nuestros. Para eso capacitamos gente en las estaciones migratorias como Tapachula".[317]

En lo que tiene que ver con las adicciones, "se está haciendo un esfuerzo a nivel nacional e interinstitucional, con el Consejo Nacional contra las Adicciones y con varios programas de la Secretaría de Salud. Se parte de la idea de que así como hay acceso a la droga, tiene que haber también acceso a la información, para que los niños y jóvenes, los padres y maestros sepan cómo responder en estas situaciones y cómo enfrentar el asunto. Se han preparado guías, se han enviado promotores y se ha hecho una intensa labor en ese sentido, dado que ésta es, junto con la inseguridad, la amenaza más seria para las familias".[318]

Además de los dos anteriores, la señora Margarita ha conservado sus viejos intereses y sigue trabajando para ellos. Uno es el tema de las mujeres "que yo lo traía desde antes", y por eso se ha sumado a lo que se hace desde el Instituto Nacional de las Mujeres y desde varias ONG, pero sin pretender encabezar los esfuerzos pues, según dice, "me parece que la esposa del presidente no lo debe hacer".[319]

Otro es el tema de los derechos humanos, específicamente lo que tiene que ver con la rehabilitación de los discapacitados, "no desde la perspectiva de asistencia social sino de la inclusión, es decir, de cómo hacer que tengan acceso al mercado laboral".[320]

Uno más es el tema de la infancia. A mediados del 2010 hizo una fuerte denuncia del trabajo infantil: "La mala noticia son los tres millones de niños y niñas que siguen trabajando, de los que un millón doscientos mil tienen entre cinco y trece años de edad y trabajan con un familiar. No hay duda, sí hay explotación".[321]

Hay además dos papeles que la señora Zavala ha desempeñado y que son originales. Uno ha sido el de convocadora de mujeres de distintos grupos y partidos, con un espíritu de pluralidad y apertura que usualmente no se ve en nuestro ambiente político. Ni siquiera su marido, que había hecho promesa en la campaña de convocar a un gobierno de unidad, pudo o quiso cumplirlo.[322] Y esa actitud permitió que sucedieran cosas increíbles como cuando en una ocasión en que visitó Juchitán "grupos de mujeres identificados con el Partido de la Revolución Democrática arroparon la visita".[323] O que a raíz del viaje de la señora Michelle Obama a México, ella invitara (y respondieran a su invitación) mujeres de todos los medios y de todos los partidos y tendencias políticas, incluyendo a algunas muy críticas del mandato de su marido.[324] En opinión de Patricia Mercado, esto pudo suceder porque "Margarita es una verdadera demócrata".[325] Ella en cambio lo explica así: "Nunca ni el presidente ni yo le hemos tenido miedo a las diferencias de opinión, la visión crítica ha sido fundamental para crecer y desarrollarnos".[326]

El otro papel original que asumió fue el de consoladora, la que se acerca a las madres y esposas de las víctimas de la guerra contra la delincuencia organizada o de los desastres naturales para hablar con ellas, para escucharlas o para resolverles algún problema inmediato. Y esto lo hace simplemente porque quiere "ponerse en los zapatos del otro, entender lo que pasa en el dolor".[327]

La vimos en 2010 acompañar a la madre de dos estudiantes asesinados en Ciudad Juárez y a los padres de unos estudiantes del Tecnológico de Monterrey que murieron en una balacera.[328] La vimos ir de visita a los albergues de Tabasco después de las inundaciones de noviembre de 2007, "para compartir momentos de esparcimiento con niños, madres y adultos mayores; entregar apoyos y ofrecer un mensaje de optimismo a todos aquellos que padecen los estragos de la inundación".[329] La vimos en Nuevo León, después de la devastación que causó el huracán Alex a mediados del 2010, abrazar a una mujer que solicitó llorando su ayuda. "En cuestión de minutos, le entregó una silla de ruedas nueva y también un bastón; ella misma la ayudó a sentarse en la silla y le acomodó los pies."[330] La vimos recorrer en lancha municipios inundados de Veracruz en 2008,[331] recorrer los hospitales públicos de Morelia "para entrevistarse con los heridos y los deudos de quienes perdieron la vida por los atentados ocurridos la noche del lunes 15 de septiembre, en la plaza Melchor Ocampo".[332] La vimos ir a consolar a la esposa y los hijos del candidato del PRI a la gubernatura de Tamaulipas, asesinado días antes de la elección de julio del 2010 y correr a abrazar a la esposa del secretario de Gobernación, Juan Camilo Mouriño, que murió en un accidente de aviación a fines de 2008. La viuda recuerda que abrió la puerta de su casa y se encontró a la primera dama con un casco en la cabeza, porque con tal de pasar rápidamente a través del tráfico, se había bajado de su auto y se había subido a la motocicleta de uno de sus guardaespaldas.[333]

En los casos de desastres naturales, su trabajo ha sido en lo que ella llama "el nivel micro", es decir, el de resolver problemas concretos y sencillos de los cuales las autoridades que tienen a su cargo las grandes políticas públicas "no pueden ni deben ocuparse".[334] Por ejemplo, obsequiar una computadora a una estudiante que la perdió en una inundación, o llevar mochilas y zapatos a una escuela, o hacer una llamada a un hospital para que reciban a algún enfermo.

Sabe que el lugar que ocupa le permite relacionar a personas que quieren ayudar con quienes necesitan la ayuda, sea para dar un producto, un servicio o una capacitación, y recibir donativos para canalizarlos de manera adecuada a proyectos pequeños pero importantes como construir una cancha de basquetbol o adquirir pizarrones. En resumidas cuentas, se trata de hacer cierto tipo de gestiones que por su posición está en condiciones de que resulten fructíferas. A esto ella le llama "solidaridad para el bien común" y lo ha practicado en un constante ir y venir por todo el país, de Tijuana a Chiapas, de Tamaulipas a Oaxaca, de Ciudad Juárez a Tapachula, de Veracruz a Guerrero.

Esto lo perciben los ciudadanos y les gusta. Por eso en una encuesta la señora Margarita apareció como la política más popular de su partido, por encima de su marido, del gabinete y de los líderes del congreso.[335]

Hay asuntos en los que sin embargo, no se involucró. No la vimos asomar cabeza cuando el fuerte conflicto poselectoral paralizó al país en 2006, ni cuando un incendio en una guardería subrogada del Instituto Mexicano del Seguro Social dejó medio centenar de bebés muertos y muchos heridos en 2009. Tampoco la vimos cuando su marido decretó la extinción de la Compañía de Luz y Fuerza del Centro que dejó a más de 40,000 personas sin trabajo y eso con todo y que un grupo de trabajadoras, esposas, madres, hijas y hermanas de los despedidos se lo solicitaron abiertamente en una manifestación frente a la Residencia Oficial de Los Pinos, cantándole con la música de "Martinillo": "Margarita, Margarita / dónde estás, dónde estás / únete a nosotras, únete a nosotras / donde estés, donde estés".[336]

Ella ha dicho que lo hace así para no generar problemas. "Son momentos muy difíciles, hay que dejar que las cosas sucedan con los actores con los que tienen que suceder —me dijo en entrevista—; hay asuntos de prudencia y no se me puede olvidar dónde estoy y cuándo me toca hablar".[337]

Esta prudencia sin embargo, no le ha parecido adecuada a todos y hay quienes quisieran que se comprometiera más abiertamente con ciertos asuntos. En julio del 2010, en la clausura del Décimo Tercer Jamboree Panamericano en el que participaron más de una docena de países, a la hora de la porra, más de mil scouts mexicanos hicieron la suya así: "¿Cómo se grita en Juárez? ¡Todos al suelo! ¿Cómo se grita en Chihuahua? ¡Todos al suelo! ¿Cómo se grita en todo el norte? ¡Todos al suelo!". "La manifestación —dijo un joven— fue porque allá hay mucha inseguridad y violencia y para que la esposa del presidente vea que no estamos tan felices de vivir así en guerra, entre militares e integrantes de organizaciones criminales." Y una muchacha de trece años agregó que "están tristes y cansados de estar encerrados en casa, de que haya balaceras por todos lados y que a cada rato se suspendan las clases por la inseguridad". Sin embargo, la señora no pudo responder a esos reclamos, y sólo acertó a pedirles "que sean solidarios y amistosos en su casa, con la familia y el prójimo, para que sus países alcancen la equidad e igualdad".[338]

Margarita Zavala de Calderón

En cambio, hubo un asunto sobre el cual, aunque polémico en extremo, no pudo dejar de opinar: el aborto. Cuando en 2007 la Suprema Corte de Justicia de la Nación declaró constitucional una norma por la cual se lo despenalizaba en la ciudad de México, la esposa del presidente asumió la misma posición que la Iglesia y los grupos conservadores al considerar que "despenalizar el aborto, es contrario a principios humanos y democráticos. Es el imperio del más fuerte sobre el débil, es negar el futuro, es quitarle retos al Estado y a la sociedad y no respetar al diferente". Y defendió lo que llamaba "el derecho a la vida": "Veo con preocupación que una niña o un niño que tiene 12 semanas en el vientre de la mamá, que tiene corazón, pulmones, cabeza y brazos no se le considere como persona y se le niegue el derecho a vivir".[339]

Esta posición limitó su lucha a favor de las mujeres solamente a las cuestiones de equidad, dejando fuera el otro aspecto esencial de la misma que son los derechos sexuales y reproductivos. En un debate en 2001 con la feminista Marta Lamas, la señora Margarita había escrito: "Las mujeres tienen derecho a ser felices en el ejercicio de su sexualidad",[340] como si el tema fuera la felicidad y no los demás derechos vinculados con dicha sexualidad.

Lo mismo sucedió en su visión de la familia: "La familia es el vínculo más importante del ser humano" y "soy promotora del matrimonio porque me ha ido muy bien", dijo en alguna ocasión,[341] como si su experiencia personal y su concepto de familia fueran válidos y convenientes para todos. Todo eso lo justificó por sus convicciones personales y religiosas que "no me da pena decirlas".[342] Y en efecto no le daba pena. Por eso en 2007 viajó a El Vaticano a la ceremonia de canonización de la religiosa cuya congregación fundó el colegio donde estudió, poniendo a sus convicciones religiosas por encima de su trabajo como esposa del gobernante de un país constitucionalmente laico.

No le dio pena defender a su partido por encima de todo y varias veces apoyó abierta y públicamente a la señora Marta Sahagún cuando tuvo pretensiones de suceder a su marido en la presidencia de la república. En ese momento la señora Zavala afirmó: "Nuestro orden jurídico le da derechos como a todos los mexicanos y entre ellos está el de la libertad de expresión y la libertad de dedicarse a cualquier actividad lícita" y "Es natural que aspire a continuar el proyecto de gobierno de Acción Nacional".[343]

Tampoco le dio pena oponerse a la propuesta de reglamentar las actividades de las primeras damas que hice como ciudadana desde la primera versión de este libro, cuando me percaté del mal uso del poder y los dineros que han hecho algunas, así como de la forma caprichosa con que han manejado las instituciones adaptándolas a sus gustos e intereses, pero sobre todo, cuando varias empezaron a considerarse en serio como candidatas a sustituir a sus maridos en los cargos y entonces hasta los legisladores y el Instituto Federal Electoral se asustaron y hablaron de reglamentar.[344] Pero en opinión de la señora Zavala, esto va "en contra de la defensa de los derechos de las mujeres" y mostrando un supuestamente divertido espíritu de tolerancia que no era sino descalificación de la propuesta agregó: "El derecho a decir barbaridades es universal e inalienable".[345]

A la señora Margarita, como a todas las primeras damas, los políticos, los funcionarios y los poderosos en general, también le acompañaron durante su gestión toda suerte de rumores. Uno de ellos sucedió durante la campaña presidencial y tuvo que ver con uno de sus hermanos, por supuestamente haber recibido contratos de la Secretaría de Energía cuando Felipe Calderón era el secretario.[346] Otros sucedieron ya durante la presidencia y hablaban de compra de terrenos y bienes raíces,[347] de supuestas dificultades en su relación de pareja,[348] o de su intervención en nombramientos y campañas electorales.[349] Esto último llegó a convertirse en tan fuerte rumor, que la señora tuvo que desmentirlo. En diciembre de 2010, cuando la elección de Gustavo Madero como nuevo presidente del Partido Acción Nacional, el suplemento *Enfoque* del periódico *Reforma* publicó una crónica en la que describía el papel que Margarita Zavala había desempeñado en ese proceso (supuestamente mandando mensajes por celular a los consejeros), mismo que ella desmintió en carta al mismo medio en la que aseguraba que "tanto mi esposo, el Presidente de la República, como yo, nos abstuvimos de apoyar públicamente a una candidata o candidato. A todos los estimamos profundamente. Jamás intervine a favor o en contra de miembro alguno del Consejo Nacional".[350] Sin embargo, el periodista Miguel Ángel Granados Chapa le dijo a Silvia Cherem que la señora Zavala sí se metía.[351] Otros lo confirmaron: "Se metía en nombramientos en el gobierno federal y en los estados, en Los Pinos y dentro del partido. Creó grupos de apoyo a sus afines y a sus incondicionales y les cerró la puerta a quienes no compartían sus puntos de vista".[352] Y es que ella, igual que su antecesora, fue una mujer que compartió el proyecto político de su marido y además, también su militancia partidista.

25

Felipe Calderón tomó la decisión, desde que inició su gobierno, de definirlo por la lucha contra el narcotráfico y la delincuencia organizada y esto fue lo que marcó al sexenio. Con todo y los muchos logros (detenciones de capos, recuperación de plazas, aseguramiento de armas y casas, incautación de dinero), el resultado de ese proceder convirtió al territorio nacional en uno asolado por la violencia. Rafael Lemus escribió: "La violencia se ha multiplicado radicalmente. Se sabe que, después de dos décadas de una sistemática tendencia a la baja, la tasa nacional de homicidios se disparó un 50% en 2008 y otro 50% en 2009".[353] Lo mismo afirmó Alejandro Hope quien dio números para mostrar que entre 2007 y 2010 los homicidios intencionales pasaron de 8,900 a 25,500 por año, "un incremento de una magnitud que no tiene precedentes y que es incluso dos veces más rápido que el experimentado por Colombia durante la guerra contra Pablo Escobar".[354] Las actividades del crimen organizado aumentaron en estados ya contaminados y se extendieron a otras entidades[355] y los cárteles "se reorganizan pero cada vez con más violencia".[356] Las cifras de ejecuciones y ajustes de cuentas fueron creciendo de manera constante y aunque este estudioso aseguró después que desde 2011 se observó una disminución en los delitos violentos, concluyó que "no es un resultado que invite a la complacencia. Al día de hoy ocurre un asesinato en México cada 26 minutos en promedio".[357]

Pero no sólo eso. Según Hope, la violencia provocó una cadena, pues "el incremento de homicidios bajó la probabilidad de que cualquier asesinato fuera castigado. Hubo entonces más homicidios. La atención a los homicidios hizo que crecieran los secuestros. Entre homicidios y secuestros no se podía atender la extorsión o el robo de vehículos. El desorden engendró desorden". Otros estudiosos estuvieron de acuerdo con él. Para Eduardo Guerrero: "El aumento de la incidencia de delitos del fuero común se ha observado de forma relativamente generalizada en estados en los que los grandes cárteles tenían presencia".[358]

La inseguridad se convirtió pues, en el principal problema nacional y terminaría por ser el legado más significativo del gobierno de Felipe Calderón: que todos los días se secuestrara y asesinara, por igual a civiles que a policías, a niños que a adultos, a mujeres que a hombres, que hubiera desmoralización en la población, enojo y miedo, desconfianza y caída en la credibilidad del gobierno, de las policías y de los tribunales.[359]

El ejemplo más patente de esto fue que corrían de boca en boca diferentes números de asesinados y desaparecidos. Según el gobierno, la cifra hacia fines del sexenio andaba en torno a los 50 mil,[360] pero los activistas afirmaban que "los muertos, desaparecidos y desplazados son muchos más de los que el gobierno reconoce" y manejaban números que iban de los 60 a los 90 mil muertos, 20 mil desaparecidos y 250 mil desplazados.[361] El secretario de Defensa de Estados Unidos llegó a decir que eran 150 mil, atribuyéndole la información al propio gobierno mexicano[362] y el alcalde de un municipio de Nuevo León habló de 250 mil.[363]

Hubo también otros problemas. "El crecimiento en México en los últimos 20 años es decepcionante", afirmó la OCDE[364] y según Luis Petersen Farah: "Mientras otros países latinoamericanos empezaron a correr, la economía mexicana resultó ser aún demasiado lenta".[365] Antonio Gazol escribió que "la tasa de crecimiento entre 2006 y 2011 fue de 2.1, más baja que en el sexenio anterior".[366]

A Calderón le tocaron crisis económicas muy serias: la del 2009 en Estados Unidos y la recesión posterior a ella, que se prolongó por varios años, así como la europea en el 2011-12; la disminución de las remesas de quienes se iban a trabajar a Estados Unidos, precisamente porque la crisis económica afectó su contratación y porque las medidas antiinmigrante se incrementaron en ese país; el fin largamente anunciado de la prosperidad de Pemex, la decadencia de instituciones que habían sido parte de la columna vertebral del sistema político (como el IMSS); un montón de desastres naturales de dimensiones pocas veces vistas, que fueron desde una epidemia de influenza que hizo estragos y obligó a las autoridades a parar el funcionamiento de la capital, hasta ciclones y huracanes por igual en Tabasco y Veracruz al sur que en Nuevo León, Tamaulipas y Coahuila al norte, que costaron vidas, destruyeron infraestructura y producción y generaron enormes pérdidas económicas.[367] Y al mismo tiempo, la peor sequía en años en el norte del territorio, con miles de animales muertos y cosechas perdidas y hasta hambre, como sucedió en la Tarahumara. No faltaron los incendios que devastaron zonas enteras: tan sólo en Coahuila el fuego arrasó 250 mil hectáreas.[368]

La quiebra de Mexicana de Aviación y la liquidación de la Compañía de Luz y Fuerza del Centro dejaron sin empleo a miles de personas y afectaron a millones de usuarios. Los feminicidios y asesinatos continuaron en varias zonas del país, especialmente en el norte, pero Ciudad Juárez se convirtió en símbolo de la incapacidad gubernamental para enfrentar este problema. Y una tragedia que conmovió a la sociedad: el incendio de la guardería ABC en Sonora, en el que fallecieron medio centenar de niños entre cinco meses y cinco años de edad y más de setenta quedaron heridos.[369]

De modo que lo que se propuso Felipe Calderón de "rebasar por la izquierda" a la izquierda, simplemente no pudo ser. La creación de empleos, la infraestructura, la disminución de la pobreza no se lograron como se había prometido: "El gobierno carece de los márgenes mínimos para ofrecer algo sustancial a los excluidos", escribió Jorge Zepeda Patterson.[370] La conclusión, según Ciro Gómez Leyva era brutal: "Pobreza-seguridad-empleo eran el eje de la oferta de su gobierno. No se necesita mayor ciencia para diagnosticar el tamaño de su fracaso. El saldo es demoledor".[371]

Tampoco pudo lograr cambios en la educación, porque ella seguía en manos de la eterna y muy poderosa lideresa sindical Elba Esther Gordillo, a la que nadie se atrevía a tocar a riesgo de desestabilizar su gobierno y que no estaba dispuesta a modificar un ápice en este terreno. No pudo o no quiso hacer nada contra la corrupción y tampoco para controlar a los empresarios, que pasaron de ser interlocutores del gobierno a irrumpir en la política y en la administración pública y a decidir las políticas:[372] "Al presidente no le ha quedado más remedio -afirmó Ricardo Raphael- que hacer una compleja relojería de pactos y acuerdos desde el frente del capital, que han mantenido protegidos los privilegios de los principales capitales de este país".[373]

Y sin embargo, según Felipe Calderón eso no era cierto, eran percepciones equivocadas de los ciudadanos. Una y otra vez recurrió al discurso de que "vamos por buen camino",[374] sostenido sobre cifras y anuncios triunfalistas y se enojó cuando los ciudadanos no le creyeron: "Los mexicanos juzgamos a nuestro país con la mayor severidad que podemos, incluso por encima de la severidad respecto de otros temas", dijo,[375] y agregó: "Hablar mal del país para muchos es un esfuerzo cotidiano".[376]

Como en su opinión esto "no se vale", a los funcionarios y representantes diplomáticos les ordenó "hablar bien de México" y "enfocarse en promocionar al país con las buenas noticias":[377] "Hablar bien de México es algo que yo les agradezco y se los pido y se los instruyo", dijo.[378] Lo mismo le pidió

Margarita Zavala de Calderón

a empresarios y banqueros para que transmitieran "una visión positiva sobre la recuperación".[379] Hacer esto, dijo, era en el "interés superior de la nación"[380] porque "La Patria es primero".[381]

Fue así como por obra y gracia del discurso, se pretendió que diéramos el brinco del país violento, inseguro y desigual al país que nos hubiera gustado ser, todo ello con un argumento emocional parecido al de "México, creo en ti", el poema de Ricardo López Méndez que habla de "la plegaria que yo aprendí para llamarte Patria".[382]

Pero una cosa era decirlo y otra que fuera cierto. Y no lo era. Allí estaba la terca realidad que los Calderón querían esconder. Pero ellos lo sabían y quizá por eso se atrincheraron en la Residencia Oficial de Los Pinos, y allí hacían todos los actos oficiales y todos los eventos, con invitados muy controlados y mucha vigilancia del Estado Mayor. Y si tenían que salir a algo –una inauguración por ejemplo- también iban fuertemente resguardados y la concurrencia era cuidadosamente seleccionada. Por eso cuando una revista de sociales dijo que la señora Margarita fue una primera dama "que supo ganarse el corazón de México",[383] muchos nos sorprendimos pues ¿a cuál México se refería?, ¿el corazón de quién se ganó si pocos tuvieron algo que ver con ella o recibieron el beneficio de sus acciones?

26

Margarita Zavala tuvo y repitió tres discursos: uno fue el que defendía a su marido como hombre honesto, "con valor, valentía y talento", con

gran sensibilidad social y gran pasión por México, el que puso al país "en el rumbo acertado".[384] Otro, fue el que manifestó su disgusto porque la llamaran primera dama, y el tercero fue el de su propio amor a México y su insistencia en ayudar: "Lo eligen a él y no a mí, pero yo puedo apoyar y desarrollar una vocación de servicio en un ámbito que no es de gobierno pero es de una gran responsabilidad", dijo en una entrevista, y en otra: "Lo que más me gusta de estar aquí es la posibilidad de tener contacto con la gente y de apoyar programas que le hacen bien a los demás".[385]

Ninguno de estos discursos era original, más bien al contrario, eran los mismos de absolutamente todas sus antecesoras. No hay una consorte en la historia contemporánea de México que no haya dicho que su marido es lo mejor para el país, que es inteligente, sensible y lo que más desea es servir a la patria. A la mayoría tampoco le ha gustado que la llamen primera dama. La señora Cárdenas decía que todas las mujeres eran primeras damas de su hogar, la señora Echeverría prefería llamarse "compañera" y la señora Fox afirmaba que no había damas de segunda. Y por lo que se refiere a su quehacer, todas han hablado de que es necesario apoyar a los pobres y desvalidos y todas se han involucrado en mayor o menor grado en las actividades relacionadas con ello, siempre con el argumento de su propio deseo de ayudar.

Como primera dama, la señora Margarita cumplió escrupulosamente con el papel tradicional y esperado de acompañante de su marido, en actos oficiales, protocolarios y sociales en México y en el extranjero, y a diferencia de su antecesora, nunca perdió de vista que ella no había sido electa y que por lo tanto tenía que acotar sus actividades, su uso de los recursos y su uso del micrófono.

Y lo hizo bien. Tanto, que hasta pareció encarnar ese imposible que Georges Duby consideraba "una conducta ejemplar" para las esposas de los gobernantes. Y es que cumplió con todo lo que se esperaba de ella, aun cuando muchas veces eran peticiones contradictorias: ser discreta pero al mismo tiempo que cuando se le pide que hable sepa hacerlo; aparecer en público cuando se la requiera pero mantenerse siempre en un prudente segundo plano; cumplir con sus obligaciones pero no destacar en su esfuerzo; estar siempre bien presentada ("hizo de los vestidos y los trajes de dos piezas con falda, en tonos suaves o neutros, sus mejores aliados" dijo de ella una revista),[386] pero no exagerar comprando ropa cara o llamativa pero tampoco barata y sin chiste. Y lo hizo con buen ánimo, sentido del humor y una sonrisa en los labios.

No todo mundo sin embargo apreció su actuación. En términos de su trabajo como primera dama, la directora del DIF estatal de Veracruz dijo: "A tres días de que la presidenta del DIF Nacional, Margarita Zavala de Calderón, visitó la zona sur de Veracruz, y aun cuando aseguró que enviarían apoyos para los miles de damnificados, la instancia federal no ha enviado nada. A nosotros el DIF Federal no nos ha aportado absolutamente nada, yo se lo comenté a la señora Margarita Zavala, y bueno, dijo que haría una convocatoria para mandar apoyos, pero ayuda de ellos absolutamente nada".[387]

Y es que, como ya dije, el Sistema Nacional para el Desarrollo Integral de la Familia, la institución que había sido el orgullo del asistencialismo mexicano durante medio siglo, siguió siendo el cascarón vacío en que la convirtieron los gobiernos neoliberales desde los años ochenta.[388] El abandono fue tan grave, que un grupo de trabajadores incluso acusó a la directora general de haber cerrado la Casa Hogar para Varones y de subutilizar la Casa Hogar para Niñas[389] que eran consideradas "modelos" en su género. Y fue tan grave que los padres de familia se quejaron amargamente de los desayunos escolares, una de las más sólidas tradiciones de la institución: "Quiero manifestar mi inconformidad porque los desayunos escolares llegan en mal estado, los entregan el día que quieren, no voy a esperar que uno de mis hijos o algún niño de México se enfermen por una negligencia del DIF".[390]

Sin embargo, la señora Margarita no pareció afectada por esas quejas y no se metió a tratar de atenderlas. Tampoco con otras que tenían que ver con la materia supuesta de su quehacer. Un ejemplo fue el Centro de Readaptación para Niñas Infractoras en Coyoacán, que de plano desapareció a pesar de que se le pidió ayuda para evitarlo.[391]

Pero no sólo eso: algunos críticos la acusaron de que ni siquiera hizo gran cosa en lo que ella misma consideró (y anunció) como su trabajo principal: la lucha contra las adicciones en niños y jóvenes y la ayuda a los niños migrantes no acompañados que los vecinos del norte devuelven a México.

Para dar fe de lo primero, remito al lector a dos correos electrónicos que recibí: "Trabajo en el tema de las adicciones desde hace más de 20 años de manera voluntaria. En México desde hace muchos años, mas de 200 instituciones o asociaciones vigiladas por CONADIC vienen trabajando día a día con mucha dedicación en el tema de las drogas. Al inicio del sexenio la señora Zavala reunió a la mayoría de las instituciones para tener mesas redondas y empaparse ella más del tema porque comentó que era el que le interesaba para este sexenio. Pero hasta la fecha no se ha logrado un Programa Nacional de Adicciones, no obstante que en el 2007 se elaboró una encuesta nacional que por primera vez abarcó todas las entidades federativas y se detectó que el problema ha crecido geométricamente. Cuando obtuvo 205 millones de dólares del aseguramiento del señor Chen Li Ye Gon, los gastó en construir centros llamados Nueva Vida,[392] pero ningún centro funciona adecuadamente, porque no hay suficientes terapeutas, no se previó la necesidad de contar con especialistas. Entonces la UNAM con la ayuda de la Facultad de Psicología y patrocinado totalmente por la fundación Gonzalo Río Arronte inició la capacitación de terapeutas en todo el país, para que puedan hacerse cargo de estos centros. El curso inició hace un mes y la señora Zavala quería inaugurarlo esta semana, sin que obviamente ella hubiera hecho absolutamente nada. Yo pienso que cada persona hace lo mejor que puede, dentro de sus posibilidades y así lo ha hecho seguramente la señora Zavala, pero creo que cada vez que puede trata de 'montarse' en el trabajo de los demás porque es obvio que tiene todavía muchas ambiciones políticas. Además, la Señora Zavala comentó en un Foro Binacional, que en México es la primera vez que se trabaja en prevención, cuando más de treinta instituciones serias han trabajado en ella desde hace muchos años, porque todos sabemos que la prevención es la mejor opción desde todos los puntos de vista. Si realmente quisieran prevenir, deberían hacer un programa que se impartiera en las primarias, secundarias y preparatorias como se le ha sugerido por muchas instituciones. Este sería el verdadero inicio de la contracultura de las adicciones. Pero la señora Zavala no ha trabajado a profundidad en el tema de las adicciones más allá de los medios, y lo que existe es gracias a las diferentes organizaciones sociales. El problema está a la espera de una auténtica prevención y muy sobrado de demagogia".[393]

Más claro ni el agua.

Algo similar sucedió respecto al segundo tema: el DIF afirmó haber atendido durante el sexenio a 100,000 niños, cifra minúscula para el país de que se trata, ¡el número ocupa menos caracteres que el pomposo nombre que le pusieron!: Estrategia de Prevención y Atención a niñas, niños y adolescentes migrantes y repatriados no acompañados. Como dijo alguien, se trata de planes hechos en los escritorios de los burócratas, que poco o nada tienen que ver con la realidad:[394] "La atención integral a los menores migrantes no acompañados continúa como un plan operado a criterio de cada dependencia porque aún no se publica el reglamento de la Ley de Migración que reconoce el interés superior por esos niños. Son ya diez meses de atraso del dicho documento que dicta a las autoridades sus obligaciones ante este fenómeno en crecimiento. La organización no gubernamental Sin Fronteras ha alertado del problema, de las omisiones y acciones violatorias de los derechos humanos por parte del gobierno de México".[395]

Un balance del trabajo de la señora Zavala permite además observar que conforme avanzaba el sexenio, le sucedió como a todas las esposas cuando conocen las mieles del poder: que por una parte sus objetivos fueron creciendo y pronto incluyeron unos enormes e imposibles como eran la atención a víctimas del delito a nivel nacional, la atención a la población femenina en general y dar impulso a campañas para promover la cultura de la legalidad,[396] todos ellos más discursivos que reales; y también, como tantas primeras damas antes que ella, cuando se percató de que no sabía, no quería o no podía realmente resolver los problemas, se dedicó a promover eso que se llama "el fortalecimiento de los valores". En conferencias con público acarreado de las instituciones, empezó a hablar de "la felicidad". En la presentación de un programa de televisión que pretendía enseñar a los niños la igualdad y tolerancia dijo: "Esta serie nos hará más felices porque nos hace mejores personas, porque aprendemos a aceptar a los demás".[397]

En eso terminaron tan magníficos planes de la única mujer que en nuestra historia había sido primera dama con una carrera política propia y con decisiva influencia en su marido y en el partido gobernante. El trabajo social serio había sido abandonado y el suyo fue el mismo fracaso que el de todas las anteriores primeras damas.

Eso sí, como legado quedará su defensa de los valores conservadores, que la llevó a intervenir dos veces en un asunto crucial de la vida nacional: la primera, ya lo dijimos, en 2007, cuando la Suprema Corte de Justicia de la Nación declaró constitucional una norma por la cual se despenalizó el aborto en la ciudad de México a lo que abiertamente se opuso. La segunda, cuatro años después, cuando el supremo tribunal de justicia debatió sobre la inconstitucionalidad o no de dos legislaciones estatales que se oponían a la despenalización del aborto y la señora no sólo reiteró su misma postura sino que hasta presionó para conseguir fallos en el sentido deseado.

27

Vicente Fox y Marta Sahagún nos habían acostumbrado a estar pendientes de ellos, para ver qué se les iba a ocurrir cada día y darnos con eso tema de conversación, de risa y de enojo. En comparación con ellos Felipe Calderón y Margarita Zavala parecían de lo más aburridos.

Pero eso no fue del todo cierto. Sabemos que les gustaba reunirse con sus parientes y amigos[398] o invitar a algunos de sus artistas favoritos a pasar un buen par de horas tomando tequila y cantando.[399]

Ella, con todo y que afirmaba que no le gustaba desvelarse, se escapaba de cuando en cuando a comer o cenar en casa de alguna amiga o a algún espectáculo como el de Mijares en el Auditorio Nacional, el de Rolando Villazón en el Palacio de Bellas Artes o el Festival de cine de Morelia.[400]

¿Qué opinión tuvo del programa de televisión *Discutamos México*, que se transmitió durante todo el año 2010 como parte de las celebraciones por los centenarios y que según el presidente Calderón era su favorito?[401] ¿Y de la llamada *Iniciativa México* impulsada por los medios de comunicación para apoyar proyectos que mostraran que en este país no solamente hay delincuencia? ¿Compró algo en alguna de las tiendas llamadas "de conveniencia" como Oxxo, 7eleven, K, extra, de las que se abrieron miles por todas partes? ¿Le gustaban los pisos laminados y las ventanas de aluminio que se pusieron de moda? ¿Usó el gel de manos que todo mundo adquirió cuando hubo una epidemia de influenza?

¿Qué sintió cuando secuestraron a Diego Fernández de Cevallos? ¿Y cuando unos jóvenes en Nayarit torturaron hasta la muerte a un pobre perro callejero y orgullosos de su hazaña subieron el video a YouTube, provocando tal indignación social que se organizó una manifestación pidiendo leyes para proteger a los animales? ¿Qué le pareció cuando en el zócalo de la ciudad de México miles de personas se desnudaron y posaron para un fotógrafo? ¿Y qué opinó de que se sacaran con honores los huesos de los héroes de la Independencia que estaban en la Columna sobre el Paseo de la Reforma para llevarlos a otro sitio y después regresarlos a su lugar? ¿Y de la torre conmemorativa del bicentenario, que costó millones de pesos y que no se inauguró sino hasta un año y medio después de la fecha que se celebraba?

¿Qué sintió cuando se enteró del acto terrorista que sucedió en el zócalo de Morelia la noche del 15 de septiembre de 2008, o cuando en 2011 los narcos incendiaron en plena luz del día un casino en Monterrey lleno de gente? ¿ Pensó en que había mano negra cuando dos secretarios de gobernación murieron en accidentes aéreos, lo que ya era demasiado hasta para la teoría de las probabi-

Margarita Zavala de Calderón y Felipe Calderón

lidades? ¿Se sintió orgullosa de su marido cuando suspendió la participación de México en el Año de México en Francia por la actitud grosera del presidente de ese país hacia el nuestro? ¿Y se sintió apenada por la ley de víctimas que su marido no aceptó aprobar? ¿Qué le parecieron los jóvenes que formaron el movimiento #Yosoy132 y se movilizaron durante la campaña electoral?

¿Se iba la luz en la casa presidencial como en las casas del resto del país, a veces durante muchas horas? ¿Le dejaban mensajes publicitarios en su teléfono como a todos los ciudadanos? ¿Le gustaban los programas de concurso de canto y baile que pasaban por la televisión, incluida la cultural? ¿Le dolió que desapareciera de la radio el programa *Monitor* de José Gutiérrez Vivó que durante muchos años fue referencia obligada?

¿Empezó a escuchar en su lugar el de Carmen Aristegui? ¿Que le pareció que su marido tuviera tantos seguidores en su Facebook y se comunicara con los ciudadanos por Twitter? ¿Siguió con interés los festejos por los ochenta años de vida de Carlos Fuentes y Elena Poniatowska, los setenta de Carlos Monsiváis y José Emilio Pacheco y se emocionó cuando éste recibió varios premios incluido el Cervantes, que es el más importante en lengua española? ¿Le dolió la muerte del cronista a quien conoció y con quien conversó en varias ocasiones? ¿Y la muerte del joven hijo del poeta Javier Sicilia, asesinado con sus amigos en Morelos? ¿Siguió las marchas del Movimiento por la Paz con Justicia y Dignidad que pedían terminar con la guerra en que nos había metido el gobierno de su marido? ¿Se molestó cuando un grupo de campesinos derribó el busto de su amigo Juan Camilo Mouriño que ella había ido a develar?[402]

¿Veía cine mexicano? ¿Qué le parecían las películas de Rodrigo Plá y de Carlos Reygadas? ¿Visitó el nuevo Museo de Arte Contemporáneo de la UNAM o la galería Kurimanzzuto? ¿Recorrió la exposición "México a través de sus causas" en el Museo del Estanquillo? ¿Se emocionó igual que su marido con las fotografías de Willy de Sousa que mostraban un México estilizado, con indígenas maquilladas y niños pobres de pies limpios? ¿Qué le parecieron los arreglos en la Cineteca y las bibliotecas de autor en La Ciudadela que hizo su amiga Consuelo Sáizar, presidenta del CONACULTA? ¿Pensó como a tantos ciudadanos que el espectáculo preparado para festejar el bicentenario de la Independencia de México había sido de excesivo derroche?

¿Conoció las novelas inquietantes de Cristina Rivera Garza o los poemas alucinantes de Tedi López Mills? ¿Leyó alguno de los muchos libros que se publicaban constantemente denunciando, criticando, sacando a la luz y analizando los negocios que hacen los poderosos? ¿O alguna de las novelas sobre narcos y violencia extrema que se volvieron la literatura más socorrida en su tiempo? ¿Leyó mi libro *País de mentiras* en el que hago un recuento de los muchos engaños que nos hacen y dicen los políticos a los ciudadanos?[403]

28

A fines de 2012 terminó el sexenio de Felipe Calderón. Quedaba de él un gran enojo social por la inseguridad, los muchos muertos, desaparecidos, secuestrados. Según los estudiosos, "Las actividades del crimen organizado aumentaron en estados ya contaminados y se extendieron a otras entidades"[404] y "los cárteles se reorganizan cada vez con más violencia".[405]

En los últimos meses de su mandato, el presidente tuvo que cambiar su discurso triunfalista y reconocer que no solamente no se había logrado ganar la guerra contra el crimen organizado (llamada "por la seguridad pública"), sino ni siquiera disminuir la violencia. En una entrevista, respondió así a una pregunta sobre si México estaba mejor que hacía seis años: "En términos de violencia, evidentemente no. Ha habido un incremento exponencial de las muertes generadas por los grupos criminales. La violencia ha venido creciendo de forma dramática desde 2004 y llegó a un punto climático en 2011. Hay más violencia de la que había antes de que yo llegara a la presidencia".[406] Y no sólo eso, fue todavía más lejos hasta decir que "el narcotráfico ha comenzado a remplazar las funciones del Estado",[407] y que "el crimen organizado tiene una inercia sustitutiva del Estado. Es un Estado paralelo".[408]

Quedaba también la pobreza, que según una institución internacional "pasó de 48.8 millones a 52 millones",[409] y de ésos, un 30% correspondía a pobreza extrema.[410] Y el desempleo, que aunque su lema de campaña había sido "Seré el presidente del empleo", seguía siendo alto. Si bien casi al final de su mandato aseguró haber creado dos millones de empleos y que su gobierno fue "el segundo periodo con mayor generación de empleo formal en la historia del país",[411] instituciones y analistas no aceptaron estas cifras. El Banco de México sostuvo en algún momento que las cifras de pérdidas de plazas "superan a las creadas por la actual administración en los dos años anteriores" y eso que se refería solamente al sector formal y cuantificable que no es ni remotamente toda la verdad,[412] pues 30% de la Población Económicamente Activa está en la economía informal y 10% en el subempleo,[413] y el IMSS "confesó que la cifra de creación de empleos estaba inflada en 660 mil plazas. El propio INEGI aseguró que en sólo tres meses desaparecieron 685 mil empleos en los sectores formales e informales".[414]

Y quedaba el fracaso de todos los intentos por emprender las reformas energética, fiscal y laboral que, según los funcionarios, habrían permitido al país dar saltos importantes en materia económica. Según la revista *The Economist*, parte de la responsabilidad de que no se lograran fue del propio presidente por su incapacidad para negociar acuerdos y pactos a fin de que se las aprobara.[415]

Ninguna novedad hubo en relación a las políticas hacia el campo que siguió siendo "inhóspito y desesperanzado" como escribió Armando Bartra,[416] pues no sólo su crecimiento fue bastante menor que el del PIB nacional,[417] sino que ni siquiera se pudo hacer cargo de la alimentación del país.[418] Las importaciones de maíz, trigo, frijol y arroz estuvieron en cifras que según los diputados de la comisión respectiva en el Congreso de la Unión crecieron en 30%. Nada cambió tampoco en el sistema de justicia que como dijo Alejandro Martí: "Es uno que todos los ciudadanos aborrecemos. Tenemos una gran desconfianza. No hay quien haya tenido una buena experiencia con él".[419] Nada se modificó tampoco en el ámbito de la educación, que continuó siendo un desastre en el que nadie consiguió intervenir. Y la corrupción siguió siendo parte indispensable de la vida de los ciudadanos. Escribe Carlos Puig: "El 18% del ingreso de cada familia se gasta en pequeños y no tan pequeños actos de corrupción: desde la cantidad que cada semana hay que darle al de la basura para que se la lleve hasta el trámite cotidiano de pagar por estacionarse o porque el policía no levante una infracción, para que el que mida el agua no invente que tiene que cambiar el medidor o para que el funcionario de la ventanilla haga su trabajo, y eso dejando fuera la corrupción grandota, la de funcionarios, licitaciones, gobernadores, ministerios públicos y demás".[420]

Eso sí, el gobierno de Calderón conservó a "los empresarios y señores del dinero como los bastiones de mayor poder"[421]"manteniendo protegidos los privilegios de los principales capitales del país".[422] Ellos ya no sólo eran grupo de presión y de interlocución con el gobierno sino que irrumpieron en la política y entraron en las decisiones políticas. Las elites se vieron muy favorecidas con el panismo en el poder: expansión de monopolios, empresarios que subieron en la lista de Forbes, gobernadores convertidos en virreyes, lideres sindicales que construyeron sus propios partidos políticos.[423]

29

En julio de 2012 hubo elecciones. Tres hombres y una mujer contendieron para ser el próximo presidente de México. Como era costumbre, todos se soltaron haciendo promesas, que de lucha contra la inseguridad y delincuencia, que de crecimiento económico, que de respeto a la ley y al estado de derecho, que de justicia social, que de depuración de los sistemas de justicia y las policías, que de combate a la corrupción, que de llevar servicios y generar empleos.

Durante las campañas, el papel de las cónyuges fue en lo general de bajo perfil, aunque dos de ellas usaron las redes sociales para apoyar a sus maridos: Angélica Rivera de Peña Nieto y Beatriz Gutiérrez Müller de López Obrador quien afirmó que "Andrés Manuel es lo mejor que tiene México".[424]

Por lo que se refiere a la candidata mujer, que era del PAN, no fue su esposo sino la señora Calderón quien desempeñó el papel de "cónyuge": "La primera dama ha dado en apoyar abiertamente la candidatura de Josefina Vázquez Mota. Para ello ha hecho desde pintar bardas hasta dar discursos y acompañamiento en actividades proselitistas. Ha cumplido el papel que tradicionalmente cumplen las esposas, al llenar con su presencia, sobre todo en actos de mujeres, el hueco en ese nicho".[425]

30

¿Cómo se vislumbraba la señora Margarita Zavala a sí misma y a su familia cuando terminara el encargo presidencial?, le pregunté alguna vez.

¿Quería acompañar a su marido "a vivir a mi tierra en Michoacán" como él gustaba de decir?,[426] ¿o prefería mejor regresar a su vida en la política? ¿Iba a extrañar, como también había dicho el mandatario, "los guardaespaldas, los aviones, los autos, los celulares y sobre todo los reflectores"?,[427] ¿o se iba a sentir aliviada de no tener más toda esta parafernalia? "No pienso en eso", me respondió en aquella ocasión, "me estoy concentrando en lo que estoy."

Cuando tuvimos esta conversación eran mediados del 2010. El 1 de diciembre de 2012, Felipe Calderón le entregó el mando del país a Enrique Peña Nieto. Había llegado el momento en el que la señora Margarita decía no querer pensar.

La Universidad de Harvard, a través de la escuela de gobierno John F. Kennedy invitó a Calderón incorporarse a sus filas académicas. Él aceptó. Tenía apenas cincuenta años y su esposa cuarenta y cinco, ambos con media vida por delante y con hijos aún pequeños.

¿Satisfacía eso a la señora Margarita?

En 2011, empezó a correr el rumor de que podría ser la candidata del Partido Acción Nacional a la presidencia. Tan fuerte fue esto, que el periodista Jacobo Zabludovsky escribió dos artículos sobre el tema porque consideró que era la "más sólida posibilidad, tal vez la única, de que el PAN retenga la presidencia". Y es que en su opinión: "La señora tiene credenciales: trayectoria política propia, discreción y participación acertada en sus funciones de esposa y encargada de obras sociales y de asistencia".[428]

Sobre eso escribí: "Lo de la trayectoria política es cierto, pero hay que tomarlo con pinzas. La señora ha sido militante activa dentro de su partido y diputada dos veces: en la Asamblea de Representantes del D.F. y en el Congreso de la Unión, en ambos casos como plurinominal, y su participación estuvo principalmente encaminada a temas y asuntos de mujeres. Son credenciales adecuadas pero que ni remotamente bastan para conducir a un país". Y concluí: "Afortunadamente parece que Margarita tiene suficientemente claras sus capacidades y sus límites y supongo que ya se dio cuenta de cuánto sufrimos todos con la inexperiencia con que su marido llegó al poder".[429]

En efecto, la señora Zavala no se lanzó al ruedo, ni siquiera dejó correr la especie a ver qué pasaba como en su momento hizo Marta Sahagún. Pero, para muchos panistas, no se cancela la posibilidad de que pudiera ser candidata para 2018. O por lo menos, para dirigir el partido, algo que ella no negó de manera definitiva cuando se le preguntó a mediados de 2013.[430]

VI. ¿El fin de la primera dama?

Es maravilloso tener a alguien que te espera, te quiere, te acompaña.

Enrique Peña Nieto

1

El primero de diciembre de 2012 a la medianoche, Felipe Calderón entregó el mando de la República a Enrique Peña Nieto. Al día siguiente la ceremonia fue en el Palacio Legislativo de San Lázaro. El nuevo mandatario recibía una banda presidencial cuyo escudo nacional había besado el presidente anterior antes de despojarse de ella y que no era la misma de siempre, pues en 2010 se había decretado modificar el orden de los colores para que fuera igual al de la bandera nacional.[1]

Después de 12 años, el Partido Revolucionario Institucional recuperaba el poder que había sido suyo desde fines de la Revolución hasta fines del siglo xx, cuando se lo arrebató la oposición de derecha. Peña Nieto había obtenido el triunfo con unos tres millones de votos por encima de su competidor más cercano, algo que permitía no dudar de los resultados, pero aun así, la izquierda encabezada por Andrés Manuel López Obrador pretendió impugnarlos, con acusaciones que fueron desde compra de votos hasta inducción al voto a través de la televisión.

Por eso hubo que esperar casi tres meses entre la elección y la sentencia del Tribunal Electoral del Poder Judicial de la Federación que validó el triunfo. Pero apenas asegurado éste, el muy energético y joven presidente electo formó su equipo y organizó una transición "ordenada, legal, transparente"[2] así como giras al exterior: a Centro y Sudamérica, Europa, Estados Unidos y Canadá.

El nuevo gobierno se iniciaba con tantas promesas y tantos compromisos, que hasta el presidente de Estados Unidos Barack Obama dijo que Peña Nieto "tiene una ambiciosa agenda de reformas"[3] y un gobernador afirmó que "no habrá un cambio de gobierno sino un cambio de régimen".[4]

Y en efecto, cada día el gobernante anunciaba nuevos planes que abarcaban todo el espectro de lo correcto: desde combatir el hambre y la pobreza hasta reformar la educación, desde apoyar a los ancianos hasta mejorar el transporte, desde ofrecer austeridad hasta prometer crecimiento, desde atender a las familias de las víctimas hasta respetar los derechos humanos. Incluso empezó a echar a andar algunas de sus ofertas de campaña, entre ellas la de formar una comisión de Ciencia, Tecnología e Innovación que los científicos habían estado solicitando, impulsar a los legisladores de su partido para que apoyaran la reforma laboral que Felipe Calderón había enviado al Congreso poco antes de terminar su periodo y poner en marcha la reorganización administrativa del gobierno, cambiando las tareas de algunas secretarías y dándole más poder a otras. Además, anunció que continuaría con la lucha contra la delincuencia organizada. Escribe Jorge Castañeda: "México ha cambiado muchísimo desde 1994, la última ocasión en que se eligió a un presidente priista. Peña tendrá que negociar con una oposición fuerte en el Congreso y con una buena cantidad de gobernadores de la oposición, además de que la ciudad de México estará gobernada por la izquierda. Los medios de comunicación son más libres y tienen más fuerza, la sociedad civil es más activa, organismos como el Banco Central, el IFE, el IFAI, el INEGI, han ganado autonomía y la Suprema Corte es realmente independiente. También la relación con el mundo ha cambiado: hay montones de acuerdos comerciales y de instrumentos internacionales que el país ha suscrito que lo ponen muy visible frente al mundo, de modo que ya no es tan fácil ir contra los derechos humanos, no hacer elecciones limpias, encarcelar o callar a los opositores o ser flagrantemente corrupto."[5]

2

Enrique Peña Nieto había nacido el 20 de julio de 1966, en un sanatorio de la ciudad de México, pero inmediatamente fue llevado a Atlacomulco, Estado de México, donde vivían sus padres Gilberto Enrique Peña del Mazo, funcionario de la Comisión Federal de Electricidad y dueño y administrador del rancho familiar productor de brócoli, y María del Perpetuo Socorro Nieto Sánchez, de profesión maestra. Fue el primogénito de cuatro hermanos, y al terminar la primaria, la familia se mudó a la capital del estado donde desde muy joven empezó a acompañar a su padre a actos políticos. Durante un año fue enviado a estudiar la secundaria a Estados Unidos en una escuela de curas y al concluir la preparatoria estudió la carrera de Derecho en una universidad privada de la ciudad de México y una maestría en Administración de Empresas en Toluca.[6]

Atlacomulco, donde pasó su infancia, es un sitio emblemático de uno de los grupos de poder empresarial y político más fuertes del país. A ello se sumó que en sus dos ramas familiares había gobernadores del estado. De modo que muy joven se afilió al PRI y estuvo cerca de funcionarios importantes, ocupando cargos cada vez más altos, hasta que llegó a ser gobernador del Estado de México.

Desde ese momento se preparó para la presidencia de la República. Para ello desplegó una intensa campaña mediática en la que anunciaba el cumplimiento de compromisos que él mismo había establecido y firmado frente a notario público, y en la que sobre todo, se daba a conocer a la ciudadanía.

Y en efecto, logró la unidad de los priístas en torno a su persona, tal que pasó a ser el candidato del partido tricolor prácticamente sin oposición.

Peña Nieto había enviudado de la señora Mónica Pretelini Sáinz, la madre de sus tres hijos, con quien se había casado en 1994 y quien murió siendo primera dama del Estado de México. Estaba casado en segundas nupcias con Angélica Rivera Hurtado, actriz de televisión a la que se conocía como "La Gaviota".

Ella había nacido en la ciudad de México el 2 de agosto de 1969, uno de los ocho vástagos de los señores Manuel Rivera y María Eugenia Hurtado. A los 17 años había ganado un concurso que la convirtió en "el rostro del año", lo cual le permitió entrar al mundo del espectáculo, primero actuando en un videoclip del cantante Luis Miguel y de allí dando el salto en los años ochenta a las telenovelas de la empresa Televisa, en donde llegó a ser la protagonista de muchos éxitos y consentida de la empresa. El apodo le venía precisamente de su personaje en una de esas telenovelas.

Cuando el gobierno del estado de México le pidió a Televisa que se hiciera cargo de anuncios que lo publicitaran, envió para hacerlos a la actriz que estaba en ese momento en el apogeo de su rating.[7] Así se conocieron ella y el gobernador y dieron inicio a un romance que hizo las delicias de las revistas del corazón. En un viaje a Europa, Peña Nieto le propuso matrimonio y le comunicó nada menos que al Papa su voluntad de llevarlo a cabo a la brevedad. Y así fue: el 27 de noviembre de 2010, se casaron en una ceremonia en la Catedral de Toluca, con una fiesta para unos 200 invitados. Angélica vistió de blanco, con todo y que era la segunda boda también para ella, que durante década y media había vivido con un productor de televisión con quien procreó tres hijas y del que se había divorciado por lo civil y conseguido la anulación del matrimonio eclesiástico poco antes.[8]

El joven mandatario estatal tenía fama de mujeriego y él se encargaba de alimentarla: al escritor Rafael Loret de Mola le dijo: "Arrastro esa debilidad desde muy joven" y al periodista Alberto Tavira le dijo que para escribir un libro sobre sus mujeres se necesitarían varios tomos.[9]

Él también les gustaba a ellas. Cuando enviudó se convirtió en un soltero codiciado gracias a su combinación de "juventud más guapura más dinero más poder", como escribió el mismo Tavira. Muchas personas lo buscaban para presentarle a alguna pariente o amiga y el cronista de sociales citado relata varias de sus aventuras y relaciones sentimentales en un libro precisamente dedicado a eso. En los actos públicos le gritaban "Enrique, bombón, te quiero en mi colchón".

La pareja con Angélica, una mujer joven y bonita y una actriz conocida y querida por el público, le ayudó a catapultar sus ambiciones políticas. Según una encuesta de un periódico, 60% de los entrevistados pensaba que la boda le daría a Peña Nieto más simpatizantes para las elecciones del 2012.[10] Y es que lo mismo en cualquier rincón del país que en el extranjero, la gente se volcaba a pedirle autógrafos a ella.[11] Como escribió un periodista: "Una cosa es que la futura primera dama de un país acompañe al presidente electo a un viaje, y medio se tome fotos a su lado, y medio salude a las esposas de los otros políticos, y otra, muy distinta, que la prensa se vuelque sobre ella, que las revistas del corazón se peleen sus fotografías, que las multitudes la aclamen y que las primeras damas le den la mano, pero no como compañeras, como

Angélica Rivera de Peña era muy conocida y querida por sus personajes en las telenovelas fanáticas. Y no le decían señora, y no la llamaban por su nombre, le decían *Gaviota*, como su personaje de *Destilando amor*, y le hablaban con confianza, con la confianza que se le tiene a alguien que ha entrado a nuestras casas no una vez, muchas veces, durante años. Angélica Rivera no llega de la nada, no tiene que hacer méritos, ya es alguien y no sólo para las grandes personalidades del universo político, es alguien para todos, comenzando por el pueblo. Jamás en la historia de México habíamos tenido una figura femenina tan importante al lado de un presidente".[12]

Y sin embargo, a pesar de todo eso, la señora Angélica se supo mantener siempre discreta, callada, sólo haciendo el papel de la acompañante sonriente de su marido. Sin dudarlo, abandonó su carrera en la televisión, lo que según el flamante esposo era "una decisión de amor, de emprender un cambio de vida, ahora en familia, y de apoyarme en la responsabilidad que yo tengo"[13] y cuando arrancó la campaña para la presidencia, subió un video a YouTube, para anunciar que acompañaría al candidato por caminos y mítines y que filmaría "lo que mis ojos ven y mi corazón siente" para que los ciudadanos pudieran compartir con ella "lo privado y lo cotidiano" de esos momentos.[14]

Y en efecto, eso hizo. "Buenos días, amor" le decía cada mañana a Peña Nieto, fuera el día uno, quince o sesenta del ir y venir por todo el país, mientras se sentaba en el asiento trasero del auto y filmaba al candidato hablando por teléfono, saludando a sus seguidores o diciendo un discurso.

Cuando por fin se supo que su esposo había recibido el mayor número de votos, la señora escribió en su Facebook: "Esta noche, México ganó. Mi esposo está listo para escribir, de la mano de todos los mexicanos, una nueva historia para nuestro país, una historia de éxito para todos y en la que recuperaremos todos los valores que se han perdido. Estoy muy orgullosa de estar a su lado. Servir a los mexicanos será un gran reto y un gran honor. De todo corazón, gracias. Esta es una de las mejores noches de nuestras vidas".[15]

¿A qué valores se refería la señora, que supuestamente habíamos perdido los mexicanos y que el nuevo presidente Peña Nieto nos iba a ayudar a recuperar? ¿Cuál iba a ser el reto y el honor de servir a México para ella? ¿En qué pensaba trabajar para eso?

3

Angélica Rivera no tenía ninguna experiencia en el tipo de trabajo que tradicionalmente habían hecho las primeras damas en México. Recordemos que como hemos visto a lo largo de este libro, hay dos papeles que tradicionalmente han desempeñado las esposas de nuestros gobernantes. Uno de ellos consiste en mostrarse ante los ciudadanos como apoyo incondicional para su marido y acompañarlo en ceremonias, actos oficiales y viajes y el otro consiste en hacer algo a favor de los grupos vulnerables de la sociedad. Pues bien, desde que se convirtió en esposa de Peña Nieto gobernador y Peña Nieto presidente, hasta el cierre de este libro en julio del 2013, la señora había hecho lo primero muy bien: había estado presente en las giras, había lucido en los viajes al extranjero y había presidido eventos diversos como un reparto de juguetes, un concierto para miembros del ejército o una campaña de la Cruz Roja. Pero de lo segundo, nada.

No dirigió el DIF estatal argumentando que "ya quedaba muy poco tiempo" del gobierno peñista y no tuvo prisa por asumir el tradicional cargo de presidenta del Consejo Ciudadano Consultivo del DIF nacional cuando su esposo llegó al más alto cargo de la República. A pesar de que durante meses se anunció que pronto lo haría, la señora no dejaba ver nada que indicara lo que pensaba hacer como primera dama.

Es cierto que, legalmente, no tiene obligación alguna de hacer nada, pues el cargo de primera dama simple y sencillamente no existe. Es cierto también que el papel está muy desdibujado porque la asistencia social en México ha decaído mucho y que podría pensarse que ya no es necesario ese trabajo siendo que hoy existen secretarías e instituciones encargadas de atender ese tipo de asuntos, como la de Desarrollo Social, la de Salud, la de Educación, los institutos de Seguridad Social y de Vivienda. Y también es cierto que el exceso de reflector de algunas primeras damas anteriores enojó mucho a la sociedad mexicana.

Sin embargo, aún se espera de las esposas de los mandatarios esta participación por dos razones: por los usos y costumbres que tienen mucho tiempo de funcionar en nuestro país, según los cuales la esposa del gobernante desempeña labores vinculadas con la asistencia social y también y sobre todo, porque es obvio que aún hay bastante quehacer.

Cuando por fin, casi cuatro meses después de la asunción de Enrique Peña Nieto, la señora se hizo cargo del DIF, la institución estaba completamente abandonada. En la página oficial se anunciaba: "Tiene como eje central realizar programas de apoyo para las personas con discapacidad"[16] y se mencionaba que atendía a poco más de un centenar de esas. Sin embargo, en su discurso de toma de posesión ella habló de "renovarlo y fortalecerlo", dando "apoyos a la población vulnerable", entendido por esto a niños, adolescentes y jóvenes, "mamás, papás y abuelitos" y "a los pueblos indígenas". Dichos apoyos serían, según dijo, en salud, nutrición (habló de 6 millones de desayunos escolares diarios) y discapacidades además de "elevar la calidad de vida de las familias y comunidades" y prestar atención "a donde el desarrollo y el avance tecnológico no han llegado".[17] Y, por si todo esto no bastara, habló también de impulsar "valores", tales como búsqueda de la felicidad, de una vida digna para todos y de sentirse "orgullosos de ser mexicanos".[18]

A estos muy vastos propósitos, el Presidente todavía le agregó otros en su propio discurso: "Combatir la desintegración familiar así como la violencia que afecta a miles de familias" y "revertir realidades" como la de "niñas que se convierten en madres". Para coronar el gran pastel, incluso señaló como objetivo del DIF "la reconstrucción del tejido social".[19]

Nada más y nada menos.

De la noche a la mañana el DIF volvía a ser, al menos en el discurso, la gran institución de asistencia social que había sido en la segunda mitad del

Angélica Rivera de Peña

siglo XX, gracias a que los Peña Nieto se propusieron, como anunció el mandatario, "relanzarlo".

El anuncio provocó el aplauso entusiasta de los asistentes al acto: artistas de televisión, familiares de la señora, las esposas de los gobernadores y los funcionarios invitados. No había en cambio organizaciones ni activistas sociales de los que trabajaban en esas líneas. El periodista Álvaro Cueva escribió: "En lugar de estrellas de Televisa ahí debieron haber estado las cabezas de los movimientos sociales más poderosos de la nación, los directores de las fundaciones más importantes de México. Es una aberración, un insulto. Bienvenidos al nuevo DIF."[20]

4

El nuevo gobierno inició con una situación económica sorprendentemente buena, interés de los inversionistas extranjeros en venir al país, un vecino del norte encabezado por un demócrata amigo y una oposición interna venida a menos. En el ánimo nacional había verdadero deseo y esperanza de un cambio y eso le significó un importante apoyo al nuevo mandatario.

Según Jorge Zepeda Patterson, "El arribo de EPN a Los Pinos es el resultado de una puesta en común entre las elites. Empresarios, medios televisivos y clase política coincidieron en que los doce años de panismo habían sido

Angélica Rivera de Peña

de escasa eficacia en la marcha del país. El apoyo de los poderes factuales en torno al candidato priísta fue abrumador y consensuado."[21]

Tal vez por eso pudo empezar dando pasos espectaculares: conseguir el llamado "Pacto por México", en el cual las principales fuerzas políticas buscarían lograr acuerdos para echar a andar las reformas consideradas fundamentales: en telecomunicaciones, educación, energética, fiscal y laboral; lanzar una reforma educativa que dio lugar a protestas sociales, pero hasta el cierre de este libro, parecía que el gobierno las había podido capotear; impresionar al mundo con la liberación de la francesa Florence Cassez, acusada de secuestro y que había generado un conflicto diplomático con el país galo, e impresionar a los nacionales con la detención de la poderosa lideresa magisterial Elba Esther Gordillo y de un alto mando del grupo delictivo de los Zetas que Estados Unidos ayudó a localizar.[22]

La manera de gobernar de Enrique Peña Nieto, en los primeros ocho meses de gobierno, consistió en todos los días pararse frente a un micrófono,

Angélica Rivera de Peña con su marido Enrique Peña Nieto

delante de un letrero que anunciaba la acción del día y lanzar un discurso triunfalista a un selecto público que lo recibía con aplausos. Él fue y vino por el mundo invitando a los inversionistas y por el país inaugurando obras y eventos, haciendo lo que Miguel de la Madrid llamaba el "lado amable" de las cosas, mientras su equipo de trabajo conformado por hábiles políticos (los secretarios de Gobernación, Hacienda y Educación, el Procurador de la República y los jefes de las bancadas en el Senado y la Cámara de Diputados) se encargaban de la parte difícil: la economía, las negociaciones con grupos disidentes o enojados, la captura de narcos y líderes corruptos, las reformas.

En el extranjero muchos se han creído sus discursos. Una académica norteamericana escribió en una importante revista que México realmente se estaba transformando con Peña Nieto, convirtiéndose en próspero y competitivo: "A pesar de la violencia y el narco, hay otro México, más esperanzador, que está pasando por una rápida y generalizada transformación social, política y económica. Ha quedado atrás la adicción al petróleo, hay manufactura y servicios y se está fomentando un mercado competitivo a nivel mundial, una clase media creciente y una base de votantes que está a favor de una democracia".[23]

Sin embargo, hacia mediados de 2013, las cosas parecían no ser tan optimistas. Los datos de violencia y criminalidad no bajaban, por más que el gobierno se empeñaba en callar los hechos. En lo que se refería a la economía, las previsiones hablaban de un incremento del PIB del 2.7%, muy lejano a las promesas que eran de 4% y más.[24] En lugar de inversiones, miles de millones habían salido del país por decisión de los llamados "capitales golondrinos".

En lugar de empleo, el desempleo aumentó. Y los intentos de reformas en la educación y en el sector energético encontraban fuerte oposición. Tal vez ello se debió al difícil contexto internacional, a la incapacidad de los funcionarios, a que muchos grupos protestaron o simplemente a que se trata de un sistema al que es muy difícil cambiar.

5

Sin embargo, a pesar de todo lo anterior, los ciudadanos seguimos viviendo como si nada pasara. Todos los días salimos a nuestros trabajos, escuelas, gimnasios, compras y diversiones, como si todo fuera normal.

Igual que Peña Nieto, quisiéramos creer que lo es.

Pero ¿acaso es normal que un grupo de narcos tenga sitiado a un pueblo en Michoacán y que las autoridades hagan como que no saben? ¿O que varios cientos de familias abandonen sus comunidades en Guerrero por temor? ¿O que tiren del tren en movimiento a indocumentados centroamericanos porque no le pagan cuotas a los delincuentes? ¿O que extorsionen a comerciantes y dueños de restoranes y antros y asalten a los comensales? ¿O que le cobren derecho de piso a los ambulantes? ¿O que le roben a los pasajeros de los camiones? ¿O que secuestren autobuses de pasajeros en Morelos para cobrar recompensa por la unidad y por el chofer? ¿Acaso es normal que desaparezcan mujeres jóvenes que van a dar a la trata o aparecen muertas?¿O que grupos de inconformes decidan manifestarse cerrando carreteras y casetas, incendiando edificios y camiones?

Angélica Rivera de Peña

Pero así vivimos, así hemos decidido vivir: el gobierno en su nube discursiva llena de informes favorables y de promesas (y quizá hasta de buenas intenciones) y los ciudadanos pretendiendo que no pasa nada y que lo que pasa es soportable.

6

¿Le gusta a la señora Angélica vivir en la Residencia Oficial de Los Pinos que fue remodelada para su familia a un costo de más de 18 millones de pesos?[25] ¿No preferiría su casa en las Lomas de Chapultepec con más privacía? ¿Ha podido conseguir la armonía familiar con tantos hijos en edades tan difíciles? ¿O es solamente una fachada para los medios de comunicación? ¿Se siente bien de salir un día sí y otro también en las revistas de sociales? ¿Le gusta su cambio de look del cabello largo, rubio y enchinado y la ropa llamativa y escotada a un arreglo más sobrio y elegante con vestidos de un solo color, de manga larga, sin saco, zapatos de tacón altísimo, el cabello recto, en color castaño, peinado con sencillez y el maquillaje discreto? ¿Le agradó que una revista alemana la considerara "la primera dama más bonita del mundo" y aparecer en las listas de las primeras damas mejor vestidas del planeta?[26]

Cuando dijo que iría por todo el país para conocer las necesidades de cada estado, ¿sabía lo que estaba sucediendo en Tamaulipas, Michoacán, Guerrero, Coahuila, Sinaloa, Chihuahua, Jalisco, Nuevo León, Veracruz, donde los índices de violencia son enormes?[27] ¿Cómo pensaba cruzar por las carreteras tomadas por maestros, estudiantes o sindicalistas?, ¿o arriesgarse a los asaltos y balaceras? ¿No le dio miedo desaparecer, porque en este país sucede que las personas simple y sencillamente "se esfuman"?[28]

¿Le gustan a la señora Angélica los segundos pisos que se hicieron en la capital para trasladarse de un extremo a otro? ¿Se ha subido a las bicicletas que el gobierno de la ciudad puso en varias colonias? ¿Participa en alguna de las carreras que se hacen a favor de causas nobles? ¿Ve las series de televisión que pasan en los canales de paga como *Mad Men* o *The Newsroom*? ¿Le gustó la telenovela *Amores verdaderos* que tuvo un altísimo rating durante ocho meses? ¿Ha leído a Julián Herbert que escribió una novela sobre su madre prostituta y a Guadalupe Nettel con sus relatos de animales-humanos? ¿Vio las películas *Heli* de Amat Escalante, premiada en Cannes, y *Nosotros los nobles* de Gaz Alazraki, que hizo tanto ruido? ¿Ha visto la pintura de Rodrigo Cifuentes con sus monstruos y psicópatas? ¿Aconsejó a su marido para pedirle su renuncia al encargado de la Procuraduría Federal del Consumidor cuando su hija mandó cerrar un restorán porque no la atendieron como suponía que la debían atender?

7

Cuando se convirtió en primera dama, Angélica Rivera despertó muchas expectativas.

Se dijo de ella que era "muy inteligente y con una especial sensibilidad por las causas sociales"[29] y que sería "una primera dama muy influyente, una fuerte personalidad cuyo papel crecerá con su llegada a Los Pinos".[30] Una revista de sociales incluso escribió: "Se bajó de los escenarios para subirse a uno más exigente, el de la historia de México".[31]

Hasta hoy, estas expectativas no se han cumplido. No ha sucedido en los hechos nada que permita suponer que ese "relanzamiento" del DIF que hicieron el presidente y su esposa, efectivamente marche.

Y es que, por una parte, es evidente que la señora no está interesada en la institución ni en sus causas. A ella le interesa lo suyo, que es su familia, pues no es fácil armonizar a seis hijos entre los suyos y los de su marido, con egos e intereses tan diversos[32] y el mundo de la farándula, y por eso se hizo presente en el Teletón organizado por la empresa Televisa pero brilló por su ausencia cuando en enero de 2013 una explosión en un edificio de oficinas de la empresa Pemex en la ciudad de México dejó más de tres decenas de muertos y más de cien heridos.

Y por otra, porque se propuso demasiadas cosas, todas ellas muy grandes, en lugar de adjudicarse un encargo más concreto pero factible. Atender a toda la población vulnerable que mencionó y en tantos aspectos (incluyendo los de la felicidad y la reconstrucción social) no solo lo convertirían en una megasecretaría por encima de las de Desarrollo Social y Salud sino incluso en una entidad religiosa encargada de los valores y la vida espiritual de las personas. Y este es un despropósito muy al estilo de los que nos endilgaba Martha Sahagún cuando decía que iba a salvar a México.

Así que a pesar de las frases como "Quiero invitar a todos los mexicanos a que nos unamos, a que nos tomemos de las manos todos y abramos nuestro corazón para ayudar a todos estos niños y a todas las personas que nos necesitan el día de hoy",[33] a pesar de los anuncios de que saldría de gira por todo el país para "escuchar de viva voz las preocupaciones y propuestas de la población y buscar soluciones en materia de asistencia social",[34] todavía nada se ha hecho en este sentido.

Veremos qué sucede en los años que faltan del sexenio de su marido, pero por lo que hemos visto hasta el cierre de este libro, no parece que la señora vaya a hacer alguna actividad significativa en materia de asistencia social, con todo y que según dijo el día de la toma de posesión, "tenía la certeza de que los próximos seis años viviremos en un México mejor".[35]

8

Alguna vez la escritora Sabina Berman caracterizó al proyecto de Peña Nieta como "De tipo neoliberal con proyectos asistenciales".[36] Sin embargo, hasta hoy, lo segundo no ha sido así. Como ya he dicho, el DIF está prácticamente desmantelado y todo indica que a la institución le espera la muerte, a pesar de los discursos. La primera dama en turno no se ha mostrado interesada en la cuestión asistencial, y ha actuado solamente como acompañante en actos protocolarios, ceremonias y viajes, además de haberse convertido, de acuerdo con la moda, en un objeto mediático para el consumo de una sociedad deseosa de entrar por la puerta de lo privado, al mundo del poder como espectáculo.

Esto, a mi juicio, es muy lamentable, pues aún no ha llegado el tiempo en que el asistencialismo ya no sirva. México, como país con muchos pobres, no puede darse el lujo de dejar morir instituciones que colaboraron de manera tan significativa con este esfuerzo.[37] Pero es la realidad de los tiempos que corren. Y es la realidad de nuestra Primera Dama. Y por eso le he puesto por título a este capítulo, uno que alude al posible fin de esa figura, pues por lo que parece hasta ahora, la esposa del mandatario no se va a dedicar a la asistencia social sino, como ha dicho el presidente Peña Nieto, a esperarlo, quererlo y acompañarlo, algo que no habíamos visto en toda nuestra historia.

Angélica Rivera de Peña y Enrique Peña Nieto

Epílogo: El yugo de la cónyuge

Alguna vez espero que alguien se tome el tiempo para conocer el papel desempeñado por las primeras damas y valorar las muchas dificultades que tienen que sortear y las muchas contribuciones que hacen.

Harry S. Truman

1

Hasta aquí la historia de las esposas de los gobernantes de México. se impone ahora sacar algunas conclusiones.

2

Con la fundación del virreinato de la Nueva España en el siglo XVI, llegaron a estas tierras los virreyes y las virreinas. Traían consigo sus costumbres, sus ideas, sus valores y sus modos de pensar y de entender la vida, los cuales echaban raíces en la atmósfera intelectual del renacimiento español, que tenía características propias, ya que en él, a diferencia del renacimiento en el resto de Europa, se trataba del encuentro de la mentalidad medieval que aún no desaparecía del todo, con la mentalidad moderna que aún no se hacía del todo presente: "Peculiar coyuntura de lo moderno y lo medieval... conciliación del catolicismo y la modernidad" escribió José Gaos.[1]

Aquélla, la mentalidad medieval, era cerrada y dogmática, que imponía la fe y la obediencia ciega a la Iglesia, al rey y a las jerarquías sociales así como la aceptación del destino individual como voluntad divina, con una intensa búsqueda de la virtud y una conciencia del pecado que colocaban a la devoción en el centro mismo de la vida. Ésta, la mentalidad moderna, fue la que resultó precisamente del descubrimiento del Nuevo Mundo, al que los europeos se habían lanzado en la búsqueda de sus propias utopías. América, presagiada antes de descubrirse según Alfonso Reyes, inventada porque su existencia era necesaria a las mentes de ese tiempo según Edmundo O'Gorman,[2] transformó a los europeos no sólo en su economía sino también su modo de pensar y de pensarse.[3]

Y es que, si bien cuando llegaron al nuevo continente, los españoles sistemáticamente descalificaron lo que en él hallaron y quisieron reproducir de manera idéntica las formas de vida de su casa, pues estaban convencidos de que el mundo que habían dejado atrás era el mejor de los posibles, de todos modos mucho les afectó lo que en tierras americanas encontraron: desde la vegetación tropical y el sabor de las especias hasta la desnudez de los indios y sus extrañas creencias religiosas.

Pero los seres vivos se acostumbran a todo, y cincuenta años después del impacto que significó el descubrimiento de América, el nuevo mundo, como afirmó Gaos, ya formaba parte del orden de las ideas. Para el siglo XVII, ya parecía normal que existiera un continente al otro lado de la mar océano, y ya se habían fundado las sociedades coloniales, en las cuales los españoles extraían todas las riquezas que podían y explotaban brutalmente a sus habitantes, a quienes, con el pretexto de procurarles la salvación eterna, les habían destruido sus civilizaciones y los habían obligado a cambiar sus creencias.

A mediados de esa centuria en la Nueva España, los criollos, aunque seguían siendo devotos y obedientes del poder real y de los mandatos de la Iglesia, ya también se sentían orgullosos de la grandeza de lo que llamaban su "Patria" y tenían eso que Paz llamó "la conciencia de su singularidad".[4] ¿No acaso había aquí cantidades fabulosas de los metales que tanto valoraban en Europa? ¿no acaso la Madre de Dios había venido aquí para mostrarles a los americanos que los elegía y protegía?[5] ¿no acaso en estas tierras se habían dado las magníficas civilizaciones indígenas que ellos reivindicaban como su pasado, aunque a los indígenas vivos los maltrataran y denigraran? ¿no acaso habían sido capaces de crear un magnífico arte, retórica, cocina y modos de comportamiento tan complejos y ostentosos, tan rebuscados y teatrales?

En el siglo XVIII, la edad de la razón "llegaría gradualmente a iluminarse convirtiéndose en Siglo de las Luces", escribió José María Valverde.[6] Para entonces, la prosperidad debida a la expansión colonial daría impulso no sólo a la técnica (la máquina de vapor que transformaría la producción y el transporte) sino también a las ideas empiristas, utilitaristas y pragmáticas.

Los ricos comerciantes ingleses llevaron sus capitales por doquier y en Francia surgieron los llamados "filósofos" que combatían con su palabra el despotismo y hablaban de la soberanía del pueblo. De Montesquieu, Voltaire, Diderot y Rousseau a la Revolución francesa, de los avances científicos a la Revolución industrial, un movimiento fecundo recorría Europa.[7]

Pero en la Nueva España se siguieron imponiendo las muchas restricciones y se siguió haciendo todo por impedir que entrara algo de ese fermento intelectual. Y sin embargo, las ideas se colaron por los resquicios, junto con las reformas emprendidas por Carlos III para mejorar la administración del reino y con los libros de los jesuitas expulsados que añoraban su terruño y escribían sobre él.[8]

Y así fue que en tierras americanas, surgió también una "Ilustración", si bien de características particulares, porque a diferencia de la europea, trataría una vez más de conciliar la razón con la religiosidad, particularmente con ese catolicismo cerrado a todo lo nuevo y temeroso de la filosofía y de las letras. En el siglo del enciclopedismo, de la crítica a las ideas religiosas y de la revolución de las colonias de Norteamérica, el pensamiento novohispano estuvo reducido a una corriente de estudiosos que produjo tratados sobre geografía, botánica y matemáticas, historia y literatura, que pretendía reivindicar lo propio y dar una imagen de su patria como refinada y culta, por oposición a la moda europea de entonces de considerar salvajes a los países de América y a sus habitantes.[9]

Desde que se formó el virreinato, los enviados a gobernar, salvo contadas excepciones, no fueron gente que conociera de filosofía, derecho y teología, sino personajes interesados nada más en hacerse ricos, en acumular el oro y la plata que tanto les gustaban y en supervisar que se los enviara en grandes cantidades a Su Majestad.[10]

También sus esposas, hijas de la nobleza, eran amantes de los lujos y las riquezas. Apenas si tenían instrucción, pero eso sí, eran muy devotas de su fe, muy leales a su rey, de rígida moral y completamente obedientes de las costumbres de su tiempo. Y debido a su situación económica y a su posición privilegiada, además de la prohibición real de traer a sus hijos a América, no tenían nada que hacer, fuera de rezar, asistir a fiestas y ceremonias y hacer alguna labor de aguja.

La mayoría pasó por estas tierras sin dejar huella, aunque las hubo que dotaron conventos y dieron caridad ("la obra por excelencia de la cristiandad" dice Josefina Muriel),[11] las que participaron en negocios o en enredos y chismes políticos, las que gustaron del teatro y los espectáculos y hasta algunas cultas que leían poesía.

Y sin embargo, ocuparon un lugar central en la vida social de la Colonia, aunque la mayoría ni siquiera tuvo conciencia de ello. Fueron guías de la sociedad, pues como escribió Octavio Paz: "Nueva España fue una típica sociedad de corte", en la que ésta era centro y cúspide, influencia decisiva en la vida política y administrativa, modelo de vida social y lugar de irradiación moral y estética. Desde allí se señalaban e imponían costumbres, actitudes y criterios, desde allí se transmitían a la sociedad los esquemas de la cultura aristocrática europea y se proponían las formas de sociabilidad.[12]

3

En el siglo XIX, las nuevas ideas y los descubrimientos científicos no sólo dieron lugar a cambios políticos y sociales, sino incluso mentales. Las personas se sintieron con derecho a competir por los bienes y la propiedad, así como por la participación política y se habló de la igualdad y de los derechos de los individuos, sin importar las condiciones de su nacimiento. Como escribió Valverde: "Se abrió una época para la mente humana al introducir la perspectiva de que la historia ha de llevar a un constante mejoramiento de la vida".[13]

Un enfrentamiento se produjo entonces entre quienes querían conservar el estado anterior de las cosas (el ejercicio autoritario y centralizado del gobierno, las relaciones sociales jerarquizadas entre señores y vasallos con privilegios y prerrogativas para aquellos, y la propiedad de la tierra y de las riquezas en unas cuantas manos), llamados conservadores, y quienes querían cambiar las cosas (tener acceso a la propiedad y al ejercicio del gobierno, el respeto al individuo y a sus derechos, que consistían en una cierta libertad e igualitarismo y el hecho de que la legitimidad, la moral, la justicia y la soberanía debían derivar del pacto social), llamados liberales.[14]

Pero no nada más ellos. La Europa del siglo XIX fue de grandes pensadores y movimientos sociales. Hubo idealistas que sólo consideraban digno al mundo si se le veía y ordenaba desde la luz de la moral, socialistas que pretendían mejorar las condiciones de vida de los trabajadores, se luchaba por el sufragio universal, se soñaba con utopías y falansterios, Darwin explicaba la evolución, Marx fustigaba al capitalismo y Nietzsche hablaba de la muerte de Dios.[15]

Fue entonces cuando la Nueva España se independizó y nació el país llamado México, a donde entraron algunas de las ideas que agitaban al mundo y que aquí fueron "adoptadas y adaptadas" por quienes querían construir una nación.[16]

No sucedió lo mismo con sus esposas, quienes poco se enteraron de esas ideas, encerradas como estaban "en la dulce penumbra del hogar"[17] y en su fe, costumbres y tradiciones, esa "cultura saturada de religión", como la llamaba Charles Hale, "retecristiana" como la calificaba Guillermo Prieto, que, como en todos los países de tradición católica, las hacía renuentes a lo nuevo y al cambio.[18]

Para las esposas de los gobernantes no existió la vida pública, ni desempeñaron ningún papel. Lo único que les preocupaba era que su conducta no causase escándalo, que su moral fuera irreprochable y que se acataran las costumbres sociales según las cuales su entrega al hogar debía ser total: "Vivir para otro, a través de otro", escribió una poeta.[19] Por eso permanecieron cumpliendo el papel de ser "dulce compañía" como decía Fernández de Lizardi, "depósito de la confianza, consuelo en las adversidades y desgracias, madre en cuyos brazos se criarán los sabios, reyes, justos y santos".[20]

La época vio cómo desaparecieron las frivolidades de la aristocracia derrochadora y ociosa y aparecieron en su lugar las burguesas "decentes", sumidas en el mutismo dice Carmen Ramos, relegadas dice Nora Pasternak, domesticadas escribe Jean Franco.[21]

La vida era de trabajo y recogimiento: cuarenta y cinco minutos se requerían para calentar agua para bañarse, dos y media horas a la semana para prender las lámparas de queroseno, había que acarrear y prender el carbón, lavar y planchar la ropa,[22] guisar los complicados platillos de la cocina criolla, ocuparse de la crianza de los hijos y del cuidado de los enfermos y viejos, destinar mucho tiempo a los rezos y a las labores de mano tan difíciles y primorosas, fuera con el bastidor o con la almohadilla, y también a hacer algo de caridad. Además, estaban siempre embarazadas y delicadas de salud, que de mal de parto, que de jaquecas o calenturas, pues la pesada alimentación y la falta de ejercicio, aire y sol, las hacían débiles, nerviosas y propensas a la mala salud.[23]

Esto se exacerbó hacia fines de la centuria, cuando "el mundo se volcó hacia el romanticismo, en su búsqueda por encontrar un contrapeso al racionalismo exacerbado".[24] Era éste el afán apasionado, libertario y rebelde por "darle un significado superior a lo ordinario, un aspecto misterioso a lo acostumbrado, un aire infinito a lo finito",[25] que se expresó en la búsqueda de modos de escapar hacia el sueño, hacia los sentimientos y hacia la naturaleza.

La hora romántica hizo aparecer a la mujer ideal como la que estaba lejos de las banalidades del mundo y de sus necesidades prácticas. Lo femenino era entonces "la tierna, exquisita dama" toda ella pureza, virtud y gracia y que "pasaba intacta por el bullicio".[26]

La historia moderna de México empieza cuando la tercera generación liberal vence al conservadurismo y consagra, aunque sea en el papel, al Estado representativo y federal, a la primacía de la ley, al sufragio libre y a la libertad de expresión. El país pacificado se convirtió en exportador del producto de las haciendas y en receptor de capitales foráneos que fueron a las minas, ferrocarriles y bancos.

Junto con los dineros de afuera, llegaron también las ideas. Francia, considerada el ejemplo cumbre de civilización, convocó la admiración y la imitación de su moda, costumbres, gastronomía, idioma, literatura.

Los ilustrados leyeron a Comte y encontraron que esas teorías se adaptaban a sus necesidades y deseos. En adelante, podrían explicar el funcionamiento de la sociedad "con una nueva ideología de carácter eminentemente práctico: el positivismo",[27] la cual se basaba en la idea de que la sociedad es un organismo que, lo mismo que la naturaleza, responde a leyes y como tal está en evolución continua y siempre apunta hacia el progreso, entendido como el perfeccionamiento de las facultades humanas, posible gracias a la ciencia y a la técnica que darán lugar al bienestar material y consiguientemente a un orden social armonioso e igualitario.[28]

4

El siglo XX se abrió paso en el mundo con sangre. La revolución rusa y la primera guerra mundial cambiaron para siempre su faz, pues los imperios se derrumbaron y millones de hombres murieron en las trincheras y en las purgas. Mientras tanto, Estados Unidos crecía, se enriquecía a pasos agigantados y asumía la vanguardia de la civilización con su cultura pragmática, adoradora de la técnica, exaltadora de la libertad, de la energía individual y de los criterios del resultado y el éxito.

La Europa de entreguerras produjo un "reposo reflexivo": Wittgenstein y Russell, Freud, Einstein y Planck, Adorno y Benjamin se esforzaron por descomponer el átomo, entender la conducta y la sexualidad humana y comprender el significado del lenguaje y el sentido del arte, pero sobre todo, se plantearon dudas sobre la idea esencial de la modernidad que era, ya se dijo, la del progreso.[29]

Dos fenómenos sociales surgieron en este periodo: la entrada masiva de las mujeres en la fuerza de trabajo y la salida a la luz de sectores de la sociedad en los que antes nadie ni se fijaba: niños, mujeres, ancianos, inválidos, discapacitados. Los gobiernos tuvieron que intervenir para atenderlos y México participó de esa nueva manera de ver a la sociedad, más aún que ella se adaptaba bien a la vieja tradición cristiana de caridad y a los postulados sociales de la muy reciente revolución.

Eso llevó a que las esposas de los mandatarios, empezaran a adoptar la costumbre, copiada a los norteamericanos, de salir de su ámbito doméstico para asistir a ceremonias y a eventos sociales y de hacer actos de beneficencia y asistencia social.

En Estados Unidos, las cónyuges de los presidentes tenían desde el siglo XVIII una función que cumplir y a la opinión pública le interesaban tanto, que los periódicos asignaban reporteros para cubrir sus actividades. Pero el término no se inventaría sino hasta 1849, cuando en el entierro de Dolley Madison el presidente Tyler le dio ese título que se popularizó una década más tarde, desde que los diarios empezaron a referirse así a Mary Todd, la esposa de Lincoln. La costumbre quedó tan establecida que no se rompió ni siquiera porque algún presidente fuera viudo, sino que se llamó a alguien para que desempeñara el papel. Pero fue desde el principio, con la señora Washington cuando se definieron las tareas que le correspondían a la esposa del gobernante, las cuales siguen siendo básicamente las mismas hasta hoy: apoyar a su esposo y hacer labores de asistencia social.[30]

La tercera década del siglo vio surgir el fascismo y el nazismo con sus ideologías autoritarias, racistas y supremacistas. Pronto el mundo se vería inmerso en la segunda guerra mundial en la que una vez más murieron millones de personas y otros millones se desplazaron por el planeta buscando un lugar para vivir.

A México llegaron muchos de ellos, imaginando que era un paraíso terrenal por estar tan alejado del conflicto. La mayoría vino sin nada entre las manos, aunque hubo también reyes destronados y ricos que lo convirtieron en cosmopolita y llenaron sus noches y días de bailes y diversiones. También la guerra civil en España haría llegar a las costas nacionales a miles, entre ellos intelectuales que le inyectaron vitalidad al pensamiento.

La mirada sombría sobre el ser humano, que había extendido sobre el viejo continente una ola de pesimismo y había contagiado también al nuevo continente,[31] para la segunda mitad del siglo había desaparecido y en su lugar volvía la fe en el desarrollo y en la modernidad.

Para las mujeres esto significó adquirir derechos civiles y personalidad legal —desde el voto hasta la posibilidad de tener negocios propios e incluso de suprimir el vínculo matrimonial— y cambiar su papel como amas de casa para convertirlas en "las directoras de relaciones familiares y del consumo familiar".[32] Se volvieron las administradoras del hogar, las conocedoras de los avances en salud, nutrición y puericultura, las que tenían a su servicio las nuevas herramientas y máquinas —lavadoras y licuadoras, refrigeradores y aspiradoras— y las destinatarias de la publicidad que hacía todo por convencerlas de comprar productos, imágenes y modelos de familia, de vida, de belleza.

A partir de los años sesenta, el mundo se abrió a la cultura norteamericana, a su idea de los modos deseables de vida, a su moda, su música y a su comida. Pronto se empezaría a producir un cambio en las relaciones sociales y en la moral tradicional, cuando las mujeres, los negros, los trabajadores, los colonizados, los homosexuales, empezaron a exigir respeto a sus derechos, se habló de igualdad y libertad y los medios de información difundieron las nuevas ideas.

Para entonces la presencia de las esposas de los gobernantes se había ido volviendo más constante hasta terminar por convertirse en imprescindible. Si bien no había ley ni ordenamiento jurídico que se refiriera a ellas, las señoras se vieron obligadas a participar en la vida pública.

En los ochenta cayó el muro de Berlín y con él, el socialismo en la Unión Soviética y otros países del este de Europa. Se acababan así "los mármoles, los carros llenos, los puños de hierro y las rutas únicas".[33] Para muchos se terminaba también el siglo xx. Tal vez por eso algunos filósofos anunciaron el fin de la historia y otros la llegada de la posmodernidad, entendida como el afán de "fragmentar los grandes sistemas creados para definir una sociedad y sus comportamientos y de la idea permanente del progreso".[34]

Conforme se acercaba el nuevo siglo, la globalización se convertía en rumbo, con su pretensión de apertura total desde la economía hasta la cultura. Los afanes individualistas y lo que se llamó "el derecho a la diferencia" se unieron a las preocupaciones ecologistas y los esoterismos a las nuevas religiosidades.

Pero el mundo vivía agudamente la intolerancia religiosa: musulmanes y cristianos se masacraban en el corazón de Europa y en Argelia y Afganistán los fundamentalistas imponían su ley.

El 11 de septiembre de 2001 un ataque terrorista derrumbó las Torres Gemelas de Nueva York, y una parte del edificio del Pentágono en Washington, dando pie al inicio de una nueva era en las relaciones internacionales marcada por la guerra y la sumisión de todo (incluidos los derechos humanos) a la seguridad.

En México, las primera década del siglo xxi se caracterizó por un cambio significativo: el narcotráfico y la delincuencia organizada violentaron profundamente el territorio y afectaron la economía y la vida política, incluyendo a la democracia que, aunque incompleta, había empezado a ser una realidad.

Como nunca, se dio la participación femenina en actividades de toda índole, y las mujeres se convirtieron "en factor fundamental de las luchas ciudadanas y del cambio".[35] Es cierto que esto todavía no es igual para todas, pero es indudable que ha transformado la vida de millones.

Hoy, las esposas de los gobernantes dejaron de ser las que se paraban atrás o se quedaban calladas y aguantaban que los mandatarios las regañaran en público como aquel que le dijo a la suya: "tú no te metas, tú no sabes nada de esto", para convertirse en compañeras en pie de igualdad. ¡Hubo uno que hasta se consideró con su cónyuge una pareja presidencial!

5

Casi cinco siglos han pasado desde que la primera virreina puso pie en tierras americanas, casi dos de que las esposas de los gobernantes del siglo XIX soportaron con paciencia las aventuras de sus maridos en la política mientras se mantenían en la penumbra del hogar, casi uno en que empezaron a tener actividad pública como acompañantes de sus cónyuges y como dispensadoras de beneficencia, unos cuantos años de que participan activamente en la presidencia de sus maridos.

Muchos cambios sociales y culturales ocurrieron en este largo periodo, lo único que no cambió fueron sus funciones como esposas.[36]

Pues si bien es innegable que la familia ha cambiado en su conformación, estructura y tamaño y que hay diferencias importantes entre hoy, ayer y antier en la salud, las condiciones del trabajo, las posibilidades de acceder a la educación y al consumo, para la mujer se ha mantenido intacta la responsabilidad que le corresponde desempeñar en ella: su principal tarea ha sido y sigue siendo la atención del hogar y los hijos.

Y dado que las esposas de los gobernantes no son una excepción a esta regla, de allí las tareas que se decidió y aceptó socialmente que debían desempeñar. Clara Scherer lo explica así: "Existe la suposición que nadie cuestiona, de que por el hecho de ser mujer se tiene la sensibilidad y la capacidad de ocuparse de ciertos asuntos. Ésa es la razón por la cual ni siquiera se piensa que se las deba preparar para cumplir con esas funciones, se da por hecho que lo harán bien pues se trata de hacer en gran escala lo que de todos modos hacen en su hogar y que es lo propio y natural de su sexo".[37]

6

Estar tan cerca del poder les reportó a las esposas de los gobernantes beneficios: que las adulen, inviten, obsequien, escuchen y atiendan. Viajar, conocer gente, no tener que preocuparse del trabajo doméstico ni que reparar en gastos, que todas las puertas se abran para ellas y que sus caprichos se satisfagan. Muchas pudieron aprovechar el momento para impulsar sus intereses particulares como sucedió con la virreina que gustaba de la poesía y mandó publicar la de sor Juana o con la primera dama que impulsó proyectos educativos, la que estimuló las artesanías o la que trajo a México los espectáculos culturales del mundo.

Las virreinas antes y las primeras damas después, pudieron tener lo que quisieran: bodas y bautizos magníficos para sus hijos, todos los pianos que les gustaban, la escuela primaria que soñaron dirigir, los programas de educación musical que se les ocurrían, un aeropuerto privado en su rancho, una carretera hasta su casa de fin de semana, una fundación privada para hacer trabajo social.

Y todo eso con recursos del erario o con regalos. Porque aquéllos, simplemente los tomaron o su marido se encargó de que se los hicieran llegar.

Y éstos, porque llegaron solos, de todas partes y de todo tipo de personas: desde donativos hasta ramos de flores, desde obras de arte hasta materiales de construcción, desde una casa en la playa hasta automóviles, joyas, animales, libros, vestidos, plantas: "Cientos, miles de obsequios, desde sillas de montar suntuosamente labradas hasta tarros con jalea, pistolas de duelo, espadas toledanas, capotes de paseo y colecciones completas o volúmenes aislados de obras literarias, políticas o económicas diversas... dulces, café, azúcar, mantas, jabón, jamones, carne seca o carne fresca".[38]

Seguramente también se sintieron importantes por recibir peticiones de quienes buscaban obtener de ellas, por el camino del halago, "canonjías, contratos, ayudas, mejores cargos y mayor influencia para sus maridos".[39] Y porque recibían muchas cartas de la gente que confiaba en su alta posición para obtener ayuda y resolverle sus problemas. Y porque podían hacer negocios: compra y venta de bienes raíces, de joyas y obras de arte, concesiones para empresas, inversiones, no sólo para ellas, sino para sus parientes y amigos. La mayoría lo hicieron y las que no, tampoco se opusieron: "Se hacen tontas y se callan frente al enriquecimiento de los maridos, mismo que disfrutan y aprovechan".[40]

7

Pero también, ser la esposa del poderoso fue y es un pesado yugo.

¿Le preguntó alguien a las mujeres del siglo XVI si querían abandonar su hogar para irse a una tierra lejana y desconocida? Nadie. Ellas eran parte del equipaje del señor y les gustara o no se iban con él dejando atrás casa, familia, amistades.

¿Le preguntó alguien a las mujeres del siglo XIX si querían estar encerradas esperando a su marido? Nadie. Así eran las cosas y un día se enteraban de que él era presidente o de que tenían que salir con él al exilio o de que había muerto y lo único que les quedaba era un cadáver o unas ropas ensangrentadas.

¿Le preguntó alguien a las mujeres del siglo XX si estaban dispuestas a andar por todas partes inaugurando clínicas y escuelas, cargando bebés y abrazando viejitas, escuchando discursos y presidiendo cenas y colectas? Nadie. Así eran las cosas y ninguna se atrevió a negarse o a no cumplir.

¿Y si no era eso lo que querían? ¿y si preferían hacer otra cosa?

"Se acostumbra una… Tienes que acostumbrarte, a que se desaparezcan por días o semanas… La señora casi de costumbre vive muy sola… Tiene todo y la verdad es que no tiene nada. ¡Resulta duro aceptar que la política te quita al marido más fácilmente y más para siempre que una querida!" dice la cónyuge del primer mandatario en una novela,[41] pero también lo dicen en la vida real: "Su vida me condiciona" ha dicho Carmen Romero, la muy moderna esposa de Felipe González, mandatario español de fines del siglo XX, "Muchas cosas fueron y serán en función de la carrera política de él" ha dicho Margarita Zavala, esposa de Felipe Calderón, mandatario mexicano de principios del siglo XXI.[42]

Las esposas de los gobernantes están sometidas a presiones, obligaciones y limitaciones, con todo y que no tienen cargo oficial ni nombramiento alguno. Pero hay usos y costumbres que no les permiten dejar de cumplir ciertos papeles y de realizar determinadas actividades, tener intereses propios como profesionista, artista, deportista, actriz, luchadora social o activista política o manifestar opiniones sobre temas significativos. Como escribió Germaine Greer: "El silencio leal tiene precedencia sobre la lealtad a sus propias convicciones".[43]

Cada palabra, cada gesto y cada acto suyo son evaluados y criticados por la sociedad. Estas mujeres, que habían esperado pacientemente a que sus cónyuges subieran por las escaleras de la política, de la noche a la mañana, cuando ellos triunfan, se ven obligadas a desempeñar un papel para el que no tienen ninguna preparación. Deben saber cómo vestir y cómo actuar, cuándo callar y cuándo hablar y cómo cumplir con las responsabilidades del cargo. No deben aparecer ni como demasiado vanguardistas pero tampoco provincianas, ni muy modernas ni exageradamente tradicionalistas, ni derrochadoras ni austeras, ni demasiado visibles o con muy bajo perfil. Tienen que sonreír y tener siempre buen ánimo y hasta buen humor. Y hasta deben convertirse en las defensoras de las posiciones de su esposo.

8

¿Escuchan los presidentes a sus esposas? ¿comparten con ellas las dificultades y las dudas? ¿les consultan sus decisiones? ¿confían en ellas? ¿tienen las señoras alguna influencia en los actos de gobierno?

La historia da fe de algunas esposas que convencieron a sus maridos de tomar ciertas decisiones —virreinas que los arrastraban a hacer negocios turbios, una dama del siglo XIX que pidió por la vida de un condenado, las que en el XX intervinieron para mejorar las relaciones con los prelados— pero la mayoría no tuvo ninguna injerencia en el quehacer de sus maridos ni en la vida pública del país.

¿Reconoce la sociedad el trabajo que hacen las esposas de los mandatarios?

En una encuesta telefónica realizada en la ciudad de México en el año 2000, noventa por ciento de los encuestados dijeron que no tener esposa "no afecta el desempeño del primer mandatario" y sesenta y uno por ciento dijeron que "no tiene nada que ver con ser mejor o peor presidente". Pocos ciudadanos consideraron que una esposa sirve para motivar o brindar apoyo moral y menos todavía afirmaron que el trabajo de acompañar al presidente tiene algún valor. De hecho, muy pocos también conocían cuáles eran las actividades que desempeñan las primeras damas, siendo éste un país en el que, según cifras oficiales, casi la mitad de mujeres, niños, viejos y discapacitados han recibido atención de las instituciones sociales que precisamente encabeza la cónyuge del presidente. La mayor parte de las veces los ciudadanos no recuerdan ni su nombre y confunden a unas con otras. Afirmar que "las esposas de nuestros presidentes no se han destacado por ninguna cosa" es un argumento bastante común, pero el más socorrido es el que sostiene que "gastan demasiado dinero" y que "les gusta mucho lucirse".[44]

Las anteriores consideraciones son significativas sobre lo que se piensa en México de las primeras damas. En palabras de Julio Sesto: "En cuanto a gloria, gratitud, homenaje o comprensión moral, la idiosincrasia social ha andado bien parca hacia dichas damas".[45]

Y sin embargo, la costumbre y la moral vigentes, amén de las exigencias de los protocolos internacionales, hacen que el presidente necesite de una esposa y que la sociedad no pueda concebir que ella no cumpla con lo que "le corresponde" como primera dama.

9

Lo anterior, nos habla de que hay una razón "cultural" por la que se creó esa figura y por la cual sigue existiendo.

Según una estudiosa, es que "a los norteamericanos les gusta que sus autoridades vengan con su par. Esto no es un invento de Hollywood, sino que tiene hondas raíces en la cultura americana".[46] Otra autora da como explicación que "acostumbrados a las reinas europeas, el ritual republicano parecía demasiado triste y entonces quisieron llenar ese vacío y tener dónde aplicar toda la pompa y circunstancia que les gusta a los humanos". Según ella, esto sirve también para entender el título elegido, pues la palabra "dama" tiene connotaciones de clase alta y respetabilidad.[47]

Las explicaciones me parecen simplistas. En mi opinión, el hecho de que la figura de la primera dama se la haya adoptado en tantas culturas (incluso en países socialistas y musulmanes) indica que más que una moda, es porque ella vino a llenar una necesidad.

Y ésa consiste en dos cosas: una es mostrar que el gobernante es un hombre con vida afectiva, sexual y familiar "normal", según los esquemas aceptados en cada momento y lugar.[48] Otra, porque la figura de la primera dama responde a lo que el imaginario social considera que debe ser la mujer. En ella "se reflejan y fijan los gustos y patrones culturales, los ideales nacionales de familia y feminidad".[49]

La primera dama es entonces, como diría Pierre Bourdieu, una figura simbólica, creada para responder a las necesidades del mercado y de la cultura.[50] Es una construcción que materializa la idea predominante que existe en cada momento histórico no tanto de lo que efectivamente es la familia, sino de lo que debe ser, no de lo que efectivamente es la mujer, sino de lo que la sociedad quisiera que fuera. Y de allí que se espera que ella encarne lo que la sociedad piensa de sí misma: cuando la sociedad quiso mujeres dedicadas a rezar, eso hubo y cuando las quiso encerradas en su hogar, eso tuvo y cuando las quiso vacunando niños y sonriendo ante las cámaras de televisión, eso tiene. Cuando se usaba ser fría y distante, no mirar nunca a sus cónyuges ni acercarse físicamente a ellos en público, allí estaban las esposas de los gobernantes para serlo. Pero cuando se usó adorar al esposo, allí estuvieron las que lo miraban pasmadas, como si fuera un dios. Si la sociedad quiere que las mujeres sean activas o discretas, devotas o fiesteras, cultas o caritativas, dulces o fuertes, eso es lo que le exige a la primera dama. Incluso le impone el ideal de belleza: si regordeta o delgada, si pálida y enfermiza, si sana y energética. Y por supuesto también el ideal de la moda, sea el vestido recargadísimo del virreinato, el bigote que llevaban orgullosas las mujeres en el siglo XIX o el traje sencillo de color pastel que se estilaba a fin del siglo XX o los vestidos de diseñador que se usan en el XXI. ¡Hasta cuando necesitamos un villano para desquitarnos de nuestros enojos encontramos una primera dama que asuma ese papel, y que lo digan si no Carmen de López Portillo y Marta de Fox! ¡O cuando queremos enamorarnos también ellas están allí para eso, que lo diga si no Angélica de Peña Nieto!

10

La feminista norteamericana Germaine Greer piensa que hay que abolir a las primeras damas. Su argumento va en dos sentidos: por ellas mismas como personas y por nosotros como ciudadanos.

En cuanto a lo primero, dice Greer, la existencia misma de una persona cuyo único papel en la vida consiste en acompañar a otro y en trabajar para él se opone a la concepción de igualdad y de salario por trabajo por la que hace mucho tiempo luchan las mujeres. Por eso la autora piensa que ya es hora de liberar a esas personas de la esclavitud de las sonrisas, los trajes sastre, las visitas a las guarderías y los abrazos a inválidos. Ya es hora de terminar con el mito de la buena esposa que apoya al marido contra viento y marea y también con el mito de la familia ejemplar: "Ojalá que en el siglo XXI no sepamos más de mujeres que deben abandonar su privacía y sus intereses simplemente porque están casadas con un hombre que quiere triunfar en la política".[51]

Y en lo que se refiere a los ciudadanos, pues ya es hora de liberarnos de la obligación de cargar con una mujer porque es la esposa del presidente: "La elevación de la esposa no elegida de un líder democráticamente electo constituye una burla de los procesos democráticos mismos", dice Greer. En una democracia, el hecho de compartir techo o lecho con alguien no debería ser una ruta al poder, trátese de la esposa o de quien sea. Muchos años se ha luchado en Occidente para que sean los méritos y esfuerzos de cada persona los que le permitan acceder a los cargos de responsabilidad".[52]

Los argumentos feministas son impecables y difíciles de rebatir. Y sin embargo, en un país como el nuestro, con tantas carencias y necesidades, ¿no estaría bien aprovechar todos los brazos y cerebros que se pueda para ayudar a resolverlos o al menos a paliarlos?

Eleanor Roosevelt pensaba que había que aprovechar la oportunidad de ayudar a su marido a alcanzar las metas que se había propuesto y Rosalynn Carter llegaba más lejos hasta afirmar que "sería vergonzoso no aprovechar ese poder".[53]

La sociedad se podría beneficiar de la existencia de las primeras damas y ellas podrían estar en una mejor situación personal si se legislara sobre su papel: definición de tareas, límites precisos, derechos y obligaciones, asesoría —pues las políticas públicas ya no son asunto de voluntad individual ni de buenas intenciones sino de conocimientos y experiencia—, y por qué no, hasta salario.

Por lo pronto, hasta hoy y a pesar del esfuerzo, las esposas de los gobernantes de México no tienen sitio en la historia, no hay para ellas reconocimiento ni valoración. Son invisibles como diría Joan W. Scott, "sombras sin contorno, sin profundidad, sin acento" como ha escrito Georges Duby.[54]

Y aunque el siglo XXI ha llegado presumiendo de que las cosas han cambiado, por lo que se refiere a las esposas de los mandatarios, se puede decir, sin temor a la equivocación, que no es así. Pasarán por compañeras pero igual que ayer cuando las callaban o que antier cuando las encerraban, hoy su trabajo, su papel y su función, siguen siendo un gran fracaso.

Agradecer los milagros

De aquí se infiere que del método para resolver los dilemas no es el debate teológico (en manos de los sacerdotes) sino la investigación [y que] a fin de cuentas la historia es también una narración.

Jean Franco

La idea de estudiar a las primeras damas se le ocurrió a principios de la década de los ochenta al sociólogo e historiador Carlos Martínez Assad, pionero en el modo de enfocar el conocimiento de nuestro país, más allá de las convenciones y adelantándose a las modas. De entonces data un libro mío sobre este tema: *Las Primeras Damas* (Martín Casillas-Secretaría de Educación Pública, México, 1982) que formaba parte de una colección con textos cortos y fotografías del Archivo General de la Nación. Pero el entonces secretario de Educación Pública, Jesús Reyes Heroles, lo censuró y prohibió su distribución. Y aunque no se me explicaron las razones de ese proceder, a la distancia creo saber cuáles fueron: ante todo, que aún no estábamos ideológicamente preparados para meternos en la vida privada de nuestros prohombres, fueran éstos héroes o villanos, y en segundo lugar, que aún predominaba la idea de que la versión liberal de la historia de México era y tenía que ser la única y mi escrito recogía por igual a las esposas de los liberales que a las de los conservadores lo cual no fue bien visto. ¡Como si nosotros pudieramos eliminar del pasado lo que no nos gusta!

Estos dos impedimentos han sido superados con el tiempo. Primero, porque el estudio de la historia ha cambiado en los últimos años y ahora ya se considera importante conocer a grupos sociales que antes no interesaban (por ejemplo, las mujeres) así como penetrar en los "misterios" de la vida privada y la vida cotidiana y las formas de pensar. Y además, porque es un hecho que en México se han abierto las mentes y que ya entendimos que no se puede tener una sola versión de los hechos, nos agraden o no.

Por todo esto, acepté la propuesta de retomar el tema, pero hice una investigación completamente nueva y mucho más amplia que abarca quinientos años de la historia de México. La razón para tomar un periodo tan amplio la expuse en el prólogo: como se trata de un asunto no estudiado en nuestro país, me pareció necesario hacer una primera mirada general. Ya después, conforme surjan más fuentes y materiales, se podrá entrar de modo más específico a los distintos momentos históricos y a las personas. Pero además porque sólo así se puede entender el papel y la función de estas mujeres a través del tiempo y ver si en ellos hubieron transformaciones en el largo plazo.

Durante dos años recorrí bibliotecas —la Nacional, la de la Universidad Nacional Autónoma de México, la de El Colegio de México y varias privadas— hablé con gente, tanto en entrevistas formales como en conversaciones espontáneas, leí montones de libros, periódicos y revistas, tanto estudios académicos como documentos, tanto cartas como novelas, revisé fotografías y videos y le di vueltas en la cabeza a problemas para cuya solución no contaba con antecedentes. Y con todo esto, redacté este libro que tiene el propósito simultáneo de dar información y de hacer una interpretación, pero también escribiéndolo con la mayor sencillez y amenidad posibles a fin de hacer agradable la lectura, aunque no por ello menos serio su contenido. El resultado del esfuerzo lo tiene el lector en sus manos.

Varios milagros sucedieron en el camino, sin los cuales el estudio habría quedado incompleto. El primero fue que Carlos Martínez Assad estuviera dispuesto a colaborar con el proyecto: él encontró documentos, consiguió datos y libros, me contactó con personas, leyó varias versiones del manuscrito y por si esto no fuera suficiente, hizo la investigación iconográfica que es fundamental para un trabajo de esta naturaleza. Para ello tocó puertas, pidió permisos y se llenó de polvo buscando en los lugares inhóspitos que son los archivos y hemerotecas. Agradezco el apoyo que recibió de Roberto Rock, director editorial del periódico *El Universal*; de Patricia Galeana, directora del Archivo General de la Nación en el que se utilizaron los fondos Hermanos Mayo, Enrique Díaz y Presidentes; de María Teresa Franco, directora del Instituto Nacional de Antropología e Historia del que depende el Museo Nacional de Historia del Castillo de Chapultepec; de Norma Mereles, directora del Fideicomiso Archivos Plutarco Elías Calles-Fernando Torreblanca, y de Manuel Ramos director del Centro de Estudios Históricos Condumex. Y agradezco también el trabajo de refotrografiado de las viejas fotos, muchas de las cuales estaban en malas condiciones o impresas en papel periódico, que hicieron dos excelentes fotógrafos: David Maawad y Alicia Ahumada.

El segundo milagro fue la generosidad de Rogelio Carvajal, amigo y editor. Su apoyo en el largo proceso de la investigación que fue creciendo en el camino y sobre todo a la hora de las decisiones respecto al modo y destino del texto, nunca podrá ser suficientemente agradecido.

El tercer milagro fue el encuentro providencial con algunas personas cuya disposición para compartir conmigo los resultados de sus propios esfuerzos de investigación me dio a mí estímulo y al libro densidad. Agradezco a Ricardo Pérez Montfort quien me permitió revisar sus tomos de entrevistas y de información sobre los presidentes de México a partir de 1940; a José Manuel Villalpando César quien me prestó libros y documentos y me contó todo lo que sabía (que es mucho) sobre las esposas de los gobernantes en la época virreinal y en el siglo XIX; a Alejandro Rosas quien participó en esas reuniones y aportó anécdotas; y a Verónica Sánchez Porta quien hizo su tesis sobre la señora Laura Mantecón y me prestó sus documentos y apuntes, con lo que me ahorró mucho trabajo de búsqueda.

Algunas personas me ayudaron a conseguir libros o fotos, me dieron información o me hicieron contactos para las entrevistas. Agradezco al coronel José Luis González Arredondo y a su esposa María de los Ángeles Sandoval con quienes conversé largamente sobre la vida cotidiana de las primeras damas y que me obsequiaron las memorias de Concepción Miramón; a la señora

Martha Carranza de Astorga, con quien hablé por teléfono sobre su bisabuela Ernestina, gracias al contacto de la licenciada Angélica Villanueva, jefa del departamento técnico del museo Casa de Carranza de la ciudad de México; a la señora Hortensia Calles de Torreblanca a quien entrevisté en el año 82 sobre su madre y a su hermana menor la señora Artemisa Calles, quien a través de su hija, Eugenia Ogarrio respondió a algunas preguntas que habían quedado pendientes sobre la segunda esposa del general Calles; a la señora María Teresa González Salas de Franco quien me habló de varias primeras damas a las que conoció de cerca y me puso en contacto con la señora Rosalva Portes Gil; a esta última y a su hermana Carmen quienes me recibieron en su casa y platicaron largo tiempo conmigo, me enseñaron fotos y una película sobre su madre; a Lily Kalb de Cortina a quien perseguí varios meses para que su mamá, la señora Ofelia Ortiz Rubio de Kalb, aceptara hablar conmigo de doña Josefina Ortiz, lo que no sólo hizo con gran amabilidad, sino que convocó a sus hermanos Pascual y Eugenio; a Norma Mereles de Ogarrio quien me puso en contacto con Hortensia Rodríguez, la cual sin conocerme me prestó materiales inconseguibles y me habló por teléfono sobre su abuela Aída Sullivan; al señor Alejandro de Antuñano de la Fundación Miguel Alemán A.C. quien me obsequió información sobre la señora Beatriz Velasco; a Alicia Capdevielle de Treviño, con quien platiqué por teléfono sobre doña Eva López Mateos, y a María Eugenia Vásquez de Santoyo, directora del Colegio Héroes de la Libertad, quien además de darme ese contacto, me organizó una sabrosa reunión con varias profesoras; a la señora María Esther Zuno de Echeverría, a quien entrevisté hace muchos años, cuando aún estaba sana. En su casona de San Jerónimo me invitó a una reunión con sus principales colaboradoras la que se prolongó desde el desayuno hasta la comida y en la que una por una me contaron con detalle lo que hicieron durante el sexenio; a María Eugenia López Brun y a Bertha Maldonado quienes me contaron anécdotas de la señora Carmen López Portillo; a la señora Cecilia Occelli quien me recibió en su hermosa casa al sur de la ciudad, gracias al contacto de Aurora Montaño y con quien después hablé varias veces por teléfono para aclarar detalles (sé que ella no está de acuerdo con mi interpretación del sexenio salinista pero no ha ejercido sobre mí ninguna presión y ha respetado mis opiniones); y a la señora Nilda Patricia Zedillo quien aunque no aceptó darme una entrevista formal, me invitó a comer con la primera dama norteamericana Hillary Rodham Clinton en la que pude platicar con ambas y verlas en acción, y me concedió dos largas pláticas por teléfono.

Otras entrevistas estuvieron a punto de llevarse a cabo pero no se concretaron. En 1982 la primera dama Carmen López Portillo aceptó recibirme. Llegué hasta la antesala de su oficina en Los Pinos pero una vez allí me informaron de la cancelación de la cita. En 1998 la señora Paloma de De la Madrid aceptó una solicitud que le hice por carta, a través de una conocida común, para responder a mis preguntas. Pero nunca recibí la llamada prometida para fijar el encuentro. Y por último, a la señora Amalia Solórzano de Cárdenas le llamé ese mismo año para solicitarle una entrevista, pero me mandó una tarjeta en la que me hizo saber no nada más su negativa a dármela sino su molestia con el tema de este libro.

Agradezco a Leonor Ortiz Monasterio de la Presidencia de la República quien me obsequió el libro con la historia de la residencia oficial de Los Pinos que fue fundamental para la investigación; y a Deanna Heikkinen, de Florida Atlantic University, quien en los días que estuve allá para dar conferencias me consiguió el artículo de Germaine Greer y los dos tomos del libro de Carl Sferrazza Anthony sobre las primeras damas norteamericanas, un texto que yo hubiera querido usar de modelo si aquí tuviéramos siquiera la cuarta parte de la información con que cuentan en el país vecino.

A Ian Sigal y a Héctor Rodríguez de la Vega mi agradecimiento por su apoyo técnico y por su generosidad frente a mi incapacidad con las computadoras.

Durante los últimos tiempos no he hablado con la gente de otra cosa que no sean las primeras damas. Lo que uno estudia se convierte en una obsesión tal, que las personas y los acontecimientos adquieren un sentido orientado a buscar información o ideas que sirvan al trabajo. Muchas personas sabiéndolo o no, contribuyeron a este libro. A cada una de ellas les agradezco en el lugar que les corresponde, pero a una debo mencionarla porque su visión general sobre el asunto fue importante para mi interpretación: Carlos Monsiváis, con quien platiqué dos veces, una larga en 1982 y otra breve en 1997. Agradezco también a mi alma mater, la Universidad Nacional Autónoma de México, en cuyo Instituto de Investigaciones Sociales trabajo hace más de veinte años, porque no sólo me permite investigar lo que se me ocurre y a mi ritmo, sino que me apoya con secretaria, consiguiendo libros en las bibliotecas y facilitándome fotocopias. Debo sin embargo dejar bien claro que lo que aquí digo y la forma en que uso los datos obtenidos de libros y de conversaciones son de mi exclusiva responsabilidad.

No puedo terminar sin hacer una súplica al lector. Esta investigación es apenas un primer paso y por ello no está cerrada. De modo que si usted ha tenido la paciencia de seguir esta historia por el laberinto de épocas y personas y si tiene alguna información nueva que quiera compartir, le será muy agradecida para incluirla en futuras ediciones. De esta manera podrán seguir sucediendo los milagros y abriéndose las puertas hasta que llegue el momento en que todo lo que tenemos que saber de nuestra historia deje de estar escondido en los armarios y en los recuerdos y salga a la luz para disfrute y aprendizaje de los mexicanos.

Nota a la segunda edición

Este libro vio la luz por primera vez a mediados de 1999. La generosa acogida de los lectores lo convirtió en un éxito editorial y puso su tema en el centro de las conversaciones. Eso significó para mí una responsabilidad que me obligó a seguir buscando información y pensando en el asunto.

Dos años después, al creativo editor que es Rogelio Carvajal se le ocurrió la idea de hacer una segunda edición corregida y aumentada con un CD-ROM que lo acompañara. Lo primero lo hice yo y la segunda tarea la asumió el sociólogo e historiador Carlos Martínez Assad, quien durante un año recopiló materiales en los sitios más inusitados a los que puede acudir un investigador con mente abierta y muchos conocimientos. El resultado fue un disco con el repertorio político y cultural del siglo XX que se incluyó en el volumen. Le estoy muy agradecida por su esfuerzo que cobija, amplía y completa mi escrito. Por mi parte, hice una cuidadosa revisión al texto para incluir nuevos datos, corregir errores, incorporar comentarios de los lectores y colegas y ampliar de manera significativa la revisión de lo que se ha hecho en nuestro país en materia de asistencia social. Le estoy muy agradecida a Virginia Ruano y Adriana Cataño quienes aceptaron con un entusiasmo alentador encargarse del muy laborioso trabajo de incorporar lo nuevo. A aquélla en particular la hice sufrir durante muchos meses con las constantes correcciones y agregados al texto y a las notas, lo cual soportó con infinita paciencia y buen humor.

Durante los tres años que pasaron entre la primera edición del libro y ésta, recibí gran cantidad de cartas, correos electrónicos y llamadas telefónicas de generosos lectores que me felicitaban, me corregían, me criticaban o me obsequiaban con algún dato. No puedo mencionar a todos, pero desde estas páginas les agradezco enormemente. No sé si imaginan siquiera lo importante que es para un autor que vive en el aislamiento de su mesa de trabajo, sentir que el mundo de allá afuera escucha y responde. No puedo sin embargo dejar de dar las gracias al doctor Luis González Torres y al señor Sergio García Cortés por su muy cuidadosa lectura y por el tiempo que se tomaron para hacerme sus observaciones.

Mi agradecimiento también a las personas e instituciones que me facilitaron libros o fotografías o que me ayudaron en la búsqueda hemerográfica: el personal de la biblioteca del Instituto de Investigaciones Sociales de la UNAM, que es mi centro de trabajo y donde gozo de libertad para llevar a cabo mis proyectos; Carlos Cuevas Paralizábal, quien me envió todo lo que ha escrito sobre este tema, el doctor Pablo Serrano Álvarez, que se tomó como algo personal encontrar ciertos datos, y los investigadores del Instituto Nacional de Estudios Históricos de la Revolución Mexicana, Roberto Espinosa de los Monteros, Elsa Aguilar y Diana Guadalupe Pérez Moncada, así como el doctor Francisco Valdés Ugalde, director de esa institución, quien me autorizó el uso de fotografías de los archivos del periódico *El Nacional* que tiene en custodia, Óscar Hinojosa de *El Universal*, por el acceso a la fototeca de ese importante diario, Carolina Figueroa, quien una vez más se lanzó a conseguir material a los archivos, Rafael Muñoz, por la fotografía de Carlota en su lecho de muerte, Mauro Esteban Barrón Robles, por los datos sobre María Tapia, el doctor Pedro Castro, por regalarme algunos de sus muchos conocimientos sobre Clara Oriol, Patricia Touché de Maillard, con quien entré en contacto gracias a Margarita Sierra, por un dato que me faltaba sobre Eva Sámano, Bertha Álvarez, por varios sobre Cecilia Occelli, el licenciado Miguel de la Madrid Hurtado, expresidente de México quien, ante mi insistencia por hablar con su esposa, generosamente me concedió una larga entrevista y me obsequió materiales sobre la señora Paloma Cordero, Carlos Welti Chanes por traerme de España un libro sobre las esposas de los gobernantes de ese país, Gabriela Cano, por el catálogo de la exposición sobre las primeras damas norteamericanas en el Museo Smithsonian en Washington, y Aída W. de Sefchovich por un número de la revista *Vogue* sobre esas señoras, Cecilia González del periódico *Reforma*, quien puso a mi disposición sus materiales sobre Nilda Patricia Velasco, Denise Maerker del Canal 40 de televisión, que me regaló sus videos de entrevistas a Marta Sahagún, Susana Vidales, quien desde una perspectiva feminista me abrió los ojos sobre la importancia de esta primera dama, Patricia Olamendi, por explicarme algo de lo mucho que sabe sobre la situación legal de las mujeres en nuestro país, y Clara Scherer, por sus comentarios y préstamos de materiales respecto a la situación de la mujer en México así como por compartirme sus muchos conocimientos sobre la asistencia social y el combate a la pobreza. Lo mismo que en la ocasión anterior, en ésta hubo entrevistas que estuvieron a punto de realizarse pero no resultaron. La más significativa con la señora Nilda de Zedillo, que iba a llevarse a cabo en un avión ya que el presidente Zedillo me invitó a acompañarlos a él y a su esposa en su viaje a Israel, lo cual no pude hacer.

Lo mismo que en la edición anterior, en ésta he aprovechado a las primeras damas como un pretexto para abarcar situaciones más amplias de la historia, de la sociedad, de la cultura y sobre todo de los modelos simbólicos del país. Y he insistido y lo seguiré haciendo en darle seriedad y rigor al tema, al que no doy todavía por concluido, pues sigo viéndolo incompleto y repleto de interrogantes, más ahora cuando están cambiando tanto el papel de estas señoras como la percepción social del mismo. En ese sentido estoy de acuerdo con José Emilio Pacheco cuando escribe: "No hay obras acabadas, sólo obras abandonadas. Rescribir es negarse a capitular ante la avasalladora imperfección".

La crítica especializada no existe en nuestro país pero el silencio con que el gremio de historiadores, sociólogos, estudiosos de la cuestión de género y de la cultura recibió este libro, pone en evidencia el atraso de los intelectuales mexicanos tanto respecto de las preocupaciones vivas de la sociedad, como de las nuevas maneras académicas de enfocar a la historia y de aprovechar como fuentes todo tipo de productos. En lo personal esto no me ofende, porque así ha sido desde siempre en nuestro país, pero me preocupa porque nunca estamos en capacidad de ponernos al día ni en los debates de ideas ni en la comprensión de los fenómenos sociales ni en la aceptación de temas nuevos y de nuevas metodologías.

En cambio, el éxito que tuvo entre los lectores hizo patente el interés en conocer nuestro pasado desde ángulos diferentes así como el de pensar la historia y la sociedad desde otro lado. Ojalá este libro pueda contribuir en alguna medida a ello.

Nota a la tercera edición

1

En el año 2010, cuando México celebra el bicentenario de su Independencia y el centenario de la Revolución, ve la luz la tercera edición de *La suerte de la consorte*, un libro que desde que se publicó, ya se anunciaba como infinito, dado que cada seis años tenemos una nueva cónyuge en el poder.

Han pasado casi treinta años desde la primera vez que escribí sobre este tema en 1982 y poco más de diez desde la primera edición de este libro en 1999. Aquélla fue una recopilación de fotografías de las esposas de los gobernantes de México, que habían estado perdidas en los archivos y a las que acompañé de un breve texto. Ésta fue una investigación en toda forma, hecha a pesar de las dificultades para encontrar información sobre un tema del que hasta entonces, apenas si se había hablado.

Pero el interés enorme que despertó el libro, no solamente puso el tema sobre la mesa sino que llevó a que empezaran a llegar a mis manos documentos, datos, comentarios y críticas por parte de los lectores, lo cual me animó a preparar una segunda edición corregida y aumentada que se publicó en 2002, acompañada de un CD preparado por el historiador Carlos Martínez Assad con música, fotografías y biografías que arropaban y completaban al texto.

Esta nueva edición que el lector tiene entre sus manos, agrega la historia de las esposas de los gobernantes de México de la primera década del siglo XXI. Se trata de dos cónyuges totalmente diferentes a las anteriores, que han compartido el proyecto de sus maridos y han sido parte fundamental del mismo, y que además han tenido fuerte participación y gran visibilidad.

Esto le ha dado un giro completamente nuevo al tema, porque parecería que deja de ser del todo cierto lo que sostengo en el prólogo, en el sentido de que las esposas de los gobernantes son mujeres invisibles, dado que la historia sólo se ocupa de recoger los sucesos y acontecimientos de carácter político, que son los del mundo dominado por las acciones de los hombres. Y sin embargo, paradójicamente, ese argumento se confirma porque ellas se han hecho visibles precisamente, por participar de la vida pública y del poder.

Que esto haya podido suceder, nos habla de los muchos cambios que se han producido en el mundo y en nuestro país en los años recientes. El avance ha sido impresionante tanto en la situación y condición de las mujeres como en su participación en la vida pública y por ende, en los estudios de la historia y la cultura con perspectiva de género.

Pero también es cierto, y esto no lo podemos ignorar, que la visibilidad de estas señoras se debe en buena medida a que se ha puesto de moda mirar lo que les sucede a los otros como si fuera un espectáculo, autorizando a que cualquiera sienta como su derecho meterse hasta los rincones de las vidas personales de los otros y exhibirlas públicamente.

Por mi parte, el modo de estudiar a las señoras Marta Sahagún de Fox y Margarita Zavala de Calderón ha sido el mismo que utilicé para las anteriores primeras damas: ésta es una investigación sobre su trabajo público. No me meto en su vida privada (y eso que en el caso de la señora Fox ella misma ventiló muchas de sus intimidades ante los medios), ni recojo chismes o rumores.

Dos dificultades se me presentaron a la hora de llevar a cabo el trabajo. Una fue que si en las ediciones anteriores me quejaba del espeso silencio en torno a las esposas de nuestros gobernantes, en ésta me quejo de lo contrario: hay tanta información que es imposible conocerla toda y mucho menos usarla toda. Esto último es fundamental, y desbrozar el heno de la paja ha sido una tarea central para no caer ni en lo que se cuenta ni en las versiones oficiales.

La otra, fue que estoy haciendo historia en tiempo presente, cuando aún no se han asentado las aguas ni se ha decantado lo que va a quedar, pues todavía no hay la distancia suficiente para ello. Y también estoy haciendo sociología, es decir, tratando de entender a una sociedad de la que formo parte, lo cual complica la mirada aunque también permite entender códigos de comportamiento y de lenguaje.

Por lo que se refiere al subtítulo de mi trabajo: "Historia de un olvido y relato de un fracaso", lo sigo considerando adecuado, a pesar de que parecería como si de golpe y porrazo la señora Fox hubiera venido a romper con eso y a demostrar exactamente lo contrario.

Pero no es así. Con todo y el ruido que hizo, con todo y el poder del que dispuso, una vez que se fue, le sucedió lo mismo que a todas las esposas anteriores: cayó en el olvido. Y es que por más que van y vienen, por más que se esfuerzan y afanan, apenas salen de la Residencia Oficial nadie las vuelve a recordar. Los aplausos y adulaciones, los discursos "henchidos de agradecimiento" y los abrazos "sinceros" significan poco. ¿Dónde quedó la memoria de doña Soledad de Ávila Camacho que tantas máquinas de coser regaló, de doña Eva de López Mateos que repartió millones de desayunos escolares, de la compañera María Esther de Echeverría que apoyó a las parteras empíricas, le quitó la ilegitimidad a los hijos y hasta barrió la República?

En una encuesta telefónica levantada por CIMAC en la ciudad de México en el año 2000, se hizo evidente que pocos conocen las actividades que desempeñan las primeras damas, a pesar de que según los discursos oficiales, "millones de personas se han beneficiado de las instituciones que encabeza la esposa del presidente". Pero eso sí, esos mismos muchos estuvieron prestos para afirmar que "las esposas de nuestros presidentes no se han destacado por ninguna cosa", que "les gusta mucho lucirse" y que "gastan demasiado dinero".

2

Los nuevos capítulos de este libro dan fe de los cambios en la vida de las mujeres en general y de las cónyuges de los gobernantes en particular. Aún recordamos cuando los presidentes no dejaban asomar la cabeza a sus esposas, que esperaban en casa y sin chistar a que sus maridos cumplieran con los compromisos de su vida política y de su cargo e incluso con sus andanzas y correrías. Y también cuando las esposas de los gobernantes no estaban al día ni en las ideas y debates intelectuales de su momento histórico ni en los asuntos políticos de su país.

Hoy, nuestros presidentes consideran a sus esposas como compañeras y la vida política forma parte de su vida en pareja. Y hoy, como dice la señora Calderón, las mujeres son "factor fundamental de las luchas ciudadanas y del cambio en el país".

Por eso más que nunca me parece que se equivocan quienes consideran que no tiene ningún caso estudiar a las esposas de los gobernantes. Esta nueva edición confirma mi idea de que sí es importante hacerlo, por lo que ellas encarnan, ejemplifican y representan, tanto respecto a las transformaciones en la vida de las mujeres como respecto al poder y a su manera de ejercerlo. Y, no menos significativo, sobre los modos de ser culturales de nuestro país.

Hoy vemos que las cónyuges impactan y afectan nuestra vida política, pues opinan, participan y toman parte en acciones y decisiones, en nombramientos y prioridades, de modo que, como afirma Soledad Loaeza, su intervención va mucho más allá de los dimes y diretes de la corte.

Esto también justifica la reiteración de mi propuesta de reglamentar el trabajo de las esposas de los gobernantes, con sus deberes y límites y también con sus derechos. Estoy convencida de que es hora de terminar con los caprichos, el "yo hago lo que quiero", "lo que me he impuesto a mí misma" de la señora Fox o "lo que yo he decidido" de la señora Calderón, así como con los beneficios que se adquieren por el solo hecho de la contigüidad con el poder. Pero también de que es hora de terminar con la obligación que se les impone de desempeñar tareas que no necesariamente quieren o pueden o saben hacer. "Es alarmante —como escribe Claudia Ruiz Arriola— que las representantes oficiales de la asistencia social sean esposas del mandatario en turno y que de ellas 60 por ciento carece de preparación o de mérito profesional alguno que avale su derecho a intervenir, vetar, priorizar o aprobar planes y proyectos, atribuciones que generosamente les otorgan los Códigos de Asistencia Social de los Estados. No se vale que buena parte de los esfuerzos para combatir la pobreza de este país estén en manos de ñoras cuyo único mérito es ser esposas y cuya única credencial para decidir el destino anual de cientos de millones de pesos es ésa. Si el puesto en cuestión es estratégico para la nación, debe hacerse con toda la seriedad del caso y con conocimientos."

Y sin embargo, al mismo tiempo, estoy convencida de que en un país como el nuestro, con tantas carencias y necesidades, la esposa del primer mandatario de la nación puede, precisamente por la posición que ocupa, ser de gran utilidad. Y como dijo Rosalynn Carter, "sería vergonzoso no aprovechar ese poder".

3

Quiero agradecer cumplidamente a quienes me ayudaron para que viera la luz esta nueva edición.

A la señora Marta Sahagún de Fox, con quien me reuní en dos ocasiones y hablé por teléfono varias más y que me recibió a sabiendas de mi posición crítica en lo que había escrito sobre ella, con lo cual mostró coherencia en su discurso de respeto a los demás. Sé que no todos piensan como yo y que hay quienes aseguran haber sido objeto de su ira. En mi caso no fue así. Siempre me contestó el teléfono, soportó estoicamente mis imprudencias —como proponerle que se retirara de los reflectores y que dejara de perseguir a López Obrador— y nunca hizo nada por impedir que yo dijera lo que tenía para decir.

Y a la señora Margarita Zavala de Calderón, a quien conocí en octubre de 2003 cuando participamos, con María Teresa Priego, en el programa de televisión *Zona Abierta* que conducía Héctor Aguilar Camín para hablar del tema que nos une, que es el de las mujeres. Ya como primera dama, me reuní con ella en tres ocasiones, una para conversar y dos para entrevistas formales. Además, amablemente aceptó mi petición de ser invitada a verla en acción cuando vino a México la señora Michele Obama a quien ofreció un coctel en la Residencia Oficial de Los Pinos.

Hay una persona a quien no tengo el gusto de conocer, pero que se ha salido de los límites de la generosidad en su cuidadosa lectura de este libro, sus envíos de datos, bibliografía y documentos, sus correcciones a mis errores y sus opiniones sobre mis interpretaciones y sesgos. Se trata del doctor Guillermo Murillo Godínez. En el año 2000 recibí el primer correo electrónico de su parte y hasta el día de hoy los sigo recibiendo, siempre con nueva información. Solamente respecto a este libro suman cerca de 350. No tengo palabras para agradecerle su esfuerzo, que aproveché incorporando lo que pude y con lo que estuve de acuerdo de sus muchas propuestas.

Otros dos lectores también se tomaron la molestia de hacerme señalamientos, algunos de los cuales incorporé. Se trata de Jorge Armando Benítez Martín del Campo y de Benjamín Rodríguez Hernández a quienes agradezco su confianza.

Me hubiera gustado incluir muchas cosas más: lo que me han contado en estos años parientes y conocidos de las esposas de los gobernantes, a quienes he encontrado por casualidad o que me han buscado con ese fin; los conocimientos puntuales que me han compartido algunos colegas; algo de la nueva información hoy disponible en la investigación sobre las mujeres, respecto a su lugar y desempeño en la historia, la política y la vida cotidiana y algunos datos de libros que se han publicado en años recientes enfocándose en alguna primera dama en particular. Pero no pude hacerlo, porque habría convertido a esta nueva edición en un enorme y pesado ladrillo imposible de cargar. No pierdo la esperanza de lograrlo más adelante, buscando otros formatos.

El libro tuvo la suerte de que Roberto D'Amico decidiera llevarlo al teatro, convirtiéndolo en un exitoso espectáculo con un guión hecho por él, producción de Rubén Lara, música interpretada en vivo por Hebert Clavel y la actuación de grandes actrices que llevaron por todo el país las vicisitudes de estas mujeres: Margarita Sanz, Jacqueline Andere, Macaria, Blanca Sánchez,

Rosa María Bianchi, Ana Berta Espín, Silvia Pasquel, María Sorté, Irma Lozano. A todos ellos mi admiración y agradecimiento.

Al doctor Carlos Martínez Assad le expreso mi reconocimiento y agradecimiento porque una vez más leyó, opinó y participó en la hechura de la nueva edición. Dados los adelantos técnicos para la reproducción de la fotografía, se dio a la tarea de hacer de nuevo la investigación y selección iconográficas, para elegir las nuevas imágenes que pudieran quedar mejor y mejorar las que pudo rescatar de las ediciones anteriores.

Le doy las gracias a quienes le permitieron y facilitaron el uso de sus acervos para tal fin: los fondos reservados de la Hemeroteca y de la Biblioteca Nacionales; el Centro de Estudios de Historia de México Carso y su director Manuel Ramos; el Fideicomiso Archivos Plutarco Elías Calles-Fernando Torreblanca y su directora Norma Mereles; el Archivo Fotográfico Ing. Jack F. Ealy Aragón del periódico *El Universal*, donde escribo semanalmente desde hace más de 15 años y que ha acogido muchos de mis textos sobre las primeras damas, a su director general, Jorge Zepeda Patterson, y su director editorial, Ricardo Raphael; y la biblioteca del Instituto de Investigaciones Sociales de la UNAM.

Gracias también a la editorial Océano, que siempre es tan generosa y apoyadora con mis proyectos y en especial a su director Rogelio Villarreal Cueva y a Guadalupe Ordaz. Ellos publicaron no sólo las ediciones anteriores de este libro sino también el que hice sobre Marta Sahagún. A Guillermo Osorno por publicar mi artículo con la primera versión sobre la señora Zavala, a José Antonio Crespo por su asesoría con la bibliografía para los periodos de Fox y Calderón, y a Karin Oechler, directora de información, por su labor de intermediación con la Residencia Oficial de Los Pinos. A Adriana Cataño, porque una vez más ha hecho con excelencia y buen ánimo el laborioso trabajo de preparar para la publicación mis textos con sus infinitas correcciones. A Luis Arturo Salmerón de la revista *Relatos e Historias*; y a Boris de Swan por el refotografiado del periódico *El Tiempo Ilustrado*. Y por supuesto, a mi alma máter, la Universidad Nacional Autónoma de México, en cuyo Instituto de Investigaciones Sociales laboro desde hace más de tres décadas y media con absoluta libertad y dicha.

4

En todas sus ediciones, este libro sobre las consortes ha tenido la suerte de una excelente acogida por parte de los lectores. Ello ha hecho evidente el interés en el tema pero también en la manera de enfocarlo. Y es que digan lo que digan quienes interpretan la cultura, todavía hay en este mundo aprecio por un trabajo serio. Y esto es un gran aliciente para los que nos dedicamos a la investigación y a la escritura. Por eso mi agradecimiento va también para ellos, los lectores, por su respaldo y apoyo.

Y también para las esposas de los gobernantes de todo nivel y condición, porque han convertido este libro en un manual y le han dado eco a las propuestas que se plantean en sus páginas.

El volumen se hace cada vez más voluminoso, en cada edición crece y pesa más. Para evitar que eso siga sucediendo, sería hora de elegir a una señora presidenta. Pero entonces ¿habrá un primer caballero de la nación al que veremos abandonar profesión y trabajo propios para dedicarse a apoyar al de su esposa? ¿Y será la suya también una labor gratuita y condenada a la incertidumbre y a la crítica, al olvido y al fracaso? Pero la ventaja de tener una señora presidenta, es que así no sólo yo podría empezar un nuevo libro sobre los consortes, sino que los mexicanos entraríamos de lleno y con paso firme al nuevo siglo, para lo que sin duda ya estamos preparados.[55]

Nota a la cuarta edición

1

El siglo xxi entró a México junto con la alternancia política y la democracia. El cambio no era superficial, sino que hacía evidente la importante transformación que había experimentado la sociedad mexicana en el cuarto de siglo anterior.

En el caso de las mujeres, la participación política y ciudadana, las oportunidades de acceso a la salud, la educación y la oferta laboral aumentaron mucho, en comparación con la primera vez que escribí este libro allá por los años ochenta del siglo pasado. Eso no quiere decir que para todas los cambios hayan ya llegado o que signifiquen lo mismo, pues falta mucho para que eso suceda, pero sí es un hecho que para millones la vida se ha transformado para bien.

Sin embargo, ese proceso se ha visto amenazado pues el narcotráfico y la delincuencia organizada adquirieron enorme peso en la vida nacional, violentándola profundamente y afectando la economía, la política y la vida cotidiana.

¿Qué futuro nos espera como nación? Nunca, me parece, había sido tan difícil imaginarlo, ni se diga prepararlo. Pero aquí estamos, tratando de seguir adelante, cada quien desde su trinchera.

2

Cuando hablamos de cambios y de avances, tanto económicos y tecnológicos como culturales y mentales, nos soprendemos de que las esposas sigan desempeñando hoy el mismo papel que han venido cumpliendo desde los siglos de la historia: el de ser las responsables de atender el hogar y a la familia, y que esto sea prioritario, aunque tengan otras actividades, intereses o incluso empleos.

Esto no es diferente para las esposas de los gobernantes. Y el ejemplo está a la vista: las dos más recientes son mujeres con una carrera exitosa: una de ellas en la política y otra en la farándula, y sin embargo, ambas la dejaron de lado para apoyar a sus maridos.

Lo que indudablemente ha cambiado mucho es que ya no existe aquella premisa sobre la que me basé cuando empecé las investigaciones sobre este tema y según la cual las esposas de los gobernantes eran mujeres prácticamente invisibles y de las que casi nada se sabía. Hoy, por el contrario, no podríamos verlas más y estamos enteradas de cada instante y rincón de sus vidas, hasta demasiado diría yo.

3

En esto estamos hoy, cuando ve la luz una nueva edición de este libro al que los lectores amablemente han convertido en un clásico y en un éxito editorial pues lo adquieren, leen, consultan y comentan. En esta ocasión, completo la gestión de la señora Margarita Zavala de Calderón y hago un balance de sus quehaceres y también me ocupo de los primeros meses de la presencia de la señora Angélica Rivera de Peña Nieto, haciendo una interpretación de hacia dónde me parece que se encamina.

Como siempre, mi interés está centrado en el trabajo público de las primeras damas, no en su vida privada y de nuevo lo he hecho tratando de esquivar los chismes y rumores y basándome en datos y hechos, aunque ello se complica porque todo está sucediendo hoy mismo, y no cuento con la perspectiva que da el paso del tiempo y con el decantamiento de las verdades así como de los elogios y las críticas.

Los lectores podrán percatarse de que en los casos anteriores, entrevisté a (o por lo menos conversé con) las primeras damas, lo que no hago en el caso de la señora Peña Nieto. La razón de ello es que me pareció que aún es demasiado pronto y que convenía esperar a que más allá de los proyectos y promesas, haya realidades.

Lo que sí vale la pena recordar es que si en los casos de las señoras Fox y Calderón se trataba de compañeras del proyecto político de sus maridos, en el caso de la señora Angélica no es así. Ella constituye un valor agregado para el presidente, puesto que es muy popular por su trabajo como actriz de la televisión, pero no tiene nada que ver con la cuestión política.

4

Esta nueva edición existe gracias a la insistencia y apoyo de Rogelio Villarreal Cueva, director de la editorial Océano. A él y a su maravilloso equipo de colaboradores les agradezco mucho su generosidad y paciencia conmigo. Lo mismo vale para Carlos Martínez Assad, quien una vez más se ocupó de seleccionar las fotografías; para el periódico *El Universal*, a cuyo director Roberto Rock y subdirector editorial Alejandro Jiménez les agradezco que me hayan permitido disponer de fotografías de su espléndido acervo; para mi centro de trabajo, el Instituto de Investigaciones Sociales de la Universidad Nacional Autónoma de México, donde hago mis investigaciones con total libertad, y para Adriana Cataño, que acepta con buen talante incorporar mis constantes correcciones y aumentos.

En 2013, el Arzobispo de la Iglesia Ortodoxa de Antioquía en México dijo en una entrevista: "Yo he sido amigo de todos los presidentes de México"[1]. Parafraseándolo, puedo decir que yo no he sido amiga de ninguna primera dama de México, pero desde hace tres décadas las he estudiado a todas.

Cronología

Periodo	Gobernante	Esposa
1521-1524	Hernán Cortés	Catalina Xuárez* Juana de Zúñiga
1524	Alonso Zuazo, alcalde mayor apoyado en sus funciones por Alonso de Estrada y Rodrigo de Albornoz	
1524-1526	Gonzalo de Salazar y Pedro Almíndez de Chirino	
1526	Luis Ponce de León	
1526-1527	Marcos Aguilar	
1527-1528	Alonso de Estrada	
1528-1531	Primera Audiencia integrada por: presidente: Nuño Beltrán de Guzmán; oidores: Juan Ortiz de Matienzo, Alonso de Parada, Diego Delgadillo y Francisco Maldonado	
1531-1535	Segunda Audiencia integrada por: presidente: Sebastián Ramírez de Fuenleal; oidores: Vasco de Quiroga, Juan Salmerón, Alonso Maldonado, Francisco Ceinos	
1535-1550	Antonio de Mendoza	Catalina o Catarina de Vargas*
1551-1564	Luis de Velasco, padre	Ana de Castilla y Mendoza*
1566-1568	Gastón de Peralta	Leonor de Vico* (segunda esposa)
1568-1580	Martín Enríquez de Almanza	María Manrique*
1580-1583	Lorenzo Suárez de Mendoza	Catalina de la Cerda*
1584-1585	Pedro Moya y Contreras	
1585-1590	Álvaro Manrique de Zúñiga	Blanca de Velasco*
1590-1595	Luis de Velasco, hijo	María de Ircio y Mendoza*
1595-1602	Gaspar de Zúñiga y Acevedo	Inés de Velasco y Aragón*
1603-1607	Juan de Mendoza y Luna	Ana Gonzalvi o Ana Mejía* (?) Luisa Antonia Portocarrero (segunda esposa)* (?)
1608-1612	Luis de Velasco, hijo	María de Ircio Mendoza*
1613-1614	Fray García Guerra	
1615-1620	Diego Fernández de Córdova	María Rieder o Riederer de Paar*
1621-1624	Diego Carrillo de Mendoza y Pimentel	Leonor de Portugal Colón de Toledo y Vicentello* (segundo marido)
1624-1635	Rodrigo de Pacheco y Osorio	Francisca de la Cueva*
1635-1640	Diego Lope Díez de Aux de Armendáriz	Mariana*
1640-1642	Diego López Pacheco Cabrera y Bobadilla	Luisa Bernarda (segunda esposa)*
1643	Juan de Palafox y Mendoza	
1643-1648	García Sarmiento de Sotomayor	Antonia de Acuña y Guzmán*
1648-1649	Margos de Torres y Rueda	
1650-1653	Luis Enríquez de Guzmán	Hipólita de Cardona*
1653-1660	Francisco Fernández de la Cueva	Juana Armendáriz*

* Esposa durante el mandato.

1660-1663	Juan de Leyva y de la Cerda	María Isabel de Leyva y Mendoza*
1663	Diego Osorio de Escobar y Llamas	
1664-1673	Antonio Álvaro Sebastián de Toledo Molina y Salazar	Leonor de Carreto*
1673	Pedro Nuño Colón de Portugal	
1673-1680	Payo Enríquez de Rivera	
1681-1685	Tomás Antonio de la Cerda y Aragón	María Luisa Gonzaga y Manrique de Lara*
1686-1688	Melchor o Manuel de Portocarrero y Lazo de la Vega	Antonia Jiménez de Urrea*
1689-1692	Gaspar de la Cerda Sandoval Silva y Mendoza	Elvira María de Toledo* (segunda esposa)
1692-1695	Juan de Ortega y Montañez	
1696-1702	José Sarmiento y Valladares	María Jerónima Moctezuma y Jofre de Loaiza* María de Guzmán y Manrique*
1702	Juan de Ortega y Montañez	
1702-1710	Juan Francisco Fernández de la Cueva Enríquez	Juana de la Cerda y Aragón*
1711-1716	Fernando de Alencastre Noroña y Silva	Mariana de Castro y Silva*
1717-1722	Baltasar de Zúñiga y Guzmán Sotomayor	
1722-1734	Juan de Acuña y Manrique Bejarano	
1734-1740	Juan Antonio de Vizarrón Eguiarreta	
1740-1741	Pedro de Castro y Figueroa y Salazar	Isabel Farnesio* (segunda esposa)
1742-1746	Pedro Cebrián y Agustín	
1746-1755	Francisco de Güemes y Horcasitas	Antonia Ceferina Pacheco de Padilla y Aguayo*
1755-1759	Agustín de Ahumada y Villalón	Luisa María del Rosario de Ahumada y Vera*
1760	Francisco Cajigal de la Vega	María de Monserrat*
1760-1766	Joaquín de Montserrat	María Josefa Acuña Vázquez Coronado*
1766-1771	Carlos Francisco de Croix	
1771-1779	Antonio María de Bucareli y Ursúa	
1779-1783	Martín de Mayorga	María Josefa Valcárcel
1783-1784	Matías de Gálvez y Gallardo	Ana de Zayas y Ramos*
1785-1786	Bernardo y Ortega de Gálvez	Felícitas Sant Maxent*
1787	Alonso Núñez de Haro y Peralta	
1787	Manuel Antonio Flores	Juana María de Pereyra*
1788-1794	Juan Vicente de Güemes Pacheco Padilla y Horcasitas	
1794-1798	Miguel de la Grúa Talamanca	María Antonia Godoy y Álvarez*
1798-1800	Miguel José de Azanza	María Josefa Alegría
1800-1802	Félix Berenguer de Marquina	
1803-1808	José de Iturrigaray	María Inés de Jáuregui y Aristegui*
1808-1809	Pedro de Garibay	Francisca Javiera Echegaray
1809-1810	Francisco Javier de Lizana y Beaumont	
1810-1813	Francisco Javier Venegas	
1813-1816	Félix María Calleja del Rey	Francisca de la Gándara*
1816-1821	Juan Ruiz de Apodaca	María Rosa Gastón*
1821	Francisco Novella	
1821	Juan de O'Donojú	Josefa Sánchez Barriga*

1821	Soberana Junta Provisional Gubernativa, con treinta y ocho miembros. Después Regencia integrada por Agustín de Iturbide, Manuel de la Bárcena, José Isidro Yáñez, Manuel Velázquez de León, Juan O'Donojú. A su muerte O'Donojú fue remplazado por Antonio Joaquín Pérez. Nicolás Bravo, el Conde de las Heras y Miguel Valentín remplazaron a Bárcena, Velázquez de León y Pérez	
1822-1823	Agustín de Iturbide (Primer Imperio)	Ana María Josefa Ramona Huarte Muñoz Sánchez de Tagle* (1786-1861)
1823	Junta formada por:	
	Pedro Celestino Negrete,	María Josefa Olavarrieta* (1794-1842)
	Mariano Michelena	Josefa Iriarte*
	y Miguel Domínguez	Josefa Ortiz* (1771-1829) (segunda esposa)
	Los sustituyen:	
	Nicolás Bravo,	Antonieta Guevara* (?-1854)
	Vicente Guerrero	María Guadalupe Hernández*
	y Guadalupe Victoria	María Antonia Bretón de los Herreros
1824-1829	Guadalupe Victoria	
1829	Vicente Guerrero	
	José María Bocanegra	María de Jesús Carranco o Carrasco* (?-1847)
1829-1830	Triunvirato formado por Pedro Vélez,	Josefa Torres*
	Lucas Alamán	Narcisa García Castrillo (1804-1858)*
	y Luis Quintanar	Luisa Garay de Arechavala* (?-1834)
1830-1832	Anastasio Bustamante	
1832	Melchor Múzquiz	Josefina o Joaquina Bezares* (1804-1860)
1833	Manuel Gómez Pedraza	Juliana Azcárate* (1800-1874)
	Valentín Gómez Farías	Isabel López* (1801-1856)
	Antonio López de Santa Anna	María Inés de la Paz García* (1811-1844)
		Dolores Tosta Gómez* (1828-1886)
1833-1834	Valentín Gómez Farías	
1834-1835	Antonio López de Santa Anna	
1835-1836	Miguel Barragán	Manuela de Trebuesto y Casasola* (1806-1885)
1836-1837	José Justo Corro	Juana Fernanda Ulloa*
1837-1839	Anastasio Bustamante	
1839	Antonio López de Santa Anna	
	Nicolás Bravo	
1839-1841	Anastasio Bustamante	
1841	Francisco Javier Echeverría	Refugio Almanza* (1799-1848)
1841-1842	Antonio López de Santa Anna	
1842-1843	Nicolás Bravo	

1843	Antonio López de Santa Anna	
1843-1844	Valentín Canalizo	Josefa Benita Dávila o Dávalos* (1801-1844)
1844	Antonio López de Santa Anna	
	José Joaquín de Herrera	Dolores Alzagaray (1811-1839)
	Valentín Canalizo	
1844-1845	José Joaquín de Herrera	
1846	Mariano Paredes y Arrillaga	Josefa Cortés* (1810-1880)
	Nicolás Bravo	
	José Mariano Salas	Josefa Cárdena o Cardeña* (?-1890)
1846-1847	Valentín Gómez Farías	
1847	Antonio López de Santa Anna	
	Pedro María Anaya	
	Antonio López de Santa Anna	
	Manuel de la Peña y Peña	Bernardina Illanes Josefa Osta* (segunda esposa)
1847-1848	Pedro María Anaya	
1848	Manuel de la Peña y Peña	
1848-1851	José Joaquín de Herrera	
1851-1853	Mariano Arista	Guadalupe Martel (?-1864) (segundo marido)
1853	Juan José Bautista Ceballos	Ana Madrid*
	Manuel María Lombardini	Guadalupe Lemus Refugio Alegría* (?-1886) (segunda esposa)
1853-1855	Antonio López de Santa Anna	
1855	Martín Carrera	María de los Ángeles Lardizábal* (1806-1875)
	Rómulo Díaz de la Vega	Pilar Valera*
	Juan Álvarez	María Faustina Benítez* (1793-1870)
1855-1857	Ignacio Comonfort	Carmen Lara (?)
1858-1861	Benito Juárez	Juana Rosa Chagoya Margarita Eustaquia Maza Parada* (1826-1871) (segunda esposa)
1858-1859	Félix Zuloaga	María de la Gracia Palafox* (1815-1889)
1858-1859	Manuel Robles Pezuela	
1859-1860	José Mariano Salas	
1859-1860	Miguel Miramón	Concepción Lombardo Gil de Partearroyo* (1835-1921)
1860	José Ignacio Pavón	Felipa González del Castillo*
1860-1861	Jesús González Ortega	
1861-1865	Benito Juárez	
1862	Juan Nepomuceno Almonte	Dolores Quesada o Quesadas* (1820-1890)
1863-1864	Regencia integrada por: Juan Nepomuceno Almonte, Pelagio Antonio de Labastida y Dávalos, José Mariano Salas	
1864	Juan Nepomuceno Almonte	
1864-1867	Maximilano de Habsburgo	Carlota Amalia de Bélgica* (1840-1927)

1867-1872	Benito Juárez	
1872-1876	Sebastián Lerdo de Tejada	
1876	José María Iglesias	Juana Calderón Tapia* (1822-1897)
	Juan N. Méndez	Trinidad González Castrueza (?-1868)
1877-1880	Porfirio Díaz	Delfina Ortega* (1845-1880)
1880-1884	Manuel González	Laura Mantecón Arteaga* (1845-1900)
1884-1911	Porfirio Díaz	Carmen Romero Rubio y Castelló* (1864-1944) (segunda esposa)
1911	Francisco León de la Barra	María Elena Borneque y Schneider
		María del Refugio Borneque* (segunda esposa) (segundo marido)
1911-1913	Francisco I. Madero	Sara Pérez Romero (1870-1952)*
1913	Pedro Lascuráin	María Enriqueta Flores Manzanera (1873-1951)*
1913-1914	Victoriano Huerta	Emilia Águila* (?-1940)
1914	Francisco S. Carvajal	
1914-1917	Venustiano Carranza	Virginia Salinas Balmaceda* (1862-1919)
		Ernestina de la Garza (1857-1964) (segunda esposa)
1914-1915	Eulalio Gutiérrez	Petra Treviño*
1915	Roque González Garza	Consuelo o Concepción de Garay Pontones
1915-1916	Francisco Lagos Cházaro	
1917-1920	Venustiano Carranza	
1920	Adolfo de la Huerta	Clara Oriol Ortiz de la Torre* (1884-1967)
1920-1924	Álvaro Obregón	Refugio Urrea (?-1907)
		María Tapia Monteverde* (1888-1971) (segunda esposa)
1924-1928	Plutarco Elías Calles	Natalia Chacón Amarillas* (1879-1927)
		Leonor Llorente (?-1932) (segunda esposa)
1928-1930	Emilio Portes Gil	Carmen García* (1905-1980)
1930-1932	Pascual Ortiz Rubio	Josefina Ortiz* (1892-1983)
1932-1934	Abelardo L. Rodríguez	Luisa Montijo (1895-1990)
		Earthyl Vera Meier
		Aída Sullivan Coya* (1904-1975) (tercera esposa)
1934-1940	Lázaro Cárdenas del Río	Amalia Solórzano Bravo* (1912-2008)
1940-1946	Manuel Ávila Camacho	Soledad Orozco* (1905-1996)
1946-1952	Miguel Alemán Valdés	Beatriz Velasco Mendoza* (1913-1981)
1952-1958	Adolfo Ruiz Cortines	Lucía Carrillo Gutiérrez (1866-?)
		María de los Dolores Izaguirre* (1891-1979) (segunda esposa) (tercer marido)

1958-1964	Adolfo López Mateos	Eva Sámano Bishop* (1911-1984) Angelina Gutiérrez Sadurní (segunda esposa)
1964-1970	Gustavo Díaz Ordaz	Guadalupe Borja Osorno* (1915-1974)
1970-1976	Luis Echeverría Álvarez	María Esther Zuno Arce* (1924-1999)
1976-1982	José López Portillo	Carmen Romano Nölk* (1926-2000) Alejandra Asimovic Popovic (Sasha Montenegro) (segunda esposa)
1982-1988	Miguel de la Madrid Hurtado	Paloma Delia Margarita Cordero Tapia* (1937)
1988-1994	Carlos Salinas de Gortari	Cecilia Occelli González* (1949) Ana Paula Gérard (segunda esposa)
1994-2000	Ernesto Zedillo Ponce de León	Nilda Patricia Velasco Núñez* (1953)
2000-2006	Vicente Fox Quesada	Lillian de la Concha Marta Sahagún Jiménez* (1953) (segunda esposa) (segundo marido)
2006-2012	Felipe Calderón Hinojosa	Margarita Zavala Gómez del Campo* (1967)
2012-	Enrique Peña Nieto	Mónica Pretelini Sáenz (1963 -2007) Angélica Rivera Hurtado* (1969) (segunda esposa) (segundo marido)

Notas

PRÓLOGO: ROMPER EL SILENCIO

[1] Asunción Lavrín, "La mujer en la sociedad colonial hispanoamericana", en Leslie Bethell, ed., *Historia de América Latina*, t. IV, Crítica-Cambridge University Press, Barcelona, 1990, p. 109. (Cortesía de Gabriela Cano.)

[2] Anne Martin-Fugier, "Los ritos de la vida privada burguesa", en Philippe Ariès y Georges Duby, *Historia de la vida privada*, t. IV, Taurus, México, 2001, pp. 201-202. Véase también Michelle Perrot, "Los actores. Funciones de la familia", en *ibíd.*, t. IV, p. 144.

[3] Lillian Smith citada en Marina Fe, coord., *Otramente*, Fondo de Cultura Económica, México, 1999, p. 34.

[4] Michelle Perrot, "Introducción" en Philippe Ariès y Georges Duby, *Historia de la vida privada*, t. IV, *op. cit.*, pp. 10-16.

[5] Paul Veyne, "Introducción" en *ibíd.*, t. I, p. 15. Véase también Georges Duby, "Advertencia", en *ibíd.*, t. II, p. 12.

[6] Georges Duby, "Advertencia", en *ibíd.*, t. I, pp. 11-14.

[7] Stéphane Michaud, "Idolatrías: representaciones artísticas y literarias", en Georges Duby y Michelle Perrot, *Historia de las mujeres*, t. IV, Taurus, México, 2000, pp. 181-205.

[8] Jean Franco, *Las conspiradoras. La representación de la mujer en México*, Fondo de Cultura Económica, México, 1993, pp. 24-25.

I. ÉL GRANDE, ELLA EXCELSA

[1] Edmundo O'Gorman citado en Octavio Paz, *Sor Juana Inés de la Cruz o las trampas de la fe*, Fondo de Cultura Económica, México, 1982, p. 26.

[2] Gabriel Zaid, "Apuntes de un provinciano", en *Filosofía y Letras*, septiembre-octubre de 1990, Universidad Autónoma de Nuevo León, Monterrey, p. 3.

[3] Miguel León-Portilla, *Los antiguos mexicanos*, Fondo de Cultura Económica-Secretaría de Educación Pública, México, 1985, p. 31.

[4] Francisco Serrano, "Lamento de Azcalxochitzin", en *Arqueología Mexicana*, núm. 29, Instituto Nacional de Antropología e Historia, México, enero-febrero de 1998, p. 73.

[5] Jerónimo Mendieta, Motolinía, *Códice Mendoza* y Bernardino de Sahagún citados en María de Jesús Rodríguez, "La mujer y la familia en la sociedad mexica", en Carmen Ramos, coord., *Presencia y transparencia: la mujer en la historia de México*, El Colegio de México, México, 1987, p. 17.

[6] *Códice Florentino* citado en Miguel León-Portilla, "Cihuayotl: la feminidad luce en su rostro", en *Arqueología Mexicana*, núm. 29, Instituto Nacional de Antropología e Historia, México, enero-febrero de 1998, pp. 17-18. Véase el capítulo "La mujer en el mundo mexica", en Julia Tuñón, *Mujeres en México. Una historia olvidada*, Planeta, México, 1987, pp. 17-32.

[7] Más ejemplos en: María de los Ángeles Ojeda y Cecilia Rosell, *Diosas y mujeres en códices prehispánicos*, Instituto Nacional de Antropología e Historia, México, 1995. (Cortesía de Ricardo Pérez Montfort.)

[8] Francisco López de Gomara citado en Jacques Lafaye, *Quetzalcóatl y Guadalupe, la formación de la conciencia nacional en México*, Fondo de Cultura Económica, México, 1983, p. 81.

[9] Margarita Peña, *Descubrimiento y conquista de América. Cronistas, poetas, misioneros y soldados*, Universidad Nacional Autónoma de México, México, 1982, p. 21.

[10] Miguel León-Portilla, *Los antiguos mexicanos, op. cit.*, p. 31.

[11] Bernal Díaz del Castillo citado en Jean Franco, *Historia de la literatura hispanoamericana*, Ariel, Barcelona, 1975, p. 45; Bernardo de Balbuena citado en Carlos Monsiváis, *Antología de la crónica en México*, Universidad Nacional Autónoma de México, 1979, p. 9; Bernardino de Sahagún citado en Alejandra Moreno Toscano, "La era virreinal", en *Historia mínima de México*, El Colegio de México, México, 1974, p. 56.

12 Lo de la comida está en Salvador Novo, *Historia gastronómica de la ciudad de México*, Estudio Salvador Novo-Pórtico de la Ciudad de México, México, 1993, p. 41. El lamento forma parte del poema "Ruina de México en Tlatelolco", en Gabriel Zaid, *Ómnibus de poesía mexicana*, Siglo XXI, México, 1987, pp. 46-47.

13 Stanley y Barbara Stein, *La herencia colonial de América Latina*, Siglo XXI, México, 1982; David Brading cita a Bartolomé de las Casas para quien "luego de medio siglo de colonización, quince millones de nativos habían desaparecido de la faz de la tierra", en *Prophecy and Mith in Mexican History*, University of Cambridge, Cambridge, s-f., p. 15.

14 Hernán Cortés citado en Raimundo Lazo, *Historia de la literatura hispanoamericana. El periodo colonial (1492-1780)*, Porrúa, México, 1983, p. 24.

15 Hugh Thomas, *La conquista de México*, Planeta, México, 2004, p. 828. (Cortesía de Guillermo Murillo Godínez.)

16 Clifford Krauss, "After 500 Years, Cortes' Girlfriend Is Not Forgiven", en *The New York Times International*, 26 de marzo de 1997; Carmen Ross, entrevista, 20 de agosto de 1999.

17 Teresa Silva Tena, *Cronología de las fechas más importantes de la historia de México*, s-ed., México, s-f., p. 2.

18 José de Jesús Núñez y Domínguez, *La virreina mexicana doña María Francisca de la Gándara de Calleja*, Imprenta Universitaria, México, 1950, p. XV.

19 *Ibíd.*, p. V.

20 Bernardo García Díaz, *Puerto de Veracruz*, Gobierno del Estado de Veracruz, Jalapa, 1992, p. 16.

21 Josefina Muriel, "Las indias cacicas en la época virreinal", en *Arqueología Mexicana*, núm. 29, Instituto Nacional de Antropología e Historia, México, enero-febrero de 1998, p. 56.

22 Octavio Paz, *Sor Juana Inés de la Cruz o las trampas de la fe*, *op. cit.*, p. 43.

23 Josefina Muriel, *Cultura femenina novohispana*, Universidad Nacional Autónoma de México, México, 1982, p. 505.

24 Para los nombres de los virreyes y las virreinas: Artemio de Valle Arizpe, *Virreyes y virreinas de la Nueva España*, Jus, México, 1947; Manuel Romero de Terreros, *Bocetos de la vida social en la Nueva España*, Porrúa, México, 1944; Ignacio Rubio Mañé, *Introducción al estudio de los virreyes de Nueva España*, Universidad Nacional Autónoma de México, México, 1955; Pedro Soler Alonso, *Virreyes de la Nueva España*, Secretaría de Educación Pública, México, 1945; Emilia Serrano de Wilson, *México y sus gobernantes de 1519 a 1910. Biografías, retratos y autógrafos*, Editora Nacional, México, 1967. Y para esta edición también José Manuel Villalpando, *Historia de México a través de sus gobernantes*, Planeta, México, 2003, pp. 54-126.

25 Artemio de Valle Arizpe, *Virreyes y virreinas de la Nueva España*, *op. cit.*, p. 19.

26 Salvador Novo, *México*, Destino, Barcelona, 1968, p. 126; y Joaquín García Icazbalceta citado en Manuel Romero de Terreros, *Bocetos de la vida social en la Nueva España*, *op. cit.*, p. 54.

27 Esta información así como varios nombres y datos los debo a Rafael Muñoz. La Real Audiencia que gobernó entre 1564 y 66 estaba integrada por los señores don Pedro Villalobos, don Gerónimo Orozco, don Vasco de Puga y Villanueva y el licenciado Ceinos. Véase *Diccionario de historia, biografía y geografía de México*, Porrúa, México, 1995.

28 Artemio de Valle Arizpe, *Virreyes y virreinas de la Nueva España*, *op. cit.*, p. 45.

29 Manuel Romero de Terreros, *Bocetos de la vida social en la Nueva España*, *op. cit.*, pp. 19-20.

30 Pilar Gonzalbo, *Las mujeres en la Nueva España*, El Colegio de México, México, 1987, p. 151; y François Giraud, "Mujeres y familia en Nueva España", en Carmen Ramos, coord., *Presencia y transparencia: la mujer en la historia de México*, *op. cit.*, pp. 70-71.

31 Artemio de Valle Arizpe, *Virreyes y virreinas de la Nueva España*, *op. cit.*, p. 25. José de Jesús Núñez y Domínguez cuenta lo mismo en *La virreina mexicana doña María Francisca de la Gándara de Calleja*, *op. cit.*

32 Manuel Romero de Terreros, *Bocetos de la vida social en la Nueva España*, *op. cit.*, p. 40.

33 Jorge Alberto Manrique, "Del barroco a la Ilustración", en *Historia general de México*, t. II, El Colegio de México, México, 1977, pp. 357-446.

[34] Alfonso Méndez Plancarte citado en Josefina Muriel, *Cultura femenina novohispana, op. cit.*, p. 125. Véase Irving A. Leonard, *Baroque Times in Old Mexico*, The University of Michigan Press, Ann Arbor, 1959, pp. 4-5.

[35] Salvador Novo, *México, op. cit.*, pp. 205-18. Según Aurelio de los Reyes, que sigue a Toussaint y a Rojas, la fuente no estaba al centro sino adosada a la pared.

[36] Guillermo de Tortosa citado en Artemio de Valle Arizpe, *Virreyes y virreinas de la Nueva España, op. cit.*, p. 444.

[37] Asunción Lavrín, "La mujer en la sociedad colonial hispanoamericana", en Leslie Bethell, ed., *Historia de América Latina*, t. IV, Crítica-Cambridge University Press, Barcelona, 1990, p. 115.

[38] Irving A. Leonard citado en *El Universal*, noviembre de 1997; y *Baroque Times in Old Mexico, op. cit.*, p. 33.

[39] Enrique Florescano y Rodrigo Martínez, *Historia gráfica de México*, t. II, Instituto Nacional de Antropología e Historia-Patria, México, 1988, p. 54.

[40] *Capítulos olvidados de la historia de México*, Reader's Digest, México, 1994, p. 155. (Cortesía de Patricia Masón.)

[41] Artemio de Valle Arizpe, *Virreyes y virreinas de la Nueva España, op. cit.*, p. 99; Asunción Lavrín, "La mujer en la sociedad colonial hispanoamericana", en Leslie Bethell, ed., *Historia de América Latina, op. cit.*, p. 116.

[42] Según José Manuel Villalpando, esto lo cuenta Vicente Riva Palacio en su novela *Memorias de un impostor*, entrevista, 16 de diciembre de 1997.

[43] Francisco de la Maza, *La ciudad de México en el siglo* XVII, Fondo de Cultura Económica-Secretaría de Educación Pública, México, 1985, p. 33.

[44] Manuel Romero de Terreros, *Bocetos de la vida social en la Nueva España, op. cit.*, p. 25.

[45] José Pascual Buxó, entrevista, 8 de octubre de 1995.

[46] Manuel Romero de Terreros, *Bocetos de la vida social en la Nueva España, op. cit.*, p. 33.

[47] Sermón predicado en el Colegio de la Compañía de Jesús de Oaxaca en 1753 citado en Pilar Gonzalbo, *Las mujeres en la Nueva España, op. cit.*, p. 205.

[48] Raimundo Lazo, *Historia de la literatura hispanoamericana, op. cit.*, p. 160; Carlos Martínez Assad, entrevista, 17 de julio de 2001.

[49] Josefina Muriel, *Cultura femenina novohispana, op. cit.*, capítulos IV a VII; José Pascual Buxó, entrevista citada.

[50] José María Vigil, *Poetisas mexicanas, siglos* XVI, XVII, XVIII *y* XIX, Universidad Nacional Autónoma de México, México, p. 4.

[51] "El chocolate, herencia de México", en *Arqueología Mexicana*, núm. 29, Instituto Nacional de Antropología e Historia, México, enero-febrero de 1998, p. 4. Según una autora, el motivo por el cual el marqués inventó la mancerina es que le temblaba la mano y así aseguraba que el chocolate no se derramaría. Información del lector Luis González Torres, entrevista, 27 de julio de 2001.

[52] Sor Juana Inés de la Cruz, *Obras completas*, t. I, Fondo de Cultura Económica, México, 1995, p. 299.

[53] Sor Juana Inés de la Cruz citada en Manuel Romero de Terreros, *Bocetos de la vida social en la Nueva España, op. cit.*, p. 36.

[54] Sor Juana Inés de la Cruz, *Obras completas*, t. I, *op. cit.*, p. 294.

[55] Francisco de la Maza, *La ciudad de México en el siglo* XVII, *op. cit.*, p. 62.

[56] *Ibíd.*, p. 63.

[57] Francisco Sedano citado en Fernando Curiel, *Paseando por Plateros*, Martín Casillas-Secretaría de Educación Pública, México, 1982, p. 9.

[58] José Joaquín Blanco, "El affaire Mier y Terán", en *Nexos*, núm. 242, febrero de 1998, p. 91.

[59] Artemio de Valle Arizpe, *Virreyes y virreinas de la Nueva España, op. cit.*, pp. 208-210; María del Carmen León Cazares, *La Plaza Mayor de la ciudad de México en la vida cotidiana de sus habitantes (siglos* XVI *y* XVII*)*, Instituto de Estudios Históricos, A.C., México, 1982, pp. 139-140.

[60] Stanley y Barbara Stein, *La herencia colonial de América Latina, op. cit.*, p. 98.

[61] Se trata del conde de Regla en el siglo XVIII. Véase Agustín Ramos, *Tú eres Pedro*, Joaquín Mortiz, México, 1996.

[62] Alexander von Humboldt citado en Stanley y Barbara Stein, *La herencia colonial de América Latina, op. cit.*, p. 121; un

memorial de Gómez de Cervantes citado en Agustín Cué Cánovas, *Historia social y económica de México*, Trillas, México, 1967, p. 72, decía que la Nueva España producía "plata, añil, grano y cueros". Véase Tulio Halperin Donghi, *Historia contemporánea de América Latina*, Alianza, Madrid, 1969, pp. 11-25.

63 Enrique Florescano e Isabel Gil Sánchez, "La época de la reformas borbónicas y el crecimiento económico, 1750-1808", en *Historia general de México*, t. II, *op. cit.*, p. 185.

64 David Brading, *Orbe indiano, de la monarquía católica a la república criolla, 1402-1867*, Fondo de Cultura Económica, México, 1991, p. 14.

65 Ciro Cardoso, "Introducción" a Ciro Cardoso, coord., *México en el siglo* XIX, *1821-1910. Historia económica y de la estructura social*, Nueva Imagen, México, 1994, p. 29.

66 Artemio de Valle Arizpe, *Virreyes y virreinas de la Nueva España, op. cit.*, pp. 87-88.

67 Julio Jiménez Rueda, *Letras mexicanas en el siglo* XIX, Fondo de Cultura Económica, México, 1989, p. 25.

68 Artemio de Valle Arizpe, *Virreyes y virreinas de la Nueva España, op. cit.*, p. 90.

69 Enrique Florescano y Rodrigo Martínez, *Historia gráfica de México*, t. IV, *op. cit.*, p. 152.

70 Teresa Silva Tena, *Cronología de las fechas más importantes de la historia de México, op. cit.*, p. 4.

71 Manuel Romero de Terreros, *Bocetos de la vida social en la Nueva España, op. cit.*, pp. 195-196.

72 José Manuel Villalpando, entrevista citada. Según Cristina Gómez, esta anécdota la contaba Ernesto Lemoine con la mamá de Lucas Alamán. Se dice que en una ocasión en que lucía un hermoso crucifijo sobre el pecho, don Miguel le dijo que la cruz era hermosa pero lo eran más los campanarios. Entrevista, 12 de enero de 1999.

73 Danielle Regnier-Bohler, "Ficcciones. Exploración de una literatura", en Philippe Ariès y Georges Duby, *Historia de la vida privada*, t. III, Taurus, México, 2001, p. 375.

74 Jacques Lafaye, *Quetzalcóatl y Guadalupe. La formación de la conciencia nacional en México, op. cit.*, pp. 345-346 y 374-394; y Miguel Sánchez citado en *ibíd.*, p. 341.

75 Edmundo O'Gorman en el libro que editó de Servando Teresa de Mier, *El heterodoxo guadalupano*, Universidad Nacional Autónoma de México, México, 1981, p. 214.

76 Esta historia la cuentan algunos para otra virreina, Leonor de Carreto, y hay quien afirma que sucedió en el siglo XIX. Lo importante es destacar que todos consideraban a las damas mexicanas como un rebaño impresionado con cualquier cosa que viniera de Europa.

77 Ricardo Pérez Montfort, *Estampas del nacionalismo popular mexicano. Ensayos sobre cultura popular y nacionalismo*, CIESAS, México, 1994, p. 21.

78 Enrique Florescano y Rodrigo Martínez, *Historia gráfica de Mexico*, t. IV, *op. cit.*, p. 125.

79 Juan Pedro Viqueira citado en Jean Franco, *Las conspiradoras. La representación de la mujer en México*, Fondo de Cultura Económica, México, 1993, p. 92; véase también, Juan Pedro Viqueira Alban, *¿Relajados o reprimidos? Diversiones públicas y vida social en la ciudad de México durante el Siglo de las Luces*, Fondo de Cultura Económica, México, 1987, en particular los capítulos II y III.

80 Lucas Alamán citado en *Capítulos olvidados de la historia de México, op. cit.*, p. 182.

81 José Manuel Villalpando, entrevista citada. Manuel Romero de Terreros dice lo mismo en *Bocetos de la vida social en la Nueva España, op. cit.*

82 Cristina Gómez, entrevista citada.

83 Josefa González de Cosío citada en Josefina Muriel, *Cultura femenina novohispana, op. cit.*, p. 305.

84 José Manuel Villalpando, entrevista citada.

85 José de Jesús Núñez y Domínguez, *La virreina mexicana doña María Francisca de la Gándara de Calleja, op. cit.*, p. XI.

86 Chiara Frugoni, "La mujer en las imágenes, la mujer imaginada", en Georges Duby y Michelle Perrot, *Historia de las mujeres*, t. II, Taurus, México, 2000, p. 456.

87 Pablo González Casanova, *La literatura perseguida en la crisis de la Colonia*, Secretaría de Educación Pública, México, 1986, p. 127; a Novella, algunos autores le lla-

man Pedro y otros Francisco. Elegí este último luego de la entrevista citada con Cristina Gómez.

88 Las historias relativas a las pensiones de las esposas serán terribles durante todo el siglo XIX. Un ejemplo: Agustina Ramírez de Rodríguez perdió marido y doce hijos en el campo de batalla durante la intervención. El congreso debatió diecisiete años si debía o no darle ayuda económica y de cuánto debía ser. Cuando por fin se la asignaron, murió.

89 Francisco de la Maza, *La ciudad de México en el siglo* XVII, *op. cit.*, p. 9.

90 "Llamamiento versificado" citado en Pablo González Casanova, *La literatura perseguida en la crisis de la Colonia*, *op. cit.*, p. 93; y entrevista citada con José Pascual Buxó.

II. EN LA DULCE PENUMBRA DEL HOGAR

1 Manuel Abad y Queipo citado en Agustín Cué Cánovas, *Historia social y económica de México*, Trillas, México, 1967, p. 166.

2 Luis Villoro, *El proyecto ideológico de la revolución de independencia*, Universidad Nacional Autónoma de México, México, 1983, pp. 16-39.

3 Miguel Hidalgo y Costilla, en *Independencia Nacional*, t. II, *Periodo Hidalgo*, Universidad Nacional Autónoma de México, México, 1987, p. 19.

4 Ricardo Pérez Montfort, *Estampas del nacionalismo popular mexicano. Ensayos sobre cultura popular y nacionalismo*, CIESAS, México, 1994, p. 22.

5 José María Luis Mora, "Obra política", en *Obras completas*, t. III, Secretaría de Educación Pública-Instituto Mora, México, 1987, p. 427.

6 Manuel Sánchez de Tagle citado en José Joaquín Blanco, *Crónica de la poesía mexicana*, Universidad Autónoma de Sinaloa, México, 1979, p. 23; Anastasio María de Ochoa y Acuña citado en Luis Miguel Aguilar, *La democracia de los muertos, ensayos sobre poesía mexicana, 1800-1921*, Cal y Arena, México, 1988, p. 49.

7 Josefina Zoraida Vázquez, *La patria independiente*, Clío, México, 1996, p. 20.

8 Torcuato Luca de Tena, *La ciudad de México en tiempos de Maximiliano*, Planeta, México, 1990, p. 45; Carlos Fuentes, *El espejo enterrado*, Fondo de Cultura Económica, México, 1992. A Gutierre Tibón lo escuché en un programa de radio reseñando el libro monumental que dedicó al tema: *Historia del nombre y de la fundación de México*, Fondo de Cultura Económica, México, 1997.

9 José Joaquín Blanco, Luis Miguel Aguilar y Guadalupe de la Torre, *Historia gráfica de México*, t. V, Instituto Nacional de Antropología e Historia-Patria, México, 1981, p. 56.

10 Anastasio de Ochoa, en Gabriel Zaid, *Ómnibus de poesía mexicana*, Siglo XXI, México, 1987, p. 421.

11 Las descripciones se toman de Rosa Beltrán, *La corte de los ilusos*, Planeta, México, 1995, p. 33; y porque así aparece Ana María Huarte en un broche que se reproduce en Josefina Zoraida Vázquez, *La patria independiente*, *op. cit.*, p. 20.

12 *Ibíd.*

13 "Marcha dedicada a la señora Ana María Huarte", en Timothy E. Anna, *El imperio de Iturbide*, Alianza Editorial-Consejo Nacional para la Cultura y las Artes, México, 1991, pp. 41-42.

14 Los relatos sobre la Güera Rodríguez son de Artemio de Valle Arizpe, según los cuenta José Manuel Villalpando, entrevista, 16 de diciembre de 1997.

15 Cecilia Noriega Elio, "Hacia una alegoría criolla: el proyecto de sociedad de Fernández de Lizardi", en *Estudios de historia moderna y contemporánea de México*, t. VIII, Universidad Nacional Autónoma de México, México, 1979, pp. 11-42.

16 Fray Servando Teresa de Mier citado en Enrique Krauze, *Siglo de caudillos. Biografía política de México, 1810-1910*, Tusquets, México, 1994, p. 115.

17 Timothy E. Anna, *El imperio de Iturbide*, *op. cit.*, p. 247.

18 Rosa Beltrán, *La corte de los ilusos*, *op. cit.*, p. 258.

19 Lo de que desaparecieron lo dice Josefina Zoraida Vázquez en *La patria independiente*, *op. cit.*, p. 20. La que dice que encontró al descendiente en una cena es Edith O'Shaughnessy en *Huerta y la Revolución vistos por la esposa de un diplomático*, Diógenes, México, 1971, p. 70.

20 Arturo Aguilar Ochoa, *La fotografía durante el imperio de Maximiliano*, Universi-

dad Nacional Autónoma de México, México, 1996, p. 67.

21 Fernando del Paso, *Noticias del imperio*, Diana, México, 1987, p. 254.

22 Lilia Díaz, "El liberalismo militante", en *Historia general de México*, t. III, El Colegio de México, México, 1977, pp. 91-92.

23 María Cristina Urrutia y Guadalupe Nava, "La minería", en Ciro Cardoso, coord., *México en el siglo* XIX, *1821-1910. Historia económica y de la estructura social*, Nueva Imagen, México, 1994, p. 120.

24 Álvaro Matute, *México en el siglo* XIX. *Antología de fuentes e interpretaciones históricas*, Universidad Nacional Autónoma de México, México, 1984, p. 189.

25 José María Luis Mora, "México y sus revoluciones", en *Independencia Nacional, op. cit.*, t. II, p. 37.

26 Agustín Cué Cánovas, *Historia social y económica de México, op. cit.*, p. 253.

27 Ricardo Covarrubias, *Los 67 gobernantes del México independiente*, Publicaciones Mexicanas, México, 1968, pp. 86-90. Rafael Muñoz encontró que el triunvirato lo componían Bravo, Victoria y Pedro Celestino Negrete. Véase *Enciclopedia de México*, México, 1978.

28 José Manuel Villalpando, *Amores mexicanos*, inédito. (Cortesía del autor.) Josefa Ortiz de Domínguez en *La mujer mexicana*, 30 de julio de 1904, Biblioteca Nacional; y Guillermo Samperio, "Doña Josefa Ortiz de Domínguez", en *El Financiero*, 17 de septiembre de 1999.

29 Lo de Francisco Sosa lo relata Silvia Marina Arrom en *Las mujeres en la ciudad de México, 1790-1857*, Siglo XXI, México, 1988, p. 28. La otra versión es la oficial de los libros de texto.

30 Corrido de Josefa Ortiz de Domínguez. (Cortesía de Antonio Avitia Hernández.)

31 Agustín Cué Cánovas, *Historia social y económica de México, op. cit.*, pp. 262-263.

32 Lorenzo de Zavala citado en Andrés Lira, *Espejo de discordias*, Secretaría de Educación Pública, México, 1984, p. 156.

33 Fernando Orozco, *Gobernantes de México. Desde la época prehispánica hasta nuestros días*, Panorama, México, 1985, p. 218.

34 Josefina Zoraida Vázquez, *La patria independiente, op. cit.*, p. 22.

35 Julia Tuñón, *Mujeres en México. Una historia olvidada*, Planeta, México, 1987, pp. 83-113. Véase el capítulo de Michelle Perrot, "Los actores. Figuras y funciones", en Philippe Ariès y Georges Duby, *Historia de la vida privada*, t. IV, Taurus, México, 2001, pp. 125-183; sobre todo las pp. 146-147.

36 Guillermo Prieto, *Memorias de mis tiempos. Fragmentos*, Fondo de Cultura Económica, México, 1997, pp. 19-22.

37 Frances Calderón de la Barca, *La vida en México*, t. I, Editorial Hispano-Mexicana, México, 1945, p. 97.

38 José Luis Martínez, entrevista, 13 de octubre de 1995.

39 Frances Calderón de la Barca, *La vida en México, op. cit.*, pp. 96-97.

40 Josefina Zoraida Vázquez, *La patria independiente, op. cit.*, p. 27.

41 Vicente de Paul Andrade, "Esposas de los supremos gobernantes del México Independiente", en *El Tiempo Ilustrado*, México, 1 de marzo de 1901, pp. 110-114. Las citas que siguen son de este texto. (Cortesía de José Manuel Villalpando.) Carolina Figueroa tuvo la paciencia de rastrear el original en varias bibliotecas hasta dar con él en el Fondo Reservado de la Biblioteca Nacional.

42 *Ibíd.*

43 José Manuel Villalpando, *Amores mexicanos, op. cit.*, p. 4.

44 José Manuel Villalpando, entrevista citada.

45 Ignacia Gómez Farías López citada en Vicente de Paul Andrade, "Esposas de los supremos gobernantes del México Independiente", en *El Tiempo Ilustrado, art. cit*, pp. 110-114.

46 Carl Christian Sartorius, *México hacia 1850*, Consejo Nacional para la Cultura y las Artes, México, 1990, p. 230.

47 Frances Calderón de la Barca citada en Mario Monteforte Toledo, *Las piedras vivas. Escultura y sociedad en México*, Universidad Nacional Autónoma de México, México, 1979, p. 143.

48 Lynn Hunt, "Se levanta el telón. La vida privada durante la Revolución francesa", en Philippe Ariès y Georges Duby, *Historia de la vida privada*, t. IV, *op. cit.*, pp. 22 y 49; Georges Duby, "Prefacio", en Georges Duby y Michelle Perrot, *Historia de las mujeres*, t. I, Taurus, México, 2000, p. 13; Michela di Giorgio, "El modelo católico", en *ibíd.*, t. IV, p. 211.

49 Rezo. (Cortesía de Carlota Assad de Martínez.)

50 Roger Chartier, "Las prácticas de lo escrito", en Philippe Ariès y Georges Duby, *Historia de la vida privada,* t. III, *op. cit.,* p. 411; Michelle Perrot, "Los actores. Figuras y funciones", en *ibíd.,* t. IV, pp. 127-128.

51 Agustín Yáñez, *Santa Anna: espectro de una sociedad,* Océano, México, 1982, p. 36 y ss.

52 Frances Calderón de la Barca, *La vida en México,* t. I, *op. cit.,* p. 51 y ss.

53 Lucas Alamán citado en Luis González y González, *Galería de la Reforma,* Secretaría de Educación Pública, México, 1986, p. 88.

54 Fernando del Paso, *Noticias del imperio, op. cit.,* p. 41.

55 Ricardo Covarrubias, *Los 67 gobernantes del México independiente, op. cit.,* pp. 15-18; Fernando Orozco, *Gobernantes de México. Desde la época prehispánica hasta nuestros días,* op. cit., pp. 234-317; y Teresa Silva Tena, *Cronología de las fechas más importantes de la historia de México,* s-ed., México, s-f., pp. 7-10.

56 Agustín Yáñez, *Santa Anna: espectro de una sociedad, op. cit.,* p. 221.

57 Ignacio Rodríguez Galván, "Al baile del Señor Presidente", en Gabriel Zaid, *Ómnibus de poesía mexicana, op. cit.,* p. 426.

58 Agustín Cué Cánovas, *Historia mexicana,* t. II, Trillas, México, 1987, pp. 130 y 148.

59 José María Roa Bárcena, "La invasión norteamericana", en Álvaro Matute, *México en el siglo* XIX. *Antología de fuentes e interpretaciones históricas, op. cit.,* p. 480.

60 Jesús Reyes Heroles, *El liberalismo mexicano en pocas páginas,* selección de textos de Adolfo Castañón y Otto Granados, Secretaría de Educación Pública, México, 1985, p. 140.

61 Ricardo Covarrubias, *Los 67 gobernantes del México independiente, op. cit.,* pp. 15-18; Teresa Silva Tena, *Cronología de las fechas más importantes de la historia de México, op. cit.,* pp. 6-10.

62 Guillermo Prieto citado en Enrique Krauze, *Siglo de caudillos. Biografía política de México, 1810-1910, op. cit.,* p. 165.

63 Fernando Orozco, *Gobernantes de México de la época prehispánica a nuestros días, op. cit.,* pp. 234-287.

64 Carl S. Anthony, *First Ladies. The Saga of the Presidents Wives and Their Power, 1789-1990,* t. I, Quill William Morrow, New York, 1990, pp. 131 y 141.

65 Agustín Cué Cánovas, *Historia social y económica de México, op. cit.,* p. 420.

66 José Fuentes Mares, *Santa Anna, el hombre,* Grijalbo, México, 1981, p. 58.

67 Frances Calderón de la Barca, *La vida en México,* t. I, *op. cit.,* pp. 50-51.

68 Victoriano Salado Álvarez, "Su Alteza Serenísima", en *Episodios nacionales I,* en José Emilio Pacheco, *La novela histórica y de folletín,* Promexa, México, 1985, p. 669.

69 Leopoldo Zamora Plowes, "Quince Uñas y Casanova aventureros", en *Capítulos olvidados de la historia de México, op. cit.,* p. 203.

70 F. B. citado en Elisa García Barragán, *El pintor Juan Cordero,* Instituto de Investigaciones Estéticas-Universidad Nacional Autónoma de México, México, 1984, p. 87; Justino Fernández, *El arte del siglo* XIX *en México,* Universidad Nacional Autónoma de México, México, 1983, p. 69.

71 Ignacio Rodríguez Galván, "Al baile del Señor Presidente", en Gabriel Zaid, *Ómnibus de poesía mexicana, op. cit.,* p. 426.

72 *Capítulos olvidados de la historia de México, op. cit.,* p. 217.

73 El *Catecismo* de fray Gerónimo de Ripalda data de 1591 y era el más usado en los países de habla hispana; véase Sara Sefchovich, *Mujeres en espejo. Antología de narradoras latinoamericanas del siglo* XX, t. I, Folios, México, 1983, p. 16.

74 Agustín Yáñez, *Santa Anna: espectro de una sociedad, op. cit.,* p. 26. La información sobre "La flor de México", se la debo al lector Luis González Torres, entrevista, 27 de julio de 2001.

75 Canción popular citada en Josefina Zoraida Vázquez, "Los primeros tropiezos", en *Historia general de México,* t. III, *op. cit.,* p. 65.

76 Victoriano Salado Álvarez citado en José Emilio Pacheco, *La novela histórica y de folletín, op. cit.,* p. 657.

77 Ricardo Covarrubias, *Los 67 gobernantes del México independiente, op. cit.,* p. 85; Vicente de Paul Andrade, "Esposas de los supremos gobernantes del México Independiente", en *El Tiempo Ilustrado, art. cit.,* p. 85.

78 José María Luis Mora citado en José Joaquín Blanco, Luis Miguel Aguilar y Guadalupe de la Torre, *Historia gráfica de México, op. cit.*, t. v, p. 99.

79 *Capítulos olvidados de la historia de México, op. cit.*, pp. 199-200.

80 Testimonio citado en Mario Moya Palencia, *El México de Egerton, 1831-1842*, Miguel Ángel Porrúa, México, 1991, pp. 480-481; Justino Fernández, *El arte del siglo* XIX *en México, op. cit.*, p. 60. Este autor dice que nunca encontraron a los asesinos, aquél en cambio dice que sí.

81 *Plan de Ayutla* citado en Álvaro Matute, *México en el siglo* XIX. *Antología de fuentes e interpretaciones históricas, op. cit.*, pp. 288 y 287.

82 Justo Sierra, *Obras completas*, t. XII, *Evolución política del pueblo mexicano*, Universidad Nacional Autónoma de México, México, 1984, p. 269.

83 Guillermo Prieto citado en Enrique Krauze, *Siglo de caudillos. Biografía política de México, 1810-1910, op. cit.*, p. 223.

84 Francisco Zarco citado en Lilia Díaz, "El liberalismo militante", en *Historia general de México, op. cit.*, p. 100.

85 Carlos San Juan Victoria y Salvador Velázquez Ramírez, "La formación del Estado y las políticas económicas, 1821-1880", en Ciro Cardoso, coord., *México en el siglo* XIX, *1821-1910. Historia económica y de la estructura social, op. cit.*, p. 78.

86 Lilia Díaz, "El liberalismo militante", en *Historia general de México, op. cit.*, p. 101.

87 Luis González y González, "Prólogo" a *Galería de la Reforma, op. cit.*, p. 22.

88 Lucas Alamán citado en Alfonso Noriega, *El pensamiento conservador y el conservadurismo mexicano*, t. I, Universidad Nacional Autónoma de México, México, 1972, pp. 67-68.

89 Lo de la carta, relato de Luis González y González, 8 de abril de 1982. Lo demás en Luis González y González, *Galería de la Reforma, op. cit.*, pp. 19-22.

90 Agustín Cué Cánovas, *Historia mexicana, op. cit.*, t. II, p. 267.

91 Toda la cita en Carlos Cuevas Paralizábal, "La Primera Dama y *La suerte de la consorte*", en *Revista de Revistas*, núm. 4479, México, agosto de 1999, p. 13. Allí mismo se cita a Ricardo Heredia Álvarez, *Anécdotas presidenciales de México*, 1974, donde se cuenta del fallecimiento del general. (Cortesía de Carlos Cuevas Paralizábal.)

92 Guillermo Prieto citado en Enrique Krauze, *Siglo de caudillos. Biografía política de México, 1810-1910, op. cit.*, p. 223.

93 Mario Luis Fuentes, *La asistencia social en México, historia y perspectivas*, Ediciones del Milenio, México, 1998, pp. 46, 50 y 170.

94 Vicente de Paul Andrade, "Esposas de los supremos gobernantes del México Independiente", en *El Tiempo Ilustrado, art. cit.*, pp. 110-114.

95 Ralph Warner, *Historia de la novela mexicana en el siglo* XIX, Antigua Librería Robredo, México, 1953, p. 87; Clementina Díaz y de Ovando, "Guillermo Prieto", en *Tres semblanzas*, Universidad Nacional Autónoma de México, México, 1977, p. 9.

96 Ignacio Ramírez, "Después de los asesinatos de Tacubaya", en Luis Miguel Aguilar, *La democracia de los muertos, ensayos sobre poesía mexicana, 1800-1921, op. cit.*, p. 110.

97 Frances Calderón de la Barca, *La vida en México*, t. I, *op. cit.*, p. 272.

98 *Ibíd.*, p. 275.

99 Salvador Novo, *Historia gastronómica de la ciudad de México*, Estudio Salvador Novo-Pórtico de la Ciudad de México, México, 1993, pp. 46-48.

100 Stephen Crane citado en Julia Tuñón, *Mujeres en México. Una historia olvidada, op. cit.*, p. 101.

101 Frances Calderón de la Barca citada en Silvia Marina Arrom, *Las mujeres de la ciudad de México, 1790-1857, op. cit.*, p. 13.

102 Carmen Ramos Escandón, "Memoria de mujer: Concepción Lombardo de Miramón, testiga de sí misma", en Ana Rosa Domenella y Nora Pasternac, *Las voces olvidadas*, El Colegio de México, México, 1991.

103 Emmanuel Carballo, "Prólogo", en Concepción Lombardo de Miramón, *Memorias de una Primera Dama*, Libros de Contenido, México, 1992, p. 8. Esta versión es un compendio en el que se arregló la sintaxis y la ortografía que era muy mala. La edición completa fue publicada por Porrúa en 1980, y de ella vale la pena ver las cartas de Miramón a su esposa.

104 Concepción Lombardo de Miramón, *ibíd.*, p. 17. Todas las citas de ella que siguen son de este libro.

105 Anónimo en *Capítulos olvidados de la historia de México, op. cit.*, p. 227.

106 José Manuel Villalpando, entrevista citada.

107 *Capítulos olvidados de la historia de México, op. cit.*, p. 217; Josefina Zoraida Vázquez, *Una historia de México*, t. II, Patria, México, 1994, p. 304.

108 Antonio Avitia Hernández, *Corrido histórico mexicano. Voy a cantarles la historia, 1810-1910*, t. I, Porrúa, México, 1997, p. 110; *Revista de la Universidad de México*, núm. 11, t. XXVI, julio de 1972. (Cortesía de Ricardo Pérez Montfort.)

109 Raimundo Lazo, *Historia de la literatura hispanoamericana. El siglo* XIX, *1780-1914*, Porrúa, México, 1967, p. 47.

110 Patricia Massé Zendejas, *Simulacro y elegancia en tarjetas de visita*, Instituto Nacional de Antropología e Historia, México, 1998, pp. 79-81. (Cortesía de Margarita Morfín.) Arturo Aguilar Ochoa, *La fotografía durante el imperio de Maximiliano, op. cit.*, p. 24.

111 Juan Díaz Covarrubias, *La sensitiva*, en David Huerta, *El relato romántico. Una antología general*, Universidad Nacional Autónoma de México-Secretaría de Educación Pública, México, 1982, pp. 118-120.

112 José María Vigil citado en Daniel Cosío Villegas, "Cavilación sobre la paz", en Álvaro Matute, *México en el siglo* XIX. *Antología de fuentes e interpretaciones históricas, op. cit.*, p. 311.

113 Guillermo Prieto, "Los cangrejos, himno contra los conservadores", en Gabriel Zaid, *Ómnibus de poesía mexicana, op. cit.*, p. 169.

114 Agustín Cué Cánovas, *México ante la intervención, 1861-1864*, Centenario, México, 1966, pp. 11 y 13.

115 Justo Sierra, *Juárez, su obra y su tiempo*, Editora Nacional, México, 1965, p. 26.

116 Esto lo quitó Ángeles Mendieta Alatorre cuando transcribió la partida de bautismo de Margarita Maza y en lugar de la palabra "expósita" apuntó "ilegible", "para respetar el secreto familiar". Ella misma lo relata en una anotación a mano del ejemplar que le dedicó al historiador Martín Quirarte. Ángeles Mendieta Alatorre, *Margarita Maza de Juárez*, Comisión Nacional para la Conmemoración del Centenario del Fallecimiento de Benito Juárez, México, 1972. (Cortesía de Vicente Quirarte.)

117 Morelos Canseco González, *De la epopeya un gajo*, Diana, México, 1993, p. 26. (Cortesía de Verónica Sánchez Porta.)

118 Carlos Velasco Pérez, *Margarita Maza de Juárez. Primera Dama de la nación*, Gobierno del Estado de Oaxaca, Oaxaca, 1986, p. 15. En adelante, a menos que se indique otra cosa, las citas sobre Margarita Maza son de este libro.

119 Bernardo García Díaz, *Puerto de Veracruz*, Gobierno del Estado de Veracruz, Jalapa, 1992, p. 64.

120 Benito Juárez citado en Carlos Velasco Pérez, *Margarita Maza de Juárez. Primera Dama de la nación, op. cit.*, p. 43.

121 Cartas de Juárez a Margarita enviadas desde El Paso (del Norte) el 15 de septiembre de 1865 y el 16 de marzo de 1866, citadas en *El Nacional*, México, 7 de enero de 1998.

122 Carta de Juárez a Margarita enviada el 21 de septiembre de 1863, citada en Ángeles Mendieta Alatorre, *Margarita Maza de Juárez, op. cit.*, p. 98.

123 Carlos Velasco Pérez, *Margarita Maza de Juárez. Primera Dama de la nación, op. cit.*, p. 44.

124 Cartas en Ángeles Mendieta Alatorre, *Margarita Maza de Juárez, op. cit.*, pp. 101-102. Véase también, José Luis Martínez, "Juárez privado", en *La expresión nacional*, Oasis, México, 1984, pp. 112-115.

125 Carlos Sánchez Silva, "Las lecturas de don Benito", en *Las lecturas de Juárez*, Cuadernos de Acervos, núm. 1, Oaxaca, 1998, p. 6.

126 Fernando del Paso, *Noticias del imperio, op. cit.*, p. 620; Carlos Velasco Pérez, apéndice "Notas necrológicas publicadas por la prensa a raíz de la muerte de doña Margarita Maza de Juárez", en *Margarita Maza de Juárez. Primera Dama de la nación, op. cit.*, pp. 85, 87-88.

127 *Ibíd.*, p. 9.

128 José María Gutiérrez de Estrada citado en Gastón García Cantú, *El pensamiento de la reacción mexicana*, Empresas Editoriales, México, 1960, p. 230.

129 Luis Weckmann, *Carlota de Bélgica. Correspondencia y escritos sobre México en los archivos europeos, 1861-1868*, Porrúa, México, 1989, p. 11. (Cortesía de Enrique Fuentes.)

130 En la versión anterior del libro puse una fecha equivocada para la llegada de los soldados franceses a México, el lector Juan Carlos Solís San José me la corrigió: fue el 10 de junio de 1863; correo electrónico, 8 de agosto de 2000.

131 Luis Weckmann, *Carlota de Bélgica. Correspondencia y escritos sobre México en los archivos europeos, 1861-1868, op. cit.*, p. 57.

132 Torcuato Luca de Tena, *La ciudad de México en tiempos de Maximiliano, op. cit.*, p. 32.

133 *Ibíd.*, p. 50.

134 *Capítulos olvidados de la historia de México, op. cit.*, p. 224.

135 Giorgio Pilastro y Gavino Isoni, *Miramare, le château de Maximilien et Charlotte*, Sergio Schiberna Editore, Italia, 1985, p. 3.

136 Justo Sierra, *Juárez, su obra y su tiempo, op. cit.*, p. 427.

137 Giorgio Pilastro y Gavino Isoni, *Miramare, le château de Maximilien et Charlotte, op. cit.*, pp. 4-7.

138 José Manuel Villalpando, entrevista citada.

139 Para el castillo, véase Salvador Novo, *México*, Destino, Barcelona, 1968, p. 311. Para los muebles, entrevista con Esther Acevedo, 6 de julio de 1982.

140 El deseo de la "intimidad" nació, según los estudiosos, en el siglo XIX; véase Philippe Ariès y Georges Duby, *Historia de la vida privada*, t. IV, *op. cit.*, sobre todo Michelle Perrot, "Escenas y lugares. Formas de habitación", pp. 301-316, y también Philippe Ariès, "Para una historia de la vida privada", t. III, pp. 13-22.

141 Luis Weckmann, *Carlota de Bélgica. Correspondencia y escritos sobre México en los archivos europeos, 1861-1868, op. cit.*, pp. XI y 309.

142 Fernando del Paso, *Noticias del imperio, op. cit.*, p. 279.

143 Alfonso Alcocer, *La columna de la Independencia*, Ediciones de la Delegación Cuauhtémoc, México, s-f., p. 10. (Cortesía de Carlos Martínez Assad.)

144 Luis Weckmann, *Carlota de Bélgica. Correspondencia y escritos sobre México en los archivos europeos, 1861-1868, op. cit.*, p. 311.

145 Fernando del Paso, *Noticias del imperio, op. cit.*, pp. 438-444.

146 Paula Kolonitz, *Un viaje a México en 1864*, Secretaría de Educación Pública, México, 1984, p. 123.

147 José Manuel Villalpando, entrevista citada.

148 Armando de Maria y Campos, *Las tandas del Principal*, Diana, México, 1989, p. 283. La versión liberal de esta copla decía: "Si a tu ventana llega / un papelito, / ábrelo con cariño / que es de Benito. / Mira que te procura / felicidá. / Mira que lo acompaña / la libertá".

149 Esto lo cuenta Fernando del Paso en su novela *Noticias del imperio, op. cit.*

150 Hay muchos rumores en torno a esto. Algunos dicen que Maximiliano no se le acercaba a su esposa porque tenía una enfermedad venérea que había contraído en el viaje que hizo a Brasil. Otros afirman que sí se le acercaba pero que él no podía tener hijos, lo cual quedaría desmentido con el vástago que procreó con Concepción Sedano. Unos más creen que la que no podía embarazarse era Carlota, lo cual también resultaría falso con el hijo que supuestamente ella tuvo de un coronel belga, que también explicaría su interés por fundar la casa de partos ocultos para estos casos de hijos ilegítimos. En un libro se menciona incluso que la emperatriz tuvo un aborto.

151 Luis Weckmann, *Carlota de Bélgica. Correspondencia y escritos sobre México en los archivos europeos, 1861-1868, op. cit.*, p. 312.

152 Fernando del Paso, *Noticias del imperio, op. cit.*, p. 288.

153 *Diario del Imperio*, 9 de marzo de 1865, p. 226 y 20 de abril de 1865, p. 375.

154 *Diario del Imperio*, 10 de abril de 1865, p. 342.

155 Relato de Fernando Martínez Cortés a Carlos Martínez Assad, 16 de noviembre de 1997. María de la Luz Parcero la llama Casa de Partos Secretos en *Condiciones de la mujer en México durante el siglo* XIX, Instituto Nacional de Antropología e Historia, México, 1992; *Diario del Imperio*, 19 de julio de 1865, p. 572.

156 Hurtado G. J. M., "Demostraciones de afecto a Maximiliano", en *Querétaro. Historia y Cultura*, año II, núm. 17, pp. 29-32. (Cortesía de Guillermo Murillo Godínez.)

157 Juan Prim citado en Agustín Cué Cánovas, *Historia mexicana, op. cit.*, p. 243.

[158] *Canciones de la Intervención francesa*, disco. (Cortesía de Carlos Martínez Assad.)

[159] José Manuel Villalpando, entrevista citada. El general fue Maxime Duminal Weygand.

[160] Luis Weckmann, *Carlota de Bélgica. Correspondencia y escritos sobre México en los archivos europeos, 1861-1868*, *op. cit.*, p. 19.

[161] Carta en Enrique Krauze, *Siglo de caudillos. Biografía política de México, 1810-1910*, *op. cit.*, pp. 270-271.

[162] David Brading, *Orbe indiano, de la monarquía católica a la república criolla, 1402-1867*, *op. cit.*, p. 709.

[163] *Canciones de la Intervención francesa*, *cit.*

[164] Jesús Gómez Serrano, *José Guadalupe Posada, testigo y crítico de su tiempo*, Universidad Autónoma de Aguascalientes, Aguascalientes, 1995, p. 15.

[165] Fernando del Paso, *Noticias del imperio*, *op. cit.*, pp. 571-572; Justo Sierra, *Obras completas*, t. XII, *Evolución política del pueblo mexicano*, *op. cit.*, p. 357.

[166] Carlos Velasco Pérez, *Margarita Maza de Juárez. Primera Dama de la nación*, *op. cit.*, p. 46.

[167] Sebastián Lerdo de Tejada, *Memorias* (escritas por Adolfo Rogacano Carrillo), Gobierno del Estado de Tabasco, México, 1980, p. 257.

[168] Luis Weckmann, *Carlota de Bélgica. Correspondencia y escritos sobre México en los archivos europeos, 1861-1868*, *op. cit.*, p. XII.

[169] Antonio Avitia Hernández, *Corrido histórico mexicano. Voy a cantarles la historia, 1810-1910*, t. I, *op. cit.*, p. 123; y *Revista de la Universidad de México*, núm. 11, t. XXVI, julio de 1972, p. 26.

[170] Benito Juárez, "El triunfo de la República", en Álvaro Matute, *México en el siglo* XIX. *Antología de fuentes e interpretaciones históricas*, *op. cit.*, p. 532.

[171] Carlos San Juan Victoria y Salvador Velázquez Ramírez, "La formación del Estado y las políticas económicas, 1821-1880", en Ciro Cardoso, coord., *México en el siglo* XIX, *1821-1910. Historia económica y de la estructura social*, *op. cit.*, p. 85.

[172] José Luis Martínez, "El *Renacimiento* y su tiempo", en *La expresión nacional*, *op. cit.*, pp. 145-173.

[173] Carlos Monsiváis, "Prólogo" a Ignacio Manuel Altamirano, *El Zarco*, Océano, México, 1986, p. VI.

[174] Carlos San Juan Victoria y Salvador Velázquez Ramírez, "La formación del Estado y las políticas económicas, 1821-1880", en Ciro Cardoso, coord., *México en el siglo* XIX, *1821-1910. Historia económica y de la estructura social*, *op. cit.*, p. 79.

[175] Ireneo Paz citado por Patricia Galeana en *El Universal*, 21 de marzo de 2001.

[176] Narciso Bassols Batalla, *El pensamiento político de Álvaro Obregón*, El Caballito, México, 1967, p. 34.

[177] Amado Nervo citado en José Luis Martínez, *La expresión nacional*, *op. cit.*, p. 61.

[178] Mario Luis Fuentes, *La asistencia social en México, historia y perspectivas*, *op. cit.*, p. 51.

[179] José Fuentes Mares, *Don Sebastián Lerdo de Tejada*, Fondo de Cultura Económica, México, 1972. (Cortesía de Ricardo Pérez Montfort.)

[180] José Manuel Villalpando, entrevista citada.

[181] Sebastián Lerdo de Tejada, *Memorias*, *op. cit.*, p. 254.

[182] Miguel Ángel Castro, "*La Sociedad*, periódico político y literario del siglo XIX", en *La Gaceta* CEHIPO, t. II, febrero de 1999, p. 23.

[183] Vicente de Paul Andrade, "Esposas de los supremos gobernantes del México Independiente", en *El Tiempo Ilustrado*, *art. cit.*, pp. 110-114.

[184] Ricardo Covarrubias, *Los 67 gobernantes del México independiente*, *op. cit.*, p. 89.

[185] Carlos Tello Díaz citado en Ricardo Orozco, "Amada Díaz de De la Torre y el historiador Carlos Tello Díaz", en *La Gaceta* CEHIPO, t. II, febrero de 1999, p. 22.

[186] *Ibíd.*, p. 18. Los dos libros de Carlos Tello Díaz son *El exilio, un retrato de familia*, Cal y Arena, México, 1993 e *Historias del olvido*, Cal y Arena, México, 1998.

[187] Francie R. Chassen, "Juana Catarina Romero, cacica porfiriana: la mujer y el mito", en *Acervos*, núm. 7, t. II, Oaxaca, enero-marzo de 1998, pp. 10-16. (Cortesía de Francisco José Ruiz Cervantes.)

[188] Francie R. Chassen, "Juana Catarina Romero, cacica de Tehuantepec", en *Acervos*, núm. 19, t. IV, Oaxaca, otoño de 2000, p. 36. (Cortesía de la autora.)

[189] Francie R. Chassen, "Juana Catarina Romero, cacica porfiriana: la mujer y el mito", en *Acervos*, *art. cit.*, p. 14.

[190] José Manuel Villalpando, entrevista citada.

[191] Carta del 18 de marzo de 1867 citada en Carlos Tello, *El exilio. Un retrato de familia*, *op. cit.*, p. 434.

[192] Carta del 24 de marzo de 1867 citada en *ibíd.*, p. 435.

[193] Ignacio Manuel Altamirano, "Los naranjos", en Luis Miguel Aguilar, *La democracia de los muertos, ensayos sobre poesía mexicana, 1800-1921*, *op. cit.*, p. 131.

[194] Carlos Tello, *El exilio. Un retrato de familia*, *op. cit.*, p. 189.

[195] Armando Ayala Anguiano, *México de carne y hueso. Vida de los gobernantes*, t. II, Contenido, México, 1996, pp. 189-190.

[196] Carlos Tello Díaz citado en Ricardo Orozco, "Amada Díaz de De la Torre y el historiador Carlos Tello Díaz", en *La Gaceta* CEHIPO, *art. cit.*, p. 22; *El exilio. Un retrato de familia*, *op. cit.*, p. 190; *Historias del olvido*, *op. cit.*, pp. 51-81.

[197] Carlos Tello, *El exilio. Un retrato de familia*, *op. cit.*, p. 189.

[198] Anónimo, "La muerte de la señora Díaz", en *La República*, México, 10 de abril de 1880.

[199] *Corona fúnebre. El fallecimiento de la Sra. Delfina Ortega de Díaz*, Imprenta de Ignacio Cumplido, México, 1880. (Cortesía de Porfirio Rincón Gallardo Díaz.)

[200] *Ídem.*

[201] *Capítulos olvidados de la historia de México*, *op. cit.*, pp. 256-257.

[202] Morelos Canseco González, *De la epopeya un gajo*, *op. cit.*, p. 51; Carlos González Montesinos, *El general Manuel González, el Manco de Tecoac*, edición del autor, México, 2000, p. 37.

[203] Carlos González Montesinos, *El general Manuel González, el Manco de Tecoac*, *ibíd.*, p. 37.

[204] *Ibíd.*, pp. 546-547.

[205] Clara Guadalupe García, "Laura Mantecón vs. el expresidente de la República", en *La Gaceta* CEHIPO, t. II, febrero de 1999, pp. 16-17.

[206] Expediente del caso Laura Mantecón vs. Manuel González, legs. 012459-012496, Archivo de la Universidad Iberoamericana. (Cortesía de Verónica Sánchez Porta.) En adelante todas las citas de Laura Mantecón son de este documento.

[207] *Código civil de 1870*, título V, artículos 222, 239, 266, 388, México. (Cortesía de Verónica Sánchez Porta.)

[208] *Código civil de 1884*, título V, artículos 248, 250, México. (Cortesía de Verónica Sánchez Porta.)

[209] Jacinto Pallares citado en Ana Lidia García Peña, "El discurso de Laura Mantecón y Manuel González, 1885-1886: la infidelidad masculina y el adulterio femenino", en *Cuidado con el corazón. Los usos amorosos en el México moderno*, Instituto Nacional de Antropología e Historia, México, 1995, pp. 43-56.

[210] "Manifiesto que en el último día de su periodo constitucional da a sus compatriotas el general Manuel González informando acerca de los actos de su administración." (Cortesía de Verónica Sánchez Porta.)

[211] Jean Franco, *Las conspiradoras. La representación de la mujer en México*, Fondo de Cultura Económica, México, 1993, p. 95.

[212] María de la Luz Parcero, *Condiciones de la mujer en México durante el siglo* XIX, *op. cit.*, p. 120.

[213] Françoise Giraud, "Mujeres y familias en la Nueva España", en Carmen Ramos, coord., *Presencia y transparencia: la mujer en la historia de México*, El Colegio de México, México, 1987, p. 72.

[214] Silvia Marina Arrom citada en Julia Tuñón, *Mujeres en México. Una historia olvidada*, *op. cit.*, p. 91.

[215] Fernando Vizcaíno, *Biografía política de Octavio Paz*, Algazara, Málaga, 1993, p. 40.

[216] Respuesta del juez a la señora Laura Mantecón en el expediente citado.

[217] *El Monitor Republicano*, 7 de enero de 1891; *El Tiempo*, 6 de enero de 1891.

[218] Michelle Perrot, "Los actores. Dramas y conflictos familiares", en Philippe Ariès y Georges Duby, *Historia de la vida privada*, t. IV, *op. cit.*, p. 279-281; Roger Chartier, "Introducción a formas de la privatización", en *ibíd.*, t. III, pp. 161-165.

[219] Carlos González Montesinos, *El general Manuel González, el Manco de Tecoac*, *op. cit.*, p. 395.

[220] Federico Gamboa, *Santa*, Botas, México, 1947, p. 148.

[221] Vicente de Paul Andrade, "Esposas de los supremos gobernantes del México Independiente", en *El Tiempo Ilustrado*, *art. cit.*, pp. 110-114.

222 Leopoldo Zea citado en Jean Franco, *La cultura moderna en América Latina*, Grijalbo, México, 1985, p. 26.

223 Arnaldo Córdova citado en Agustín Cueva, *El desarrollo del capitalismo en América Latina*, Siglo XXI, México, 1977, p. 59.

224 Arnaldo Córdova, *La ideología de la Revolución mexicana*, Era, México, 1973, p. 39.

225 Enrique Krauze, *Porfirio Díaz. Místico de la autoridad*, Fondo de Cultura Económica, México, 1987, p. 85.

226 François-Xavier Guerra, *México: del antiguo régimen a la revolución*, t. I, Fondo de Cultura Económica, México, 1988, pp. 329 y 172.

227 Justo Sierra, *Obras completas*, t. XII, *Evolución política del pueblo mexicano*, *op. cit.*, p. 393.

228 Copla. (Cortesía de Ricardo Pérez Montfort.)

229 Mateana Murguía de Aveleyra, "La soñadora Carmen Romero Rubio de Díaz", en *La Mujer Mexicana*, núms. 11-12, t. I, noviembre de 1904.

230 Laureana Wright de Kleinhaus, *Mujeres notables*, Secretaría de Instrucción Pública y Bellas Artes, México, 1910, p. 314. La información sobre esta mujer y en general sobre las Violetas del Anáhuac, así como una copia de este texto se los debo a Gabriela Cano, entrevista, 12 de marzo de 1999.

231 Manuel Gutiérrez Nájera, "La duquesa Job", en José Joaquín Blanco, *Crónica de la poesía mexicana*, *op. cit.*, p. 84.

232 Alejandro Arrubiera citado en Anónimo, "Se extinguió una vida", en *Excélsior*, 26 de junio de 1944, p. 7.

233 José Peón Contreras, *Taide*, citado en Ralph Warner, *Historia de la novela mexicana en el siglo* XIX, *op. cit.*, p. 87.

234 Carlos Tello, *El exilio. Un retrato de familia*, *op. cit.*, p. 272. La carta completa se reproduce en la p. 440.

235 Alfonso de Maria y Campos, entrevista, 18 de mayo de 1999.

236 Dato proporcionado por Mario Ramírez Rancaño, 11 de enero de 1999.

237 Carmen Romero Rubio citada en Sebastián Lerdo de Tejada, *Memorias*, *op. cit.*, p. 251.

238 *Ídem.*

239 Carlos Tello, *El exilio. Un retrato de familia*, *op. cit.*, pp. 272 y 273. La faya es hoy una tela corriente pero en todas las crónicas sociales de la época se la cita como lo más elegante y fino, seguro era de seda.

240 Eso dice la propia Carmen en su testamento que resguarda la Universidad Iberoamericana. (Información de Carlos Martínez Assad.)

241 Laureana Wright de Kleinhaus, *Mujeres notables*, *op. cit.*, p. 315.

242 Eugenia Díaz, "Doña Carmen me dijo", en *El Universal*, junio-julio-agosto de 1944.

243 Laureana Wright de Kleinhaus, *Mujeres notables*, *op. cit.*, p. 316.

244 François-Xavier Guerra, *México: del antiguo régimen a la revolución*, t. I, *op. cit.*, pp. 80-81.

245 Eulogio G. Gillow citado en Carlos Tello, *El exilio. Un retrato de familia*, *op. cit.*, p. 273.

246 Carlos Denegri, "Una vida de abnegación y caridad", en *Excélsior*, 26 de junio de 1944.

247 Renato Leduc citado por Carlos Monsiváis, entrevista, 18 de mayo de 1982.

248 *Nuestro México: el inicio del siglo*, núm. 1, Universidad Nacional Autónoma de México, México, 1983, p. 5.

249 Fernando Curiel, *Paseando por Plateros*, Martín Casillas-Secretaría de Educación Pública, México, 1982, p. 12.

250 *Violetas del Anáhuac*, citado por Nora Pasternac, "El periodismo femenino en el siglo XIX", en Ana Rosa Domenella y Nora Pasternac, *Las voces olvidadas*, *op, cit.*, p. 402.

251 Jacques Paire, *De caracoles y escamoles, un cocinero francés en tiempos de don Porfirio*, Alfaguara, México, 2001, pp. 113-117.

252 Salvador Novo sobre Manuel Gutiérrez Nájera en Carlos Monsiváis, *A ustedes les consta. Antología de la crónica en México*, Era, México, 1980, p. 29.

253 *El Mundo Ilustrado*, 26 de julio de 1910.

254 Rosa Castro, "La moda a medio siglo de distancia", en *Hoy*, 3 de diciembre de 1950; Armando Valdés Peza, "La moda en los últimos cincuenta años", en *Revista de Revistas*, junio de 1950.

255 *El Mundo Ilustrado*, 28 de agosto de 1910.

256 *El Álbum de la Mujer*, 15 de febrero de 1885.

257 Ana Salazar Álvarez, "Doña Carmen Romero Rubio de Díaz ha muerto", en *Excélsior*, 26 de junio de 1944.

[258] José Félix Gutiérrez del Olmo citado en Mario Luis Fuentes, *La asistencia social en México, historia y perspectivas, op. cit.*, p. 175.

[259] Michela di Giorgio, "El modelo católico", en Georges Duby y Michelle Perrot, *Historia de las mujeres*, t. IV, *op. cit.*, p. 218.

[260] La información sobre las mujeres que estudiaban se la debo a Gabriela Cano, entrevista citada.

[261] Carmen Ramos, "Mujer e ideología en el México porfirista, 1880-1910", en Carmen Ramos, coord., *Presencia y transparencia: la mujer en la historia de México, op. cit.*, p. 152.

[262] Concepción G. de Flaquer, en *El Álbum de la Mujer*, 11 de enero de 1888.

[263] Anónimo, "Carmen Romero Rubio de Díaz", en *El Álbum de la Mujer*, 27 de noviembre de 1887.

[264] *La Patria Ilustrada*, 3 de noviembre de 1890, p. 524.

[265] Carmen Ramos, "Mujer e ideología en el México porfirista, 1880-1910", en Carmen Ramos, coord., *Presencia y transparencia: la mujer en la historia de México, op. cit.*, p. 153.

[266] Concepción G. de Flaquer en *El Álbum de la Mujer*, 11 de enero de 1888; Mario Luis Fuentes, *La asistencia social en México, historia y perspectivas, op. cit.*, p. 56.

[267] Rafael Macedo citado en Arnaldo Córdova, *La ideología de la Revolución mexicana, op. cit.*, p. 61, nota 61; José López Portillo y Rojas citado en John Brushwood, *México y su novela*, Fondo de Cultura Económica, México, 1973, p. 230.

[268] Carta citada en Carlos Martínez Assad, "Hoja Volante", en *El Financiero*, 2 de julio de 1993.

[269] Ignacio Manuel Altamirano citado en José Joaquín Blanco, *Empezaba el siglo en la ciudad de México*, Secretaría de Educación Pública, México, 1982, p. 40.

[270] Enrique Krauze, *Porfirio Díaz. Místico de la autoridad, op. cit.*, p. 123.

[271] Jacques Paire, *De caracoles y escamoles, un cocinero francés en tiempos de don Porfirio, op. cit.*, pp. 112-113.

[272] Sergio González, "En el antro", en *Nexos*, agosto de 1986, p. 32.

[273] José Luis Martínez, *La expresión nacional, op. cit.*, p. 119.

[274] José Antonio Plaza, "En la feria de Tlacotalpan", citado en Ricardo Pérez Montfort, *Estampas del nacionalismo popular mexicano. Ensayos sobre cultura popular y nacionalismo, op. cit.*, p. 95.

[275] José Juan Tablada, "Misa negra", en Gabriel Zaid, *Ómnibus de poesía mexicana, op. cit.*, p. 474.

[276] Para el ábaco véase Carlos Martínez Assad, "Hoja Volante", en *El Financiero, art. cit.*; para el cojín véase Julio Sesto, "Las Primeras Damas de la República", en *Hoy*, 10 de octubre de 1942, pp. 52-54.

[277] Agradezco la información sobre la letra a Luis Beckman, entrevista, 29 de agosto de 1997, y la portada de la partitura original con la dedicatoria a doña Carmen, a Carlos Monsiváis, entrevista citada.

[278] Manuel Gutiérrez Najera, "Medallones femeninos", en *Revista Azul*, 1884; agradezco la información a José Emilio Pacheco.

[279] Gabriela Cano, entrevista citada.

[280] El poema de Virginia Fábregas está en José María Vigil, *Poetisas mexicanas, siglos* XVI, XVII, XVIII *y* XIX, Universidad Nacional Autónoma de México, 1952, p. 268.

[281] Carmen Romero Rubio de Díaz, en Sebastián Lerdo de Tejada, *Memorias, op. cit.*, p. 252.

[282] Antonio Garza Ruiz, "Cómo se celebra el Grito desde el Centenario", en *Revista de la Semana*, suplemento de *El Universal*, núm. 13, t. XCIX, 29 de agosto de 1954, p. 705.

[283] El lector Sergio García Cortés me escribe que ese emplomado se trasladó al Museo del Chopo, correo electrónico, 24 de octubre de 2000.

[284] Salvador Novo, *Historia gastronómica de la ciudad de México, op. cit.*, p. 135.

[285] La historia de la diadema está en Alfonso de Maria y Campos Castelló, *José Yves Limantour*, Centro de Estudios de Historia de México, Condumex, México, 1998, p. 184.

[286] Juan A. Mateos, "La majestad caída", en José Emilio Pacheco, *La novela histórica y de folletín, op. cit.*, pp. 6-7.

[287] Porfirio Díaz citado en Enrique Krauze, *Siglo de caudillos. Biografía política de México, 1810-1910, op. cit.*, p. 48.

[288] Juan A. Mateos, "La majestad caída", en José Emilio Pacheco, *La novela histórica y de folletín, op. cit.*, p. 7.

[289] Alejandro Arrubiera citado en Anónimo, "Se extinguió una vida", en *Excélsior*, 26 de junio de 1944, p. 7.

[290] La dedicatoria está todavía en las estatuas. Salvador Díaz Mirón, citado en Guadalupe Loaeza y Carlos Martínez Assad, *El ángel de nuestras nostalgias*, Plaza y Janés, México, 1998, p. 60.

[291] Carlos González Peña, "La fuga de la quimera", en Christopher Domínguez Michael, *Antología de la narrativa mexicana del siglo* XX, t. I, Fondo de Cultura Económica, México, 1989, pp. 138-139.

[292] *El Paso Morning Times*, 8 de junio de 1911. (Cortesía de Guillermo Murillo Godínez.) Juan A. Mateos, "La majestad caída", en José Emilio Pacheco, *La novela histórica y de folletín, op. cit.*, p. 112.

[293] Carta citada en Carlos Tello, *El exilio. Un retrato de familia, op. cit.*, p. 211.

[294] Josefina Cazares, entrevista, 16 de marzo de 1982.

[295] Martín Luis Guzmán, "Muerte de don Porfirio", en *Muertes históricas*, Compañía General de Ediciones, México, 1958, pp. 17-24.

[296] Carlos Tello, *El exilio. Un retrato de familia, op. cit.*, p. 270; Josefina Cazares, entrevista citada.

[297] Julio Sesto, "Las Primeras Damas de la República", en *Hoy*, *art. cit.*, p. 52.

[298] *Ídem.*

[299] Guillermo Gómez, "Primeras Damas de México. De doña Carmelita a Beatriz Velasco de Alemán", en *Mañana*, 9 de enero de 1947, p. 29.

[300] Gustavo Casasola, *Historia gráfica de México*, t. IV, Trillas, México, 1965, p. 2560.

[301] Carlos Denegri, "Una vida de abnegación y caridad", en *Excélsior*, 26 de junio de 1944.

[302] *Ídem.*

[303] Juan A. Mateos, "La majestad caída", en José Emilio Pacheco, *La novela histórica y de folletín, op. cit.*, p. 116.

[304] Eduardo León de la Barra, *Los de arriba*, Diana, México, 1979, pp. 107-108. El autor dice que la "Tía Cuca" era viuda de Lucas Alamán, pero eso es imposible no sólo por las fechas y la edad sino porque ya vimos que la esposa de éste murió después que él; a menos que no se trate del célebre político e historiador conservador.

[305] Gustavo Casasola, *Historia gráfica de México*, t. IV, *op. cit.*, p. 2560; *El Mundo Ilustrado*, 5 de noviembre de 1911.

[306] Guillermo Gómez, "Primeras Damas de México. De doña Carmelita a Beatriz Velasco de Alemán", en *Mañana*, *art. cit.*

III. LA DIGNA ESPOSA DEL CAUDILLO

[1] Ricardo Pérez Montfort, *Estampas del nacionalismo popular mexicano. Ensayos sobre cultura popular y nacionalismo*, CIESAS, México, 1994, p. 153. Esta "Perorata" es parte del cuadro "¡La Revolución!" de la revista musical *El país del mañana* de Carlos Ortega y Francisco Benítez, que se representó en 1935.

[2] Varios autores, *Tiempo de México. De junio de 1911 a noviembre de 1964*, núm. 2, Secretaría de Educación Pública, México, 1984, p. 4.

[3] Ricardo Pérez Montfort, *Estampas del nacionalismo popular mexicano. Ensayos sobre cultura popular y nacionalismo, op. cit.*, p. 104. Este corrido se compuso en la segunda década del siglo.

[4] Luis Cabrera citado en Mario Monteforte Toledo, *Las piedras vivas. Escultura y sociedad en México*, Universidad Nacional Autónoma de México, México, 1979, p. 170; Enrique Semo, "Reflexiones sobre la Revolución mexicana", en *Interpretaciones de la Revolución mexicana*, Universidad Nacional Autónoma de México-Nueva Imagen, México, 1979, p. 18; Leopoldo Solís, *La realidad económica mexicana. Retrovisión y perspectivas*, Siglo XXI, México, 1970, pp. 87-88.

[5] Jesús Silva Herzog, *Breve historia de la Revolución mexicana*, t. I, Fondo de Cultura Económica, México, 1964, p. 7.

[6] Arnaldo Córdova, *La ideología de la Revolución mexicana*, Era, México, 1973, p. 142; Héctor Aguilar Camín y Lorenzo Meyer, *Historia gráfica de México*, t. VII, Instituto Nacional de Antropología e Historia-Patria, México, 1988, p. 9.

[7] Antonio Castro Leal, "Introducción" a *La novela de la Revolución mexicana*, t. I, Aguilar, México, 1960, p. 30.

[8] Arnaldo Córdova, *La ideología de la Revolución mexicana*, *op. cit.*, p. 143.

[9] Mariano Azuela, *Los de abajo*, en Antonio

Castro Leal, *La novela de la Revolución mexicana*, t. I, *op. cit.*, p. 60.

10 Pedro Henríquez Ureña citado por Carlos Monsiváis, "Notas sobre la cultura mexicana del siglo xx", en *Historia general de México*, t. IV, El Colegio de México, México, 1977, p. 318.

11 *Ibíd.*, p. 333.

12 Alfonso Reyes citado en *ibíd.*, p. 337.

13 François-Xavier Guerra, *México: del antiguo régimen a la revolución*, t. I, Fondo de Cultura Económica, México, 1988, p. 432.

14 Héctor Aguilar Camín y Lorenzo Meyer, *Historia gráfica de México*, t. VII, *op. cit.*, p. 31.

15 Francisco I. Madero, *Epistolario, 1900-1903*, Secretaría de Hacienda, México, 1985, p. 7. (Cortesía de Alejandro Rosas.)

16 *Ídem.*

17 Guillermo Gómez, "Primeras Damas de México. De doña Carmelita a Beatriz Velasco de Alemán", en *Mañana*, 9 de enero de 1947, p. 29.

18 Aurelio de los Reyes, "Vivir de sueños", en *Cine y sociedad en México, 1896-1930*, t. I, Universidad Nacional Autónoma de México-Instituto de Investigaciones Estéticas, 1996, p. 110.

19 Daniel Cosío Villegas citado en Carlos Cuevas Paralizábal, "Las olvidadas Primeras Damas en México", en *Quehacer Político*, México, 15 de enero de 2000, p. 74. (Cortesía del autor.)

20 Ignacio Solares, *Madero el otro*, Joaquín Mortiz, México, 1989, p. 162.

21 Enrique Krauze, *Francisco I. Madero. Místico de la libertad*, Fondo de Cultura Económica, México, 1987, p. 58.

22 *Ibíd.*, p. 15; Francisco Suárez Farías, "La mujer en la historia: doña Sara Pérez de Madero", en *Política y Cultura*, núm. 1, 1992, Universidad Autónoma Metropolitana, pp. 271-276. (Cortesía de Gabriela Cano.)

23 Bernardo García Díaz, *Puerto de Veracruz*, Gobierno del Estado de Veracruz, Jalapa, 1992, p. 143.

24 Varios autores, *Tiempo de México. De junio de 1911 a noviembre de 1964*, *op. cit.*, núm. 1, p. 1; Santiago Portilla, *Madero: de Ciudad Juárez a la ciudad de México*, Martín Casillas-Secretaría de Educación Pública, México, 1982, p. 52.

25 Por ejemplo, con los papeleros de la escuela San Felipe de Jesús y en el baile de la Junta Patriótica de la Séptima Demarcación de Policía, *El Mundo Ilustrado*, 17 de noviembre de 1911 y 14 de enero de 1912.

26 Héctor Aguilar Camín y Lorenzo Meyer, *Historia gráfica de México*, t. VII, *op. cit.*, p. 41.

27 José Juan Tablada,"Madero Chantecler", en Gabriel Zaid, *Ómnibus de poesía mexicana*, Siglo XXI, México, 1987, p. 301.

28 Ignacio Solares, *Madero el otro*, *op. cit.*, p. 177.

29 Dib Moritllo, *Memorias, biografía y datos históricos de mi vida en México*, mimeo., México, s-f., pp. 53-54. (Cortesía de Carlos Martínez Assad.)

30 Luis Spota, *La pequeña edad*, Grijalbo, México, 1979, pp. 335-336.

31 Carta en Ignacio Solares, *Madero el otro*, *op. cit.*, p. 24.

32 Sara Pérez de Madero entrevistada por Robert H. Murray el 15 de agosto de 1916, en *Nuestro México: la decena trágica*, núm. 4, Universidad Nacional Autónoma de México, México, 1983, pp. II-III. Según Guillermo Murillo Godínez, Luis Manuel Rojas le lanzó un *Yo acuso* al embajador norteamericano. Correo electrónico a Sara Sefchovich, 5 de mayo de 2003.

33 *Ibíd.*, p. IV.

34 Manuel Márquez Sterling citado en Enrique Krauze, *Francisco I. Madero. Místico de la libertad*, *op. cit.*, p. 107.

35 Sara Pérez de Madero entrevistada por Robert H. Murray el 15 de agosto de 1916, en *Nuestro México: la decena trágica*, *op. cit.*, p. IV.

36 *Excélsior*, 6 de octubre de 1935.

37 Francisco I. Madero citado en Guillermo Gómez, "Primeras Damas de México. De doña Carmelita a Beatriz Velasco de Alemán", en *Mañana*, *art. cit.*, p. 29.

38 Anónimo, "Cómo viven las viudas de tres expresidentes de México", en *Excélsior*, 6 de octubre de 1935.

39 José Emilio Pacheco, *Las batallas en el desierto*, Era, México, 1981, p. 33.

40 *Capítulos olvidados de la historia de México*, Reader's Digest, México, 1994, p. 277.

41 Fernando Orozco, *Gobernantes de México de la época prehispánica a nuestros días*, Panorama, México, 1985, pp. 396-397.

[42] Canción popular citada en Josefina Zoraida Vázquez, *Una historia de México*, t. II, Patria, México, 1994, p. 397.

[43] Victoriano Huerta, *Memorias*, Vértice, México, 1957.

[44] Aurelio de los Reyes, "Vivir de sueños", en *Cine y sociedad en México, 1896-1930*, t. I, *op. cit.*, p. 136.

[45] Edith O'Shaughnessy, *Huerta y la Revolución vistos por la esposa de un diplomático en México*, traducción, prólogo y notas de Eugenia Meyer, Diógenes, México, 1971, p. 73.

[46] Julio Sesto citado en Carlos Cuevas Paralizábal, "Las olvidadas Primeras Damas en México", en *Quehacer Político*, México, *art. cit.*, p. 74.

[47] Edith O'Shaughnessy, *Huerta y la Revolución vistos por la esposa de un diplomático en México*, *op. cit.*, p. 74.

[48] *El Mundo Ilustrado*, 10 de marzo de 1913.

[49] *El Mundo Ilustrado*, 27 de julio de 1913.

[50] Josefina Zoraida Vázquez, *Una historia de México*, t. II, *op. cit.*, p. 348.

[51] José Fuentes Mares, *La Revolución mexicana. Memorias de un espectador*, Grijalbo, México, 1986, p. 73.

[52] Lo de José Juan Tablada, en Javier Aranda Luna, "El verdadero Tablada" en *La Jornada*, México, 25 de julio de 2001; lo de Amado Nervo, en John Brushwood, *Narrative Innovation and Political Change in Mexico*, manuscrito, p. 27. (Cortesía del autor.)

[53] Gonzalo Celorio, "Edmundo O'Gorman y la literatura", en *Boletín de Filosofía y Letras*, noviembre de 1995, núm. 7, Universidad Nacional Autónoma de México, p. 5.

[54] Luis Spota, *La pequeña edad*, *op. cit.*, p. 451.

[55] Josefina Zoraida Vázquez, *Una historia de México*, t. II, *op. cit.*, p. 349.

[56] Jorge Mejía Prieto, *Anecdotario mexicano*, Diana, México, 1982, p. 46.

[57] Héctor Aguilar Camín y Lorenzo Meyer, *Historia gráfica de México*, t. VII, *op. cit.*, p. 100.

[58] Varios autores, *Tiempo de México. De junio de 1911 a noviembre de 1964*, *op. cit.*, núm. 2, p. 3.

[59] *Ibíd.*, p. 2.

[60] Fernando Benítez, *El Rey Viejo*, Fondo de Cultura Económica, México, 1959.

[61] Douglas Richmond, *La lucha nacionalista de Venustiano Carranza, 1893-1920*, Fondo de Cultura Económica, México, 1986, p. 25.

[62] José Fuentes Mares, *La Revolución mexicana. Memorias de un espectador*, *op. cit.*, p. 64.

[63] Varios autores, *Tiempo de México. De junio de 1911 a noviembre de 1964*, *op. cit*, p. 3.

[64] Antonio Garza Ruiz, "Cómo se celebra el Grito desde la Independencia", en *Revista de la Semana*, núm. 13, t. XCIX, suplemento de *El Universal*, 5 de septiembre de 1954, p. 707.

[65] José Vasconcelos, *La tormenta*, en Christopher Domínguez Michael, *Antología de la narrativa mexicana del siglo* XX, t. I, Fondo de Cultura Económica, México, 1989, p. 243.

[66] Bernardo García Díaz, *Puerto de Veracruz*, *op. cit.*, p. 183.

[67] Mariano Azuela, *Los de abajo*, en Christopher Domínguez Michael, *Antología de la narrativa mexicana del siglo* XX, *op. cit.*, pp. 239-240.

[68] Nellie Campobello, *Las manos de mamá*, en *ibíd.*, p. 347.

[69] Rubén Salazar Mallén, conferencia, librería Gandhi, 8 de octubre de 1969.

[70] Alejandra Moreno Toscano en Héctor Aguilar Camín y Lorenzo Meyer, *Historia gráfica de México*, t. VII, *op. cit.*, p. 104.

[71] Jorge Aguilar Mora, *Un día en la vida del general Obregón*, Martín Casillas-Secretaría de Educación Pública, México, 1982, pp. 8-10.

[72] Douglas Richmond, *La lucha nacionalista de Venustiano Carranza, 1893-1920*, *op. cit.*, p. 235.

[73] *Ibíd.*, p. 26.

[74] Aurelio de los Reyes, "Vivir de sueños", en *Cine y sociedad en México, 1896-1930*, t. I, *op. cit.*, p. 169.

[75] Aurelio de los Reyes citado en Carlos Monsiváis, *Celia Montalván. Te brindas voluptuosa e impudente*, Martín Casillas-Secretaría de Educación Pública, México, 1982, p. 18.

[76] Gabriela Cano, "Revolución, feminismo y ciudadanía en México, 1915-1940", en Georges Duby y Michelle Perrot, *Historia de las mujeres*, t. V, Taurus, México, 2000, p. 750.

[77] Enriqueta Tuñón, "La lucha política de la mujer mexicana por el derecho al sufragio y sus repercusiones", en Carmen Ramos, coord., *Presencia y transparencia: la mujer en la historia de México*, El Colegio de México, México, 1987, p. 184.

[78] Sobre González Garza, Federico Reyes Heroles, entrevista telefónica, 10 de julio de 2001. Esta información es la misma que dan en el Centro de Estudios Históricos, Condumex, que resguarda el archivo de Roque González Garza. Sobre Lagos Cházaro, Ricardo Covarrubias, *Los 67 gobernantes del México independiente*, Publicaciones Mexicanas, México, 1968, p. 85.

[79] Friedrich Katz en *Pancho Villa* dedica un capítulo a la vida íntima de su biografiado en el que habla de algunas de sus muchas mujeres; t. I, Era, México, 1998, pp. 295-299.

[80] Carlos Monsiváis, "Notas sobre la cultura mexicana del siglo XX", en *Historia general de México*, t. IV, *op. cit.*, p. 339.

[81] John Brushwood, *México en su novela*, Fondo de Cultura Económica, México, 1973, p. 305.

[82] Manuel Gómez Morin citado en Carlos Monsiváis, "Notas sobre la cultura mexicana del siglo XX", en *Historia general de México*, *op. cit.*, p. 334.

[83] Gustavo Casasola, *Historia gráfica de México*, t. IV, *op. cit.*, p. 1341.

[84] Douglas Richmond, *La lucha nacionalista de Venustiano Carranza, 1893-1920*, *op. cit.*, p. 26.

[85] Martha Carranza de Astorga, entrevista telefónica, 7 de marzo de 1998.

[86] Angélica Villanueva Olvera, jefa del departamento técnico del Museo Casa de Carranza, entrevista, 28 de enero de 1998. Ella me mostró un ejemplar de la biografía de Carranza por Casasola, en la que hay una foto de tres de los hijos de don Venustiano, ya adultos.

[87] Martha Carranza de Astorga, entrevista citada.

[88] Martín Luis Guzmán, "Tlaxcalantongo", en *Muertes históricas*, en Christopher Domínguez Michael, *Antología de la narrativa mexicana del siglo* XX, t. I, *op. cit.*, pp. 311-312.

[89] John W. F. Dulles, *Ayer en México. Una crónica de la Revolución, 1919-1936*, Fondo de Cultura Económica, México, 1985, p. 60.

[90] José Fuentes Mares, *La Revolución mexicana. Memorias de un espectador*, *op. cit.*, p. 126.

[91] John W. F. Dulles, *Ayer en México. Una crónica de la Revolución, 1919-1936*, *op. cit.*, p. 64.

[92] Héctor Aguilar Camín y Lorenzo Meyer, *Historia gráfica de México*, t. VII, *op. cit.*, p. 72.

[93] Enrique Krauze, *Álvaro Obregón. El vértigo de la victoria*, Fondo de Cultura Económica, México, 1987, p. 84.

[94] Pedro Castro Martínez, *Adolfo de la Huerta. La integridad como arma de la Revolución*, Siglo XXI, México, 1998, p. 276.

[95] Pedro Castro Martínez, entrevista telefónica, 22 de enero de 1999; Carlos Denegri, "Amable atardecer de una Primera Dama", en *Excélsior*, 11 de julio de 1967. (Cortesía de Pedro Castro Martínez.)

[96] Aurelio de los Reyes, "Bajo el cielo de México", en *Cine y sociedad en México, 1896-1930*, *op. cit.*, t. II, p. 38.

[97] *Ídem.*

[98] Carlos Denegri, "Amable atardecer de una Primera Dama", en *Excélsior*, *art. cit.*; Pedro Castro Martínez, entrevista telefónica, 16 de julio de 2001.

[99] Narciso Bassols Batalla, *El pensamiento político de Álvaro Obregón*, El Caballito, México, 1967, p. 39.

[100] Carlos Martínez Assad, "La ciudad de las ilusiones", en *Los inicios del México contemporáneo*, Instituto Nacional de Antropología e Historia-Consejo Nacional para la Cultura y las Artes, México, 1997, p. 74.

[101] Daniel Cosío Villegas citado en John Brushwood, *Narrative Innovation and Political Change in Mexico*, *op. cit.*, pp. 10-11.

[102] Narciso Bassols Batalla, *El pensamiento político de Álvaro Obregón*, *op. cit.*, pp. 10-11.

[103] Ricardo Pozas, *El triunvirato sonorense*, Secretaría de Educación Pública, México, 1982, p. 28.

[104] Carlos Martínez Assad, "La ciudad de las ilusiones", en *Los inicios del México contemporáneo*, *op. cit.*, p. 77.

[105] Los datos familiares se los debo al lector Mauro Esteban Barrón Robles, correo electrónico, 6 de noviembre de 2001.

[106] Archivo Calles Torreblanca, serie 010200, exp. 27, DF. 2, inv. 33.

[107] María Mona Obregón Tapia viuda de Vargas, entrevista telefónica, 8 de febrero de 1999; Mauro Esteban Barrón Robles, correo electrónico citado.

[108] Jorge Aguilar Mora, *Un día en la vida del general Obregón*, *op. cit.*, pp. 55-56.

109 José Rubén Romero en *Excélsior*, 6 de octubre de 1935.

110 Aurelio de los Reyes, "Bajo el cielo de México", en *Cine y sociedad en México, 1896-1930*, t. II, *op. cit.*, p. 296.

111 Archivo Calles Torreblanca, serie 030100, exp. 5-046-747, f. 2, inv. 1817.

112 Archivo Calles Torreblanca, serie 030500, exp. 607, f. 1, inv. 4479.

113 Carlos Monsiváis, entrevista, 6 de diciembre de 1997.

114 *Excélsior*, 26 de diciembre de 1920.

115 Guillermo Gómez, "Primeras Damas de México. De doña Carmelita a Beatriz Velasco de Alemán", en *Mañana, art. cit.*, p. 30.

116 Manuel Gómez Morin citado en Carlos Monsiváis, "Notas sobre la cultura mexicana del siglo XX", en *Historia general de México, op. cit.*, p. 311.

117 Antonio Caso en *ibíd.*, p. 319; Manuel Gamio en Mario Monteforte Toledo, *Las piedras vivas. Escultura y sociedad en México, op. cit.*, p. 181.

118 Diego Rivera citado en Carlos Monsiváis, "Notas sobre la cultura mexicana del siglo XX", en *Historia general de México, op. cit.*, p. 351.

119 Ricardo López Méndez, *Credo*, Imprenta Cadena, México, 1941. (Cortesía de Ricardo Pérez Montfort.)

120 Sara Sefchovich, "Introducción" a Gabriela Mistral, *Lecturas para mujeres*, Secretaría de Educación Pública, México, 1988, pp. 15-47; Guadalupe Loaeza y Carlos Martínez Assad, *El ángel de nuestras nostalgias*, Plaza y Janés, México, 1989, p. 64. El nombre de la persona que posó es Ernesta Robles, una modista, y la escultura es del italiano Enrique Alciati.

121 María del Carmen Collado, "Vida social y tiempo libre en los años veinte", en *Historias*, abril-septiembre de 1992, núm. 28, Instituto Nacional de Antropología e Historia-DIE, p. 105.

122 Eduardo Patiño, dir., *18 lustros de la vida en México en este siglo*, video, t. V, *1920-1925*, Universidad Nacional Autónoma de México, México, 1993.

123 Manuel Maples Arce, "Prisma", en Luis Mario Schneider, *El estridentismo*, Universidad Nacional Autónoma de México, México, 1985, p. 73; Salvador Novo citado en José Joaquín Blanco, *Crónica de la poesía mexicana*, Universidad Autónoma de Sinaloa, México, 1979, p. 160.

124 Rosa Castro, "La moda a medio siglo de distancia", en *Hoy*, México, 3 diciembre de 1950.

125 Relato de Carlota Assad de Martínez, entrevista, 5 de julio de 1982.

126 Arqueles Vela citado en Christopher Domínguez Michael, *Antología de la narrativa mexicana del siglo* XX, t. I, *op. cit.*, p. 717.

127 Ricardo Pérez Montfort, *Estampas del nacionalismo popular mexicano. Ensayos sobre cultura popular y nacionalismo, op. cit.*, p. 102.

128 Carlos Monsiváis, *Celia Montalván. Te brindas voluptuosa e impudente, op. cit.*, p. 21.

129 Salvador Novo citado en José Joaquín Blanco, *Crónica de la poesía mexicana, op. cit.*, p. 160.

130 José Joaquín Blanco, *Empezaba el siglo en la ciudad de México*, Secretaría de Educación Pública, México, 1982, pp. 46 y 52.

131 Según Michela di Giorgio, las mujeres educadas en el catolicismo son más reacias a aceptar ningún cambio; véase "El modelo católico", en Georges Duby y Michelle Perrot, *Historia de las mujeres*, t. IV, *op. cit.*, pp. 206-240.

132 "Ayuda no muy sancta" le llama Enrique Krauze en *Álvaro Obregón. El vértigo de la victoria, op. cit.*, p. 178.

133 Martín Luis Guzmán, *La sombra del caudillo*, en Antonio Castro Leal, *La novela de la Revolución mexicana*, t. I, Secretaría de Educación Pública-Aguilar, México, 1988, pp. 484-485.

134 Hernán Robledo, *Obregón, Toral y la madre Conchita*, Botas, México, 1935, p. 259.

135 María Mona Obregón Tapia viuda de Vargas, entrevista citada.

136 Carlos Macías Richard, *Vida y temperamento. Plutarco Elías Calles, 1877-1920*, Instituto Sonorense de Cultura-Fondo de Cultura Económica-Fideicomiso Archivos Plutarco Elías Calles y Fernando Torreblanca, México, 1995, pp. 35 y 40.

137 Carlos Martínez Assad, "La ciudad de las ilusiones", en *Los inicios del México contemporáneo, op. cit.*, p. 82.

138 Ricardo Pozas, *El triunvirato sonorense, op. cit.*, p. 29.

139 La primera vez fue en 1526 y duró un día, la segunda en 1624 y duró una sema-

na, y ahora ésta que duraría tres años; véase Francisco de la Maza, *La ciudad de México en el siglo* XVII, Fondo de Cultura Económica-Secretaría de Educación Pública, México, 1985, p. 17.

140 José Guadalupe de Anda, *Los cristeros*, en Christopher Domínguez Michael, *Antología de la narrativa mexicana del siglo* XX, t. I, *op. cit.*, p. 401.

141 Héctor Aguilar Camín y Lorenzo Meyer, *Historia gráfica de México*, t. VIII, *op. cit.*, p. 18.

142 Acta de matrimonio, Archivo Calles Torreblanca, serie 010901, exp. 31, f. 3.

143 Carlos Macías Richard, *Vida y temperamento. Plutarco Elías Calles, 1877-1920*, *op. cit.*, pp. 269-270.

144 Archivo Calles Torreblanca, exp. 240, ff. 22-33, inv. 192.

145 Hortensia Calles de Torreblanca, entrevista, 3 de julio de 1982; y Norma Mereles de Ogarrio, entrevista teléfonica, 26 de enero de 1999.

146 Archivo Calles Torreblanca, serie 010901, exp. 52, ff. 17-18.

147 Guillermo Gómez, "Primeras Damas de México. De doña Carmelita a Beatriz Velasco de Alemán", en *Mañana*, *art. cit.*, p. 30.

148 En la versión anterior de este libro escribí que sobrevivieron siete, agradezco la corrección del error a la señora Norma Mereles de Ogarrio, directora del Archivo Calles Torreblanca, carta a la autora, 26 de agosto de 1999.

149 Plutarco Elías Calles, *Correspondencia personal*, introducción, selección y notas de Carlos Macías Richard, Fondo de Cultura Económica, México, 1994, p. 408.

150 Carlos Macías Richard, *Vida y temperamento. Plutarco Elías Calles, 1877-1920*, *op. cit.*, pp. 275-276.

151 Artemisa Calles de Ogarrio, entrevista por intermedio de Eugenia Ogarrio, 6 de febrero de 1998.

152 Carlos Martínez Assad, "La ciudad de las ilusiones", en *Los inicios del México contemporáneo*, *op. cit.*, p. 91.

153 Ramón López Velarde, "La suave Patria", en Gabriel Zaid, *Ómnibus de poesía mexicana*, *op. cit.*, p. 507.

154 Acta de defunción de NCHC, Archivo Calles Torreblanca, serie 010901, exp. 31, ff. 23-24, inv. 1818.

155 Archivo Calles Torreblanca, leg. 1-5, ff. 14-15.

156 Alfonso Morales, entrevista, 10 de marzo de 1998.

157 *Guillermo Álvarez y su cómoda de alambres*, disco. (Cortesía de Guillermo Sefchovich.)

158 José Juan Tablada, "Pavo real", en Octavio Paz, Alí Chumacero y José Emilio Pacheco, *Poesía en movimiento, 1915-1966*, Siglo XXI, México, 1966, p. 445.

159 Hortensia Calles y Artemisa Calles, entrevistas citadas. Aquélla nunca quiso hablar de la señora Leonor; ésta, en cambio, la recuerda con cariño.

160 Artemisa Calles, entrevista citada.

161 Gabriel de la Mora, *José Guadalupe Zuno*, Porrúa, México, 1973, p. 78.

162 Tzvi Medin, *Ideología y praxis política de Lázaro Cárdenas*, Siglo XXI, México, 1972, p. 21.

163 Emilio Portes Gil, *Quince años de política mexicana*, Botas, México, 1954, p. 75.

164 *Ibíd.*, p. 77.

165 Video de la familia Portes Gil sobre la vida de sus padres. (Cortesía de Rosalva Portes Gil.)

166 Arturo Alvarado Mendoza, *El portesgilismo en Tamaulipas*, El Colegio de México, México, 1992, pp. 61-62.

167 Lorenzo Meyer citado en Mario Luis Fuentes, *La asistencia social en México, historia y perspectivas*, Ediciones del Milenio, México, 1998, p. 189.

168 Arturo Alvarado Mendoza, *El portesgilismo en Tamaulipas*, *op. cit.*, p. 66.

169 Carlos Fuentes, "Radiografía de una década", en *Tiempo mexicano*, Joaquín Mortiz, México, 1972, p. 63.

170 Emilio Portes Gil, *Quince años de política mexicana*, *op. cit.*, p. 77.

171 Rosalva Portes Gil y Carmen Portes Gil, entrevista, 8 de febrero de 1998.

172 James Wilkie citado en Mario Luis Fuentes, *La asistencia social en México, historia y perspectivas*, *op. cit.*, p. 190.

173 Hortensia Calles, entrevista citada; Mario Luis Fuentes, *La asistencia social en México, historia y perspectivas*, *op. cit.*, p. 98.

174 Gustavo Casasola, *Historia gráfica de México*, t. III, *op. cit.*, p. 1959.

175 *Ídem*.

176 Xavier Villaurrutia, "Nocturno", en Luis Mario Schneider, *Los Contemporáneos.*

Antología poética, Instituto Nacional de Bellas Artes, México, 1982, p. 89; Renato Leduc, "Los banquetes", en Christopher Domínguez Michael, *Antología de la narrativa mexicana del siglo* XX, t. I, *op. cit.*, p. 975.

177 Gustavo Casasola, *Historia gráfica de México*, t. VI, *op. cit.*, pp. 1960 y 1957.

178 Rosalva Portes Gil y Carmen Portes Gil, entrevista citada.

179 Alfonso Morales, entrevista citada.

180 Información de Pável Granados a Carlos Martínez Assad, 20 de mayo de 2002.

181 Cecilia Gironella, "Perfiles y retrato a máquina de un expresidente", en *Hoy*, 6 de noviembre de 1954.

182 Esto lo cuenta en una entrevista la señora Amalia Solórzano de Cárdenas quien dice que gracias a eso salvó la vida la segunda hija de los Portes Gil, pues nació prematura pero se la pudo meter inmediatamente en una incubadora. Luis Suárez, *Cárdenas. Retrato inédito*, Grijalbo, México, 1987, pp. 81-82.

183 Fotocopia del anónimo. (Cortesía de Rosalva Portes Gil.)

184 Emilio Portes Gil, *Quince años de política mexicana*, *op. cit.*, p. 306.

185 Carlos Gutiérrez Cruz citado en Carlos Monsiváis, "Notas sobre la cultura mexicana del siglo XX", en *Historia general de México*, *op. cit.*, p. 389.

186 Jorge Cuesta citado en *ibíd.*, p. 387.

187 Información del lector Sergio García Cortés quien asegura que Portes Gil fue el primer mexicano que entró al Tíbet, correo electrónico citado.

188 Jorge Meléndez, "La voz invitada", en *El Universal*, 9 de octubre de 1997.

189 Elizabeth de Cou de Beteta, "Presentación", en *Vida y obra de Ramón Beteta*, fotocopia, s-e., s-f. (Cortesía de José Manuel Villalpando.)

190 Emilio Portes Gil, *Quince años de política mexicana*, *op. cit.*, dedicatoria.

191 Emilio Portes Gil, *La imagen de mi madre*, folleto, s-e., México, 1967. (Cortesía de Carmen Portes Gil.)

192 Antonio Avitia Hernández, *Corrido histórico mexicano. Voy a cantarles la historia, 1810-1910*, t. IV, Porrúa, México, 1998, p. 155.

193 Jacqueline Peschard, "El Maximato", en varios autores, *Evolución del Estado mexicano*, t. II, El Caballito, México, 1986, p. 210.

194 Pascual Ortiz Rubio, Eugenio Ortiz Rubio y Ofelia Ortiz Rubio de Kalb, entrevista, 2 de marzo de 1998. El relato del atentado está también en los libros citados de Gustavo Casasola, Ricardo Pozas y Héctor Aguilar Camín.

195 Jorge Mejía Prieto, *Anecdotario mexicano*, *op. cit.*, p. 100.

196 Carlos Macías Richard, *Vida y temperamento. Plutarco Elías Calles, 1877-1920*, *op. cit.*, p. 275.

197 Relato de Carlota Assad de Martínez, entrevista citada.

198 Pascual, Eugenio y Ofelia Ortiz Rubio, entrevista citada.

199 Guillermo Gómez, "Primeras Damas de México. De doña Carmelita a Beatriz Velasco de Alemán", en *Mañana*, *art. cit.*, p. 11.

200 Según Gustavo Casasola la casa estaba en Tlahuipan, en el estado de Hidalgo; los hijos aseguran que se encontraba en Tizapán, D.F.

201 Tzvi Medin, *Ideología y praxis política de Lázaro Cárdenas*, *op. cit.*, pp. 24-25.

202 John W. F. Dulles, *Ayer en México. Una crónica de la Revolución, 1919-1936*, *op. cit.*, p. 449. El lector Sergio García Cortés me informa que esa casa es la actual oficina del Consejo de Turismo, correo electrónico citado.

203 José Fuentes Mares, *La Revolución mexicana. Memorias de un espectador*, *op. cit.*, p. 170.

204 Tzvi Medin, *Ideología y praxis política de Lázaro Cárdenas*, *op. cit.*, p. 28.

205 Enrique Krauze, *Plutarco Elías Calles. Reformador desde el origen*, Fondo de Cultura Económica, México, 1987, p. 108.

206 Carlota Assad de Martínez, entrevista citada.

207 Pascual, Eugenio y Ofelia Ortiz Rubio, entrevista citada.

208 Carlos Martínez Assad, "La ciudad de las ilusiones", en *Los inicios del México contemporáneo*, *op. cit.*, p. 97.

209 La lista de los negocios en Abelardo L. Rodríguez, *Autobiografía*, México, 1962, pp. 10-11 (cortesía de Hortensia Rodríguez Plá); Jorge Mejía Prieto, *Anecdotario mexicano*, *op. cit.*; Patricia Gaxiola y Victoria Gaxiola de Mata, entrevista, 27 de noviembre de 1997.

210 Jorge Mejía Prieto, *Anecdotario mexicano*, *op. cit.*, p. 108.

211 Héctor Aguilar Camín y Lorenzo Meyer, *Historia gráfica de México*, t. VIII, *op. cit.*, p. 39.

212 Abelardo L. Rodríguez, *Autobiografía, op. cit.*, p. 146.

213 Carta de Abelardo L. Rodríguez citada en *ibíd.*, p. 160.

214 La información sobre Bassols es del lector Luis González Torres, entrevista citada; la de Salazar Mallén es de él mismo en una conferencia dictada en la librería Gandhi el 8 de octubre de 1969.

215 Fernando Orozco, *Gobernantes de México de la época prehispánica a nuestros días, op. cit.*, p. 440.

216 Mariano Azuela, *Nueva burguesía*, Secretaría de Educación Pública, México, 1985, p. 11.

217 Efrén Rebolledo citado en José Joaquín Blanco, *Crónica de la poesía mexicana, op. cit.*, p. 113.

218 Salvador Novo, "El joven", en Guillermo Sheridan, *Monólogos en espiral. Antología de narrativa de los Contemporáneos*, Instituto Nacional de Bellas Artes, México, 1982, p. 129.

219 Efrén Rebolledo citado en José Joaquín Blanco, *Crónica de la poesía mexicana, op. cit.*, p. 113; Salvador Novo, "El joven", en Guillermo Sheridan, *Monólogos en espiral. Antología de narrativa de los Contemporáneos, op. cit.*, p. 150; Manuel Maples Arce, "Urbe. Super poema bolchevique en cinco cantos", en Luis Mario Schneider, *El estridentismo, op. cit.*, p. 196.

220 José Vasconcelos, *Ulises criollo*, Jus, México, 1964, p. 64.

221 José Martínez Sotomayor, "La rueca de aire", en Guillermo Sheridan, *Monólogos en espiral. Antología de narrativa de los Contemporáneos, op. cit.*, p. 20; Manuel Maples Arce, "Urbe. Super poema bolchevique en cinco cantos", en Luis Mario Schneider, *El estridentismo, op. cit.*, p. 193.

222 Salvador Novo, "El joven", en Guillermo Sheridan, *Monólogos en espiral. Antología de narrativa de los Contemporáneos, op. cit.*, p. 130.

223 Manuel Maples Arce, "Prisma", en Luis Mario Schneider, *El estridentismo, op. cit.*, p. 73.

224 Abelardo L. Rodríguez, *Autobiografía, op. cit.*, p. 7.

225 Información del lector Mauro Esteban Barrón Robles, correo electrónico citado.

226 Hay una confusión con el apellido de la señora; algunos dicen que es Aída Viderique. Lo que sucede es que sus hermanas se apellidan así pero no ella; información de Amparo de Shein a través de Enrique Wasongarz, 17 de noviembre de 1998.

227 Hortensia Rodríguez Plá, entrevista telefónica, 11 de marzo de 1998.

228 Enriqueta de Parodi, *Aída S. de Rodríguez, benefactora*, México, 1967, p. 7. (Cortesía de Hortensia Rodríguez Plá.)

229 Carta citada en *ibíd.*, p. 15.

230 Manuel Martínez Báez, *La madre mexicana*, Gobierno de la República, México, 1933; libro sugerido por la señora Aída Sullivan de Rodríguez, con ilustraciones de Salvador Pruneda. (Cortesía de Carlota Assad de Martínez.)

231 Alfonso Reyes, "Palinodia del polvo", en José Luis Martínez, *El ensayo mexicano moderno*, t. I, Fondo de Cultura Económica, México, 1984, p. 293.

232 Carlos Martínez Assad, "La ciudad de las ilusiones", en *Los inicios del México contemporáneo, op. cit.*, p. 97; Alfonso Morales, entrevista citada.

233 Sergio H. Peralta Sandoval, *Hotel Regis. Historia de una época*, Diana, México, 1997, p. 69.

234 José Emilio Pacheco, *Las batallas en el desierto, op. cit.*, p. 19.

235 Hortensia Rodríguez Plá, entrevista citada.

236 Tzvi Medin, *Ideología y praxis política de Lázaro Cárdenas, op. cit.*, p. 23.

237 Luis Suárez, *Cárdenas. Retrato inédito, op. cit.*, p. 108.

238 Fernando Muñoz Altea y Magdalena Escobosa Haas de Rangel, *Historia de la residencia oficial de Los Pinos*, Presidencia de la República-Fondo de Cultura Económica, México, 1988, p. 135. (Cortesía de Leonor Ortiz Monasterio.)

239 Adalbert Dessau, *La novela de la Revolución mexicana*, Fondo de Cultura Económica, México, 1972, p. 52.

240 Carlos Martínez Assad, "La ciudad de las ilusiones", en *Los inicios del México contemporáneo, op. cit.*, p. 99.

241 Lorenzo Meyer, "El primer tramo del camino", en *Historia general de México*, t. IV, *op. cit.*, pp. 161, 175-176, 181-182.

242 Héctor Aguilar Camín y Lorenzo Meyer,

Historia gráfica de México, t. VIII, *op. cit.*, p. 105.

[243] Tzvi Medin, *Ideología y praxis política de Lázaro Cárdenas*, *op. cit.*, p. 181; Carlos Martínez Assad, *Los lunes rojos. La educación nacionalista en México*, El Caballito-Secretaría de Educación Pública, México, 1986, pp. 9-25.

[244] Luis Suárez, *Cárdenas. Retrato inédito*, *op. cit.*, p. 372.

[245] Lázaro Cárdenas, en Fernando Muñoz Altea y Magdalena Escobosa Haas de Rangel, *Historia de la residencia oficial de Los Pinos*, *op. cit.*, pp. 141-142.

[246] Carlos Martínez Assad, "La ciudad de las ilusiones", en *Los inicios del México contemporáneo*, *op. cit.*, p. 100.

[247] Antonio Garza Ruiz, "Cómo se celebra el Grito desde la Independencia", en *Revista de la Semana*, *art. cit.*, p. 709.

[248] Ricardo Pérez Montfort, *Estampas del nacionalismo popular mexicano. Ensayos sobre cultura popular y nacionalismo*, *op. cit.*, p. 192.

[249] Carlos Martínez Assad, "La ciudad de las ilusiones", en *Los inicios del México contemporáneo*, *op. cit.*, pp. 99-100.

[250] *Ibíd.*, p. 98.

[251] Lázaro Cárdenas del Río, *Apuntes, 1913-1940*, t. I, Universidad Nacional Autónoma de México, México, 1972, p. 340.

[252] Héctor Aguilar Camín y Lorenzo Meyer, *Historia gráfica de México*, t. VIII, *op. cit.*, pp. 99 y 101.

[253] Teresa del Carmen Incháustegui Romero, *El cambio institucional de la asistencia en México, 1937-1997*, tesis de doctorado, Flacso, México, 1997, pp. 155-184; Mario Luis Fuentes, *La asistencia social en México, historia y perspectivas*, *op. cit.*, p. 100.

[254] Teresa del Carmen Incháustegui Romero, *El cambio institucional de la asistencia en México, 1937-1997*, *op. cit.*, p. 17.

[255] *La asistencia pública en México, sexenio 1934-1940*, Secretaría de Educación Pública-Talleres Gráficos de la Nación, México, 1940.

[256] La insistencia en poner el segundo apellido de doña Amalia es del lector Guillermo Murillo Godínez por correo electrónico, 6 de octubre de 2001. De la existencia del segundo nombre —Alejandra—, me enteré por el discurso de su nieta Camila en el festejo de cumpleaños. *El Universal*, 8 de julio de 2001.

[257] Luis Suárez, *Cárdenas. Retrato inédito*, *op. cit.*, p. 35.

[258] William C. Townsend, *Lázaro Cárdenas, demócrata mexicano*, Grijalbo, México, 1954, p. 69.

[259] *Ídem*, p. 60; Guillermo Gómez, "Primeras Damas de México. De doña Carmelita a Beatriz Velasco de Alemán", en *Mañana*, *art. cit.*, p. 30.

[260] Pere Foix, *Cárdenas*, Trillas, México, 1976; Fernando Benítez, *En torno a Lázaro Cárdenas*, Océano, México, 1987.

[261] Amalia Solórzano de Cárdenas, *Era otra cosa la vida*, Nueva Imagen, México, 1994, p. 32.

[262] Lázaro Cárdenas del Río, *Apuntes, 1913-1940*, t. I, *op. cit.*, p. 206.

[263] Fernando Muñoz Altea y Magdalena Escobosa Haas de Rangel, *Historia de la residencia oficial de Los Pinos*, *op. cit.*, p. 122.

[264] Luis Suárez, *Cárdenas. Retrato inédito*, *op. cit.*, p. 44.

[265] William C. Townsend, *Lázaro Cárdenas, demócrata mexicano*, *op. cit.*, p. 221.

[266] Pere Foix, *Cárdenas*, *op. cit.*, p. 304.

[267] Mario Monteforte Toledo, *Las piedras vivas. Escultura y sociedad en México*, *op. cit.*, pp. 193-207.

[268] José Gorostiza, "Muerte sin fin", en Luis Mario Schneider, *Los Contemporáneos. Antología poética*, *op. cit.* p. 62.

[269] "Corrido del general Lázaro Cárdenas", en Antonio Avitia Hernández, *Corrido histórico mexicano. Voy a cantarles la historia, 1810-1910*, t. IV, *op. cit.*, p. 205; lo de las niñas, relato de Aída W. de Sefchovich sobre un suceso ocurrido en Jalapa, Veracruz, entrevista, 8 de diciembre de 1997.

[270] Luis Prieto, entrevista, 6 de junio de 1982.

[271] Amalia Solórzano de Cárdenas, *Era otra cosa la vida*, *op. cit.*, p. 7.

[272] Anónimo citado en José Fuentes Mares, *La Revolución mexicana. Memorias de un espectador*, *op. cit.*, p. 116.

[273] Amalia Solórzano de Cárdenas, en Fernando Muñoz Altea y Magdalena Escobosa Haas de Rangel, *Historia de la residencia oficial de Los Pinos*, *op. cit.*, p. 141.

[274] Amalia Solórzano de Cárdenas, *Era otra cosa la vida*, *op. cit.*, p. 161.

[275] Gustavo Casasola, *Historia gráfica de México*, t. VI, *op. cit.*, p. 2195.

[276] Ricardo Pérez Montfort, *Estampas del nacionalismo popular mexicano. Ensayos sobre*

cultura popular y nacionalismo, op. cit., p. 183.

277 *Ibíd.*, p. 192.

278 Samuel Ramos citado en Emilio Uranga, "El pensamiento filosófico", en *México, cincuenta años de Revolución*, Fondo de Cultura Económica, México, 1963, pp. 486-489.

279 Información de Carlos Martínez Assad; Luis Suárez, *Cárdenas. Retrato inédito, op. cit.*, pp. 203-381.

280 Fotografía en Pere Foix, *Cárdenas, op. cit.*, p. 306.

281 Lázaro Cárdenas del Río, *Apuntes, 1913-1940, op. cit.*, p. 28.

282 Luis Suárez, *Cárdenas. Retrato inédito, op. cit.*, p. 119; Amalia Solórzano de Cárdenas, *Era otra cosa la vida, op. cit.*, p. 53.

283 Camila Cárdenas Batel citada en *El Universal*, 8 de julio de 2001.

284 Sara Sefchovich, "Doña Amalia", en *El Universal*, 14 de diciembre de 2008.

285 Jorge Mejía Prieto, *Anecdotario mexicano, op. cit.*, pp. 115-116.

286 Rosario Castellanos en Pere Foix, *Cárdenas, op. cit.*, pp. 89-91.

287 Jorge Mejía Prieto, *Anecdotario mexicano, op. cit.*, p. 146.

288 Francisco Javier Gaxiola, *Memorias*, Porrúa, México, 1975, p. 243.

289 Adalbert Dessau, *La novela de la Revolución mexicana, op. cit.*, p. 92.

290 Manuel Ávila Camacho, en Fernando Muñoz Altea y Magdalena Escobosa Haas de Rangel, *Historia de la residencia oficial de Los Pinos, op. cit.*, pp. 147-148.

291 Rafael Loyola, *Entre la guerra y la estabilidad política: el México de los cuarenta*, Grijalbo-Consejo Nacional para la Cultura y las Artes, México, 1990, p. 1.

292 Tzvi Medin, *El sexenio alemanista*, Era, México, 1990, p. 13.

293 José C. Valadés citado por Carlos Monsiváis, "Sociedad y cultura", en Rafael Loyola, *Entre la guerra y la estabilidad política: el México de los cuarenta, op. cit.*, p. 259.

294 *Ibíd.*, p. 264.

295 José Revueltas, *El luto humano*, Era, México, 1982, p. 23.

296 Leopoldo Solís, *La realidad económica mexicana. Retrovisión y perspectivas, op. cit.*, pp. 99-100.

297 Héctor Aguilar Camín y Lorenzo Meyer, *Historia gráfica de México*, t. IX, *op. cit.*, p. 43.

298 Francisco Javier Gaxiola, *Memorias, op. cit.*, p. 245. La versión de que los submarinos eran alemanes es la oficial. Hay quien asegura que era norteamericano pues los vecinos querían obligar a México a entrar en la guerra.

299 Las dos canciones en Carlos Martínez Assad, "La segunda guerra mundial en el imaginario mexicano", en *Los Universitarios*, enero de 1990, Universidad Nacional Autónoma de México, p. 6.

300 Héctor Aguilar Camín y Lorenzo Meyer, *Historia gráfica de México*, t. IX, *op. cit.*, p. 51.

301 Hugo Gutiérrez Vega a Sara Sefchovich, 27 de noviembre de 1997.

302 Sara Sefchovich, "Extranjeros en México: historia de una desconfianza", en *Eslabones*, junio de 1995, núm. 9, Sociedad Nacional de Estudios Regionales, México, pp. 18-19.

303 Luis Spota, *Casi el paraíso*, Fondo de Cultura Económica, México, 1963, pp. 370-371.

304 Luis Spota, *Murieron a mitad del río*, Costa Amic, México, 1981, pp. 100-101.

305 Información del lector Luis González Torres, entrevista citada.

306 *Proceso*, núm. 1060, 24 de febrero de 1997, p. 60.

307 Yolanda Limón Hinojosa, en Fernando Muñoz Altea y Magdalena Escobosa Haas de Rangel, *Historia de la residencia oficial de Los Pinos, op. cit.*, p. 155.

308 Guillermo Gómez, "Primeras Damas de México. De doña Carmelita a Beatriz Velasco de Alemán", en *Mañana, art. cit.*, pp. 30-31.

309 Carl S. Anthony, *First Ladies. The Saga of the President's Wives and Their Power, 1789-1990*, t. II, Quill William Morrow, New York, 1990, pp. 459-493.

310 Rosa Castro, "La moda a medio siglo de distancia", en *Hoy, art. cit.*, s-p.

311 Luis Spota citado en Edmundo Domínguez Aragonés, *Tres extraordinarios*, Juan Pablos Editor, México, 1980, pp. 69-70.

312 Renato Leduc, "Invocación a la Virgen Guadalupe y a una señorita del mismo nombre: Guadalupe", en Octavio Paz, Alí Chumacero y José Emilio Pacheco, *Poesía en movimiento, op. cit.*, p. 399.

313 Ariel Contreras, "La ciudad de México en 1940. Tiempo, política y vida cotidiana", en *Revista del Colegio de Bachilleres*,

1981, p. 8; Aída W. de Sefchovich, entrevista citada.

314 Teresa del Carmen Incháustegui Romero, *El cambio institucional de la asistencia en México, 1937-1997, op. cit.*, p. 77.

315 Mario Luis Fuentes, *La asistencia social en México, historia y perspectivas, op. cit.*, pp. 126-137.

316 Rafael Alducin, en Martha Acevedo, *El 10 de mayo*, Martín Casillas-Secretaría de Educación Pública, México, 1982, p. 9.

317 Gabriela Cano, "Una ciudadanía igualitaria: el presidente Lázaro Cárdenas y el sufragio femenino", en *Desdeldiez*, diciembre de 1995, Centro de Estudios de la Revolución Mexicana, p. 105.

318 Julio Sesto, "Las Primeras Damas de la República", en *Hoy*, 10 de octubre de 1942, pp. 52-54.

319 *El Universal*, 11 de mayo de 1943.

320 María Félix en el noticiero *24 Horas*, con Jacobo Zabludovsky, 1980.

321 Francisco Bulnes citado en Timothy E. Anna, *El imperio de Iturbide*, Alianza Editorial-Consejo Nacional para la Cultura y las Artes, México, 1991, p. 98.

322 Guillermo Gómez, "Primeras Damas de México. De doña Carmelita a Beatriz Velasco de Alemán", en *Mañana, art. cit.*, p. 31.

323 Guillermo Boils, "Arquitectura y producción del espacio social", en Rafael Loyola, *Entre la guerra y la estabilidad política: el México de los cuarenta, op. cit.*, pp. 323-328.

324 Carlos Monsiváis, "Sobre tu capital cada hora vuela", en *Asamblea de ciudades*, Consejo Nacional para la Cultura y las Artes, México, 1992, pp. 11-46.

325 Gustavo Garza, "Superconcentración, crisis y globalización del sector industrial, 1930-1998" en *La ciudad de México en el fin del milenio*, Gobierno del Distrito Federal-El Colegio de México, México, 2000, p. 171.

326 Efraín Huerta, "Declaración de odio", en Octavio Paz, Alí Chumacero y José Emilio Pacheco, *Poesía en movimiento, op. cit.*, p. 241.

327 Fernando Muñoz Altea y Magdalena Escobosa Haas de Rangel, *Historia de la residencia oficial de Los Pinos, op. cit.*, p. 153.

328 Carlos Martínez Assad, "El cine como lo vi y como me lo contaron", en Rafael Loyola, *Entre la guerra y la estabilidad política: el México de los cuarenta, op. cit.*, p. 349.

329 Carlos Pellicer, "Deseos", y Octavio Paz sobre Alfonso Reyes, en Octavio Paz, Alí Chumacero y José Emilio Pacheco, *Poesía en movimiento, op. cit.*, p. 368 y 412.

330 Lucha Reyes citada en Carlos Monsiváis, "Sociedad y cultura", en Rafael Loyola, *Entre la guerra y la estabilidad política: el México de los cuarenta, op. cit.*, p. 269.

331 Mario Monteforte Toledo, *Las piedras vivas. Escultura y sociedad en México, op. cit.*, p. 220.

332 Relato de Guillermo Sefchovich, 8 de diciembre de 1997.

333 Mario Luis Fuentes, *La asistencia social en México, historia y perspectivas, op. cit.*, p. 133.

334 Luis Spota, *El primer día*, Grijalbo, México, 1978, p. 112.

335 *Proceso, art. cit.*, p. 60.

336 *Ibíd.*, p. 62.

337 Alfonso Morales, entrevista citada.

IV. LA SEÑORA DEL LICENCIADO

1 Jorge Hernández Campos, "El presidente", en Octavio Paz, Alí Chumacero y José Emilio Pacheco, *Poesía en movimiento*, Siglo XXI, México, 1966, p. 204.

2 Juramento de los presidentes de México citado en Fernando Muñoz Altea y Magdalena Escobosa Haas de Rangel, *Historia de la residencia oficial de Los Pinos*, Presidencia de la República-Fondo de Cultura Económica, México, 1988, p. 179.

3 Vicente Lombardo Toledano citado por Carlos Monsiváis, "Sociedad y cultura", en Rafael Loyola, *Entre la guerra y la estabilidad política: el México de los cuarenta*, Grijalbo-Consejo Nacional para la Cultura y las Artes, México, 1990, p. 262.

4 Robert C. Scott, *Mexican Government in Transition*, University of Illinois Press, Urbana, 1964, p. 140.

5 Varios autores, *Tiempo de México. De junio de 1911 a noviembre de 1964*, núm. 16, Secretaría de Educación Pública, México, 1984, p. 1.

6 Miguel Alemán, en Tzvi Medin, *El sexenio alemanista*, Era, México, 1990, p. 32.

7 Tulio Halperin Donghi, *Historia contemporánea de América Latina*, Alianza, Madrid, 1969, p. 403.

[8] Noticieros *Cine Mundial* y *El Mundo al Instante*, relato de Guillermo Sefchovich, 8 de diciembre de 1997.

[9] Carlos Monsiváis, "Sociedad y cultura", en Rafael Loyola, *Entre la guerra y la estabilidad política: el México de los cuarenta, op. cit.*, p. 262.

[10] Francisco Martínez de la Vega citado en Ricardo Pérez Montfort *et al.*, "Documentos de investigación sobre los presidentes mexicanos desde Ávila Camacho hasta la fecha. Periodo MAV", inédito. (Cortesía de Ricardo Pérez Montfort.)

[11] José Emilio Pacheco, *Las batallas en el desierto*, Era, México, 1981, p. 18.

[12] Luis Spota, *La estrella vacía*, Grijalbo, México, 1985, p. 257.

[13] Declaraciones de María Félix a María Elena Rico citadas en Carlos Monsiváis, *Amor perdido*, Secretaría de Educación Pública, México, 1986, p. 35.

[14] Héctor Aguilar Camín y Lorenzo Meyer, *Historia gráfica de México*, t. IX, Instituto Nacional de Antropología e Historia-Patria, México, 1988, p. 34.

[15] Algunos atribuyen la frase a Carlos Denegri y otros a Luis Spota.

[16] Germán List Arzubide, "Silabario", en Luis Mario Schneider, *El estridentismo*, Universidad Nacional Autónoma de México, México, 1985, p. 59.

[17] Vicente Quirarte, *Elogio de la calle. Biografía literaria de la ciudad de México, 1850-1992*, Cal y Arena, México, 2001, p. 525.

[18] *Mexican Life*, 14 de febrero de 1945, citada en Ricardo Pérez Montfort, *Juntos y medio revueltos*, Sábado Distrito Federal, México, 2000, p. 171.

[19] Rafael Solana, entrevista, 12 de noviembre de 1985.

[20] José Martínez Sotomayor, "La rueca de aire", en Guillermo Sheridan, *Monólogos en espiral. Antología de narrativa de los Contemporáneos*, Instituto Nacional de Bellas Artes, México, 1982, p. 20.

[21] Carlos Monsiváis citado en Sergio González Rodríguez, *Los bajos fondos*, Cal y Arena, México, 1988, p. 51.

[22] Consuelo Velázquez, en Gabriel Zaid, *Ómnibus de poesía mexicana*, Siglo XXI, México, 1987, p. 263.

[23] Carlos Martínez Assad, "La ciudad de las ilusiones", en *Los inicios del México contemporáneo*, Instituto Nacional de Antropología e Historia-Consejo Nacional para la Cultura y las Artes, México, 1997, pp. 102-104.

[24] José Agustín, *Tragicomedia mexicana. La vida en México de 1940 a 1970*, t. I, Planeta, México, 1990, p. 236.

[25] Relato de Aída W. de Sefchovich, 8 de diciembre de 1997.

[26] Carlos Martínez Assad, "La ciudad de las ilusiones", en *Los inicios del México contemporáneo, op. cit.*, p. 104.

[27] Duque de Otranto, *Los trescientos y algunos más*, México, 1951, p. 3. (Cortesía de Guadalupe Loaeza.)

[28] El letrero sigue colgado en el nuevo Salón México.

[29] Rubén Bonifaz Nuño citado en Carlos Monsiváis, "Notas sobre la cultura mexicana del siglo XX", en *Historia general de México*, t. IV, El Colegio de México, México, 1977, p. 406.

[30] Relato citado de Guillermo Sefchovich.

[31] Luis María Martínez citado en Roberto Blancarte, *Historia de la iglesia católica en Mexico*, Fondo de Cultura Económica-El Colegio Mexiquense, México, 1992, p. 109.

[32] Octavio Paz, *El laberinto de la soledad*, Fondo de Cultura Económica, México, 1967, pp. 172 y 174.

[33] Dato proporcionado por el lector Luis González Torres, entrevista, 27 de julio de 2000.

[34] Agustín Lara citado en Gabriel Zaid, *Ómnibus de poesía mexicana, op. cit.*, p. 251.

[35] Miguel Alemán, *Remembranzas y testimonios*, Grijalbo, México, 1987, p. 118.

[36] Guillermo Gómez, "Primeras Damas de México. De doña Carmelita a Beatriz Velasco de Alemán", en *Mañana*, 9 de enero de 1947, p. 31.

[37] Fernando Muñoz Altea y Magdalena Escobosa Haas de Rangel, *Historia de la residencia oficial de Los Pinos, op. cit.*, p. 166.

[38] Esto era vox populi en la época. Relatos citados de Guillermo y Aída W. de Sefchovich.

[39] Irving Wallace citado en Fernando Muñoz Altea y Magdalena Escobosa Haas de Rangel, *Historia de la residencia oficial de Los Pinos, op. cit.*, p. 169.

[40] Beatriz Alemán de Girón citada en *ibíd.*, p. 170.

[41] *Ibíd.*, p. 172.

[42] Teresa del Carmen Incháustegui Romero, *El cambio institucional de la asistencia en México, 1937-1997*, tesis de doctorado, Flacso, México, 1997, p. 191.

[43] Mario Luis Fuentes, *La asistencia social en México, historia y perspectivas*, Ediciones del Milenio, México, 1998, p. 133.

[44] *Ibíd.*, p. 347.

[45] Dalina Salgado, "Memoria de la Reunión Anual de Asistencia Social", citada en *ibíd.*, p. 206, nota 296.

[46] Teresa del Carmen Incháustegui Romero, *El cambio institucional de la asistencia en México, 1937-1997*, *op. cit.*, p. 118.

[47] Beatriz Velasco de Alemán, *Memoria de la Asociación Pro-Nutrición Infantil en su tercer año de funcionamiento*, México, 1950. (Cortesía de Hortensia Calles de Torreblanca.)

[48] Hortensia Calles de Torreblanca, entrevista, 3 de julio de 1982.

[49] Anónimo, *Un rayo de luz en la nutrición infantil*, s-e., México, s-f. (Cortesía de Hortensia Calles de Torreblanca.)

[50] Martha Acevedo, *El 10 de mayo*, Martín Casillas-Secretaría de Educación Pública, México, 1982, p. 48.

[51] Duque de Otranto, *Los trescientos y algunos más*, *op. cit.*, p. 3; Hortensia Calles de Torreblanca, entrevista citada.

[52] Fernando Muñoz Altea y Magdalena Escobosa Haas de Rangel, *Historia de la residencia oficial de Los Pinos*, *op. cit.*, p. 173.

[53] Las dos canciones en Agustín Lara, *El Flaco de Oro*, disco. (Cortesía de Carlos Martínez Assad.)

[54] Francisca Acosta Lagunes citada en Ricardo Pérez Montfort *et al.*, "Documentos de investigación sobre los presidentes mexicanos desde Ávila Camacho hasta la fecha. Periodo MAV", *doc. cit.*

[55] *Time*, octubre de 1949.

[56] Lo de las ratas, Adolfo León Osorio, según Enrique Krauze, *La presidencia imperial. Ascenso y caída del sistema político mexicano, 1940-1996*, Tusquets, México, 1997, p. 113; lo de los licenciados, José Agustín, *Tragicomedia mexicana. La vida en México de 1940 a 1970*, t. I, *op. cit.*, p. 90.

[57] Adolfo León Osorio citado en Ricardo Pérez Montfort *et al.*, "Documentos de investigación sobre los presidentes mexicanos desde Ávila Camacho hasta la fecha. Periodo MAV", *doc. cit.*

[58] Enrique Krauze, *La presidencia imperial*, *op. cit.*, p. 81.

[59] José Revueltas, *El luto humano*, Era, México, 1982, p. 17.

[60] Magdalena Mondragón, *Yo como pobre*, Ariel, México, 1944, p. 52.

[61] Rosario Castellanos, "Salomé", citada por Carlos Monsiváis, "Notas sobre la cultura mexicana del siglo XX", en *Historia general de México*, *op. cit.*, p. 406.

[62] Según el lector Sergio García Cortés, Alemán compró para Leonora Amar, sin regalársela, una magnífica mansión en Coyoacán, que ahora es una escuela. Correo electrónico, 24 de octubre de 2000.

[63] Francisca Acosta Lagunes citada en Ricardo Pérez Montfort *et al.*, "Documentos de investigación sobre los presidentes mexicanos desde Ávila Camacho hasta la fecha. Periodo MAV", *doc. cit.*

[64] *Biografía de la señora Beatriz Velasco Mendoza de Alemán*, Fundación Miguel Alemán, A.C., México, s-f., p. 6. (Cortesía de Alejandro de Antuñano Maurer.)

[65] Francisco Gabilondo Soler, Cri-Cri, disco. (Cortesía de Galia S. de Javnozon.)

[66] Robert C. Scott, *Mexican Government in Transition*, *op. cit.*, p. 215.

[67] *Idem*; y Olga Pellicer, entrevista, 16 de septiembre de 1997.

[68] Carlos Fuentes, "Radiografía de una década, 1953-1963", en *Tiempo mexicano*, Joaquín Mortiz, México, 1972, p. 66.

[69] Juan José Rodríguez Prats, *Adolfo Ruiz Cortines*, Gobierno del Estado de Veracruz, Jalapa, 1990, p. 32.

[70] Juan José Rodríguez Prats, entrevista, 26 de noviembre de 1997.

[71] Jorge Hernández Campos, "El presidente", en Octavio Paz, Alí Chumacero y José Emilio Pacheco, *Poesía en movimiento*, *op. cit.*, p. 207.

[72] Carlos Martínez Assad, *El henriquismo: una piedra en el camino*, Martín Casillas-Secretaría de Educación Pública, México, 1982, p. 9.

[73] Adolfo Ruiz Cortines citado en Enrique Krauze, *La presidencia imperial. Ascenso y caída del sistema político mexicano, 1940-1996*, *op. cit.*, p. 175.

[74] Germán Pérez Fernández del Castillo, "La llegada de Adolfo Ruiz Cortines", en *Evolución del Estado mexicano*, t. III, El Caballito, México, 1986, pp. 65-67.

[75] Justo A. Santa Anna, "Novia Revolución" citado por Carlos Monsiváis, "Notas sobre la cultura mexicana del siglo xx", en *Historia general de México, op. cit.*, p. 395.

[76] *Jueves de Excélsior*, agosto de 1953.

[77] Carlos Fuentes, "Radiografía de una década", en *Tiempo mexicano, op. cit.*, p. 67.

[78] Todos los datos biográficos en Juan José Rodríguez Prats, *Adolfo Ruiz Cortines, op. cit.*, pp. 15-37, y en la entrevista citada.

[79] José Luis Melgarejo citado por Juan José Rodríguez Prats en entrevista citada; Gonzalo N. Santos, *Memorias*, Grijalbo, México, 1986, pp. 884-892.

[80] María Teresa González Salas de Franco, entrevista, 7 de agosto de 1997.

[81] Magda Moreno de Carvajal citada en Fernando Muñoz Altea y Magdalena Escobosa Haas de Rangel, *Historia de la residencia oficial de Los Pinos, op. cit.*, p. 183.

[82] *Ídem.*

[83] Tere Márquez, *Las mujeres y el poder*, Diana, México, 1996, p. 87.

[84] Sergio H. Peralta Sandoval, *Hotel Regis. Historia de una época*, Diana, México, 1997, p. 128.

[85] Salvador Novo, *La vida en México en el periodo presidencial de Adolfo Ruiz Cortines*, Consejo Nacional para la Cultura y las Artes, México, 1996, t. I., pp. 7 y 13; t. II, p. 119.

[86] María Teresa González Salas de Franco, entrevista citada.

[87] *El Universal*, 30 de noviembre de 1952.

[88] Según el lector Sergio García Cortés, Ruiz Cortines le había comprado la casa de la colonia Guadalupe Inn a los Cárdenas; correo electrónico citado. Pero no es así pues don Adolfo y doña María vivían en la colonia San José Insurgentes.

[89] Mauricio Locken citado en Fernando Muñoz Altea y Magdalena Escobosa Haas de Rangel, *Historia de la residencia oficial de Los Pinos, op. cit.*, p. 184.

[90] Juan Rulfo citado por Sara Sefchovich, "La tierra en la literatura mexicana", en Ricardo Ávila Palafox, *El mundo rural mexicano*, Universidad de Guadalajara, 1992, p. 310.

[91] Juan Rulfo, "Luvina", en Christopher Domínguez Michael, *Antología de la narrativa mexicana del siglo* xx, t. I, Fondo de Cultura Económica, México, 1989, p. 1179.

[92] José Alvarado, "La ciudad de México", en Carlos Monsiváis, *A ustedes les consta. Antología de la crónica en México*, Era, México, 1980, pp. 116-117.

[93] Carlos Fuentes, "Radiografía de una década", en *Tiempo mexicano, op. cit.*, p. 78.

[94] José Alvarado, "La ciudad de México", en Carlos Monsiváis, *A ustedes les consta. Antología de la crónica en México, op. cit.*, pp. 116-118.

[95] María Teresa González Salas de Franco, entrevista citada.

[96] Jorge Hernández Campos, "El presidente", en Octavio Paz, Alí Chumacero y José Emilio Pacheco, *Poesía en movimiento, op. cit.*, p. 206.

[97] Adolfo Ruiz Cortines, *Informe de Gobierno*, en *Excélsior*, 1953.

[98] *Excélsior*, 7 de enero de 1954.

[99] *Excélsior*, 10 y 11 de mayo de 1954.

[100] Sara Sefchovich, "El informe y la mujer", en *Fem*, Nueva Cultura Feminista, México, 1978, p. 30.

[101] Teresa del Carmen Incháustegui Romero, *El cambio institucional de la asistencia en México, 1937-1997, op. cit.*, p. 118.

[102] Sara Sefchovich, "El informe y la mujer", en *Fem, art. cit.*, p. 29.

[103] Varios autores, *Tiempo de México. De junio de 1911 a noviembre de 1964, op. cit.*, núm. 20, p. 1.

[104] Grabriela Cano, entrevista, 12 de marzo de 1999.

[105] Varios autores, *Tiempo de México. De junio de 1911 a noviembre de 1964, op. cit.*, p. 1.

[106] Gustavo Casasola, *Historia gráfica de México*, t. VIII, Trillas, México, 1965, p. 2870.

[107] Sara Sefchovich, "El informe y la mujer", en *Fem, art. cit.*, p. 31.

[108] *Ídem.*

[109] Mario Monteforte Toledo, *Las piedras vivas. Escultura y sociedad en México*, Universidad Nacional Autónoma de México, México, 1979, p. 220.

[110] Gustavo Casasola, *Historia gráfica de México*, t. VIII, *op. cit.*, p. 2870.

[111] Antonio Roqueñí, entrevista, 22 de agosto de 1997.

[112] Adrián Lajous, *Los presidenciables*, Edamex, México, 1986, p. 60.

[113] Gonzalo N. Santos, *Memorias, op. cit.*, pp. 909-910.

[114] *El Universal*, 5 de diciembre de 1973.

[115] *El Heraldo de México*, 18 de enero de 1979;

información que encontraron Roberto Espinosa de los Monteros, Elsa Aguilar y Diana Guadalupe Pérez Moncada, investigadores del Instituto Nacional de Estudios Históricos de la Revolución Mexicana.

116 Octavio Paz, *El laberinto de la soledad, op. cit.*, p. 34.

117 Octavio Paz, "¿Águila o sol?", en Octavio Paz, Alí Chumacero y José Emilio Pacheco, *Poesía en movimiento, op. cit.*, p. 258.

118 Héctor de Mauleón, *El tiempo repentino. Crónicas de la ciudad de México en el siglo* XX, Cal y Arena, México, 2000, p. 202.

119 Carlos Fuentes, *La región más transparente*, en Christopher Domínguez Michael, *Antología de la narrativa mexicana del siglo* XX, t. II, *op. cit.*, pp. 80-81.

120 Robert C. Scott, *Mexican Government in Transition, op. cit.*, pp. 212-213.

121 Pablo González Casanova, *La democracia en México*, Era, México, 1967, p. 181; para el ritual véase Alan Riding, *Vecinos distantes. Un retrato de los mexicanos*, Joaquín Mortiz, 1985, pp. 87-89.

122 "El milagro mexicano", término que usan varios autores, yo lo tomo de Héctor Aguilar Camín, *Después del milagro. Un ensayo sobre la transición mexicana*, Cal y Arena, México, 1988, p. 21.

123 Pablo González Casanova, *La democracia en México, op. cit.*, pp. 38-58.

124 Pablo González Casanova, "El desarrollo más probable", en Pablo González Casanova y Enrique Florescano, coords., *Mexico hoy*, Siglo XXI, México, 1979, p. 407.

125 Josefina Zoraida Vázquez, *Una historia de México*, t. II, Patria, México, 1994, p. 417.

126 José Agustín dice por eso que la patrona de los granaderos era "Santa Madriza", en *Tragicomedia mexicana. La vida en México de 1940 a 1970*, t. I, *op. cit.*, p. 150; y según José Luis Reyna "o se negociaba o se reprimía pero no se toleraba", citado en *ibíd.*, p. 198.

127 Francisco Alba, "Evolución de la población, realizaciones y retos", en José Joaquín Blanco y José Woldenberg, coords., *México a fines de siglo*, Fondo de Cultura Económica-Fondo Nacional para la Cultura y las Artes, México, 1996, p. 135.

128 Héctor Aguilar Camín, *Después del milagro. Un ensayo sobre la transición mexicana, op. cit.*, p. 151.

129 Mariano Azuela, *Nueva burguesía*, Secretaría de Educación Pública, México, 1985, p. 11.

130 Genaro Estrada, *Pero Galín*, en Christopher Domínguez Michael, *Antología de la narrativa mexicana del siglo* XX, t. I, *op. cit.*, p. 686.

131 Emilio Uranga, "El pensamiento filosófico", en *México, cincuenta años de Revolución*, t. IV, Fondo de Cultura Económica, México, 1963, pp. 553-554.

132 *Hoy*, noviembre de 1946.

133 Las que afirman que sí se recibió de abogado son Marta Baranda y Lía García Verástegui; los que dicen que no, son Enrique Krauze y Jesús Reyes Heroles.

134 Marta Baranda y Lía García Verástegui, *Biografía de Adolfo López Mateos*, Gobierno del Estado de México, México, 1987, p. 20.

135 La fecha de nacimiento se la debo a la señora Patricia Touché de Maillard, secretaria de Ave Leonor López Sámano de Zolla, entrevista telefónica, 6 de agosto de 2001. Los demás datos a Alicia Capdevielle de Treviño, entrevista telefónica, 19 de marzo de 1998; Aurora Tovar en su libro, *Mil quinientas mujeres en nuestra conciencia colectiva*, Demac, México, 1996, p. 573, dice que nació en febrero de 1921 pero es un error.

136 El lector Sergio García Cortés me corrige: "leída y letraída"; correo electrónico citado.

137 Patricia L. de Ramos, entrevista telefónica, 18 de junio de 2001.

138 Ave Leonor López Sámano de Zolla citada en Tere Márquez, *Las mujeres y el poder, op. cit.*, pp. 63-64.

139 Justo Sierra Casasús, *López Mateos*, mimeo., s-e., México, s-f., p. 95. (Cortesía de José Manuel Villalpando.)

140 Ricardo Pérez Montfort *et al.*, "Documentos de investigación sobre los presidentes mexicanos desde Ávila Camacho hasta la fecha. Periodo ALM", *doc. cit.*

141 Así les llama Vicente Quirarte, *Elogio de la calle. Biografía literaria de la ciudad de México, 1850-1992, op. cit.*, p. 529.

142 "Instituto Nacional de Protección a la Infancia", en *Enciclopedia de México*, México, 1978.

143 Gustavo Casasola, *Historia gráfica de México*, t. V, *op. cit.*, p. 2923.

[144] Instituto Nacional de Protección a la Infancia, *Memoria sexenal, 1959-1964.*
[145] Gustavo Casasola, *Historia gráfica de México*, t. v, *op. cit.*, p. 2924.
[146] *El Universal*, 6 de junio de 1964.
[147] *El Universal*, 15 de junio de 1963.
[148] Gustavo Casasola, *Historia gráfica de México*, t. v, *op. cit.*, p. 2925.
[149] Instituto Nacional de Protección a la Infancia, *Memoria sexenal, 1959-1964, op. cit.*; Teresa del Carmen Incháustegui Romero, *El cambio institucional de la asistencia en México, 1937-1997, op. cit.*, pp. 120-122.
[150] Sara Sefchovich, "El informe y la mujer", en *Fem, art. cit.*, p. 31.
[151] Alicia Capdevielle de Treviño, entrevista citada.
[152] *Ídem.*
[153] Ave Leonor López Sámano de Zolla citada en Tere Márquez, *Las mujeres y el poder, op. cit.*, p. 65.
[154] Gaceta callejera citada en José Guadalupe Posada, *Ilustrador de la vida mexicana*, Fondo Editorial de la Plástica Mexicana-Banco de Comercio Exterior, México, 1963, p. 252. (Cortesía de Ricardo Pérez Montfort.)
[155] Alicia Capdevielle de Treviño, entrevista citada.
[156] Fernando Muñoz Altea y Magdalena Escobosa Haas de Rangel, *Historia de la residencia oficial de Los Pinos, op. cit.*, p. 202.
[157] Elías Nandino, en Gabriel Zaid, *Ómnibus de poesía mexicana, op. cit.*, p. 254.
[158] Yolanda Moreno Rivas, *Historia de la música popular mexicana*, Alianza-Consejo Nacional para la Cultura y las Artes, México, 1990, p. 161.
[159] Carlos Fuentes, "Radiografía de una década", en *Tiempo mexicano, op. cit.*, p. 92.
[160] Rubén Bonifaz Nuño, en Vicente Quirarte, *Elogio de la calle. Biografía literaria de la ciudad de México, 1850-1992, op. cit.*, p. 524.
[161] Carlos Monsiváis, "Notas sobre la cultura mexicana en el siglo xx", en *Historia general de México*, t. iv, *op. cit.*, p. 427.
[162] *Ibíd.*, p. 415.
[163] Carlos Fuentes, "De Quetzalcóatl a Pepsicóatl", en *Tiempo mexicano, op. cit.*, p. 17.
[164] Anuncio en la televisión, 1958.
[165] *Ídem.*
[166] Información de María del Carmen de Lara, entrevista telefónica, 7 de agosto de 1998.
[167] Salvador Díaz Mirón, "Paquito", en *Poesías completas*, Porrúa, México, 1941, p. 214. (Cortesía de Carlos Monsiváis.)
[168] Sara Sefchovich, "El informe y la mujer", en *Fem, art. cit.*, p. 31.
[169] Adolfo López Mateos, *Sexto Informe de Gobierno*, en *El Universal*, 1964.
[170] Julio Scherer, *Salinas y su imperio*, Océano, México, 1997, pp. 9-10.
[171] Patricia L. de Ramos, entrevista citada.
[172] *Ídem*; y Patricia Gaxiola de Haro, entrevista, 22 de julio de 1982.
[173] Justo Sierra Casasús, *López Mateos, op. cit.*, p. 96.
[174] María Elena Vásquez de Santoyo y Graciela Lomelín, entrevista, 17 de febrero de 1998.
[175] *El Nacional*, 8 de enero de 1984. Información que encontraron Roberto Espinosa de los Monteros, Elsa Aguilar y Diana Guadalupe Pérez Moncada.
[176] Pablo González Casanova, *La democracia en México, op. cit.*, p. 181.
[177] José Emilio Pacheco, "Multitudes", en *Desde entonces*, en *Tarde o temprano. Poemas, 1958-2000*, Fondo de Cultura Económica, México, 2000, p. 217.
[178] Lorenzo Meyer, "La encrucijada", en *Historia general de México*, t. iv, *op. cit.*, p. 229.
[179] Pablo González Casanova y Héctor Aguilar Camín, comps., *México ante la crisis*, t. i, Universidad Nacional Autónoma de México-Siglo xxi, México, 1985; véanse los capítulos de Jaime Estévez y Cesáreo Morales, pp. 45-53 y 64-88.
[180] Enrique Krauze, *La presidencia imperial. Ascenso y caída del sistema político mexicano, 1940-1996, op. cit.*, p. 313.
[181] *Ibíd.*, p. 279.
[182] José Fuentes Mares citado en Josefina Zoraida Vázquez, *Una historia de México, op. cit.*, p. 419.
[183] Tere Márquez, *Las mujeres y el poder, op. cit.*, p. 66; María Teresa González Salas de Franco, entrevista citada.
[184] Esto lo afirman varios modistas entrevistados por Rosa Castro, "La moda a medio siglo de distancia", en *Hoy*, 3 de diciembre de 1950.
[185] General Brunnet citado en Fernando Muñoz Altea y Magdalena Escobosa Haas de Rangel, *Historia de la residencia oficial de Los Pinos, op. cit.*, p. 219.
[186] *El Nacional*, 16 de febrero de 1965.

187 *Novedades*, 9 de noviembre de 1967.

188 "Institución Mexicana de Asistencia a la Niñez", en *Enciclopedia de México, op. cit.*

189 Mario Luis Fuentes, *La asistencia social en México, historia y perspectivas, op. cit.*, p. 145. Extrañamente habla de la institución en masculino, como es cita textual así se dejó. Pero es un error.

190 *Ibíd.*, pp. 144 y 146; Teresa del Carmen Incháustegui Romero, *El cambio institucional de la asistencia en México, 1937-1997, op. cit.*, p. 123.

191 *Ídem.*

192 Gustavo Díaz Ordaz, *Segundo Informe de Gobierno*, en *El Universal*, 1966.

193 Ricardo Pérez Montfort *et al.*, "Documentos de investigación sobre los presidentes mexicanos desde Ávila Camacho hasta la fecha, periodo GDO", *doc. cit.*

194 Programa de televisión *Anatomías*, conducido por Jorge Saldaña, 27 de diciembre de 1967.

195 José Agustín, *De perfil*, Joaquín Mortiz, México, 1993, p. 7.

196 "Popotitos", interpretada por Enrique Guzmán y Los Teen Tops, disco. (Cortesía de Carlos Martínez Assad.)

197 "La plaga", en *ídem.*

198 Armando Manzanero, entrevista en radio, 23 de marzo de 1982. (Información de Carlos Martínez Assad.)

199 Luis Guillermo Piazza, *La mafia*, Joaquín Mortiz, México, 1968, p. 13.

200 Leonard Cohen, disco. (Cortesía de Mario Solórzano Foppa.)

201 Luis Villoro, "La reforma política y las perspectivas de la democracia", en Pablo González Casanova y Enrique Florescano, coords., *Mexico hoy, op. cit.*, p. 351.

202 Pablo González Casanova, *La democracia en México, op. cit.*, pp. 177-178.

203 Luis González de Alba, *Los días y los años*, Era, México, 1971, pp. 178-179 y 183-185.

204 Héctor Aguilar Camín y Lorenzo Meyer, *Historia gráfica de México*, t. IV, *op. cit.*, p. 10.

205 Gabriel Zaid, "No hay que perder la paz", en Christopher Domínguez Michael, *Antología de la narrativa mexicana del siglo* XX, t. II, *op. cit.*, p. 10.

206 Gustavo Díaz Borja, entrevista en Enrique Krauze, *La presidencia imperial. Ascenso y caída del sistema político mexicano, 1940-1996, op. cit.*, p. 354.

207 La señora María Teresa González Salas de Franco, en la entrevista citada, dice que era Alzheimer; Enrique Krauze dice que era arterioesclerosis cerebral.

208 Esto lo contó Irma Serrano a Elisa Robledo (*A calzón amarrado*, Fleischer, México, 1978); Elisa Robledo a Sara Sefchovich, entrevista telefónica, 17 de abril de 2002; pero el empresario Alejo Peralta lo ha desmentido en varias entrevistas.

209 María Teresa González Salas de Franco, entrevista citada.

210 *El Nacional*, 19 de julio de 1974. Información que encontraron Roberto Espinosa de los Monteros, Elsa Aguilar y Diana Guadalupe Pérez Moncada.

211 Julio Scherer, *Los presidentes*, Grijalbo, México, 1986, p. 11.

212 Gabriel Zaid, "Tumulto", en Octavio Paz, Alí Chumacero y José Emilio Pacheco, *Poesía en movimiento, op. cit.*, p. 107.

213 Héctor Aguilar Camín, *Después del milagro. Un ensayo sobre la transición mexicana, op. cit.*

214 Luis Echeverría Álvarez, *Discurso de toma de posesión*, en *El Universal*, 2 de diciembre de 1970.

215 Peter Ward, *Políticas de bienestar social en México, 1970-1989*, Nueva Imagen, México, 1989, p. 79.

216 Cesáreo Morales, "El comienzo de una nueva etapa de relaciones entre México y Estados Unidos", en Pablo González Casanova y Héctor Aguilar Camín, coords., *México ante la crisis*, t. I, *op. cit.*, pp. 75-76.

217 Teresa del Carmen Incháustegui Romero, *El cambio institucional de la asistencia en México, 1937-1997, op. cit.*, pp. 211 y 126.

218 Carlos Fuentes, "La disyuntiva mexicana", en *Tiempo mexicano, op. cit.*, p. 162.

219 Según el lector Juan Carlos Solís San José, la exclamación la hizo Fernando Benítez y la frase de Fuentes era: "No apoyar a Echeverría equivalía a cometer un crimen histórico"; correo electrónico, 8 de agosto de 2000. Según el lector Sergio García Cortés: "LEA nombró embajador de México en Francia a Fuentes explotando una debilidad de su gran crítico por lo del 68. Al fin político, don Luis ordenó le informaran cuál era el sueño del escritor y le dijo: 'Como crítico, ahora le pido me sirva'. Y así fue. Le llegó al precio"; correo electrónico citado.

[220] Gabriel de la Mora, *José Guadalupe Zuno*, Porrúa, México, 1973, pp. 51-59.

[221] *El Universal*, 9 de diciembre de 1999.

[222] María Esther Echeverría Zuno, entrevista telefónica, 12 de mayo de 1999; Enrique Krauze, *La presidencia imperial. Ascenso y caída del sistema político mexicano, 1940-1996*, *op. cit.*, p. 368.

[223] Eugenia Meyer, entrevista, 9 de febrero de 1999.

[224] Tere Márquez, *Las mujeres y el poder*, *op. cit.*, p. 67.

[225] María Teresa González Salas de Franco, entrevista citada.

[226] Julio Scherer, *Los presidentes*, *op. cit.*, p. 12.

[227] María Esther Zuno de Echeverría, entrevista, 14 de julio de 1982. Estuvieron presentes y participaron sus colaboradoras Gloria Abella, Hilda Hernández de Araiza, Lucrecia Chávez de Martín, Margarita Kato de Jiménez y Estela Borrego de Martínez.

[228] Luis Suárez, *Echeverría rompe el silencio*, Grijalbo, México, 1979, p. 72; Luis Echeverría, en *El Universal*, 9 de diciembre de 1999.

[229] Julio Scherer, *Los presidentes*, *op. cit.*, pp. 12, 14 y 50.

[230] Su hija María Esther Echeverría Zuno dirigió el Fondo Nacional para las Artesanías durante muchos años, hasta el sexenio del presidente Zedillo, entrevista citada.

[231] Luis Suárez, *Echeverría rompe el silencio*, *op. cit.*, p. 72.

[232] James Wilkie, entrevista, 14 de abril de 1989; James Wilkie citado en Teresa del Carmen Incháustegui Romero, *El cambio institucional de la asistencia en México, 1937-1997*, *op. cit.*, p. 89.

[233] Luis Echeverría Álvarez, *Primer Informe de Gobierno*, en *El Universal*, 1971.

[234] *Diario Oficial de la Federación*, 30 de octubre de 1974; Teresa del Carmen Incháustegui Romero, *El cambio institucional de la asistencia en México, 1937-1997*, *op. cit.*, p. 128.

[235] *Ibíd.*, pp. 215 y 219.

[236] *Diario Oficial de la Federación*, 2 de enero de 1976.

[237] Mario Luis Fuentes, *La asistencia social en México, historia y perspectivas*, *op. cit.*, p. 152.

[238] Teresa del Carmen Incháustegui Romero, *El cambio institucional de la asistencia en México, 1937-1997*, *op. cit.*, p. 128.

[239] María Esther Zuno de Echeverría, entrevista citada.

[240] Todas las expresiones en *ídem*.

[241] *Ídem*.

[242] Luis Echeverría Álvarez, *Tercer Informe de Gobierno*, en *El Universal*, 1973.

[243] Luis Echeverría Álvarez, *Cuarto Informe de Gobierno*, en *El Universal*, 1974.

[244] María Esther Zuno de Echeverría, entrevista citada.

[245] Teresa del Carmen Incháustegui Romero, *El cambio institucional de la asistencia en México, 1937-1997*, *op. cit.*, p. 221.

[246] Luis Echeverría Álvarez, en *El Universal*, 9 de diciembre de 1999.

[247] José Manuel Estrada, correo electrónico, 11 de julio de 2000.

[248] Cecilia Occelli González de Salinas, entrevista, 26 de septiembre de 1997.

[249] Luis Spota, *Palabras mayores*, Grijalbo, México, 1978, p. 225.

[250] Samuel Schmidt, entrevista telefónica, 12 de septiembre de 1997.

[251] Tere Márquez, *Las mujeres y el poder*, *op. cit.*, p. 67.

[252] La primera es la señora Marcela de Moya Palencia. La segunda es una informante anónima citada en *ídem*.

[253] Anónimo citado en Rosa Castro, "La moda a medio siglo de distancia", en *Hoy*, *art. cit.*

[254] Carlos Monsiváis, *Días de guardar*, Era, México, 1988, p. 15.

[255] Arnaldo Córdova, *La ideología de la Revolución mexicana*, Era, México, 1973, p. 11.

[256] Martha Acevedo, "Lo volvería a elegir", en entrevista con Marta Lamas, *Debate Feminista*, año 6, t. XII, México, 1993, pp. 11-12.

[257] José Joaquín Blanco, "Plaza Satélite", en *Función de medianoche*, Era, México, 1981, p. 87.

[258] Salvador Castañeda, *¿Por qué no dijiste todo?*, en Christopher Domínguez Michael, *Antología de la narrativa mexicana del siglo* XX, t. II, *op. cit.*, p. 579.

[259] Jorge Ayala Blanco, *La búsqueda del cine mexicano, 1968-1972*, Universidad Nacional Autónoma de México, México, 1974, p. 542.

[260] María Luisa Mendoza, *Con él, conmigo, con nosotros tres*, Joaquín Mortiz, México, 1971, pp. 11-12.

[261] José Emilio Pacheco, "Agosto 1968", en *No me preguntes cómo pasa el tiempo*, en *Tarde*

o temprano. Poemas, 1958-2000, op. cit., p. 67.

262 José Carlos Becerra, "El otoño recorre las islas", en José Joaquín Blanco, *Crónica de la poesía mexicana,* Universidad Autónoma de Sinaloa, México, 1979, p. 238.

263 Ricardo Castillo, "El pobrecito señor X", en *ibíd.*, p. 260.

264 Julio Scherer, *Los presidentes, op. cit.*, p. 56.

265 María Esther Zuno de Echeverría, entrevista citada.

266 *Ídem.*

267 Sara Sefchovich, "El informe y la mujer", en *Fem, art. cit.*, pp. 31-32.

268 Teresa del Carmen Incháustegui Romero, *El cambio institucional de la asistencia en México, 1937-1997, op. cit.*, p. 210.

269 Daniel Cosío Villegas, *La sucesión presidencial,* Joaquín Mortiz, México, 1975, p. 147.

270 Sara Sefchovich, *México: país de ideas, país de novelas,* México, Grijalbo, 1987, pp. 186-187.

271 Luis Spota, *La víspera del trueno*, Grijalbo, México, 1980.

272 Luis Spota, *El primer día,* Grijalbo, México, 1978, p. 180.

273 María Esther Zuno de Echeverría, entrevista citada.

274 Cartelera del Consejo Nacional para la Cultura y las Artes, agosto de 2001.

275 María Esther Zuno de Echeverría, "Patria mía" (cortesía de Gloria Abella), en Sara Sefchovich, *Las Primeras Damas,* Martín Casillas-Secretaría de Educación Pública, México, 1982, p. 80.

276 José Emilio Pacheco, "Alta traición", en *No me preguntes cómo pasa el tiempo*, Era, México, 1989, p. 73.

277 Véase su libro *El sistema político mexicano,* Joaquín Mortiz, México, 1972, sobre todo las pp. 22-24.

278 Carlos Martínez Assad, *La sucesión presidencial,* Nueva Imagen, México, 1992, p. 32.

279 José López Portillo, *Discurso de toma de posesión*, televisión en cadena nacional, primero de diciembre de 1976.

280 Carlos Monsiváis y Miguel de la Madrid entrevistados por Nina Menocal en *México, visión de los ochenta,* Diana, México, 1981, pp. 11 y 29.

281 Jorge Díaz Serrano citado en Héctor Aguilar Camín y Lorenzo Meyer, *Historia gráfica de México,* t. x, *op. cit.*, p. 37.

282 Es la frase publicitaria del sexenio de Echeverría.

283 Enrique Krauze, *La presidencia imperial. Ascenso y caída del sistema político mexicano, 1940-1996, op. cit.*, p. 385.

284 José López Portillo, *Mis tiempos. Biografía y testimonio político,* t. I, Fernández Editores, México, 1988, pp. 241-242 y ss.

285 *Ídem.*

286 Mario Luis Fuentes, *La asistencia social en México, historia y perspectivas, op. cit.*, p. 568.

287 Según Patricia Clark de Flores citada en Tere Márquez, *Las mujeres y el poder, op. cit.*, p. 69.

288 *El Nacional*, 15 de enero de 1977.

289 Carmen Romano de López Portillo, "Clausura de la primera fase de los programas de promoción cultural y bienestar social para los trabajadores de la Procuraduría del D. F.", 13 de diciembre de 1977.

290 Tere Márquez, declaraciones a *Proceso,* 23 de febrero de 1997.

291 Carmen Romano de López Portillo citada en Fernando Muñoz Altea y Magdalena Escobosa Haas de Rangel, *Historia de la residencia oficial de Los Pinos, op. cit.*, p. 250.

292 *El Nacional*, primero de julio de 1977.

293 *Excélsior*, 8 de abril de 1977.

294 *El Nacional*, 5 de enero de 1980.

295 *Excélsior*, 7 de junio de 1978.

296 *Excélsior*, 7 de septiembre de 1977.

297 Carmen Romano de López Portillo, *Quinto Informe del Patronato del* DIF, 10 de septiembre de 1981.

298 Carmen Romano de López Portillo, entrevista con Isabel Arvide, *El Sol de México*, 4 de junio de 1980.

299 María Eugenia López Brun, entrevista, 7 de diciembre de 1997.

300 *Ídem.*

301 Samuel Schmidt, entrevista citada.

302 José Fuentes Mares, *Intravagario,* Grijalbo, México, 1986, pp. 125-126. (Cortesía de José Manuel Villalpando.)

303 José Manuel Villalpando, entrevista, 16 de diciembre de 1997.

304 Beatriz Caso citada en Mario Monteforte Toledo, *Las piedras vivas. Escultura y sociedad en México, op. cit.*, p. 246.

305 Enrique Krauze, *La presidencia imperial. Ascenso y caída del sistema político mexicano, 1940-1996, op. cit.*, p. 391.

[306] Luis González y González citado en Abelardo Villegas, *Autognosis. El pensamiento mexicano en el siglo* XX, Instituto Panamericano de Geografía e Historia, México, 1985, p. 171.

[307] Cesáreo Morales, "El comienzo de una nueva etapa de relaciones entre México y Estados Unidos", en Pablo González Casanova y Héctor Aguilar Camín, comps., *México ante la crisis*, t. I, *op. cit.*, p. 77.

[308] Héctor Aguilar Camín y Lorenzo Meyer, *Historia gráfica de México*, t. X, *op. cit.*, p. 53.

[309] Jaime Labastida, "Ciudad bajo la lluvia", en Octavio Paz, Alí Chumacero y José Emilio Pacheco, *Poesía en movimiento, op. cit.*, p. 54.

[310] Agustín Gendrón, "En los confines de la nada: recuerdo del México de los ochenta", en *El Huevo*, núm. 61, agosto de 2001, p. 46. (Cortesía de Miguel de la Madrid Hurtado.)

[311] Carmen Romano de López Portillo citada en Fernando Muñoz Altea y Magdalena Escobosa Haas de Rangel, *Historia de la residencia oficial de Los Pinos, op. cit.*, p. 251.

[312] José López Portillo, *Tercer Informe de Gobierno*, televisión en cadena nacional, 1979.

[313] José López Portillo, *Mis tiempos. Biografía y testimonio político, op. cit.*, p. 243.

[314] *Proceso*, 23 de septiembre de 1985, p. 23.

[315] *El Universal*, 10 de mayo de 2000; *Monitor* de Radio Red, misma fecha.

[316] Héctor Aguilar Camín, *Después del milagro. Un ensayo sobre la transición mexicana, op. cit.*, pp. 26-42; Julia Carabias y Teresa Valverde, "Ambiente y deterioro en la historia de México", en José Joaquín Blanco y José Woldenberg, coords., *México a fines de siglo*, t. I, *op. cit.*, pp. 222-231.

[317] Héctor Aguilar Camín, *Después del milagro. Un ensayo sobre la transición mexicana, op. cit.*, p. 32.

[318] Héctor Aguilar Camín y Lorenzo Meyer, *Historia gráfica de México*, t. X, *op. cit.*, p. 61.

[319] Macario Schettino, *Para reconstruir México*, Océano, México, 1996, p. 48.

[320] Jaime Acosta, "¿Qué piensan los empresarios?", en *Contenido*, octubre de 1982, p. 63.

[321] Miguel de la Madrid Hurtado en *Las razones y las obras: crónica del sexenio, 1982-1988*, t. I, Presidencia de la República-Unidad de la Crónica Presidencial-Fondo de Cultura Económica, México, 1984-1988, p. 13; Miguel de la Madrid Hurtado, en Fernando Muñoz Altea y Magdalena Escobosa Haas de Rangel, *Historia de la residencia oficial de Los Pinos, op. cit.*, p. 285.

[322] *Las razones y las obras: crónica del sexenio, 1982-1988*, t. I, *op cit.*, p. 14.

[323] Miguel de la Madrid Hurtado, entrevista, 28 de agosto de 2001; Nina Menocal en *México, visión de los ochenta, op. cit.*, p. 37; Enrique Krauze, *La presidencia imperial. Ascenso y caída del sistema político mexicano, 1940-1996, op. cit.*, pp. 400-401.

[324] Juan Sánchez Navarro citado en Julio Scherer, *Los presidentes, op. cit.*, p. 137.

[325] Roberto Guadarrama, "Política económica y proyecto nacional", en Germán Pérez y Samuel León, coords., *Diecisiete ángulos de un sexenio*, Plaza y Valdés, México, 1987, p. 43.

[326] Macario Schettino, *Para reconstruir México, op. cit.*, p. 49.

[327] Miguel de la Madrid Hurtado, entrevista citada; Fernando Muñoz Altea y Magdalena Escobosa Haas de Rangel, *Historia de la residencia oficial de Los Pinos, op. cit.*, p. 269.

[328] Griselda Álvarez, "Un ser de excepción", en *El Huevo*, núm. 61, agosto de 2001, p. 36.

[329] Miguel de la Madrid Hurtado, carta a Sara Sefchovich, 10 de agosto de 2001.

[330] Tere Márquez en *Proceso, art. cit.*

[331] Griselda Álvarez, "Un ser de excepción", en *El Huevo, art. cit.*; Tere Márquez, *Las mujeres y el poder, op. cit.*, p. 73.

[332] Miguel de la Madrid Hurtado, entrevista citada.

[333] *Reforma*, 21 de agosto de 2001.

[334] Teresa del Carmen Incháustegui Romero, *El cambio institucional de la asistencia en México, 1937-1997, op. cit.*, pp. 132 y 230.

[335] *Ibíd.*, p. 233; Miguel de la Madrid Hurtado, entrevista citada.

[336] Victoria Rodríguez citada en Teresa del Carmen Incháustegui Romero, *El cambio institucional de la asistencia en México, 1937-1997, op. cit.*, p. 234.

[337] *Ibíd.*, p. 248.

[338] Miguel de la Madrid Hurtado, entrevista citada.

339 Paloma Cordero de De la Madrid citada en Teresa del Carmen Incháustegui Romero, *El cambio institucional de la asistencia en México, 1937-1997, op. cit.*, p. 244.

340 *Las razones y las obras: crónica del sexenio, 1982-1988*, t. I, *op. cit.*, p. 28.

341 *Las razones y las obras: crónica del sexenio, 1982-1988*, t. II, *op. cit.*, p. 536.

342 Griselda Álvarez, "Un ser de excepción", en *El Huevo, art. cit.*, p. 36; Miguel de la Madrid Hurtado, entrevista citada.

343 *Las razones y las obras: crónica del sexenio, 1982-1988*, t. V, *op. cit.*; Miguel de la Madrid Hurtado, *Quinto Informe de Gobierno*, Secretaría de Gobernación, 1987.

344 Miguel de la Madrid Hurtado, carta citada.

345 Teresa del Carmen Incháustegui Romero, *El cambio institucional de la asistencia en México, 1937-1997, op. cit.*, p. 133.

346 Guillermo Farfán, "Gasto público y bienestar social en México, 1983-1986", en Germán Pérez y Samuel León, coords., *Diecisiete ángulos de un sexenio, op. cit.*, p. 103.

347 Miguel de la Madrid Hurtado, *Sexto Informe de Gobierno*, Secretaría de Gobernación, 1988.

348 Julio Scherer a Sara Sefchovich, 16 de agosto de 1986.

349 Miguel de la Madrid Hurtado, entrevista citada.

350 Agustín Gendrón, "En los confines de la nada: recuerdo del México de los ochenta", en *El Huevo, art. cit.*, p. 48.

351 José Revueltas, *El luto humano, op. cit.*, p. 17.

352 Elena Poniatowska, *Fuerte es el silencio*, Era, México, 1980, pp. 14-15.

353 David Huerta, "Incurable", en Christopher Domínguez Michael, *Antología de la narrativa mexicana del siglo* XX, t. II, *op. cit.*, p. 468.

354 Jaime Reyes, "Isla de raíz amarga, insomne raíz", en *ibíd.*, p. 546.

355 Botellita de Jerez, disco. (Cortesía de Orlando Martínez Canabal.)

356 Jaime Avilés, *La rebelión de los maniquíes*, Grijalbo, México, 1990, p. 212.

357 Sara Sefchovich, "El escándalo cultural de *Cuna de lobos*: las telenovelas en México", en *La Cultura en México*, suplemento de *Siempre!*, núm. 1326, septiembre de 1987, pp. 38-39.

358 Ángeles Mastretta, *Arráncame la vida*, Océano, México, 1986, pp. 225-226.

359 Anónimo, *El Huevo*, núm. 61, agosto de 2001, pp. 68-74.

360 *Ibíd.*, p. 75.

361 Héctor Aguilar Camín, *Subversiones silenciosas*, Aguilar, México, 1993, p. 204.

362 Mario Huacuja, "La sucesión presidencial en 1988", en Germán Pérez y Samuel León, coords., *Diecisiete ángulos de un sexenio, op. cit.*, p. 482.

363 Macario Schettino, *Propuestas para elegir un futuro*, Océano, México, 1999, pp. 77-78.

364 Carlos Monsiváis, *Entrada libre, crónicas de una sociedad que se organiza*, Era, México, 1987, pp. 19-20.

365 *Terremotos de septiembre*, sobretiro de *Las razones y las obras: crónica del sexenio, 1982-1988, op. cit.*, p. 508. (Cortesía de Miguel de la Madrid Hurtado.)

366 Flans, disco. (Cortesía de Sol Sigal.)

367 Macario Schettino, *Para reconstruir México, op. cit.*, p. 51.

368 Héctor Aguilar Camín, *Subversiones silenciosas, op. cit.*, p. 209.

369 Agustín Gendrón, "En los confines de la nada: recuerdo del México de los ochenta", en *El Huevo, art. cit.*, p. 48.

370 Miguel de la Madrid Hurtado, *Sexto Informe de Gobierno, doc. cit.*

371 *Las razones y las obras: crónica del sexenio, 1982-1988*, t. VI, *op. cit.*; Miguel de la Madrid Hurtado, entrevista citada.

372 Cecilia Occelli González de Salinas, en *El Universal*, 25 de junio de 1988.

373 Agustín Gendrón, "En los confines de la nada: recuerdo del México de los ochenta", en *El Huevo, art. cit.*, p. 51.

374 Macario Schettino, *Para reconstruir México, op. cit.*, p. 53.

375 Sergio Zermeño, "De Luis Echeverría a Miguel de la Madrid: las clases altas y el Estado mexicano en la batalla por la hegemonía", mimeo., Woodrow Wilson International Center for Scholars, Washington, 1982, p. 37. (Cortesía del autor.)

376 Carlos Salinas de Gortari, discurso en la Universidad de Brown, 5 de octubre de 1989, citado en Arnaldo Córdova, "¿Un nuevo Estado?", en *Nexos*, núm. 145, enero de 1990, p. 36.

377 Macario Schettino, *Para reconstruir México, op. cit.*, p. 54.

[378] Jaime Serra Puche citado en Mario Luis Fuentes, *La asistencia social en México, historia y perspectivas, op. cit.*, p. 602.

[379] Enrique Krauze, *La presidencia imperial. Ascenso y caída del sistema político mexicano, 1940-1996, op. cit.*, pp. 417-418.

[380] Cecilia Occelli González de Salinas, entrevista citada; Bertha Álvarez, entrevista telefónica, 12 de agosto de 2001.

[381] Cecilia Occelli González de Salinas, entrevista citada.

[382] *Ídem.*

[383] María Teresa Franco González Salas, entrevista, 27 de agosto de 1995; informante que quiere permanecer anónima, entrevista telefónica, septiembre de 2001.

[384] *El Universal*, 2 de noviembre de 1992.

[385] Clara Scherer, entrevista, 26 de agosto de 1999; y Mario Luis Fuentes, *La asistencia social en México, historia y perspectivas, op. cit.*, pp. 581 y 603.

[386] *Ibíd.*, p. 615.

[387] Carlos Salinas de Gortari, *Quinto Informe de Gobierno*, Secretaría de Gobernación, México, 1993.

[388] Cecilia Occelli González de Salinas, entrevista citada.

[389] Carlos Salinas de Gortari, *Sexto Informe de Gobierno*, Secretaría de Gobernación, 1994.

[390] *Ídem.*

[391] Yolanda Moreno Rivas, *Historia de la música popular mexicana, op. cit.*, pp. 260-261.

[392] Gloria Trevi, disco. (Cortesía de Carlos Martínez Assad.)

[393] "Apoyo a las campañas contra el sida", en *Nexos*, núm. 145, enero de 1990, p. 88.

[394] Elena Poniatowska, "¿Le muevo la panza?", en Carlos Monsiváis, *A ustedes les consta. Antología de la crónica en México, op. cit.*, p. 257.

[395] Guadalupe Loaeza, "Carta Abierta", en *Reforma*, 23 de febrero de 1994.

[396] "Respuesta a Guadalupe Loaeza", en *Reforma*, primero de marzo de 1994.

[397] Néstor García Canclini, "Imaginar la ciudadanía en una ciudad posapocalíptica", en *La ciudad de los viajeros*, Grijalbo-Universidad Autónoma Metropolitana, México, 1996, pp. 107 y 109; y Carlos Monsiváis, *Los rituales del caos*, Era, México, 1995, pp. 17-18.

[398] Ricardo Castillo citado en José Joaquín Blanco, *Letras al vuelo*, El Nacional, México, 1992, p. 209.

[399] Toña la Negra citada en Víctor Roura, *El viejo vals de casa*, Universidad Autónoma de Puebla, México, 1984, p. 196.

[400] Luis Humberto Crosthwaite, *Marcela y el rey, al fin juntos*, Joan Boldo i Clement, México, 1988, p. 22; Jaime Avilés, *La rebelión de los maniquíes, op. cit.*, p. 305.

[401] Guillermo Bonfil Batalla, "Introducción" a *Pensar nuestra cultura*, Alianza Editorial, México, 1992, p. 9.

[402] Jorge G. Castañeda, entrevista, 22 de julio de 1995.

[403] Sergio Zermeño, *La sociedad derrotada*, Siglo XXI, México, 1997, p. 83.

[404] Jorge G. Castañeda, *Sorpresas te da la vida*, Aguilar, México, 1994, p. 47.

[405] Enrique Krauze, *La presidencia imperial. Ascenso y caída del sistema político mexicano, 1940-1996, op. cit.*, p. 425.

[406] Carlos Monsiváis, entrevista, 22 de marzo de 1999.

[407] Julio Scherer, *Salinas y su imperio, op. cit.*, p. 39.

[408] Macario Schettino, *Propuestas para elegir un futuro, op. cit.*, p. 94.

[409] Rafael Loret de Mola, *Manos sucias*, Océano, México, 1996, p. 28 y 30, y corroborado en entrevista con el propio Loret de Mola, 14 de mayo de 1997.

[410] Cecilia Occelli González de Salinas, entrevista citada.

[411] Macario Schettino, *Para reconstruir México, op. cit.*, p. 55.

[412] Macario Schettino, *Propuestas para elegir un futuro, op. cit.*, p. 94.

[413] Declaraciones del presidente William Clinton en visita oficial a México, en mayo de 1997.

[414] Jorge G. Castañeda, *Sorpresas te da la vida, op. cit.*, p. 67.

[415] Martha Washington citada en Edith P. Mayo y Denise D. Merignolo, *First Ladies, Political Role and Public Image*, National Museum of American History, Smithsonian Institution, Washington, 1994, p. 63. (Cortesía de Gabriela Cano.)

[416] *El Financiero*, junio de 1994.

[417] Marta Lamas, *La Jornada*, julio de 1995.

[418] *El Financiero*, junio de 1994.

[419] Teresa Weiser, *ibíd.*; anónimo, en *La Jornada*, febrero de 1997; Guadalupe Loaeza, en *Reforma*, abril de 1997; Gaby Vargas citada en Cecilia González, "Nilda Patricia", inédito, p. 2. (Cortesía de la autora.)

[420] Información de Pablo Serrano, entrevista telefónica, 18 de agosto de 2001.

[421] *Excélsior*, 30 de octubre de 1996; Jorge Armando Benítez, correo electrónico a Sara Sefchovich, 19 de marzo de 2008.

[422] José Luis González Arredondo, entrevista, 28 de septiembre de 1997.

[423] Guadalupe Loaeza, *Reforma*, 12 de agosto de 1994.

[424] *Reforma*, 21 de julio de 1999.

[425] Nilda Patricia Velasco de Zedillo, conversación telefónica con Sara Sefchovich, 20 de mayo de 1997.

[426] *Reforma*, 12 de marzo de 2000.

[427] *Reforma*, 9 de mayo de 1997.

[428] Canción de Federico Méndez. (Cortesía de Carlos Martínez Assad.)

[429] *Reforma*, 13 de marzo de 2000.

[430] Porfirio Muñoz Ledo, citado por Guadalupe Loaeza, en *Reforma*, primero de junio de 1998.

[431] Nota de Martha Brant, en *Newsweek*, 12 de mayo de 1997, p. 4.

[432] Teresa del Carmen Incháustegui Romero, *El cambio institucional de la asistencia en México, 1937-1997*, *op. cit.*, p. 136.

[433] Rodolfo Tuirán a Sara Sefchovich, 22 de octubre de 2001.

[434] Las quejas se manifestaron reiteradamente durante 1998 a través del programa *Monitor* de Radio Red.

[435] Teresa del Carmen Incháustegui Romero, *El cambio institucional de la asistencia en México, 1937-1997*, *op. cit.*, p. 138.

[436] Sara Sefchovich, "Adiós, Nilda", en *El Universal*, 30 de noviembre de 2000.

[437] Ernesto Zedillo, *Primer Informe de Gobierno*, Secretaría de Gobernación, 1995.

[438] *El Financiero*, 19 de junio de 1997. Esta cifra se había alcanzado en tiempos de la señora Eva Sámano de López Mateos y luego cayó; *Reforma*, 30 de noviembre de 1999.

[439] Las quejas se manifestaron reiteradamente durante 1997 a través del programa *Monitor* de Radio Red.

[440] Jorge Reyes, *Reforma*, 27 de agosto de 1995.

[441] *Reforma*, 30 de septiembre de 1998.

[442] *Reforma*, 9 de marzo de 2000.

[443] Sara Sefchovich, "Carta abierta a Nilda Patricia", en *El Universal*, 26 de marzo de 1998.

[444] Sara Sefchovich, "Malabarismos del discurso", en *El Universal*, 26 de noviembre de 1998.

[445] Mario Luis Fuentes, entrevista, 5 de diciembre de 1998.

[446] Teresa del Carmen Incháustegui Romero, *El cambio institucional de la asistencia en México, 1937-1997*, *op. cit.*, p. 318.

[447] Nilda Patricia Velasco de Zedillo, conversación telefónica con Sara Sefchovich, 27 de marzo de 1998.

[448] Sara Sefchovich, "Adiós, Nilda", en *El Universal*, *art. cit.*

[449] Tere Márquez, *Proceso*, *art. cit.*

[450] Ángeles Ruiz de Garcidiego, entrevista, 26 de septiembre de 1998.

[451] *El Universal*, 25 de enero de 1997.

[452] *Reforma*, 8 de mayo de 1999.

[453] Cecilia González, "Nilda Patricia", *art. cit.*, p. 1.

[454] Martha Brant, en *Newsweek*, *art. cit.*

[455] *Reforma*, 15 de febrero de 2000.

[456] *Reforma*, 24 de diciembre de 1998.

[457] *La Jornada*, 29 abril de 1997.

[458] Sergio Uzeta, *Noticiero*, Canal Once, 12 de junio de 1999.

[459] Mario Luis Fuentes, *La asistencia social en México, historia y perspectivas*, *op. cit.*, p. 352.

[460] José Joaquín Blanco, *Los mexicanos se pintan solos*, Pórtico de la Ciudad de México, México, 1990, p. 9.

[461] Carlos Monsiváis, *Los rituales del caos*, *op. cit.*, p. 17.

[462] La Maldita Vecindad y los Hijos del Quinto Patio, disco. (Cortesía de Orlando Martínez Canabal.)

[463] Fernando Curiel, "Junto a los escombros", en Vicente Quirarte, *Elogio de la calle. Biografía literaria de la ciudad de México, 1850-1992*, *op. cit.*, p. 592.

[464] Francisco Hernández, "La degradación de la primavera", en *ibíd.*, p. 594.

[465] Carlos Monsiváis, "Notas sobre la cultura mexicana del siglo xx", en *Historia general de México*, *op. cit.*, p. 453; Angélica Aragón en *El Universal*, 10 de agosto de 2001.

[466] La información sobre Jorge Reyes, Daniel Catán y Javier Álvarez se la debo a Rodrigo Sigal.

[467] Álvaro Enrigue, *Virtudes capitales*, Joaquín Mortiz, México, 1998, p. 9; y Daniel Sada, "Cualquier altibajo", en *Los Universitarios*, Universidad Nacional Autónoma de México, México, agosto de 2001, p. 10.

[468] Declaraciones del presidente de la Universidad de Yale, en *El Universal*, 22 de marzo de 2002.

[469] Cecilia González, "Nilda Patricia", *art. cit.*, p. 2.

[470] Macario Schettino, *Propuestas para elegir un futuro, op. cit.*, pp. 142-143 y 145.

[471] Mario Luis Fuentes, *La asistencia social en México, historia y perspectivas, op. cit.*, p. 320.

V. UNA COMPAÑERA PARA EL NUEVO SIGLO

[1] Alfonso Reyes, "Palinodia del Polvo", en *Visión de Anáhuac y otros ensayos*, Fondo de Cultura Económica, México, 2004, p. 211.

[2] Lorenzo Meyer, *El espejismo democrático. De la euforia del cambio a la continuidad*, Océano, México, 2007, p. 157.

[3] Ignacio Morales Lechuga, "¿Quo vadis Fox?", en *El Universal*, 24 de mayo de 2001.

[4] Andrés Aguayo Mazzucato, *La tragicomedia del foxismo*, Temas de hoy, México, 2010, p. 122.

[5] Francisco Ortiz Pinchetti y Francisco Ortiz Pardo, *El fenómeno Fox*, Planeta, México, 2001, pp. 15-16. Antes de la Coca-Cola estuvo unos meses en Ford Motor Company, pero según dice en sus memorias, no le gustaba usar corbata, por eso mudó de empleo.

[6] Soledad Loaeza, *El Partido Acción Nacional: la larga marcha, 1939-1994. Oposición leal y partido de protesta*, Fondo de Cultura Económica, México, 2000, pp. 166-167.

[7] Pablo Latapí Sarre, "Un siglo de educación nacional. Una sistematización", en Pablo Latapí Sarre, coord., *Un siglo de educación en México*, Fondo de Cultura Económica-Fondo Nacional para la Cultura y las Artes, México, 1998, p. 23.

[8] Salvador Camarena, "La conquista del poder", en Salvador Camarena y Jorge Zepeda Patterson, *El presidente electo. Instructivo para sobrevivir a Calderón y su gobierno*, Planeta, México, 2007, p. 25.

[9] *Ídem*, pp. 113 y ss., 354-358, 442; Raúl Moreno Wonchee, *Sobre la marcha. Crónica de tiempos difíciles*, Centro de Estudios Filosóficos, Políticos y Sociales Vicente Lombardo Toledano, México, 2008, p. XXI.

[10] Francisco Ortiz Pinchetti y Francisco Ortiz Pardo, *El fenómeno Fox, op. cit.*, p. 17.

[11] *Ídem*, p. 31.

[12] Sara Sefchovich, "Nuevo Mesías", en *El Universal*, 9 de julio de 1998.

[13] Gonzalo Altamirano Dimas, "Avanza Fox", en *El Universal*, 18 de noviembre de 1999; y Francisco Ortiz Pinchetti y Francisco Ortiz Pardo, *El fenómeno Fox, op. cit.*, p. 17.

[14] Carlos Martínez Assad a Sara Sefchovich, 2 de agosto de 2009.

[15] Soledad Loaeza, "El llamado de las urnas", en *Nexos*, junio de 1985, pp. 13-19.

[16] Vicente Fox Quesada citado en Sara Sefchovich, "La crisis del PRI", en *El Universal*, 6 de julio de 2000.

[17] La cifra exacta según Rubén Aguilar Villanueva y Jorge G. Castañeda fue de 15'989,636. Véase la dedicatoria en *La diferencia. Radiografía de un sexenio*, Grijalbo, México, 2007.

[18] Sitio web del Instituto Nacional de Geografía, Estadística e Informática.

[19] Carlos Martínez citado en Sara Sefchovich, "Gracias Guanajuato", en *El Universal*, 17 de agosto de 2000.

[20] Rubén Aguilar Villanueva y Jorge G. Castañeda, *La diferencia, op. cit.*, p. 24.

[21] *Ídem*, pp. 59 y 61.

[22] Adolfo Aguilar Zinser citado en Alejandra Lajous, *Vicente Fox. El presidente que no supo gobernar*, Océano, México, 2007, p. 154.

[23] *Ídem*, p. 29.

[24] Rubén Aguilar Villanueva y Jorge G. Castañeda, *La diferencia, op. cit.*, p. 234.

[25] Francisco Ortiz Pinchetti y Francisco Ortiz Pardo, *El fenómeno Fox, op. cit.*, p. 31.

[26] Vicente Fox, *A Los Pinos. Recuento autobiográfico y político*, Océano, México, 1999, p. 52.

[27] Sara Sefchovich, "Nuestras primeras damas", en *El Universal*, 21 de junio de 2001. Por eso muchos no lo recordaban, como el lector Orlando Santa María que me escribe: "Parece que por primera vez tendremos un presidente divorciado", correo electrónico a Sara Sefchovich, 5 de julio de 2000. En los capítulos de este libro el lector podrá encontrar los casos a los que me refiero.

[28] *Christian Science Monitor*, llamada telefónica a Sara Sefchovich, 15 de junio de 2000.

[29] Esta afirmación se basa en los censos y en los mapas que presenta Tonatiuh Suárez M., en "Apuntes para una geografía religiosa de México", en *Eslabones. Sociedad Nacional de Estudios Regionales,* núm. 14, julio-diciembre de 1997, pp. 269, 270, 274 y 276.

[30] *Nuevo Criterio* citada en Sara Sefchovich, "El matrimonio de Vicente", en *El Universal,* 3 de agosto de 2000.

[31] *Christian Science Monitor,* llamada telefónica a Sara Sefchovich, 15 de junio de 2000.

[32] Francisco Ortiz Pinchetti y Francisco Ortiz Pardo, *El fenómeno Fox, op. cit.,* p. 79.

[33] Esteban David Rodríguez, "El nacimiento de una primera dama", en *Bucareli 8,* 9 de julio de 2001, p. 14.

[34] Lo de ideal se lo dijo Vicente Fox a la revista *Hola!* citada por Olga Wornat, *La jefa. Vida pública y privada de Marta Sahagún,* Grijalbo, México, 2003, p. 30; y lo de guapetona se lo dijo a Adela Micha, *Versión* AM, Canal 4 de Televisa, 13 de agosto de 2001.

[35] Martha Carrillo y Raúl Picard en *Reforma,* 3 de julio de 2001.

[36] Carmen Amezcua, carta a *El Universal,* 8 de marzo de 2003.

[37] Norberto Rivera Carrera en *Reforma,* 3 de julio de 2001.

[38] Norma Rodríguez y Mónica Ibarra, "Marta Sahagún de Fox", en *Quién,* núm. 16, agosto de 2001, p. 77.

[39] Julio Hernández López, "Astillero", en *La Jornada,* 4 de julio de 2001.

[40] Marta Sahagún Jiménez a Sari Bermúdez, *Marta. La fuerza del espíritu. La historia del nacimiento de un ideal para cambiar una nación,* Conciencia Mexicana-Gabriel Ediciones, México, 2000, p. 123. (Cortesía de Marta Lamas.)

[41] Carlos Martínez Assad a Sara Sefchovich, 19 de mayo de 2003. Véanse del mismo autor *Los sentimientos de la región,* Océano, México, 2000, los capítulos dedicados a Guanajuato, pp.165- 252; Mary Kay Vaughan citada en Evelia Trejo, "Educar para la justicia o educar para la libertad: una disyuntiva para fin de siglo", en Manuel Ceballos Ramírez y Alejandro Garza Rangel, *Catolicismo social en México. Teoría, fuentes e historiografía,* Academia de Investigación Humanística, México, 2000, p. 147.

[42] Soledad Loaeza, *El Partido Acción Nacional, op. cit.,* p. 526-527; y Evelia Trejo, "Educar para la justicia o educar para la libertad", *op. cit.,* p. 179.

[43] Valentina Torres Septién, *La educación privada en México, 1903-1976,* El Colegio de México-Universidad Iberoamericana, México, 1997, pp. 277 y 281.

[44] Nancy L. Rosenblum "Introduction", en Nancy L. Rosenblum, ed., *Liberalism and the Moral Life,* Harvard University Press, Cambridge-London, 1989, p. 4.

[45] Valentina Torres Septién, *La educación privada en México, op. cit.,* p. 276.

[46] Antonia Guadalupe Hidalgo Ramírez, *Las mujeres en Acción Nacional. 60 años de trabajo y consolidación política,* Partido Acción Nacional, México, 2000, p. 411.

[47] Marta Sahagún Jiménez a Sari Bermúdez, *Marta. La fuerza del espíritu, op. cit.,* p. 63; y Sara Sefchovich, "Comunicación ¿social?", en *El Universal,* 8 de febrero de 2001.

[48] Susana Vidales a Sara Sefchovich, 9 de septiembre de 2001.

[49] Carta enviada a la autora el 3 de febrero de 2001.

[50] Maue Hernández, "Marta Sahagún: me casé con el hombre que amo", en *Vanidades,* núm. 16, agosto de 2001, p. 139.

[51] Rubén Aguilar Villanueva y Jorge G. Castañeda, *La diferencia, op. cit.,* pp. 57 y 378.

[52] Guillermo Cantú, *Asalto a Palacio. Las entrañas de una guerra,* Grijalbo-Hoja Casa Editorial, México, 2001.

[53] Sara Sefchovich, "La niña Fox", en *El Universal,* 16 de noviembre de 2000.

[54] Rubén Aguilar Villanueva y Jorge G. Castañeda, *La diferencia, op. cit.,* p. 62

[55] *Época,* núm. 530, 30 de julio de 2001.

[56] Marta Sahagún Jiménez a Sari Bermúdez, *Marta. La fuerza del espíritu, op. cit.,* pp. 58 y 64.

[57] *El Universal,* 20 de junio de 2001.

[58] Raymundo Riva Palacio, "La princesa caramelo", en *Bucareli 8,* 3 de junio de 2002, p. 6.

[59] El periódico *Reforma* dedicó varias veces un generoso espacio a documentar estos cambios durante el 2003. *El Universal* hizo un reportaje el 29 de septiembre de 2003, y Guadalupe Loaeza se refirió a esto en "Los excesos", en *Proceso,* 19 de octubre de 2003, pp. 9-14.

[60] *Contralínea* online, agosto de 2005. La revista obtuvo las facturas a través del Instituto Federal de Acceso a la Información. Anabel Hernández es la periodista que afirma que el monto de la partida no podía alcanzar. *Noroeste* online, 24 de agosto de 2009.

[61] Lo de bien: Cecilia Elizondo a Sara Sefchovich, 30 junio 2010; lo de mal: Guadalupe Loaeza en *Simplemente Martita*, DeBolsillo, México, 2004, pp. 148-153.

[62] Martha Sahagún a Denise Maerker, *Séptimo Día*, Canal 40, 12 de noviembre de 2001.

[63] Sara Sefchovich, "La primera dama (otra vez)", en *El Universal*, 26 de julio de 2001.

[64] Julio Hernández López, "Astillero", *art. cit.*

[65] Juan Manuel Venegas en *La Jornada*, 14 de junio de 2003; Daniel Lizárraga, *Proceso*, 7 de octubre de 2007, pp. 6-11, quien asegura que consiguió las facturas mediante una petición a Los Pinos que fue respondida con la entrega de diecisiete gruesos expedientes.

[66] Lo primero se lo dijo Marta Sahagún de Fox a Elisa Robledo, "Los retos y los compromisos", en *Época*, revista citada, p. 19; y lo segundo a Denise Maerker, *Séptimo Día*, Canal 40, 12 de noviembre de 2001.

[67] Mario Luis Fuentes en *Reforma*, 7 de noviembre de 1998; y a Sara Sefchovich, 5 de diciembre de 1998.

[68] Ana Teresa Aranda Orozco, entrevista con Fernando del Collado, en *Enfoque*, 3 de noviembre de 2003.

[69] Marta Sahagún de Fox en *Diálogos en Confianza*, Canal 11, IPN, 3 de marzo de 2003.

[70] Marta Sahagún de Fox a Denise Maerker, *Séptimo Día*, programa citado.

[71] *El Financiero*, 14 de agosto de 2001.

[72] Marta Sahagún de Fox a Adela Micha, *Versión AM*, programa citado; y *Milenio Diario*, 14 de agosto de 2001.

[73] Marta Sahagún a Denise Maerker, *Séptimo Día*, programa citado.

[74] Sara Murúa, "¿Asistencialismo de Estado o auditorías electorales?", en *El Universal*, 15 de febrero de 2003.

[75] Norbert Lechner, "Tres formas de coordinación social. Un esquema", en *Debate Feminista*, año 10, vol. 19, abril de 1999, p. 158.

[76] Victor Abramovich y Christian Courtis, *Los derechos sociales como derechos exigibles*, Trotta, Madrid, 2002, p. 89.

[77] Marta Lamas, "¿Madrecita santa?", en Enrique Florescano, coord., *Mitos mexicanos*, Taurus, México, 2001, p. 223.

[78] Juan S. Millán Soberanis, entrevista con Rogelio Hernández, *Milenio Diario*, 22 de junio de 2003.

[79] Sara Murúa, "¿Asistencialismo de Estado o auditorías electorales?", *art. cit.*

[80] El último día de octubre del 2003, la señora Marta nombró como directora general a Verónica Ortiz de Elizondo, Mural.com, 1 de noviembre de 2003.

[81] *El Universal*, 28 de febrero de 2003; *La Jornada*, 6 de mayo de 2003. Para la diferencia en las cifras véase Marta Sahagún de Fox a Mario Vázquez Raña, *Diario de Querétaro*, 26, 27 y 28 de enero de 2005 (cortesía de Guillermo Murillo); Carlos Monsiváis, "La infantilización de México", en *Proceso*, 23 de febrero de 2003, p. 20; y Elías Martínez, *El Universal*, 2 de marzo de 2003.

[82] Vamos México, *Informe anual de actividades 2002*, México, 26 de mayo de 2003, p. 7.

[83] Marta Sahagún de Fox a *Newsweek* citada en Olga Wornat, *La jefa*, *op. cit.*, p. 225.

[84] Ana María Fernández, "Mujeres en la élite política", en *Fem. Nueva Cultura Feminista*, abril de 2001.

[85] Soledad Loaeza, "Matrimonialismo", en *La Jornada*, 16 de agosto de 2001.

[86] Marta Sahagún de Fox a Mario Vázquez Raña, entrevista citada.

[87] Sara Sefchovich, "¿Por qué la caridad no sirve?", en Sara Sefchovich, *Veinte preguntas ciudadanas a la mitad más visible de la pareja presidencial con todo y sus respuestas también ciudadanas*, Océano, México, 2004, apartado 4, pp. 49-58.

[88] Ceremonia de nombramiento como Presidenta Honoraria de la Cruz Roja, Los Pinos, 23 de agosto de 2001.

[89] Vicente Fox Quesada, *Fox en Vivo, Fox Contigo*, programa radiofónico, 4 de noviembre de 2001.

[90] *La Nación*, revista oficial del PAN, marzo de 2003; *Reforma*, 8 de marzo de 2003.

[91] Patricia Espinosa citada en Sara Sefchovich, *Veinte preguntas ciudadanas...*, *op. cit.*, p. 144.

[92] Sara Sefchovich, "¿Señora Presidenta?", en *El Universal*, 25 de abril de 2002.

[93] *El Universal*, 26 de marzo de 2002.

[94] Rubén Aguilar Villanueva y Jorge G. Castañeda, *La diferencia*, *op. cit.*, p. 377.

[95] José Luis Soberanes Fernández, entrevista con Víctor Ballinas, *La Jornada*, 5 de octubre de 2009.

[96] Ana Teresa Aranda Orozco, entrevista citada.

[97] Martha Sahagún de Fox, discurso en la Universidad Panamericana, 7 de mayo de 2002.

[98] Elías Martínez, *El Financiero*, 5 de diciembre de 2002.

[99] Martí Batres, *Milenio Diario*, 8 de marzo de 2003.

[100] Carlos Monsiváis, *El Universal*, 5 de julio de 2001; Soledad Loaeza, "A cuatro manos", en *La Jornada*, 9 de julio de 2002; Fidel Herrera, en *Época*, revista citada, p. 12.

[101] Sara Sefchovich, "De mujeres fuertes", en *Día Siete*, núm. 133, enero de 2003, p. 37.

[102] Manuel Camacho Solís, "Señora Marta: intimidad y política", en *El Universal*, 26 de mayo de 2003; Jaime Avilés, *La Jornada*, 10 de mayo de 2003.

[103] Vicente Fox Quesada en *El Universal*, 28 de febrero de 2003.

[104] Sara Sefchovich, *Veinte preguntas ciudadanas...*, *op. cit.* Véase el título.

[105] Marta Sahagún de Fox, declaraciones ante la Canacintra, *El Universal*, 5 de diciembre de 2002.

[106] Clara Scherer a Sara Sefchovich, 12 de julio de 2002.

[107] Linda Gordon, "Cuando 'el mejor interés del niño es la peor política'", en *Debate Feminista*, año 11, vol. 22, octubre de 2000, pp. 251-254.

[108] Clara Scherer a Sara Sefchovich, entrevista citada.

[109] *El Financiero*, 6 de febrero de 2002; y Clara Scherer, *ídem*.

[110] Hélena Béjar citada en Beatriz Ramírez, "Feminismo y democracia", en *Debate Feminista*, año 3, vol. 5, marzo de 1992, p. 350.

[111] María Elena Chapa a Sara Sefchovich, 6 de agosto de 2001.

[112] Sara Murúa a Sara Sefchovich, 3 de marzo de 2004; Sara Murúa, "¿Asistencialismo de Estado o auditorías electorales?", *art. cit.*; y Martha Martínez en *Cimacnoticias*, 27 de agosto de 2003.

[113] *Financial Times*, 31 de enero de 2004; y Sara Silver a Sara Sefchovich, 10 de marzo de 2004. En su programa matutino de noticias Carlos Loret de Mola demostró que los números sumaban más del cien por ciento.

[114] Sara Sefchovich, "¿Señora Presidenta?", *art. cit.*

[115] Marta Sahagún de Fox a *Newsweek*, citada en *El Financiero*, 21 de agosto de 2002.

[116] Miguel Ángel Granados Chapa, "Fox: su estilo personal de gobernar", en *Proceso*, 1 de diciembre de 2002, p. 20.

[117] Soledad Loaeza, "A cuatro manos", *art. cit.*

[118] Vicente Fox Quesada en *Reforma*, 26 de junio de 2003.

[119] Vicente Fox Quesada, declaración en Los Pinos, 7 de mayo de 2003; Vicente Fox Quesada en *Milenio*, 7 de febrero de 2003.

[120] Arnoldo Kraus, "Crisis al medio tiempo", en *Bucareli 8*, 10 de junio de 2002, p. 10.

[121] Citada en Francisco Ortiz Pinchetti y Francisco Ortiz Pardo, *El fenómeno Fox*, *op. cit.*, p. 137.

[122] INEGI, datos del 2000; Patricia Olamendi a Sara Sefchovich, 10 de septiembre de 2001.

[123] *Ídem.*

[124] Informante que prefiere permanecer anónima, correo electrónico a Sara Sefchovich, 24 de marzo de 2003.

[125] Uno de ellos fue Mauricio Fernández de Nuevo León y el otro Ramón Corral de Sonora, quien incluso dijo "Gracias a Dios que Marta Sahagún no vino a la entidad".

[126] Marta Lamas, "Guías de padres: el desperdicio", en *Proceso*, 9 de marzo de 2003, p. 66.

[127] Marta Sahagún de Fox, entrevista con Elena Urrutia, *La Jornada*, 2 de noviembre de 2002, p. 13.

[128] Sara Sefchovich, "El canciller y la cultura", en *El Universal*, 19 de abril de 2001.

[129] Cuatro millones según Armando Talamantes y Fernando del Collado, "Con los atentos saludos...", en *Enfoque*, 1 de agosto de 2004.

[130] Sara Sefchovich, *Vivir la vida*, Alfaguara, México, 2000, p. 31.

[131] Olga Wornat, *La jefa*, *op. cit.*

[132] Anuncio en el portal exodusltd.com

[133] Advertencia de Olga Wornat a *La jefa, op. cit.*

[134] Rafael Loret de Mola en *Bertie's mood* online.

[135] Amparo Espinosa Rugarcía con Francisco Javier Osorno Corres, *Dulce asalto al poder. Marta Sahagún, popular y polémica primera dama,* Libros para Todos, México, 2003, pp. 11 y 21.

[136] Marta Sahagún de Fox, en *Reforma,* 10 de noviembre de 2001; y comunicado de prensa de la fundación Vamos México, 3 de febrero de 2004.

[137] Vicente Fox Quesada en el programa radiofónico *Fox en Vivo, Fox Contigo,* 10 de mayo de 2003.

[138] Guadalupe Loaeza, *Simplemente Martita, op. cit.,* y Denise Dresser, "Prólogo" a ese mismo libro, p. 18.

[139] Sara Sefchovich, *Veinte preguntas ciudadanas..., op. cit.*

[140] Sara Sefchovich, entrevista con José Gil Olmos, en *Proceso,* 11 de abril de 2004.

[141] Ciro Gómez Leyva, "Veinte buenas preguntas para Marta Sahagún", en *Milenio Diario,* 15 de abril de 2004.

[142] Julio Scherer García, *La pareja,* Plaza y Janés, México, 2005.

[143] Areli Quintero y Anabel Hernández, *La familia presidencial. El gobierno de cambio bajo sospecha de corrupción,* Grijalbo, México, 2005.

[144] Víctor Trujillo en *El Mañanero,* portal esmas.com, Televisa, agosto de 2005.

[145] Así se lo dijo Areli Quintero a Víctor Trujillo en *ídem.*

[146] Olga Wornat, *Crónicas malditas desde un México desolado,* Grijalbo, México, 2005.

[147] Carlos Tello Díaz en *Proceso,* 22 de mayo de 2005.

[148] Anabel Hernández, *Fin de fiesta en Los Pinos,* Grijalbo, México, 2006.

[149] Vicente Fox, *A Los Pinos, op. cit.;* Vicente Fox y Rob Allyn, *La revolución de la esperanza. La vida, los anhelos y los sueños de un presidente,* Aguilar, México, 2007.

[150] Sari Bermúdez, *Marta, op. cit.*

[151] Homero Aridjis a Sara Sefchovich, 7 de julio de 2001.

[152] Marta Sahagún Jiménez citada en Sari Bermúdez, *Marta, op. cit.,* p. 108.

[153] Marta Sahagún de Fox, *La Jornada,* 29 de agosto de 2001.

[154] Enrique Alduncin Abitia, *Los valores de los mexicanos. México: entre la tradición y la modernidad,* Fomento Cultural Banamex, México, 1986, p. 63.

[155] Marta Sahagún de Fox con la colaboración de Amparo Espinosa Rugarcía, *Caminando,* Planeta, México, 2005.

[156] Jorge Zepeda Patterson, coord., *Los suspirantes,* Planeta, México, 2005.

[157] Jorge Zepeda Patterson, coord., *Los intocables,* Planeta, México, 2008.

[158] Alejandra Lajous, *Vicente Fox. El presidente que no supo gobernar, op. cit.;* y Rubén Aguilar Villanueva y Jorge G. Castañeda, *La diferencia, op. cit.*

[159] Jorge Zepeda Patterson, "Y sigue la Marta dando", en *El Siglo de Torreón.com.,* 15 de febrero de 2004; Andrés Aguayo Mazzucato, *La tragicomedia del foxismo, op. cit.*

[160] Guadalupe Loaeza, "¡¡¡La pareja!!!", en *Reforma,* 16 de noviembre de 2006.

[161] Según Julio Scherer, Discurso en la entrega del Premio Ciudadano de Periodismo, Universidad Iberoamericana, 7 de mayo de 2003.

[162] Roberto Gutiérrez y Norberta Juárez, "Cierran fuerte los punteros", en *Enfoque,* 8 de diciembre de 2002, p. 16. En una visita que hizo el presidente Fox con su esposa a Estados Unidos en octubre del 2003, el gobernador de Arizona saludó a la primera dama como "La segunda política más popular de México". Margarita García Colín, "Así es la noticia", en *Radio 13,* 8 de noviembre de 2003.

[163] Sofía Márquez, correo electrónico a Sara Sefchovich, 6 de junio de 2001.

[164] Susana Vidales a Sara Sefchovich, entrevista citada.

[165] Amparo Espinosa Rugarcía, *Dulce asalto al poder, op. cit.,* p. 89 y encuesta "Primera Dama", hecha por Alduncin y Asociados en septiembre 2002 por encargo de la señora Amparo Espinosa Rugarcía, citada en *ídem,* pp. 85-96 y 113-142.

[166] *Séptimo Día,* CNI-Canal 40, conducido por Jorge Fernández Menéndez, marzo de 2003. Fueron dos programas de televisión en el que varias mujeres debatieron sobre la forma de actuar de señora Fox. Uno fue crítico —con Guadalupe Loaeza, Katia D'Artigues y María Teresa Priego— y otro para defenderla —con Ana Teresa Aranda, Margarita Zavala y María de la Luz Lima Malvido.

[167] Comité de Damas del IMEF, X Foro Nacional de la Mujer, 19 de septiembre de 2001.

[168] Información de Rodrigo Sigal a Sara Sefchovich, 22 de mayo de 2003.

[169] Guadalupe Loaeza, "Una concuña incómoda", en *Reforma*, 27 de mayo de 2003.

[170] Isabel Turrent, "Amor y poder", en *Enfoque*, 8 de julio de 2000.

[171] Norberto Bobbio, entrada "Legalidad", en Norberto Bobbio *et al.*, *Diccionario de política*, Siglo XXI, México, 1985, vol. II, p. 890; y Lucio Levi, entrada "Legitimidad", en *ídem*, vol. II, p. 896.

[172] Soledad Loaeza, "Tacones cercanos", en *La Jornada*, 11 de septiembre de 2003.

[173] Jorge I. Mateos Camacho, carta enviada a *Reforma*, 8 de marzo de 2003.

[174] Alfonso Durazo en un adelanto de su libro *Saldos del Cambio. Una crítica política de la alternancia*, Plaza y Janés, México, 2006, en *Proceso*, 2 de abril de 2006, pp. 10-15; Denise Dresser, "Prólogo", en Guadalupe Loaeza, *Simplemente Martita*, *op. cit.*, p. 16.

[175] Soledad Loaeza, "El mito de la derecha en México", en Enrique Florescano, coord., *Mitos mexicanos*, *op. cit.*, p. 90; Varios autores, *Los mexicanos de los noventa*, Instituto de Investigaciones Sociales, Universidad Nacional Autónoma de México, México, 1996, p. 162.

[176] Manuel Camacho Solís, "Señora Marta: intimidad y política", *art. cit.*

[177] Informante que prefiere permanecer anónima, correo electrónico a Sara Sefchovich, 8 de enero de 2003.

[178] Juan F. Millán Soberanis, entrevista citada.

[179] Claudia Ruiz Arriola, "Dotes de alcoba", en *El Norte*, 22 de noviembre de 2009.

[180] Adriana Ortiz en *Reforma*, 8 de marzo de 2003.

[181] Marta de Fox, página oficial en el sitio de la Presidencia de la República, online; Marta Sahagún de Fox, "Discurso a la Asociación Mexicana de Bancos de Alimentos", en *Milenio Diario*, 1 de abril de 2003; "Declaración oficial de la XIII Cumbre Iberoamericana", República Dominicana, noviembre de 2002; "Discurso en la Federación Mexicana de Universitarias", en *La Jornada*, 15 de mayo de 2003; *Reforma*, 27 de abril de 2002; *El Universal*, 17 de noviembre de 2002; Declaración de Quito, en *Reforma*, 10 de noviembre de 2001.

[182] Vicente Fox Quesada en *La Jornada*, *El Universal* y *Reforma*, octubre de 2002.

[183] Marta Sahagún de Fox a Víctor Trujillo en *El Mañanero*, Canal 2, Televisa, 21 de mayo de 2003.

[184] Jorge Zepeda Patterson, "Marta otra vez", en *El Universal*, 5 de octubre de 2003.

[185] Lorenzo Meyer, *El espejismo democrático*, *op. cit.*, pp. 23, 159 y 27.

[186] Felipe Calderón, *El hijo desobediente. Notas en campaña*, Aguilar, México, 2006, p. 29.

[187] Carlos Monsiváis, "Los usos del empecinamiento", en *Enfoque*, 8 de diciembre de 2002, p. 10.

[188] *Reforma* y *El Universal*, 6 de octubre de 2004.

[189] Las noticias de las esposas aspirantes a suceder a sus maridos empiezan a aparecer en los periódicos a principios del 2003 y se repiten durante todo ese año y todo el 2004, Sara Sefchovich, "Sin trampas", en *El Universal*, 19 de agosto de 2004.

[190] *Enfoque*, 8 de diciembre de 2002, citado.

[191] 3.1 por ciento según el Fondo Monetario Internacional, en *El Universal* online, 26 de julio de 2007.

[192] Víctor Godínez citado por Sara Sefchovich en "Se oculta que la economía está en problemas", en *El Universal*, 10 de agosto de 2001.

[193] Sara Sefchovich, "En el país de Fox", en *El Universal*, 19 de julio de 2001.

[194] J. Guillermo Domínguez, "El poderío de las empresas multinacionales", en *esecomomía*, núm. 4, verano de 2003, p. 110.

[195] Enrique Quintana en *Monitor* de Radio Red, 3 de octubre de 2005.

[196] Armando Bartra citado en Sara Sefchovich, "La catástrofe anunciada", en *El Universal*, 2 de enero de 2003.

[197] José Luis Manzo Yépez, "Pemex: propuestas para su rehabilitación financiera y productiva", en *Memoria Virtual*, enero de 2006.

[198] Andrés Manuel López Obrador, *La mafia nos robó la presidencia*, Grijalbo, México, 2007, p. 144. Según Zepeda Patterson, esto representaba 140,000 millones de dólares más en el sexenio de los que recibió Zedillo. "La silla presidencial vs. los

otros poderes", en Salvador Camarena y Jorge Zepeda Patterson, *El presidente electo*, *op. cit.*, p. 211.

199 Datos del Banco de México citados en Sara Sefchovich, "Salvación económica", en *El Universal*, 25 de diciembre de 2003.

200 *El Financiero*, 12 de noviembre de 2002.

201 Banco Mundial citado en Sara Sefchovich, "Vergüenza", en *El Universal*, 22 de abril de 2004.

202 *El Universal*, 11 de septiembre de 2006.

203 Carlos Cárdenas Guzmán en *Monitor* de Radio Red, 21 de junio de 2007.

204 Rubén Aguilar Villanueva y Jorge G. Castañeda, *La diferencia*, *op. cit.*, p. 113.

205 Tom Wise en *La Jornada*, 15 de julio de 2001.

206 Joseph Stiglitz, *Reforma*, 4 de abril de 2007.

207 Pablo Latapí Sarre, "Los riesgos de las universidades públicas", en *Este País*, núm. 195, junio de 2007, p. 29.

208 Luis Rubio, "La política democrática en México: nuevas complejidades", en Luis Rubio y Susan Kaufman, coords., *México: democracia ineficaz*, CIDAC-Miguel Ángel Porrúa, México, 2006, pp. 27-29.

209 Roger Bartra, "La dictadura no era perfecta: mediaciones democráticas y redes imaginarias", en José Antonio Aguilar Rivera, coord., *México: crónicas de un país posible*, Fondo de Cultura Económica-Consejo Nacional para la Cultura y las Artes, México, 2005, p. 303.

210 María Elena Chapa a Sara Sefchovich, entrevista citada.

211 *El Universal*, 10 de noviembre de 2003.

212 *Milenio Diario*, 22 de junio de 2003, p. 7.

213 Alejandra Lajous, *Vicente Fox. El presidente que no supo gobernar*, *op. cit.*, p. 392.

214 Lorenzo Meyer, *El espejismo democrático*, *op. cit.*, p. 27.

215 Jesús Blancornelas, "¿Candidata en el 2006?", en *A.M. de Querétaro*, 27 de agosto de 2003; *Hola!*, 22 de mayo de 2003; y los programas de televisión *Diálogos en Confianza* y *El Mañanero* ya citados.

216 Ágnes Heller, "Ética ciudadana y virtudes cívicas", en Ágnes Heller y Ferenc Fehér, *Políticas de la posmodernidad. Ensayos de crítica cultural*, Península, Barcelona, 1989, p. 218.

217 Sara Sefchovich, "La señora de las provocaciones", en *El Universal*, 13 de febrero de 2003.

218 Adolfo Aguilar Zinser, entrevista con *Proceso* citada en Alejandra Lajous, *Vicente Fox. El presidente que no supo gobernar*, *op. cit.*, p. 154.

219 Alfonso Durazo en el adelanto ya citado en *Proceso*.

220 Jorge Zepeda Patterson, "Y sigue la Marta dando", *art. cit.*

221 Alejandra Lajous, *Vicente Fox. El presidente que no supo gobernar*, *op. cit.*, pp. 72 y 65.

222 De hecho fue esta crítica la que la hizo afirmar, el 12 de julio del 2004, que no buscaría la presidencia.

223 Alejandra Lajous, *Vicente Fox. El presidente que no supo gobernar*, *op. cit.*, p. 392; Vicente Fox Quesada citado en Sara Sefchovich, "Pequeño destino", en *El Universal*, 7 de junio de 2001.

224 Rubén Aguilar Valenzuela, declaraciones a la prensa previas al Quinto Informe de Gobierno del presidente Vicente Fox, citado en Sara Sefchovich, "Lo que nos van a decir hoy", en *El Universal*, 1 de septiembre de 2005.

225 Germán Dehesa, "¿La continuidad del proyecto?", en *Reforma*, 26 de mayo de 2003.

226 Alejandra Lajous, *Vicente Fox. El presidente que no supo gobernar*, *op. cit.*, p. 514.

227 Carlos Bazdresch, "El Plan Nacional de desarrollo", en *El Universal*, 17 de mayo de 2007.

228 Lorenzo Meyer, *El espejismo democrático*, *op. cit.*, p. 13.

229 Anónimo a Sara Sefchovich, 30 de octubre de 2001.

230 Areli Quintero y Anabel Hernández, *La familia presidencial*, *op. cit.* Véase el capítulo cinco.

231 Guadalupe Loaeza en *Reforma*, 2 de julio de 2001.

232 Marta Sahagún de Fox a Mario Vázquez Raña, entrevista citada.

233 Según se lo dijo Areli Quintero a Víctor Trujillo en *El Mañanero*, y según Andrés Aguayo Mazzucato, en *La tragicomedia del foxismo*, *op. cit.*, pp. 85-90.

234 Marta Sahagún de Fox citada en Olga Wornat, *La jefa*, *op. cit.*, p. 24.

235 Marta Sahagún de Fox a Denise Maerker, *Séptimo Día*, programa citado.

236 Vicente Fox en Radio Ibero, 8 de marzo de 2003. Además del presidente, salieron en defensa de la señora el secretario de

Gobernación, el máximo dirigente del PAN y el vocero de ese partido quienes, contradiciendo lo expresado durante muchos años, de criticar a las esposas de mandatarios que eran protagónicas, se pusieron a hablar bien de ella. *Reforma*, 10 de diciembre de 2003; *La Jornada*, 8 de marzo de 2003, *Milenio Diario*, 8 de marzo de 2003.

237 María Teresa Priego en *Zona Abierta*, conducido por Héctor Aguilar Camín, Canal 2, Televisa, 16 de octubre de 2003.

238 "Editorial", en *Debate Feminista*, año 4, vol. 7, marzo de 1993, p. VII.

239 Rubén Aguilar Villanueva y Jorge G. Castañeda, *La diferencia*, *op. cit.*, p. 237; Luis Rubio, "La política democrática en México: nuevas complejidades", *op. cit.*, pp. 32 y 53.

240 Vicente Fox Quesada citado en Sara Sefchovich, "Nuevo Mesías", en *El Universal*, *art. cit.*

241 "Las guerras cristeras en las que participamos para defender nuestra religión y nuestras creencias", dijo en un mitin de campaña a principios de agosto de 1999. Citado en Sara Sefchovich, "Fox: cuida tus palabras", en *El Universal*, 5 de agosto de 1999.

242 Raúl Moreno Wonchee, *Sobre la marcha*, *op. cit.*, p. 5.

243 Roberto Blancarte citado por Jesusa Cervantes y José Gil Olmos, "Oraciones para obtener votos", en *Proceso*, 20 de febrero de 2003, p. 18.

244 Vicente Fox Quesada a Joaquín López-Dóriga, *Noticiero*, Canal 2, Televisa, 2 de julio de 2001.

245 Vicente Fox Quesada citado en Andrés Aguayo Mazzucato, *La tragicomedia del foxismo*, *op. cit.*, p. 63.

246 Vicente Fox Quesada, declaraciones en Monterrey, citadas en *La Jornada*, 11 de julio de 2002.

247 Andrés Bustamante, entrevista con Mónica Mateos, *La Jornada*, 24 de enero de 2004; y con Aurelio Fernández, 15 de junio de 2005 a propósito de sus libros *¿Y yo por qué?* y *¿Y por qué yo no?* en los que recopila "frases célebres" del presidente Fox.

248 Salvador Camarena, "La conquista del poder", en Salvador Camarena y Jorge Zepeda Patterson, *El presidente electo. Instructivo para sobrevivir a Calderón y su gobierno*, Planeta, México, 2007, p. 125.

249 Felipe Calderón se lo dijo al exrector Juan Ramón de la Fuente quien me lo dijo a mí el 22 de julio de 2010.

250 Ricardo Raphael, *Calderón bajo la lupa: más allá de los primeros pasos*, México, 2007, p. 7; inédito por censura de la editorial Norma, pero de próxima publicación corregido y aumentado. (Cortesía del autor.)

251 Salvador Camarena, "La conquista del poder", *op. cit.*, p. 25.

252 Margarita Zavala de Calderón citada en *ídem*, p. 53.

253 *Ídem*, p. 13. Véase la novela de Luis Spota en la que relata las campañas presidenciales y dice lo mismo para la segunda mitad del siglo pasado. *Sobre la marcha*, Grijalbo, México, 1976.

254 Sara Sefchovich, "La ¿nueva? agenda", en *El Universal*, 5 de octubre de 2006. Para su proyecto de trabajo, que presentó ya como presidente, véase Sara Sefchovich "El proyecto de nación", en *El Universal*, 18 de junio de 2007.

255 Salvador Camarena, "La conquista del poder", *op. cit.*, p. 19; y el artículo de la redacción, "Un triunfo apretado", en *Poder y Negocios*, año 2, núm. 14, 5 de julio de 2006.

256 Andrés Manuel López Obrador, *La mafia nos robó la presidencia*, Grijalbo, México, 2007, p. 189.

257 Lorenzo Meyer, *El espejismo democrático. De la euforia del cambio a la continuidad*, Océano, México, 2007, p. 114.

258 Parametría y reporte de evaluación del IFE, ambos del 2006, citados por Ricardo Raphael, *Calderón bajo la lupa*, *op. cit.*, nota 2 del capítulo 2.

259 Ricardo Raphael, *ídem*, p. 49. Sara Sefchovich, "¿Es la guerra?", en *El Universal*, 14 de septiembre de 2006; Andrés Manuel López Obrador, *La mafia nos robó la presidencia*, *op. cit.*, pp. 247 y 288.

260 *Ídem*, p. 225.

261 Andrés Manuel López Obrador, *Un proyecto alternativo de nación*, Grijalbo, México, 2004. Un resumen en Sara Sefchovich, "Proyecto de país", en *El Universal*, 2 de septiembre de 2004.

262 De ser así, tendríamos que decir que era poblana, nacida en 1969, que había estu-

diado comunicación y letras y trabajado como asesora en el gobierno de la capital hasta que conoció a quien sería su marido, con quien casó en octubre del 2006 y tuvo un hijo. La idea de incluir a AMLO y a su cónyuge se la debo al lector Guillermo Murillo, que me insistió en varios correos electrónicos.

263 Felipe Calderón Hinojosa, Discurso de toma de posesión, Auditorio Nacional, primero de diciembre de 2006.

264 Laurie Freeman, "Déjà vu. Las políticas antidrogas en la relación México-Estados Unidos", en *Foreign Affairs en español*, vol. 8, núm. 1, Instituto Tecnológico Autónomo de México, México, 2008, p. 18. Ricardo Raphael dice que fue el 19 por ciento. *Calderón bajo la lupa, op. cit.*, p. 158.

265 La frase es del priísta Manlio Fabio Beltrones citado por Ricardo Raphael, *ídem*, p. 154.

266 *La Jornada*, 19 de junio de 2007.

267 Desplegado del Sindicato Nacional de Trabajadores de la Educación, en *El País*, 15 de julio de 2007.

268 Felipe Calderón Hinojosa, Discurso de toma de posesión, *op. cit.*

269 Felipe Calderón Hinojosa, *El hijo desobediente, op. cit.*, p. 91.

270 Felipe Calderón Hinojosa, Discurso de toma de posesión, *op. cit.*

271 *La Jornada*, 19 de junio de 2007.

272 Declaración del subsecretario de Asuntos Jurídicos y Derechos Humanos de la Secretaría de Gobernación, Daniel Cabeza de Vaca, en *La Jornada*, 6 de febrero de 2008.

273 Ricardo Raphael, *Calderón bajo la lupa, op. cit.*, pp. 142 y 149.

274 Francisco Ramírez Acuña, secretario de Gobernación, en el seminario Seguridad en Democracia, organizado por *El Universal*, ciudad de México, 4 de septiembre de 2007.

275 Reunión de evaluación de seguridad, con asistencia del presidente de la República, el gabinete, los gobernadores y procuradores, citada en Sara Sefchovich "¿Por qué no les creemos?", en *El Universal*, 7 de diciembre de 2008.

276 Alberto Cárdenas Jiménez, secretario de Agricultura, Ganadería, Desarrollo Rural, Pesca y Alimentación, *La Jornada*, 21 de abril de 2008.

277 Jorge Zepeda Patterson, "La silla presidencial vs. los otros poderes", *op. cit.*, p. 241

278 Guillermo Osorno a Sara Sefchovich, 13 de marzo de 2009.

279 Margarita Zavala de Calderón, entrevista con Sara Sefchovich, Residencia Oficial de Los Pinos, 30 de junio de 2010.

280 Adriana Malvido a Galia García Palafox, citada en Sara Sefchovich, "Las paradojas de una primera dama", en *Gatopardo*, núm. 100, abril de 2009, p. 61.

281 Margarita Zavala de Calderón, entrevista citada en *Yoinfluyo.com*.

282 Revista *Vida Nacional* del 24 de agosto de 1939, citada en Antonia Guadalupe Hidalgo Ramírez, *Las mujeres en Acción Nacional. 60 años de trabajo y consolidación política*, Partido Acción Nacional, México, 2000, p. 17.

283 *Boletín de Acción Nacional*, primero de julio de 1940, citado en *ídem*, p. 21.

284 *Boletín de Acción Nacional*, 3 de febrero de 1941, citado en *ídem*, pp. 23-24.

285 Crónica parlamentaria de *La Nación*, enero de 1947, citada en *ídem*, p. 29.

286 Lo de "grande hogar" lo dijo Carlos Septién García y está en el *Boletín de Acción Nacional* del 3 de febrero de 1941, citado en *ídem*, p. 23; lo de la Virgen lo dijo María Ignacia Mejía, en la Asamblea Nacional del PAN, septiembre de 1944 y está citado en la p. 27.

287 Todas las citas están en *ídem*, pp. 21-29; Martí Batres, en *Milenio Diario*, 8 de marzo de 2003.

288 *El Universal*, primero de diciembre de 2006; Gina Manfredo, "El reverso de Martita", en *Poder y Negocios*, año 2, núm. 14, 5 de julio de 2006, p. 31.

289 Margarita Zavala de Calderón citada en Salvador Camarena, "La conquista del poder", *op. cit.*, p. 57.

290 Felipe Calderón, *El hijo desobediente, op. cit.*, p. 45.

291 Miguel Estrada Sámano a Galia García Palafox, 9 de marzo de 2009.

292 Jorge Sodi a Galia García Palafox citado en Sara Sefchovich, "Las paradojas de una primera dama", *art. cit.*, p. 62.

293 Margarita Zavala de Calderón, Discurso en el encuentro de mujeres panistas por el Día Internacional de la Mujer, Querétaro, Querétaro, 8 de marzo de 2008.

294 *Ídem.*

295 Margarita Zavala Gómez del Campo, Discurso como secretaria de Promoción Política de la Mujer, página del Partido Acción Nacional, 17 de octubre de 2003.

296 Margarita Zavala Gómez del Campo, "El sueño femenino", en *Revista Mujer Contemporánea*, año 9, núm. 59, octubre-diciembre de 2003.

297 Lo de "negociadora" lo dice Bernardo Graue citado en Gina Manfredo, "El reverso de Martita", *art. cit.*, p. 34. Lo de "operadora" lo dice Ricardo Raphael, *Calderón bajo la lupa*, *op. cit.*, pp. 138-139. Patricia Mercado también dice que "conciliar, negociar, es su estilo". Patricia Mercado a Sara Sefchovich, 23 de agosto de 2009.

298 Katia D'Artigues incluso afirma que "decidió no hacer campaña", en *El Universal*, 6 de diciembre de 2006.

299 Salvador Camarena, "La conquista del poder", *op. cit.*, p. 19.

300 José Manuel Villalpando, *Batallas por la historia*, Planeta, México, 2008, pp. 203-206.

301 Miguel Estrada Sámano, entrevista citada.

302 Bernardo Graue citado en Gina Manfredo, "El reverso de Martita", *art. cit.*, p. 34; Katia D'Artigues, *art. cit.*

303 Margarita Zavala de Calderón a Katia D'Artigues, *ídem.*

304 Margarita Zavala de Calderón a Pablo Ordaz, "Hay que evitar que el narco tome las calles", en *El País*, 6 de octubre de 2008.

305 Octavio Islas, en *El Universal* online, 6 de febrero de 2007.

306 *Proceso*, 3 de junio de 2007.

307 *Quién*, 21 de julio de 2006, p. 52.

308 Véanse las fotografías en *Hola!*, 16 de marzo de 2007 y 15 de abril de 2009.

309 Guadalupe Loaeza, "Las Flores", en *Reforma*, 22 de julio de 2010.

310 *Reforma*, 9 de marzo de 2010.

311 *El Siglo de Torreón.com.mx*, 25 de octubre de 2009.

312 Acta administrativa de la Residencia Oficial de Los Pinos, febrero de 2007. Hay una partida específica para estos servicios oficiales, la número 3,800.

313 *Reforma*, 15 de marzo de 2008.

314 Margarita Zavala de Calderón, entrevista con Sara Sefchovich, Residencia Oficial de Los Pinos, 25 de marzo de 2010.

315 *Ídem.*

316 Margarita Zavala de Calderón a Sara Sefchovich, entrevista citada, 30 de junio de 2010.

317 Margarita Zavala de Calderón a Sara Sefchovich, entrevista citada, 25 de marzo de 2010.

318 *Ídem* y Margarita Zavala de Calderón, conferencia magistral "Los valores y la familia", en la Semana ORT 2009, ciudad de México, 16-18 de febrero de 2009, en *Excélsior*, 17 de febrero de 2009.

319 Margarita Zavala de Calderón a Sara Sefchovich, entrevista citada, 30 de junio de 2010.

320 *Ídem.*

321 *Noticiero con Joaquín López-Dóriga*, Canal 2, Televisa, 13 de julio de 2010.

322 Felipe Calderón Hinojosa, *El hijo desobediente*, *op. cit.*, p. 153. De allí que tanto su gabinete original como el que fue quedando después de los veintitrés cambios que hizo en él hasta mediados del 2010, estuvieron formados con amigos suyos, pues como dijo alguien, "eligió la lealtad por encima de la competencia".

323 *Quadratin* online, 15 de junio de 2010.

324 Coctel en honor de Michelle Obama, Residencia Oficial de Los Pinos, 17 de abril de 2010.

325 Patricia Mercado a Sara Sefchovich, entrevista citada.

326 Margarita Zavala de Calderón a Sara Sefchovich, entrevista citada, 30 de junio de 2010.

327 *Ídem.*

328 Lo de Ciudad Juárez en *Noticiero con Joaquín López-Dóriga*, Canal 2, Televisa, 10 de febrero de 2010; y *La Jornada*, 11 de febrero de 2010. Lo del Tecnológico de Monterrey en *Reforma*, 24 de marzo de 2010.

329 *ReliefWeb* online, 14 de noviembre de 2007.

330 *Milenio* online, 21 de julio de 2010.

331 *Proyecto Veracruz* online, 12 de noviembre de 2009.

332 *Unafuente.com* online, 17 de septiembre de 2008.

333 Lo del candidato Guillermo Torres Cantú en W Radio, 8 de julio de 2010; lo de Camilo Mouriño, en una entrevista con la señora Marigely viuda de Mouriño, en *Quién*, 13 de febrero de 2009.

334 Estoy de acuerdo con esta posición y así lo escribí cuando después del desastre de

2007 en Tabasco el presidente salió en televisión en cadena nacional para pedir ayuda: "Lo que vimos fue a un ciudadano común que conmovido le pide a los vecinos una bolsa de arroz, una cobija o un donativo, eso que cualquiera puede hacer y de hecho muchos están haciendo. No vimos a un gobernante organizando y supervisando una gran cruzada nacional para atender la emergencia. El presidente Calderón perdió la oportunidad de mostrarse como estadista, capaz de tomar las riendas del asunto y de hacer lo realmente importante, lo que ninguno de nosotros puede hacer pero él sí". Sara Sefchovich, "El presidente y Tabasco", en *El Universal*, 5 de noviembre de 2007.

335 Encuesta del periódico *Excélsior*, 16 de abril de 2010, citada en Elizabeth Malkin, "Mexico's First Lady Quietly Takes Strong Stance", en *The New York Times*, 20 de abril de 2010.

336 *La Jornada*, 17 de octubre de 2009. La señora Margarita me dijo que las recibió. Conversación del 20 de octubre de 2009.

337 Margarita Zavala de Calderón a Sara Sefchovich, entrevista citada, 30 de junio de 2010.

338 *La Jornada*, 18 de julio de 2010.

339 Mensaje en la 25 Asamblea Regional del Partido Acción Nacional en el Distrito Federal, en *El Universal* online, 22 de abril de 2007.

340 El debate se llevó a cabo en la revista *Arcana*. Citado por María Teresa Priego, "El lugar de Margarita", en *El Universal*, 18 de enero de 2007.

341 Lo de la familia lo dijo en la conferencia magistral en el Cuarto Congreso Internacional de Familia, Guadalajara, Jalisco, 2008; lo del matrimonio se lo dijo a Katia D'Artigues, *art. cit.*

342 Margarita Zavala de Calderón citada en Salvador Camarena, "La conquista del poder", *op. cit.*, p. 60.

343 Margarita Zavala de Calderón citada en *ídem*, p. 60; *Séptimo Día*, programa citado; y "Confiar en la buena fe", en *Día Siete*, núm. 133, pp. 30-31.

344 Lo escribí en las anteriores ediciones de este libro y lo reiteré en "Carta abierta a Amalia García", en *El Universal*, 6 de noviembre de 2003. Lo del IFE y los legisladores en *Reforma*, 14 de noviembre de 2004.

345 *El Norte*, 16 de febrero de 2003.

346 El llamado caso Hildebrando que Andrés Manuel López Obrador ventiló en el debate del 6 de junio de 2006.

347 *Proceso*,14 de marzo de 2010.

348 En *Noroeste.com* se afirmó que el presidente tenía un carácter autoritario y rencoroso. Otros medios hablaron de que era impulsivo, colérico, impaciente.

349 Lo primero me lo dijo una informante que quiere permanecer anónima, en marzo del 2010; lo segundo lo dijeron algunos legisladores en la Comisión Permanente del congreso, antes de las elecciones que hubo en varios estados en julio de 2010.

350 *Enfoque*, suplemento de *Reforma*, 12 de diciembre de 2010 y 9 de enero de 2011.

351 Silvia Cherem, *Por la Izquierda*, Khálida, México, 2010, p. 151.

352 Informante que quiere permanecer anónima, entrevista con Sara Sefchovich, 23 de febrero de 2013.

353 Rafael Lemus, "Políticas del duelo", *Letras Libres Online*, núm. 151, julio de 2011.

354 Alejandro Hope, "Impuesto a la violencia", *Nexos*, núm. 413, mayo de 2012, p. 21.

355 *El Universal*, 24 de septiembre de 2007.

356 Bruce Michael Bagley, "Marco internacional: experiencias comparativas", seminario Seguridad en Democracia, 4 de septiembre de 2007.

357 Alejandro Hope, "¿Adiós a las armas?", en *Nexos*, núm. 414, junio de 2012, p. 17.

358 Alejandro Hope, "Impuesto a la violencia", en *Nexos online*, 1 de mayo de 2012; Eduardo Guerrero, "Políticas de seguridad en México: el último cuarto de siglo", en *Confluencia XXI*, núm. 17, abril-junio de 2012, p. 23.

359 Jorge Zepeda Patterson, "La silla presidencial vs. los otros poderes", en Salvador Camarena y Jorge Zepeda Patterson, *El presidente electo. Instructivo para sobrevivir a Calderón y su gobierno*, Planeta, México, 2007, p. 325.

360 El gobierno federal reconoció hasta septiembre del 2011 casi 48 000 muertos. Salvador Camarena, *El País*, 12 de enero de 2012.

361 Javier Sicilia, Dirigente del Movimiento por la Paz con Justicia y Dignidad, *Proceso*, 25 de abril de 2012.

[362] *Terra Online*, 27 de marzo de 2012. Según Carlos Resa Nestares esta cifra está muy inflada "para presentar grandes logros y conseguir mayor cantidad de recursos", Foro Internacional Sobre Políticas de Regulación del Consumo de Drogas, Universidad Nacional Autónoma de México, *La Jornada*, 26 de abril de 2012.

[363] Mauricio Fernández, *Vanguardia online*, 19 de abril de 2012.

[364] *La Jornada*, 31 de julio de 2009.

[365] Luis Petersen Farah, "2010 el año malo", *Milenio Diario*, 26 de diciembre de 2010; Sara Sefchovich, "Principio de año", *El Universal*, 2 de enero de 2011.

[366] Antonio Gazol Sánchez, "¿Dónde está la política industrial?", *Confluencia XXI*, núm. 16, enero-marzo 2012, p. 112.

[367] "El desastre otra vez", 11 de julio de 2010.

[368] Sara Sefchovich, "Lamento", *El Universal*, 7 de febrero de 2010 y "Coahuila: la negligencia nacional", 21 de mayo de 2011; *Noticiero con Joaquín López Dóriga*, Televisa, Canal 2, 18 a 21 de junio de 2012.

[369] *Noticiero, ídem*; Sara Sefchovich, "El desastre", *El Universal*, 14 de junio de 2009; *La Jornada*, 6 de junio de 2009.

[370] Jorge Zepeda Patterson, "La silla presidencial vs. los otros poderes", *op. cit.*, p. 307.

[371] Ciro Gomez Leyva, "¿Cuánto Felipe Calderón queda?", *Milenio Diario*, 24 de noviembre de 2009.

[372] Jorge Zepeda Patterson, "La silla presidencial vs. los otros poderes", *op. cit.*, p. 241 y 246; *The Economist*, 24 de noviembre de 2006.

[373] Ricardo Raphael, *Calderón bajo la lupa: más allá de los primeros pasos*, México, 2007, inédito, p. 98.

[374] Francisco Ramírez Acuña, Discurso de inauguración de la 19 Conferencia Nacional de Procuración de Justicia, *La Jornada*, 21 de septiembre de 2007.

[375] Felipe Calderón Hinojosa, Discurso en la reunión anual con embajadores y cónsules, Residencia Oficial de Los Pinos, 8 de enero de 2010; Página de la Presidencia de la Republica, online, 8 de enero de 2010.

[376] Felipe Caldeón Hinojosa, *El País*, 21 de agosto de 2009.

[377] *La Jornada*, 15 de abril de 2010.

[378] Felipe Calderón Hinojosa en la citada reunión con embajadores y cónsules.

[379] Felipe Calderón Hinojosa en la 73 Convención Bancaria, *La Jornada*, 23 de abril de 2010.

[380] *Ídem*.

[381] Felipe Calderón Hinojosa, declaraciones en Cholula, Puebla, 16 de febrero de 2010.

[382] Ricardo López Méndez, *Credo*, online.

[383] *Hola!*, 28 de noviembre de 2012, portada.

[384] Estas expresiones están tomadas de *Contacto digital de Chiapas Online*, 21 de julio de 2010; Margarita Zavala de Calderón en Gina Manfredo, "El reverso de Martita", *art. cit.*, la entrevista citada con *Yo influyo.com* y la entrevista conmigo del 30 de junio de 2010.

[385] *Ídem*; *Yoinfluyo.com* y entrevista conmigo.

[386] *Hola!* número citado.

[387] *Observatorio Político de Veracruz Online*, 13 de noviembre de 2009.

[388] Sara Sefchovich, "El periodista y la primera dama", *El Universal*, 26 de junio de 2011.

[389] *Reforma*, 12 de julio de 2012.

[390] Fernando Ramírez Mendoza, carta a "El correo ilustrado" de *La Jornada*, 16 de junio de 2011.

[391] *El Universal online*, 11 de noviembre de 2010 y Sara Sefchovich, entrevista con Carmen Aguilar Zinzer del 25 de noviembre de 2010.

[392] *La Jornada*, 30 de octubre de 2012.

[393] Jacqueline Broc, correos electrónicos a Sara Sefchovich, 28 de junio y 3 de julio de 2011.

[394] Jaime Martínez Veloz, "El fracaso de la pobretología", *La Jornada*, 5 de octubre de 2012.

[395] *La Jornada*, 9 de septiembre de 2012.

[396] *El Siglo de Torreón.com*, 8 de septiembre de 2008.

[397] *Milenio Diario*, 3 de octubre de 2012.

[398] Alberto Tavira Álvarez y Vanessa Gutiérrez, "La virtual familia presidencial", *Quién*, julio de 2006, p. 52.

[399] Sara Sefchovich, "Sabina y la UACM", *El Universal*, 25 de abril de 2010.

[400] *Reforma*,16 de febrero de 2010; *La Jornada*, 21 de junio de 2010; Festival de cine de Morelia, *Milenio Diario*, 10 de noviembre de 2012.

[401] *Milenio Diario*, 3 de abril de 2010.

[402] *La Jornada*, 15 de diciembre de 2012.

[403] Sara Sefchovich, *País de mentiras. La distancia entre el discurso y la realidad en la cultura mexicana*, Océano, México, 2008.

[404] *El Universal*, 24 de septiembre de 2007.

[405] Bruce Michael Bagley, "Marco internacional: experiencias comparativas", conferencia en el seminario Seguridad en Democracia, 4 de septiembre de 2007.

[406] Felipe Calderón, Entrevista con Luis Prados y Salvador Camarena, *El País*, 15 de julio de 2012.

[407] Según dijo el presidente de Perú Ollanta Humala que Calderón le dijo a él en plática privada en la Cumbre de las Américas, *La Jornada*, 15 de abril de 2012.

[408] Felipe Calderón en el Foro Económico Mundial para América Latina, *La Jornada*, 17 de abril de 2012.

[409] José Luis Ortiz Santillán, *Analítica.com*, 16 de junio de 2012.

[410] Jorge Zepeda Patterson, "La crisis que viene", *El Universal*, 22 de julio de 2012.

[411] *La Jornada*, 17 de julio de 2012; *Noticiero con Joaquín López Dóriga*, Televisa-canal 2, 9 de julio de 2012.

[412] *La Jornada*, 21 de julio de 2009; Sara Sefchovich, "Origen de la desgracia", *El Universal*, 2 de agosto de 2009.

[413] *La Jornada*, 21 de Julio de 2012.

[414] Carlos Manuel Sabines Venegas, carta a *Reforma*, 8 de septiembre de 2011.

[415] *The Economist*, 10 de julio de 2010.

[416] El secretario que lo dijo fue Alberto Cárdenas Jiménez, *La Jornada*, 21 de abril de 2008, pero todos los demás han hablado en el mismo sentido; Armando Bartra, "Vivir en el campo", *La Jornada del Campo*, 21 de julio de 2012, p. 2.

[417] Jaime F. de la Mora Gómez, "Una década perdida en el sector primario", *Confluencia XXI*, núm. 16, revista citada, p. 86.

[418] Sara Sefchovich, "Alimentos y mentiras", *El Universal*, 2 de junio de 2008.

[419] Alejandro Martí, *Reforma*, 24 de mayo de 2012.

[420] Carlos Puig, "Las pequeñas cosas", *Milenio Diario*, 13 de diciembre de 2008.

[421] Jorge Zepeda Patterson, "La silla presidencial vs. los otros poderes", *op. cit.*, p. 193

[422] Ricardo Raphael, *Calderón bajo la lupa: más allá de los primeros pasos*, *op. cit.*, p. 98.

[423] Jorge Zepeda Patterson, " Peña Nieto vs. poderes de facto", *El Universal*, 20 de enero de 2013.

[424] *Reforma*, 30 de mayo de 2012.

[425] Sara Sefchovich, "Esposas en las campañas", *El Universal*, 24 de junio de 2012.

[426] Comida en la Residencia Oficial de Los Pinos, 22 de julio de 2010.

[427] Felipe Calderón Hinojosa a la revista *Siempre!*, febrero de 2005, citado en Salvador Camarena, "La conquista del poder", en Salvador Camarena y Jorge Zepeda Patterson, *El presidente electo. Instructivo para sobrevivir a Calderón y su gobierno*, *op. cit.*, p. 70.

[428] Jacobo Zabludovsky, "No se equivoquen" y "Los madrugadores", en *El Universal*, 13 y 20 de junio de 2012.

[429] Sara Sefchovich,"El periodista y la primera dama", *El Universal*, 26 de junio de 2012

[430] "Ya veremos", dijo cuando se lo preguntaron, *El Universal*, 21 de julio de 2013.

¿EL FIN DE LA PRIMERA DAMA?

[1] Claudia Salazar y Mayolo Lopez, "El ritual de cada seis años", en suplemento especial *Alternancia 2012-2018*, *Reforma*, 1 de diciembre de 2012.

[2] Así la calificó la revista *Hola!*, núm. 312, 12 de diciembre de 2012.

[3] Barack Obama en entrevista con Univisión, *ADNPolítico* online, 27 de marzo de 2013.

[4] Palabras de César Duarte en una reunión de la CONAGO con la UNAM para la entrega del documento "Hacia una Agenda Nacional en Ciencia, Tecnología e Innovación", *La Jornada*, 16 de octubre de 2012.

[5] Jorge Castañeda, *Time*, 25 de junio de 2012, p. 35.

[6] Alberto Tavira, *Las mujeres de Peña Nieto*, Océano, México, 2012, pp. 31 y ss.

[7] *Terra online*, 2 de julio de 2012.

[8] *Esmas.com*, 17 de diciembre de 2008; *Quién*, 19 de mayo de 2009.

[9] Rafael Loret de Mola citado en Alberto Tavira y Alberto Tavira mismo en *Las mujeres de Peña Nieto*, *op. cit.*, pp. 69 y 17.

[10] Encuesta citada en *ídem*, p. 133.

[11] Para Jalisco, Yana Martínez de Asjane, entrevista con Sara Sefchovich, 29 de

abril de 2012; para Israel, relato de Leo Zuckerman a Sara Sefchovich, 7 de mayo de 2013.

[12] Álvaro Cueva, *Milenio Diario*, 30 de septiembre de 2012.

[13] *Reforma*, 26 de noviembre de 2010.

[14] Video en YouTube, 29 de marzo de 2012.

[15] *Reforma*, 4 de julio de 2012.

[16] Página oficial del DIF, consultada el 12 de mayo de 2012.

[17] Sara Sefchovich, "El DIF de los Peña Nieto", en *El Universal*, 24 de marzo de 2013.

[18] Angélica Rivera de Peña Nieto, discurso de toma de posesión como presidenta del Consejo Ciudadano Consultivo del DIF, Los Pinos, 6 de marzo de 2013, y Sara Sefchovich, "El DIF de los Peña Nieto", *art. cit.*

[19] Discurso del presidente Enrique Peña Nieto el día de la toma de posesión de su esposa como presidenta del Consejo Ciudadano Consultivo del DIF, Los Pinos, 6 de marzo de 2013.

[20] Álvaro Cueva, *Milenio Diario*, 10 de marzo de 2013.

[21] Jorge Zepeda Patterson, "Peña Nieto vs. los poderes de facto", en *El Universal*, 20 de enero de 2013.

[22] Según Sergio González Rodríguez, "Z-40: Verdad y mentira del gobierno mexicano", en *Blog Multiverso*, 19 de julio de 2013.

[23] Shannon K. O'Neil, "México lo logra. La transformación de la sociedad, la economía y el gobierno", en *Foreign Affairs Latinoamérica*, ITAM, mayo-junio de 2013, pp. 64-73.

[24] Jorge Zepeda Patterson, "Nostradamus desmiente a Peña Nieto", en *El Universal*, 21 de julio de 2013.

[25] *Reforma*, 9 de agosto de 2013.

[26] *Bild*, citado en *Vanguardia*, 5 de diciembre de 2012, y *Vanity Fair* citada en *El Universal*, 21 de marzo de 2013.

[27] *Zócalo de Saltillo*, 10 de julio de 2013; datos del Instituto Mexicano para la Competitividad, a fines de mayo del 2013, *ADN político.com;* "el disparo de la violencia registrado en julio fue particularmente severo. La violencia lleva tres meses en ascenso", Eduardo Guerrero Gutiérrez, "1,214", *Reforma*, 9 de agosto de 2013.

[28] Carlos Puig, "Tú desapareces, él desaparece, nosotros desaparecemos", *Milenio Diario*, 23 de julio de 2013.

[29] Arlette Pacheco e Isabel Lascuráin, *Reforma*, 4 de julio de 2012.

[30] *Hechos de hoy*, 18 de octubre de 2012.

[31] *Reforma*, 23 de julio de 2012.

[32] Leo Zuckerman a Sara Sefchovich, "La hora de opinar", ForoTV, Canal 4, 25 de julio de 2013.

[33] Visita de la familia Peña Nieto al Teletón, Televisa, Canal 2, 8 de diciembre de 2012.

[34] *Milenio Diario*, 7 de marzo de 2013.

[35] Angélica Rivera en su cuenta de Facebook, 1 de diciembre de 2012.

[36] Sabina Berman a Ignacio Rodríguez Reyna, "El Luis Miguel de la política", en Jorge Zepeda Patterson, *Los suspirantes*, Planeta, México, 2012.

[37] Sara Sefchovich, "Para la señora Angélica", en *El Universal*, 16 de diciembre de 2012.

EPÍLOGO: EL YUGO DE LA CÓNYUGE

[1] José Gaos, "Presentación" a Carlos de Sigüenza y Góngora, *Libra astronómica y filosófica*, Universidad Nacional Autónoma de México, México, 1984, p. XXII.

[2] Alfonso Reyes citado en Carlos Fuentes, *Valiente mundo nuevo*, Fondo de Cultura Económica, México, 1991, p. 9; Edmundo O'Gorman, *La invención de América*, Fondo de Cultura Económica, México, 1986, es la tesis central del libro.

[3] José Gaos, *Historia de nuestra idea del mundo*, Fondo de Cultura Económica, México, 1983, pp. 219, 221, 228.

[4] Jacques Lafaye, *Quetzalcóatl y Guadalupe. La formación de la conciencia nacional en México*, Fondo de Cultura Económica, México, 1983, pp. 172-173; y Octavio Paz, en el "Prefacio", pp. 19 y 15.

[5] David Brading, *Orbe indiano. De la monarquía católica a la república criolla, 1402-1867*, Fondo de Cultura Económica, México, 1991, pp. 375-380.

[6] José María Valverde, *Vida y muerte de las ideas. Pequeña historia del pensamiento occidental*, Planeta, Barcelona, 1980, p. 130.

[7] *Ídem*, p. 101.

[8] Enrique Florescano e Isabel Gil Sánchez, "La época de las reformas borbónicas y el crecimiento económico, 1750-1808", en

Historia general de México, t. II, El Colegio de México, México, 1977, pp. 185 y 300-301; Samuel Ramos, *Historia de la filosofía en México*, Consejo Nacional para la Cultura y las Artes, 1993, México, p. 81; Irving Leonard, *La época barroca en el México colonial*, Fondo de Cultura Económica, México, 1986, pp. 142, 242, 265.

9 Bernabé Navarro, *Cultura mexicana moderna en el siglo* XVIII, Universidad Nacional Autónoma de México, México, 1983, p. 34; José Gaos, *Historia de nuestra historia del mundo, op. cit.*, p. 221.

10 José Joaquín Blanco, *La literatura en la Nueva España*, t. II, *Esplendores y miserias de los criollos*, Cal y Arena, México, 1989, pp. 15-16; Bernabé Navarro sostiene lo contrario en *ídem*, pp. 12-21 y 29, aunque él se refiere a los frailes.

11 Josefina Muriel citada en Mario Luis Fuentes, *La asistencia social en México, historia y perspectivas*, Ediciones del Milenio, México, 1998, p. 166.

12 Octavio Paz, *Sor Juana Inés de la Cruz o las trampas de la fe*, Fondo de Cultura Económica, México, 1982, pp. 42-43.

13 José María Valverde, *Vida y muerte de las ideas, op. cit.*, p. 130.

14 Humberto Morales y William Fowler, coords., *El conservadurismo mexicano en el siglo* XIX *(1810-1910)*, Benemérita Universidad de Puebla-University of Saint Andrews, México, 1999, pp. 11-15; Charles A. Hale, *El liberalismo mexicano en la época de Mora, 1821-1853*, Siglo Veintiuno, México, 1978, pp. 42-62.

15 José María Valverde, *Vida y muerte de las ideas, op. cit.*, pp. 145-146.

16 Luis Villoro, *El proceso ideológico de la revolución de independencia*, Universidad Nacional Autónoma de México, México, 1983, capítulo IV, pp. 109-141.

17 Guillermo Gómez, "Primeras Damas de México. De doña Carmelita a Beatriz Velasco de Alemán", en *Mañana*, 9 de enero de 1947, p. 29.

18 Michela di Giorgio, "El modelo católico", y Jean Bauberot, "La mujer protestante", en Georges Duby y Michelle Perrot, *Historia de las mujeres*, t. IV, Taurus, México, 2000, pp. 206-240 y 241-258; Jean Franco, *Las conspiradoras. La representación de la mujer en México*, Fondo de Cultura Económica, México, 1993, p. 138; Carmen Ramos Escandón, "La nueva historia, el feminismo y la mujer", en *Género e historia*, Instituto de Investigaciones Dr. José María Luis Mora-Universidad Autónoma Metropolitana, México, 1992, p. 23; Geneviève Fraisse y Michelle Perrot afirman que se trata de un siglo "sombrío, triste, austero y restrictivo" para las mujeres, "Introducción" a *Historia de las muejres, ídem*, p. 21.

19 Isabel Prieto de Landázuri en José María Vigil, *Poetisas mexicanas, siglos* XVI, XVII, XVIII *y* XIX, Universidad Nacional Autónoma de México, México, 1952.

20 Julia Tuñón, *Mujeres en México, una historia olvidada*, Planeta, México, 1987, p. 78; Geneviève Fraisse, "Del destino social al destino personal. Historia filosófica de la diferencia de los sexos", en Georges Duby y Michelle Perrot, *Historia de las mujeres*, t. IV., *op. cit.*, pp. 71-107.

21 Carmen Ramos, "Memoria de mujer" y Nora Pasternac, "El periodismo femenino en el siglo XIX", en Ana Rosa Domenella y Nora Pasternac, *Las voces olvidadas*, El Colegio de México, México, 1991; Jean Franco, *Las conspiradoras, op. cit.*, p. 129.

22 Yvonne Knibiebler, "Cuerpos y corazones", en Georges Duby y Michelle Perrot, *Historia de las mujeres*, t. IV, *op. cit.*, p. 386.

23 *Ídem*, p. 350.

24 José María Valverde, *Vida y muerte de las ideas, op. cit.*, p. 147.

25 Gotfried Benn citado en *ídem*, p. 187.

26 La primera frase es de José Antonio Plaza, "En la feria de Tlacotalpan", en Ricardo Pérez Montfort, *Estampas del nacionalismo popular mexicano. Ensayos sobre cultura popular y nacionalismo*, Centro de Investigaciones y Estudios Superiores en Antropología Social, México, 1994, p. 95; la segunda es de Manuel Gutiérrez Nájera, "Medallones femeninos", publicado en *Revista Azul*, 1884. Agradezco la información a José Emilio Pacheco, entrevista telefónica, 18 de noviembre de 1996.

27 Arnaldo Córdova, *La ideología de la Revolución mexicana*, Era, México, 1973, pp. 56-58; Samuel Ramos, *Historia de la filosofía en México, op. cit.*, pp. 140-143.

28 André Reszler, *Mitos políticos modernos*, Fondo de Cultura Económica, México, 1984, pp. 73-74 y 76; Charles A. Hale, *La*

transformación del liberalismo en México a fines del siglo XIX, Vuelta, México, 1991, pp. 336-337.

29 José María Valverde, *Vida y muerte de las ideas*, *op. cit.*, p. 245.

30 Edith P. Mayo y Denise D. Merignolo, *First Ladies. Political Role and Public Image*, National Museum of American History, Smithsonian Institution, Washington, 1994, p. 8 (cortesía Gabriela Cano); Betty Boyd Caroli, *First Ladies*, Oxford University Press, Oxford, 1995, pp. 336-360; y Carl S. Anthony, *First Ladies*, *op. cit.*, t. I.

31 André Reszler, *Mitos políticos modernos*, *op. cit.*, p. 92; Leopoldo Zea citado en Abelardo Villegas, *Autognosis. El pensamiento mexicano en el siglo* XX, Instituto Panamericano de Geografía e Historia, México, 1985, p. 120.

32 Nancy F. Cott, "Mujer moderna, estilo norteamericano", en Georges Duby y Michelle Perrot, *Historia de las mujeres*, t. V, *op. cit.*, pp. 91-106.

33 Hermann Bellinghausen citado en Jean Meyer, "Adiós a los ochenta", en *Nexos*, enero de 1990.

34 Lo del fin de la historia en Francis Fukuyama, *The End of History and the Last Man*, Avon Books, New York, 1992; lo de la postmodernidad en Jaime Castrejón Diez, *La postmodernidad*, Cuadernos de la Búsqueda, México, s. f., p. 6.

35 José Luis Reyna, "Mujeres. Sencillamente Marta, contundentemente Beatriz. Dos visiones. Ambas con el mismo propósito: el poder", en *Milenio*, 6 de octubre de 2001, p. 22; Margarita Zavala de Calderón, Discurso en el encuentro de mujeres panistas por el Día Internacional de la Mujer, Querétaro, Querétaro, 8 de marzo de 2008.

36 Tomo como definición de familia la de Peter Laslett: "Aquellos que comparten el mismo espacio físico para los propósitos de comer, dormir, descansar y recrearse, crecer, cuidar a los niños y procrear", en Pilar Gonzalbo, comp., *Historia de la familia*, Instituto de Investigaciones Dr. José María Luis Mora, Universidad Autónoma Metropolitana, México, 1993, p. 45.

37 Clara Scherer a Sara Sefchovich, 12 de julio de 2001.

38 Tte. José Luis González Arredondo a Sara Sefchovich, 28 de septiembre de 1997; Luis Spota, *Sobre la Marcha*, Grijalbo, México, 1977, p. 74.

39 Luis Spota, *Palabras mayores*, Grijalbo, México, 1978, p. 98.

40 Tere Márquez, *Las mujeres y el poder*, Diana, México, 1996, p. 8.

41 Luis Spota, *Palabras mayores*, *op. cit.*, p. 345.

42 Carmen Romero citada en Julia Navarro, *Señora Presidenta*, Plaza y Janés, Barcelona, 1999, pp. 227-247 (cortesía Carlos Welti); Margarita Zavala de Calderón a Katia D'Artigues, en *El Universal*, 6 de diciembre de 2006.

43 Germaine Greer, "Abolish Her: The Feminist Case Against First Ladies", en *The New Republic*, junio de 1995, p. 21.

44 Encuesta de CIMAC (cortesía de Sara Lovera) citada en Sara Sefchovich, "Fox, con o sin Primera Dama", en *Equis*, México, noviembre de 2000, pp. IV-VI.

45 Julio Sesto, "Las Primeras Damas de la República", en *Hoy*, 10 de octubre de 1942, p. 54.

46 Edith P. Mayo y Denise D. Merignolo, *First Ladies*, *op. cit.*, pp. 336-337.

47 Julia Reed, "The Spouse in the White House", en *Vogue*, abril de 2000, p. 370 (cortesía de Aída Sefchovich).

48 Germaine Greer, "Abolish Her: The Feminist Case Against First Ladies", *art. cit.*, p. 23; Edith P. Mayo y Denise D. Merignolo, *First Ladies. Political Role and Public Image*, *op. cit.*, pp. 8-9.

49 Edith P. Mayo y Denise D. Merignolo, *ídem*, p. 75.

50 Pierre Bourdieu, *Sociología y cultura*, Grijalbo-Consejo Nacional para la Cultura y las Artes, México, 1990. Por eso él califica a las funciones sociales como "ficciones sociales", véanse sobre todo las pp. 55-57.

51 Germaine Greer, "Abolish Her: The Feminist Case Against First Ladies", *art. cit.*, pp. 23-24.

52 *Ídem.*

53 Eleanor Roosevelt citada en Carl S. Anthony, *First Ladies*, *op. cit.*, t. I, p. 462; Rosalynn Carter citada en Edith P. Mayo y Denise D. Merignolo, *First Ladies. Political Role and Public Image*, *op. cit.*, p. 74.

54 Joan Wallach Scott, "El problema de la invisibilidad", en Carmen Ramos Escan-

dón, comp., *Género e historia*, *op. cit.*, p. 50; Georges Duby, *Mujeres del siglo* XII, Andrés Bello, Santiago de Chile, 1995, p. 33.

55 "Casi 50% de los mexicanos cree que México está preparado para tener una mujer como presidente, 37% opina que no", encuesta de *El Universal*, citada en Juan Arvizu y Francisco Reséndiz, "El país, ¿preparado para tener una mujer como presidente?", en *El Universal Online*, 12 de septiembre de 2010.

NOTA A LA CUARTA EDICIÓN

1 Antonio Chedraui, *Quién*, 1 de febrero de 2013.

Identificación de las ilustraciones

Portada: Abel Quezada, *Casi el Paraíso* (1985, óleo sobre tela, en Abel Quezada, *El cazador de musas*, Joaquín Mortiz-Peppi Battaglini, México-Milán, 1989, p. 84) (Reproducida por acuerdo con la Fundación Quezada.)

p. 21: Hernán Cortés y Malintzin (lámina del *Códice Florentino*, CONACULTA. INAH.MEXICO).

p. 50: María Inés de Jáuregui y Aristegui de Iturrigaray con su esposo José de Iturrigaray (óleo sobre tela de José Francisco Rodríguez, Museo Nacional de Historia, Instituto Nacional de Antropología e Historia).

p. 51: María Inés de Jáuregui y Aristegui de Iturrigaray con su esposo José de Iturrigaray y sus hijos (óleo sobre tela de José Francisco Rodríguez, Museo Nacional de Historia, Instituto Nacional de Antropología e Historia).

p. 53: María Francisca de la Gándara de Calleja (óleo sobre tela de Vicente López Portaña, Museo del Prado, en José de Jesús Núñez y Domínguez, *La virreina mexicana doña María Francisca de la Gándara de Calleja*, Imprenta Universitaria, México, 1950, p. 1).

p. 63: Ana María Huarte de De Iturbide (en Vicente de Paul Andrade, "Esposas de los supremos gobernantes del México independiente", en *El Tiempo Ilustrado*, 4 de marzo de 1901, pp. 110-114, Fondo Reservado de la Hemeroteca Nacional).

p. 65: Ana María Huarte de De Iturbide (óleo de Josephus Arias Huarte, *Anna María de Iturbide, emperatriz de México*, en Guadalupe Jiménez Codinach, *Los proyectos de una nación, 1821-1888*, Fomento Cultural Banamex, México, p. 82).

p. 67: Ana María Huarte de De Iturbide con su esposo Agustín de Iturbide (en Josefina Zoraida Vázquez, *La patria independiente*, Clío, México, 1996, p. 20).

p. 68: Ana María Huarte de De Iturbide (en Josefina Zoraida Vázquez, *La patria independiente*, Clío, México, 1996, p. 2). Según la historiadora del arte Esther Acevedo, este retrato es de María Isabel Francisca, tercera esposa de Fernando VII, pero como se le encontró muy maltratado después de la Independencia, se le restauró con el rostro de la señora Huarte.

p. 73: Josefa Ortiz de Domínguez (en billete de veinte pesos. Colección Carlos Martínez Assad).

p. 75: Narcisa García Castrillo de Alamán (en Vicente de Paul Andrade, "Esposas de los supremos gobernantes del México independiente", en *El Tiempo Ilustrado*, 4 de marzo de 1901, pp. 110-114, Fondo Reservado de la Hemeroteca Nacional).

p. 78: Josefina o Joaquina Bezares de Múzquiz (en Vicente de Paul Andrade, "Esposas de los supremos gobernantes del México independiente", en *El Tiempo Ilustrado*, 4 de marzo de 1901, pp. 110-114, Fondo Reservado de la Hemeroteca Nacional).

p. 91: Dolores Tosta de Santa Anna (óleo sobre tela de Juan Cordero, Museo Nacional de Arte, en Elisa García Barragán, *El pintor Juan Cordero*, Universidad Nacional Autónoma de México, México, 1984, p. 66).

p. 92: Dolores Tosta de Santa Anna (en Vicente de Paul Andrade, "Esposas de los supremos gobernantes del México independiente", en *El Tiempo Ilustrado*, 4 de marzo de 1901, pp. 110-114, Fondo Reservado de la Hemeroteca Nacional).

p. 94: Josefa Cárdena o Cardeña de Salas (en Vicente de Paul Andrade, "Esposas de los supremos gobernantes del México independiente", en *El Tiempo Ilustrado*, 4 de marzo de 1901, pp. 1101-14, Fondo Reservado de la Hemeroteca Nacional).

p. 101: María de los Ángeles Lardizábal de Carrera (en Vicente de Paul Andrade, "Esposas de los supremos gobernantes del México independiente", en *El Tiempo Ilustrado*, 4 de marzo de

1901, pp. 110-114, Fondo Reservado de la Hemeroteca Nacional).

p. 103: María de la Gracia Palafox de Zuloaga (en Vicente de Paul Andrade, "Esposas de los supremos gobernantes del México independiente", en *El Tiempo Ilustrado*, 4 de marzo de 1901, pp. 110-114, Fondo Reservado de la Hemeroteca Nacional).

p. 106: Concepción Lombardo de Miramón con su esposo Miguel Miramón (en Carlos González Montesinos, *Por Querétaro hacia la eternidad. El general Miguel Miramón en el Segundo Imperio*, edición del autor, México, 2000, p. 18).

p. 110: Concepción Lombardo de Miramón (tarjeta de visita con fotografía de Cruces y Campa, Museo Nacional de Historia, Instituto Nacional de Antropología e Historia).

p. 113: Concepción Lombardo de Miramón (en Carlos González Montesinos, *Por Querétaro hacia la eternidad. El general Miguel Miramón en el Segundo Imperio*, edición del autor, México, 2000, p. 14).

p. 119: Margarita Maza de Juárez con su esposo Benito Juárez (óleo sobre tela de José Escudero y Espronceda, Museo Nacional de Historia, Instituto Nacional de Antropología e Historia).

p. 120: Margarita Maza de Juárez con sus hijas (Museo Regional de Historia, Oaxaca, Oaxaca).

p. 121: Margarita Maza de Juárez (óleo sobre papel de Ignacio Ramírez, Museo Nacional de Historia, Instituto Nacional de Antropología e Historia).

p. 128: Dolores Quesada o Quesadas de Almonte (en Arturo Aguilar Ochoa, *La fotografía durante el imperio de Maximiliano*, Instituto de Investigaciones Estéticas, Universidad Nacional Autónoma de México, México, 1996, p. 66).

p. 131: Carlota de Sajonia, Coburgo y Orleáns con su esposo José Maximiliano de Habsburgo (albúmina entornada al oro de Agustín Peraine, Centro de Estudios de Historia de México Carso).

p. 133: Carlota (óleo sobre tela de M. Chaves, Museo Nacional de Historia, Instituto Nacional de Antropología e Historia).

p. 136: Carlota con su esposo Maximiliano de Habsburgo recién casados (fotografía de Ghémar Frères, colección particular).

p. 139: Carlota (fotografía de F. Aubert, Colección Musée Royal de l'Armée, Bruselas, Bélgica, en Arturo Aguilar Ochoa, *La fotografía durante el imperio de Maximiliano*, Instituto de Investigaciones Estéticas, Universidad Nacional Autónoma de México, México, 1996, p. 75).

p. 140: Carlota (CONACULTA. SINAFO. INAH. FN. MEXICO, tomada de Wikimedia Commons).

p. 149: Juana Calderón Tapia de Iglesias (en Vicente de Paul Andrade, "Esposas de los supremos gobernantes del México independiente", en *El Tiempo Ilustrado*, 4 de marzo de 1901, pp. 110-114, Fondo Reservado de la Hemeroteca Nacional).

p. 152: Delfina Ortega de Díaz (*Corona fúnebre. El fallecimiento de la señora Delfina Ortega de Díaz*, Imprenta de Ignacio Pulido, México, 1882, p. 2. Cortesía de Porfirio Rincón Gallardo Díaz).

p. 157: Laura Mantecón de González (en Carlos González Montesinos, *El general Manuel González, el Manco de Tecoac*, edición del autor, 2000, p. 39).

p. 160: Laura Mantecón de González con su hijo (en Carlos González Montesinos, *El general Manuel González, el Manco de Tecoac*, edición del autor, 2000, p. 40).

p. 170: Carmen Romero Rubio de Díaz (Fondo Díaz, Delgado y García, Archivo General de la Nación).

p. 172: Carmen Romero Rubio de Díaz (CONACULTA.SINAFO.INAH.FN.MEXICO).

p. 175: Carmen Romero Rubio de Díaz (CONACULTA.SINAFO.INAH.FN.MEXICO).

p. 178: Carmen Romero Rubio con sus padres y hermanas y Porfirio Díaz (Colección General Porfirio Díaz, Universidad Iberoamericana).

p. 185: Carmen Romero Rubio de Díaz con su esposo Porfirio Díaz en el exilio (CONACULTA.SINAFO.INAH.FN.MEXICO).

p. 190: María del Refugio Borneque de De la Barra con su esposo Francisco León de la Barra (Centro de Estudios de Historia de México Carso).

p. 195: Sara Pérez de Madero el día de su boda con Francisco I. Madero (Fideicomiso Archivos Plutarco Elías Calles y Fernando Torreblanca).

p. 198: Sara Pérez de Madero con amigas (CONACULTA.SINAFO.INAH.FN.MEXICO).

p. 201: Sara Pérez de Madero con su esposo Francisco I. Madero y simpatizantes (en José Vasconcelos, *Don Evaristo Madero. Biografía de un patricio*, Litográfica Turmex, México, 1997, p. 285).

p. 202: Sara Pérez de Madero con su esposo Francisco I. Madero (en José Vasconcelos, *Don Evaristo Madero. Biografía de un patricio*, Litográfica Turmex, México, 1997, p. 300).

p. 204: Sara Pérez de Madero con su esposo Francisco I. Madero (CONACULTA.SINAFO.INAH.FN.MEXICO).

p. 208: Emilia Águila de Huerta (Fondo Díaz, Delgado y García, Archivo General de la Nación).

p. 215: Virginia Salinas de Carranza (Archivo Fotográfico del Centro de Estudios de Historia de México Carso).

p. 218: Virginia Salinas de Carranza (Archivo Fotográfico del Centro de Estudios de Historia de México Carso).

p. 221: Clara Oriol de De la Huerta con su esposo Adolfo de la Huerta y sus hijos (Casasola, Centro de Información Gráfica, Archivo General de la Nación).

p. 224: María Tapia de Obregón con su hijo (Fideicomiso Archivos Plutarco Elías Calles y Fernando Torreblanca).

p. 226: María Tapia de Obregón con su esposo Álvaro Obregón a su llegada a Querétaro en viaje de luna de miel (en Gustavo Casasola, *Biografía ilustrada del general Álvaro Obregón*, Gustavo Casasola, México, 1975, p. 50).

p. 232: María Tapia de Obregón (Casasola, Centro de Información Gráfica, Archivo General de la Nación).

p. 237: Natalia Chacón de Calles con su esposo Plutarco Elías Calles y sus hijos (Fideicomiso Archivos Plutarco Elías Calles y Fernando Torreblanca).

p. 238: Natalia Chacón de Calles con sus hijas (Fideicomiso Archivos Plutarco Elías Calles y Fernando Torreblanca).

p. 240: Natalia Chacón de Calles con su hija Hortensia (Fideicomiso Archivos Plutarco Elías Calles y Fernando Torreblanca).

p. 241: Natalia Chacón de Calles (Fideicomiso Archivos Plutarco Elías Calles y Fernando Torreblanca).

p. 246: Carmen García de Portes Gil (Fondo Díaz, Delgado y García, Archivo General de la Nación).

p. 249: Carmen García de Portes Gil con sus colaboradoras (Fondo Díaz, Delgado y García, Archivo General de la Nación).

p. 251: Carmen García de Portes Gil con su esposo Emilio Portes Gil, sus colaboradores y esposas (Fondo Díaz, Delgado y García, Archivo General de la Nación).

p. 253: Carmen García de Portes Gil (Fondo Díaz, Delgado y García, Archivo General de la Nación).

pp. 256-257: Josefina Ortiz de Ortiz Rubio con su esposo Pascual Ortiz Rubio y colaboradores (Fondo Díaz, Delgado y García, Archivo General de la Nación).

p. 260: Josefina Ortiz de Ortiz Rubio con su familia (Fondo Díaz, Delgado y García, Archivo General de la Nación).

p. 261: Josefina Ortiz de Ortiz Rubio con su familia (Fondo Díaz, Delgado y García, Archivo General de la Nación).

p. 264: Aída Sullivan de Rodríguez (óleo sobre tela de C. Gálmez A., Museo Nacional de Historia, Instituto Nacional de Antropología e Historia).

p. 267: Aída Sullivan de Rodríguez con su esposo Abelardo L. Rodríguez (Casasola, Centro de Información Gráfica, Archivo General de la Nación).

p. 268: Aída Sullivan de Rodríguez (Fondo Díaz, Delgado y García, Archivo General de la Nación).

p. 275: Amalia Solórzano de Cárdenas (en *El Nacional*, Fondo del Instituto Nacional de Estudios Históricos de las Revoluciones de México).

p. 278: Amalia Solórzano de Cárdenas (en *El Nacional*, Fondo del Instituto Nacional de Estudios Históricos de las Revoluciones de México).

p. 282: Amalia Solórzano de Cárdenas con su esposo Lázaro Cárdenas y su hijo

(Fondo Hermanos Mayo, Archivo General de la Nación).

p. 292: Soledad Orozco de Ávila Camacho (en *El Nacional*, Fondo del Instituto Nacional de Estudios Históricos de las Revoluciones de México).

p. 295: Soledad Orozco de Ávila Camacho (Fondo Hermanos Mayo, Archivo General de la Nación).

p. 296: Soledad Orozco de Ávila Camacho con su esposo Manuel Ávila Camacho (Fondo Hermanos Mayo, Archivo General de la Nación).

p. 299: Soledad Orozco de Ávila Camacho con su esposo Manuel Ávila Camacho, el presidente de Estados Unidos Franklin D. Roosevelt y su esposa Eleanor Roosevelt (Fondo Hermanos Mayo, Archivo General de la Nación).

p. 300: Soledad Orozco de Ávila Camacho con su esposo Manuel Ávila Camacho (Fondo Hermanos Mayo, Archivo General de la Nación).

p. 312: Beatriz Velasco de Alemán con su esposo Miguel Alemán (Fondo Hermanos Mayo, Archivo General de la Nación).

p. 314: Beatriz Velasco de Alemán con su esposo Miguel Alemán y sus hijos (en *El Nacional*, Fondo del Instituto Nacional de Estudios Históricos de las Revoluciones de México).

p. 317: Beatriz Velasco de Alemán (en *El Nacional*, Fondo del Instituto Nacional de Estudios Históricos de las Revoluciones de México).

p. 318: Beatriz Velasco de Alemán con su hija (Archivo fotográfico Ing. Jack F. Ealy Aragón de *El Universal*).

pp. 320-321: Beatriz Velasco de Alemán con sus colaboradoras (en *El Nacional*, Fondo del Instituto Nacional de Estudios Históricos de las Revoluciones de México).

p. 326: María Izaguirre de Ruiz Cortines (Fondo Hermanos Mayo, Archivo General de la Nación).

p. 329: María Izaguirre de Ruiz Cortines con su esposo Adolfo Ruiz Cortines (Fondo Hermanos Mayo, Archivo General de la Nación).

p. 330: María Izaguirre de Ruiz Cortines con su esposo Adolfo Ruiz Cortines (en *El Nacional*, Fondo del Instituto de Estudios Históricos de las Revoluciones de México).

p. 333: María Izaguirre de Ruiz Cortines (en *El Nacional*, Fondo del Instituto Nacional de Estudios Históricos de las Revoluciones de México).

p. 335: María Izaguirre de Ruiz Cortines (en *El Nacional*, Fondo del Instituto Nacional de Estudios Históricos de las Revoluciones de México).

p. 344: Eva Sámano de López Mateos (Fondo Hermanos Mayo, Archivo General de la Nación).

p. 347: Eva Sámano de López Mateos con su esposo Adolfo López Mateos (Archivo fotográfico Ing. Jack F. Ealy Aragón de *El Universal*).

p. 348: Eva Sámano de López Mateos (Archivo fotográfico Ing. Jack F. Ealy Aragón de *El Universal*).

p. 351: Eva Sámano de López Mateos con su esposo Adolfo López Mateos, su hija, el presidente de Estados Unidos John F. Kennedy y su esposa Jacqueline Kennedy (Archivo fotográfico Ing. Jack F. Ealy Aragón de *El Universal*).

p. 360: Guadalupe Borja de Díaz Ordaz y Eva Sámano de López Mateos (en *El Nacional*, Fondo del Instituto Nacional de Estudios Históricos de las Revoluciones de México).

p. 363: Guadalupe Borja de Díaz Ordaz (en *El Nacional*, Fondo del Instituto Nacional de Estudios Históricos de las Revoluciones de México).

p. 364: Guadalupe Borja de Díaz Ordaz con su esposo Gustavo Díaz Ordaz y sus hijos (Archivo fotográfico Ing. Jack F. Ealy Aragón de *El Universal*).

p. 368: Guadalupe Borja de Díaz Ordaz (en *El Nacional*, Fondo del Instituto Nacional de Estudios Históricos de las Revoluciones de México).

p. 373: Guadalupe Borja de Díaz Ordaz (en *El Nacional*, Fondo del Instituto de Estudios Históricos de las Revoluciones de México).

p. 378: María Esther Zuno de Echeverría (Archivo familiar, cortesía de María Esther Zuno de Echeverría).

p. 383: María Esther Zuno de Echeverría con su esposo Luis Echeverría (en *El*

Nacional, Fondo del Instituto de Estudios Históricos de las Revoluciones de México).

p. 385: María Esther Zuno de Echeverría (en *El Nacional,* Fondo del Instituto Nacional de Estudios Históricos de las Revoluciones de México).

p. 388: María Esther Zuno de Echeverría con sus colaboradores (Archivo fotográfico Ing. Jack F. Ealy Aragón de *El Universal*).

p. 391: María Esther Zuno de Echeverría (en *El Nacional,* Fondo del Instituto Nacional de Estudios Históricos de las Revoluciones de México).

p. 397: Carmen Romano de López Portillo con su esposo José López Portillo (Archivo fotográfico Ing. Jack F. Ealy Aragón de *El Universal*).

p. 398: Carmen Romano de López Portillo con sus colaboradores (en *El Nacional,* Fondo del Instituto Nacional de Estudios Históricos de las Revoluciones de México).

p. 403: Carmen Romano de López Portillo (en El *Nacional,* Fondo del Instituto Nacional de Estudios Históricos de las Revoluciones de México).

p. 406: Carmen Romano de López Portillo con sus colaboradores (Archivo fotográfico Ing. Jack F. Ealy Aragón de *El Universal*).

p. 411: Paloma Cordero de De la Madrid con su esposo Miguel de la Madrid (en *El Nacional,* Fondo del Instituto de Estudios Históricos de las Revoluciones de México).

p. 414: Paloma Cordero de De la Madrid con su esposo Miguel de la Madrid (en *El Nacional,* Fondo del Instituto Nacional de Estudios Históricos de las Revoluciones de México).

p. 419: Paloma Cordero de De la Madrid (en *El Nacional,* Fondo del Instituto Nacional de Estudios Históricos de las Revoluciones de México).

p. 421: Paloma Cordero de De la Madrid con la esposa del presidente de Estados Unidos Nancy Reagan y el embajador de ese país en México John Gavin (Archivo fotográfico Ing. Jack F. Ealy Aragón de *El Universal*).

p. 426: Cecilia Occelli de Salinas con su esposo Carlos Salinas de Gortari (Archivo fotográfico Ing. Jack F. Ealy Aragón de *El Universal*).

p. 431: Cecilia Occelli de Salinas (Archivo fotográfico Ing. Jack F. Ealy Aragón de *El Universal*).

p. 432: Cecilia Occelli de Salinas con su esposo Carlos Salinas de Gortari (Archivo fotográfico Ing. Jack F. Ealy Aragón de *El Universal*).

p. 434: Cecilia Occelli de Salinas con sus colaboradoras (Archivo fotográfico Ing. Jack F. Ealy Aragón de *El Universal*).

p. 441: Nilda Patricia Velasco de Zedillo con su esposo Ernesto Zedillo (Archivo fotográfico Ing. Jack F. Ealy Aragón de *El Universal*).

p. 442: Nilda Patricia Velasco de Zedillo (Archivo fotográfico Ing. Jack F. Ealy Aragón de *El Universal*).

p. 447: Nilda Patricia Velasco de Zedillo (Archivo fotográfico Ing. Jack F. Ealy Aragón de *El Universal*).

p. 450: Nilda Patricia Velasco de Zedillo con sus colaboradores (Archivo fotográfico Ing. Jack F. Ealy Aragón de *El Universal*).

p. 456: Marta Sahagún de Fox (Archivo fotográfico Ing. Jack F. Ealy Aragón de *El Universal*).

p. 459: Marta Sahagún de Fox con su esposo Vicente Fox (Archivo fotográfico Ing. Jack F. Ealy Aragón de El Universal).

p. 463: Marta Sahagún de Fox (Archivo fotográfico Ing. Jack F. Ealy Aragón de *El Universal*).

p. 466: Marta Sahagún de Fox (Archivo fotográfico Ing. Jack F. Ealy Aragón de *El Universal*).

p. 471: Marta Sahagún de Fox con su esposo Vicente Fox(Archivo fotográfico Ing. Jack F. Ealy Aragón de *El Universal*).

p. 474: Marta Sahagún de Fox (Archivo fotográfico Ing. Jack F. Ealy Aragón de *El Universal*).

p. 479: Marta Sahagún el día de su boda con Vicente Fox (Archivo fotográfico Ing. Jack F. Ealy Aragón de *El Universal*).

p. 504: Margarita Zavala de Calderón con su esposo Felipe Calderón (Archivo fotográfico Ing. Jack F. Ealy Aragón de *El Universal*).

p. 507: Margarita Zavala de Calderón con su esposo Felipe Calderón (Archivo fotográfico Ing. Jack F. Ealy Aragón de *El Universal*).
p. 511: Margarita Zavala de Calderón (Archivo fotográfico Ing. Jack F. Ealy Aragón de *El Universal*).
p. 513: Margarita Zavala de Calderón (Archivo fotográfico Ing. Jack F. Ealy Aragón de *El Universal*).
p. 516: Margarita Zavala de Calderón (Archivo fotográfico Ing. Jack F. Ealy Aragón de *El Universal*).
p. 521: Margarita Zavala de Calderón (Archivo fotográfico Ing. Jack F. Ealy Aragón de *El Universal*).
p. 526 Margarita Zavala de Calderón (Archivo fotográfico Ing. Jack F. Ealy Aragón de *El Universal*).
p. 534 Angélica Rivera de Peña (Archivo fotográfico Ing. Jack F. Ealy Aragón de *El Universal*).
p. 537 Angélica Rivera de Peña (Archivo fotográfico Ing. Jack F. Ealy Aragón de *El Universal*).
p. 538 Angélica Rivera de Peña (Archivo fotográfico Ing. Jack F. Ealy Aragón de *El Universal*).
p. 539 Angélica Rivera de Peña con su esposo Enrique Peña Nieto (Archivo fotográfico Ing. Jack F. Ealy Aragón de *El Universal*).
p. 540 Angélica Rivera de Peña (Archivo fotográfico Ing. Jack F. Ealy Aragón de *El Universal*).
p. 543 Angélica Rivera de Peña con su esposo Enrique Peña Nieto (Archivo fotográfico Ing. Jack F. Ealy Aragón de *El Universal*).